U0796604

外国信托法经典译丛

石俊志 主编

BREACH OF TRUST

BY PETER BIRKS & ARIANNA PRETTO

信托的违反

[英] 彼得·伯克斯 [英] 阿里安娜·普雷托 | 主编
朱圆 | 译

法律出版社
LAW PRESS·CHINA
北京

Breach of Trust
by Peter Birks and Arianna Pretto

著作权合同登记号
图字：01-2019-3226

总 序

现代信托制度的建立,是人类社会法律制度上的一个伟大进步。

中世纪黑暗中的英国社会,为克服普通法的烦琐和僵化,转向由法官凭借公平和良知判案的法律制度,由此产生了与普通法并行的衡平法。正是衡平法的出现和实施,催生和哺育了现代信托制度。

“溥天之下,莫非王土;率土之滨,莫非王臣。”中世纪后期,英国君王和各地领主对百姓及其财产的占有,严重阻碍了财产的市场流转和效益的提高。为打破这种封建桎梏,经历一个漫长的过程后,用益制度在英国逐步演化形成。用益制度实现了财产上所有权与收益权的分离:所有权继续遵循封建传统的规定,收益权转向符合市场经济的需求,从而起到了承上启下、促进社会平稳发展的作用。

英国法律史学家和衡平法律师弗雷德里克·威廉·梅特兰(Frederic William Maitland)高度评价英国人创立信托概念的贡献:“如果有人要问,英国人在法学领域取得的最伟大、最杰出的成就是什么,那就是历经数百年发展起来的信托概念。”

信托的发展,是在不断挑战原有法律的约束,又在不断促进法律修正的过程中,传播衡平法的公平、良知、正义等理念,并不断促进经济和社会的发展和进步。

美国、日本等国家和地区,在引入现代信托制度的同时,结合本土的信托实践,相继建立了完善的信托法律体系。

现代信托制度传入中国,发生在辛亥革命推翻皇帝专制制度之后。

1921 年,中国历史上第一家标明为“信托公司”的企业——中国商业信托公司——在上海成立。此后,在短短数年里,先后有 10 余家信托公司成立。

1949 年,中华人民共和国成立。信托受经济环境的影响,全面停办。

1978 年,党的十一届三中全会拉开了改革开放的序幕,我国信托业重新起步。

1979 年,中国国际信托投资公司成立。随后,各种类型的信托投资公司在全国各地如同雨后春笋般诞生,我国信托业进入了一个崭新的时期。但是,由于缺少法规和监管约束,再加上没有明确的业务范围和主营定位,信托投资公司迅速切入经济发展和金融发展的各个领域,催生了我国的债券、证券、基金业等行业,其自身却由于缺乏规范成为治理整顿的对象。

2001 年 4 月,全国人民代表大会常务委员会通过了《信托法》,由此奠定了我国信托法律的基石。随后,中国人民银行陆续颁布实施了《信托投资公司管理办法》(已失效)和《信托投资公司资金信托管理暂行办法》(已失效),由此构成了我国信托业“一法两规”的基本法律法规框架,结束了我国自引入现代信托制度以来近一个世纪无法可依的历史。

2007 年,原中国银行业监督管理委员会颁布施行了《信托公司管理办法》和《信托公司集合资金信托计划管理办法》(已被修改)。从此,我国信托业开启了从“融资平台”向“受人之托,代人理财”专业机构之转变。在上述规章引导下,我国信托业飞速发展。截至 2012 年年底,我国信托业管理信托资产规模超过了证券业、保险业、基金业等金融行业的业务规模,信托业成为仅次于银行业的第二大金融行业。

目前,我国信托业管理信托资产规模超过 26 万亿元。投资信托产品已经成为我国居民最重要的理财方式之一。信托业在我国经济建设和社会发展中发挥着越来越重要的作用。然而,与国外市场经济成熟国家相比,我国信托业在功能定位、法律制度、社会实践等方面还存在较大的差距。

“他山之石,可以攻玉。”国外市场经济成熟国家的信托业历史悠久,经验丰富,法律法规体系健全。特别是相关法律制度,对我国信托业的发展具有十分重要的借鉴意义。为此,国民信托有限公司博士后科研工作站与中国社会科学院法学研究所博士后科研流动站联合招收博士后,重点研究信托法律问题。在此基础上,我们邀请了一批国内从事信托法教学、研究的学者以及具有实践经验的信托业专家,经过认真调查研究,筛选出一批国外信托法规和经典著作,翻译成中文,介绍给国内读者。

我们相信,这套“外国信托法经典译丛”的出版,对我国普及信托法律知识,完善信托法律体系,繁荣信托市场,促进信托业更好地服务于实体经济、社会发展和改善民生,具有一定的参考价值。

石俊志

2018 年 2 月 7 日

前　言

信托法长期以来所需要的现代化变革正在以多种不同方式进行，最近一次是《2000 年受托人法》。就违反信托立法而言，法律的现代化并不意味着对立法作深刻的实质性变革，而是要摆脱早先语言和思维模式带来的不确定性。然而，到目前为止，立法修订的必要性在很大程度上被忽视了。

一

当代违反信托的法律仍维持 19 世纪的特点，尚未跟上深刻影响今天普通律师思考方式的两方面变化，这两个变化之间并非毫无关联。一个变化是，律师不再背负以陈旧的成文法与衡平法双元属性为荣的责任，恰恰相反，从法律中移除这种二元性的影响已经被公认为是最大的挑战。违反信托的法律是衡平法与普通法这两个分流的共同奉献，我们既要肯定这两个分支的积极贡献,也要致力于消除两个分支中的侵权冲突和重叠之处。例如,区分普通法中的“侵权”与衡平法中的“错误”,或为维持普通法损害与衡平法赔偿之间的差异,重复使用对不当行为的金钱补偿词汇。信托法不能被视为一个密封品,违反信托行为必须在我们的民事过错类型清单中占据适当位置。

另一个更大的变化是,大学法学院的兴起,以及由此产生的在流动的诉讼和审判过程之外工作的法学家,已经开始将法律推理从案例的绝对垄断中解放出来。法学学术工作者在旧名词不再能准确表义时应当致力于创造新的法律名词。正如恢复原状法正在摆脱“已得到金钱”“准合同”“推定合同”的传统束缚性界定,违反信托法可以在21世纪重新表述其内涵,不再使用模糊甚至虚构的语言,可以用人们熟悉的其他法律所使用的概念和分类法重新组织语言。

前一段落并未说明,在法律的解释性发展过程中,学者坐在“驾驶舱”上。前文未提及这一点。在普通法律体系中,法官处于并将维持控制地位。在美国法律报告这一特定范畴里,体现了大法官在法律现代化进程中所起的作用,如尼科尔斯(Nicholls)和米利特(Millett)法官。在法院和大学之间,还存在具有合资属性的事物。它的效果是有益的,在数十年间,它正稳步增长。

二

法律现代化无法在一夜之间实现,由多名作者共同打造一本书亦无法实现此目的。我们的期待是,此书将加快法律现代化的脚步。这一现代化进程已经自我孕育了一段时间,该项目大约发端于3年前,在2001年4月的一个研讨会上结出果实。那次的研讨会由尼古拉斯·帕腾(Nicholas Patten)法官主持,米利特和马默里(Mummery)法官均出席了研讨会。在研讨会上,参会人士听取并讨论了10多篇文章，这些文章的内容，经作者再三斟酌及重新修改，成为本书的章节。

显然，要将违反信托的法律与设定受托人义务的法律割裂开来是很困难的，甚至在某种意义上是不可能的。在撰写一本关于违反信托义务的书时，写作重点应当放在违反的后果，而不是信托义务的内容上。前述后果，指的是不同的责任类型、抗辩事由及违反的理由，以及涉及第三方的法律。在义务与违反之间并未明确界限，只是侧重点不同。

本部分无意重复大卫·海顿（David Hayton）教授的综述，该内容现安排在本书的最后一章。然而，为解释本书的结构，我们有必要说明，作为编辑，我们认为这一领域现代化过程的主要侧重点何在。为方便起见，可以将其减少至以下五个方面：(1)为违反信托行为进行更优分类；(2)优化基于违约行为得到的救济权所使用的语言表述；(3)当资产被不当处置时，解释财产权行为；(4)大力修订涉及与违反信托义务的受托人进行交易的第三人的责任有关的法律及语言表述；(5)修订缓和或减轻受托人责任的不同机制。上述五个方面的立法不能截然分开，以下多个章节涉及的法律问题不只是其中一种。下文将更全面地展开论述，它们的顺序是由这一系列关注的问题决定的。

三

以下段落尝试简要勾勒前述提及的五个问题所涉及的主要法律轮廓。

（一）违反信托

此处研究的重点是违反信托的后果，首先必须解决的问题是，清晰地勾画出违反信托的不同类型。违反信托的表述听起来足够尖锐。事实上，它具有令人困扰的模糊性，需要进一步分析，并通过设定不同类型的错误行为加以确定。此处,我们理性的分析应始于对违反信托(包括两种截然不同类型)的认识。有必要借用公法领域人们所熟知的语言。违反信托的行为,既包括越权行为,也包括受托人在信托权限范围内所从事的不当行为。

两种违反信托的行为之间存在巨大差异,前一种类型受托人行为是否存在过错并不影响行为的定性。错误在于,受托人从事了其本不应当从事的行为。后一种类型受托人的责任取决于能否证明错误的存在。因此,在前一种类型中,受托人的责任是严格责任,后者则是过错责任。

在越权行为的范畴中,可以看到信托基金的不当使用这种类型。不得向非受益人分配信托财产。虽然最近该领域的法律改革在很大程度上降低了这一情形发生的风险,但资金不得投入未经授权的投资领域。资金的不当使用说明可能存在欺诈情形,但也可能起因于无辜行为,比如受托人从事了不可避免的错误行为。第二种类型大家经常称为"利益冲突行为"——当追求利益可能牺牲受益人的利益这种情形成为一种真实的可能性时,受托人不得寻求任何利益。在这种情形下,立法多次表明态度,无论受托人是否存在过错,均应承担责任。考虑受托人所承担的信义义务本身,受托人必须完全脱离利益冲突。

第二类违反信托的主要情形中,存在不当管理信托财产的类型。有人可能反对,认为这也属于越权行为,管理不善也是受托人不得从事的行为类型。两者区别在于,受托人的错误行为是否发生在从事其权限范围的活动时,而在其他情形下,受托人则是做了其根本不应该做的事。在这种类型中,法律的主要任务是指明受托人在管理信托财产过程中应当遵循的行为标准,以及致使其承担责任的错误行为的类型。在多元化的语境下,这一标准逐渐清晰,它指的是一个人在他的处境下的一般标准,这个人的责任是疏忽责任。而我们称为疏忽的错误行为,在不同的法律环境中有不同的应用。律师应当知晓专业化的应用细节,但如果律师能从一开始就更好地了解发生的事件所处的大环境类型，则可以更好地了解法律应用。法律不能被理解为从一开始的适用中就能得到完全保障。法律尚不能很好地解释这样的观点，疏忽在衡平法上的应用与在普通法中的应用是一致的。受托人在新信托法中重述注意义务不得阻止这种同化。可以理解成，它是走向圆满的路径。

对违反信托行为的准确分类必须伴随对一系列其他可能使受托人承担责任的事件的区分。违反信托可以准确地被界定为错误行为，因为它的可处罚性可以基于该行为违反义务的特征而作出判断。受托人应当承担责任，因为其违反了所承担的主要义务，比如在权限范围内行事的义务，或遵循特定管理标准的义务。但受托人也可能因与不当管理无关的事项而承担责任，比如受托人可能因其并未从事错误行为而获得的不当得利承担责任。与第一种违反信托行为类型相关，该类型所衍生的复杂化类型具有特别重要的意义。

每一种错误行为都构成对信托义务的违反。这一上层义务经常或多或少地在视线范围之外。一项预防性禁令往往被视为防止错误行为的发生，而不是强制实施首要的上层义务。因此，应当从这一角度来看待防止寻求利益冲突的禁令。但关于信托财产的不当处置，包括未经授权的投资，法律传统制裁主要瞄准第一层面。正如一个人可能负有义务，且被迫支付一定数额的金钱，是因为他曾许诺支付这笔钱，而不是因为他违反了他的承诺。因此，受托人对信托财产承担责任，不必等到违反信托义务行为发生。他的责任可以直接归咎于错误行为，但不是必须这样。

受托人对信托基金的责任可以理解为源自受托人以信托方式获得这笔资金。受托人接受信托，需对所收到的财产承担管理责任。他必须以信托账户管理者的名义行事，也就是说，他必须从事作为信托账户管理者应当做的工作。当信托资产被侵占，受托人不当管理信托财产的行为得不到法律保护。因此，信托账户将显示，信托资产相比受托人实际持有的信托财产处于更高的位置。例如，当受托人收到

1000 元信托财产，他将其中 500 元转给一个朋友，因被抢劫而丢失 200 元，并将 300 元支付给权益到期的受益人。在后两种情形中，受托人支付的款项可以得到法律的支持，受托人不对意外事件造成的信托财产损失承担责任，因此可以不对 200 元损失承担责任；受托人不对 300 元支出承担责任，因为这是其权限范围内的支出。虽然受托人并未保有信托财产，但仍需就其支付给朋友的 500 元支出对信托承担责任。可以说，受托人对信托资产的责任源自他对信托财产的不当处置，但也可以不这么说。受托人应对 1000 元信托资产整体承担责任，而受托人就其中 200 元和 300 元支出的责任可以得到免除。

受益人可以强制执行首要权利，受托人因而被要求承担责任，这并非因为错误本身，而是因为受托人不应该基于不当财产处置主张减轻其所承担的首要责任，并兑现账户应付款项。这种无过错责任在现今容易被忽视，它对评估损失及举证责任均有重要作用。至于后者，它使得受益人的任务执行变得简单，并会使诚实的受托人可以寻求免于对其不当处置财产的行为承担责任。

（二）救济性权利

一般来说，法律要求违约者向受害者支付赔偿金。这可以通过救济的方法来实现，即通过法院向从事不当行为者发布禁令的方式，或者更好的办法是，通过区分原始权利和次生权利或救济性权利来实现。实质上，每一个违约行为都侵犯了原始权利。违约行为本身产生次生权利。法院的命令实现了次生权利并创造了第三级权利，这些权利本身是通过执行机制来实现的。如果我们知道哪些次生权利是由于违反信托产生的，那么其他权利或多或少会自行解决。

很大程度上，可以通过区分权利实现后想要达到的不同目标来得到这个问题的答案。次生权利或者救济性权利始终体现为获得赔偿（以原告损失数额来衡量赔偿金额）、恢复原状（以被告的收益来衡量）或者其他请求赔偿的方式（运用无关原告损失金额或被告收益数额的某种计量规则)。这些计量措施还可以进一步分类。因此,赔偿值的计算方式可以基于不同的计算基础,恢复原状救济方式的适用同样或多或少地受限制条件的制约。

在解决哪些违约行为产生哪些救济权利时,必须避免某些常见的认识误区。首先,在案情事实模糊不确定的情形下,才可以运用"恢复原状"(使某人恢复到某状态)来赔偿损失。"恢复原状"(把某物还给某人)必须为那些救济性权利而保留,这些权利的行使目的在于迫使对方放弃收益。这里的"放弃"是经谨慎选择的词汇,因为其不仅涵盖返还,还包括放弃所有收益。其次,如果假设"衡平补偿"除弥补损失之外还有其他作用,得不出有用的结论。简言之,衡平补偿是一种补偿方式,补偿的目的就是弥补损失。在救济权利之后要考虑的问题是一个简单的、仅次于损害赔偿请求权的问题,即恢复原状请求权,以及基于其他计算规则产生的赔偿请求权。

衡平法院以承担责任的用语来隐藏其赔偿损失的法律实践。也就是说,它通过要求受托人对其丢失或者未能接收的资产承担责任来获得赔偿。揭露这种做法并没有提供任何理由来承认一种超越弥补损失的补偿措施,这在术语上是矛盾的。这并不否认其中存在多种形式的赔偿。损失可以以不同的基础进行计算。赔偿金额将根据计算损失的基准不同而有所不同。但是赔偿的种类不会被立即考虑。首先要考虑的问题仅仅是违约行为是否产生了支付赔偿金、恢复原状救济方式或者参照其他目标衡量的救济性权利。这是一个主导问题。只有在下一个层面上,才进一步提出关于赔偿损失或者放弃收益的不同计量方式问题。

以上各段落是关于违反信托的不当行为而产生的次生权利或救济性权利。它们没有涉及非因不当行为而引发的责任。如果一项原始权利是通过直接强制执行(这里的直接是指不求助于因侵权而产生的义务或因收到有关物品而产生的不当得利)来实现的,则与这些措施有关的问题是无关紧要的,因为原告将得到的只是其原始权利的实现。例如,一个人得到了合同的具体履行,他的权利就得以实现。获得债务清偿的人因相对人违反义务而遭受的损失不再得到赔偿,他只是获得了到期应得的款项。

(三)所有权

信托资产被不断周转,也就是说,它们被投资和再投资,这是正常的。我们感兴趣的是过程,即当信托资产被以违反信托的方式处分,将发生什么情况?答案可以分为两部分。在信托资产为接收人所持有的情形下,除非处分是无偿的,否则受托人有权索取信托财产的替代品。

最近的一种观点认为,原始权利只是脱离(原资产)并依附于替代物之上,就像水蛭移动到一条新的腿上一样。在这种情况下,对物权行为的片面解释被证明是行不通的。此外,它让人们误以为没什么可解释的。但是更细致的分析表明,找到未经授权的替代物,并将其认定为创造新财产权利的事件,具有必要性。一旦识别出替代物,必须正确理解它。它以这种方式运作,是不当行为,还是以牺牲受益人利益为代价的不当得利行为?答案当然可能两者都不是,我们不得不说,它有自己存在的理由。

(四)第三方

没有哪个领域比这更受过时的语言公式的困扰。说某人诱导或协助他人违反信托,将其作为推定受托人而使其负有责任,只不过是给他贴上一个标签,其作用是证明衡平法院对其行使管辖权是正当的。如今,指认他是受托人是无益的,把他描述为一个负责任的人也无济于事。违反信托的协助者从事了不当行为,该违法行为与其他违法行为一样,引发相对人的次生权利或者救济性权利。法律的任务是界定不当行为,并决定在这种情况下,受害人是可以从所有已知的救济性权利中选择,还是只能从更受限制的选项中选择。幸运的是,与此不当行为相关的立法的现代化进程近来发展迅速。古老的用语已经逐渐从相关立法的词汇中消失。正是在这一成功的现代化范例的背景下,查尔斯·米切尔(Charles Mitchell)博士在本书中提出了他对违法行为的全面研究成果。

迄今为止,这个成功的故事还没有在"知情接受"这一古老概念上重复过。最近的一个机会也被放弃了。重申一次,将信托财产的接受者称为推定受托人没有任何好处。"责任承担者"这一词稍微合适一些,因为接受者确实收到了一些需要对其负责的物品。但承担责任并没有传导任何关于接受者所承担责任性质的信号。传统的称谓"知情接受"倾向于主张知晓信托的来源是接受者承担责任的先决条件。因此,最清楚不过的是,如果不超越长期使用的语言,这个概念的现代化就无法实现。

现代化的必要模式已经相当清晰。首先,必须区分对人责任和对物责任。接收者的个人责任可能源于不当行为法或者不当得利法。前者承担责任的要件可能包括存在过错,极有可能还包括不诚实因素,而后者的责任是严格的,尽管其在强有力的辩护中仍是脆弱的。对物责任独立于过错,仅在接收者仍然拥有收到的财产或者有可追溯的收益时才存在。在前一种情况下,受益人从资产中获得的权利产生于原始信托,而在后一种情况下,尽管这是有争议的,它产生于不当得利,因为一个人获得了属于另一个人的资产价值,却以损害另一个人的利益为代价,不正当地使自己受益。

(五)减轻责任

减轻违反信托的责任是由若干不同机制共同组成的。正如本书所尝试的那样,将它们组合在一起很重要。在法律机制的一端,通过免责条款来减少责任,这一做法在现代法律中日益突出,因为职业受托人在现代很常见。最近这方面的立法发生了变革,以适应新情况。可以说,这是一种预期性的责任减轻。在另一端,对于既没有免责条款保护也没有抗辩理由的受托人来说,最后求助的是法院的宽恕裁量权。诚实、合理行事的违反义务的受托人可以寻求免责。虽然关于这方面被提交到法院的案件很少,案例汇编更少,但这并不意味着这一裁判权不会被使用。只是它可能基于技术障碍,阻止了许多诉求的提出。

在精心草拟的免责条款和法官在免责方面的自由裁判权之间,出现了抗辩事由。最令人困扰的抗辩无疑是那些与时间流逝和陈旧主张有关的抗辩。无论在这方面还是在同意抗辩事由方面,过去遗留下来的问题都因信托法延伸到其他领域而加大难度。在这些领域中,相关主体的角色类似于受托人。尽管我们的政策是只关注违反信托的行为,而不是将研究领域延伸到其他受托人,但这种法律的蔓延仍表现在对抗辩事由的处理上。法律委员会在项目的后期阶段就时效法的未来提出了建议。它的报告使我们可以这样说,在这一领域,现代化进程正在顺利进行,而且早该如此。

各章的顺序是由与违反信托有关的法律现代化的五部分决定的,尽管不是每一章都严格限于其中一部分。除此之外,前两部分——对违反信托的行为进行了更好的分类,并简化了因违反而产生的救济性权利的用语——属于前三章的内容。第三部分——解释信托资产被误用时对物权的表现方式——属于第四章和第五章的内容。第四部分——全面修订了与违反信托的受托人进行交易的第三方责任的相关法律和语言——在第六章和第七章中都有涉及。并且,第五部分——受托人责任的减轻——属于其余五个章节的内容。然后,本书以海顿教授的综述作为结尾。

四

作为编辑,我们欠了很多人情债。与哈特(Hart)出版社合作是一件非常愉快的事情，该出版社现今既因其对作者积极、有益的态度而闻名，也因其书单中书籍的出色设计而闻名。除了感谢我们的出版商之外，我们还要感谢万灵学院主办我们的研讨会。很难想象有比这更适合的地方来认真探讨事物的本质。我们还必须感谢在 2001 年 4 月 19 日来参加专题研讨会的所有人，特别是来自远方的人。我们知道对于高级司法人员的呼声有多高。出席会议的法官不是作为观众，而是作为小组的工作成员而来的。他们的贡献是无价的。特别感谢主持会议的帕腾爵士。对于报告人海顿教授，以及所有撰写论文并将其转化为本书章节的人，我们对他们在整个项目期间的辛勤工作和耐心表示感谢。最后，我们中的某些人，在关键的几个月里身在远方，必须感谢其他做了大部分编辑工作的人。

彼得・伯克斯(Peter Birks)
牛津万灵学院
阿里安娜・普雷托(Arianna Pretto)
牛津大学布雷齐诺斯学院
2001 年 11 月 15 日

目录

第一章　责任

罗伯特·钱伯斯
(ROBERT CHAMBERS)

一、简介

称受托人应当为违反信托约定的行为负责,这种说法并不能覆盖该行为的全部内涵,除非我们能够明确受托人所担负的责任。本部分所指责任依据三个核心问题而得出:(1)受托人被要求履行什么样的义务;(2)受托人是否正确履行该义务;(3)受托人对其因过失未履行的义务是否有抗辩事由?如果通过调查(受托人所承担的义务、实施的违约行为,以及提出的抗辩),得出受托人对于无故违反信托约定负有罪过的结论,那么接下来就有必要调查受托人违反信托行为导致的后果。有两个重要的问题一定不能忽视:(1)受托人未能履行义务对信托资产、受益人和受托人各有什么影响;(2)如何才能纠正这一状况。

本章主要致力于研究如何纠正,该问题也可以称为违反信托行为的法律后果或者法律因应。更准确地说，本章涉及如下问题的核心，即在无端违反信托约定之后，受托人负有怎样的义务？违反信托约定的行为可能使涉及违约行为的其他人承担责任，他们或因与违约行为有关联，或者为信托资产接收者。这些责任将在本文其他章节进行讨论。[1]

近年来，学界对欺诈性协助、“明知”而为的接收行为以及追踪或收复被恶意挪用信托资产的行为给予极大关注。除一些令人瞩目的例外之外，[2]受托人本身所承担的责任问题受到的关注较少。当然，法学研究的常规工作仍是继续为受托人的责任提供有裨益的、翔实的信息，[3]但并未基于责任法的当代发展而对受托人的法律责任问题做同样的研究审查工作。本文的目的就在于激发更多关于违反信托行为中受托人所承担法律义务属性问题的讨论。

公开讨论相关问题的主要障碍在于信托法与其他私法部门法的互相分立与割裂的状态。信托法本身使用的语言和结构特点，使其独立于合同、侵权以及不当得利这些传统部门法。例如，信托法的传统分类包括明示信托、默示信托、归复信托以及推定信托等，这种分类方法使信托创立的法律问题很难与其他部门法中法律权利与责任的创立问题进行比较。当我们尝试将违反信托的行为与其他违法行为，如违反合同、侵权法的行为进行比较时，存在同样的问题。合同违约者、侵权行为人可能被要求承担赔偿责任，违反义务的受托人也会被要求承担责任或者支付衡平赔偿。近年来关于信托设立法律问题的研究已经取得很大进展，这多亏了人们开展多轮以信托设立的适当分类为

〔1〕 See in this volume P Birks “Knowing Receipt: Re Montagu's Settlement Trusts Revisited” Ch 7; C Mitchell “Dishonest Assistance” Ch 6; L Smith “Property Transferred in Breach of Trust” Ch 5.

〔2〕 Eg, Target Holdings Ltd v Redferns [1996] 1 AC 421.

〔3〕 See, eg, J Mowbray et al Lewin on Trusts (17th edn Sweet & Maxwell London 2000) 1179 – 1215.

主题,富有活力、内容积极的激辩活动。[4] 研究违反信托应承担的各种法律责任问题,也需要开展诸如此类的研讨。

第一步,为违反信托行为而产生的责任,与其他违法行为产生的责任之对比,确立有意义的基础。总体而言,在最高层面,所有因违反义务而产生的责任都是直接或者间接强制其履行义务的手段。这些责任可能成为确保义务得到直接履行,或者替代履行以及抑制不履行义务行为的手段。从较低层面来讲,违反信托而产生的责任,按其期望达到的目的,可以分为以下几种:直接履行义务、对损失进行补偿、返还所得利益、对受托人进行惩处以及其他目的。[5] 本章采用这一框架。

本章很大一部分涉及直接强制履行信托义务、补偿损失、返还所得利益这三个主要目的,在处理这些责任和应对违约行为的措施之前,本章对这些目的讨论的每一项,始于对相关问题的一般观察及其如何与违反信托的行为发生联系。本章较少关注惩罚性措施及其他立法目的。

---

〔4〕 See P Birks "Restitution and Resulting Trusts" in S Goldstein (ed) Equity and Contemporary Legal Developments (Sacher Institute Hebrew University Jerusalem 1992) 335; P Birks "Equity, Conscience, and Unjust Enrichment" [1999] 23 Melbourne University Law Review 1; P Birks & F Rose (eds) Restitution and Equity Volume One: Resulting Trusts and Equitable Compensation (Mansfield London 2000); R Chambers Resulting Trusts (Clarendon Oxford 1997); R Chambers "Constructive Trusts in Canada" [1999] 37 Alberta L Rev 173; R Chambers "Resulting Trusts in Canada" [2000] 38 Alberta L Rev 378; G Elias Explaining Constructive Trusts (OUP Oxford 1990); P Millett "Restitution and Constructive Trusts" [1998] 114 L Q Rev 399; W Swadling "A New Role for Resulting Trusts?" [1996] 16 Legal Studies 110.

〔5〕 See P Birks "Unjust Enrichment and Wrongful Enrichment" [2001] 79 Texas L Rev 1767, 1772; A Burrows "Judicial Remedies" in P Birks (ed) English Private Law (OUP Oxford 2000) vol Ⅱ, 813, 816.

二、直接履行

在私法中，大多数义务以支付赔偿金的方式间接强制执行，它们或者以替代履行的方式呈现，或旨在制止不作为行为。但存在例外，并且例外情形也是众所周知的，且大多与土地权相关。大多买卖土地财产权的合同条款内容明确，可强制执行，但相当部分的其他合同并非如此。限制性契约可以通过发布禁令来强制执行，而强制令也适用于阻止对土地权利进行非法干涉的其他行为，如侵犯土地权利、造谣等。土地即时占有权可以通过颁布驱逐令和恢复土地原状的命令来保障享有。相比之下，对于商品而言，同样的权利只能通过要求违约方支付损害赔偿金的方式来保障，除非该商品是不可替代物。

对土地相关权利给予特别法律对待的原因，这里有一些不同解释，比如土地是人们居住以及获取收入的来源，所以理所当然要特别对待。法律的通常解释是每块土地都是独一无二的。支付赔偿金无法成为替代土地利益权受损的恰当方式，因为在市场中买不到相同的利益予以弥补。尽管这解释了为什么法律规定土地（以及其他稀缺或独有财产）权利的救济采取直接强制执行的方式，而没有规定替代履行的救济方式，但这并没有解释为什么其他权利不能被直接强制执行。

为什么替代履行是这么多法律领域运用的常规救济方式？当然，在很多情况下，直接履行不具有可能性或没有运用价值。如果我驾驶车辆违反注意义务并致你受伤，我日后履行注意义务的补救措施并不能解决当前我的行为所引发的问题。况且，即使在某些情况下，直接履行是可行的，它也不一定是最好的实现正义的方式。实际履行义务的成本以及监督义务履行而付出的代价，可能超出原告由此获得的利益。[6] 强制被告履行义务，相对于要求其支付赔偿金，对于被告而言，可能意味着更大的困难，乃至自由的丧失。[7] 如果被告证明自己没有能力恰当履行义务，原告可能不再要求被告实际履行义务。最终解决争端并妥善处理双方由此产生的关系，一种较好的方式是支付赔偿金，只要它是对违反义务行为进行补救的合适替代方案即可。

其实还有一种方式，信托法的规定与其他部门法的处理方式不同。大多数信托义务可以直接强制执行。虽然在大多数土地信托中，信托义务主要关乎时间因素，但这并不取决于信托核心财产本身的性质。商品信托或资金信托可以采取与土地信托同样的方式，直接予以强制执行。[8]

（一）为什么信托义务可以直接履行

在 Target Holdings Ltd v Redferns 案中，布朗－威尔金森（Browne-Wilkinson）勋爵曾指出："受益人的基本权利就是要求受托人按照信托文件的规定（如有相关规定），或法律条文，适当管理信托。"[9] 一般来说，法律对违反信托行为的应对措施是为了保障受益人的这一权利。这种法律应对方法并没有妥善处理双方之间的关系，但能使信托管理如财产托管者所希望的方式进行。受托人的义务可以通过发布禁令对外宣告，指示如何履行信托条款，或要求受托人承担责任等方式得以保障执行。当受托人被要求支付补偿金或者赔偿金时，一般情况下，相关款项并不直接对受益人支付，而常常用以购买信托财产。

---

〔6〕 See E Yorio "In Defense of Money Damages for Breach of Contract" [1982] 82 Columbia L Rev 1365.

〔7〕 P Birks "Proprietary Rights as Remedies" in P Birks (ed) The Frontiers of Liability (OUP Oxford 1994) vol 2, 214, 218.

〔8〕 A Scott and W Fratcher The Law of Trusts (4th edn Little, Brown & Co Boston 1988) [199.1], 204.

〔9〕 [1996] 1 AC 421, 434.

对这种使用与法律对传统替代履行的偏好相左的做法,有两种可能的解释:(1)信托法的很多规定弱化了以直接履行作为救济方式的必要性;(2)对于受益人而言,在大多数信托里,受托人支付赔偿金的做法并不能替代履行。首先,信托的持续并不以受益人与违反信托的受托人之间存在持续关系为前提:受托人可以自行辞去其在信托中的职责,也可能被替换。并且,如果继续履行信托的成本超出了履行收益,信托就有可能被变更或中止。[10] 在受益人的这些权利之中,只有替换受托人与违反信托直接相关。然而,受托人所享有的在必要时替换受托人、变更或中止信托的权利,很可能营造一种环境,即使直接履行义务变成应对违反信托的常态救济措施。

其次,在多数违反信托约定的情形下,向受益人支付赔偿金的方式并不能充分代替信托的履行。很多信托的创建是为了在很长一段时间内为他人管理财产。委托人出于多种原因选择设立信托,而不是直接将资产赠与受益人,例如受托人能审慎管理信托资产,限制受益人使用这些财产,以及适应受益人不断变化的需求的灵活性。这里要考虑的一个重要因素是,委托人决定不直接将财产赠与受益人,而是委托受托人为受益人的利益而管理财产。如果违反信托导致信托财产损失,并进而对信托受益人直接支付赔偿金,那将产生整体或部分信托崩塌的后果。虽然受益人可以使用赔偿金来购买新的财产,并将其设立信托,但这将改变委托人对信托财产的分配,并将处置信托财产的决策权转移给受益人。

况且,支付赔偿金的方式并不能完全代替自主信托与目的信托的履行。如果在信托安排中受托人被赋予对多个受益人分配利益的自主权,那么每个受益人都享有起诉受托人违反信托的资格,即使他或

---

〔10〕 Private trusts can be varied under the rule in Saunders v Vautier [1841] Cr & Ph 240, 41 ER 482 (with the consent of all the beneficiaries), the Variation of Trusts Act 1958 (UK), or the Trustee Act 1958 (UK), s 57, while charitable trusts can be varied cy près, under the Charities Act 1993 (UK), s 13; see J Penner The Law of Trusts (2nd edn Butterworths London 2000) 303 - 307, 429 - 434.

者她从未从信托中获得任何实际利益。基于受益人可能从信托中获益的概率，虽然可以计算每一位受益人在信托中获得利益的价值，但这样在受益人之间简单分配价值的方法，可能破坏信托制度集合稀缺资源，并将其分配至最需要相关资源之处的目的。正如威尔伯福斯（Wilberforce）爵士在 Mcphail v Doulton 案中指出，"对所有人进行平等分配，很可能对任何人都没有好处"[11]。

目的信托的执行者并不是那些实现信托目的的受益者。慈善目的信托的执行者（代表最高层）是律师长官，或慈善委员会的委员，[12]而非慈善目的信托由在信托完成后有权获得信托剩余财产的人执行。[13] 换言之，那些对要求信托受托人履行信托义务享有强制执行权的人，并不能从信托的履行中获得任何利益。向他们支付赔偿金，并不会成为促使信托适当履行的有意义的替代方式。

（二）主要义务与次要义务

信托义务的直接执行与其他违反信托所导致的后果不同。强制执行的义务（以及与之相关的实施该义务的权利）是在创建信托时设定的主要义务（及权利）。尽管受托人违反信托是向法院要求强制受托人履行义务的理由，但受托人所承担的该义务独立于违反信托的行为。相较而言，违反信托约定的其他后果则是次要义务。[14]

首要信托义务是由委托人与适用于该信托的法律所创设的。在一个相当广泛的设限范围中，委托人有权自由施加任何受托人愿意接受的义务。法律设定了一套适用于所有明示信托受托人的标准义务，

---

〔11〕 [1971] AC 424, 451.

〔12〕 See A-G v Alford [1855]4 De GM & G 843, 43 ER 737; Charities Act 1993 (UK).

〔13〕 Re Astor's Settlement Trusts [1952] Ch 534; also see Wood v R [1977] 6 WWR 273, 280 – 1; D Hayton "Developing the Obligation Characteristic of the Trust" [2001] 117 L Q Rev 96.

〔14〕 P Birks "Rights, Wrongs, and Remedies" [2000] 20 Oxford Journal of Legal Studies 1, 12; P Birks "Three Kinds of Objection to Discretionary Remedialism" [2000] 29 University of Western Australia L Rev 1, 4.

如忠实行使自由裁量权以最好地实现信托目标的义务。然而,法律所创设的这一系列标准义务仅是默认规则,委托人可以在创建信托时排除这些规则的适用。[15] 正如米切尔法官在 Armitage v Nurse 案(以下简称 Armitage 案)中所说,"受托人承担一项不可扣减的核心义务"[16]。法官用综合概括的语句,将这一核心义务描绘为"为受益人的利益,诚实、善意地履行信托职责"。[17] 在该概括性义务(或该义务的一部分)之外,受托人还承担特定的义务,适用于所有明示信托的受托人,如向受托人提供信息的义务(下文讨论)。在核心义务(无论如何界定该义务)之外,信托义务还由委托人设定,无论是积极义务(由信托条款明确规定),还是消极义务(信托文件不排除适用的默示规则)。

在违反信托的情况下,受托人所承担主要义务的内容并不受信托违反及相应后果的影响,而后者创建并设定了受托人的次要义务(如果存在该义务)。一些违反信托的后果,如信托资产的毁灭,可能使受托人未来主要义务的履行变得不可能或毫无意义。然而,只要信托的履行是可行的,信托义务就会继续存在并可以被强制执行。

正常情况下,一般不难区分某信托义务是由受托人创设的主要义务,还是因不被原谅地违反信托而形成的次要义务。然而,这两种义务之间的差异很难认定,涉及受托人对其过错承担责任的义务时尤其如此。受托人负有向受益人(或其他有权申请强制执行信托义务的人)提供信息的首要义务,同时可能承担因违反信托而产生的次要义务。正如本章将进一步讨论的,辨别首要义务与次要义务具有重要性,因为次要义务是不当违反信托而产生的法律后果,主要义务则是独立于违反信托的行为而存在的。

---

〔15〕 See in this volume J Penner "Trustee Exemption Clauses after Armitage v Nurse" Ch 8; Trustee Act 2000 (UK), sch 1, s 7.

〔16〕 [1998] Ch 241, 253.

〔17〕 Armitage v Nurse [1998] Ch 253.

某些违反信托的对应措施，看起来像是直接执行信托义务，因为它们产生执行信托义务的法律后果。例如，替换违反信托的受托人，把信托资产移转给愿意接受并履行为受托人设定的主要职责的人。对违反信托的一些应对措施看起来像是直接执行信托义务，然而，替换受托人本身并不是直接执行信托义务，因为原受托人的主要信托职责并不包括被替换。替换是违反信托的后果，本部分将它作为一个追求直接强制受托人履行信托职责、支付赔偿金、恢复原状或惩罚受托人之外的目标进行讨论。当信托由法院直接管理或指定接管人时，上述规则同样适用。

（三）强制执行信托义务的方法

有两种强制受托人执行主要信托义务的方法。首先，迫使受托人做信托文件所要求的任务（指令受托人清算赔偿金、指示受托人按信托文件履行职责，或对受托人发布行为指令）。其次，阻止受托人从事信托文件所禁止的行为（通过发布禁令或指示令）。

1. 清算赔偿金

受托人清算赔偿金的方式可以分为三种（一般清算、基于有意违反信托的清算、返还所获利润），这三种责任承担方式旨在追求三个主要目标（直接执行、补偿和恢复原状）。这三种赔偿金清算方式与其所追求的三个目标之间存在一定关联，但并不直接，因此可能产生误导效应。“一般清算”旨在强制受托人履行其主要职责，“有意违反信托的责任”用于收取损失赔偿金，“利润返还”用于收取受托人不当获得的收益。然而，“一般清算”也可以用于向受托人收取补偿金，另两种形式的责任承担方式也可以用于迫使受托人直接履行其主要信托义务。这三种形式的清算，都可用于强制执行两项重要的信托义务：提供信息和支付赔偿金。

（1）告知义务。受托人向受益人（或其他有权执行信托的人）提供信息的义务，是受托人承担的首要义务，以此确保其对信托管理负责。该义务是受托人的核心职责之一,不能为委托人所移除。[18] 它有两个组成部分。首先,受托人必须保有所有信托资产交易的准确记录,包括所有需要去证实这些记录有效的文件(如收据)。[19] 其次,受托人必须在受益人要求,或符合受益人利益时,向受益人提供相关信息。[20] 受益人有权合理查阅信托文件并复印(费用自理),[21] 包括所有与信托管理有关的文件,但涉及受托人之间关于如何行使酌处权的沟通文件除外。[22]

受托人在被要求清算赔偿金时,必须向法院提供一份(按要求的格式)有关信托资产的所有收支账目。受托人有责任证明和验证会计账目的准确性。没有保存或制作适当的会计记录,将对违法者适用不利于他的通常假定,即将以对受托人不利的方式,处理任何不确定性引发的问题。[23] 然而,这并不意味着总是需要文字证据。在 Molly v Molly 案中,[24] 一名受托人被他的仆人抢走了他负责保管的 40 英镑黄金。抢劫事实需经受托人的誓言才能证明,之后受托人被允许从信托账户中提取 40 英镑。此外,法院可以在特殊情况下撤销账户。在 Campbell v Gillespie 案中,[25] 受益人使受托人相信,信托已经圆满履

---

〔18〕 Jones v Shipping Federation of British Columbia [1963] 41 WWR 636 (BC); D Hayton "Developing the Obligation Characteristic of the Trust" [2001] 117 L Q Rev 96, 104 - 105.

〔19〕 GG Bogert and GT Bogert The Law of Trusts and Trustees (rev 2nd edn West St Paul Minn 1983) [962]; R Meagher and W Gummow Jacobs' Law of Trusts (6th edn Butterworths Sydney 1997) [1713].

〔20〕 Re Dartnall [1895] 1 Ch 474 (CA); Re W ebb [1894] 1 Ch 73, 79 - 80 (CA).

〔21〕 Sandford v Porter [1889] 16 OAR 565 (Ont CA).

〔22〕 Re Londonderry's Settlement [1965] Ch 918; Hartigan Nominees Pty Ltd v Rydge [1992] 29 NSWLR 405; Wilson v Law Debenture Trust Corp [1995] 2 All ER 337; also see Wells Fargo Bank NA v Superior Court of Los Angeles County, 990 P2d 591 (Cal 2000) regarding privileged communication between trustees and their solicitors.

〔23〕 GG Bogert and GT Bogert The Law of Trusts and Trustees (rev 2nd edn West St Paul Minn 1983) [962], 20 - 23.

〔24〕 [1678] 2 Ch Cas 2, 22 ER 817.

〔25〕 [1900] 1 Ch 225.

行,不再需要记录文件。受托人随后销毁了信托记录,这一行为是不正当的,却是在诚实的心理状态下作出的。因此,法院驳回了受益人要求受托人清算赔偿金的申请。

通常情况下,受益人有权在没有法院命令的情形下获得与信托相关的信息。[26] 不管要求的形式如何,要求受托人清算赔偿金的命令直接强制执行了受托人提供信息的首要义务,至少涉及信托资产的使用方面是如此。正如下文所讨论的(在恢复原状部分),受托人可以被要求返还从与其对信托忠实义务相冲突的个人活动中获得的利润,而无论该利润的获得是否与信托财产的使用相关。由于受托人没有义务向受益人提供有关其生活各方面的信息,因此在受托人被指称违反忠诚义务的情况下,才为受托人创设解释与信托管理无关活动的义务。换句话说,提供信息不是受托人承担的首要义务,而是次要义务。

当受益人面临在两种对违反信托约定不同的应对措施之间选择的时候,其有权为做出最优选择而获得任何信息。例如,如果受托人不当挪用信托财产,受益人可以选择让其赔偿损失或者返还所得利润(如下文所述)。在做出选择之前,他们有权获得涉及相关选择得与失所需的信托交易信息。正如詹姆斯(James)在 Vyse v Foster 案中所说,"如果原告享有选择权,她有权在任何情况下,开展调查并获得交易信息,以使她做出相关决策"[27]。

(2)支付义务。要求受托人清算赔偿金的指令,是执行受托人向受益人或信托账户支付款项义务的常规方法。这是通过将责任承担指令与完成交易记录清算后要求受托人支付款项的指令结合在一起来进行的。值得注意的是,在许多情况下,支付命令将产生赔偿或恢复原状的法律后果,而不是直接执行受托人的义务。这取决于受托人

[26] GG Bogert and GT Bogert The Law of Trusts and Trustees (rev 2nd edn West St Paul Minn 1983)[961], 12.

[27] [1872] 8 Ch App 309, 334; see A Scott and W Fratcher The Law of Trusts (4th edn Little, Brown & Co Boston 1988)[205], 240.

是否承担支付这笔款项的主要义务，还是仅因为他们违反了另一项信托义务而有责任支付这笔款项。如果该付款义务仅因违反信托而存在，则它是一项次要义务，无论该义务是通过要求清算赔偿金的命令还是其他方式执行的。

信托法的基本原则是，妥善履行信托职责的受托人不应为履行职责而自掏腰包。他们可能无权因提供信托服务而获得报酬，但是其因履行信托职责而支付的合理费用，有权要求得到偿付。[28] 即便信托遭受巨大损失，受托人也不应以自己的资产来填补亏空，除非他们违反了信托约定，并且该行为导致了信托资产的损失。正如林德利(Lindley)法官所说：

> 受托人不是保证人，也不是保险人；他只对自己犯下的错误负责，信托资产的受损本身并不能证明这种错误的存在……以一般审慎行事，并在信托文件限定的职权范围内，诚实管理信托资产的受托人，对单纯的判断失误不承担责任。在这种情况下，信托财产的任何损失，应当由信托财产的所有人，也就是信托受益人来承担，而不能将这种风险转嫁给没有从事不当行为的受托人，虽然事后的结果可能证明信托受托人本可以做得更好。[29]

除非受托人以某种方式违反了信托义务，否则他可以不承担将自己资产用于偿付与信托有关的支付令的义务。在没有正当理由的情况下，不能强迫受托人自掏腰包。在大多数情况下，要求受托人承担偿付义务的理由在于受托人违反信托义务的行为导致信托财产遭受损失，或受托人因此获利。还有支持要求受托人清算赔偿金的理由，

---

〔28〕 Re Harrison's Settlement Trusts [1965] 1 WLR 1492, 1497; Trustee Act 2000 (UK), s 31(1).

〔29〕 Re Chapman [1896] 2 Ch 763, 775－6 (CA); Bartlett v Barclays Bank Trust Co Ltd [1980] 1 Ch 515, 530－531; Target Holdings Ltd v Redferns [1996] 1 AC 421, 432; A Scott and W Fratcher The Law of Trust (4th edn Little, Brown & Co Boston 1988) [204].

也与受托人违反信托义务有关。例如,如果受托人违反了保留完整交易记录的义务,他们可能无法核实支出的正当性,因此需要承担管理信托的费用。此外,如果受托人为信托支付了不合理的费用,他们将无权就相关支出获得补偿,因为这将构成滥用信托资产,从而违反信托。

彼得·伯克斯教授对此持相反观点,他认为可以要求受托人承担由未经授权处置信托资产的行为产生的信托财产损失,并将此作为受托人所承担首要义务的一部分:

> 在受托人接受信托财产之时,就产生了双重义务,为信托负责,以及履行责任的承诺。这并不是说越权财产处置行为不是错误行为。它是错误行为。但越权行为被定性为违反信托的一种行为,与受托人的主观状态无关。换句话说,受托人承担责任,并非因为其从事了不当行为,而是因为他是以受托人身份接受了信托资金,在接受信托财产后,受托人未经授权的支付或投资行为,不应受到肯定。[30]

然而,受托人的某项信托支出不被允许,并非因为该行为未经授权,或者是越权行为,而是因为该行为违反了信托。如果受托人所持有的信托资产被抢劫,只要劫持者对信托资产的占有行为是在受托人无过错的情况下发生的,受托人就有权将该损失记录为信托财产支出的一部分。[31] 虽然该笔支出并没有被授权,也不在信托人管理信托的权限之内,但受托人的行为并未违反信托。因此,其无须承担该笔损失。当然,如果受托人的行为违反了信托,那结果就另当别论了。如果受托人未能对信托财产采取适当的保护措施,该笔支出就是不被

---

〔30〕 P Birks "Equity in the Modern Law: An Exercise in Taxonomy" [1996] 26 University of Western Australia Law Review 1, 47; also see P Birks "Definition and Division: A Meditation on Institutes 3. 13" in P Birks (ed) The Classification of Obligations (Clarendon Oxford 1997) 1, 25.

〔31〕 Morley v Morley [1678] 2 Ch Cas 2, 22 ER 817.

允许的。如果受托人没有给信托资产购买保险,信托账户将可以扣除本应从保险人那里得到的保险金。

2. 指令

如果受托人无正当理由未能履行职责,法院可以命令其履行职责。法官的命令通常采取要求受托人执行某一特定行动的指令形式。[32] 博格特(Bogert)称这种行为为"具体履行",[33] 而大多数评论者使用其他短语,如"具体执行"[34] 或"强制履行",[35] 这可能是因为具体履行与合同义务的直接执行密切相关。然而,衡平法院还可以命令受托人履行具体信托义务,即便这些义务不具有合同属性,这是毫无争议的。具体履行合同与信托义务的主要区别在于,只有在损害赔偿金不足以提供充分赔偿的情况下,才直接强制执行合同义务,而信托的强制执行并不以其他补救措施是否充分为适用的前提条件。[36]

一般情况下,法院不会强迫受托人以某种特定方式执行其酌处权,[37] 但如果受托人未能适当行使或根本不行使酌处权,法院就可以这样做。[38] 如下文所述,法院也可以禁止受托人不当行使其酌处权,或在受托人拒绝行使酌处权时将其撤职。

3. 强制令

法院可颁布禁令,禁止受托人以某种违反信托的方式使用或处理信托财产,例如将信托资产用于不当目的、低于市场价出售或将其转

[32] See Re Tillott [1892] 1 Ch 86.

[33] GG Bogert and GT Bogert The Law of Trusts and Trustees (revised 2nd edn West St Paul Minn 1995) [861], 21.

[34] A Scott and W Fratcher The Law of Trust(4th edn Little, Brown & Co Boston, 1988) [199.1].

[35] R Meagher and W Gummow-Jacobs The Law of Trust(6th edn Butterworths sydney 1997) [2303].

[36] See Scott (note 3 above); Bogert (note 2 above) [870], 135 - 137.

[37] See Tempest v Lord Camoys [1882] 21 Ch D 571 (CA); Re Blake [1885] 29 Ch D 913 (CA).

[38] See Re Hodges [1878] 7 Ch D 754; Klug v Klug [1918] 2 Ch 67.

让给错误的人。[39] 这是对信托义务的直接执行，要求受托人不得做某事。与其他具体履行信托义务的救济一样，限制受托人从事某违反信托行为的禁令的使用，并不考虑其他救济措施是否能提供足够充分的救济。然而，在 Buttle v Saunders 案中，[40] 当受托人同意遵守维恩－帕里法官的指示，以合理的价格出售信托资产后，法官决定不使用限制受托人以低于市场价的价格出售资产的禁令。

4. 宣告

法院也可以发布"宣告"，宣布受托人应该以某种方式行事或不行事，来履行信托职责。例如，在 Cowan v Scargill 案中，梅加里（Megarry）法官宣布，养老基金的一半受托人因拒绝与另一半受托人在采用何种投资策略和商业计划方面达成一致而违反信托。[41] 虽然宣告可能被视为直接性弱于实际履行及禁令的强制执行手段，但它实质上具有与强迫受托人履行义务相同的效果。如梅加里法官在 Cowan v Scargill 案中所述，如果在给受托人发布指令与发布宣告之间做出选择：

> 我认为在这种情况下，对于我来说，宣告是更合适的。由被告人自行根据宣告内容执行他们作为受托人的义务。我猜想，法庭一旦作出宣告，受托人就会遵守法律的规定。我不认为被告会通过拒绝遵守法院所做出的宣告的方式，来证明他们不再适合继续担任受托人的角色。[42]

---

[39] See Wylde v A-G (NSW) [1948] 78 CLR 224, 270; Buttle v Saunders [1950] 2 All ER 193; A v C [1981] QB 956, 959.

[40] [1950] 2 All ER 193.

[41] [1985] Ch 270, 286, 299.

[42] [1985] Ch 270, 296.

三、补偿金

虽然大部分信托义务可以被直接执行,但受托人也可能被要求支付赔偿金。与其他法律领域一样,赔偿责任是由违反义务所造成的损失来产生和衡量的。由于明示信托要求受托人履行积极信托义务,受托人的职责并不仅仅是避免损害(即便纯粹的财产托管信托也要求受托人保管并应要求转移信托财产)。违反信托造成损失的计算是与如果信托被适当履行本应有的状态相比较的(与违反合同的损害赔偿一样)。[43]

许多信托给予受托人广泛的管理信托资产的自由裁量权。如果受托人违反了信托,比如进行了不正当投资,我们难以预测如果进行的是恰当投资可能产生的经济后果。除非受托人被要求实际进行该投资,否则受托人的损失无法通过参照某项投资来计算。[44] 当面临这种不确定性时,法院可能会根据受托人在行为得当的情况下最有可能使用的信托资产的投资方法,来计算损失。或者,法院可能只是简单责令受托人偿付某笔款项及相应利息,以赔偿信托损失。受益人承担证明信托所受损失的繁重负担。[45] 然而,一旦受益人能够在综合各种可能性的基础上,证明信托确实遭受了损失,法院可能愿意以推定损失的方式,帮助受益人确定损失数额。[46]

违反信托的赔偿金与其他部门法认定过错而设定的赔偿金具有相同目的:作为适当履行法定义务的替代方式。对于很多不法行为,

---

〔43〕 Bartlett v Barclays Bank Trust Co Ltd [1980] 1 Ch 515, 535.

〔44〕 Shepherd v Mouls [1845]4 Hare 500, 67 ER 746.

〔45〕 Nestle v National W estminster Bank plc [1993] 1 WLR 1260, [1994] 1 All ER 118, 126 - 127 (CA).

〔46〕 Guerin v The Queen [1984] 2 SCR 335, 13 DLR (4th)321; Nestle v National W estminster Bank PLC [1993] 1 WLR 141.

例如对身体的侵权伤害，给付金钱是低级替代形式。对于大多数违反信托的行为来说，当赔偿金支付给信托时，金钱赔偿是很好的替代品。如果受托人适当履行了他们的职责，这些钱将用于获得以信托形式持有的资产。这样信托的管理就有可能持续进行，如同违反信托的行为没有发生那样。当然，如果违反信托导致稀有或独特信托资产损失或毁灭（或受托人破产），经济补偿将无法成为适当履行信托的完美替代。

（一）信托法与普通法

虽然所有形式的赔偿金都有一个共同目的，但是违反信托所导致的赔偿金与普通法中的赔偿金有三点显著差异。首先，如前所述，违反信托所导致的赔偿金在大多数情况下，并不是支付给了受益人，而是常常用来补充信托资产。[47] 只有当信托财产的恢复不再可能，或将赔偿金用于补充信托财产并不能消除违反信托所致影响时（如信托已经结束或者受益人的信托利益已经终止），赔偿金才会支付给受益人。[48]

其次，违反信托的损失计算方法有别于其他法律领域的损失计算方法。损失是以判决之日[49]而不是违约之日的数据计算的，因为（在大多数情况下）赔偿金将用于购买信托资产，以使未来信托的适当履行成为可能。受益人是否有义务减轻信托财产的损失，[50]立法尚不明确。但在大多数情况下，受益人并无权处理信托财产的处置问题。受益人享有坚持信托继续得到适当履行的权利，赔偿金的计算基础是

〔47〕 Bartlett v Barclays Bank Trust Co Ltd (No 2) [1980] 1 Ch 539, 545.

〔48〕 Target Holdings Ltd v Redferns [1996] 1 AC 421, 435.

〔49〕 Target Holdings Ltd v Redferns [1996] 1 AC 437.

〔50〕 See J Mowbray et al Lewin on Trusts (17th edn Sweet & Maxwell London 2000) 1195; J Getzler "Equitable Compensation and the Regulation of Fiduciary Relationships" in P Birks and F Rose (eds) Restitution and Equity Volume One: Resulting Trusts and Equitable Compensation (Mansfield London 2000) 235, 245.

为受益人相关权利的灭失提供履行替代的数据(如同违反一个特定可执行的合同所引发的损害赔偿金计算方法)。[51]

和普通法一致,相同程度上的信托法并没有对违反信托约定所导致的损失数额作出限定。其使用“但是”的因果关系,忽视了未来的问题以及可预见的伤害。[52] 正如威尔金森勋爵在 Target Holdings Ltd v Redferns 案中指出:

> 普通法中关于损害和因果关系不存在的规则不适用。然而,违反信托与可获得赔偿的信托财产损失之间必须存在某种因果关系,即如果没有违约,损失就不会发生。[53]

最后,信托法和普通法采用不同的赔偿方法。支付损害赔偿金是对违约或侵权行为进行赔偿的通常方法,而清算赔偿金是对违反信托行为进行赔偿的正常方法。伪造或虚报信托账户,可以要求受托人支付因违反信托而造成的损失。在某些情况下,受托人可能被强制直接向受益人支付公平补偿,并且与普通法一样,利息奖励可以是补偿性的。下面将讨论这些制度。

(二)赔偿与恢复原状

尽管各种形式的赔偿存在差异,但所有人都以相同的基本方式追求相同的目标。不法行为人被迫支付一笔款项,以补偿因其违反义务而造成的损失。这一损失既产生了支付责任,又决定了应支付的金额。虽然损失的计算可能因错误而异,但正是对损失的关注使所有形式的赔偿与对违反义务的其他回应区别开来。

---

〔51〕 See A Burrows Remedies for Torts and Breach of Contract (2nd edn Butterworths London 1994) 109 - 111.

〔52〕 Clough v Bond [1838] 3 My & Cr 490, 496, 40 ER 1016, 1018; A Scott and W Fratcher The Law of Trusts (4th edn Little, Brown & Co Boston 1988) [205.1].

〔53〕 [1996] 1 AC 421, 434.

不幸的是,术语上的差异掩盖了各种赔偿形式之间本质的相似性。违约或侵权行为的赔偿称为“损害赔偿”,而违反信托的赔偿通常称为“恢复原状”。例如,在 Re Dawson 案中,斯特里特(Street)说:

违约受托人的义务基本上是对遗产进行恢复原状。该义务属于个人性质,其范围不受管辖损害不受影响的普通法原则的限制。[54]

“损害赔偿”和“恢复原状”这两个术语的使用可能令人困惑,原因有三:(1)根据责任的性质,对违反义务的同一种回应有不同的名称;(2)两个词语都没有明确表达对损失进行赔偿的意见;(3)“恢复原状”现在被用作一个专业术语,用来描述要求被告放弃获得收益的回应。对于许多律师来说,赔偿和恢复原状是两个截然不同的、描述不同类别法律回应的术语:前者是由索赔人的损失创造和衡量的,后者是由被告的收益创造和衡量的。

为什么违约赔偿被称为恢复原状?至少有两个可能的原因。首先,“恢复原状”一词有不止一种含义。[55]《牛津英语词典》将其定义为“将某物返还或返还给其合法所有者的行为,或对先前遭受的损失或伤害进行赔偿的行为”。[56] 这一定义的前半部分是现代私法对恢复原状的理解,而后半部分仅是补偿的同义词,这为用赔偿和恢复原状作为专业术语的律师所回避。[57] 然而,恢复原状还有一个含义,它恰当地描述了对违反信托行为进行赔偿的正常方法:将一个事物或机构恢复到其原始状态或形式的行为。

当违反信托导致信托资产或其价值损失时,受托人必须更换这些

---

〔54〕 [1966] 2 NSWR 211, 214.

〔55〕 P Birks "Three Kinds of Objection to Discretionary Remedialism" [2000] 29 University of Western Australia L Rev 1, 2.

〔56〕 J Simpson and E Weiner (eds) The Oxford English Dictionary (2nd edn Clarendon Oxford 1989).

〔57〕 See The Oxford English Dictionary.

资产或将信托价值增加到如果未发生违反行为本应达到的水平。虽然这可能被描述为恢复原状,但在受托人必须将信托恢复到其原始(或适当)状态的意义上,这是一种补偿,而不是恢复原状,正如今天律师所使用的那样。受托人必须支付纠正信托的费用,即使他们没有从违约中获益。换言之,责任是由信托的损失而不是受托人的收益产生和衡量的。[58]

将违反信托的赔偿描述为恢复原状的第二个原因是受托人确实有义务恢复因违反信托而获得的任何收益。许多违反信托的行为都涉及受托人挪用信托资产,给信托带来损失,也给受托人带来收益。毫无疑问,违约受托人有义务返还被挪用的资产(或其可追踪的收益)。但是,他们也有义务赔偿给信托造成的损失。

在处理这种情况时,法官经常提到受托人有义务进行赔偿,但并不总是明确说明这是否意味着受托人有义务放弃被挪用的资产(或其价值)或有义务弥补信托遭受的损失。要正确理解这些案件,就必须密切注意"恢复原状"一词的使用背景。在 Re Dawson 案(如上所述)中,斯特里特使用"恢复原状"来表示将信托恢复到其原始状态的义务(补偿)。在其他情况下,"恢复原状"在现代意义上被用来表示放弃从信托中挪用资产的义务。例如,在 Re Collie 案中,詹姆斯说:

> 衡平法院从未受理因欺诈行为或违反信托而造成补偿的诉讼。诉讼总是针对衡平法上的债务或债务性质的责任。这是一项要求返还被骗方被骗的实际金钱、物品或物品价值的诉讼。[59]

有些情况下,"恢复原状"的使用仍然模棱两可,即使在仔细考虑了上下文之后也是如此。例如,在 Target Holdings Ltd v Redferns 案

---

〔58〕 Bartlett v Barclays Bank Trust Co Ltd (No 2)[1980] 1 Ch 539, 545.

〔59〕 [1878] 8 Ch D 807, 819 (CA).

中,威尔金森勋爵说:

> 违反信托的受托人必须恢复或向信托财产支付因违反信托而使信托财产损失的资产或对此类损失的赔偿。衡平法院没有裁定损害赔偿,但以个人名义命令违约的受托人恢复信托财产。如果无法具体返还信托财产,则受托人的责任是向信托财产支付足够的补偿金,使其恢复到未发生违约时的状态。[60]

在这段引文中,威尔金森勋爵使用补偿和恢复原状作为对比的专业术语,当受托人不再拥有信托资产或其价值(因此没有任何东西可以放弃)时,损害赔偿是恢复收益的必要替代方案。然而,“具体恢复信托财产”一词可能意味着“将信托恢复原状”,而不是“将特定资产归还信托”。如果是这样,那么补偿和恢复原状只是对损失的不同形式的赔偿。受托人被要求购买资产以替换因其违约行为而损失的资产,无论受托人是否从违约行为中获得任何利益。如果资产不能以实物替代,那么资金将作为替代添加到信托中。

通常情况下,受托人有责任赔偿因违反信托而造成的任何损失,无论他们是否从违反信托中获得任何利益。正如维内洛特在雷贝尔的契约中所说:

> 根据我的判断,为自己的利益而挪用信托资金的受托人和为他人的利益而故意挪用信托资金的受托人之间,没有明显的区别。我认为,如果一名受托人故意挪用信托资金,将信托资金支付给他的妻子或孩子,那么对他施加较轻的责任,是荒谬的。[61]

〔60〕 [1996] 1 AC 421, 434.

〔61〕 [1980] 3 All ER 425, 441.

然而,不应忘记,违反信托的受托人可能有义务归还收益,以及(或作为替代)赔偿损失。受益人可能拥有归还被挪用的信托资产(或其可追踪收益)的财产权,如果受托人破产,这一点尤为重要。此外,受托人的收益可能超过信托损失,在这种情况下,恢复原状将是更具吸引力的选择。最后,可以想象,豁免条款可以保护受托人免于承担赔偿损失的责任,但不必承担返还其收益的责任。

(三)赔偿方法

违约赔偿主要有三种方式:清算赔偿金、公平补偿和判给利息。判给利息很简单,但与其他两项可能存在一些混淆。首先,随着近年来对公平补偿的关注,人们越来越错误地认为公平补偿是因违反信托而造成的损失的主要赔偿方法。然而,只有当清算赔偿金不合适时,才将其用于该目的。

其次,用于获得赔偿的责任承担方式有两种:一般责任承担和基于故意违反信托而承担责任。对每种形式性质的潜在误解可能导致一种错误印象,即一般责任承担仅用于强制执行受托人的主要义务,基于故意违反信托而承担责任则用于强制执行受托人的次要义务,以赔偿损失。然而,后者的作用相当有限,前者是执行主要和次要信托义务的主要形式。下面将讨论这些问题。

1. 承担赔偿责任

当违反信托造成损失时,通常从受托人处获得赔偿的方式是开设赔偿金账户,根据损失金额进行调整,并要求受托人支付差额。[62] 受托人如果未能通过适当的投资获得资产或价值,则可以增加赔偿金数额,以增加信托得到适当履行时本应获得的价值。[63] 如果受托人违反信托处分资产,赔偿金数额可能被修改,从而删除不正当支出,并要

---

〔62〕 See A Scott and W Fratcher The Law of Trusts (4th edn Little, Brown & Co Boston 1988) [205].

〔63〕 Eg, Matter of Estate of Janes, 90 NY2d 41, 681 NE2d 332 (CA 1997).

求受托人赔偿信托损失的价值。[64]

如下所述,当受托人做出不当投资时,受益人可以选择采纳或拒绝该投资。如果被拒绝,赔偿金数额将被修改,投资将从支出清单中删除。因此,受托人被要求偿还不当支出的金额,并支付利息,但保留投资,以保证其偿还信托的义务。[65]

通常情况下,受托人有责任证明其赔偿金数额的正当性,首先是提供一份确认赔偿金数额的宣誓书,如果有要求,还应检查证明文件。受益人可以书面反对赔偿金数额,辩称项目缺失或不正确,[66]如果他们的反对得到支持,赔偿金数额也会相应调整。如果受益人试图扰乱先前结算赔偿金数额,他们有责任证明该赔偿金数额应被修改、追加费用或重新计算。[67] 如果他们能够确定其中包含错误,法院将允许其被修改或被追加费用。如果可以证明该赔偿金数额的结算是不正当的(因错误、受到不正当的影响、违反信托义务等),该赔偿金数额将被重新提出,并以正常方式再次使用。[68] 当然,法院不愿意重新受理经过了很长时间的被双方认可的赔偿金数额。[69]

(1)一般赔偿金清算。顾名思义,一般赔偿金清算是最常见的责任承担形式。在没有任何不当行为指控的情况下,可以强制执行受托人向受益人提供信息的主要义务(如上所述)。这也是强制受托人赔偿因违反信托而造成的损失的标准方式。在赔偿金清算过程中可能会发现违约行为,在这种情况下,受益人将有权寻求适当的救济(必要

---

[64] See Pitt v Cholmondeley [1754] 2 Ves Sen 565, 28 ER 360.

[65] Knott v Cottee [1852] 16 Beav 77, 51 ER 705; Re Salmon [1889] 42 Ch D 351, 356 – 357; Foskett v McKeown [2001] 1 AC 102, 130 – 132; GG Bogert and GT Bogert The Law of Trusts and Trustees (rev 2nd edn West St Paul Minn 1983) [865].

[66] See CPR, PD 40 (Accounts, Inquiries, etc); Alberta Rules of Court, r 422; A Nevill and A Ashe Equity Proceedings With Precedents (New South Wales) (Butterworths Sydney 1981) [312].

[67] Pitt v Cholmondeley [1754]2 V es Sen 565, 28 ER 360.

[68] Coleman v Mellersh [1850]2 Mac & G 309, 42 ER 119; Re W ebb [1894] 1 Ch 73, 80 (CA).

[69] Pitt v Cholmondeley [1754] 2 Ves Sen 565, 28 ER 360.

时修改或开始答辩)。[70] 如果受益人因受托人违反信托而对受托人提起诉讼,则可以要求使用一般赔偿金清算,然后对赔偿金额进行调整。[71]

过去的案例造成了一种误解,即一般赔偿金清算仅用于强制执行受托人的主要义务,这种误解限制了受益人在赔偿金清算过程中将其转换为基于故意违反信托的赔偿金清算的能力。例如,在 Partington v Reynolds 案中,[72]原告获得了一个针对无遗嘱者的管理者的判决,被要求对其管理行为承担责任。原告发现管理人可能犯有故意违约罪,据此要求提供账户,但被驳回。金德斯利说:

> 有两种不同的赔偿金清算模式。因此,使用两种不同形式的判决,以迫使他承担责任。一项判决强制他只对他所收到的立遗嘱人或无遗嘱者的个人财产承担责任;另一项判决要求他不仅要为他所收到的东西负责,而且要为他在没有故意疏忽或违约的情况下可能收到的东西负责,尽管他没有收到。这是两条完全不同的判决。后者不仅仅是对前者的修改;它们在原则上完全不同。它们的出发点完全不同。一个假设没有不当行为;另一个完全基于不当行为。[73]

这并不意味着一般赔偿金清算不能用于赔偿违反信托的行为。这仅意味着,基于故意违反信托而清算赔偿金本身就是对特定形式不法行为的回应,除非该不法行为得到辩护和证明(如下文所述),否则无法要求承担该责任。如果受益人没有指控任何不当行为,而只是要求受托人清算赔偿金,则除非他们相应地变更其诉讼请求,否则他们

〔70〕 Gordon v Gonda [1955] 2 All ER 762, 768 (CA).

〔71〕 Re Wrightson [1908] 1 Ch 789, 799 – 800; Re Stevens [1898] 1 Ch 162, 169 – 170, 172 (CA).

〔72〕 [1858] 4 Drew 253, 62 ER 98.

〔73〕 Partington v Reynolds [1858] 4 Drew 253,255 – 256,62 ER 98,99; Hodson v Ball [1842] 1 Ph 177,182,41 ER 599,601.

无法要求基于故意违反信托而要求受托人清算赔偿金或任何其他形式违反信托的救济。[74] 与任何诉讼当事人一样,受托人有权知道针对他们的指控,并应有机会作出回应。有一段时间,衡平法院程序变得僵化,一种赔偿金清算方式无法转换到另一种赔偿金清算方式,这可能成为要求清算的人的一大障碍。今天,这种转变并不困难,只要得到起诉状(或诉状变更)的支持即可。[75]

(2)故意违约。"基于故意违反信托而清算赔偿金"这句话没有多大帮助。这是一个专业术语,"故意违约"仅指受托人、执行人等未能收到他们本应收到的所有资产。[76] 它不要求存在故意的错误行为:诚实、善意的受托人可能会因此而担责。[77] 这方面存在一些认识误区,因为如果损失是由受托人"自身故意违反信托"造成的,则"受托人对其代理人或其他受托人的错误不承担责任",这一众所周知的成文法免责条款不适用。[78] 为此,"故意违约"指受托人故意或疏忽大意的错误行为。[79]

显然,在清算赔偿金背景下,"故意违约"并不是"违反信托"的同义词,而只是一种违约形式。[80] 因此,需要一个一般赔偿金清算来处理在技术意义上不是故意违约的信托违约。有人认为,故意违约有别于其他违反信托的行为,因为它是"被动的",而其他违约行为是"主动的",这进一步造成了混淆。例如,在 Bartlett v Barclays Bank Trust

---

[74] Job v Job [1877] 6 Ch D 562; Laming v Gee [1878] 10 Ch D 715; Mayer v Murray [1878] 8 Ch D 424; Barber v Mackrell [1879] 12 Ch D 534 (CA); Re Wrightson [1908] 1 Ch 789, 799.

[75] Gordon v Gonda [1955] 2 All ER 762, 768 (CA); CPR, PD 40 (1.1).

[76] Armitage v Nurse [1998] Ch 241, 252; J Stannard "Wilful Default" [1979] 43 Conveyancer 345, 346 -348.

[77] Bartlett v Barclays Bank Trust Co Ltd (No 2) [1980] 1 Ch 539, 546.

[78] Trustee Act 1925 (UK), s 30; repealed from 1 February 2001 by the Trustee Act 2000 (UK); see Trustee Act 2000 (UK), s 23, regarding the trustee's liability for agents.

[79] Armitage v Nurse [1998] Ch 241, 252; Stannard (n 76 above) 348 -351.

[80] Russell v Russell [1891] 17 VLR 729, 732; Bartlett v Barclays Bank Trust Co Ltd (No 2) [1980] 1 Ch 539, 546; Re Stevens [1898] 1 Ch 162, 172 (CA).

Co Ltd (No 2)案中,布赖特曼(Brightman)表示:

> 在这种情况下,受托人故意违约意味着消极违反信托,受托人没有做一名谨慎的受托人,他本应做的事——与主动违反信托不同,也就是说,做受托人不该做的事情。[81]

然而,也有许多消极违反信托的行为,即没有采取行动,但不属于故意违约,例如没有保存适当的记录、向受益人付款、监督代理人或为信托资产投保等。相反,未能收到信托财产可能是受托人故意的不诚实行为。"故意违约"的技术含义是未能收到如果信托得到适当履行本应收到的资产。形容词"主动"和"被动"并没有提供一个有用的基础来区分它与其他违反信托的行为。[82]

基于故意违反信托而承担责任给予受益人程序上的优势。律师有权对受托人本应收到的资产进行漫游查询,根据奥斯丁的说法,基于故意违反信托而清算赔偿金比一般清算赔偿金要施加给责任方的举证责任比一般清算赔偿金的举证责任大得多。[83]

为了使受托人承担基于故意违反信托的责任,受益人必须主张并证明(或至少"在法庭中提出怀疑理由")受托人至少有一次故意违约。[84] 这一点很重要,因为这种责任形式本身就是对不当行为的回应,这使得受托人在追责过程中处于不利地位。因此,没有理由命令无辜的受托人承担责任。

此外,如果没有发现任何其他故意违约的实例,就没有理由主张

---

〔81〕 [1980] 1 Ch 539, 546; also see Re Wrightson [1908] 1 Ch 789, 799; Gava v Grljusich [1999] WASC 13, [23].

〔82〕 Glazier v Australian Men's Health (No 2)[2001] NSWSC 6, [56].

〔83〕 Glazier v Australian Men's Health (No 2)[2001] NSWSC 6, [42].

〔84〕 Sleight v Lawson [1857]3 K & J 292, 299, 69 ER 1119, 1122 (Page Wood V-C);Coope v Carter [1852]2 De GM & G 292, 42 ER 884; Re Symons [1882]21 Ch D 757; Russell v Russell [1891]17 VLR 729.

承担故意违反信托的责任。在 Re Tebbs 案中,[85] 执行人承认在一笔土地交易中故意违约。尽管在过去的几年里“代表原告进行了谨慎的调查”,他们的行为是诚实的,也没有进一步发现故意违约行为。[86] 斯莱德指出,“故意违约行为已被证明……法院有权要求有关整个财产的故意违约行为承担责任”[87]。然而,他只决定对其余的财产承担一般责任,因为“受托人过去的行为”并没有“产生合理的初步推断,即原告或法院尚且无法知道的其他违反信托行为是否已经发生”。[88]

2. 衡平补偿

违反信托的衡平补偿是直接向受益人支付金钱,以赔偿其因违约而遭受的损失。[89] 虽然(如上所述)计算损失的方法可能不同,但它在本质上类似于对违反法律义务的赔偿。正如威尔金森勋爵在 Target Holdings Ltd v Redferns 案中所说:

> 在这两种制度下,责任都是基于过错产生的:被告只对他对原告所犯的法律错误所造成的后果负责,并赔偿因该错误造成的损害。他对不是由于他的错误所造成的损害不负责,也不支付超过因这种错误所遭受的损失的赔偿。关于因果关系和损失的量化的衡平法的详细规则,至少在表面上不同于适用普通法的规则。但这两种体系的基本原则是相同的。[90]

在英格兰和英联邦,大多数法官和评论员都注重不把“衡平补偿”称为损害赔偿,而只使用“衡平补偿”一词来描述,根据《凯恩斯勋爵

[85] [1976] 2 All ER 858, [1976] 1 WLR 924.
[86] [1976] 2 All ER 864, [1976] 1 WLR 924.
[87] [1976] 2 All ER 862, [1976] 1 WLR 924.
[88] [1976] 2 All ER 863, [1976] 1 WLR 924.
[89] Target Holdings Ltd v Redferns [1996] 1 AC 421, 434 - 435.
[90] [1996] 1 AC 421, 432.

法案》(Lord Cairns Act,91)判决的损害赔偿,[91]将其作为具体履行或禁止令的替代或补充。这种区别在美国法律中并不存在,因此,在美国,衡平补偿通常被称为损害赔偿。博格特称为"损害救济",无论是否通过清算赔偿金或直接支付方式:

> 就违反信托而言,在诉讼中或在受托人被额外控告超过其承认的责任的追责过程中,法院可指示受托人用自己的资金向受益人支付损害赔偿金。[92]

在英国和加拿大使用的词汇可能正在发生变化。例如,在 Swindle v Harrison 案中,霍布豪斯(Hobhouse)说,"对于索赔,我们不得不考虑要求损失赔偿或衡平补偿的违约赔偿责任的角色"[93]。"损害赔偿"这个词可能被扩展来取代"衡平补偿",甚至可能进一步描述每一个因违反义务而付钱的责任是补偿性的、填补性的或惩罚性的。[94] 无论如何,目前使用不同的术语来描述相同形式的补偿的做法是没有益处的。此外,"衡平补偿"一词目前的使用可能会造成一种错误的印象,即清算赔偿金和其他对违反信托的回应都不是补偿性的。

衡平补偿是违反信托赔偿的一种辅助方法。在 Canson

---

〔91〕 Chancery Amendment Act 1858 (UK); see A Burrows Remedies for Torts and Breach of Contract (2nd edn Butterworths London 1994) 242 - 247; R Meagher, W Gummow and J Lehane Equity Doctrines and Remedies (3rd edn Butterworths Sydney 1992) 634 - 636; M Tilbury "Equitable Compensation" in P Parkinson (ed) The Principles of Equity (LBC Sydney 1996) 781.

〔92〕 GG Bogert and GT Bogert The Law of Trusts and Trustees (rev 2nd edn West St Paul 1983) [862], 34 - 36.

〔93〕 [1997] 4 All ER 705, 722 (CA); see also Bartlett v Barclays Bank Trust Co Ltd (No 2) [1980] 1 Ch539, 545; Bristol & W est Building Society v Mothew [1998] Ch 1, 17 (CA).

〔94〕 See H McGregor "Restitutionary Damages" in P Birks (ed) Wrongs and Remedies in the Twenty First Century (Clarendon Oxford 1996) 203.

Enterprises Ltd v Boughton & Co 案中，麦克拉克林（Mclachlin）说，“补偿是一种衡平的金钱救济，当衡平法上的恢复原状和清算赔偿金不恰当时，其可以使用”[95]。威尔金森勋爵在 Target Holdings Ltd v Redferns 案中引用了这段话，称其为“良法”。[96] 如果受益人不能通过清算赔偿金或通过具体信托资产的恢复原状（下文讨论）获得令人满意的违约救济，则可运用衡平补偿。

相对而言，最近的趋势倾向于掩盖这样一个事实，即清算赔偿金仍然是强制受托人支付违反信托赔偿的主要方法。这种趋势主要是由于信义义务在各种新关系中的扩大应用。在没有涉及信托资产，但信义义务被用于规范提供咨询建议的情况下，只有在受托人被要求说明隐藏利润（下文讨论）时才有用，这样，讨论清算赔偿金才是有用的。如果他们违反信义义务造成损失，则只能通过直接向原告支付衡平补偿来提供赔偿。

当向信托支付金钱已不再实际或有帮助时，就需要对违反信托进行衡平补偿。如果在信托已经终止后曝光信托违约，那么，正如威尔金森勋爵所说：“没有理由通过命令向信托基金而不是受益人本人要求恢复原状和赔偿的方式来赔偿信托违约。”[97]法院可以命令受托人重组基金，[98]但只有在直接向受益人支付衡平补偿不切实际或不可能的情况下，法院才应该这样做。例如，如果信托是出于慈善目的或在受益人中自由分配，则可能需要重组信托。

在某些情况下，即使信托继续存在，直接向受益人付款也可能是合适的。例如，在 Re Salmon 案中，[99]一名退休受托人被要求直接向一名受益人支付因他退休前 3 年发生的违约所造成的损失赔偿。新的受托人和一些受益人已经免除了退休受托人的责任并且不能起诉

---

〔95〕 [1991]85 DLR (4th)129, 163 (SCC).

〔96〕 [1996] 1 AC 421, 438 - 439.

〔97〕 Target Holdings Ltd v Redferns [1996] 1 AC 421, 434 - 435.

〔98〕 Target Holdings Ltd v Redferns [1996] 1 AC 435.

〔99〕 [1889]42 Ch D 351, 371 (CA).

他。支付给原告受益人的赔偿金额是他的信托份额的价值损失。尚未免除退休受托人的其他受益人可在庭审中申请对其份额损失的赔偿。

直接支付给受益人的衡平补偿数额应与受托人在履行信托期间对损失作出说明时他们本应支付给信托的数额相同。威尔金森勋爵表示,在这两种情况下,“补偿的衡量标准是相同的,即受益人实际得到的补偿与他本应得到的补偿之间的差额”[100]。这是有道理的。责任赔偿与衡平补偿只不过是对同一违约行为造成的同一损失的不同赔偿方式,它们没有理由产生不同水平的赔偿数额。

当信托违约发生时,受益人通常可以在两种不同的应对方式中选择,并可以自由选择最有利的应对方式。通常情况下,这些应对方式有不同的目标。例如,如果受托人挪用信托资产,受益人可以选择返还受托人的收益或赔偿信托损失。有时,一笔交易既是违反信托,也是其他一些错误行为,如违反保密义务、侵权或违反合同。每一项错误都可能造成不同程度的损失,因此也可能造成不同程度的赔偿,尽管对每一项错误的应对方式追求的基本目标都是赔偿损失。在这种情况下,受益人可以自由选择对造成最大损失的错误进行赔偿。

然而,对于相同的违反义务的行为,有两种方法可以达到相同目标,那么就没有理由认为它们会产生实质上不同的结果。只要衡平补偿和清算赔偿金产生相同水平的赔偿,受益人就不需要在两者之间进行选择。法院可以将清算赔偿金作为最实用的违约赔偿方法,并将衡平补偿降级为辅助作用,只有在清算赔偿金不再适用时才能使用。

3. 利息

当受托人被要求向受益人或信托支付一笔款项时,他们通常需要支付这笔款项的利息。在 Re Dawson 案中,斯特里特表示:“法院在选

---

〔100〕 Target Holdings Ltd v Redferns [1996] 1 AC 435.

择适当利率方面的司法权只能出于补偿目的。"[101] 然而，这是错误的。与清算赔偿金一样，判给利息也可以用来赔偿或恢复原状。前者是由受托人应该为信托赚取的利息来衡量的，而后者是由他们违反信托为自己赚取的利息来衡量的。[102]

尽管法院早就认识到，应该强制违约受托人支付利息，以弥补他们对信托造成的损失，或确保他们不会从不当行为中获利，但在许多案例中，实际的赔偿并没有积极追求这些目标。长期以来，有一种做法是选择单利或复利，利率为 4% 或 5%，以最好地实现赔偿或恢复原状的目标。如果受托人有责任以复利投资信托资产，但未能做到这一点，则判给复利作为补偿。[103] 当受托人在自己的业务中滥用信托资产时，它也作为赔偿而被判给支付。[104] 如果被挪用的信托资产以该比率正确投资，受托人用于其业务，或故意违反信托，则可获得较高的 5% 的比率。[105] 有限的选择意味着判给利息是一种生硬的工具，其效果只能近似于所希望的目标。[106]

如今，法院可以自由选择一种利率和计算方法，以更准确地追求它被赋予的目标。在 Bartlett v Barclays Bank Trust Co Ltd（No 2）案中，布赖特曼称：

在过去，受托人通常只收取 4% 的利息，除非有特殊情况……在这个利率巨大且不断变化的时代（目前的走势是向上的），我认为衡平法

---

[101] [1966] 2 NSWR 211, 218.

[102] A-G v Alford [1855] 4 De GM & G 843, 851, 43 ER 737, 741; Wallersteiner v Moir (No 2) [1975] QB 373, 388 (CA).

[103] Jones v Foxall [1852] 15 Beav 388, 393, 51 ER 588, 590; Knott v Cottee [1852] 16 Beav 77, 51 ER 705; Re Emmet's Estate [1881] 17 Ch D 142; Re Barclay [1899] 1 Ch 674, 686.

[104] Wallersteiner v Moir (No 2) [1975] QB 373, 397, 406 (CA).

[105] Jones v Foxall [1852] 15 Beav 388, 51 ER 588; Knott v Cottee [1852] 16 Beav 77, 51 ER 705.

[106] A-G v Alford [1855] 4 De GM & G 843, 853, 43 ER 737, 742; Gordon v Gonda [1955] 2 All ER 762, 767 (CA).

庭遵守我们祖先稳定时期的适度利率是不现实的。

根据我的判断，在没有特殊情况时，判给适当的利息，以补偿受益人和信托基金没有从受托人那里收到本应收到的钱，该款项可以计入依据1965年《司法行政法》第6条第1款设立的法院短期投资账户。[107]

在判给利息补偿时，法院认定信托被剥夺了对受托人错误分配或未收取资产的使用权，并询问受托人如果行为得当，会如何处理这些资产。这类调查可以超越普通法所规定的损害程度的界限（这可能解释普通法对利息补偿的限制）。[108] 然而，这在对违反信托行为进行补偿时是允许的。此外，对受托人本应收取利息的调查，并不同于基于故意违约的清算赔偿金，也不局限涉及所指控清算赔偿金的情况。[109] 强制受托人支付利息的方法通常是将利息记在清算的赔偿金上（无论何种形式），但利息也可以加上衡平补偿。

四、恢复原状

在本文中"恢复原状"在行业中作为一个术语用来描述放弃某项资产或者其价值的义务。[110] 一些违反信托约定行为的后果即负有这一目的。如果信托资产被恶意挪用，受益人即可寻求去追回它们。受益人对这些资产享有可以用来对抗受托人和其他人（受善意购买抗辩

---

[107] [1980] 1 Ch 539, 546 – 547; also see Wallersteiner v Moir (No 2) [1975] QB 373 (CA); D Hayton Underhill and Hayton Law Relating to Trusts and Trustees (15th edn Butterworths London 1995) 839 – 840, 842.

[108] See Law Commission Law of Contract: Report on Interest (Law Com No 88, 1978); Westdeutsche Landesbank Girozentrale v Islington LBC [1996] AC 669.

[109] Re Barclay [1899] 1 Ch 674, 681; but see Re Stevens [1898] 1 Ch 162, 172, 176 (CA).

[110] P Birks An Introduction to the Law of Restitution (rev edn Clarendon Oxford 1989) 13.

的约束)的所有权。他们也可以寻求将这些资产的价值存入信托。

恢复原状并不局限于恢复被挪用的信托资产或恢复其价值。受托人也可能通过其他途径接收资产来违反信托义务。在一般情况下,受托人的忠实义务要求其避免个人利益和其他可能与适当履行信托义务相冲突的其他义务(除非所有信托受益人都同意这种冲突)。如果受托人收到违反这一义务的资产,他们将被要求将这些资产(或其价值)交给信托,即使信托没有因违反义务而遭受损失。〔111〕

为什么恢复原状是违反信托义务的潜在后果,即使信托没有遭受损失?这是对一般规则的应用,即人们不应该通过做错事而获利。〔112〕虽然不是每一个错误都可以得到赔偿,〔113〕也不总是清楚何时以及如何得到赔偿,但是违反信托被视为因不当行为而引发恢复原状赔偿责任的适用领域。毫无疑问,受托人必须放弃因违反信托义务而获得的所有资产或其他利益。〔114〕

(一)不法行为的赔偿与不当得利的赔偿

正如恢复原状必须与赔偿区分开来一样,赔偿也必须与不当得利区分开。当受托人在违反信托的情况下获得资产或其他利益时,他们可能被迫恢复这些资产或所收到的价值。这种恢复是对违反信托错误的回应,无论资产是从信托中挪用还是从其他来源获得,都适用。然而,当从信托中取走资产时,也有可能将赔偿的要求建立在不当得利的基础上,而不是建立在违反信托的错误上。

返还不当得利的义务不是因违反主要义务(履行信托)而产生的次要义务,而是因收到不当得利(损害信托)而产生的主要义务。从信托中收取资产是不当得利,因为这是信托条款未授权的。虽然未经授

〔111〕 Boardman v Phipps [1967] 2 AC 46.

〔112〕 A-G v Guardian Newspapers (No 2) [1990] 1 AC 109, 286.

〔113〕 A-G v Blake [2001] 1 AC 268.

〔114〕 Vyse v Foster [1874] LR 7 HL 318, 329, 337.

权处理信托资产几乎肯定是违反信托,但返还这些资产或其价值的义务,作为不当得利返还,并不取决于错误。因此,可以要求这些资产(或其可追踪的收益)的无辜接受者恢复原状,即使他们不是违约方。[115]

如果对从信托中挪用价值的无辜接受者可以提出返还不当得利的要求,那么也必须对接受该价值的受托人提出。在大多数情况下,返还不当得利的可能性并不重要,因为受托人有责任返还通过实施不法行为获得的任何资产。然而,可以想象的是,因实施违反信托的不法行为而产生的返还请求权可能会因一项豁免条款而无效,但不会影响因不当得利而产生的请求返还的权利。还可以想象,受托人可以通过接受信托资产且不违反信托义务而不公正地获利。例如,如果受益人受到不适当的影响,以公平的市场价值向诚实的受托人出售信托资产,即使没有违反信托,出售也可能因不当得利而被搁置。

(二)恢复原状的方式

恢复原状有两种主要类型:(1)恢复特定资产;(2)恢复资产价值或其他利益。被告被要求恢复特定资产时,其有义务放弃该资产,这相当于原告对该资产享有所有权。义务和权利可以是合法的或衡平的。例如,撤销因欺诈达成的交易,通常是通过恢复原告的合法权利,而撤销因不正当影响达成的交易,只是恢复衡平的权利。恢复违反信托而获得的特定资产总是衡平的,通常是通过对这些资产的信托或通过撤销获得这些资产的交易。

被告有义务恢复资产或其他利益的价值,这相当于原告有权获得相当于该价值的金额。这项义务可能通过对被告的一项或多项资产行使留置权来担保(如下文所述)。个人要求赔偿价值的权利可能是合法的或衡平的。作为对违反信托义务的回应,这种权利是衡平的。

---

[115] Wilson v Turner [1883]22 Ch D 521 (CA).

清算赔偿金是通常用于确定支付价值和产生支付责任的机制。

1. 清算赔偿金

毫无疑问,受托人要对他们违反信托而获得的任何利润负责。[116]利润清算是最广为人知的责任形式,因为它适用于各种各样的情况,用于违反义务所获得的利润的归还,例如违反保密义务、违反董事对公司的信义义务或侵犯知识产权。受托人可能被迫对通过挪用信托资产[117]或从其他与受托人对信托忠实服务的义务相冲突的活动而获得的利润承担责任。[118]

每当受托人违反信托义务而收到资产时,其对这些资产也以信托形式持有(如下文所述)。利润清算可以作为由此产生的信托的补充或替代。如果利润已经花光,没有留下可追踪的收益,信托是不可能存在的(由于缺乏标的物),恢复原状将通过利润清算或判给利息(下文讨论)来实现。此外,受托人可能会错误地获得不能成为信托标的的利益。例如,如果养老金受托人被给予假期,以诱使他们将养老基金投资于特定资产,他们必须考虑到这些假期的价值进行清算赔偿。

利润清算有两个功能。首先,它强制受托人向受益人提供信息。如上所述,受托人的首要义务是对其管理信托资产的行为负责,次要义务是提供与其忠实服务信托的职责相冲突的活动的信息。利润清算中提供的信息可以帮助受益人主张其对被挪用资产的信托权利、这些资产的可追踪收益以及用这些资产或收益赚取的利润。这也有助于他们计算受托人违反信托赚取的利润价值(然后选择是要求获得这些利润还是赔偿损失)。其次,利润清算可以与支付这些利润价值的判决相结合,从而强制受托人恢复该价值。

计算违反信托所得利润的价值可能非常困难,特别是当受托人多

〔116〕 Vyse v Foster [1874] LR 7 HL 318, 329, 337.

〔117〕 A Scott and W Fratcher The Law of Trusts (4th edn Little, Brown & Co Boston 1988)[208.1].

〔118〕 Eg, Boardman v Phipps [1967] 2 AC 46; see A Scott and W Fratcher The Law of Trusts (4th edn Little, Brown & Co Boston 1988)[203].

年来持续滥用信托资产开展业务时。受托人不需要放弃他们的所有利润,只需要放弃从违约中获得的利润即可。更多的将是没收和惩罚,而不是恢复原状。当受托人在自己的业务中滥用信托资产时,有必要确定他们有多少利润来自这些资产的使用,有多少来自其他,如他们的技能、努力、善意和机会。[119] 如果这种计算非常困难,最好要求他们偿还被挪用的款项,以及受托人滥用基金所得价值按照一定利率计算的利息。[120] 或者,如果整个商业活动是在违反信托的情况下进行的,法院可以强制受托人放弃他们的所有利润,在其中扣减对他们的努力和技能的补贴。[121]

当受益人发现他们的受托人可能在违反信托的情况下开展业务时,他们应该毫不拖延地进行利润清算(或信托)。法院不支持消极不作为、不冒任何风险、等着看受托人的生意是否成功再要求分享利润的受益人。如果受益人发现违约行为和他们对利润的控告之间存在长时间的、无法解释的延迟,法院可以驳回该控告。[122]

2. 信托

当受托人在违反信托的情况下获得资产时,毫无疑问,他们也会以信托的方式持有这些资产。这主要有两种方式:第一,受托人可能会滥用信托资产来获取其他资产。第二,受托人可以在不滥用信托资产的情况下,以使其个人利益(或其他职责)与其忠诚服务信托的职责相冲突的方式为自己获取资产。

(1)滥用信托资产。如果受托人进行未经授权的投资(无论是声称为了信托行事还是为了自己的利益挪用信托资产),投资将被纳入信托。受益人可以拒绝或接受投资。如果投资倡议被拒绝,投资将从账户中删除,受托人有责任赔偿信托损失,并附带利息。如果投资倡

[119] Vyse v Foster [1872] 8 Ch App 309, 331 - 332.
[120] Vyse v Foster [1872] 8 Ch App 309, 333 - 334, 337.
[121] Boardman v Phipps [1967] 2 AC 46.
[122] Re Jarvis [1958] 2 All ER 336, 341 - 342.

议被采用，投资和由此获得的利润计入账户，属于信托财产。

受益人对不正当投资的所有权在投资时产生，而不是在投资被采纳后产生。正如米利特勋爵在 Foskett v Mckeown 案中所说：

信托受益人不仅有权享有信托财产的持续受益权，而且有权享有其可追踪收益的持续受益权。他的利益对每一个取得该财产或其可追踪收益的人都有约束力，除非是未经通知的善意有偿购买者。[123]

信托资产的不当投资将计入这些资产的可追踪收益，一旦获得，将被以信托形式托管。接受投资，受益者只是主张他们对这些收益的受益所有权。如果受益人拒绝投资，投资将不再以信托形式持有，但受益人将对投资享有留置权，以保证受托人履行损失赔偿的义务。[124]

(2)利益冲突。受托人可能会从事与其忠实服务信托的职责相冲突的活动，从而违反信托约定。如果他们在违反这一忠实义务的情况下收购资产，这些资产将被托管，即使该收购不涉及任何其他信托资产的滥用。例如，如果受托人不能代表信托进行某项投资，或者诚实地决定不应该进行投资，那么他们就不被允许自己进行该项投资。[125]否则，如果受托人知道不是为信托的利益而购买的资产可用于自己的利益，他们可能无法尽最大努力为信托获得有利可图的投资。[126] 当受托人在违反忠实义务的情况下获得资产时，从资产被接受的那一刻起，它们就成为信托财产。[127]

(3)信托的分类。因违反信托而产生的信托应如何分类？毫无疑

---

[123] [2001] 1 AC 102, 127.

[124] Foskett v McKeown [2001] 1 AC 102, 130.

[125] Keech v Sandford [1726] Sel Cas T King 61, 25 ER 223; Boardman v Phipps [1967] 2 AC 46.

[126] S Gardner An Introduction to the Law of Trusts (Clarendon Press Oxford 1990) 176 – 177.

[127] A-G Hong Kong v Reid [1994] 1 AC 324, 331, [1994] 1 NZLR 1 (PC).

问,“利益冲突信托”(相对于“滥用资产信托”)是推定性的,仅因为受托人通过实施错误行为获得资产而产生。[128] 然而,“滥用资产信托”的分类是有争议的。威尔金森勋爵在 Foskett v Mckeown 案[129]中把它称为明示信托,但有充分的理由称之为推定信托或归复信托。

为什么分类很重要?它不改变受益人对不当获得资产的财产权的性质,也不影响受托人对这些资产的义务的性质。尽管明示信托受托人的标准职责通常不适用于推定信托受托人或归复信托受托人,[130]但这个问题在这里并不相关。如果采用不当投资,则简单地将其添加到现有信托中,其权利和义务就与原始信托资产相同。

分类很重要,不是因为它改变了信托的性质,而是因为它解释了信托的起源。我们对信托的传统分类,如明示信托、归复信托或推定信托,是基于产生这些信托的事件。公认的是,明示信托是由委托人的意思产生的,尽管归复信托和推定信托的起源仍有争议,但有强有力的论据表明,归复信托是由不当得利产生的,而推定信托是由不当行为、利他的意愿和其他事件产生的。[131]

当我们问及将“滥用资产信托”称为明示信托是否正确时,我们真正想知道的是,它是由意思产生的,还是因法律对其他事件的反应而产生的。如果新资产获取渠道正确,很明显它将会在最初的明示信托下被托管,因为该资产是在委托人对受托人的授权下被获得。该资产不能是未经授权错误取得的资产。

称其为明示信托的一个可能的理由是,它取决于受益人的追认。除非所有受益人都认可其收购,否则支出将从账户中删除,受托人必

---

[128] Soulos v Korkontzilas [1997] 2 SCR 217, 146 DLR (4th)214, 227; R Chambers "Constructive Trusts in Canada" [1999]37 Alberta L Rev 173, 175 - 182.

[129] [2001] 1 AC 102, 108.

[130] R Chambers Resulting Trusts (Clarendon Oxford 1997)194 - 200.

[131] See P Millett "Restitution and Constructive Trusts" [1998] 114 L Q Rev 399; R Chambers "Resulting Trusts in Canada" [2000] 38 Alberta L Rev 378.

须支付损失赔偿金。[132] 由于所有受益人可以共同同意终止或修改信托，根据 Saunders v Vautier 案[133]的判决，他们对不当投资的采用实质上是事后受托人权利的临时变更。

这种分析的一个困难是，不当投资的信托一旦获得就会产生，即使受益人没有采用，并且可能不知道它。这种分析的另一个困难是，它没有解释信托如何将无辜受赠人获得的资产与从信托中挪用的可追踪收益及价值相联系。例如，假设受托人错误地将信托资产给了他们的妹妹，但她完全无辜，没有意识到上述行为已违反信托。毫无疑问，这些资产仍将受制于信托，因为她不是价值的善意购买者。如果她用这些资产购买另一项资产，信托将作为原始信托资产的可追踪收益附在新资产上。没有人打算建立对新资产的信托，妹妹在获得新资产时也没有做出错误的行为。对新资产的信托可以解释为不当得利的返还，但这并没有得到威尔金森勋爵或米利特勋爵在 Foskett v Mckeown 案[134]中的支持。尽管如此，新资产是在受益人不同意的情况下以其为代价获得的，信托将使受益人获得该价值的返还。

还有一个与形式有关的困难。假设受托人持有口头明示信托下的动产，并滥用这些资产为自己购买土地。毫无疑问，土地将被托管，但在没有书面文件的情况下，这将不是有效的明示信托。虽然这个问题很少出现，但它确实说明了有必要为“滥用资产信托”的起源找到更好的解释。

当受托人滥用信托资产为自己获取其他资产时，对违法取得资产的信托至少有两种解释。首先，受托人违反了信托，产生了推定信托，以确保他们不会从自己的不当行为中受益。这是斯科特教授的观

---

〔132〕 Wright v Morgan [1926] AC 788, 798 (PC); A Scott and W Fratcher The Law of Trusts (4th edn Little, Brown & Co Boston 1988) [214.1].

〔133〕 [1841] Cr & Ph 240, 41 ER 482.

〔134〕 [2001] 1 AC 102, 108, 127.

点。[135] 其次,受托人以损害信托为代价使自己不公正地获利,由此产生归复(或推定)信托,以实现对不当得利的返还。[136]

即使“滥用资产信托”可以解释为由主观意愿产生的明示信托,也不应忽视替代分析的可能性。无论出于任何原因,如果找不到必要的主观意愿,那么基于不法行为的推定信托就可能产生。在没有意图和不法行为的情况下,不当得利为信托提供了正当性的理由。

3. 留置

如果受托人投资信托资产不当,受益人可以要求享有该投资信托的受益或留置权。正如米利特勋爵在 Foskett v Mckeown 案中所说的那样:“受益人有权选择主张他对收益的受益所有权,或者就违反信托向受托人提出个人索赔,并对收益强制执行衡平法上的留置权或押记,以确保信托基金的恢复……如果受托人错误地使用信托资金来提供获得资产的部分成本,受益人有权选择要求资产的一定比例的份额,或者对其强制执行留置权,以保证他个人对受托人错误使用资金数额的索赔。”[137]

信托具有恢复性,迫使受托人放弃不当投资,但留置权没有此功能。当受益人拒绝不当投资并要求受托人支付信托损失时,留置权产生。对此有一些困惑,因为留置权似乎是恢复性的。造成这种困惑的主要原因有两个:首先,如上所述,法院经常使用“恢复原状”一词来表示对违反信托的赔偿;其次,留置权附在信托资产的可追踪收益上。这两个因素可能会造成一种错误印象,即留置权保证了恢复原状的义务,或者其效果是赔偿从信托中错误取得的价值。

虽然留置权是对特定资产的财产权,但它与为恢复特定资产而设定的财产权有很大不同。留置权不赋予受益人从受托人处取得资产

〔135〕 See A Scott and W Fratcher The Law of Trusts (4th edn Little, Brown & Co Boston 1988)[202], [508].

〔136〕 See Ryall v Ryall [1739]1 Atk 59, 26 ER 39.

〔137〕 [2001] 1 AC 102, 130, 131.

的权利,除非受托人未能支付留置权所担保的债务。受托人是被留置资产的受益所有人,受受益人担保权利的约束,在全额支付后,受益人在资产中的权益不复存在。留置权只是一种有限的财产权,它不会将金钱支付权转化为恢复特定资产的权利。受托人的责任(由留置权担保)是支付一笔钱,而不是给受益人任何特定资产。

作为一种担保权益,留置权的主要目的是使债务更有可能得到偿付。如果债务被支付,留置权就已经达到其目的,因此,留置权的最终目标是债务所追求的目标。例如,卖方的留置权保证买方直接履行支付货款的主要义务,而改进的留置权保证赔偿这些改进价值的义务。受托人对错误支付的资产价值的责任是补偿。它是由信托的损失产生和衡量的,而不考虑受托人可能从该支出中获得的利益。留置权有助于实现这一补偿目标。

既然留置权可以产生保证赔偿的义务,那么它可以用来保证受托人支付利润的义务吗?在这种情况下,留置权是不必要的,因为留置权可能附加的唯一资产将被托管。如果受益人采用不当投资,账户将接收该投资(抵销不当支出)。任何额外的利润,如果不能作为能够受信托(或留置权)约束的资产存在,也可以视为接收记入账户。通过这种方式,受托人将对违反信托而获得的所有利润负责,无论是作为信托持有的资产,还是作为应付给信托的款项。

虽然对利润的留置权是不必要的,但受益人是否应该被允许放弃他们对这些利润的受益所有权而选择留置权?可能不会。受益人选择恢复原状而不是补偿,从而选择从受托人那里获得投资,并应承担损失风险和获利机会。在 Heathcote v Hulme 案[138]中,信托资产被不当投资,受益人希望在某一日期之前获得投资利润,然后支付利息。他们被要求选择其中一个。普卢默(Plumer)先生说:

---

[138] [1819] 1 Jac & W 122, 37 ER 322.

光是此要求的新颖性就与它背道而驰。但是,除此之外,这将违背正义;给出的选项的原理是什么?这是,一方当事人选择,他是否会批准他的资本的使用;他是否会说它被恰当地应用于贸易;如果是这样,他可以获利,但他也必须承受损失。[139]

如果正义要求受益人承担损失的风险,同时希望其从被采用的投资中获得收益,那么信托下的受益所有权就是适当的恢复原状的方法。

4. 撤销

撤销是对信托资产不当处置的另一种可能结果。如果它们被转让给受赠人或已被告知该不当行为的人,交易可以被撤销,从而恢复受托人的权利。所有不正当的资产转移,从受托人到其他人是可以撤销的。正如米切尔在 Armitage 案中所说,"属于购买一方受托人从这样的购买交易中获得的仅仅是一个可撤销的所有权"[140]。

撤销和上面讨论的"滥用资产信托"之间有两个重要的区别:(1)对所有权的影响;(2)他们各自可行的依据。首先,如上所述,一旦不当处置发生,信托就依附于滥用信托资产的可追踪收益。在大多数情况下,这些收益是从无辜的卖方那里购买的,因此,对原始资产的信托为善意购买的抗辩所挫败。相比之下,撤销的作用是撤销不当处置。受益人对可收回的信托资产拥有衡平法上的财产权,但不拥有完全的受益所有权。在撤销权行使之前,转让不是无效的,而是可撤销的,他们只有较低的衡平法上的财产权(该财产权可以被竞合衡平法权益的善意买受人击败)。[141]

其次,即使受托人没有违反信托或被完全免除违约责任,也可以

---

[139] [1819] 1 Jac & W 122, 132, 37 ER 322, 325 – 326.

[140] [1998] Ch 241, 253 (CA).

[141] See P Millett "Restitution and Constructive Trusts" [1998] 114 L Q Rev 399; R Chambers An Introduction to Property Law in Australia (LBC Sydney 2001) 323 – 324, 419 – 423.

撤销。[142] 如果受益人对交易的同意是由错误或不当影响引起的，那么撤销权的产生并不依赖信托损失或受托人获得不当收益的证据。正如米切尔所说，“即使出售价格过高，索赔也会成功”。[143] 在大多数情况下，撤销的理由也是违反信托。然而，不要求违约责任的事实表明，撤销不是（或不限于）不法行为的恢复原状，而是在没有不法行为的情况下返还不当得利。

5. 利息

在 A－G v Alford 案中，克兰沃思（Cranworth）勋爵为向受托人索赔利息确定了三个合法依据：

> 我认为，法院应该做的是只向他收取他收到的利息，或者他本应收到的利息，或者可以公平地假定他确实收到了利息，而禁止他否定已经收到的利息。[144]

第一种选择，受托人实际上获得的利息，仅通过利润清算进行赔偿。第二种选择，即受托人本应得到的利息，是对损失的补偿（如上所述）。第三种选择，即受托人被推定获得的利息也是恢复原状，但通过判给利息而不是利润清算。

受益人通常可以选择计入利润清算或判给利息。在大多数情况下，这是在恢复利润或赔偿损失之间的选择。然而，也可以在两种恢复方法之间进行选择：实际赚取的利息清算或受托人推定赚取的利息为附加费。选择推定利息的奖励，目的是避免考虑实际收入的费用或延迟，并且在无法确定实际收入的情况下，这可能是必要的。正如詹姆斯在 Vyse v Foster 案中所说：

---

〔142〕 Armitage v Nurse [1998] Ch 241, 252－253 (CA).

〔143〕 Armitage v Nurse [1998] Ch 241, 253 (CA).

〔144〕 [1855] 4 De GM & G 843, 851, 43 ER 737, 741.

如果执行人或受托人通过不当处理资产或信托基金而获利，他必须将该利润交给信托。如果不正当交易包括将信托资金投入或投资于业务，他必须对他受雇于该业务所获得的利润进行清偿；或者根据信托资产收益受益人的选择，或者如果他没有出现或者不能出现，什么利润可归因于这种雇用，他必须说明交易利益，也就是5%的利益。[145]

判给利息以实现恢复原状是实现这一目标相对粗略的方法。只要利润的推定是公平的，目标就是恢复原状，而不是惩罚(如下文所述)。与赔偿性利息(上文讨论过)一样，当利率选择被限制在4%或5%时，赔偿性利息就是一种生硬的工具。然而，法院不再受这些限制的约束。在 Wallersteiner v Moir(No 2)案中，没有对一名董事违反其对公司的信义义务赚取的利润进行调查，法院判给1%的复利。每年高于官方银行利率或不生效的最低贷款利率，“以恢复他被认为已经获得的利润”[146]。

五、处罚

上面讨论的三个目标(直接执行、支付补偿金和恢复原状)由逻辑限制(分别是违约前存在的主要责任、违约造成的损失或违约产生的收益)定义。所有追求这些目标的责任都为追求的目标限制。相比之下，旨在惩罚犯错者的责任并没有以同样的方式被这个目标限制。虽然现代私法中使用的唯一惩罚方式是支付金钱，但这一目标并不决定支付的金额，理论上，任何不利后果都可以用于这一目的。

---

[145] [1872] 8 Ch App 309, 329.

[146] [1975] QB 373, 399 (Buckley LJ).

在英格兰和威尔士的私法中很少遇到惩罚,惩罚性赔偿只是偶尔用作应对侵权行为的一种结果,而根本不是对违反合同的一种结果。[147] 在加拿大[148]和美国的许多地方,惩罚性赔偿可用于违反信义义务,[149]但在其他司法管辖区,人们普遍认为惩罚不是违反衡平责任的可能后果。[150] 正如詹姆斯在 Vyse v Foster 案中所说:

该法院不是刑事管辖法院。它迫使归还未充分扣留的财产;它对因未能履行某些衡平义务而造成的任何损失或损害给予充分赔偿;但是它没有惩罚任何人的权力。[151]

尽管大多数衡平法院不惩罚违约受托人,但惩罚可以通过两种方式与违反信托相关联。首先,违反信托也可能是一种犯罪(如伪造、欺诈或盗窃),并受到公法的惩罚。[152] 其次(对本书来说更重要的是),在那些信托法公开拒绝惩罚的司法管辖区,必须注意确保违反信托的责任不是隐性惩罚,应检查因违反信托而产生的次要义务的目标。他们是否进行补偿或赔偿,如果没有,他们是否追求惩罚以外的合法目标?

由于私法中处罚的案例相对较少,并且该目标没有设定逻辑限

---

[147] A Burrows Remedies for Torts and Breach of Contract (2nd edn Butterworths London 1994) 270 - 285.

[148] Huff v Price [1990]76 DLR (4th)138 (BC CA).

[149] GG Bogert and GT Bogert The Law of Trusts and Trustees (rev 2nd edn West St Paul 1983) [862], 50 - 57.

[150] R Meagher, W Gummow, J Lehane Equity Doctrines and Remedies (3rd edn Butterworths Sydney 1992) 638; Packard v Provident National Bank 994 F2d 1039 (3rd cir 1993); but see M Tilbury "Equitable Compensation" in P Parkinson (ed) The Principles of Equity (LBC Sydney 1996) 781, 789 - 790.

[151] [1872] 8 Ch App 309, 333.

[152] Eg, R v Clowes (No 2) [1994] 2 All ER 316 (CA); see S Gardner An Introduction to the Law of Trusts (Clarendon Oxford 1990) 181 - 183; D Hayton Underhill and Hayton Law Relating to Trusts and Trustees (15th edn Butterworths London 1995) 875 - 880; Bogert (n 149 above) [861], 24.

制,因此可能很难判断对违反义务的回应(除了直接执行、赔偿和归还)是处罚还是为了追求某种其他目标。将其与刑法原则进行比较可能会有所帮助,对犯罪的惩罚是为阻止并谴责社会上不可接受的行为。人们普遍认为,惩罚应该与罪行的严重程度相适应,这主要取决于罪犯的道德过错和罪行造成的损害。[153] 虽然私法中关于惩罚的原则还不太完善(这是废除惩罚的一个原因),[154] 人们可能会认为应该遵循同样的相适应原则。换句话说,对违反私法义务的惩罚应该根据违法行为的严重程度而有所不同,根据其后果和不法行为人的罪责来评估。[155]

当然,对违反义务的回应不是惩罚,因为它们与违反义务的后果或不法行为人的道德责任有关。对违反义务的所有回应都取决于或至少可能受到其后果的影响(例如违反义务是否造成损失、产生收益或使未来不可能履行主要义务)。对违约的回应也可能受到不法行为人罪责的影响。例如,协助违反信托的责任取决于是否存在不诚实行为,对于某些错误,只有在错误是故意犯下的情况下,才可以要求赔偿。虽然支付补偿或赔偿的责任可能是由一定程度的道德罪责引发的,但责任本身与罪责程度并不成正比,而是等于违约造成的损失或收益。如果支付的责任确实随不法行为者的罪责而变化,那就不是补偿或赔偿,而更像是惩罚。

法律或其适用的不确定性增加了隐性惩罚的风险。如果对违反义务的回应没有受到它们声称要实现的目标的严格控制,改变这些回应的判断可能会受到不法行为人的道德责任的影响。信托法至少有两个方面是这样适用的:(1)利息的裁定;(2)对不法行为人的推定。

---

〔153〕 J Smith Smith & Hogan Criminal Law (9th edn Butterworths London 1999) 4 – 5; A Ashworth Principles of Criminal Law (3rd edn OUP Oxford 1999) 18 – 21, 37 – 42.

〔154〕 A Burrows Remedies for Torts and Breach of Contract (2nd edn Butterworths London 1994) 282 – 285.

〔155〕 Huff v Price [1990] 76 DLR (4th) 138, 154 – 155 (BC CA).

(一)利息

如上所述,受托人可能被迫支付利息,以补偿损失或归还收益。在 A - G v Alford 案中,克兰沃思勋爵说,这些是判给利息的唯一理由:

我认为,除了我提到的那些理由,没有任何其他可以理解的理由来要求一个执行人支付比我提到的任何人更多的利息。在我看来,如果不是不当行为促成了这一特殊结果的话,不当行为并不必然得出这样的结论,即执行人事实上确实收到了利息,或者被禁止说他没有收到利息,或者他将被指控没有收到任何东西。[156]

在 Burdick v Garrick 案[157]中,法院确认不应判给利息作为惩罚。尽管如此,法院还是参照受托人行为反映的道德品质而不是作为真正衡量标准的损失或收益来确定利率。例如,在 Re Dawson 案中,斯特里特说,"法院在下令支付利息和选择利率时,不会试图以任何方式对违约者施加惩罚"[158]。尽管这一原则得到了肯定,但他继续选择了更高的利率,正是因为违背信托"是一种蓄意和故意的行为,其目的是剥夺涉案遗产"[159]。

有两个困难导致滥用利息作为一种惩罚形式。首先,判给利息涉及很大程度的自由裁量权,法院几乎不受指导并自由使用它们作为惩罚。[160] 其次,由于可供选择的余地有限,判给利息无法准确实现其允许的补偿和赔偿目标。由于无法达到目标,法院的高目标或低目标的确定可能取决于受托人违约的道德品质。这些问题已经通过明确声

[156] [1855] 4 De GM & G 843, 851 -852, 43 ER 737, 741.

[157] [1870] LR 5 Ch App 233.

[158] [1966] 2 NSWR 211, 218.

[159] Re Dawson [1966] 2 NSWR 211, 218 (Street J).

[160] Jones v Foxall [1852] 15 Beav 388, 393, 51 ER 588, 590.

明利息不应用于惩罚,而仅用于补偿或赔偿的原则,以及通过自由设定能够准确实现这些目标的利率而得到缓解。

(二)假设

通常,原告有责任证明对其控告至关重要的所有事实。然而,有一些众所周知的推定(如推定产生信托或推定不当影响)可将举证责任转移给被告。其中之一是对违法者的推定。如果被告通过错误地销毁其他违反职责的证据而无法证明一个基本事实,法院将推定该事实对他们不利,[161]然后由他们承担推翻推定事实的责任。

信托法律中对不法行为人的推定是很常见的。如果受托人错误地将信托资产与自己的资产混同,使得无法确定信托资产的归属,法院将解决对受托人不利的不确定性。它将假定存留和多余的资产属于信托,而损失和减少的资产属于受托人,除非受托人能证明事实并非如此。[162]

对不法行为人的推定有一个重要的固有限制:在有相反的证据时,它不能被用来推定事实。[163] 例如,在 Lofts v MacDonald 案[164]中,受托人将 1600 美元的信托基金存入银行账户。该账户的余额随后减少到 8.42 美元,后来又增加到 2824.50 美元。不可能假设账户中存留的信托基金超过 8.42 美元。

如果在与已证实的事实相矛盾的情况下使用推定,那么对违反信托的回应可能成为惩罚。如果受托人被要求赔偿损失或返还收益,而法院利用推定人为地将损失或收益的价值定得过高,就会发生这种情况。尽管回应声称是补偿或恢复原状,但受益人得到了过度补偿,或者受托人不得不放弃超过其收益的部分。超出部分的支付是一种隐

---

〔161〕 Armory v Delamirie [1722] 1 Str 506, 93 ER 664; Lupton v White [1808] 15 v es 432, 433 ER 817; L Smith The Law of Tracing (Clarendon Oxford 1997) 77 – 80, 195.

〔162〕 Re Hallett's Estate [1879] 13 Ch D 696 (CA); Re Oatway [1903] 2 Ch 356.

〔163〕 L Smith The Law of Tracing (Clarendon Oxford 1997) 80 – 85.

〔164〕 [1974] 3 ALR 404.

藏的惩罚。

这里提供了一个误用推定的例子。在 Jaffray v Marshall 案[165]中，受托人错误地允许受益人抵押属于信托的房屋。当抵押贷款被强制执行时，房子丢失，受托人被要求支付损失赔偿金。自违约事件发生以来，房地产价值有升有降，损失被设定为最高的中间值。法院推定，该房屋将在市场高峰期出售，即使各方同意该房屋不会出售，或者如果出售，将立即被另一栋同样受到市场低迷影响的房屋取代。

六、其他目标

在衡平法院不主张惩罚的司法管辖区，所有对违反信托的回应，如不强制执行首要义务、赔偿损失或恢复收益，都属于追求其他目标的回应。很难确定这些回应所追求的目标，因为我们知道这些回应没有追求上述目标之一。有些不特定于信托法，但更广泛地作为对违反私法义务的潜在回应(如判给费用或指定接管人)。其他主体主要因其在信托法中的作用(如免除受托人的责任或替换受托人)而闻名。

对违反信托的一些回应也发生在没有违约的情况下。例如，法院可以替换违反其义务的受托人，但也可以出于其他原因(如受托人无行为能力)。另一个例子是判给费用。违反义务的受托人可能有责任支付原告法律费用。这是违约行为的后果，因为违约行为导致了诉讼，并在诉讼中裁定了费用。然而，这不是违反义务的直接或必要后果。不法分子可以通过解决争端或提出合理的解决建议来避免这种责任。如果无辜方拒绝了合理的和解提议或未能证明其指控的合法性，则可能要求他们支付诉讼费用。

---

〔165〕 [1994] 1All ER 143; disapproved in Target Holdings Ltd v Redferns[1996] 1 AC 421, 440.

如果在没有违反义务的情况下也可能出现对违反义务的潜在回应,那么可能是在追求与违反义务无关的目标。判给费用正是做到了这一点。毫无疑问,支付费用的责任是违反义务的潜在后果,因为违反义务可能导致诉讼,从而可能导致支付原告法律费用的责任。然而,判给费用的目的并不是阻止不法行为,也不是替代被违反职责的适当履行。相反,它们被用来帮助控制诉讼,鼓励和解,阻止不值得的控告和抗辩,并帮助有价值的原告行使其权利。

受托人的替换是另一种结果。[166] 法院将在必要时替换受托人,即使在没有违约的情况下也是如此。当被用作对信托违约的回应时,受托人的更换旨在防止未来的违约。更换违约受托人的决定基于他们将来违反信托的可能性。[167] 在这种情况下,替换的目标与违约直接相关。

替换违约受托人的目的是适当履行信托。虽然替代不是直接执行的一种形式(因为它不是受托人的首要义务之一),但它具有推动履行首要信托义务的可能性。另外,受托人的替换不是替代履行的一种形式(因为新受托人将执行原始信托)。然而,从某种意义上讲,替换受托人的目的(另一人适当履行信托)与支付违约损害赔偿金的目的类似(这使原告能够订立新合同,从而从另一人处获得违约合同的预期利益)。

受托人的替换说明了确定(或至少标记)违反信托各种后果的目标的问题。它既不是首要义务的直接执行,也不是替代履行,而是介于两者之间的需要,因为信托关系的性质。它有两个目的:第一,消除信托正常履行的实际或潜在障碍;第二,保护信托资产不因滥用而遭受损失。[168] 这些可能被视为两个最重要的"其他目标"。

信托资产的保全也通过禁令、指定接管人或由法院管理信托来实

---

〔166〕 Re Harrison's Settlement Trusts [1965] 1 WLR 1492.

〔167〕 Re Wrightson [1908] 1 Ch 789, 803; Gava v Grljusich [1999] WASC 13, [15].

〔168〕 Letterstedt v Broers [1884] 9 App Cas 371, 385 -386 (PC).

现。这与首要义务的执行类似,[169]但不相同,甚至可能暂时干扰这些义务的履行。[170] 然而,保护信托资产将使首要信托义务更有可能在未来履行。

对违反信托的其他回应的目标可能难以实现。尽管并非总是能够确定或充分解释对违反信托的回应所追求的"其他目标",但这一类别至关重要。对这一法律领域的正确理解取决于我们确定每个后果旨在实现的一个或多个目标的能力。虽然大多数属于三大类别之一(直接强制执行、支付补偿金或恢复原状),但有些不属于。有一种诱因就是通过虚构或假设迫使不适应的人进入一个公认的类别,但必须加以抵制。法律架设不像修理机器。有一些剩余的部分并不是失败。相反,明确和准确地界定违反信托的特定法律后果没有实现的目标,可以算作成功。

七、结论

这是一篇大话题之下小文章的结尾。人们对违反信托的回应还有很多,尤其是那些追求"其他目标"的人。本文仅是朝着结束信托法与私法其他分支分离的方向迈出的又一步(希望如此)。

废除信托法与其他私法的分离有两个主要原因。首先,信托法需要利用私法其他领域的现代发展。除非信托法律的语言和方法能够让其他领域的律师了解,否则这些发展有可能使信托失效。需要建立共同的比较基础。我们不能让术语和程序上的差异使信托法与其他部门法的发展分离开。

其次,与信托相似而发展起来的信义义务现在正适用于各种各样

---

[169] Swale v Swale[1856]22 Beav 584,52 ER 1233;D Hayton Underhill and Hayton Law Relating to Trusts and Trustees(15th edn Butterworths Landon 1995)873.

[170] See McLean v Burns Philp Trustee Co Pty Ltd [1985]2 NSWLR 623, 633 -636.

的关系,这些关系与传统的信托和受益人关系没有什么共同之处。我们不应假定所有信托受托人和其他信义关系受托人都负有同样的注意或忠诚义务,或当这些义务被违反时,他们以同样的方式承担责任。制定了违反信托的应对措施,以促进信托资产的持续和适当管理。在没有资产需要管理,也不需要维持一段关系的信义关系中,它们很可能是不合适的。除非对违反信托的责任有很好的理解,否则它在其他情况下被滥用的危险是真实存在的。

结束信托法孤立并不会导致抛弃信托法与私法其他领域之间的实质性差异。违反信托的责任不需要改革,只需要更广泛的理解。应对失信行为的目标必须用所有私人律师通用的语言明确确定和解释。只有这样我们才能克服长期被抛弃的司法权划分(普通法领域的许多地方从未存在过)遗留下来的表面差异。

在信托法中,必须小心、准确地确定每一项对违反信托行为回应的目标,并确保这些回应与它们所追求的目标一致。值得注意的是,直接执行首要义务和在违反主要信托义务后支付赔偿或进行恢复的次要义务之间的区别。这种区别特别影响两个领域:责任和赔偿。在信托法中,我们熟悉受托人的首要义务和对违反信托进行赔偿的次要义务。同时,我们不能忘记,受托人也有一个次要义务(作为补偿或恢复原状)和返还不当得利的首要义务。

第二章　勤勉义务

约书亚·盖兹勒
(JOSHUA GËTZLER)

一、简介

当代描述受托人注意义务的法律源自Speight v Gaunt案(1883)[1]。在该案中,杰塞尔(Jessel)法官明确了受托人在履行其职责时应当遵循一般谨慎的人在处理自身业务时的标准。杰塞尔和其他上诉法官均未对这一标准作出过多的解释,某种意义上他们仅是在重述此方面的法律是什么以及应当是什么,同时否定了其他不同意见及支撑理由。

如今,让我们回顾Speight v Gaunt案发生的背景。1883年之前,受托人的勤勉义务来自各种法律渊源,包括保管法、海商法、妨碍排除法和新兴的一般过失法,且民法上的过错理论一直贯穿其中。我们也应注意到,经典的衡平

---

〔1〕 See Re Speight; Speight v Gaunt [1883] 22 Ch D 727 (CA); [1883] 9 App Cas 1 (HL).

责任也是受托人勤勉义务来源的又一社会背景。"一般谨慎"(ordinary prudence)的衡平法基准源自18世纪至19世纪的诉讼案件,类型主要包括业余无报酬的受托人(如朋友、家人等),或非专业的代理人(如一般聘用的律师)。信托基金通常因为投资能力的缺失,或将资产委托给不忠实或资不抵债的代表人而遭受损失。相比之下,20世纪之后越来越多的人要求法院应该将"审慎人"(prudent man)的标准应用于那些负责将资金投资于大型资本市场的专业资产管理人员。这也增加了以临时立法干预的方式设定有关受托人权利、职责、责任(特别是在接受、支付和授权方面)默认规则的难度。

随着普通法规则与衡平法融合的加速,受托人的勤勉义务也在不断演化。以米利特勋爵为领军人物的英国法院认为受托人的勤勉义务并不属于衡平法的专属管辖范围。也就是说,受托人的过失应当按照侵权法和合同法中一般法律义务的程序、证据和救济规则予以调整,且适用与之相同的时效规则、直接和间接因果关系和损失的证明规则、共同过失和责任分摊规则,而不适用纯信义义务中的忠实和善意的特殊规则。[2] 也许那个时代法院并不愿让过失受托人受制于衡平法的程序和救济措施,因此将受托人勤勉义务的标准界定在较低水平,以保护受托人免受过于繁重的责任。

最近出现了将衡平法上的勤勉义务纳入普通法过失责任制度之中的司法趋势。虽然这削减了衡平法可能的程序优势,不过它要求受托人在特定信托情形下采取客观合理的谨慎行为,包括职业受托人勤勉义务的适当性标准。随着法律委员会(law commission)对受托人权利和义务审查的进行,受托人勤勉义务的内涵也变得愈加清晰,这项内容在2000年《受托人法》中得以明确规定。该成文法为信托管理的履行提供了一项客观明确的标准,将受托人的行为与拥有受托人具有

〔2〕 Trustee Act 2000, s 1(1) and Sch 1. Higher standards still are exacted by the Pensions Act 1995c 26.

的知识、技能和特征的一般理性人的行为进行比照，从而判定其是否具有合理性。[3] 这些法规中具有高度客观性的标准是默示规则，可以由当事方协议改造。免除受托人过失责任的做法越来越普遍，这可能导致受托人的责任降低到前所未有的水平。但我现在假设，缺省规则在为法律执行义务设定规范性结构方面具有重要意义，尽管这种假设可能不切实际。[4]

值此英国法律制度变革加速化的时代，回顾信托管理中衡平法勤勉义务的发展历程，揭示其走向现代化的路径，可有益于当今社会信托管理制度的发展。对理论发展史的了解有助于消弭近代法律变革进程中的方向迷乱问题。由此下文将深入梳理、分析过去 500 年的法律规则，而非仅简单地介绍短短 5 年的演变过程。不过，20 世纪末之前律师对勤勉义务标准应用的探讨相较于对其类型及规则解剖的争论要多得多，因此笔者将重点讨论前者，而较少关注后者。但有一个区别应当特别注意，即纯粹主观责任标准和两种客观标准之间的不同。前者因人而异，后者则是一种普遍要求遵守的标准。主观责任标准源于旧信托法下的一些判例，该类案件确认除非存在受托人重大过失、故意违反或欺诈的正当证据，否则并不违反勤勉义务。任何较小程度的违反信托义务，如缺乏应有的技能，都不能认定为其对勤勉义务的违反。这种聚焦于受托人主观意图、实际知识或风险意识的主观方法并未提供任何判定勤勉义务的标准，而仅代表了一种纯粹的主观案件分析方法，即寻找一种以责任为依据的主观故意。“欺诈”与此主观主义的方法有一种天然的近亲关系，因此一个尽心尽力的善意受托人是不需要承担责任的。[5] 另外，还存在两种客观标准，我们可以将

---

〔3〕 参见 2000 年《受托人法》第 1 章。1995 年《养老金法》提出了更高标准。

〔4〕 Cf T Frankel “Fiduciary Duties as Default Rules” [1995] 74 Oregon LRev 1209 – 1277.

〔5〕 See Armitage v Nurse [1998] Ch 241, 254; [1997] 2 All ER 705 at 713f-h; and Bristol & West Building Society v Mothew (t/a Stapley & Co) [1998] Ch 1, 18; [1996] 4 All ER 698, 712, discussed below at text accompanying notes 28 and 118.

主观责任标准与该两者进行比较,一种是具有特定技能、能力和性格的个人责任标准[6],且可以预期受托人将在个人日常生活中应用这些标准;另一种是一般的理性、谨慎标准,也即特定法律关系中要求所有人共同遵守的标准[7]。在跨越4个世纪的争辩中,我们可以看到法院时常在这三种责任标准中进行切换,即主观标准、个性化标准以及通用标准。

二、从被动信托到主动信托

受托人对受益人的勤勉义务早在17世纪就已经得到承认。信托肇始于13世纪晚期,以土地用益权的方式出现,这一机制的存在,使得土地持有者享有他们作为土地所有人本无法获得的权利。在中世纪和现代信托早期,不要求对信托财产进行积极管理,此时信托在很大程度上仅是一种被动的财产管理形式。直到16世纪初[8]受托人才拥有一定的自由裁量权。用益权作为一种财产管理权能,其使用目的主要有五种:一是规避永久所有权对向教会捐赠的限制;二是允许神职人员在没有合法所有权的情况下享受集体财富(后来保护不信教者的财富);三是在一群可信赖的、能够保护合法所有权的受托人中建立永久的共同所有权;四是赋予受托人对生前信托(inter vivos trust)和遗嘱信托完全和秘密的处理权;五是通过婚姻、监护、救济等事件避免土地贬值,从而逃避王室的财政税负。

英国王室很清楚用益权的应用对王室财政的影响,于是很快针对此种衡平所有权采取了有力措施。在1535年Lord Dacre案中,法官

[6] The locus classicus for this analysis is Aristotle's Ethics (translated JAK Thomson, rev ed HTredennick, Penguin Harmondsworth 1976) 1109b30 - 1115a5, p. 111 - 126.

[7] I am grateful to Peter Cane for helping me clarify these ideas.

[8] See JH Baker An Introduction to English Legal History (3rd edn Butterworths, London 1990) 327 - 328.

们在托马斯·奥德利(Thomas Audley)和托马斯·克伦威尔(Thomas Cromwell)的胁迫下,用宣告的方式否定了遗嘱创建用益权的权利。在接下来的一年里,亨利八世又敦促议会通过了《用益权法》,将用益权完全转化为法律上的权利,从而恢复了对该权利的徭役与课税。[9] 1540年《遗嘱法》(Statute of Wills)正式规定了土地遗嘱权。经历了叛乱之后,贵族也最终臣服于该变革后的法律制度。然而,受托人丧失了对土地使用的管理权和私人裁量权是令人不安的,也是让人无法承受的。因此财产转让人很快发展出了双重所有权或信托制度以满足他们的需要。1560年,法官判决基于被动用益权而创设的主动用益权在《用益权法》生效后继续有效,该法仅规定了被动使用权,但是并不妨碍含有主动用益权和义务的二次使用。[10] 在这种趋势下,主动信托管理成为17世纪现代信托的结构性要素。但是,这种主动职责并不是信托基本功能的基础,信托仍然是一种保管手段,将受托资产与财产所有权人的债权人分割开来,不需要正式、公开地宣布其受益权而对(几乎所有的)第三方具有约束力。

大量证据表明,16世纪教会法院也在执行遗嘱用益权和信托,作为对动产遗嘱处理管辖权的延伸。这可能涉及遗嘱执行人对遗产管理质量的密切监督。例如,1591年罗切斯特的主教法庭受理了这样一宗案件:一名遗嘱执行人接受了一笔遗产,并奉命逐步支付立遗嘱人的财产以抚养他的子女,并关注孩子的成长情况。然而,立遗嘱人的朋友们提起诉讼,主张遗嘱执行人根本不考虑孩子的抚养问题,而是对受托财产大肆挥霍,以致他们怀疑在孩子成人之前该财产就可能会被花完。最后,法院强制要求该疏忽大意的遗嘱执行人填补遗产损失。在这里,罗

---

〔9〕 27 Hen Ⅷ c10.

〔10〕 Bartie v Herenden [1560] in JH Baker and SFC Milsom Sources of English Legal History: Private Law to 1750 (Butterworths London 1986) 121 – 123.

马法上的“遗产信托”概念可能有助于理解“信托”的概念。[11]

衡平法院法官在执行新的信托制度后不久，就开发出特别的衡平法上的勤勉义务概念。《用益权法》颁布了100多年后，确立了受托人以勤勉义务管理所接受的信托财产的责任。诺丁汉(Nottingham)勋爵在17世纪70年代早期关于衡平法院所作的论述中指出，受托人因未能尽到一个理性人的勤勉义务，而使得信托未能得到本应获得的收益时，应当承担责任。继巴托鲁斯(Bartolus)用益权案后，诺丁汉勋爵指出恶意是承担责任的前提条件；过失必须达到“故意违约”的程度才可能承担责任。故意违约是最高程度的欺骗性否定信托的行为，而“管理的故意疏忽”[12]违法程度可能轻一些。诺丁汉勋爵在Palmer v Jones案中适用这一规则，规定受托人如未能依据信托条款从遗产中获得最大价值，则其应当承担责任。在那个案件中，受托人所做的仅是让一个牧羊人持有土地。诺丁汉勋爵将勤勉义务注入信托法的理念立刻被诺斯掌玺大臣否定，他在1682年3月重审Palmer v Jones案时质疑了诺丁汉勋爵的决定：

这个案件即将重审，掌玺大臣认为先前的判决对受托人琼斯医生太严厉了，并宣布他永远不会向受托人施加想象中的价值，而受托人只应当作为执行官被施加责任。掌玺大臣认为，如果不允许受托人将劳力用于受托人个人的事务或困难，这对受托人来说过于苛求。法庭上时常有人抱怨，如果受托人没有故意违反信托，就凭他所做的或本来可以做的事来起诉他，将是一项太过苛刻的规定。然而，法院并不

---

[11] R Helmholz “Trusts in the English Ecclesiastical Courts 1300 – 1640” in R Helmholz and R Zimmermann eds Itinera Fiduciae: Trust and Treuhand in Historical Perspective (Duncker & Humblot Berlin 1998) 153, 165 – 171.

[12] DEC Yale ed Lord Nottingham’s Manual of Chancery Practice and Prolegomena of Chancery and Equity (CUP Cambridge 1965) 166 – 167, 196, 200. Bartolus was taken from Scots sources. The doctrine was also collected from common law account duties of guardians and factors.

能找到度量受托人责任区间的方法。掌玺大臣也指出，某些情况下，特别懒散的疏忽确实会使受托人承担的责任超过其所得……但是这些诉讼中证据必须非常有力。[13]

18世纪早期的案例采纳了诺斯较宽松的做法，特别是在有关受托人承担支付利息代替投资收益的责任方面，这一规则也被发现于早期的著作节选和论文中。我们要充分理解早期现代信托法的发展，就必须进一步研究衡平法和合同法中至关重要的账户运作流程，以及有关违约受托人的利息支付规则。[14]

三、首席大法官霍尔特的委托模式

继诺丁汉勋爵之后，界定保管和管理职责最重要的法律发展来自衡平信托法之外但具有高度相似性的保管领域。16世纪中期出现了

〔13〕 DEC Yale ed Lord Nottingham's Chancery Cases (Selden Society vol 79 London, 1961) 649, no. 824 [1678]; [1683] 1 Vern 144; 23 ER 376.

〔14〕 For this paragraph I have relied on M Macnair "The Conceptual Basis of Trusts in the Later 17th and Early 18th Centuries" in Helmholz and Zimmermann edsItinera Fiduciae, 207 - 236, esp at 224 - 229. On account: C Viner, General Abridgement of Law and Equity (published by the author himself Aldershot 1742 - 1753) "Account"; Leigh v Dickeson [1883] 12 QBD 194, 197 - 200 (Pollock B); EO Belsheim "The Early Action of Account" [1932] 45 Harvard LR 466; RM Jackson, The History of Quasi-Contract in English Law (CUP, Cambridge 1936) 9 - 17, 24 - 36; CHS Fifoot, History and Sources of the Common Law: Tort and Contract (Butterworths London 1949) 268 - 288; TFT Plucknett, The Medieval Bailiff (Athlorie Press London 1954) 22 ff; SJ Stoljar "The Transformations of Account" [1964] 80 LQR 203; AWB Simpson, History of Contract at Common Law (OUP Oxford 1975) 177 - 182, 499 - 501; S Elliott, "Rethinking Interest" [2001] Conv 313. 我还有幸看到牛津大学瓦德姆学院的马克·麦高(Mark McGaw)未发表的关于代理的研究，以及牛津大学沃尔夫森学院的安东尼奥·布提(Antonio Buti)关于监护的研究，每一项研究都阐明了法律与公平中具体管理职责的演变。

混合信托—保管模式的案例[15],如诺斯在 Palmer v Jones 案中的判决;但经典案例是 1703 年 Coggs v Bernard[16],霍尔特(Holt)勋爵自觉地展示了精湛的学识,将罗马法和市民法中的合同勤勉义务类型化地引入英国委托法,还结合了本土的信托概念。该案中,无报酬的受托人在将一桶白兰地酒从一个酒窖转移到另一个酒窖时,疏忽大意地洒了大部分的白兰地酒。虽然根据一些报道,案件主要是关于损害赔偿额的评估问题,但雷蒙德用很长的篇幅叙述了被告被移送逮捕(未成功)的判决部分。其理由是该诉状并未主张他是公共承运人(支持法律责任的一种特殊身份),也未主张他是有偿承运人(基于对对价的假定)。首席大法官霍尔特试图创建承担责任的法理基础,“一个人应该因其所保管的货物承担责任”。他将保管分为六种类型,这一分类基本上遵循了古罗马的不动产合同,并将布拉克顿(Bracton)作为他对这一问题从市民法演绎到普通法的连接桥梁。

第一类保管是寄存,它是一种“单一的、纯粹的寄托”,被寄托物品仅供寄托人使用。依据霍尔特勋爵的观点:

受托人不承担责任,如果被寄托物被盗而受托人没有任何过错,即使受托人存在一般疏忽,也不应当承担责任。但如果他存在严重的疏忽就要承担责任。“我承认也有一些权威人士反对我的观点,但是在此种一般委托的情况下,受托人没有收取任何报酬,仅仅是为了委托人利益而保管货物,没有任何理由和正当性让其在没有过错的情况下承担责任。因为如果受托人以一般谨慎保管货物,他

[15] Southcote v Bennet [1601] in Baker and Milsom, Sources of English Legal History, 274 – 277; N Jones “Trusts in England after the Statute of Uses: A View from the 16th Century” in Helmholz and Zimmermann eds Itinera Fiduciae (Duncker & Humblot Berlin 1998) 173, 202 – 203.

[16] Sub nom Coggs v Bernard [1703] 2 Ld Raym 909; 92 ER 107; SC 3 Ld Raym 163; Comyns 133; Holt 13, 131, 528; 1 Salk 26; 2 Salk 735; 3 Salk 11, 268; BL MS Hargrave 66, ff. 85 – 106.

实际上就没有辜负人们对他所施加的信任。……让一个人为其对朋友实施的友好帮助行为承担责任的反对理由很充足，但目前为止，法律的规定并不合理，以至于受托人至少要为其疏忽承担责任。虽然受托人保管货物时有疏忽大意，但他对货物的保管如自己的物品，那么他不必负责。因为，如果受托人保管受托货物时就像保管自己的货物一样的话，就能证明他是诚实的……"假设受托人是一个懒散、粗心和醉酒的人，他喝醉了回家，把所有的门都开着，导致受托货物连同受托人自己的财物均被偷走，该受托人也不应因此承担责任。这是因为委托人相信这样一个无所事事的人，并将货物交其保管乃是自己的愚蠢所致。因此，这种保管对受托人而言，对疏忽所承担的责任最小，对任何人所承担的义务也最小，不受任何委托人的约束，除对被管理物承担管理自身物品同等的注意义务外，不承担其他责任。我所引用的上述这段话是一位老学者布拉克顿[17]所写，在这点上，他的学说符合推理，也符合其他国家的法律。查士丁尼时代的《民法》也是这样规定的。[18]"因此，在没有明显重大疏忽的情况下，受托人不应被要求承担责任。而如果存在严重疏忽，则可构成欺诈。[19]"

这类仅为委托人使用而保管货物的无酬保管人，与无酬受托人的情况非常接近。19 世纪许多法院在裁决保管案件[20]和受托人的勤勉

---

[17] Bracton Lib3, c2,99b.

[18] Justinian Inst 3.14.3.

[19] 2 Ld Raym 909, 916; 92 ER 111 (all emphases in text added).

[20] Coggs v Bernard is applied inter alia in Boorman v Brown [1842] 3 QB 526; 11 Cl & Fin 1; Ross v Hill [1846] 2 CB 890; 135 ER 1190; Donald v Suckling [1866] LR 1 QB 594; Skelton v London and North-Western Railway Company [1867] LR 2 CP 636; Readhead v Midland Railway Company [1869] LR 4 QB 382; Giblin v M'Mullen [1869] LR 2 PC 336; Searle v Laverick [1874] LR 9 QB 122; Liver Alkali Company v Johnson [1874] LR 9 Ex 340; Nugent v Smith [1875 – 1876] 1 CPD 24, 423; Harris v Great Western Railway Company [1876] 1 QBD 529; Bergheim v Great Eastern Railway Company [1878] 3 CPD 223; The Moorcock [1889] 14 PD 70; Shaw v Great Western Railway Company [1894] 1 QB 380; The Winkfield [1902] 12 P 59; Harris v Perry [1931] 2 KB 226; Cheshire v Bailey [1905] 1 KB 242.

义务问题时,几乎再现霍尔特法官关于寄存合同的观点。这一标准介于两类民事合同的注意标准之间,该标准涉及过失责任——一个人对自己的事务所给予的习惯性或平常的关心(民间所谓一般过失)。本标题下的一般注意是指受托人的个人标准,而非客观合理的管理者标准或抽象的轻过失;但霍尔特法官的判决也适用较低的罗马过失标准(重大过失或严重忽视)。在该类行为中,受托人仅在无知或鲁莽这种极端严重的过失情况下,以致可被视为愚蠢或主观欺诈时才承担责任。历史上,英国法律倾向于将两个最低类别的一般过失或重大过失适用于信托管理,并通过较低的过失标准或更低的重大过失标准来衡量是否履行了勤勉义务。此外,这种较低标准的勤勉义务标准遵循霍尔特法官的观点,主张从信托的友谊基础和自愿性上考虑减轻受托人的责任。委托人如果将财产交给不值得信任的朋友,其本身应当受到责备。

第二类保管是无偿使用借贷或无偿贷款。此时,因为受托人在未付款的情况下得到货物的使用权,所以他有义务严格、勤勉地管理受托财产,即使是最轻微的疏忽(任何导致损失的原因)也应当承担责任。不过,由于第三方的盗窃或武力手段并不涉及受托人,此种情形下受托人不应该承担责任。在该问题上,霍尔特法官引用的是布莱克顿的观点,而非查士丁尼法典(3.14)中的规定。他也无意遵循经典的互惠原则——货物的接受者成为货物的所有人时有责任将其替换为价值相近的货物。

第三类是有偿租赁,此时与无偿租赁相同。霍尔特法官再次引用了布莱克顿和查士丁尼的观点:如果货物是有偿出租,则承租人必须尽最大努力(像家庭中最勤勉的父亲使用时应尽的义务一样);如果履行了像勤勉父亲一样的义务,则免于承担责任。但是每个人,无论是否尽到勤勉义务,都应该对抢劫造成的财物损失负责;然而,受托人对被偷的财物并不需要负责。[21]

严格的勤勉义务分为两部分,对“好家长”要求的特别注意义务构成了民法上“抽象轻过失”的经典概念。[22] 我们也可以看到,“好家长”责任的部分要求是如何在19世纪末误入信托法并作为一种加强勤勉义务手段的过程。

第四类是典当,霍尔特法官模糊遵循了罗马法上的质权原则,但有关该问题的表述缺乏连贯性和一致性。

第五类是有偿保管,该观点更加有趣:从事公共工作且获得报酬的人无论如何都要为货物负责,公共承运人、船员、船长等一样承担上述责任。因此,法律规定除上帝行为和国外的敌人行为之外,他要为所有行为负责。虽然实际中要他负责的行为强制力并未有如此之大,以至于像无法避免的集体抢劫一样,但他仍然要为所携带的货物负责。这是一种为了所有人的安全而建立的政治制度,其事务的必要性迫使他们信任这些承运人,以便他们可以安全地与之进行交易。否则这些承运人可能以与小偷勾结等方式破坏之前的委托交易,但由于行为的隐蔽性以至于不可能被发现。这也是法律对其规制的基础和原因。[23]

以上观点正好契合了成熟信托法的某些观点,即受托人对信任他的人的控制权是如此不平等,且隐瞒欺诈的能力又是如此巨大,以至于他被施加了一种最严厉的预防性威慑责任。对于那些并非出于共同职业(如事实原因)而获得报酬的受托人,则仅向其施加一种合理的

---

〔21〕 2 Ld Raym 909, 917; 92 ER 107, 112.

〔22〕 For the Roman standards of care generally, see R Zimmermann, The Law of Obligations: Roman Foundations of the Civilian Tradition (Juta Cape Town 1990; OUP Oxford 1996) 188 – 229, 374 – 377; 426 – 432; 607; 1004 – 1013; 1027 – 1030; D Ibbetson "'The Law of Business Rome': Foundations of the Anglo-American Tort of Negligence" [1999] Current Legal Problems 74, 81 – 87; WW Buckland, A Textbook of Roman Law (3rd edn by PG Stein, CUP Cambridge 1963) 556 – 559; JAC Thomas, Textbook of Roman Law (North Holland Amsterdam 1976) 249 – 254, 271 – 278.

〔23〕 Coggs v Bernard [1703] 2 Ld Raym 909, 917; 92 ER 107, 112.

标准,如果向其施加超越其职权属性的信托责任,则不合理。

第六类保管与信托勤勉义务的关系更为密切。这涉及受托人。受托人的付出得不到回报,因为他自己管理不善,损坏了货物。受托人承担了管理货物的责任,但由于管理不善的疏忽给委托人造成损害,这被称为委托契约。其本质上是一种不可避免的义务,也即所谓按委托办事,如果一个人为了另一个人的利益按委托办事,而在执行委托的过程中他又疏忽大意,那他就应该承担责任。

霍尔特引用查士丁尼《新约》第3.26章以及布拉克顿和维尼乌斯的观点对上述内容加以佐证:

> 这一承诺要求承办人勤勉地管理事务。这是因为此时疏忽是对委托人的一种欺骗。因为当他要求受托人对其承诺谨慎行事时,受托人的疏忽就是对原告的欺骗,他伪装成小心行事的样子其实是诱使原告信任他而已。因此违反自愿承担的信托将也成为承担责任的良好理由。[24]

换言之,如果协议引发委托保管责任,那么未以约定的谨慎行事,就等于欺诈本身。不过粗心大意并不是欺诈的证据,就像在第一类寄存行为中一样。

笔者已详细研究了霍尔特法官的伟大判断,因为在其后的一个半世纪里,信托判例基本上是在重复他的论点。这些信托主管机构在描述受托人的谨慎义务时,常在霍尔特第一类的低标准和第六类的高标准之间摇摆,也偶尔转向第二、第三和第五类标准。同时,法官如何有意识地使用市民法概念界定信托中的谨慎义务也将是一个很有趣的

〔24〕 Coggs v Bernard [1703] 2 Ld Raym 918 – 919,113.

问题。[25] 除此之外，实在没有什么可以建立该规则的其他基础；Donoghue v Stevenson 案中的一般过失标准在信托法形成时期未能完全为法学家所接受；而查士丁尼和 Coggs v Bernard 案则是可接受的先例。

尾声：霍尔特法官在法庭上似乎已经将他的第六种标准应用到了 Coggs v Bernard 案中，因此他认为受托人应该对过失承担责任。他总结道：

> 在这个问题上，我已经说了很多。因为法律应该解决这个重要的问题；但是我不知道我是否已经解决了它，或者我宁愿不解决它。[26]

---

〔25〕 大卫 · 伊贝特森在《义务法历史导论》第 164 ~ 187 页和《罗马商法》中，主张罗马思想受 18 世纪和 19 世纪当时侵权法的普遍影响，受托人责任表现为一个分支机构，一个与不断演变的疏忽理论相呼应的机会。这篇论文很有说服力，我对他的工作亏欠很多；虽然我的重点略有不同。伊贝特森强调了法典文本研究在培养普通法中罗马侵权注意标准方面的重要性，尤其是威廉 · 琼斯关于保释法的论文。我想强调的是，在学说的发展过程中，Coggs v Bernard 案所遵循的监护和信任标准的重要性；琼斯关于保释的文章可以被看作对这一事件的一种详尽的解释，其重要性主要体现在传播霍尔特的理论方面。See eg Crook v Wright [1825] Ryan & Moody 278, 171 ER 1020; Shillibeer v Glyn [1836] 2 M & W 143, 150 ER 704; Taylor v Caldwell [1863] 3 Best & Smith 826, 122 ER 309. Judges did often cite Jones on Bailments as an authority, eg Shiells v Blackburne [1789] 1 H Bl 158, 126 ER 94; Butt v Great Western Railway Company [1851] 11 CB 140, 138 ER 424; Cashill v Wright [1856] 6 El & Bl 891, 119 ER 1096; European and Australian Royal Mail Company Limited v Royal Mail SteamPacket Company [1858] 4 Kay & Johnson 676, 70 ER 281; Swinfen v Lord Chelmsford [1860] 5 H & N 890, 157 ER 1436; South Australian Insurance Company v Randell [1869] 6 Moo NS 341, 16 ER 755；关于保释的报道是英美两国在代理，雇用和保释等许多方面的判例法的复杂融合，并配有摘要资料，民间写作，尤其是多玛和波蒂尔，以及相当数量的自然法。在 1839 年版的故事中，作者为使用大陆资源来弥补普通法的漏洞和架构缺陷而作了长篇的道歉。据透露，在 19 世纪许多主要的英国案例中，故事被引用而琼斯被忽略了。See eg Harris v Birch [1842] 9 M & W 591, 152 ER 249; Smart v Sandars [1846] 3 CB 380, 136 ER 152; Clements v Flight [1846] 16 M & W 42, 153 ER 1090; Benett v Peninsular and Oriental Steam-Boat Company [1848] 6 CB 775, 136 ER 1453; Sheridan v New Quay Company [1858] 4 CBNS 618; 140 ER 1234; Reeve v Palmer [1858] 5 CBNS 84, 141 ER 33; Williams v Jones [1864 - 5] 3 H & C 256, 602, 159 ER 528, 668 Peninsular and Oriental Steam Navigation Company v Shand [1865] 3 Moo NS 272, 16 ER 103. 19 世纪英国普通法的许多其他领域也受到美国法学家斯托里(Story)和大法官詹姆斯 · 肯特(James Kent)等大陆法学家的影响。

〔26〕 Coggs v Bernard [1703] 2 Ld Raym 909, 920; 92 ER 107, 114.

四、重大过失和一般过失

米利特法官在1997年Armitage案的判决中，提出了一个强有力的论点，即现代普通法拒绝区分重大过失和一般过失：

如果法律在一般过失责任和重大过失责任之间划清界限，那将是非常令人吃惊的一件事。在这方面，英国法与大陆法系不同，因为它始终在疏忽（无论多么严重）与欺诈、恶意和故意不当行为之间划清界限。普通法的原则是：重大过失可能是恶意的证据，但并不是一回事。然而，虽然我们一方面将欺诈与单纯的过失（无论多么严重）之间的区别看得很重，却又将过失与重大过失之间的区别仅视为程度上的区别。英国律师一向对后一种区别持不尊重的态度。在Hinton v Dibbin案（1842）第二季第646节中，丹曼（Denman）勋爵质疑了是否存在任何可理解的区别。而在Grill v General Iron Screw Collier Co案（1866）中，威尔斯（Willes）法官提出了一个著名的观点，即重大过失是带有辱骂性绰号的一般过失。不过，民法体系还是在另一个地方划清了界限。[27] 这一学说即是“重大过失等于故意”（culpa lata dolo aequiparatur）；虽然格言本身不是罗马的，但这一原则是经典的；而普通法中没有适用这一原则的余地……[28]

这一点是米利特法官在考虑受托人是否豁免适用信托赔偿条款时提出的，如逃避重大过失行为的责任。上诉法院虽然驳回了重大过失的观点，但并不意味着重大过失的概念在法律责任、衡平责任和勤

[27] Willes J took this quip from Rolfe B; see Wilson v Brett [1843] 11 M & W 113, 152 ER 737, discussed below at text accompanying nn 51 – 52.

[28] Armitage v Nurse [1998] Ch 241 (CA) 254; [1997] 2 All ER 705, 713f – h.

勉义务标准方面没有发挥作用;也不意味着不同的勤勉义务未在信托法中有效地发挥作用。[29] 因此,我们必须认真对待重大过失的概念,即使我们不希望它在现代信托和侵权学说中发挥强有力的作用。

在法律来源中可以确定三种重大过失的概念,每一种概念都来自米利特法官在 Armitage 案的判决。

(一)过分模型

重大过失的第一种模式带有"谴责性",即重大过失只不过是过分的过失行为,仅是根据印象和程度进行的评估,实际上与普通过失并无不同。这是当今普通法中最常使用的对重大过失的不屑一顾的概念;但在早期,该概念蕴含更多内容。直到 20 世纪 30 年代初,在陪审团判定对错的民事司法制度中[30],法官才会提到重大过失或一般过失,以引导陪审团找到所需的事实。因此,随着民事陪审团的消逝,这个词失去了许多共鸣。Dixon v Wilson 案也否定了上诉观点。[31] 该案中,法院没有因为律师的重大过失导致案件败诉而让相关律师承担损害赔偿责任。所涉律师输掉的是一场衡平法院的诉讼,据说该案对于一名普通律师来说太难处理了。有人认为,无论其时间多么长或多么不方便,在法律上都必须对该过失行为进行适当的陪审团审判,而不应根据法院对过错程度的评估来决定是否适用简易程序审理律师的过失案件。

(二)证据模型

如果远低于应有的标准,就可能引起对欺诈的怀疑或推断,或者

[29] Cf Bartlett v Barclays Bank Trust Co Ltd (Nos 1 & 2) [1980] Ch 515, discussed below at n 116.

[30] J Getzler "The Fate of the Civil Jury in Late Victorian England: Malicious Prosecution as a Test Case" in K O'Donovan and G Rubin (eds) Human Rights and Legal History: Essays in Honour of Brian Simpson (OUP Oxford 2000) 205 - 224.

[31] [1859] 4 Drewry 614; 62 ER 235 (Kindersley VC).

在达到极致时对事实的推定。一个古老的普通法例子是 Backhouse v Harrison 案。[32] 被告是两张因疏忽而落在管道中的汇票的背书人。票据发现者以欺诈的方式将支票交给原告银行,原告银行不顾钞票的肮脏状况和汇票提交人对事实的陈述情况,将支票予以兑现。银行的律师辩称,背书人未能公布票据损失是一种共同过失,这触发了基于银行疏忽而阻碍背书人抗辩的禁止反言原则。法院认为,银行仅是缺乏一般谨慎,而不是重大过失,因此银行可以就票据提起诉讼,而无须适用防御性的禁止反言抗辩。帕蒂森(Patteson)进一步指出,除非有足够的证据表明存在恶意,否则不构成重大过失。

衡平法将欺诈作为恶意[33]的宽泛表达往往与这种推定类型有关,即重大过失被看作"建设性"欺诈的表现。根据埃尔登勋爵的描述,"必须存在明显的欺诈或隐瞒,或严重到足以构成欺诈的过失"。被告在此类案件中的利益受到保护,因为他可以通过向衡平法院提供有利证据来反驳敌对证人,这与当事人不能成为证人的法院不同。有了这种退让和保护,可能还有表明受托人具有欺诈目的的高度盖然性证据,证明其疏忽大到足以构成推定欺诈,以至于法院凭借其良心必须采取行动……此类欺诈的证据,使受托人不得在法院审理时辩称不存在欺诈。[34] 更简洁地说,在 Hewitt v Loosemore 案中[35],特纳(Turner)认为,"在本院看来,重大和故意过失等于欺诈。该原则通常适用于第一抵押权人未能取得或找到所有权契据,从而使得借款人可以进行后续抵押;只有在欺诈、重大或者故意过失的情况

---

〔32〕 [1834] 5 Barn & Ad 1098; 110 ER 1099.

〔33〕 Earl of Chesterfield v Janssen [1751] 2 Ves Sen 125; 28 ER 82; Earl of Aylesford v Morris [1873] LR 8 Ch App 484, 490 – 491 (Lord Selborne LC).

〔34〕 Evans v Bicknell [1801] 6 Vesey Jun 174, 191 – 192; 31 ER 998, 1006 (Lord Eldon LC). Note also Evans v Bicknell at 184 – 187; 1003 – 1004 for Lord Eldon's criticisms of Pasley v Freeman [1789] 3 TR 51; 100 ER 450, where Kenyon CJ propounded a common-law version of the presumptive fraud doctrine, but without the benefit of chancery's evidential procedures.

〔35〕 [1851] 9 Hare 449, 457 – 458; 68 ER 586, 589 – 590 (VC).

下,第一顺位抵押才能被推迟至后面的抵押;但如果对这些契据进行了善意的问询并给出了合理的辩解,法院就不会追究必要的责任;不过,如果不进行调查,那就太不近人情了,这就表明他们存在故意疏忽行为"。[36] 在 Colyer v Finch 案中[37],上议院运用重大过失原则来考察推迟抵押贷款行为,但他的分析更加具有个性,即接受担保的人是否做了他在这个职位上应该做的所有事情来获得所有权契据?一个经验丰富的房产专业人士未采取必要的预防措施可能构成疏忽,但不是可归责的重大疏忽。这使重大过失标准关注不法行为人的个人情况和素质,将该标准有力地向欺诈的事实推定标准推进。

这种推定的欺诈概念与衡平法上欺诈概念的核心含义有一定距离。衡平法上的欺诈本身并非应受谴责或标准更低,而是滥用职权或优势地位的不自觉行为,无论是基于故意的不诚实还是无意的过失或迟钝于觉知另一个人的利益以赚取利益。一个有说服力的例子是无论权利的受让人在行使权利时多么谨慎或多么仁慈,作为严格责任的一种情形,过度行使处置权是"欺诈性权利",越权行为是"腐败和无效的"。滥用优势是其本质缺点。[38] 因此,我们应该谨慎地注意到罗

---

[36] See further Plumb v Fluitt [1791] 2 Anst 432; 145 ER 926; Evans v Bicknell [1801] 6 Ves Jun 174; 31 ER 998 (Lord Eldon LC); Barnett v Weston [1806] 12 Ves 130; 33 ER 50; Harper v Faulder [1819] 4 Madd 129; 56 ER 656; Martinez v Cooper [1826] 2 Russ 198 at 217; 38 ER 309 at 317 (Lord Eldon LC); Farrow v Rees [1840] 4 Beav 18; 49 ER 243; Allen v Knight [1846] 5 Hare 272; 67 ER 915; Worthington v Morgan [1849] 16 Sim 547; 60 ER 987; Roberts v Croft [1857] 2 De Gex & Jones 1; 44 ER 887; Carter v Carter [1857] 3 Kay & Johnson 617; 69 ER 1256; cf Pilcher v Rawlins [1870 – 72] LR 11 Eq 53; LR 7 Ch Ap 259.

[37] [1856] 5 HLC 905, 928 – 929; 10 ER 1159, 1168 – 1169 (HL).

[38] 参见 Aleyn v Belchier 案(1785)伊甸园所编写私人汇编的第 1 卷第 132 页;《英国判例汇编》第 28 卷第 634 页。《苏格登的权力》(1845 年伦敦东区第 7 期)第 2 卷第 299 ~ 300 页;《法威尔对权力》(史蒂文斯伦敦 1874)第 325 卷第 352 ~ 353 页。一项附带的原则是,在受益人表面同意的情况下冒险行使信托权利,不能因疏忽而无效。Chambers v Chambers 案(1730),莫斯利所编写私人汇编的第 332 页;《英国判例汇编》第 25 卷第 424 页 6000 英镑交到受托人手中,在找到合适的购买土地的人之前,由受托人酌情交给政府或其他证券。这笔钱有一半是在南海股票投资之后损失的。原告受益人的律师塔尔伯特承认,受托人不能承担责任,因为他们有明确的投资权限,或者因为受益人的同意(菲茨吉本斯所编写私人汇编的第 127 页;《英国判例汇编》第 94 卷第 684 页)。其余案件涉及各受益人之间损失的平衡。

马的过失观念是如何以主观主义色彩被移植到本土良知模式上的。

(三)假定的或特殊义务模型

第三种法律上的重大过失模型相当于霍尔特的第六种保管概念,即当一个人通过承诺或承担某种谨慎义务来诱导获得信任时,他以低于假定的责任标准行事从而违反了该特定信任。此时重大过失具有违反特别界定的义务标准的技术意义。而在判例法中,它往往与今天我们所称的职业过失,或低于人们所称的习惯标准有关。例如,外科医生承诺在手术过程中会谨慎避免造成伤害,并以此保证获得同意开展手术。如果病人因外科医生的疏忽而受到伤害,即使是轻微的疏忽,其特殊或明确的责任承担也会使这种疏忽构成重大疏忽,从而与普通疏忽形成对比;对明示信赖的违背加剧了这种行为的不法性。在 Bulmer v Gilman 案中就存在这一含义[39],该案涉及一名议会代理人在起草法案时存在重大过失。克雷斯韦尔(Cresswell)谈到了对具备胜任任职职位技能的违反;他认为重大过失意味着违反了非常规职责,尽管他建议可能需要专家证人来确定职责内容。

本标题下的"重大"过失可能预示着使用一种客观的职业标准,而不是个人的个性化或习惯性标准。在 Godefroy v Dalton[40] 案中,一名辩护律师因不当处理庭外工作而被诉至法庭,由于缺乏应有的技能和勤奋,他没有获得必要的、先前法庭诉讼的文书副本,导致案件败诉。廷达尔(Tindal)调查了这类案件中律师应有的合理技能和勤勉义务之间的界限,"以及某些案件中提到的重大疏忽或过失,他无疑对此负有责任"。他发现缺乏客观上合理的谨慎和技能,但在实践中由于被告那样技能较差的人可能会这样做,因此这不是一个重大过失案件,单凭这一点就可以让被告作为专业律师负担责任。[41] 在 Hunter v

---

[39] [1842] 4 Man & G 108; 134 ER 45.

[40] [1830] 6 Bing 460; 130 ER 1357.

[41] Godfrey v Dalton [1830] 6 Bing 468 – 469, 1361.

Caldwell案(另一起关于律师过失的案件)中[42],律师辩称初审法官应该指示陪审团寻找“律师独自承担损害赔偿责任的严重过失”。丹曼(Denman)裁定:“我们认为,对于陪审团来说,过失问题是一个事实问题。不过,就像其他许多处理法律问题的人一样,正确的做法是积极引导陪审团确定他们得出结论的前提。因此,法官有责任告知陪审团,律师应对何种类型或程度的过失承担责任,以及应负何种责任。”法官采取专家证人来确定职业或普通人士所需要的适当注意程度是常见做法,从而消除了陪审团在确定责任标准方面的自由裁量权。

在同样的特殊或推定职责中,船长的责任是把交付给他的船当作自己的船一样加以保管。作为一名职业船长,他的身份意味着法院倾向于将任何违反他特殊职责的行为称为“重大”过失,即使这种行为是轻微的。[43] 抵押人也有类似的义务,即不允许抵押物价值减损;1836年,奥尔德森指出,财政部要求重大过失需要承担责任,从而将这种程度的过失责任与欺诈和一般过失责任区分开来。在另一种模式下,现代刑法至今仍将重大过失杀人作为过失杀人罪处罚,将其与过失致人死亡的民事过失和过失杀人罪区分开来。重大过失杀人罪可以被看作由于过分的粗心大意而违反了特定的和明确的不杀人责任。过失杀人罪的重大过失标准有一定的渊源[44],经过一段时间搁置后,现在又泛滥成灾。[45] 从这些不同的事例中,我们可以了解到,在过失被描述为“重大”的情况下,往往会有一个律师虚拟的对某项特定义务的称谓,然而这个含义仅与重大过失或过分过失的普通含义之间存在微弱联系。

---

〔42〕 [1847] 10 Queen's Bench 69, 82 – 83, 116 ER 28, 32 – 33. To similar effect: Purves v Landell [1845] 12 Cl & Fin 91; 8 ER 1332 (Lord Brougham).

〔43〕 See cases collected below.

〔44〕 Eg, R v Markuss [1864] 4 Foster & Finlason 356; 176 ER 598 (Crown Cases) (Willes J, a case of lethal patent medicines made up by a grossly negligent pharmacist. See also Ruddock v Lowe [1865] 4 Foster & Finlanson 519; 176 ER 672.

〔45〕 R v Prentice [1994] QB 302; R v Adomako [1995] 1 AC 171; A – G's Reference (No. 2 of 1999) [2000] QB 796.

重大过失意味着违反特殊责任或假定责任的学说留下了适当的责任标准问题。19 世纪 60 年代的法官们发现,很难制定一个明确的规则,所以他们会轻易地回避这个问题。1861 年,在 Belfast and Ballymeena Railway Co v keys 案中〔46〕,律师援引 Coggs v Bernard 案、琼斯与斯托里的专著和其他许多权威文献,就无偿受托人适用重大过失标准与轻微过失责任或严格责任进行了辩论。然而,六名法官和四名领主错误地审理了该案,他们倾向于根据承运人的合同条款确定较低的谨慎标准,而不是更笼统地阐释保管责任的性质。三年后,在 Beal v The South Devon Railway Company 案,英国财政部的克朗普顿(Crompton)提高了谨慎标准的要求,同意财政部法院波洛克(Pollock)〔47〕提出的观点——"就所有实际目的而言,这一规则可以表述为,未行使合理的细心、技能和勤勉义务是重大疏忽"。这听起来更像是抽象的轻过失,而不是具体的轻过失。还有人指出,有报酬的受托人要明确遵守客观标准,即对该行业的普通义务和适当的勤勉义务。〔48〕 1866 年的 Grill v The General Iron Screw Collier Company 案中〔49〕,威尔斯法官认为:

将过失看作积极而非消极的词引起了混淆。这确实是缺乏应有的谨慎,因为这是被告的责任。受托人有义务承担普通人的一般谨慎责任,所以没有这种谨慎就称为重大过失。为获得物品而承担某种工作的人,必须由熟练的工人来实施,缺乏这种谨慎就是过失。因此,"重大"是一个描述性的词,而不是一个定义,使用重大过失的表述,只是引入了混淆的根源而不是等同于"在航行船舶时缺乏应有的谨慎和技巧"。这是首席大法官在总结时一再强调的观点。

---

〔46〕 [1861] 9 HLC 556; 11 ER 846 (HL).

〔47〕 Beal v The South Devon Railway Co [1860] 5 H & N 876, 884 - 885; 157 ER 1431, 1434.

〔48〕 See further Ibbetson The Law of Business Rome above 102 - 103.

〔49〕 [1866] LR 1 CP 600, 612. 50 [1869] 5 Moo NS 434; 16 ER 578 (PC).

在 1869 年的重要案件(Giblin v M'Mullen 案)中,枢密院进一步将重大过失标准推向客观化。[50] 该案件中,墨尔本一家银行夜班职员从一个保险箱中拿走了铁路债券,该银行被起诉的身份为无偿受托人。切姆斯福德(Chelmsford)勋爵发现,正确的适用标准是一个理性、谨慎的人的一般勤勉标准,违反这一标准被称为重大过失。客观标准可以从银行自身的习惯做法中获得;由于银行对这些债券的保护与对其所有其他资产的合理保护一样谨慎;因此不存在重大过失。核心段落是:

> 从霍尔特勋爵在 Coggs v Bernard 案中所作出的著名判决开始[51],他将不同种类的受托人应承担责任的不同程度的过失进行了分类和区分,无偿受托人必须构成的过失行为被称为"重大过失"。从那时起,这一术语毫无疑问地作为一种简短而方便的方式用来描述这一类别的受托人所承担的责任程度。最后,克兰沃思勋爵[也即后来的罗尔夫(Rolfe)男爵]在 Wilson v Brett 案(11 M. 和 W. 113)中提出反对意见,认为"他看不出过失和重大过失之间有什么区别,二者是同样的事情,只不过多了一个骂人的绰号"。

这一批评意见后来得到了其他著名法官的赞同。当然,如果有意将其作为一种定义,"重大过失"一词的解释完全不符合其目的。但是,由于不同类别的受托人所负责的疏忽程度之间存在实际差异,因此可以保留这个术语作为对这种差异的描述(尤其是因为该术语使用已久),并且已经在有关保管法的文章中得到霍尔特勋爵和威廉·琼斯爵士等权威人士的认可。

---

[50] [1869] 5 Moo NS 434; 16 ER 578 (PC).

[51] Sub nom Coggs v Bernard [1703] 2 Ld Raym 909; 92 ER 107; SC 3 Ld Raym 163; Comyns 133; Holt 13, 131, 528; 1 Salk 26; 2 Salk 735; 3 Salk 11, 268; BL MS Hargrave 66, ff. 85 - 106.

在 Grill v The General Iron Screw Collier Company 案中,[52] 威尔斯法官同意了克兰沃思勋爵的观点,并指出英国财政部在 Beal v The South Devon Railway Company[53] 案中对“重大过失”一词持有同样的观点,他说:“将疏忽视为积极而非消极的词引起了混淆,其本质是被告应当履行谨慎义务但是却未履行。这的确缺乏应有的谨慎。” 在上述案件中,很难说财政部法院采纳克兰沃思勋爵关于“重大过失”一词不恰当观点的做法是正确的。克朗普顿法官在陈述法院意见时认为:“据说可能很难界定什么是严重过失,但我同意法院首席男爵的言论‘存在特定程度的过失,每个人都对此深表责备。因为不能在不同事物中划出严格的界限,就假设这些事物之间没有差别是错误的。’出于实际目的而言,未行使合理的谨慎、技能和勤勉义务是重大过失。” 蒙太古·史密斯(Montague Smith)法官,在威尔斯法官陈述上述案件时评论道:“‘重大过失’一词只是说明在某些情况下比在其他情况下需要较少注意义务的一种方式。例如在无偿受托人案件中,对谨慎程度的定义比过失程度的定义更为正确和科学。”当然,“重大”的表述并非没有存在意义。根据霍尔特勋爵的说法,无偿受托人因过失而承担赔偿责任,主要是因其违反信任或者信托。这不仅由于缺乏远见或判断失误,而且由于某种应受谴责的违反。用一个积极的词代替消极的词不会产生任何好处,因为受托人必须履行的谨慎和勤勉程度与他所应当承担责任的过失程度相对应,而且定义各种情况下的积极义务程度与定义承担责任的过失程度存在同样的困难。

事实上,这种困难也是上述所讨论对象的固有本质。虽然谨慎的程度无法具体化,但在某种程度上还是可以将之加以区分的,并且在将证据交由陪审团处理的案件中,陪审员们必须在法官谨慎而有辨别力的指引下尽可能地区分事物之间或多或少相互影响的程度。

---

〔52〕 [1866] LRI CP 600 at 612.

〔53〕 [1864] 3 H & C 337 at 341 – 342; 159 ER 560, 562.

很明显(根据当局的说法),此时银行对托付给他们的存款所承担的义务并没有超出一般的注意义务,而且他们可以独自承担责任的过失也将是一般谨慎标准,即普通人通常对自己事务照管的勤勉标准。

切姆斯福德勋爵援引并批准了马萨诸塞州 Foster et al Executors v The Essex Bank 案。[54] 该案中,银行的出纳员和职员从保险柜里偷走了金条和硬币。由于这是一种"仅仅为存款人提供便利的单纯的保管,对银行来说没有任何好处,因此它仅对重大过失或欺诈负责。而这种重大过失本案中无法推断出来,因为银行对原告的财产和其他存款以及银行本身的财产都给予了同样的注意"。

五、重大过失与谨慎人测试

从 Giblin v M'Mullen 案中,我们将重大过失与客观标准联系起来,也就是谨慎人的一般勤勉标准,与个人对自己资产习惯性实行的一般谨慎的主观标准相对立。判例法中散见的"谨慎人"测试与重大过失测试有独立性。一项较早的先例[55]涉及未投保船舶的船长是否承担作为船东代理人的责任,并预估一个普通谨慎的人在决定是修理还是弃船时会如何处理自己的财产。在这种情况下,如果一个决定是合理、善意的(即使是错误的),也不承担责任。[56] 在汇票案件中,法官同样可以使用"谨慎"一词,对需要承担过失的行为提出比惯常做法

---

〔54〕 [1835] 17 Mass Reps 478.

〔55〕 See, eg, Mors v Slew [1673] 3 Keble 112; 84 ER 624.

〔56〕 Benson v Chapman [1849] 2 HLC 696; 9 ER 1256 (HL); and see Young v Turing [1841] 2 Man & G; 133 ER 883; Irving v Manning [1847] 1 HLC 287; 9 ER 766 (HL); Lindsay v Leathley [1863] 3 Foster & Finlason 902; 176 ER 410; The Kong Magnus [1891] P 223.

更高的谨慎标准。在1824年Gill v Cubitt案中,[57]艾伯特(Abbott)表示:

这也是(陪审团)要考虑的一个适当问题,(当需要决定一个人是否善意行事时)他是否采用了在一般交易中,谨慎交易者应该使用的谨慎态度进行询问……在我看来,这对于贸易利益来说很重要,如果一个人从别人那里获得汇票,然而他只知道这个人的特征,不知道他的名字,他住在哪里,也不知道他是否是一个与其有交易习惯的人,则从法律的角度来说,很难被视为善意行事,或者说具备应有的谨慎和尽职调查要求。如果我们认定在这种情况下采取了应有的谨慎态度,那肯定会为找到或不诚实获得汇票的人处理丢失或被盗的汇票提供了极大便利。

客观谨慎标准的另一个有影响力的渊源是妨害法。其中的格言"使用自己的财产以不损害他人财产为限"(Sic utere tuo ut alienum non laedas,使用你自己的,以免伤害别人)对所有的竞争对手施加了对等的理性义务。在Vaughan v Menlove案中[58],一位土地所有者因为过失在他的土地边缘建造干草垛而被起诉。因为当干草自燃时,它烧毁了邻居的房子。被告提起诉讼,主张法官不应指示陪审团适用普通谨慎义务中的重大过失标准,因为一些案例认为这一标准毫无意义。[59] 相反,应该采用主观测试,即善意但愚钝的被告是否根据他的最佳判断采取了善意的行为。廷达尔(Tindal)拒绝了主观最佳判断

[57] [1824] 3 B & C 466, 475; 107 ER 806, 810. The case was questioned in Bank of Bengal v Fagan [1849] 5 Moo Ind Ap 27, 18 ER 804 (Lord Brougham). In London Joint Stock Bank v Simmons[1892] AC 201, 219, Lord Herschell stated that Gill v Cubitt was not overruled but had been superseded or sidestepped by later doctrine.

[58] [1837] 3 Bing NC 468; 132 ER 490 (CP).

[59] Eg, Crook v Jadis 5 B & Ad 910; 110 ER 1028 (Taunton and Patteson JJ).

标准[60]：

那会留下如此模糊的界限以致根本没有任何规则可以适用。由于其对每个人的判断标准是各不相同的,因此尽管这一标准敦促谨慎的人要小心谨慎,但这不是一个明智的法治主张。不过,在保管案件中仍然常采用这样的规则,如科格斯诉巴纳德案。

客观测试标准也适用于除保管和合同之外的领域：

一个谨慎人所应采取的勤勉态度一直是法定的规则;至于所谓适用困难,陪审团总是能够说,是否以该规则为指导,在案件所涉场合中存在过失。

因此,与其说过失责任应该与对每个人具体情况的判断相辅相成(而这种判断与每个人脚长一样多变),我们更应该遵守这样的规则,即在所有情况下都要求像一般审慎的人那样的谨慎程度行事。

沃恩(Vaughan)援引了船长案件,认为重大过失/一般谨慎检验提供了一般的谨慎标准。[61] 这一案件预示着 Donoghue v Stevenson 案的结果以及一个世纪后现代过失法的出现。

六、信托委托与管理中的谨慎标准

17 世纪末和 18 世纪的信托判例倾向于要求重大过失预示欺诈行

---

[60] [1837] 3 Bing NC 468, 474 - 476; 132 ER 490, 493 - 494.

[61] Vaughan v Menlove [1837] 3 Bing NC 477, 494.

为,即勤勉义务的重大过失标准;[62] 但在19世纪,具体轻过失(culpa levis in concreto)——受托人的惯常标准开始凸显其地位,并常以谨慎人的表述出现。[63] 但这种规范性建构纯粹被视为适当信托管理的谨慎标准,谨慎要求是对投资等主要信托责任的辅助要求;谨慎本身并不在信托义务中占据主要地位。在1914年的 Nocton v Lord Ashburton 案中,达尼丁(Dunedin)勋爵从历史角度分析了此种共同诉讼交叠的观点:

现在,每当我们谈到违反义务时,我们就会看到普通法和衡平法的分析路径是多么接近,或者更严格地说,可能是重叠的。以过失为例(罗马法学家的过失概念),除非有义务,否则不存在过失。这种义务可以以多种方式出现。有些义务适用于所有人,如勿害他人。因此,将上膛的枪留在公共场所的人应对随后发生的事故负责,尽管扣动扳机的不是他。普通法提供了救济措施,然后是合同所产生的义务,其中律师提供法律服务是一个典型的例证。律师签合同时自称具备专业资格,并履行谨慎标准。如果其行为存在过失,将招致普通法上的诉讼。另外,也有

---

〔62〕 Hussey v Markham [1676] Rep t Finch 258; 23 ER 142 (decree that trustee is "Not to be chargeable with any Money, but what he, or others by his Order, shall actually receive; and not to be charged with any Loss in putting out Money at Interest, or for Money raised out of the Estate without his wilful Negligence or Default"); Moore v Bennett [1678] 2 Ch Cas 246; 22 ER 928 ("the Purchaser . . . shall be presumed cognisant of the factual implications of a deed for it is crassa negligentia, that he sought not after it"); Charitable Corporation v Sutton [1742] 2 Atk 400, 405 – 406; 26 ER 642, 644 – 655 ("gross non-attendance" as a breach of the "fidelity and reasonable diligence" required of a trustee); Harden v Parsons [1758] 1 Eden 145, 148 – 149; 28 ER 639, 641 ("gross negligence" is not to be measured by a particular man's "habitual timidity about money matters" but by what "other prudent men do").

〔63〕 Caffrey v Darby [1801] 6 Ves 488; 31 ER 1159; Massey v Banner [1819] 4 Madd 413; 56 ER 757; [1820] 1 J & W 241; 37 ER 367; Moyle v Moyle [1831] 2 Russ & M 710, 715; 39 ER 565, 567; Clough v Bond [1838] 3 My & Cr 490, 497; 40 ER 1016, 1018 (Lord Cottenham); Munch v Cockerell [1840] 5 My & Cr 178, 214; 41 ER 338, 352; Mendes v Guedalla [1862] 2 J & H 259, 277; 70 ER 1054, 1061 (Page-Wood VC. Cf Ibbetson "Law of Business Rome" above, 103 – 105.

一种义务来自一种不受合同干涉的关系,例如受托人对委托人的义务或监护人对被监护人的义务。在后一类案件中,衡平法具有特殊的适用地位。我认为,这不是因为现有义务类别与违反义务的类别之间存在任何科学的区分,而是仅仅因为在某些情况下普通法未能提供所需要的救济。因此,可以说,普通法(尽管对于一个陌生的法学家来说,没有什么比这更难学习的了。)是从救济开始,但以权利结束。[64]

这种分析认为,存在过失违反预定信托义务的情形;法院要做的正确事情首先是确定信托义务的要求(委任、投资、安全委托等),然后是确定适当的过失标准。[65]

谨慎的人用以确定责任标准的主要方法是考察委托信托的功能。其基本规则是受托人不得转委托其信托职责,显然要维持这一规则非常不方便,甚至不可能,以至于只有在"必要"(或者说合理)的情况下,授权才是被允许的[66]。《司法法》颁布之前,判例并未明确受托人将信托业务委托给其他代理人,出现错误时应适用何种谨慎标准。一

---

〔64〕 [1914] AC 932 (HL) 964.

〔65〕 霍尔丹(Haldane)子爵在 Nocton [1914] AC 932 (HL) 956 – 957 关于信托责任的讲话中模糊了这一点,他说:曾有一段时间,在违反这类法律责任的案件中(律师的注意义务和技能义务),衡平法院似乎行使了一种同时管辖权。考虑到当时法律补救措施的缺陷,这并不值得注意。但后来,在假设的作用充分发展之后,我认为,由于缺乏公平而提出异议的人,很可能一直是一项法案的被告,而这项法案只不过是要求对律师的疏忽大意提出损害赔偿的要求。但霍尔丹子爵还暗示,将衡平法上的过失作为一种衡平法上的欺诈行为进行审判的同时管辖仍然存在。由于《司法法》,法院的任何部门都可以给予(法律和衡平法)两种救济,并可以将所谓救济视为普通法上的疏忽或违反信托责任的案件。有关同时存在的侵权—股权责任性质的现代陈述参见 Henderson v Merrett Syndicates Ltd [1995] 2 AC 145, 205 (Lord Browne-Wilkinson) (HL); Bristol & West Building Society v Mothew (t/a Stapley & Co) [1998] Ch 1, 16 – 18; [1996] 4 All ER 698, 710 – 711 (Millett LJ) (CA); see further L Hoyano "The Flight to the Fiduciary Haven" in P Birks ed Privacy and Loyalty (OUP Oxford 1997) 169。

〔66〕 Ex parte Belchier; ex parte Parsons [1754] Ambler 218; 27 ER 144; SC Belchier v Parsons [1754] 1 Kenyon 38; 96 ER 980 (Ch) (the latter much the better report); see also Knight v Lord Plimouth [1747] 3 Atk 480; 26 ER 1076 (delegation of receivership).

些判例可能相当宽容。在 Jones v Lewis 案中〔67〕,受托人如果处理信托事务如同自己的事务同等谨慎(例如,具体轻过失和个人在处理自己事务中的注意义务)就不必为其雇员的刑事欺诈负责。在 Giblin v M'Mullen 案中〔68〕,枢密院通过了一项规则,即雇主对代理人或雇员的欺诈行为不承担次级或其他责任,因为他们当时不在受雇范围内行事;或者正如 Foster et al Executors v The Essex Bank 案〔69〕中的马萨诸塞州法院所说:

银行对他们(雇员)的行为所承担的责任,不超过以下情形:雇员偷窃了在银行办理业务的人放在桌面上的袖珍书。

这一学说似乎既适用于无偿保管,也适用于受托人获得报酬的交易。一个典型的例子是,在 Oriental Commercial Bank v Savin 案中〔70〕,一名遗嘱执行人将委托一名律师收取遗产中的债务,该律师随后携款潜逃。培根(Bacon)法官尽管因让受益人承担所有损失而感到不安,但仍然免除了遗嘱执行人的责任,认为他在正常的业务过程中行事,做了任何谨慎的人都认为安全的事情,并聘用了信誉良好的遗嘱律师。在 Job v Job 案中〔71〕,杰塞尔法官认为,1875 年之后执行人对受托财产负有责任的法律规则被公平规则战胜,该规则认为,“遗嘱执行人或管理人处于无偿受托人的地位,如果在遗嘱人的财产损失中没有故意违约行为,执行人或管理人就无须承担责任”。与这些支持受托人的决定相反,罗姆尼从 1865 年开始发起一场运动,要求受托人

〔67〕 [1751] 2 Ves Sen 241; 28 ER 155.

〔68〕 [1869] 5 Moo NS 434; 16 ER 578 (PC); see also Cheshire v Bailey [1905] 1 KB 237.

〔69〕 [1835] 17 Mass Reps 478.

〔70〕 [1873] LR 16 Eq 203 (VC).

〔71〕 [1877] 6 Ch D 562, 564.

对其受托代表的不当行为负严格责任。在 Bostock v Floyer 案中〔72〕,他认为受托人雇用一名以刑事手段欺骗信托的律师,应当对损失负有严格责任。罗米利(Romilly)先生认为,"这个案子太清楚了,不值得争辩";他的辩论少之又少,只说,"这只是一个人雇用他的仆人做某事,而仆人欺骗他的情形。由此造成的任何损失都应由雇主承担,而不是由信托资产受益人承担"。在 Sutton v Wilders 案中〔73〕,罗米利认为,向抵押人提供贷款的受托人对其雇用律师的欺诈行为应当承担法律责任,尤其是受托人必须采取特别的预防措施以合理地雇用有利益冲突的律师。他再次直言,欺诈行为应由受托人承担责任,而非受益人承担损失。在 Hopgood v Parkin 案中〔74〕受托人聘请的律师因为过失未能检查投资财产的产权负担,从而导致信托损失,上述同一法官在判决该案时扩大了严格责任理论的适用范围:

诚然,他(律师)的行为并非他们(受托人)的行为,但受托人任命了律师,律师是他们管理信托事务的代理人。如果律师由于无知或过失或故意而行为不端,他就要对受托人负责。在我看来,他们不能因此将信托中的损失甩给信托受益人,受托人有责任雇用有能力胜任的人,如果他们不这样做,损失必须由他们承担……事情由受托人本人亲自处理,或由无能或过失的代理人完成,情况完全相同。因此,他们必须承担损失,而不是由他们有责任守护的信托资产自行承担损失。

另一观点源自代理制度,美国判例再次提供了对这一问题的重要概念化。在 Swinfen v Lord Chelmsford 案中〔75〕,律师辩称:

〔72〕［1865］LR 1 Eq 26.

〔73〕［1871］LR 12 Eq 373.

〔74〕［1870］11 Eq 74, 78 – 79.

〔75〕［1860］5 H & N 890, 902 – 903; 157 ER 1436, 1441 – 1442.

在《保管》一书中(第五版第 182 节第 203 页)这样写道:“博士佩利在他的《道德哲学论文》(bk. 3,pt. 1,c. 12)中,以其惯常的良好实践辨识能力,将强行性规则置于合理的基础上。无论谁处理他人的事务,应如处理自身事务一般;也就是说,承诺像对待自己的事务那样施以同样的关心、注意和勤勉;因为他知道委托给他事务的人对他抱有这样的期待,且他的承诺仅此而已。”再次,在第 182 节 a 部分写到,如果无偿行事的受托人“具备他所承担信托的职责所必需的品格和能力,并且他公平地使用了他所具有的资质,他将不会对一个普通谨慎的人可能犯下的错误承担责任”。即使律师处于代理人的位置,他可能表明他所做的事情来自意外或不可预见的紧急情况,而这些情况是指示或命令没有或无法适用的;或者,如果他们的确适用了,他被迫采取行动以防止对他的委托人造成更大的损失或完全毁灭(《代理故事》,第四版第 237 节第 299 页)。

1883 年的 Speight v Gaunt 案为法庭适用相冲突的转委托行为勤勉标准提供了一些解决方案。冈特(Gaunt)是约克郡纺织品制造商斯佩特(Speight)遗嘱中家庭解决方案的受托人。[76] 同时,他也是一家当地的纺织品制造商,没有专业的投资知识,但是出于与遗嘱人及其家人的友谊而接受了信托。三年前,他的共同受托人因从信托基金中挪用公款而陷入困境;冈特通过购买他的羊毛股票来为他提供资金,从而暂时挽救了他。最终破产后,共同受托人的债权人起诉冈特制造欺诈性的优先权,但是冈特被免除了责任。[77] 该案例表明,像冈特这样的受托人行为不规范,并没有关注太多的法律细节。

受益人指示冈特在三个地区证券交易所购买股票,将遗嘱基金的大部分资产(15,250 英镑)投资于地方政府债券。为了执行这些指

〔76〕 Speight v Gaunt [1883] 22 Ch D 727 (CA), affirmed [1883] 9 App Cas 1 (HL).
〔77〕 Ex parte Stubbs; In re Wilkinson [1880] 17 Ch D 58.

示,冈特在受益人的非正式建议下,选择了股票经纪人库克(Cooke),但他不知道库克几乎已经破产。库克向冈特出示了一张伪造的买入票据作为他已购买证券的证据[78],冈特据此通过支票支付了信托基金,但没有询问为什么票据上没有显示开户日期,或者股票是否直接从公司或通过证券交易所购入。库克迅速用这笔钱偿还了他的债务并消失了。受益人起诉冈特违反其保护资产的信托义务,声称他在选择和信任不诚实的代理人时不谨慎,并且在支付之前没有调查购买票据的真实性。没有人认为冈特不诚实甚至愚蠢,只是有可能缺乏谨慎的判断力。

培根认定冈特负有责任,并应用以下标准:

受托人在处理别人交到他手中的钱财时,无论他还必须承担哪些职责,都必须注意保管好这笔钱,不得用它做任何一个谨慎而理性的人不会用自身的钱所做的事。[79]

培根认为,商业人士以现金支付给经纪人购买尚未执行的证券,并不是合理的习惯,尽管这是普遍做法。理性和远见为商业惯例的合法性提供了独立的检验标准,法院不必遵循被判定危险和不法的已有先例。受托人不得让信托资金承担任何可觉察风险的规则是基于经典的衡平法院的预防性政策,即在难以监测代理人和发现不法行为的情况下,应预防风险而不是处置风险。

法律规则不仅不容置疑,而且它建立在绝对、明确的真理和正义的基础上。稍微放松就可能导致欺诈行为的发生。这很容易想象,因为众所周知,受托人会毫不犹豫地挪用信托基金,并且找经纪人协助

---

〔78〕 与伪造文书所造成损失的赔偿责任相关的法律有很多,但法院并没有订立这方面的法律。

〔79〕 [1883] 22 Ch D 727 at 736.

其挪用信托基金也不是不可能。[80]

因此,受托人对委托行为造成的资产损失承担责任应采用衡平法基于商业实践设定的标准,尽管这使得副大法官“非常不情愿并且非常痛苦,(如果我有权这样说的话)我本不应该感到痛苦,因为我只需要执行法律。在法律的压力下,冈特先生受法律强制要求补偿15,275英镑”。[81] 培根遵循了罗米利先生在1870年前后建立的权威理论,要求受托人对其代理人违反信托的行为承担个人责任。[82]他认为受托人必须对其代理人的违约承担责任,否则受托人可能无法行使适当注意来监督其委托的代理人履行职责所产生的风险。更广泛地说,衡平法是将规范应用于市场,而不是接受市场上发现的规范。

上诉法院没有被副大法官说服,并推翻了对冈特有利的决定。杰塞尔先生在抽象轻过失和具体轻过失之间应用了一个标准:

受托人如果承担一项职责,而该职责要求受托人代表信托基金进行投资,受托人的责任是什么?在我看来,根据一般原则,受托人应该如一般谨慎商人自己处理个人事务同样谨慎的方式开展信托业务。除此之外,他对受托人不承担任何责任或义务。换言之,受托人不承担责任,如果他作为受托人处理信托事务的方式等同于人类处理自身同类事务时采用的一般和惯常的做法。让受托人采取比普通谨慎的商人所采取的更深入、更好的防范措施,或以任何其他方式开展业务,都是不合理的。如果不是这样,就没有人愿意成为受托人。受托人并没有获得采取额外措施的报酬。他说,“我采取了所有合理的预防措施和所有谨慎的商人认为合理的预防措施,

---

[80] Speight v Gaunt [1883] 22 Ch D 738.

[81] Speight v Gaunt [1883] 22 Ch D 738 – 739.

[82] Bostock v Floyer [1865] LR 1 Eq 26; Hopgood v Parkin [1870] LR 11 Eq 74; Sutton v Wilders [1871] LR 12 Eq 373, discussed above at text accompanying nn 72 – 74.

并没有要求我做更多”。[83]

因为在购买证券之前将资金委托给经纪人是商业惯例,而且没有任何信号向冈特发出他所选择的经纪人不诚实的警告,因此本案没有违反必要标准。

杰塞尔先生小心翼翼地否认培根的外部道德标准可以作为信托义务衡量标准的观点:

我认为在这些案件中,如果存在关于结构或其他方面的细节问题,法院有责任倾向于认定受托人是诚实的,而不是急于找到合理和特别的理由以确定受托人对合同负有任何责任。你要尽力考虑到整个交易,尽量避免让一个未收受任何报酬的诚实的受托人,不仅未因履行信托职责而收获感激,还要为其他人的失误承担责任。我认为这是现代法官所持的观点,而一些不同观点的旧案件将被愤慨地否定。[84]

为了支撑他的观点,杰塞尔法官广泛引用了哈德威克(Hardwicke)勋爵在1754年贝尔希耶(Belchier)案判决中的内容[85]。受托人帕森斯(Parsons)太太奉命出售一批烟草,并将其委托给经纪人拍卖出售。经纪人卖掉了货物并收到了这笔钱,但随后死亡并破产,销售款也随破产损失殆尽。哈德威克勋爵免除了受托人的责任,并说明以下原则:

本法院对受让人(尤其是受托人)的交易制定了一项规则,以免对为他人的利益而不是为自己的利益行事的人造成恐惧……但受托人

---

〔83〕 Speight v Gaunt [1883] 22 Ch D 739 – 740.

〔84〕 Ibid 746.

〔85〕 Ex parte Belchier [1754] Amb 218; 27 ER 144.

因需要或符合人类共同习惯而需要依赖他人行事时,不应对由此产生的损失负责。

杰塞尔先生对哈德威克勋爵的学说作了如下解释:

如果他们借助他人的手做事,而选择助手的过程是恰当的,那么他们不应承担责任。那么"或是出于必要,或是符合人类共同习惯"是什么意思呢?它指的是在通常的商业交易过程中雇用代理人的情形。例如,一位绅士如果有租金要收,他通常会雇用一名收租员。他可以自己去收,但他不这样做。在这种情况下,雇用代理人来做这件事是人类的惯常做法。因此,在证券交易所买股票的人雇用了一个股票经纪人,这是绝对必要的;他不能买自己的东西,但即使他能买,雇用股票经纪人也是常有的事。〔86〕

哈德威克勋爵在贝尔希耶一案的判决中,列出了两个允许受托人将职能下放给代理人的理由:"道德的必要性以及人类的使用。如果受托人对信托和对自己的事务一样谨慎行事,并根据业务用途行事。"〔87〕信任带有信托资金的委托代理人可能并非完全必要,但代理人的行为是不可诉的,"因为代理人是按通常的业务方式行事"。这项测试混合了个人和一般客观标准。如果要出售信托财产,让受托人自己出售货物并接收和转移所筹集资金的要求就太高了。而经纪人或银行家可以被赋予这样的角色功能:"她(受托人)本可以采取安全措施,但是在任何场合这样做都会极大地妨碍业务发展。"哈德威克勋爵基于"必要性"的委托标准在 Speight v Gaunt 案中得到了杰塞尔先生的肯定,哈德威克勋爵的委托标准不仅解释了委托经纪人的规则,

〔86〕 [1883] 22 Ch D 727 at 741 – 743.

〔87〕 Ex parte Belchier[1754] Amb 218; 27 ER 144.

而且涵盖了信托委托的全部原则,也确立了现代法律中受托人的一般责任[88]。

紧随杰塞尔先生之后的是林德利法官,他强调任何使合理雇用代理人的受托人承担更严格形式的责任“将使任何人都不可能与信托有任何关系”。他明确否决了罗米利先生提出的严格责任裁决。[89] 鲍温(Bowen)法官则强调,经济上有必要建立商业中的代理人等级制度,并指出实践中合同代理人实际上是将其职能转委托给他们自己的代理人。如果信托职能的委托是特定业务的规范,那么这种委托是合理的,这也许是一种温和的循环定义。[90] 在上议院中,塞尔伯恩(Selborne)勋爵认为初步规则是在不承担严格责任的情况下,受托人不能将信托的执行或信托基金或资产的保管权交给代理人[91],但这条规则可能会因为必要性而被取代。相比之下,布莱克本勋爵发表了一项经过深思熟虑的长篇意见,该意见中除贝尔希耶之外,他没有提到其他任何权威观点。[92] 在这篇文章中,他的关注点是应当赋予受托人最全面充分的委托权且不承担责任。他首先考察了 Speight v Gaunt 案中信托的自愿性质:

立遗嘱人斯佩特的孩子都是未成年人,冈特先生出于对朋友家人

[88] 杰塞尔先生还引用了 Clough v Bond [1838] 3 My & Cr 490, 496 – 497; 40 ER 1016, 1018 (Lord Cottenham)。有人指出,个人代表“在适当投资于这 3% 时,对该基金的波动所造成的损失不负责”。但他赞成任何未经授权的波动基金。因此,当损失是由于任何一个人的不诚实或失败的部分财产的所有权被委托。必要时,包括管理财产的正常业务过程,将公平地免除个人代表的责任。但是,如果在没有这种必要的情况下,他帮助无法占有该财产任何部分的人,他将承担责任”。为了达到同样的效果,杰塞尔先生引用了 Joy v Campbell [1829] 1 Sch & Lef 328; SC 3 Bligh NS 110; 4 ER 1280; and Bacon v Bacon [1800] 5 Ves 331; 31 ER 614。有趣的是,贝尔希耶的权威在这些案例中都没有被提及。

[89] Speight v Gaunt [1883] 22 Ch D 727, 762.

[90] Speight v Gaunt [1883] 22 Ch D 762 – 763.

[91] 参见 Cf Turner v Corney [1841] 5 Beav 515 at 517; 49 ER 677。兰代尔勋爵指出:“受托人为了他人的利益,自行管理信托财产的,无权向他人推卸责任;如果他们聘用代理人,则他们仍应承担对其承担职责的信托财产的责任。”

[92] See Speight v Gaunt [1883] 9 App Cas 1 at 15 – 28.

的关心，接受了这份似乎很棘手的信托。这份职责对于他来说是完全无偿的。我认为，这并不妨碍他履行他的职责，因为他接受了委托，对执行这一任务应当给予适当的注意，也不妨碍他对因过失而造成的任何损失负责。但是我认为，如果一个人要为他的所作所为获得报酬，除非他在交易业务方面具备足够的知识和技能，他不应该接受这份工作；并且如果证明他缺乏任何其中一项，则可能会被追究责任。我认为，一个无偿接受信托的人（信托业务偶然涉及将投资转换成货币并将货币再投资），与其接受委托时立遗嘱人知道他所拥有的技能相比，没有义务拥有比资产转换业务更多的知识或技能。冈特先生对核心业务问题没有特别知识，这一事实提供了另外的理由，即除了利用他所拥有的所有知识和技能之外，他还应该聘请一名股票经纪人。当一个更熟悉该业务的人不会被欺骗时，如果他被骗了，也许他会被原谅。[93]

布莱克本勋爵跟随贝尔希耶的观点，认为可以根据通常的业务流程允许使用委托，“尽管可能存在某种风险，即财产可能由于受雇代理人的不诚实或破产而损失”[94]。最好通过市场压力而非法律规则防范这一风险：

如果没有给予对方以一定的信任，生活中的交易是无法进行的。如果交易涉及的情形是，卖方有权保留财产直到他收到钱，而买方有权保留他的钱直到他得到财产。任何情况下，如果卖方和买方被要求会面，并亲自进行物品交换，都是不方便的；当双方彼此相距较远（经常如此），实际上是不可能的。

---

[93] Ibid 17.
[94] Ibid 19.

商业人士在实践中推测能给予对方多少信任，或者更确切地说，如果因信任缺失而带来交易不便或阻碍贸易，由此产生的损失作为一种应对风险的保险费，是否过于昂贵。

当给予这样的信任而发生像前文提到的贝尔希耶[95]案那样的损失后，他们无疑会重新考虑这一切；当一种新的做法出现时，例如像人们记忆中的做法一样，让银行支票按指令付款并在他们之间流通，毫无疑问，在许多情况下，它会被用来避免招致实际不可避免的风险。因此，在某一时期通常的做法在另一时期可能不再是通常做法。

法官和律师们看到已经发生了损失的案件，却没有看到在无数的情形中费用、麻烦和不便得以避免，他们倾向于认为商人是轻率的。我认为，哈德威克勋爵提出的原则是，尽管这一过程是正常的，但如果受托人诚实地、在不知道任何会让他的情况变得异常危险的情形下，遵循这一通常过程，就不应受到指责……这是建立在原则基础上的。如果受托人不比普通的商人更谨慎，而不要求其承担责任，这既不合理也不方便。

布莱克本勋爵随后回顾了伦敦和省级证券交易所的最佳和最差做法[96]，并得出结论认为，受托人冈特信任其经纪人的行为是常见的，因此是合理的。

只有菲茨杰拉德（Fitzgerald）勋爵怀疑上诉法官的一致意见；他接受了贝尔希耶提出的法律分析方法，但发现冈特没有尽到勤勉义

[95] See [1754] Amb 218; 27 ER 144.

[96] For contemporary stock exchange practice see RB Ferguson "Commercial Expectations and the Guarantee of the Law: Sales Transactions in Mid-Nineteenth Century England" in GR Rubin and D Sugarman (eds) Law, Economy and Society, 1750 - 1914: Essays in the History of English Law (Professional Books Abingdon, 1984) 192 - 208; R Michie, The London Stock Exchange: A History (OUP Oxford 1999) chs 1 & 2.

务,他没有做到一个合理谨慎的人对待自己的钱那样地谨慎,未去问询。

七、一般标准或委托标准

Speight v Gaunt 案确认了一个客观标准,即一般谨慎的商人标准。然而,法官表达了他们对不增加无报酬或无专业技能的受托人负担的担忧,这也表明该标准在实施中存在一个主观考虑因素:从这个特定的受托人或者具有这些特殊品质的受托人身上,可以合理期望得到什么?就像 20 世纪的重大过失测试一样,客观和主观标准微妙地交织在一起。同样重要的是,除了布莱克本勋爵简要提及,并没有人提出对有报酬或专业受托人使用不同的、更严格的测试,尽管到 1883 年已经有许多此类例子,例如律师作为保管人处理客户的投资事务等。较早的案例也明确表示,信托是一个荣誉职务,不得出于纯粹的经济目的而担任。[97] 从形式上讲,向信托文书中授权的受托人支付的任何款项,在法律上都视为受益人的赠与;[98] 虽然后来在受托人的诉讼中建立起了一项衡平法规则,即应当向受托人支付合理报酬。[99] 但从某种意义上说,那个时代的信托在实质和形式上都代表了一种礼品经济,朋友和家人之间互相酌情提供信托管理服务,以期能在适当的时

〔97〕 Ayliffe v Murray [1740] 2 Atk 58; 26 ER 433.

〔98〕 Ellison v Airey [1748] 1 Ves Sen 11, 15; 27 ER 924, 927 (Lord Hardwicke LC); Re White [1898] 1 Ch 297, 299 – 300; Re Duke of Norfolk's Settlement Trusts [1982] Ch 61, 71 – 79 (Fox LJ); 80 – 88 (Brightman LJ); Law Commission, Trustees' Powers and Duties (Consultation Paper No. 146, 1997) 152 – 163.

〔99〕 Re Duke of Norfolk's Settlement Trusts [1982] Ch 61.

候得到类信托管理的利益。[100]

虽然斯佩特学说存在缺陷,但杰塞尔法官的判决作为对受托人责任的经典分析立即被纳入英国衡平法典中。[101] 杰塞尔法官在 Fry v Tapson[102] 案中指出,该案件"没有规定任何新规则,但仅说明了一个非常古老的规则,即受托人按照正常的业务路线行事,并像谨慎的商人一样雇用代理人代表自己行事,不对如此雇用的代理人的违约承担责任"[103]。但很快有人指出,处理信托资产的基本标准——作为一个普通谨慎的商人处理自己的信托资产——是有问题的。该测试要求受托人表现得好像他正在处理自己的钱,而造成困难的关键是,他作为受托人控制着其他人的钱。他比受益人拥有更多关于资产的信息和控制权。他有责任代表他人保护和最大化资产价值,但如果他是无报酬的受托人,那么他没有动力去做好信托,因为即使得到报酬,他也不能从成功的业绩中进一步获利。早在斯佩特案发生 50 年前,帕特南(Putnam)就在 Harvard College v Amory 案中阐明了马萨诸塞州的经典受托人义务标准,并于 20 世纪中叶在美国大部分地区得到采用:

---

[100] On the operation of gift economies: M Mauss, The Gift (Essai sur le don 1925; I Cunnison (trans) Cohen & West London 1954); K Polanyi, The Great Transformation: The Political and Economic Origins of Our Time (Beacon Press Boston 1944); M Godelier, The Enigma of the Gift (Polity Cambridge 1999); CA Gregory, Gifts and Commodities (Academic Press London 1982); A Offer "Between the Gift and the Market: The Economy of Regard" [1997] 50 Economic History Review 450; applications to law: JP Dawson, Gifts and Promises (Yale University Press New Haven 1980); Ibbetson, Historical Introduction, n 25 above, 3ff.

[101] Re Brier [1884] 26 Ch D 238; Fry v Tapson [1884] 28 Ch D 268; Re Whiteley [1886] 33 Ch D 347; Learoyd v Whiteley [1887] 12 App Cas 727; Hallows v Lloyd [1888] 39 Ch D 686; Low v Bouverie [1891] 3 Ch 82; Jobson v Palmer [1893] 1 Ch 71; Re Vickery [1931] 1 Ch 572; Re Waterman's Will Trusts [1952] All ER 1054; Pilkington v Inland Revenue Commissioners [1964] AC 612; Elder's Trustee and Executor Company Limited v Higgins [1963] 113 CLR 426 (HCA); Re Lucking's Will Trusts [1968] 1 WLR 866; Bartlett v Barclays Bank Trust Co Ltd [1980] Ch 515; Cowan v Scargill [1985] Ch 270.

[102] [1884] 28 Ch D 268.

[103] Fry v Tapson [1884] 28 Ch D 280 (Kay J).

受托人投资所需要的一切条件是，他应当忠实履行自己的职责，行使充分的自由裁量权。他要观察那些审慎、谨慎、有智慧的人如何管理他们自己的事务，不是关于如何投机，而是关于他们资金的永久处置，考虑可能的收入以及要投资的资本的安全。随心所欲将使资本处于危险之中。[104]

Speight v Gaunt 案中所阐述的谨慎人学说是基于这样的假设而制定的，即信托文书中没有为受托人设定报酬，法官似乎认为无偿托管是常态。这种非契约、不定价、可自由决定的服务可能是高效率的，因为它是自治的，执行成本低，并且易于重新协商。这些是专业服务市场的一般特征，例如，技术熟练的律师、医生和高级管理层同样在不设定价格或随意定价的服务交换环境中工作，这种服务交换具有很强的自由裁量权和较低的监控性。[105]

关于 1887 年 Learoyd v Whiteley 案的判决直接处理利他主义管理中信托标准的设定问题。在上诉法院[106]，林德利法官表示，“如果受托人愿意为那些他认为负有道义责任的人投资，那么他的责任就是像一个普通谨慎的人那样小心谨慎”。这项影响深远的测试植根于传统的、非专业的、家族性的信托投资概念之中，尽管很难确定该标准的精准内容。利罗伊德的沃森（Watson）勋爵以更有说服力的方式重申了斯佩特的测试，如下：

作为一般规则，法律对受托人在执行其职务时的勤勉程度的要求不得高于普通谨慎人管理自己私人事务时的勤奋程度。然而，他在投

[104] [1830] 9 Pick 446 at 461 (Mass).

[105] Here I differ from the price-efficiency model of W Bishop and DD Prentice "Some Legal and Economic Aspects of Fiduciary Remuneration" [1983] 46 Modern L Rev 289. See further FH Easterbrook and DR Fischel "The Corporate Contract" in LA Bebchuk (ed) Corporate Law and Economic Analysis (Cambridge 1990) 182 – 215.

[106] Re Whiteley [1886] 33 Ch D 347, 355.

资信托资金时不能享有与管理自身财产同样的自由裁量权。一般谨慎的商人可能会或多或少经常选择具有投机性质的投资；但受托人有责任将自己限制在信托允许的投资类别内，并避免所有类型的风险投资。[107]

如果受托人对其代理人的投资政策保留自由裁量权，则允许合理委托他人代理。[108]实际上，沃森勋爵正在为信托管理提出一个“安全港”测试方法，该方法列出了受托人可以安全地将资产支付给他人的所有投资类型。他接着列出了股权投资的典型“授权投资”范围，其投资的安全边际为，1/3 资产可投资于农业用地，一半可投资于建筑用地。

八、现代市场中的谨慎受托人

沃森勋爵设定许可的信托投资和委托的方法建立在旧衡平法的坚实基础之上。在 18 世纪和 19 世纪的大部分时间里，股票期货在形式上是非法的；长期以来，投资公司股票[109]甚至抵押贷款[110]，都被衡平法院视为不属于其合法投资范围之内；除土地收购以外，只有国债

---

[107] [1887] 12 App Cas 727 at 733.

[108] Learoyd v Whiteley [1887] 12 App Cas 727 at 734. The case law dealing with reasonable control of delegation by trustees is voluminous; see GH Jones "Delegation By Trustees—A Reappraisal" [1959] 22 Modern L Rev 381; Law Commission, Trustees' Powers and Duties, 9 – 132. A sample of delegation cases: In re Earl of Litchfield [1737] 1 Atk 87; 26 ER 57; Matthews v Brise [1843] 6 Beav 239; 49 ER 817; Ghost v Waller [1846] 9 Beav 497; 50 ER 435; Rowland v Witherden [1851] 3 McN & G 568; 42 ER 379; Fry v Tapson [1884] 28 Ch D 268; Re Weall [1889] 42 Ch D 674; Re Gasquoine [1894] 1 Ch 470; Green v Whitehead [1930] 1 Ch 38.

[109] Adye v Feuilleteau [1783] 1 Cox 24; 29 ER 1045.

[110] Cator v Cooley, ex parte Cathrope [1785] 1 Cox 182; 29 ER 1119; Raby v Ridehalgh [1855] 7 De GM & G 104; 44 ER 41.

或地方和中央政府发行的债券才是可接受的。信托法将这些限制成文化,迫使信托投资进入有利于政府和土地资本的资产。[111] 由于这些限制性投资规范的存在,整个19世纪和20世纪的大部分时间里,信托资金的表现都次于证券市场投资。在1870年以来漫长的农业萧条期间,衡平法院一直保守地坚持对土地和债券投资的偏好态度,即使信托资产因土地价格下跌和通胀而缩水,衡平法院也免除了受托人的投资决策责任。法律逐渐接受受托人有义务最大限度地提高信托基金的财务回报,同时保护资本安全,并构建了资本增长和收入回报之间的平等原则。但是,新兴的证券投资组合的实践几乎没有得到法律认可,运用这种新的投资实践,受托人能够在多样化的投资范围内投资更高风险和回报的特定资产。信托文件越来越多地包含授权进行更多激进商业投资的条款,从而将保守的公平和法定投资限制条款排除在外。

法律对变化的信托投资实践的主要应对是通过制定许可法,采纳专业信托和文书以及公司章程中的某些常见条款,创建一套难以遵循和解释的零散默认规则。19世纪的主要创新有两个方面:允许受托人向他人委托范围宽泛的信托职能,但前提是该举动必须出于"善意";受托人对代理人造成的损失承担替代责任的情形,仅限于该损失因受托人"故意违约"造成。[112] 法官在这个相当模糊的立法中努力应对不同的主观和客观测试,最终将这两个测试折叠成一个强烈的主观测试,即责任的确定必须基于欺诈或过失。[113] 重新将"重大过失"作为

---

〔111〕 G Moffat et al, Trust Law: Text and Materials (3rd edn Butterworths London 1999) ch 10.

〔112〕 参见1925年《受托人法》第23条和第30条,相关规定源自1859年和1893年的《共同信托条款》。

〔113〕 Cf Fry v Tapson [1884] 28 Ch D 268; Re City Equitable Fire Insurance Co [1925] Ch 407 (Romer J); Re Trusts of Leeds City Brewery Ltd's Deed [1925] Ch 532; Re Vickery [1931] 1 Ch 572; Steel v Wellcome Custodian Trustees Ltd [1988] 1 WLR 167 at 174 (Hoffmann J). This approach was approved by Millett LJ in Armitage v Nurse [1998] Ch 241, 252; [1997] 2 All ER 705, 711 - 712.

受托人业务履行表现主要标准的做法遭到了一定程度的批评[114]，一些法官认为应将"轻微过失"标准重新纳入信托法。[115] 其中一种方法是利用合理专业人士的侵权概念来提高责任标准。[116] 但其他案件继续强调将主观诚信作为抗辩理由，即使受托人的表现低于一般标准。[117] 上诉法院最近的裁决巧妙地解决了这一问题，认为受托人的谨慎义务虽然是其受托人身份所固有的，但听起来是侵权法义务而不是信托义务。米利特在 Bristol and West Building Society v Mothew 案中尖锐地表达了这个想法：

> 违反信托义务意味着不忠不义。仅仅无能并不会违反该义务，忠实地为主人尽忠职守的仆人不会被认为违反善意，也不会因违反受托人的义务而承担责任。[118]

因此，这种违反受托人谨慎义务的行为应适用普通法而非衡平法程序的救济措施予以补救。换句话说，受托人的勤勉义务有可能被违反，而这种勤勉义务并不是对良心和忠诚这一具体公平义务（避免欺诈、不诚实和利益冲突的要求）的违反。但是，既故意又是不诚实地违背勤勉义务（故意违约）时，也就是未考虑受益人的最佳利益，因此成

---

[114] WS Holdsworth, [1931] 47 LQR 463; H Potter, [1931] 47 LQR 331; Jones "Delegation" 381 - 385; JE Stannard "Wilful Default" [1979] Conv (NS) 345; Law Commission, Trustee's Powers and Duties, n 98 above, 60 - 77.

[115] See eg, Re Lucking's Will Trusts [1967] 3 All ER 726 (Cross J).

[116] See eg, Bartlett v Barclays Bank Trust Co Ltd [1980] Ch 515 at 531 - 534 (Brightman J).

[117] Nestle v National Westminster Bank Plc [1994] 1 All ER 118; and note unreported judgment of 29 June 1988 (Hoffmann J) in EH Burn, Maudsley and Burn's Trusts and Trustees (5th edn Butterworths London 1996) 719. 在 Swindle v Harrison 案中，上诉法院强调一项先决条件，即缺乏主观诚意，这是对违反忠实这一核心信托责任给予充分公平救济的先决条件。公平地说，对受托人的忠实义务引入主观欺诈和过失责任法措施是极具争议的。Cf Walker v Stones [2001] QB 902, 937 - 941; Royal Brunei Airways Sdn Bhd v Tan [1995] 2 AC 378, 389 - 390.

[118] Bristol & West Building Society v Mothew (t/a Stapley & Co) [1998] Ch 1, 18.

为衡平法上的欺诈行为,也构成对法律勤勉义务的违反。[119]

将衡平勤勉义务与信托义务区分开是一个很有依据的想法,但它也存在自身的危险。例如,带有侵权色彩的注意义务受到英美法系共同过失规则的约束,然而,即使在公平的合同关系中,共同过失是否适当还远不清楚,更不用说在信托关系中了。[120] 适用于忠实义务的衡平程序和补救的预防压力甚至在谨慎义务方面也可能具有意义,例如,严格的因果关系规则旨在对受托人施加威慑压力,使其行为达到相对人可能难以收集不法行为证据的高标准。[121] 此外,信托核心受托义务之外的侵权责任可能很容易被赔偿和免责条款排除在外,但尚不清楚在谈判这些条款时,其中的程序性保障措施如何能够保护通常在信托成立时未参与交易的受益人。除了这些程序上的困难,在勤勉义务和忠实义务之间还总是存在分界的问题,这是我们曾经一直在观察,但现在遗忘了的重大过失的历史关键问题之一。上议院在 Henderson v Merrett Syndicates Ltd 案[122] 中承认,责任承担可能在合同

---

〔119〕 This model of the duty of care is set out by Millett LJ in Bristol & West Building Society v Mothew (t/a Stapley & Co) [1998] Ch 1, 16 – 18; [1996] 4 All ER 698, 710 – 712; and Armitage v Nurse [1998] Ch 241, 251; [1997] 2 All ER 705, 711 – 712 (CA), building on similar ideas expressed in Henderson v Merrett Syndicates Ltd [1995] 2 AC 145, 205 (Lord Browne-Wilkinson), and Permanent Building Society v Wheeler [1994] 14 ACSR 109, 157 (Ipp J). See further Swindle v Harrison [1997] 4 All ER 705 (CA). The volume of commentary on these influential cases is growing fast; see particularly S Elliott "Restitutionary Compensatory Damages for Breach of Fiduciary Duty" [1998] 6 Restitution LR 135; S Worthington "Fiduciary Obligations: When is Self-Denial Obligatory?" [1999] CLJ 500; P Birks "The Content of Fiduciary Obligation" Lionel Cohen Lecture [2001] Israel L Rev.

〔120〕 Compare Vesta [1989] AC 852 (CA) and Astley v Austrust [1999] 161 ALR 155; Pilmer v Duke Group Ltd [2001] HCA 31; cf Law Commission Contributory Negligence as a Defence in Contract (Working Paper No 114 HMSO London 1990; Law Com Report No 219 HMSO London 1993).

〔121〕 These arguments are elaborated in J Getzler "Equitable Compensation and the Regulation of Fiduciary Relationships", in P Birks and F Rose (eds) Restitution and Equity Volume One: Resulting Trusts and Equitable Compensation (Mansfield London 2000) 235 – 257.

〔122〕 [1995] 2 AC 145, 193 – 194 (Lord Goff); 205 (Lord Browne-Wilkinson).

和侵权行为中同时成立，合理履行的侵权法义务明确并拓展了合同义务。类似地，在谨慎履行时作出合理努力的侵权法义务可以被视为阐明——致力于受益人利益的忠诚受托人该做什么。凯克维奇(Kekewich)针对该观点给出了一个惊人的表达，他写了一篇关于一位公司董事重大疏忽的文章：

按照通常的意义理解，他并非不诚实。但从另一个意义上讲，他确实是不诚实的。在我看来，一个人接受这种托管责任，却什么也不做，从不要求解释；或接受苍白的解释，也可以视为不诚实。[123]

受托人勤勉义务沿革的下一个阶段是法院对2000年《受托人法》中重申该义务条文的回应。制定该法的法律委员会建议放宽和强化受托人的权利，并通过新客观标准的信托管理勤勉义务来加以平衡。新的法定职责包括除投资、收购土地、资产委托和保险之外的所有领域：

第1节(1)每当义务适用于受托人时，他必须在当时情况下行使合理的职责，特别是考虑到以下情形：

(a)他所拥有或自称拥有的任何特殊知识或经验；

(b)如他在某一业务或专业过程中担任受托人，而该等受托人须具备从事该业务或专业过程中所应具备的任何合理的专门知识或经验。

同样，该成文法只是设定了一项默认规则[124]，与养老金受托人的

---

[123] Re Second East Dulwich 745th Starr-Bowkett Building Society [1889] 68 LJ Ch 196, 198 (Kekewich J For modern articulations of this idea, see DM Phillips "The Commercial Culpability Scale" [1982] 92 Yale LJ 228; T Frankel "Fiduciary Law" [1983] 71 Calif LRev. 795; T Frankel "Fiduciary Duties as Default Rules" [1995] 74 Oregon LRev 1209 – 1277.

[124] 2000年《受托人法》附表1.7："如果信托文件中表明勤勉义务不适用，则该义务不适用于该信托事务。"

强制性义务相比，这项抽象轻过失规则不太可能在专业信托中保持不变。

九、公司与信托

笔者将以一组推测来结尾。受托人谨慎义务的标准历来较低，最近又合并为共同过失，这对努力管理和控制信托投资向专业化金融市场转变的律师提出了挑战。对受托人勤勉义务的重申和澄清，最终是对受托人行为进行规制的新过程。我们可以适当地讨论最合适的规制形式。[125] 一种可能的回应是，减少对现有的控制过失履行信托服务的合同—侵权—公平模式的关注，重新审视信托与公司之间的古老关系。一个世纪前，梅特兰[126]在 1720 年股份制企业倒闭之前和之后，庆祝了贸易信托作为股份有限公司替代方式的广泛使用。梅特兰强调了信托的优势，即具有隐私性、形式灵活性，没有官僚作风和费用以及免受政府严格监管。他还注意到信托与英国自由多元主义的亲缘关系，以信托形式存在的非法人协会允许宗教结社和信仰自由。现代历史学家对梅特兰关于信托对贸易企业功能的极力推崇表示怀疑。事实上，18 世纪晚期商人需要运用公司形式和其所具有的独立的法律人格优势来组建现代工业企业，他们寻求并赢得了国家的自由注册制度。[127] 但作为一种法律工具，私人的、不受监管的信托肯定未被所有企业家抛弃，信托仍然是金融投资行业的主要业务形式，尤其是养老

---

〔125〕 Cf Law Commission, Trustees' Powers and Duties (Consultation Paper No. 146, 1997) 96 – 97, disavowing any regulatory intent.

〔126〕 FW Maitland "The Unincorporate Body" and "Trust and Corporation" in HD Hazeltine, G Lapsley and PH Winfield (eds), (CUP Cambridge 1936) 128, 141.

〔127〕 R Harris, Industrializing English Law: Entrepreneurship and Business Organization, 1720 – 1844 (CUP Cambridge 2000); T Alborn Conceiving Companies: Joint-Stock Politics in Victorian England (Routledge London 1998).

金行业。而公司和金融服务之间在法律和监管制度上根深蒂固的划分只会进一步加强信托机构在资本市场中的生存和发展。

放松管制的投资信托基金可能是美国特拉华效应的翻版，在特拉华效应中，监管程序最低的企业经理市场所在州吸引了最多的企业。2000 年《受托人法》当然延续了这一思路，因为它旨在通过增强受托人的法律能力和保护措施来赋予受托人权利，同时通过增加一些咨询和信息提供要求作为对受托人权利的唯一真正制衡。其他欧洲国家正在通过立法建立民事法律信托，这可能意味着，这些国家试图在英国庞大的国际金融业务中分得一杯羹，从而摆脱欧洲大陆的内部资本体系以及银行与企业长期密切的合作伙伴关系。由于《迈纳斯报告》最近对英国机构信托投资的合理性、问责制和效率提出了强烈质疑，这种外国对英国信托管理资本市场的模仿方式显示出一定的讽刺意味。[128]

公司章程可能为信托改革提供了一个积极的模式。公司董事现在受到严格的监管，法律规定了难以逃避的技能和勤勉义务。立法制裁不称职的公司管理人员，使其丧失资格并对公司破产负有个人责任，这增加了监管压力。此外，还有非执行董事适用的纪律、股东民主以及通过股票和证券交易对公司业绩进行市场估值的无情压力。[129]相比之下，处理大额资产以获得奖励的受托人相对不受监管。他们可能会受到更多适用于公司董事的纪律和控制规则，包括除董事谨慎和技能要求之外的职责的约束。换句话说，规模较大的信托公司很可能变得更加企业化，进而制定优秀的公司治理体系。随着 1995 年《养老金法》和（在较低程度上）2000 年《受托人法》所设定的信息披露和监

---

〔128〕 P Myners Institutional Investment in the United Kingdom：A Review（HM Treasury London 2001）.

〔129〕 LS Sealy "The Director as Trustee" [1967] Camb LJ 83；LS Sealy "Fiduciary Obligations, Forty Years On" [1995] 9 JCL 37, 40, 51ff; E Ferran, Corporate Law and Corporate Finance（OUP Oxford 1999）206－275；S Worthington "Corporate Governance：Remedying and Ratifying Directors' Breaches" [2000] 116 LQR 638, 651－656.

督程序的加强,信托管理的理性化和结构化进程已经开始。下一部“受托人法”可能会将这一理性化和规制程序拓展到主要服务于商业目的的较大型信托。[130] 我们不应继续把证券投资信托的法律结构以一种私人家庭安排的模式构建,后者所设定的勤勉义务可追溯至罗马的“好家长”职责。

---

〔130〕 Cf JH Langbein “The Secret Life of the Trust: The Trust as an Instrument of Commerce” [1997] Yale LJ 165.

第三章　冲突规则

埃德温·辛普森
(EDWIN SIMPSON)

一、引言

自芬恩(Finn)于1977年发表对该主题[1]的权威研究以来,信义法至今仍受到持续而广泛的关注。1991年,在一篇关于信义原则商业应用的论文中,芬恩列举了五个一直存在的问题[2]。第一,认定存在信义关系的适用标准是什么？第二,信义原则在商业中如何适用以及在多大程度上适用？第三,信义法如何规范多功能企业和专业服务企业？第四,对违反信义义务者可以采用哪些金钱赔偿方式？第五,信义法在规范政府行为中起哪些作用？紧接着在1996年,奥斯丁(Austin)建议在清单中增加第

---

〔1〕 PD Finn Fiduciary Obligations (The Law Book Co Sydney 1977).

〔2〕 PD Finn "Fiduciary Law and the Modern Commercial World" in E McEndrick (ed) Commercial Aspects of Trusts and Fiduciary Obligations (OUP Oxford 1992) 7.

六个问题，即信托义务的内涵问题。他提出的第六个问题，确切地说，应该是一系列问题的集合，因此：

> 信义法律关系的标志性内容是仅仅指一方对另一方负有忠实义务，还是存在单独的信义义务——注意、披露和在相关情况下应严格遵守约束双方的合约（如文书、备忘录和组织章程）等义务？我们所说的“忠实”具体指什么？它是否超越了狭义的冲突规则和获利规则，包含了为委托人利益而善意作为的积极义务？[3]

芬恩当然没有忽视这些问题。他最初的解决方式是将信义义务分为八类[4]：包括（也许是最重要的）防止“责任和利益冲突”规则（本章称为冲突规则）、滥用受托财产（此处称为获利规则）和“交易”规则（此处进一步细分为“自我交易”和“公平交易”规则[5]），每一类规则都是综合性义务，即善意义务的具体表现。芬恩主张，每一种义务规则都有其政策目标，并由此界定了不同类型信义行为的特性，展示了不同类型信义法律关系所独具的、合理的行为标准。[6] 这种分析无疑具有相当大的说服力，但从那以后，人们开始质疑，将受托人承担的所有义务都视为某种意义上的“信义义务”是否必定是最好的办法。或许区分信义义务所独有的义务与其他义务（如注意义务和技能义务）更有意义，后者无论非受托人，还是受托人，均可能受其约束。当然，这反过来只有在以某种方式识别真正的信义义务时才会有用，

---

〔3〕 RP Austin “Moulding the Content of Fiduciary Duties” in AJ Oakley (ed) Trends in Contemporary Trust Law (OUP Oxford 1996) 153.

〔4〕 芬恩所列举的完整列表如下：不当影响，滥用基于受托地位而获得的财产，滥用机密信息，以秘密身份购买财产，职责与利益冲突，职责与职责冲突，租约续期和回购财产，以及给“雇主”的商业造成实际损害。

〔5〕 Finn doubted any distinction between the self dealing and fair dealing rules: Finn (n 1 above) 185; and see text to n 57 below. For the effect of the two rules see the text to n 48, 56 below.

〔6〕 See PD Finn Fiduciary Obligations (The Law Book Co Sydney 1977) 78.

这似乎[7]可以通过结合忠实和预防的方法来实现。旨在培养忠实的规则不会基于对特定事件的回应而发生效力,因为其目的是阻止特定种类事件的发生,即这一规则是预防性的,而不是应对性的,并以此来激励他人的行为[8]。

这种识别真正信义义务的方法指的是本质上是规定性义务,而不是在某些情况下受托人可能要承担的那些积极义务[9]。首先似乎不可避免地要关注利益冲突和获利规则,然后,逐渐似乎以较不明显的方式,转向"自我交易"和"公平交易"规则。但是这种方法几乎无法阐明这些不同规则之间的关系。毫无疑问,尽管利益冲突和获利规则起源于受托人获得胜诉的关于续租的旧案例[10],但是现有司法裁判依据必须在多大程度上以一项或多项原则为基础这一问题远未得到解决[11]。在更深入地研究这些规则的发展历程之前,必须先谈一谈它们对这场辩论所作出的两个更深层次的贡献,它们源自赔偿法。

人们可能认为这一旨在阻止特定事件发生,而不是为应对某事件而制定的法律规则会违反赔偿法。但在 1968 年,加雷思 · 琼斯

---

〔7〕 奥斯丁继续分析了受托人的一系列"义务"(与芬恩的略有不同),如要求受托人的处分权不受限但必须出于正当目的行使,受托人和公司董事如未能严格遵守相关"章程"(信托文件或组织章程)的条款,则对违反义务负有绝对责任,以确定它们是否应被视为符合逻辑。他提出,冲突规则和利润规则确实有明显的不同之处,这种不同之处在于它们的预防性。

〔8〕 Sir Peter Millett "The Error in Lister v Stubbs" in P Birks (ed) The Frontiers of Liability, vol 1(OUP Oxford 1994)56.

〔9〕 See the discussion of Warman International Ltd v Dyer [1995] 69 ALJR 362 in Austin (n 3 above) 154 – 156. Cf the Court of Appeal in A.-G. v Blake [1998] 2 WLR 805 (CA) 814 and Millett LJ in Bristol and West Building Society v Mothew [1998] Ch 1(CA)16: fiduciary duties are "those duties which are peculiar to fiduciaries and the breach of which attracts legal consequences differing from those consequent upon the breach of other duties."

〔10〕 Text following n 20 below.

〔11〕 For the relationship between the "self-" and "fair-dealing" rules, Megarry J in Tito v Waddell (No.2) [1977] Ch 106, text to note 57 below. For the relationship between the conflict and profit rules, Deane J in Chan v Zacharia [1984] 53 ALR 417 (Aus HC) cited with approval in Don King Productions Inc v Warren [1999] 3 WLR 276, 320 – 321, and Warman International Ltd v Dwyer [1995] 128 ALR 201 (Aus HC).

(Gareth Jones)[12]认为,在某些情况下,违反忠实义务所做的赔偿应被视为索赔方寻求收回被告方的不当得利,即所谓"恢复原状"。在许多情况下,琼斯认为预防性目标和打击不当得利的目标并不冲突,但在某些情况下可能存在冲突,比如当受托人所获得的利益不能被认为是不当获得时[13]。尽管如此,琼斯认为在某些情况下还是有必要惩罚受托人的,即便该受托人的获利不属于不当得利。当然,如果对应否进行赔偿的各方面都经过深思熟虑的分析,这样的做法会更加明智。毕竟一个"纯粹的"预防性规则必然会被定义为公共政策。

不同意这种谨慎的观点是错误的。显然,存在实际发生的不当行为时,有一种可选的分析方法——培养忠实,通过这种方法可以论证法律干预的合理性。这并不是说在这种情况下法律分析方法必须与其他情形有所差异,因为任何预防性规则(应以培养忠实为基础)都需要在它失去威慑力的情况下具有补救效应,如果不这样,该规则将永远无法阻止不当行为的发生。琼斯没有主张那些所谓最有说服力的恢复原状的观点,即预防性规则应当为那些仅在实际不当行为发生时产生作用的规则所代替。

最近[14],理查德·诺兰(Richard Nolan)认为,一些冲突规则(与奥斯丁[15]不同,他广泛使用了这个表述)可以理解为通过减少受托人的收益来逆转不当得利,而不是将不当行为恢复原状。因此他认为,如果受托人违反"自我交易"规则[16],以明显低于市场的价格向委托人购买财产,被告的赔偿责任将被视为建立在间接从原告获取的利益之上。在琼斯之后,诺兰并不认为这些规则与培养忠实无关:他将所

〔12〕 G Jones "Unjust Enrichment and the Fiduciary's Duty of Loyalty" [1968] 84 LQR 472.

〔13〕 上议院在 Phipps v Boardman 案中的分歧显然影响了很多人的看法。

〔14〕 RC Nolan "Conflicts of Interest, Unjust Enrichment and Wrongdoing" in WR Cornish et al (eds) Restitution: Past, Present and Future (Hart Oxford 1998) 87.

〔15〕 RP Austin "Moulding the Content of Fiduciary Duties" in AJ Oakley (ed) Trends in Contemporary Trust Law (OUP Oxford 1996) 153.

〔16〕 For treatment of this rule in the specific context of trustees, see text from note 48.

分析的规则表述为“发展的目的在于控制责任和利益冲突的规则”[17],并明确表示,“自我交易规则的存在是为了促进受托人对委托人的忠诚度”[18]。但是,尽管认为这些规则是为了提高忠诚度而存在的,但它们也可以被理解为通过减少受托人的收益来逆转不当得利,其中不合理的方面是委托人对受指责的交易并不享有在完全知情基础上的同意权。[19]

现有辩论的广度显而易见,在这种背景下,本章的重点由研讨本章内容的会议主题来确定。既然在讨论违反信托的研讨会上探讨冲突规则是完全适当的,那么将关注焦点放在相关规则适用于明示信托受托人的范围,毫无疑问是合理的,而且设定一个明确的关注重心有一个优点——抓住重点才能使问题更清晰。人们可能会认为适用冲突规则不会有特殊困难,因为在信托人和受托人之间冲突规则的适用十分严格。

一、受托人语境下利益冲突和获利规则的发展

用奥斯丁的话来说,为处理受托人之间的关系,正确表述“狭义的利益冲突和获利规则”并不是直截了当的方式。莱温信托法(Lewin on Trusts)作出如下界定(倒叙方式):[20]

第一,受托人和其他受信人一样,一般不得保留因使用信托财产或在受托过程中基于受托关系而获得的收益。第二,受托人,如其他

[17] Nolan (n 14 above) 87.

[18] Nolan (n 14 above) 93.

[19] Nolan (n 14 above) 93; for criticism, see G Virgo The Principles of the Law of Restitution (OUP Oxford 1999) 526.

[20] Lewin on Trusts, 17th edn, Mowbray et al (eds) (Sweet & Maxwell London 2000) § 20 - 21.

受信人一样,不得将自己置于个人利益或其他信义法律关系中的利益与其信义责任相冲突或可能相冲突的境地。

(一)早期发展

这两个规则起源于早期受托人以自己的名义续签租约的情况下。既定研究认为,如果一份租约的受托人以自己的名义续签了租约,在衡平法上他被认为是原租约[21]利害关系人的推定受托人,即视为新租约取代了旧租约[22]。该规则是绝对的,除非信托文件明确表示了相反的意愿[23],或者在向受益人进行充分及恰当的信息披露后,由受托人经所有受益人同意续约[24]。而且该规则的绝对性意味着在没有获得"授权"的情况下,受托人不得援引证据[25]说明土地的主人事实上拒绝为受益人[26]续约,且坚持为受托人利益,以受托人个人身份续约;也不必证明共同受托人拒绝为受益人的利益而续约。[27]

该规则起源于有关租约续期的案件,现在其适用范围已拓展至类似情况[28]下受托人的回购权,并由此拓展到更广泛种类,受托人和第三人之间涉及向受托人支付利润的交易中。因此,如果受托人从事未

---

〔21〕 Keech v Sandford [1726] Sel Cas t King 61; Pickering v Vowles [1783]1 Bro CC 197, 198, (Lord Thurlow); Griffifin v Griffifin [1804] 1 Sch & Lef 352, 354 (Lord Redesdale); Nesbitt v Tredennick [1808]1 B & B 29, 46 (Lord Manners); Turner v Hill [1840]11 Sim 1, 13 (Shadwell V-C); Bevan v Webb [1905] 1 Ch 620, 625 (Warrington J); Re Knowles' Will Trusts [1948] 1 All ER 866 (CA).

〔22〕 Bevan v Webb [1905] 1 Ch 620, 625; Griffifith v Owen [1907] 1 Ch 195, 204.

〔23〕 Re Knowles' Will Trusts [1948] 1 All E R 866 (CA).

〔24〕 Re Jarvis [1958] 2 All ER 336.

〔25〕 For this way of putting this point, see text to n 40.

〔26〕 As in Keech v Sandford (n 21 above).

〔27〕 Blewett v Millett [1774]7 Bro PC 367.

〔28〕 Protheroe v Protheroe [1968] 1 WLR 519 (CA); Thompson's Trustee in Bankruptcy v Heaton [1974] 1 WLR 605; Popat v Shonchhatra [1997] 1 WLR 1367 (CA); Don King Productions Inc v Warren [2000] Ch 291 (CA)340B (Morritt LJ).

经授权的信托财产交易,例如为自身的商业目的[29]而使用信托财产,那么他个人应就违反信托义务而支付赔偿金;此外,如果产生利润,受托人将以推定信托的方式持有该财产,并承担相应的责任[30]。同样地,如果为影响受托人行使职权[31]而向受托人暗中支付贿赂或回扣,或受托人凭借其受托地位或对信托财产的支配[32]从第三方获得报酬,或受托人开展与受托业务具有实质性竞争关系的业务,[33]由于上述每一项都被认为涉及违反冲突规则——涉及受托人将自己置于个人利益与信义责任相冲突的境地——因此受托人有责任承担财产和人身两方面的救济义务,[34]且我们无须证明受托人实际上滥用了职权。

迄今为止,即使在我们有限的考虑范围内,给受托人带来利润的受托人与第三方的交易(如续租、回购、未经授权的交易、贿赂等),适用冲突规则的正当性逻辑仍无法准确予以确定。早期关于续租约的案例,可能首先是因租户早先对慈善机构和公共机构[35]享有(尽管不可执行)的续租权的附加价值而发展起来的;其次是未成年人的特殊地位,由于未成年人没有签订可执行的合同所需的行为能力,房东可

---

〔29〕 Docker v Soames [1834]2 Myl & K 65 (Lord Brougham); Jones v Foxall [1852] 15 Beav 388; Townend v Townend [1859]1 Giff 201; Flockton v Bunning [1873]8 Ch App 323n.

〔30〕 Reid-Newfoundland Company v Anglo-American Telegraph Company Ltd [1912] AC 555 (PC); Brown v I R C [1965] AC 244 (HL). As to election between the two remedies, see Tang Man Sit v Capacious Investments Ltd [1996] 1 AC 514 (PC).

〔31〕 Re Smith [1896] Ch 71; Parker v McKenna [1874] 10 Ch App 96. 现在,贿赂和秘密佣金与公开和正当佣金之间没有区别。在每种情况下,除个人责任之外,还将强制执行推定信托。See Att-Gen for Hong Kong v Reid [1994] 1 AC 324 (PC). 也就是说,对贿赂的处理是一个相当有争议的问题。Roy Goode "Proprietary Restitutionary Claims" in Cornish et al (n 14 above) 63.

〔32〕 Re Francis [1905]74 LJ Ch 198; Re Macadam [1946] Ch 284; Re Gee [1948] Ch 284.

〔33〕 Re Thomson [1930] 1 Ch 203.

〔34〕 Industrial Development Consultants Ltd v Cooley [1972] 1 WLR 443; Scottish Co-operative Wholesale Society Ltd v Meyer [1959] AC 324 (HL).

〔35〕 S Cretney [1969]33 Conv (NS)161.

能不愿意与他们续约。但毫无疑问,这一规则现在的适用范围已经超越了上述所有情形。[36] 最近,影响租约续期的狭义规则据说是建立在公共政策基础上的,其依据是,占有信托财产[37]的事实使受托人有机会善意延展合同期限,即续约的承租人相较第三人,有更多的机会以优惠条件获得新租约。

这一明显变化——从续租、与第三方进行未经授权的交易到收受贿赂——显然是判例法的发展路径。虽然芬恩将租赁规则视为综合性诚信义务的实例(与冲突、获利和购买规则并列,并非包含其中),但更有益的一点是续租问题已经被包含到更广泛的,能够有效防止利益和责任相冲突的规则中去了。根据这一研究,受托人为了自己的利益续签租约使自己处于这样一种境地,他所承担的为受益人利益服务的义务(通过更新或考虑续展信托),与他个人名义续签过程中享有的个人利益存在利益冲突。[38] 因此,禁止这种特定行为而创设的规则可以视为一般预防规则的一个实例,该规则旨在培养某些特定关系中的忠诚度,对于受托人而言则可以概括做到这一点。

基于上述分析,将租赁问题视为一般冲突规则的一个特定实例显然有难度,因为人们很难理解为什么在以受托人名义续签信托租约的情况下会产生冲突——很明显,在这种情况下只有颁布禁止令才会起作用。[39] 但米利特爵士提出可以解决这一问题,因为持有财产租约的受托人有义务考虑通过续约来为受益人的利益服务,而法院绝不会受理关于受托人是否有权拒绝回答这一问题的调查,因此受托人也不

---

〔36〕 Griffifith v Owen [1907] 1 Ch 195, 204.

〔37〕 Re Biss [1903] 2 Ch 40, 56 – 57 (Collins MR); Griffifith v Owen (n 36 above) 204; Re Knowles' Will Trusts [1948] 1 All ER 866, 868 (CA).

〔38〕 Aberdeen Railway Company v Blaikie Bros [1854] 1 Macq 461, 472 (Lord Cranworth LC); Swain v Law Society [1982] 1 WLR 17, 29D (Stephenson LJ); Regal Hastings v Gulliver [1942].

〔39〕 Cases in n 21 above.

必证明没有存在冲突的可能。[40] 如果这一分析正确,且遵循综合性冲突规则,而我们并未发现租约案中存在真实冲突,则必须谨慎表述这一规则。它不仅要求受托人必须避免实际冲突,而且在受托人明显获得本应归属信托的收益时,不允许受托人援引证据证明,在所处的特定环境中,并不存在实际冲突。[41] 然而,如此宽泛的表述并未超越冲突规则公认的预防目的而涉及其他更深层次的东西:它更有可能成功促进忠诚度的培养。

如果采取这一方式分类,将续租问题纳入精心设计的冲突规则是可行的,那么就可以进一步将获利规则视为广义的冲突规则的一部分。[42] 获利规则被当然定义为[43]广义冲突规则的一部分,即受托人或其他受信人不得将自己置于与其信义义务和个人利益可能冲突的境地。但也有人认为,这实际上是两种截然不同的规则(尽管有关联性):获利规则基于一个独立的原则,即未经授权的收益,是基于信托财产或信托关系的管理所形成的成果,本身就是信托财产。[44] 当然,法院(如刚刚提到的租赁案所示)一直不愿接受获利规则的适用,将其局限于存在实际冲突的情形,在受托人职责和利益没有发生冲突可能

---

〔40〕 Sir Peter Millett [1993] Restitution L Rev 7, 10. 米利特勋爵在讨论这些章节的会议上再次强调了这种提出问题的方式。

〔41〕 这样的分析可能比厄普约翰(Upjohn)勋爵在 Phipps v Boardman 案中的分析更深刻,他认为为了计数,冲突的可能性必须是真实合理的,而不是空想的。受该规则约束的受托人将无法证明冲突的风险仅是空想。

〔42〕 Text to n 20 above for a description of each rule.

〔43〕 Phipps v Boardman [1967] 2 AC 46 (HL) 123 (Lord Upjohn); Swain v Law Society [1982] 1 WLR 17 (CA) 30 - 31 reversed by HL on other grounds [1983] 1 AC 598, but not so as to affect this principle; and is obliquely suggested (subject to debates about the precise import of semi-colons) by Lord Herschell's early formulation of the rules in Bray v Ford [1896] AC 44 (HL) 51: "It is an inflexible rule of a Court of Equity that a person in a fiduciary position, such as the respondent's, is not, unless otherwise expressly provided, entitled to make a profit; he is not allowed to put himself in a position where his interest and duty conflict."

〔44〕 Swain v Law Society [1982] 1 WLR 17, 36F (Oliver LJ); and see the Australian cases referred to in n 11 above, approved in Don King Productions Inc v Warren [1999] 3 WLR 276 (CA) 320 - 321.

性的情况下不适用该规则。但这一顾虑可以通过以下两种方式来解决。第一种是必须承认获利规则的特性和适用范围;第二种是(还是如刚才所提到的租赁案一样)必须正确表述冲突规则,以防受托人提出证据证明在特定情况下不存在冲突的可能性。

但是,这两个规则之间的窘境仍然没有消除,无论冲突规则是比获利规则适用更广泛的规则,还是两规则虽然各自独立但相互关联,问题仍然是在某些情况下利润没有被获利规则捕获却被冲突规则捕获。从案例来看似乎存在这种情况,即利用冲突获利(不优先考虑受益人的利益),而此时受托人所获得的收益机会并不必须基于其受托身份。与租约续期的情况不同,即便受托人没有处于利益冲突的境地,也有可能获利。在这种情况下,任何与受托人所获得的不当收益相关的责任都必须基于利益冲突产生,而非受托人滥用受托地位或信托财产。最典型的例子可能是受托人新创建与信托业务相竞争的业务,而新创行为并非信托财产或受托关系的管理所需。很明显,就目前的法律而言,在这种情况下,受托人应当就其竞争业务所获得的收益承担责任,这完全是因为适用了冲突规则而不是获利规则。[45] 在认识到这种可能性后,如果正确表述的冲突规则被认为是适用范围较小的获利规则,以及适用范围更小的租赁续期规则的真正基础,那么冲突规则可以在前述两类小范围规则无法适用的情形下被援引就不足为奇了。如果不能认定冲突规则是信托法域的核心规则,那么相关辩论将是一场奇怪的论争。

(二)不涉及第三方:自我交易和公平交易

我们先前考虑了冲突规则适用于受托人与第三方交易的情形,现在将研究重点转向受托人与受益人的交易问题。处理这种情况的规

〔45〕 Industrial Development Consultants Ltd v Cooley [1972] 1 WLR 443; Scottish Co-operative Wholesale Society Ltd v Meyer [1959] AC 324 (HL).

则可以分为两种，一种是规范受托人试图购买信托财产的行为，另一种是监督受托人购买受益人信托权益。

如果受托人试图为自己购买信托财产，他面临的首要障碍是——与冲突规则无关——签订合同需要有两个人才行。一个人与他自己进行交易是无效的，因为没有订立合同；[46]因此这一项两人规则，正如人们所了解，禁止受托人购买其以受托人身份所持有的信托财产——无论购买价格如何，只要交易双方被视为同一主体。尽管就土地而言，任何转让行为都有法律效力——使受托人（重新）获得土地的合法所有权，但是由于受托人没有达成有效的买卖合同，因此没有任何法律依据使受托人的权益凌驾于受益人享有的衡平权益之上。然而，两方规则很容易被规避，因为它不适用于由受托人指定的人进行的交易，但是与受托人的指定人进行交易是无效的，因为它违反了真实交易规则：

> 这是一种不良交易，因为它试图伪装成它非真实的状态：它并不是将信托财产公平出售给独立的第三方。受托人的交易权并不包括受托人销售信托财产的权利，除非受托人将信托财产销售给以市场价格定价的第三人。受托人未经授权，将信托财产销售给自己指定的人，该交易不能对抗受益人所享有的权益。[47]

双边规则和真实交易规则，无论如何都不能认为源自冲突规则，而它们的强化形式为一个适用范围更广的原则。该规则被称为“自我

---

〔46〕 Rye v Rye [1962] AC 496, 513 (HL); Kildrummy (Jersey) Ltd v IRC [1990] STC 657, 662, 670. The position is different in the United States, where identity of parties may not prevent a contract if the capacities are different, see Restatement (2d) Contracts § 9.

〔47〕 Ingram v IRC [1997] 4 All ER 395 (CA) 425d (Millett LJ) in a dissenting judgment which was approved on appeal, see [2000] 1 AC 293 (HL) 305D-H, 310G. The effect of both rules can be avoided by terms of the trust: Lewin on Trusts (n 20 above) § § 20 - 58 and 20 - 59.

交易”规则，根据这一规则，受托人不得为自己的利益而购买信托财产。[48] 该规则源自这样一个理念——代表他人从事任何行为的人不得同时为自己的利益处理相同事务。[49] 受托人所处的境况使其有机会了解信托财产的价值，受托人利用受益人的资金获得关于财产价值的信息，进而有义务为受益人的利益运用相关知识。[50] “自我交易”规则并非基于对受托人不能同时作为买卖双方的考虑（双边规则和真实交易规则的基本原理），而是建立在适用更广泛的冲突规则的基础上。有意购买信托财产的受托人对其信义义务和个人利益的冲突情况最为了解。自我交易规则的适用并不在于受托人是否利用其信托职权行事，因此不论意思表示是否真实[51]、交易价格是否合理[52]，也不论受托人是否获得不当收益[53]。但是很明显，正如一般的冲突规则一样，[54]信托条款也可以明确排除自我交易规则的适用。[55]

然而，“自我交易”规则不适用受托人购买信托财产中受益人的权

---

〔48〕 Fox v Mackreth [1789 – 1791] 2 Cox Eq Cas. 320 (HL). The rule in fact extends further, so that it is also not possible for a trustee to take a lease of trust property for himself: Re John's Assignment Trusts [1970] 1 WLR 955, 960G-H, nor a loan from it: Re Waterman's Will Trusts [1952] 2 All ER 1054 and Space Investments Ltd v Canadian Imperial Bank of Commerce Trust Co (Bahamas) Ltd [1986] 1 WLR 1072(PC). As to whether the rule renders the trustee subject to a disability, or renders him vulnerable to a claim for breach of trust, Tito v Waddell (No. 2) [1977] Ch 106, 246 – 250; and Nolan (n 14 above).

〔49〕 Whichcote v Lawrence [1798] 3 Ves Jun 740, 750 (Lord Rosslyn); Ex p Lacey [1802] 6 Ves Jun 625, 626 (Lord Eldon); Re Bolye's Trust [1849] 1 Mac & G 488.

〔50〕 Ex p Lacey [1802] 6 Ves Jun 625; Ex p James [1803] 8 Ves Jun 337; ex p Bennett [1805] 10 Ves Jun 381; Luddy's Trustee v Peard [1886] 33 ChD 500.

〔51〕 Ex p James [1803] 8 Ves Jun 337, 344.

〔52〕 Ex p James [1803] 8 Ves Jun 337, 347; Aberdeen Railway Company v Blaikie Bros [1854] 1 Macq 461, 471 – 472 (HL).

〔53〕 Campbell v Walker [1800] 5 Ves Jun 678; Ex p Reynolds [1800] 5 Ves Jun 707; Re Norrington [1879] 13 ChD 654; there is a dictum to the contrary in Whichcote v Lawrence [1798] 3 Ves Jun 740.

〔54〕 Text to n 23 above.

〔55〕 Bray v Ford [1896] AC 44, 51 (HL); text to n 86 below.

益。这一交易适用较遥远的“公平交易”规则，[56]即虽然受托人不可撤销该交易，但受益人可以撤销交易，除非受托人能够证明其没有滥用受托地位，且受托人已经向受益人进行充分的信息披露，并且交易是公平和真实的。

芬恩在他早期的研究中提到，[57]将所谓交易规则划分为两种类型——“自我交易”和“公平交易”，这样是否有价值。大约在芬恩写作的同一时间，梅加里法官对 Tito v Waddell(No 2)案作出判决时，持不同意见：

> 莫布雷先生(Mr. Mowbray)极力主张只有一条规则，尽管有两个分支……我清楚地认识到，这两种规则或两个分支有相同的渊源，这就是，衡平规则精于防止受托人滥用职权或防止受托人从信托中获利：牧羊人绝对不能变成狼。基于此理念，在我看来，实践中有两个运行规则——它们适用的后果不同，适用的交易和财产也不同……因此，我把这些规则视为本质上区分，但又相互联系的规则。[58]

最近的两个案例再次将焦点集中在这个问题上，我们现在对其细节进行讨论。就最低程度而言，这两个案例说明不必总是严格限制“自我交易”规则的适用，[59]这似乎再次模糊了援引这两项规则的交易之间的界限。尽管“自我交易”规则建立在看起来似乎不能放宽适

---

〔56〕 Tito v Waddell (No 2) [1977] Ch 106, 240 - 241; Re Thompson's Settlement [1986] Ch 99. 重要的区别似乎是，尽管自我交易规则和公平交易规则都适用于信托关系范围内信托各方主体之间的交易，但公平交易规则(与自我交易规则相反)仅适用于交易不是由受托人代表其委托人进行的情况。See Underhill & Hayton The Law of Trusts and Trustees, (15th edn Butterworths London 1995) 651 - 656, and the Law Commission, Fiduciary Duties and Regulatory Rules (Law Com. Consultation Paper No 124) para 3.4.33.

〔57〕 See n 5 above.

〔58〕 Tito v Waddell (No 2) [1977] Ch 106, 241.

〔59〕 Re Thompson's Settlement [1986] Ch 99, 115F-H, critically considered in Hillsdown Holdings plc v Pensions Ombudsman [1997] 1 All ER 862, 895 - 896.

用条件的冲突规则的基础上，而且一些早期的观点与现在恰好相反，但在涉及信托财产的交易中，利益冲突的存在也可能只会给受托人施加压力，促使其证明没有不当利用其作为受托人的地位，且相关交易是公平合理的。[60] 但是，在受托人行使其受托自由裁量权的情况下，该规则的管辖触角似乎无法波及。[61]

所列举的第一个案例发生的背景是，受托人在出售信托财产的交易中，存有其私人利益，尽管受托人并未介入交易过程。Public Trustee v Cooper 案（以下简称 Cooper 案）涉及多名个人受托人。这些个人受托人在一家私营公司中，以信托形式为员工利益而持有大量股份。受托人收到了一家与任何受托人均无关联的公司所发出的条件优惠的收购要约，当时雇员大多反对该收购要约，认为要约条款损害了他们的利益。鉴于没有一个受托人是直接购买者，本案不应当直接适用“自我交易”规则；同样，该案显然也不应当适用“公平交易”规则，因为其并未涉及受益人利益的处分问题。然而，其中一名受托人持有受益人公司的少量股权，并进一步作为某慈善信托机构的受托人持有公司股权，且对所接受的收购要约含有明确利益。[62] 雇员收益信托的受托人寻求法院指示（在不让渡其自由裁量权的情况下），他们是否可以接受该要约，即便其中一个受托人对公司的其他股份享有个人利益。哈特在参考了禁止义务和利益冲突原则以及建立在该原则基础上的具体规则之后，作出如下分析：[63]

然而我们必须认识到，不能仅仅因为该原则孕育了这些具体规则，就认为在适用这些特殊规则之外，可以援引原则进行法律适用的情形下，都应存在或制定类似、严格适用的具体规则。事实上，在涉及

---

〔60〕 Public Trustee v Cooper（Ch D, 20 December 1999）.

〔61〕 Edge v Pensions Ombudsman [2000] Ch 602（CA）.

〔62〕 在本章中，对于受托人的职责与其个人利益之间存在的冲突与两个不同的信托义务之间存在的冲突之间没有区别。但毫无疑问，冲突规则适用于两种情况。

〔63〕 Transcript 51.

受托人的行为或试图采取的行事方略所产生的法律后果问题上,可能并无成熟可以适用的法律规则,然而在相关情境中,存在事实或潜在的利益冲突。相对缺乏可适用的参照规则说明,当受托人从事相关行为时,法院并无明确适用的法律依据,受益人的救济将被搁置。同样,在缺乏明确适用规则的情况下,人们会发现,如果基于这种理由质疑受托人的行为,受托人须承担繁重的举证责任,即证明相冲突的利益或责任实际上并没有影响受托人正当履行其职责。

上述分析说明,在因受托人没有直接购买信托财产,但仍然存在潜在利益冲突的情况下,因不能直接适用"自我交易"规则,可以通过适用运作方式接近于"公平交易"规则的法律规则来管控风险。哈特在考虑了一系列可能的相关方案后,分析了受托人在这种情况下的处境:[64]

在我们的某些法律领域中,此类冲突可以通过各种机制进行识别和处理:从要求受影响的人申报利益,到要求其放弃相关决策过程的参与。在私人(非慈善)信托法中,决策需要经过受托人的一致同意,这种禁止冲突人参与决策的解决方案很难移植。受益人有权要求所有受托人共同决策,同时也有权要求参与决策的受托人不受私人利益或其所承担的其他任何相竞争义务的影响。当受托人在交易中含有个人利益,或其他相竞争的利益时,有三种方法可以解决这一利益冲突问题。一是要求相关受托人辞职。这并不是一直有效的实践或理性解决方案,因为该受托人可能是向其共同受托人提供信息或建议的重要来源,且与部分或全部受益人有重要利害关系,因此该受托人离职将对信托财产或其受益人的利益造成潜在损害。

二是冲突的性质对于整个受托人团队来说,可能具有整体腐蚀

〔64〕 Public Trustee v Cooper (n 60 above)52 – 53.

性,因此别无选择,只能将其自由裁量权交给法院。

三是受托人可以当然认为,尽管冲突会影响到一个或多个共同受托人,但他们仍然能够公平、合理地作出决定。在第三种情况下,谨慎的对策是,如果时间允许,受托人最明智的做法是请求法院事先对受托人享有的自由裁量权进行审查,在相关程序中,任何持反对意见的受益人的利益都有代表者,除非法院已经授权受托人行使自由裁量权,受托人不得继续行使该权利。如果受托人不这样做,就要承担在随后的法庭辩论中证明其行使的自由裁量权具有正当性的责任,然后说服法院该决定是任何合理受托人都会作出的,且实际上决定也并未受到利益冲突的影响。

显然,这个研究是在总体冲突规则的模型中进行的,如上所述,其牢固地根植于私人受托人的适用范围内。然而,奇怪的是,正是在与私人受托人交易的过程中,才出现此类案件的难题。尽管受托人的这种处境是其遵循信义义务中冲突规则的范例,但该受托人同样受其信托义务的约束。第一种情况,也许某个受托人面临此种冲突,但他仅是信托管理的边缘受托人,可以随时辞职。第二种情况,如果冲突影响到大部分受托人,那么有必要向法院提出申请。第三种情况,受托人继续履行信托义务而非辞职可能具有必要性,因为信托管理需要相关受托人的专业技能。而且几乎可以在没有向法院提出申请的情况下继续担任受托人,因为受托人团队能够公平、合理地作出必要的决策。显然,摆在法庭面前的事实正是这种情形。哈特认为,“自我交易”规则(更准确地说是它所依据的冲突规则)并没有严格地适用于雇员受益信托。相反,受托人有责任证明相冲突的利益或义务实际上并未影响其行为。基于案件事实,这一负担已经消除,受托人没有必要向法院移交其自由裁量权。当然,就其实效而言,这等同于适用了“公平交易”规则,但所产生的后果并非适用该规则的结果,而是在管理特定信托关系中利益与义务的冲突时最合适的处理方式。

(三)受托人在行使处分权中含有个人利益

在 Cooper 案中,当受托人决定是否行使其出售信托财产的权利时,出现了利益冲突,并且在任何情况下,受托人获得的特定个人利益(出售关联公司的股份时获得)均不会为相关受益人所获得。但是,将冲突规则适用于明示信托的受托人,特别是当受托人对受益人的利益行使自由处置权时,正是体现受托人所承担信义义务严谨性的核心范例。

人们可能会认为,“自我交易”或“公平交易”规则,或类似的基于冲突规则的其他规则,显然更适合禁止受托人以有利于自己利益的方式行使信义处分权。就个人权利而言,这种规则不适用,因为该权利的受让人在行使权利时不享有信义处置权,所以不存在责任和利益相冲突的问题。〔65〕但是当人们进入信义权利范畴,这个规则适用的必要性就不言自明了。而将一般信义原则应用于这种典型情形时,又会出现棘手的问题。虽然一般信义法律关系涉及严格的预防性忠诚义务,要求受托人仅应为受益人的利益而行事,〔66〕但将这一规则适用于受托人的问题是,受托人对信托资产的管理与受益人利益之间不一定存在必然的关联性。正如当关乎受益人利益的决策需经全体受托人一致同意作出这一事实导致难以将冲突规则的规定直接应用于 Cooper 案的事实一样,受托人常常是受益人,并且——无论冲突规则如何规定——有权从信托财产中获益。

事实上,这种影响私人受托人的“利益冲突”,在实践中不足为奇。

---

〔65〕 个人权利受制于权利欺诈原则,并可被视为受托人所有,因为对不行使权利的受益人不应行使此类权利,除非是为了授权对象:Mettoy Pension Tustees Ltd v Evans [1990] 1 WLR 1587, 1613G - 1614A。但是,就权利的建构而言,个人权利的受让人是其构建对象,那么关于权利欺诈原则就没有任何东西可以排除权利以支持受让人的权利了:Taylor v Allhusen [1905] 1 Ch 529; Re Penrose [1933] Ch 793。

〔66〕 Bristol and West Building Society v Mothew [1998] Ch 1, 18 - 19 (CA), approved Arklow Investments Ltd v Maclean [2000] 1 WLR 594 (PC).

即使在仅涉及受托人对信托管理权利行使的情况下，如果受托人个人在其中无个人利益，他们的决策也会影响受益人的收益，例如受托人的投资决策会影响信托财产的投资收益，或资本增长的远景等。当我们将目光从受托人行使管理权转向受托人的自由裁量权时，这个问题更加尖锐。当受托人在行使相关权利过程中不存在个人利益冲突问题时，毫无疑问，他们应当在行使权利时不偏袒任何受益人的利益。而受托人公平、不偏不倚地行使信托权利的义务，受制于受托人善意、时常考虑与决策有关的因素，而不考虑无关、非理性、不恰当的因素。上诉法院最近的一个案例考虑了一个更难的问题，即受托人以特定方式行使管理信托的自由裁量权，并可能从中获得私人利益。

Edge v Pensions Ombudsman 案〔67〕（以下简称 Edge 案）涉及一项养老金计划，该计划为工业培训董事会的雇员提供退休金和其他福利，养老金来源于在职雇主和雇员的出资。该基金的受托人由九名雇主、九名雇员和两名退休人员组成。为减少基金的大额盈余（否则会增加不必要的税收），受托人根据该计划赋予的权利修订了规则，并在考虑精算报告和减少盈余的各种选择后，减少了在职雇主和雇员的缴款比例，增加了在职员工的养老金福利，但并没有为退休人员增加任何福利。一些退休人员根据 1993 年《养老金法》第 146 条第 1 款起诉养老金监察员，称根据该修正案，他们"因管理不善而遭受了不公正的待遇"。

经调查，（在调查过程中）受托人有很多机会为自己辩护，但雇主或雇员并未参与调查，监察员认为受托人的行为违背了信托义务，因为他们没有在不同阶层的受益人之间，不偏袒任何一方而行使权利，那些具有雇员身份，并且将从修订方案中受益的受托人违反了他们不

〔67〕 本案产生的问题在某些情况下已经得到解决，1996 年 1 月 1 日生效的《养老金法》第 39 条解决了该法规定的养恤金计划，并规定："任何法律规则，如规定受托人不得行使赋予他的权利，以致在他的个人利益与其职责之间产生冲突，则该法律规则也不适用于作为该信托计划成员的受托人，而该受托人可以任何方式行使赋予他的权利，因为他们行使权利的方式对他作为该计划的成员有利或可能有利。"

得将自己置于利益冲突境地的义务，所以受托人必须就其所获得的收益承担责任。监察员指示搁置修正案，并根据修正前的法案实施养老金计划。受托人向高等法院提出上诉的请求被受理，下级法院的判决现已得到上诉法院的支持。

监察员确定了两个相关问题。第一，受托人是否违反了他们在不同受益人之间公正履职的义务；第二，他们是否违反了不将自己置于利益冲突境地的义务。[68] 他对第一个问题总结如下：[69]

没有一个受托人是基于恶意履行职责的，然而本案中受托人的做法是对信托规则的破坏，是滥用管理权的表现。受托人违反了公正义务，他们没有为受益人的最大利益而履行职责，他们为了不正当的目的而滥用权利。显然，这对原告十分不公。

当然，这是本章重点关注的第二个问题。对此监察员认为，受托人根据修订后的规则获得的任何利益都必须返还。禁止受托人[70]存在任何利益和责任相冲突的情况，且不得接受或保留任何利益，如增加其信托收益等。在案件中适用禁止令并不意味着增加收益是无效或可撤销的，但意味着相关受托人无权获得增加的收益，并应对所获利益向信托公司承担说明义务。

理查德·斯科特(Richard Scott)爵士主张受托人的做法不该受到谴责，上诉法院认可其观点并由查德威克(Chadwick)法官据此作出了判决。受托人被授予部分权益：其有权将某些利益只归于部分受益人，另一部分受益人则被排除在特定利益之外：

如果“过分偏袒”是指受托人考虑到会不可避免地受不适当或不

[68] Para 29 of the ombudsman's determination (quoted by Chadwick LJ 614B).
[69] Para 54 of the ombudsman's determination (quoted by Chadwick LJ 614C-D).
[70] Para 55 of the ombudsman's determination (quoted by Chadwick LJ 614G-H).

合理因素的影响，那么他们很有可能不能正当行使自由裁量权。但事实并非行使自由裁量权有缺陷这么简单，因为无论是法官还是其他人都认为受托人的偏袒是“不合理的”，受托人应正当行使自由裁量权。除受托人将自由裁量权移交给法院的情况外，法官无权行使该权利。法官可能不认可受托人行使自由裁量权的方式，但是，除非可以推断出他们已经考虑了不相关的、不适当的或不合理的因素，或者除非他们的决定可以说是没有一个合理的受托人团体适当指导也可作出，法官就不能干预。特别是，法官不能仅仅因为受托人对优先受益人的过分偏袒而进行干预。[71]

高等法院和上诉法院在考虑第一个问题时对受托人(和监察员)权利的审查显然涉及公法因素。监察员直接考虑了受托人的决定是否“公平”的问题，而这是一个伪命题。正确的做法是搞清楚特定事项是否无关紧要，以此来判断受托人在考虑这些问题时采取的行动是否合理或适当。假设受托人有权考虑特定事项，那么应由受托人而不是监察员来决定哪些事项应得到重视。具体而言，应由受托人确认过去获得的收益与指数链挂钩是否已经为退休者提供了充足的资金，这是否是将其排除在更多福利之外的充分理由。不能认为退休人员福利已经得到充分保障的事实(这一点毋庸置疑)无关紧要而不予考虑，也不能认为受托人对这一事实给予重视的做法不合理或不适当。此外，受托人必须获得雇主同意。但是，应该由受托人来决定在谈判中给雇主施加多大压力，在这类问题上，监察员不能用自己的判断来代替受托人的判断。斯科特爵士在研究第一个问题时，没有发现受托人考虑雇主及其受益人的关切有任何不当之处。雇主在养老金计划中扮演着至关重要的角色，他们必须缴纳保险费，还必须雇用愿意加入该计

〔71〕［1998］Ch 512 (Sir Richard Scott V-C) 534, considered［2000］Ch 602, 618F-H (Chadwick LJ).

划并缴纳保险费的雇员。因此,受托人有权提高各雇主的持续生存能力。[72]

但副大法官也反对监察员的看法——公平规则,即受托人不得让自己处于其义务和利益相冲突的境地。每当其行使修改权以增加现实利益或未来可得利益时,雇员受托人即不得享有该利益。否则,每当受托人行使自由裁量权(确定成员的缴款比率)以减少雇员应付款项时,受托人都必须以更高的比率缴纳款项。[73]

上诉法院同意副大法官的意见,该法官认为监察员"试图将自己置于受托人的地位并决定何为公平结果"[74]。查德威克在处理第二个(冲突)问题时和处理第一个(相关的)问题一样,[75]受到了公法逻辑的影响,甚至完全引用了格林(Greene)勋爵在 Associated Provincial Picture Houses Ltd v Wednesbury Corporation[76]案判决中的重要内容。查德威克对此评论道:

> 在本案中,不必考虑在私人养老金计划的不同背景下或在公法案件适用的原则之间进行类推。但这并非没有意义,本案的受托人——我们怀疑在许多类似的案件中——被选出的原因与格林勋爵确定的原因几乎相同:"很明显,议会委托地方当局就最好信任该地方以其阅历和经验来处理相关事项并作出决定。"[77]

法院当然不会因为在私人全权信托背景下制定的原则适用于现代养老金制度而感到困扰,因此,像 Cooper 案一样,分析是在整体冲

[72] Edge v Pensions Ombudsman (n 71 above)537 considered 620F-G.

[73] Edge v Pensions Ombudsman (n 71 above)539 considered 621F.

[74] [2000] Ch 602 (CA)631 and [1998] Ch 512, 537H.

[75] 无论如何看待芬恩在本章第一段中提出的第五个问题,本案都值得研究。

[76] [1948] 1 KB 223 (CA)228 - 231.

[77] [2000] Ch 602 (CA)630B - C; 哈特在 Public Trustee v Cooper 案中也提出了类似的观点。

突规则的背景下进行的。但是,实务中出于对这些私人受托人所处地位的考虑,(养老金)申请方式再次受到重大影响。[78] 例如 Cooper 案,解决冲突规则和受托人地位之间矛盾的一种可行的方式是适用“公平交易”[79]而不是“自我交易”规则,以便让受托人承担证明其行为公正的责任。但在 Edge 案的特殊情况下,即使适用该规则也会与上诉法院已经得出的公法分析相冲突,因为这要求法院审查受托人作出决定的理由。查德威克继续说道:[80]

在本案中,法院唯一明智的做法是接受该计划建立在这样的基础上——规范受托人行为的详细规定旨在提供一个受托人监管机构,并依赖该机构公平、合理地考虑所有利益,那些质疑该机构决定的人承担证明机构行为不正当的举证责任。当然,这并不是说法院或监察员不能在受托人未作出合理解释时进行适当推理,也不是说法院或监察员不能批判或审查任何解释。然而在本案中,法院拒绝接受由受托人向监察员作出的证明意见。

显然,Edge 案是受托人处于其义务和个人利益之间冲突境地的一个范例,这既不符合“自我交易”规则的要求,也不符合“公平交易”规则的要求。乍一看该结论令人咋舌,[81] 因为这是出于受益人对受托人各种需求的现实认识得出的。受托人需要避免利益冲突,但是除此之外,Cooper 案承认特定受托人可能是“向其共同受托人提供重要信息或建议的来源,或者与受益人有重要关系,因此其离职可能会损

---

〔78〕 参见 Edge v Pensions Ombudsman (n 77 above)627F-H。相较于威尔金森勋爵在 Target Holdings Ltd v Redferns 案中所说的,“根据我的判断,如果不想使信托在商业领域不起作用,重要的是要区分信托法的基本原则和那些与传统信托有关的专门规则,这些规则只适用于特定信托,其基本原理不适用于完全不同的其他信托”。

〔79〕 Considered in text to n 56 above.

〔80〕 [2000] Ch 602 (CA)633B.

〔81〕 Contrary dicta in n 54 above.

害信托财产或受益人的利益”;[82]在 Edge 案中,“规范受托人行为的详细规定旨在提供一个受托人机构,并依赖该机构公平、合理地考虑所有利益”[83]。

这些判决也许可以作出如下更专业的解释:毋庸置疑,任何冲突规则的表述都必须十分严谨,它不仅要求受托人必须避免利益和义务相冲突,还严禁受托人在受质疑时援引证据证明事实上根本不存在冲突的可能性。[84] 但即便如此也不能充分表达这一规则,因为似乎狭义的冲突规则只涉及防止受托人将自己置于其个人利益和信义义务相冲突的境地,而不含受托人因外部因素将自己置于该境地的情况。[85] 毫无疑问,信托法可以排除适用“自我交易”规则。[86] Cooper 案和 Edge 案的判决可能仅承认该规则可以被默示或者明示排除适用。

当然,只要 Edge 案的判决源于这样一种认知,即委托人排除适用“自我交易”规则既可以是明示的也可以是暗示的,那么就很容易想到更典型的例子。例如,如果信托条款指定 A 和 B 为受托人,并授予受托人以 A、X 和 Y 中的某一项权利,如果适用“自我交易”或类似的冲突规则,则该权利将成为原受托人授予的 X 和 Y 权利,但这并非委托人要求的。认识到一些可直接做的事情也可以通过外部环境来促成,这似乎不具突破性,但不能忽略其潜在的发展意义。这也许是正确的——授予受托人(同时是受益人)全权行使信义权,这种全权的信义权使得受托人可以受益于其他受益人,如果这种情况下受托人并未承

---

〔82〕 See the end of the first paragraph of the quotation at n 64 above.

〔83〕 See the beginning of the quotation at n 80 above.

〔84〕 Text at n 41 above, and that following n 44 above.

〔85〕 See Bray v Ford [1896] AC 44 (HL) 51; Space Investments Ltd v Canadian Imperial Bank of Commerce Trust Co (Bahamas) Ltd [1986] 1 WLR 1072 (PC) 1075; Sargeant v National Westminster Bank plc [1990] 61 P & CR 518 (CA) 521 – 522; Bristol and West Building Society v Mothew [1998] Ch 1 (CA) 18 – 19.

〔86〕 Bray v Ford [1896] AC 44, 51 (HL); text to n 86 below.

担责任，说明其正当地履行了职责，[87]那么是否需要重新考虑已经与信托公司开展竞争业务的原始受托人的地位？或考虑在拒绝为受益人续约后自己获得租约的受托人地位？前者至少可以证明委托人在委托时知悉受托人从事了竞争业务，Cooper 案和 Edge 案便是很好的例子。但后者要求对冲突规则作出更彻底的修改，以便让受托人证明在特定情形下信义义务和利益之间并不存在现实冲突——这会被认为对预防冲突规则构成严重威胁。因此，虽然法律的第一次修改可以着眼于当下，但第二次修改必须具有前瞻性。

三、结论

本章重点研究明示私人受托人的冲突、利益、"自我交易"和"公平交易"规则的发展历程，初衷是能够对信托法的发展历程和法律关系核心得出清晰的认知。这种愿景也许还没有完全实现，但至少可以确定不同规则的每个范例都是总体冲突规则的特定应用。要做到这一点，词句的表达必须严谨，但可能没有为规范法官而制定统一法律原则（如普通法注意义务产生的情况）时要求得更精确。在适用明示私人受托人时，该原则旨在通过否定个人利益优于信义义务的方式来培养忠实，但这仅适用于受托人将自己置于冲突境地的情形，并不适用受托人被委托人置于该境地的情况（无论是明示还是暗示）。也就是说，如果利用了明显的、自发的冲突，受托人无权提出证据证明在特定情况下不存在现实的冲突可能性。

虽然冲突原则是利润、自我交易和公平交易规则的基础和界限，但当对明示受托人的特定行为提出上诉时，冲突存在的可能性并非唯一考虑的事项。明示受托人的受益人不仅有权避免利益冲突，而且每

---

〔87〕 The effect of the Edge Case：［2000］Ch 602 (CA)627 – 633.

个受托人都应尊重受益人的具体要求,无论这些事项是由委托人明示还是暗示的。

简单阐述一下最后一个问题,即在本章开始时所述的在学术辩论范围内得出这些结论可能性的问题。就加雷思·琼斯的见解而言,[88]可以肯定 Cooper 案和 Edge 案在程序上并无不当,如果判决结果相反,该案例就可能被视为错误赔偿的例子。此外,琼斯建议的方法巧妙地解释了为什么纯粹政策驱动的严格预防规则并不适用于所有情况。原因很简单,旨在培养忠诚度的预防性规则只适用于与其类似的情况——要求受托人绝对遵守信托条款。在特殊情况下,例如对方是专业养老金受托人,他们十分了解雇员受益人的最大利益所在(包括其对有关雇主继续存在的利益),对忠实唯一的要求仅限于受托人在特定情况下作出的决定,而这样做的可取性超过了任何避免利益冲突的绝对规则。[89]

---

〔88〕 See out in text following n 12 above.

〔89〕 就自我交易和公平交易规则可能被更好地理解为通过做减法来逆转不当得利的建议而言,此处的研究表明,这样做可能没有什么好处。如果冲突规则是各种更具体规则的基础和限制,并且足够灵活,允许考虑明示受托人立场的其他方面,那么诉诸不同的研究方法似乎变得没有必要。在我们的法律体系中,冲突规则所要求的忠诚程度是不寻常的,但在已被认可的情况下(明确的受托人是这种情况的典型),它的详细应用并不容易被转化为不同的法律条款。旨在阻止特定事件发生的规则而不是作为对这些事件的回应而制定出来的规则,似乎不太容易被理解为逆转不当得利。

第四章　超越原则

大卫·福克斯(DAVID FOX)

假设受托人 T 享有利用信托资金来进行交易或者投资的不受限的权利,T 为了终身受益人 B 的利益,而持有在一定数额股票基础上设立的信托基金。如果 T 以恰当行使处置权的方式出售了股票,那么 P(买方)将从 T 那里获得对股票的、不附着于 B 的原始衡平法权益的完整所有权。P 无须证明自己是善意的(没有注意到 B 的权益存在),并且 B 所享有的权益将自动移转到该交易所得的资金之上。该笔资金以及无论 T 用它购买的任何资产,都将以与原股票同样的法律状态,存在于信托关系之中。

这个简单的例子阐述了超越原则所能产生

的后果。[1] 超越原则是受托人 T 行使处置信托财产处置权的必要结果。[2] 超越原则第一方面的内容是，该项权利可来自信托文件明示条款的约定或者法律的一般规定。在信托环境中，在超越原则下，T 可以将私人资产转移出信托基金，这样资产的受让人可以获得不含有任何受益人利益或权利的所有权，这些权益在受托人持有资产的过程中，影响了受托人对资产的使用权。超越原则第二方面的内容是，T 所获得的任何基于交换原始信托财产所得的替代资产，与原始资产受到同样的衡平利益或权利的约束。[3] 根据法律规定，B 在原始资产中的利益移转到替代资产中，而无须明示的重新安排，或 T 所聘请的律师的操作。

现在设想第二种类型的交易，受托人 T 对信托基金仅有有限的投资和销售权，受托人 T 没有如信托文件所规定，在征求第三方同

[1] The most comprehensive study of overreaching is that of C Harpum "Overreaching, Trustees' Powers and the Reform of the 1925 Legislation" [1990] CLJ 277. This paper draws heavily on Mr Harpum's analysis, which was endorsed by the Court of Appeal in State Bank of India v Sood [1997] Ch 276 (CA). Overreaching is best known in the context of dispositions of land by a trustee. A trustee's ability to overreach the beneficial interests in land is subject to the restrictions defined in the Law of Property Act 1925, ss 2 (1) - (2), 27(2). In a typical case, these provisions allow overreaching only if the sale or mortgage proceeds are paid to two trustees of land or to a trustee corporation. However, these provisions of the Law of Property Act 1925 do not confer on the trustee of land the power to make an overreaching conveyance. They merely limit the powers to overreach that he would otherwise enjoy under the general law [see now the Trusts of Land and Appointment of Trustees Act 1996, s 6 (hereafter TLATA 1996) which confers on the trustee of land all the powers of an absolute owner]. Overreaching applies to dispositions of personal property held on trust without the restrictions enacted in the Law of Property Act 1925 [see now Trustee Act 2000, ss 3, 6, 7(1), 8, 9 which define trustees' general powers of investment and acquisition of land]. For a general review: Harpum [1990] CLJ 277, 277 - 278.

[2] 就当前的目的而言，处置信托资产不受信托影响的权利包括了处置信托财产的义务，这必然引入履行该义务的权利。

[3] 这一方面的超越原则被认为是次要的，因为即使受托人 T 处置原始信托财产没有获得任何回报，也可能发生超越原则的适用：State Bank of India v Sood [1997] Ch 276 (CA)。因此，如果受托人 T 被授权通过行使委任权从信托基金中作出赠与，该处置仍可能超过影响信托财产的任何利益或权利。买受人 P 持有该财产（权利的客体）将不再受先前可能受到的任何衡平法权利的约束。

意的情况下,出售为终身受益人 B 所持有的股票。[4] 这是一次未经授权的交易,超越了 T 的处置权限,也构成了对信托约定的违背。T 超越信托资产中 B 的衡平法权益的能力,是其适当行使处置权的体现。如果 T 并未获得授权,在交易中就谈不上超越原则除权行为。在这种情形下,从外观来看,B 持有股份的衡平权利继续存续,以对 P 产生约束力。但如果 P 以善意购买人的身份收购了信托资产的所有权,则 B 的衡平权利将消失。就 P 而言,第二类交易与第一类交易大不相同。

然而,从 B 的角度来看,未经授权交易所产生的影响可能具有欺骗性,如同超越原则已经发生。下文将进一步展示。[5] 在未经授权的情况下出售原始股份的行为,将使 B 对出售股份所得资金享有衡平权利,因为这些资金代表了基于原始资产得到的,可追索的收益。基于这种权利,B 有权对前述资金主张权益,这种权益的主张或是基于对不当处分股份价值的留置权,或是基于其享有的与原股份相当的受益权。如果 B 行使受益权,那么他在替代资产中所享有的权利将与其在原处置股份中的权利相当。

本文的研究目的,从大处着眼,是考察上述建立在交易所得替代资产两种权利上的相同点与不同点。两者都是受益人 B 对交易所得替代资产享有财产权利的方式。虽然信托资产组成的方式可能会不时发生变化,但是通过这种方式,信托基金得以永久存续。首先,本文考虑了授权处置信托资产与未经授权处置信托资产之间区别的关联性。其次,本文考虑了 B 对因 T 的超越处置行为而取得的替代资产的权利,与 B 因无权处置行为而追溯取得的替代资产的权利。再次,本文考虑了 B 对从 T 处受让原始资产的第三方购买人 P 的权利,当这种权利基于 T 所从事的,得到授权的超越行为时,与

---

〔4〕 这个例子源于 Power v Banks 案的事实。

〔5〕 See text accompanying nn 15 – 16 below.

T 所从事的，未经授权对 P 的资产的处置行为，二者之间的差异。这两种权利具有显著区别，这种区别取决于对 P 的财产处置是否延伸触及 B 在原始财产中享有的受益人利益。因此它凸显了授权处置信托资产与未经授权处置信托资产行为后果的重要差异。最后，本文考察了两类交易是否存在实质性差异，即 B 接受了未经授权的交易，与他仅寻求强制执行他在未经授权的交易中获得的替代资产的权利之间的差异。

一、授权处置和未经授权处置的相关问题

常被忽视的一点是，在信托追溯的权利主张中，只有受托人 T 超越处置权处置原始信托财产时，受益人 B 才能对原始财产的收益主张权益。如果受托人 T 适当行使其权利处置原始信托财产，那么受益人 B 不能主张该财产或买受人 P 提供的任何其他替代财产的所有权，即使根据传统的信托追溯规则，这些财产是可识别的。

在某种程度上，这个结果可以解释为取决于现在熟悉的信托追溯和所谓“索赔”之间的区别。[6] 通过一系列交换交易确定价值转移的纯粹证据过程与强制执行财产的某些财产权益以追溯该价值之间存在分析上的差异。更准确地说，造成这一结果的原因是超越原则。超越原则是授予 T 处置权的附属物。因此，一方面，如果受托人 T 经授权处置原始信托财产，那么受益人 B 对原始信托财产享有的衡平法权益必然消灭。受益人 B 不能再对该原始财产或买受人 P 交易取得的任何其他财产提出所有权主张。另一方面，如果受托人 T 未经授权处

〔6〕 Foskett v McKeown [2001] AC 102 (HL) 127 – 128 (Lord Millett) and LD Smith, Law of Tracing (OUP Oxford, 1997) 6 – 14.

置原始信托财产,那么超越原则对消灭受益人 B 对原始财产的权益或将受益人 B 的权益转移到交易获得的替代财产上没有任何影响。无论受益人 B 对未经授权交易取得的收益享有什么权益,都必须用另外的规则来解释。

这种精确区分存在争议的案件是 Space Investments Ltd v CIBC (Bahamas) Ltd 案。〔7〕讽刺的是,与实际辩论和判决的观点相比,坦普尔曼(Templeman)勋爵个人的“财产膨胀”追溯理论可能更为人所知。信托受益人对接受了他们信托资金存款的破产银行的剩余资产主张所有权。复杂的是,银行也是受益人的受托人。信托契约授权银行以受托人的身份将信托资金存入任何银行,包括其自身。银行在适当行使投资权利的情况下,可以受托人的身份将信托财产存入其作为银行家的银行。

坦普尔曼勋爵在提交枢密院的建议中认为,不应该支持受益人对银行剩余资金任何所有权权益的主张。即使不考虑受益人是否能继续对银行资产追溯其存款收益,他们也不能再对存入银行的信托资金享有任何所有权权益。

若要举例解释超越原则,Space Investments Ltd v CIBC (Bahamas) Ltd 案是完全合适的。信托资金存入银行是信托契约授权的。因此,基于追溯该信托资金及其收益而提出的任何所有权主张均无法获得支持。因为受托人已经得到授权处置这些资金,所以这种主张没有根

---

〔7〕参见[1986] 1 WLR 1072 (PC)。授权处置信托财产和未经授权处置信托财产之间的区别在 Taylor v Plumer 案也是一个重要的问题。破产受托人 T 的财产管理人的律师辩称,如果受托人 T 在处置受益人 B 的原始财产是在其权利范围内行事,那么受益人 B 只能对受托人 T 获得的替代财产主张衡平法权益。律师显然认为受益人只有通过超越原则才对替代财产享有所有权,或者作为受托人负责代表委托人获得财产的附属义务(例如,Burdett v Willett [1708] 2 Vern 63, 23 ER 1017);或者信托条款要求受托人拿出信托资金购买土地(例如,Deg v Deg [1727] 2 P Wms 412, 24 ER 791;Sowden v Sowden [1758] 1 Cox 165, 29 ER 1111)。埃伦伯勒(Ellenborough)勋爵不赞成这一观点,其认为未经授权交易受益人 B 的原始资产也将赋予受益人 B 获得替代资产的权利。他依据 Lane v Dighton 案,该案中一个终身地产保有人使用夫妻财产契约中的资金未经授权购买土地。尽管如此,该土地仍受原始夫妻财产契约中信托的约束。

据。换言之,因为受托人将信托资金存入其作为银行家的银行是对受益人原始资金的有权处置,他们对该信托资金的权益已经被超越。作为受领人,该银行成为原始资金完全合法的受益所有人。当然,超越原则的必然结果是,受益人对受托人交易原始信托资金获取的财产享有衡平法权益。但该财产是受托人作为银行家的权利动产,其有权提取相应的信托存款。实际上,受益人在对银行的纯粹个人权利诉讼中获得的超越衡平法权益,这并不会赋予他们对银行剩余财产享有权利的担保债权人的地位。

授权处置的含义有两处需要完善。首先要强调的是信托追溯产生的权利与超越原则产生的权利之间的区别并不必然与违反衡平法的处置和不构成违反衡平法的处置之间的区别相一致。虽然受托人每一项违反衡平法的交易也是未经授权的,但反过来并不一定如此。例如,即使受托人违反了信托的自我交易或公平交易规则,他也可能并不违反衡平法,只是超越授权行事。[8] 但毫无疑问,受益人可以追溯和主张违反上述交易规则之一,即未经授权处置原始财产而获得替代财产。[9]

其次需要完善的是,在询问处置是否被授权时,调查取决于受托人T是否有权利不考虑受益人B的受益权让自己与买受人进行交易。存在这样一种情形,即受托人T偶然违反对受益人B的信托处置了信托资产给买受人P,并不必然导致受托人T与买受人P的交易无效,也并不必然避免超越原则的发生。处置是一项单独的交易,但其影响必须从受益人B和买受人P两个不同角度来考虑。受托人T可能在处置信托财产的事件中对受益人B犯下错误而对B承担责任,但受托

〔8〕 Tito v Waddell (No 2) [1977] 1 Ch 106, 240 – 241 (Megarry V – C).

〔9〕 R Nolan "Conflicts of Interest, Unjust Enrichment and Wrongdoing" Ch 7 in WR Cornish et al (eds), Restitution-Past, Present and Future (Hart Oxford 1998) 90 – 91.

人向买受人 P 转让合法所有权的权利可能不会受到影响。[10] 这一点在受托人 T 对已登记土地进行处置的情况下最有可能发生。在这种情况下,受托人 T 向买受人 P 转让完整所有权的权利通常取决于 1925 年《土地登记法案》(Land Registration Act)第 18 条,第 18 条赋予了受托人 T 无限的法定处置权。它既不是明示或默示信托条款授予的权利,也不是一般法律授予的权利。该法令可能使得受托人 T 与买受人 P 之间成立有效的处置行为,即使该行为违反了受托人 T 与受益人 B 之间的信托约定。

这一观点最好的例证是 City of London Building Society v Flegg 案,[11] 该案是上议院对两名受托人为出售土地签订的超越转让协议效力的判决。麦克斯韦 · 布朗先生及其夫人(Mr and Mrs Maxwell Brown)作为受托人代表自己和麦克斯韦 · 布朗夫人的父母弗莱格斯(Fleggs)夫妇出售其享有合法非限嗣继承地产权的房屋。他们后来在完全未经弗莱格斯夫妇知情或同意的情况下,将房子合法抵押给建屋互助协会。该交易违反了与弗莱格斯夫妇的信托。麦克斯韦 · 布朗夫妇没有履行法定义务,征求受益人的意见,努力实现受益人符合信托利益的愿望。[12] 然而,上议院认为,这一违反信托的行为并不影

---

〔10〕 受托人 T 与买受人 P 之间的权利效力与受托人 T 与受益人 B 之间的权利效力的区别具有普遍适用性。根据 Companies Act 1985 s 35A 的规定,如果与公司进行交易的人是善意的,董事会不受公司章程的任何限制。尽管如此,董事仍然应对未经公司授权的行为所产生的后果对公司承担责任。在受益人决定接受受托人 T 未经授权投资的情况下,这种区别也适用信托法(见下文 D 部分)。当受益人 B 接受了未经授权的投资,他溯及既往地授权受托人 T 处置原始购买资金给出售投资的 P。然而,这样做,受益人 B 并不必然放弃追究受托人 T 违反信托进行未经授权投资给自己造成任何损失的权利。在这一交易中,受托人 T 可以得到授权与 P 交易,但同时违反了与 B 之间的信托约定。

〔11〕 [1988] AC 54 (HL).

〔12〕 Law of Property Act 1925 s 26(3) (since repealed and replaced by the corresponding provisions in TLATA 1996 s 11).

响法律赋予受托人为建屋互助协会设立有效抵押的一般权利。[13] 因此,弗莱格斯夫妇对该房屋的原始受益权超越衡平法上出售所得款项和抵押收益。根据1925年《土地登记法案》第70条第1款(g)项的规定,他们无法主张继续享有与土地相关的权利,并且作为凌驾性权益对建屋互助协会发生效力。

坦普尔曼勋爵关于"受托人违反信托而受到法律指控"[14]的一般性观点很容易被误解。这种观点是准确的,因为这意味着麦克斯韦·布朗夫妇超越弗莱格斯夫妇的受益权为建屋互助协会设立抵押这一偶然违反信托的行为并不会使麦克斯韦·布朗夫妇对建屋互助协会所享有的法定权利无效。如果认为即使为建屋互助协会设立抵押的处置行为超出了麦克斯韦·布朗夫妇的处置权利也可能发生超越,这种观点就是不准确的。

---

〔13〕 The House of Lords considered that the Maxwell-Browns derived their general power to mortgage from the Law of Property Act 1925 s 28(1). The alternative view, for which Mr Harpum argues, is that as regards a purchaser or mortgagee they had unfettered statutory powers of disposition under the Land Registration Act 1924 s 18 by virtue of their status as registered proprietors of the freehold. Their powers of disposition as regards the Building Society could only have been limited if some restriction on their powers as trustees had been entered on the register in accordance with the Land Registration Act 1925 s 58. See [1990] CLJ 277, 305 – 310. In my opinion, this explanation based on s 18 holds good after the enactment of TLATA 1996. Two trustees of land who sell or mortgage a registered legal estate can still overreach the beneficial interests of B, even if in making the disposition they act in breach of their duties to B under TLATA 1996, ss 6(5), 7(3) or 11(1). The Land Registration Act 1924 s 18 明确规定了受托人T授予买受人P所有权的权利,因此对买受人P的处置是有效的,其后果是发生超越原则。因此,当受托人T未能履行其对受益人B的职责时,无须任何法律来保护买受人P。超越原则的发生是因为在相关的意义上处置行为是得到授权的。这与TLATA 1996 s16为未经登记土地的购买者规定的法定保护形成对比。这对于未经登记的土地来说是必要的,因为受托人T对买受人P作出有效处置的权力完全取决于信托条款和他对一般法的遵守,因此,受 托人T对受益人B的任何偶然违约都将直接影响受托人T对买受人P作出有效处置的权利。超越原则将不可能发生,买受人P将会发现自己受到受益人B的衡平法权益的约束。

〔14〕 [1988] AC 54 (HL)70.

二、受益人对未经授权的交易获得的替代资产的所有权

如果受托人 T 未经授权出售原始财产，受益人 B 对交易获得的替代财产享有衡平法上的所有权。问题是受益人 B 对未经授权出售获得的替代财产的所有权性质是否与授权交易获得的替代财产的所有权性质有实质性差异，从而导致受益人 B 对原始资产的利益超越并转移至替代财产。两者都是受益人 B 获得替代财产财产权的机制。如果授权处置信托财产与未授权处置信托财产产生同样的效果，那么经过授权的交易与未经授权的交易有什么实质差异？

讨论受益人 B 对未经授权交易取得的替代财产所有权的性质要从上议院最近对 Foskett v McKeown 案的裁决说起。[15] 在该案中，允许明示信托的受益人对为其受托人生命投保的保单收益进行追溯并主张所有权。在他去世之前，受托人错误地使用信托基金支付了保单要求的五笔年度保费中的两笔，或者至少为了本案的目的，他被认为是这样做的。上议院多数人认为，受骗的受益人可以不受限制地选择主张保险收益中 40% 的受益份额，或者主张对其进行留置，以获得他们可以追溯到用于支付保险费相应金额的信托资金。由于保险收益的金额远远超过用于支付保险费信托资金的金额，受益人会选择获得一定比例的保险收益。上议院的多数人认为他们有权利这样做。

福斯科特（Foskett）通过以下方式实现当前目的。大多数人的观点是，对这些所有权的主张之一是通过受益人证明保险金代表原始信托资金的可追溯收益，进而对保险金享有先存权，以获得救济。大多

〔15〕［2001］AC 102（HL）.

数人认为,未经授权的交易事实上赋予了受益人替代财产所有权。大多数人显然将未经授权的信托财产交易视为导致新财产权产生的一类独特事实。受益人的所有权甚至在他们主张留置权或受益权之前就产生了,因为这些是执行该所有权的救济措施。[16]

两个19世纪的案例和学术著作中,已经讨论了受益人B对未经授权处置获得的替代财产所有权的准确特征。[17] Cave v Cave案中,[18]弗莱(Fry)对未经授权将信托基金投资土地的判决认为受益人B在交易时就对替代财产享有完全的既定的衡平法权益。受益人B的权益具有与衡平法上的财产权或抵押担保相同的约束第三方的能力。尽管如此,原则上似乎更有力的观点是,在未经授权的替代行为发生时,受益人B对替代财产的所有权在性质上是不完全的。在Re Ffrench's Estate案中,爱尔兰上诉法院明确采纳了这一观点。[19] 受益人的所有权是一种纯衡平法上的所有权。[20] 它有类似衡平法上撤销欺诈交易或纠正错误转让的附属结果。受益人B仅在其选择接受留置权或受益份额时才获得收益的完全既得利益。在那之前,他的所有

〔16〕［2001］AC 102（HL）110G（Lord Browne-Wilkinson），134C-D（Lord Millett）. For attempts to posit a general rationale for the creation of property rights in substituted assets acquired by unauthorized exchange, see P Birks in this volume Ch 7, cf P Birks "Overview" in P Birks ed Laundering and Tracing（OUP Oxford 1995）317 – 319, and D Fox "Vindicating Property in Substituted Assets",［2001］LMCLQ 1, 3 – 6.

〔17〕 See Birks "Overview"（n 16 above）307 – 311 and LD Smith The Law of Tracing（OUP Oxford 1997）322 – 326.

〔18〕［1880］15 ChD 639.

〔19〕［1887］21 LR（Ir）283（CA Ir）esp Porter MR. For a full statement of the reasons in favour of B's interest being less than fully vested, Birks "Overview" 307 – 311 and LD Smith, The Law of Tracing（n 17 above）322 – 326, 356 – 361.

〔20〕 "Mere equity" is used here in the same sense as in RP Meagher, WMC Gummow and JRF Lehane, Equity：Doctrines and Remedies 3rd edn（Law Book Co Sydney 1992）paras 428 – 429 in contrast to a purely "personal equity" such as a right to contribution from a co-surety. 前者是具有所有权效力并能够约束第三方的权利,后者仅在请求权人和特定个人之间具有约束力。

权还没有完全被赋予,尽管一旦被赋予就溯及受托人 T 进行交易的时候。[21]

这体现了未经授权交易获得的替代财产的所有权与授权交易中通过超越原则获得的替代财产权益的主要区别。后者自授权交易之日起即获得完全既定的所有权,并基于优先权冲突的目的将其作为衡平法上的财产权,与受益人 B 对原始财产的权利一样。受益人 B 无须行使任何选择权来主张其对替代财产的权益。超越原则确保受益人 B 对替代财产享有的权益完全等同于对原始财产享有的权益。受益人 B 对替代财产的权益没有选择。相比之下,受益人 B 在未经授权的交易中获得的替代财产的不完全所有权的主要附属权利是允许其选择主张替代财产完全的既得的衡平法权利——留置权或受益份额。受益人 B 的权益在他选择之前,不可能完全明确。

话虽如此,但与衡平法的撤销类比夸大了未经授权的交易获得的替代财产的不完全所有权与通过超越原则获得的完全的既定的衡平法所有权之间的区别。这种区别在解决同一财产竞合衡平法请求权的优先权冲突时至关重要。因此,如果不完全所有权类似于避免所有权欺诈的纯衡平法,那么一般规则是它不会对之后衡平法权益的善意购买人发生效力,而如果它是完全的衡平法权益,如衡平法财产权,则

〔21〕 Cf Bristol and West BS v Mothew [1998] Ch 1 (CA) 22 – 23 (Millett LJ) and Twinsectra Ltd v Yardley [1999] Lloyd's Rep Bank 438, 461 (Potter LJ) both considering the equity to rescind for fraud.

会对之后的衡平法权益善意购买人发生效力。[22] 本文主张的观点是,对信托财产具有竞合请求权的第三方在执行程度上存在细微差异并不会影响受益人 B 不完全所有权本质上的所有权特征。

受益人 B 对原始财产特定可追溯收益的不完全所有权与该所有权特征一致。它不仅仅赋予受益人 B 对受托人 T 的对人权。受益人

---

〔22〕 参见 Phillips v Phillips [1861]4 De GF &J 218, 45 ER 1164 (Lord Westbury)。在 Cave v Cave [1880]15 ChD 639 and Re Ffrench's Estate [1887]21 LR (Ir)283(CA Ir)案中,信托财产存在竞合衡平法请求权的情况下所产生的优先权纠纷,使得有必要分析受益人所有权的特征。就土地争议而言,随着越来越多土地所有权的登记,B 对未经授权交易所得的替代财产的权益是作为纯衡平法权益还是作为衡平法权益而享有优先权的争论越来越没有意义。如果争议是关于已登记土地,并且没有任何请求权人根据 1925 年 Land Registration Act 第 49 条的登记通知请求保护他们的权益,那么受益人 B 的所有权只有在根据该法第 70 条第 1 款(g)项被列为凌驾性权益的情况下,才对任何后来的请求权人具有约束力。传统的 Phillips v Phillips 案的优先权规则将不能适用。如果请求权人 B 处于实际占有中,那么即使是一个不完全的衡平法所有权也可能具有充分的所有权特征,可以将其列为凌驾性权益。例如,请注意,在 Blacklocks v JB Developments (Godalming)Ltd [1982] Ch 183 案中类比了被认为是凌驾性权益的衡平法纠正错误转让,以及类比也被认为是凌驾性权益的基于所有人不容反悔产生的不完全衡平法权益。[See the cases gathered in Megarry and Wade, Law of Real Property, 6th edn by C Harpum, (Sweet and Maxwell London 2000) para 6 – 052, and argument of G Battersby"Informal Transactions in Land" [1995]58 MLR 637,640 – 643.]另一方面,如果替代财产是动产,那么受益人 B 的不完全所有权是属于衡平法权益还是纯衡平法权益的争论仍然很重要。争议如何解决可能取决于所主张动产的种类。Phillips v Phillips 案的优先权规则将适用于股权或者货物。先前的衡平法权益将约束衡平法权益后来的善意购买人,例如股份的衡平法受让人,其将股份作为向受托人 T 支付预付款的担保。但是,如果受益人 B 对股份或货物的不完全权益仅作为一种纯衡平法权益,则不会对后来支付了财产对价的受让人产生约束力。如果信托财产是股权以外的无形动产,如受托人 T 的应收债务,那么官方似乎更倾向于采用通常 Phillips v Phillis 案的优先权规则。这似乎不会被 Dearle v Hall[1823]3 Russ 1,38 ER 475 案中的规则取代,该规则将优先权授予最先向受托人 T 的债务人发出权益通知的请求权人。该规则可能仅适用于同一动产竞合转让的优先权冲突,而不适用于信托下的权益与后来转让的权益之间的冲突。参见 Hill v Peters [1918] 2 Ch 273; BS Lyle Ltd v Rosher [1959] 1 WLR 8 (HL)22 (Lord Reid); Compaq Computers Ltd v Abercorn Group Ltd. [1991] BCC 484,500 501 (Mumme-ry J)(where the point was left open); DW McLaughlan "Priorities—Equitable Tracing Rights and Assignments of Book Debts" [1980]96 LQR 90, 95 – 100。然而,必须承认的是,这些案件都不涉及未经授权交易原始信托财产获得的替代财产的不完全所有权。他们关注的是明示信托下的完全既得权益。RM Goode, Commercial Law (2nd edn Penguin London 1995)818 – 819 将根据 Dearle v Hall 案的规则在所有竞合的衡平法债务请求权之间确定优先权。

B 可以对从交易相对人或破产受托人处获得所有权的受赠人强制执行。[23] 它也可以对恶意获得收益或者违反信托通知义务的人强制执行。[24] 它可以在生前转让，也可以通过遗嘱赠与。[25] 可追溯收益的第三方接受人可能在基于所有权请求返还原物的对人诉讼中对受益人 B 承担责任，即使他在受益人 B 选择维护其权利之前就收到了收益。[26] 如果将替代财产转让给支付对价的善意购买人，其取得合法所有权，那么受益人 B 的不完全所有权将消灭。即使是对已经收到替代财产而改变其地位的人，受益人 B 也完全可以强制执行其对替代财产的不完全所有权，至少在替代财产代表其以明示信托方式持有原始财产收益的情况下是可以的。[27] 在这些方面，它与授权交易中发生超越原则获得的替代财产的完全既得利益具有完全相同的特征。

受托人经授权对未经授权交易获得的财产进行处置也可能会超越受益人 B 对未经授权交易获得财产的不完全所有权。如果受托人 T 试图通过出售未经授权的投资并适当地将收益再投资来弥补其违反信托的行为，就会发生这种情况。出售的义务就像出售的权利一样，会导致超越。[28] 这一义务存在一个例外。如果所有的受益人都

---

〔23〕 例如，Foskett v McKeown [2001] AC 102 (HL)，受益人在留置权和受益份额之间进行选择的权利是针对他已经支付人寿保险费的违约受托人的子女行使的；cf Load v Green [1846] 15 M & W 216，153 ER 828：common law power to avoid a title for fraud enforced against the assignee in bankruptcy of the fraudulent party。

〔24〕 Cf El Ajou v DLH plc [1993] 3 All ER 717, 739a (equity to rescind, Millett J indicating the availability of a proprietary claim).

〔25〕 Cf Stump v Gaby [1852] 2 De GM & G 623, 42 ER 1015：equity to rescind for undue influence or breach of fiduciary fair dealing rule.

〔26〕 Cf El Ajou v DLH plc [1993] 3 All ER 717 (Millett J)；[1994] All ER 685 (CA) 案基于其他理由对明知违反信托而接受的衡平法诉讼中，原告有权基于欺诈而请求撤销；Lipkin Gorman v Karpnale Ltd [1991] 2 AC 548(HL)案是已经发生并收到款项的诉讼，说明了普通法的相应立场。

〔27〕 D Fox"Vindicating Property in Substituted Assets" [2001] LMCLQ 1, 8.

〔28〕 一个明显的例子是前土地受托人行使其出售义务出售土地：Megarry and Wade, Law of Real Property 6th edn by C Harpum (Sweet and Maxwell London 2000) 376－378。

具有完全行为能力且都同意接受未经授权的投资，那么受托人 T 将不再有义务出售它。[29] 除此之外，受托人 T 出售义务的必要条件是受托人 T 可以超越受益人 B 未经授权投资获得的不完全所有权。因此，如果 P 在这种情况下从受托人 T 处购买未经授权的投资，他将获得明确的合法的所有权，而受益人 B 的不完全所有权将超越销售收益。买受人 P 是否知道信托对该投资具有请求权并没有什么影响。与其他情况一样，超越的真正目的是使买受人 P 获得该财产的明确所有权，而不管他是否注意到该财产受到信托权益的约束。如果未经授权的投资实际上是为了恢复信托财产而出售，那么受益人 B 的所有权主张只能针对交易所得和交易获得的任何其他财产。[30]

从这个角度来看，超越原则解释了 Re Jenkins and HE Randall and Co's Contract[31] 案的结果，其是接受受托人未经授权投资的主要判决。受托人滥用信托资金购买租赁财产。后来，原受托人的遗嘱执行人试图将其出售。购买人质疑遗嘱执行人是否可以在未经所有受益人同意的情况下获得财产有效的所有权，因为其中一些受益人是未成年人，因此无法作出同意出售的意思表示。斯温芬 · 艾迪(Swinfen Eady)认为，在这种情况下，遗嘱执行人可以转让有效的所有权，购买人不应该坚持要求获得所有受益人的同意。在我看来，斯温芬 · 艾迪的观点是正确的。购买人的观点误解了超越原则的影响。受益人不能完全同意的事实实际上对购买者有利。这意

〔29〕 Re Patten [1883] 52 LJ (Ch) 787; Power v Banks [1901] 2 Ch 487, esp 496 (Cozens-Hardy J); Re Jenkins and HE Randall and Co's Contract [1903] 2 Ch 362.

〔30〕 当未经授权的投资被出售时，这种超越产生的权利在某种程度上解决了当受托人 T 用未经授权交易获得的替代财产来交易其他财产时受益人 B 财产权利的"几何增长"问题[参见 Birks "Overview" (n 16 above) 308 - 309]。即使受托人 T 以通知方式将未经授权的投资出售给买受人，受益人 B 对该投资的所有权也会消灭。然而，这一论点仅适用于为了恢复信托的受托人出售未经授权投资的情况。例如，如果洗钱者或受托人为了使受益人 B 难以追溯信托财产欺诈性地进行了一系列交易，则不可能发生超越。

〔31〕 [1903] 2 Ch 362.

味着没有任何东西可以阻碍执行人履行其出售未经授权投资的租赁财产的义务,这样做会使受益人的权益从该财产超越到出售收益。

三、受益人对原始财产受让人享有的权利

当我们将受益人 B 对买受人 P(受托人 T 向其转让原始信托财产的购买人)享有的权利进行比较,就可以发现授权处置和未经授权处置之间的主要区别。正如前文所述,[32]一方面,如果受托人 T 在其适当的权利范围内处置原始财产给 P,那么受益人 B 的原始权益将被超越,P 获得该财产明确的合法所有权。另一方面,如果与买受人 P 的交易是未经授权的,那么起点一定是受益人 B 对原始财产享有的权益在转让后仍然存续。当然,买受人 P 可以作为善意购买人获得原始财产的合法所有权,或者买受人 P 取得财产后毁坏了该财产,这些是受益人 B 对原始财产享有权益消灭的不同原因。在超越的情况下,因为受托人 T 享有处置权,故受益人 B 不能对受托人 T 出售的财产主张权利。在善意购买的情况下,受益人 B 同样不能对受托人 T 出售的财产主张权利,因为在买受人 P 善意的情况下,根据衡平法买受人 P 不受任何权利主张的影响。

一方面,未经授权出售原始财产的后果是,B 可能不得不行使选择权。[33] 如果原始财产仍然可以识别并且尚未被支付对价的善意购买人收到,那么受益人 B 可以证明其对该财产仍然享有所有权,或者他也可以选择追溯并强制执行其对替代财产的不完全所有权。如果他选择了后者,那么他本质上是在寻求一种间接救济。在其衡

〔32〕 Text to n 1 – 2 above.

〔33〕 On the relevance of election to the enforcement of alternative proprietary interests in different assets, LD Smith, The Law of Tracing (OUP Oxford 1997) 380 – 383.

平法财产权仍然存续的情况下,受益人 B 的追索权主要针对原始财产,在此意义上它是间接的。受益人 B 对原始财产和替代财产的权利是可选择的并且是相互对立的。因此,当受益人 B 选择强制执行其对替代财产的不完全所有权时(无论是通过获得受益权还是通过留置),他再也无法主张所有权救济以追回原始财产。他也无法在明知违反信托仍接收财产的诉讼中提出个人救济,因为该主张还需要受益人 B 证明买受人 P 取得了其继续享有衡平法权利的财产。

另一方面,在授权处置信托财产的情况下,B 的权益超越到交易所得,则受益人 B 没有选择权。他唯一的所有权主张是对交易所得,因为他对原始财产享有的权益自动转移至超越交易所得。受益人 B 不能选择收回原始财产,因为受益人对该财产的所有权在受托人 T 将该财产出售给买受人 P 时有效地消灭了。

四、接受未经授权的投资

本部分研究受益人 B 决定接受未经授权信托资金投资案件与受益人 B 选择强制执行其对未经授权交易获得的替代财产所有权案件之间的联系。在后一类案件中,如果受益人 B 选择获得替代财产的受益权,那么与他选择接受未经授权的交易有什么不同呢?同样的问题也可以反过来问。受益人 B 接受未经授权的交易获得的财产(如果他选择通过取得受益权来强制执行其对替代财产的不完全所有权就不会获得的财产)会得到什么(如果有的话)?

如前一部分所述,信托受益人可以接受未经授权的信托资金投资，前提是他们都是完全行为能力人并表示同意接受。〔34〕如果投资结果是获利的并显示具有良好的前景，这将对他们有利。本文提出的观点是，这一过程在本质上与受益人 B 选择通过主张未经授权投资的受益权来执行其不完全所有权所发生的情况几乎没有什么不同。尽管实现它们的机制有所不同，但结果是相似的。

这两种机制的主要区别在于如果真正接受未经授权的投资，那么超越原则就会发生效力。当受益人 B 接受替代财产，他将溯及既往地授予受托人 T 进行交易以获取替代财产的权利。因此，它将被视为授权交易，其结果是受益人 B 被溯及既往地赋予超越受益人 B 对原始财产所享有的受益权。受益人 B 对原始财产的所有权将转为替代财产的所有权。超越原则将使受益人 B 对原始财产的所有权以及对买受人 P 可能享有的任何诉讼权利完全消灭。即使买受人 P 没有主张其是原始财产的善意购买人，原则上他也不会受到受益人 B 的任何所有权主张的影响。

话虽如此，我们很容易过于强调接受对产生超越原则的重要性，超越原则会使受益人 B 对现在转让给买受人 P 的原始财产所有权消灭。诚然，如果受益人 B 不接受，而只是选择主张未经授权获得的替代财产的受益份额，则不可能产生任何溯及既往地使受益人 B 对原始财产的所有权在受托人 T 将原始财产转让给买受人 P 时就消灭的超越原则。但是，如果受益人 B 被不可撤销地禁止对转让给买受人 P 的原始财产提出任何权利请求，那么买受人 P 的所有权实际上对全世界发生效力。假设受益人 B 对现在由买受人 P 占有的原始财产仍然享

〔34〕 Cases in n 29 above. 在受托人 T 是直接通过受益人 B 的信托资金投资获得替代财产，而不是部分使用受益人 B 的资金部分使用自己的资金获得替代财产的情况下，我们倾向于说受益人 B 接受了未经授权的投资，而不是说其追溯了未经授权的投资。如果受托人 T 一直打算以信托方式持有替代财产，而不是为了自己的不当利益持有替代财产，那么接受似乎也是受益人 B 决定主张替代财产权利更为自然的描述。在对混合替代财产或受托人 T 为自身利益不当获取的财产主张权利的情况下，受益人 B 追溯和主张该财产所有权将比为信托而接受该财产更为自然。

有一些财产权益是不真实的，因为他永远无法获得强制执行的救济。从买受人 P 的角度来看，超越原则的影响和受益人 B 选择主张替代财产权利的影响是一样的。[35]

接受未经授权的交易与选择对替代财产主张权益之间更具有相似性。无论受益人 B 选择何种方式，他仍然可以向受托人 T 主张因其违反信托进行未经授权的交易给受益人造成其他损失的衡平法赔偿。因此，如果受益人 B 对未经授权交易获得的替代财产主张留置权或受益份额仍不足以弥补其全部损失，受益人 B 可就差额以受托人违反信托为由提起个人诉讼。提起维护所有权的诉讼并不妨碍受益人就受托人违反信托造成的损失提起个人诉讼。同时提起这两项诉讼将会使受益人 B 获得的赔偿超过其损失，这两项诉讼是矛盾的。事实上，受益人主张替代财产所有权的诉讼在一定程度上是其对受托人违反信托提出的赔偿诉讼。[36]

相应地，原则上受益人 B 应该能够就受托人违反信托造成的任何其他损失提起诉讼，即使他接受了未经授权交易获得的财产也是如此。受益人 B 可以在不放弃起诉受托人 T 违反信托的情况下接受交易所得，前提是接受的财产价值不超过受托人违反信托给受益人 B 造成的损失。受托人违反信托处置原始财产主要有两个方面的影响：第一是财产交易过程中交易对受益人 B 和买受人 P 财产权利的影响。第二是受托人 T 违反了对受益人 B 承担的信托责任。受益人 B 可以

---

〔35〕 参见 Marsh v Keating [1834] Bing NC 198, 131 ER 1094，普通法中类似情况的判决。原告的代理人非法出售了她的股票。她选择提起诉讼主张股票交易所得。帕克（Park）代表上议院发表了意见。他认为，原告不能追认代理人非法处置股票的行为（不可能追认一项相当于重罪的行为），但在选择主张交易所得的时候，其无法对原始股票主张任何所有权。买受人对股票的所有权对全世界发生效力。原所有者的所有权虽然在理论上更优先，但由于她选择提起诉讼主张交易所得使其所有权不能再强制执行。由于原所有权人被禁止对该股票提出竞合主张，买受人的“股票权利在某种程度上随之得到强化”：Marsh v Keating, 217 (Park J)。

〔36〕 如果受托人 T 破产，受益人 B 对受托人 T 提起对人诉讼和对其财产提起所有权诉讼实际上可能都毫无意义。但这一现实问题并不意味着这两种诉讼原则上不能同时进行。

接受该交易,以授予受托人 T 与买受人 P 交易的必要权利。这将必然导致发生超越原则,买受人 P 获得原始财产的明确所有权,受益人 B 获得替代财产的同等权益。然而,即使受益人 B 接受了与买受人 P 的交易,受益人 B 也不必然放弃起诉受托人 T 违反信托造成其损失的权利。接受部分交易并不是授权受托人为任何行为,也不包括接受受托人 T 对受益人 B 应负的责任。

类比合同案件,即代理人超越委托人授予的权限与第三人签订未经授权的买卖合同。在此情况下,委托人可以批准与第三方的合同(这样做可能符合委托人的商业利益),但并不放弃起诉代理人违反代理协议造成其损失的权利。[37] 事实上,认可一项欺骗性的交易与放弃起诉那些错误达成交易的人的权利之间的区别已经在法律上得到承认。因此,例如,一家公司通常可以批准其董事违反职责达成的交易,同时保留对违规董事起诉的权利。[38]

Re Lake[39]是直接的授权,是赖特(Wright)所作的一项判决,这种方法适用于受益人 B 接受未经授权的投资。信托律师违反信托将 5500 英镑的信托财产投资于共同抵押。抵押人后来以欺诈为由撤销了抵押。受托人同意接受抵押人的主张以获取 500 英镑的报酬。在后来的诉讼中,赖特认为,受托人签订和解协议相当于接受未经授权

〔37〕 FMB Reynolds (ed) Bowstead and Reynolds on Agency, (16th edn Sweet and Maxwell London 1996) 98; Mineworkers Union v Brodrick 1948 (4) SALR 959; and Suncorp Insurance and Finance v Milano Assicuranzioni SPA [1993] 2 Lloyd's Rep 225, 235 (Waller J).

〔38〕 Companies Act 1985 ss 322, 322A.

〔39〕 [1903] 1 KB 439. 相反,在 Thornton v Stokill [1855] 1 Jur NS 751 案中,伍德(Wood)的判决很少报道。受益人被要求在主张获得错误投资了 400 英镑信托资金的房屋和要求赔偿因错误投资造成的损失之间进行明确的选择。他们无法既要求获得房屋又要求赔偿房屋价值与 400 英镑之间的差额。海顿提出了一个折中的观点以避免 Thornton v Stokill 案的结果。受益人 B 应该明确表示,他只是在因受托人违反信托而提出的赔偿诉讼中接受了替代财产,并不打算接受受托人 T 违反信托。在我看来,类推适用合同案例会更直接。只要受益人 B 获得的赔偿不超过其全部损失,就不应反对其为了主张替代财产的有限目的接受该交易并起诉受托人 T 要求其赔偿因其违反信托而造成的任何其他损失。

的抵押投资。然而,他认为这并不妨碍信托证明破产受托人的剩余财产,以追回未经授权抵押投资损失的5500英镑与接受抵押获得的500英镑之间的差额。

五、结论

超越原则和受益人B有权追溯和强制执行未经授权出售信托财产所得收益的所有权,这两种机制都允许受益人B主张其对原始信托财产的替代财产的所有权权益。两种机制都允许信托资产继续作为一个流动的、变动的实体,即使受托人T通过处置其中的一项资产并获得另一项资产改变了信托资产的构成。这两种规则都是通过法律的实施而生效的,这避免了每次获得新资产时都需要对信托财产重新订立新的明示信托协议。这两种规则都授予受益人B专有性质的所有权,因此即使受托人T为受益人B管理基金中的财产可能不断变动,但它们仍维护受益人B作为受托人T的担保债权人的地位。

但是,受益人B通过超越原则获得的权利与受益人B因受托人T未经授权交易原始信托财产获得的相应权利之间存在不同。受益人B获得未经授权交易产品所有权的附属权利是,其有权选择对替代财产主张留置权或受益权,然而,在授权交易的情况下,受益人B立刻对替代财产享有相当于其对原始财产所享有的权益。这两种权利在同一财产的其他竞合请求的优先程度上可能有所不同。

然而,更重要的是,追溯授权处置和未经授权处置受益人B对买受人P的权利存在差异。在授权处置的情况下,超越原则的结果意味着受益人B对原始财产的权利必然消灭。然而,在受托人未经授权将信托资产处置给买受人P的情况下,受益人B有时可以选择强制执行已经由买受人占有的信托财产的原始所有权。

第五章 转让

莱昂内尔·史密斯
(LIONEL SMITH)

一、介绍

常见的违反信托行为包括违反信托条款的规定而进行信托财产转移。本章的目的是了解受让人持有这样转让财产的法律状态。让我们来看一个违反信托的典型案例,受托人以明示信托的方式持有信托财产,并将财产转移至知晓该信托存在的人。大多数书中主张,受让人以推定信托的方式持有财产。[1] 这表明由此创建了一种新的信托,其有别于信托财产转让前的明示信托。但我们如果了解信托受益人对信托财产的财产性权利,就更容易认定这些固有权利继续存在,正如我丢失了我的手表,被告

[1] JE Martin Hanbury & Martin Modern Equity (15th edn Sweet & Maxwell London 1997) 298 – 303; AJ Oakley Parker and Mellows: The Modern Law of Trusts (7th edn Sweet & Maxwell London 1998) 336 – 339; JG Riddall The Law of Trusts (5th edn Butterworths London 1996) 434.

捡到了它的情形一样。从这一观点来看，受益人对转让后的信托财产的财产性权利等同于转让前的权利（该权利源自明示信托的创建）。莫兹利（Maudsley）指出：

> 在某些（推定信托中，受益人的利益）可以达到完全受益所有权；如果是这样的话，那么就存在一个完整和完全的信托，如同信托财产以通知的方式转让给了买方。这样受让人须承担与原受托人相同的义务；这样的信托是信托法需要关注的问题。[2]

但我们必须谨慎地作出原明示信托仍持续存在，受让人取代原受托人地位的论断。根据信托文件条款，明示受托人可能享有自由裁量权，如任命权。我们不认为该权利会随着信托财产的流转而转移给受让人。我们也不确定由受让人承担如投资和保险等责任是否妥当，特别是当我们考虑到，完全无辜的受让人不应得到任何信托利益，如果他没有支付受让金的话。

是什么引发了这个术语问题？只要我们都承认原告的利益在新的法律环境下继续存在，我们怎么界定受让方重要吗？至少在两个层面上，这看起来确实重要。一是实践层面。诸如时效期间和程序问题，可能取决于受让人是推定受托人还是明示受托人。[3] 二是更深层次原因方法，这些事项值得关注是因为，它阐明了当代世界司法分析模式的持续相关性，曾经这一特征为衡平法所特有。[4] 如果有人偷了我的手表，我们的思维框架简单地认为，我的权利，无论内容如何，均不受影响。没有人对任何物享有推定的权利。然而，传统的衡

---

〔2〕 RH Maudsley "Proprietary Remedies for the Recovery of Money" [1959]75 LQR 234, 236－237. 他继续推测，一些信托是否仅仅是补救性的，因此也许"对信托法来说并不重要"。

〔3〕 See the discussion in Paragon Finance plc v D B Thakerar & Co (a firm) [1999] 1 All ER 400 (CA), and the Chapter by William Swadling in this volume.

〔4〕 换句话说，"衡平法纯粹主义者"和"衡平法实用主义者"之间的持续对话：参见 L Smith, "Review" [1996]75 Can Bar Rev 388; cf J Hackney "Review" [2001]117 LQR 150。

平法并没有以同样的方式阐述信托财产转移的情形。本章将尝试揭示传统术语的逻辑,并质疑当前使用的术语是否足以阐述和区分所有相关概念。

二、所有权和第三方

本节将讨论第三方受固有权利影响的模式。本节提出存在截然不同的两种模式,下一节将提出,传统衡平术语的使用致使两种模式之间的界限趋于模糊。

(一)财产移转给第三方财产权存续

这是影响第三方最直接的模式。可以这样阐述:在第三方介入之前,原告对某些标的物享有某些权利;即使标的物已转移给第三方,原告的固有权利仍然存续,并且将一直存续,且对第三方是可强制执行的。如果固有权是财产性权利,那么根据定义——至少根据本文采用的定义——它能够以这种方式影响不特定范围的被告。

这一分析的部分目的不仅在于承认"财产权利"一词还有其他理解,而且旨在为这里所使用的倾向性表述进行解释。[5] 首先,该权利对不特定数量的被告一定是可强制执行的,但不一定对所有人都可强制执行。我们不会仅因为某些权利受制于以保护交易安全信赖利益为目的的善意购买方的抗辩,就拒绝将"财产性"的标签适用于某些特定权利。[6] 同样地,我们可以注意到,如果一项权利是财产性权利,它在破产程序中可靠地享有优先权,反之亦然,但无论从哪个角度看,

---

〔5〕 此处表达的偏好遵循 WW Cook (ed) WN Hohfeld Fundamental Legal Conceptions (Greenwood Press Westport Conn 1978),虽然笔者用的是"proprietary",但霍菲尔德(Hohfeld)用的是"multital"。

〔6〕 如果我们能够列出一份权利所针对的人的封闭名单,这实际上是一项共同义务:Hohfeld (n 5 above) 72。

这都不是一个不可反驳的推论。[7] 其次,一项权利的具体可执行性不能作为其财产权性质的指标。[8] 在普通法中,约定数额的受领权是一项可强制执行的权利,但如果只有一个债务人负有责任,就很难辩护其是财产权。同样地,以提供服务的合同权利为例,如除雪。这种合同权利,只能对订约人强制执行,仅因为可强制执行就称为财产权是不恰当的。[9] 以救济后果的差异为特征的不恰当性显得更为突出,当我们记起普通法并没有赋予动产具体的追偿权时,以补救性后果为特征的不足就变得更加明显了。[10] 因此,很难由此推断普通法不承认动产的财产性权利。

如果原告的财产权利在其标的物转让给被告后仍然存在,则有几种解释论可以使该权利发生效力。法律可能会将被告归为侵权人,可

---

〔7〕 在破产中提升某些个人权利是一种普遍现象。在英国,它们被提升到浮动抵押权人的财产权之上:Insolvency Act 1986 ss 40(2),175(2)(b); Companies Act 1985 s 196。同样有可能的是,一项权利可以对不特定的人强制执行,但仍然不能对破产管理人强制执行。参见 Civil Code of Quebec, art 1496; BGB §816(1) sentence 2。在大多数英美法系中,有可能存在一种非优先担保权,这种担保权在破产中不发生效力,但至少对某些受让人发生效力。例如, 在英国,根据1985年《公司法》的规定,对可登记但未登记公司的指控对债务人公司的清算人不发生效力[s 395(1)],但可对被控财产的受让人发生效力[Stro-ud Architectural Services Ltd v John Laing Construction Ltd [1994] 2 BCLC 276, [1994] BCC 18 (QBD)]。

〔8〕 因此,这与在美国产生巨大影响的观点不一致。笔者认为,任何可强制执行的利益都受到"财产规则"的保护,仅通过赔偿制裁获得的利益则受到"责任规则"的保护。这种分析有缺陷,因为它忽略了通过对被告收益的追缴所获得利益的保护。更严重的是,它倾向于这样一个本书不赞成的结论,即如果一项利益恰好是可强制执行的,则被恰当地称为"财产权"。

〔9〕 The fallacy of equating the availability of specific enforceability with proprietary character is noted by W Swadling "Property" ch 4 in P Birks (ed) English Private Law (Oxford University Press Oxford 2000) 212 with reference to the dissenting judgment of Russell LJ in National Provincial Bank v Hastings Car Mart Ltd [1964] Ch 665, 695 -696, [1964] 2 WLR 751, which dissent was endorsed when an appeal was allowed sub nom National Provincial Bank v Ainsworth [1965] AC 1175, [1965] 3 WLR 1 (HL).

〔10〕 衡平法院总是有作出这种命令的自由裁量权,the Common Law Procedure Act 1854 s 78 将同样的自由裁量权延伸到普通法法院; 参见 now Torts (Interference with Goods) Act 1977 s 3; 但事实是,没有原告有权获得这样的命令,参见 AS Burrows Remedies for Torts and Breach of Contract (2nd edn Butterworths London 1993) 452 -456。

能坚持认为被告在某种程度上注意到了原告的财产权。侵权行为将引发一种义务,如果是获利的侵权行为,甚至可能产生一种信托。此外,仅因被告占有含有原告权利的标的物这一事实,被告就有义务将标的物交付原告,而无须将被告定性为侵权人。[11]

(二)未经转让的非法干涉

第三方可能受到固有权利影响的另一种模式是,在没有向第三方转让原告财产权标的物的情况下,对原告权利的非法干涉。这与前一模式在概念上可能有一些重叠的部分:在前一模式中,我们发现财产的受让人可能被认定为侵权人。在这一模式中,我们只是指出,即使承载原告权利的标的物没有转让给第三方,同样的定性也可能适用。由于前一模式假设转让了原告享有所有权的标的物,而这一模式假设没有转让,这样重叠的部分就被排除了。无财产转让行为,涉及对所有权非法干涉的一个典型的例子是对有形财产的非法损害。比如有人用钥匙划了我的车,法律认为他是侵犯我财产权的侵权人,因此就产生了一项义务。

但是,笔者认为,同样的解释模型也可适用于不那么显而易见的情形,同样可以作为第三方受到财产权影响的例子,并且它告诉了我们一些关于违反信托进行财产转移的情形。笔者的出发点将是引起

---

〔11〕 一种观点认为,占有别人的东西会产生返还义务:P Birks"Misnomer" in W Cornish et al (eds) Restitution:Past, Present and Future (Hart Oxford 1998) 1,22 – 24。另一种观点认为,根据霍菲尔德的观点,该义务只是对固有财产权的一个特殊的声明,因为它适用于特定的被告,参见 Hohfeld (n 5 above) 91 – 101;RB Grantham and CEF Rickett Enrichment and Restitution in New Zealand (Hart Oxford 2000) 34。根据这种观点,义务是由产生财产权的东西产生的。一项义务也可以说是因不当得利产生,这是有争议的。在本章中,笔者省略了不当得利的责任情况。笔者所关注的是第三方从原告以外的人处得到财产的情况,笔者自己的观点是,在这种情况下,一般不会有这种责任,因为原告与被告之间没有转让关系。参见 Portman BS v Hamlyn T aylor Neck [1998] 4 All ER 202 (CA);for a full argument, L Smith "Unjust Enrichment, Property and the Structure of Trusts" [2000] 116 LQR 412;rebuttal by Peter Birks in this volume Ch 7。

违约的侵权行为。[12] 原告与某人订立合同;第三人因引发违约行为而对原告承担法律责任。[13] 当我们把合同看作对人权而非对物权的范例时,这种侵权责任似乎要求我们重新考虑。我们可以发现,承认这种错误并非逻辑要求。如果我们很清楚对人权和对物权的区别,我们很可能会说,对于侵犯对人权,只有承担特定义务的人才负有责任。然而一旦我们有了这样的错误认识,第三方就会受到他人个人权利和义务的影响。任何拥有合同权利的人都拥有一种财产权。布莱克斯通(Blackstone)就是这样理解一个主人反对任何人引诱他的仆人,或使他的仆人不适合提供服务的观点的:

关于主仆关系以及由此产生的权利,有两种类型的伤害事例。一是聘用主人雇用的服务期未满的仆人;二是以殴打或囚禁仆人的方式,使其不能完成他对主人的工作……伤害的另一种,即殴打、囚禁或使一个人的仆人失去工作能力,所依据的规则同上一种类型相同(与已经与原告签订合同的仆人签订合同);侵犯主人根据合同获得仆人在劳动中产生的财产。[14]

并非仅布莱克斯通作这样的分析。当他写评论时,指出这种侵权

---

〔12〕 See Lumley v Gye [1853]2 E & B 216, 118 ER 749 (KB), Simpsonized by SM Waddams, lightly in"Breach of Contract and the Concept of Wrongdoing" [2000]12 SCLR (2d)1, 24 -26, and thoroughly in "Johanna Wagner and the Rival Opera Houses" [2001]117 LQR 431.

〔13〕 最近,一些案例表明,第三方可以对非法干涉承担责任,即使它实际上并没有导致违约: Torquay Hotel Co v Cousins [1969] 2 Ch 106, [1969] 2 WLR 289, [1969] 1 All ER 522 (CA);这是值得怀疑的,因为这很容易造成纯粹经济损害的法律追索权:T Weir Economic T orts (Clarendon Press Oxford 1997)37 -43。

〔14〕 W Blackstone Commentaries on the Laws of England (E Christian (ed) 15th edn Cadell & Davies London 1809) vol Ⅲ 142 (empha-sis in original).

责任仅限于干涉主仆关系和一些家庭关系。[15] Lumley v Gye 案[16]通过将其普遍应用于合同,有争议地开拓了新的领域。这一发展在1881 年已经得到确认,[17] 看似持怀疑态度的威廉·安森(William Anson)爵士说:

这一决定解决了 1881 年以前一直悬而未决的问题,尽管发生了 Lumley v Gye 案。合同当事人享有对物权,也享有对人权。义务对当事人具有约束力;全世界都有责任尊重契约关系。[18]

根据上述定义,这些说法是正确的。在我的合同权利中,我拥有一项所有权(或对物权),我有权反对不特定人妨碍我的合同权利。[19] 正如威廉·安森爵士强调,这并不会使我的合同履行权成为一项所有权;除了我的合同相对人,没有人有义务履行合同。所有权不受干涉的内容(以及与之相对应的义务)与合同履行权的内容不同。

---

〔15〕 比如对妻子或被监护人的诱惑:n 14 above 140 – 141; JH Baker An Introduction to English Legal History (3rd edn Butterworths London 1990)518 – 520。主人对引诱他仆人的人提起诉讼是古老的;一般认为其源自 the Ordinance of Labourers of 1349: Baker 517。

〔16〕 Above n 12.

〔17〕 In Bowen v Hall [1881]6 QBD 333 (CA).

〔18〕 Sir W Anson, Principles of the English Law of Contract and of Agency in its Relation to Contract (8th edn Stevens & Sons London 1898)227. 这段话出现在一个称作"一个人不能对他不是当事人的合同承担责任"的章节中。安森(Anson)(226)这样解释他的术语:"我将义务(DUTY)视为法律强制要求所有相关主体必须尊重的权利,而将责任(Obligatiion)用于描述约束在特定社区的群体中特定的,权利可互相转让的成员的特别纽带。"瓦达姆斯(Waddams)在"Johanna Wagner and the Rival Opera Houses" (n 12 above)中引用了安森的第一版,出版于 1879 年,在 Bowen v Hall 案之前;在这方面,尽管安森很谨慎,但似乎更怀疑拉姆利(Lumley)的正确性。笔者在此澄清,在本章中,尽管笔者意识到了历史的复杂性,但将"in rem"视为"proprietary"的同义词,将"in personam"视为"personal"的同义词。

〔19〕 在这一分析上,责任的精确界限无关紧要,尽管它们对于法律的整体而言非常重要:参见 generally Weir (n 13 above)。特别地,责任范围在很大程度上受到要求被告承担责任以及要求其在行事时处于何种精神状态的影响。另外,任何要求登记财产权的制度都可以明示或默示地排除赔偿责任;缺少这种登记不仅可能否定财产权本身的可执行性,而且可能否定干涉与标的物有关的合同而产生的责任。文中的要点是,只有在干涉合同履行不产生责任的情况下,我们才能说合同只产生对人权。

即使有这种区别，有些人也可能会质疑每个人在他们的合同权利中都享有所有权是否有意义。[20] 我们可以立刻发现，完善“所有权”的定义有可能排除这种情况。我们可以说，一项权利不能被恰当地称为所有权，除非该权利除了针对不特定人发生效力，还具有在没有侵权行为的情况下能够发生法律效力的进一步特征。例如，所有权可以允许原告证明其对所拥有的东西享有所有权，而无须对被告提出任何侵权指控。我们可以说，依赖于侵权行为的权利不能恰当地称为所有权。[21] 我们可能会说他们只不过是违反了依法行事的义务。我对我身体的完整性享有利益，这受到侵权法的保护，例如殴打侵权，但很难说我对我的身体完整性享有所有权。在这里，我们已经注意到一些权利被大多数人持有，即使是可以对抗大多数人的所有权。哈特称这些权利为“一般权利”；伯克斯则称为“上层建筑权利”。[22] 我们可能会说，他们只是以一种微不足道的方式拥有所有权。但引起违约的情况不是这样的。如果我有一份合同，我对合同所享有的权利是其他人所不享有的：一项独特的对世权。我基于此合同所享有的财产性权利——任何人不得介入该合同，所具有的普遍属性，与我对手表的所

---

〔20〕 有些人可能还怀疑财产权是否可以包括对人权，作为其标的物。这一观点有时是由那些质疑信托受益人持有信托财产的财产权是否合理的人提出的，因为信托财产可能是受托人持有的对人权（如银行账户）。参见 GGretton“Trusts Without Equity”［2000］49 ICLQ 599, 607 n 43：“几乎不能主张受益人的权利是对物权，而受托人的权利是对人权。” cf P Lepaulle Traité théorique et pratique des trusts en droit interne, en droit fiscale et en droit internationale（Rousseau et Cie Paris 1931）25：“受益人的权利怎么可能真的是对物的权利，而信托财产权是对人权？对人权中的对物权，怎样的一种舌战？”但在实践层面上，任何允许应收账款上实际担保权益的制度都已经采纳了这一点；在理论层面，物权标的物不过是一种组织主题；它可以是完全抽象的，如专利案所示。See L Smith The Law of T racing（Clarendon Press Oxford 1997）50－51, 61－63.

〔21〕 G Gretton“Trusts Without Equity”［2000］49 ICLQ 599, 602：“这并不意味着，一种权利是对物权，该权利的持有人就可以主张法律保护其不受第三方干涉。”参见 Gretton, 605 n 38。然而，文中的观点是，即使普通人可能不称这种权利为物权，但在这里提出的意义上，它仍然是财产属性的；此外，这里提出的意义不是微不足道的。

〔22〕 HLA Hart“Are There Any Natural Rights?”［1955］64 Phil Rev 175; P Birks（ed）English Private Law（Oxford University Press Oxford 2000）xxxviii n 3.

有权的普遍性基本相当,虽然我们都有对自己享有权利的物体排除他人干扰的权利。[23] 一旦我们认识到我有一项权利可以对抗所有人,而这一权利不是普遍性权利,我们很难不称其为财产性权利,即便这一权利在不当侵权行为发生时才浮出水面。假设某个法律制度允许人们保有动产,但并不承认任何基于“这是我的东西”的诉求而提起的诉讼。它只支持这种形式的诉求:“你干扰了我对某物的占有,因此你从事了不当行为。”在这一法律制度下,我们可以说,人们对动产享有财产性权利。而这一观点并非学术观点,因为普通法系国家,如英国、威尔士、北爱尔兰,都是持这一法律态度的国家。[24]

所以,除非我们主张英国的动产没有构建财产权制度,否则我们不能仅因为一项权利受到侵权法的保护就否认其是财产性权利。我们可以注意到另一类区别,比如,手表的所有权和基于合同的财产性权利(该权利因违约而触发)。拥有前者,可以在破产时享有优先权;但后者显然不能。在一个运用侵权法来保护所有权的法律体系中,如何确保手表的所有权在破产时的优先权?答案是,如果不返还手表,破产管理人可能对侵权行为承担责任。[25] 这对合同权利是行不通的,即使不履行合同的决定是由破产管理人作出的,也不能让破产管理人对违约承担个人责任。站在破产管理人的角度,他有权终止合同而不构成侵权(正如合同有偿付能力的一方在决定违约,或实际发生

---

〔23〕 关于这一点的讨论,参见 L Smith (n 20 above)52 - 54。

〔24〕 这些评论特别适用于那些废除请求返还动产之诉的管辖区域[Torts (Interference With Goods) Act 1978, s 2(1)];尽管请求返还动产之诉在某种意义上是一种侵权,某种意义上也是一种所有权的直接声明。参见 General and Finance Facilities Ltd v Cook's Cars (Romford) Ltd [1963] 1 WLR 644, 650, [1963] 2 All ER 314 (CA):“……非法占有之诉的诉讼性质属于物权之诉,原告寻求将其动产恢复原状。”(Diplock LJ)普通法上动产所有权的保护是否仅由侵权法保护的问题因法律权利声明的效力以及已收价款在请求返还动产之诉中的地位而变得更加复杂:参见 Agip (Africa) Ltd v Jackson [1990] 1 Ch 265, 287 - 288, [1989] 3 WLR 1367, [1992] 4 All ER 385 (ChD); aff'd without discussion of this point, [1991] Ch 547, [1991] 3 WLR 116, [1992] 4 All ER 451 (CA)。

〔25〕 Lipe Ltd v Leyland DAF Ltd (in administrative receivership) [1994] 1 BCLC 84, [1993] BCC 385 (CA).

违约行为时,都不构成侵权)。同样地,出于善意违反雇佣合同的雇员也不构成侵权。[26] 但这些仅是侵权行为的大概。我们已经看到,如果一项权利对不特定的人发生效力,那么将其确定为财产性权利是恰当的;它不必对每个人发生效力,尤其不必在破产中享有优先权。[27]

(三)结论

这个相当抽象的引论的结论是这样的。如果一个人拥有一项对不特定人发生效力的权利,则称该权利为“财产权”或“对物权”是恰当的。没有人能够精确设定术语,有些人可能会说,这种定义太过宽泛,特别地,它使我们可以说,我享有的合同权利中有一项是财产权。一些人可能会反对这种术语上的选择,理由是除了侵权法,这种权利没有任何法律保护,但后来发现一些人坚持英国法律不承认动产所有权的立场。另一些人反对选择使用该术语的理由是,这一术语允许存在破产中不被赋予优先权的财产性权利,但这样一来,一些人就会坚持可登记但未登记的抵押不属于财产权的立场,尽管它可以针对抵押财产的受让人发生效力。[28] 但为术语选择偏好进行辩护并非笔者论述的核心,只要它被人们理解,相关分析就可以展开。

特别地,以下几点对笔者的论述至关重要。在前面的章节中,笔者提出两种理解第三方受到原告权利影响的模式:“财产转让给第三方后权利持续存在”和“无财产转让行为的非法干涉”。笔者认为,这两种情况下对第三方的影响都是原告拥有财产权的证据。[29] 但这两种模式仍存在三个重要区别,所有这些前文均已提及。(1)第二个概

---

〔26〕 Said v Butt [1920] 3 KB 497; applied to corporate managers in the context of a controversial extension of their personal liabilities in ADGA Systems International Ltd v V alcom Ltd [1999]43 OR (3d)101, 168 DLR (4th)351 (CA); leave to appeal denied 6 April 2000 (SCC).

〔27〕 Text at nn 6 - 7.

〔28〕 Above n 7.

〔29〕 这也不足为奇,因为笔者实际上将“财产权”定义为“对第三方发生效力”。

念框架当且仅当我们能将被告定性为从事侵权行为的人时，才发生作用。如果被告没有取得任何可以算作原告财产权标的物的东西，除找到其对原告财产权非法干涉的行为外，没有办法基于该财产权追究被告的责任。[30] 相比之下，第一个概念框架涉及向被告转让原告享有财产权的标的物。这种情况下，我们无须发现被告从事的不当行为，也可以认为其应当承担责任。[31] (2)第二个框架不涉及财产转让的非法干涉行为，即便被干涉的权利纯属私人权利，也发生效力。这是引发违约行为的情形：合同履行权只对特定人发生效力；不受他人干涉的权利是财产权。相反，第一个概念框架则假设被告取得了原告拥有财产权的东西。(3)第一个概念框架认为被告占有原告拥有财产权的某物，可以在破产中享有优先权，因为原告的财产权对破产管理人具有强制执行力。第二个概念框架则不一定如此，因为它的作用能否发生取决于侵权行为是否发生，并且破产管理人不会因不履行破产人的义务而引发个人侵权责任。

三、衡平法的选择

(一)用益权和信托

在信托中，用益权的发展是一个让人耳熟能详的故事。笔者不打算复述这段历史，只是用笔者在这一章中使用的术语对其加以解说。我们从一个合法的土地转让(用益让与)开始，由受让人(土地用益权人)持有，转让人(保有地受益人)使用。[32] 用益权是关于土地的一种权利。虽然普通法未确认用益权，但该权利可以阻止受托人将用益权

〔30〕 这忽略了不当得利的责任问题，我认为不当得利不是建立在原告的财产权上，而是建立在由原告承担费用，被告获得抽象利益上的：n 11 above。

〔31〕 Text at n 11.

〔32〕 早期的用益权几乎都是(以现代用语)信托人是终身受益人的形式。这就忽略了某些问题，如为了修道会利益的用益权，但就这篇文章的目的而言，没有什么能改变这一点。

用于其他方面。只要唯一的被告是承诺人、土地用益权人，就不存在该权利是对人权还是对物权的问题。[33] 然而，如果土地用益权人将财产转让给他人，或者土地用益权人死亡，在这种情况下，就会产生遗产依法由他的法定继承人继承的问题。[34] 正如梅特兰所述，对继承人的强制执行是直接的，因为这个人只是一个代表人。[35] 对受让人执行用益权需要更多的创造性。梅特兰说，如果财产是无偿转让的，对受赠人的强制执行表明受益人的权利“开始看起来具有‘真实’性”。[36] 在有偿转让的情况下需要最大的创造性；在这种情况下，如果受让人知道或应该知道转让行为的存在，他可以被认定为侵权人，在此基础上的强制执行是正当的。

笔者想提出一种不同的理解。对以通知方式转让的受让人的用益权的强制执行从概念上说是最简单的情况。它符合“无转让行为的非法干涉”模式：同样的模式现在解释了引起违约的侵权。它并不建立在认同土地用益权人对土地享有财产权的基础上。它只需要一个规则，即一个人不能故意干涉他人权利的实现，即使该权利是对人权。对继承人强制执行的立法是真正具有革命意义的，因为继承人不是侵权人。他只是接受法律赋予他的权利，而不论已故土地用益权人使用用

〔33〕 从14世纪中叶开始，用益权在大法官经常适用之前就很普遍。在1425年至1450年之前，他们的早期执行是一个谜，但似乎很可能在教会法院被适用：R Helmholz“The Early Enforcement of Uses” [1979]79 Columbia L Rev 1503。

〔34〕 因为在1540年《遗嘱法》颁布之前，不可能控制法定财产的转移。在实践中，这个问题通常是通过多个用益受封人共同持有财产来避免的。

〔35〕 FW Maitland Equity (revised by J Brunyate) (Cambridge University Press Cambridge 1909 repr 1929) 84 - 85, 117; see also JL Barton “The Medieval Use” [1965] 81 LQR 562, 570.

〔36〕 Maitland (n 35 above) 118. 受赠人是一个“购买者”：一个超出法律规定范围的人[C Harpum Megarry and Wade: The Law of Real Property (6th edn Sweet and Maxwell London 2000) 46 - 47, 139]；但他不是一个有偿的购买者。

益权的意愿如何。这一立法例引起了极大的不安,这是有道理的。[37]

与以通知方式转让的受让人的情况不同的是,在这种情况下,责任限定于土地用益权人对土地享有财产权。[38] 只有通过"财产权在财产转让给第三方后存续"的模式,它才能被证明是正当的。一旦采取措施使用益受封人的继承人不能为了自己的利益而占有土地,用益受封人的债权人也不能占有该土地。[39] 而当法律增加了破产制度时,由于破产受托人最初角色是破产人财产的受让人(非有偿),破产优先权便不可避免。[40]

笔者并不是建议,这一概念意义的措施(将土地上的财产权赋予土地用益权人)是在这些条件下采取的(尽管在犹豫不决时采取这一措施是重要的)。[41] 笔者只是说,这标志着从笔者的第二个模式到笔

---

〔37〕 R Helmholz "The Early Enforcement of Uses" [1979] 79 Columbia LRev 1503, 1509. 该案提出,没有证据说明宗教法院是否在这种情况下强势执行用益权。A WB Simpson A History of the Land Law (2nd edn Clarendon Press Oxford 1986) 180, 表明对继承人执行用益权比对以通知方式转让的受让人执行用益权更具有不确定性。

〔38〕 未经通知的受赠人的情况也是如此,因为这样的人也没有非法干涉行为。因缺乏通知受到合法怀疑,大概这更为罕见。但是,一旦继承人不管有无通知均受约束,受赠人也必然处于同样地位。

〔39〕 采取这一措施有一些困难: Maitland (n 35 above) 117。

〔40〕 事实上,与普通法法院不承认信托的错误观点相反。这些法院注意到破产中存在信托,并认为破产人以信托方式持有的财产不转移给受让人:L Smith "Tracing in Taylor v Plumer: Equity in the Court of King's Bench" [1995] LMCLQ 240。该结论性观点现已经为成文法所确认[eg, Insolvency Act 1986s 283(3)(a)]。根据1484年的一项法令,普通法法院很早就被要求注意用益权的情况,该法令允许用益权人转让非他所有的合法财产:Baker (n 15 above) 287。相关成文法与判例互相影响的例子甚至发生在此之前。

〔41〕 没有完全采取这一措施同样重要,那些在某种意义上没有通过用益受封人提出主张的人不受其约束。通过土地复归的方式获得土地的领主直到1834年才受约束,之后受法令约束: Lord Nottingham Prolegomena of Chancery and Equity in DEC Y ale (ed) Lord Nottingham's Two Treatises (Cambridge University Press Cambridge 1965) ch XIV §1; Maitland (n 35 above) 120。擅自占用他人房产者依据传统法律不受约束,虽然 Re Nisbet and Potts' Contract [1906] 1 Ch 386 (CA) 案得出了不同的结论。梅特兰并不受此观点的影响 Maitland (121, 169 - 170)。辛普森对这些例外情形评价说,用益永远不会对土地产生约束力[Simpson (n 37 above) 181]。而且,尽管根据法令,保有地受益人可以转让合法财产,但普通法法院对用益权对普通法权利的影响采狭义观点: Dod v Chyttynden [1502] 116 SS 395, 407 (cestui que use had no right of distraint for damage feasant)。

者的第一个模式的转变。如果我们看到在每个案件中都有土地转让给被告,问题只是是否允许受让人享有土地利益,那么从一种模式到另一种模式的转变似乎不那么完美。在每个案件中,答案都是否定的,被告不被允许享有土地利益;不允许其推翻早期对土地的安排。但是,一旦我们不考虑案件当事人是否是侵权人,支持受让人一方承担责任的唯一方法就是通过财产权。[42]

如果土地用益权人的权利确实是对人权,那么它就没有标的物了,因此,某人仅接受了某一标的物,并不能使此人基于该权利承担法律责任。这就引出了另一个争议点。从第二种模式转向第一种模式,只有某些类型的权利才有可能。如果有人欠我 50 美元,50 美元就是这个权利的标的物,但他没有钱,他在这个世界上没有钱。因此,即使我们想要将我的对人权转变为财产权,以约束第三方,似乎也是不可能的。在没有发生不当行为的情况下,如引起违约,原告和被告之间没有关联。如果某人负有转让某匹马给我的义务,我们可以说这是有别于债务的义务,是与物有关的对人权:与某一特定事物相关的对人权。[43] 但如果我们真地认为它是对人权,我们就不能通过这个标签说我对这匹马有任何权利。[44] 我们只是将对人权进一步细分为(1)其行使不涉及任何特定物的权利,(2)其行使涉及特定物的权利。相反地,如果继承这匹马的人在没有任何过错的情况下对我负有义务,[45]必须是我对这匹马享有某种权利:我的权利并不纯粹是对人权。没有其他方法来解释这项义务。所以在涉及某些对人权的履行时,可以选择将这种权利在对人权和财产权之间相互转换。

与物有关的对人权与对人权的区别不易贴上标签,因此在叙事中起着至关重要的作用。从理解第二种模式(无转让行为的非法干涉)

---

〔42〕 虽然侵权人可能需对不当得利承担责任,但笔者的观点是,它不适用于这些情况。

〔43〕 R Goode Commercial Law (2nd edn Penguin Harmondsworth 1995)29 – 30.

〔44〕 Goode (n 43 above)29 – 30.

〔45〕 在缺乏任何支持基于不当得利承担责任的转让关系存在的情况下。

的用益权(以及因此产生的信托)的可强制执行性,到理解第一种模式(财产权在财产转让给第三方后存续)的用益权的可强制执行性的转变可能只是因为所讨论的权利属于与物有关的对人权。一方面,将与物有关的对人权转化为对物权是可能的(是否可取是另一个问题,这种情况早已解决),这正是对继承人用益权强制执行所发生的情况。这种情况下土地成为原告到受让人的桥梁。另一方面,把一项与物没有关联的对人权转变为财产权似乎是不可能的,即使我们希望这样做。[46] 这一点在今天仍然具有意义。Space Investments Ltd v CIBC Trust Co (Bahamas) Ltd 案[47]因坦普尔曼(Templeman)勋爵的建议而得名,其建议如果银行受托人挪用信托财产,信托受益人将对银行的所有资产享有追索权。[48] 似乎不太为人所知的是某些非同寻常的事实构造支持了判决理由。根据信托条款,受托人可以将信托财产借给自己。这样做的后果是,受托人对受益人负有债务。受托人不再以信托的方式持有财产,就如同受托人以无可供追索收益的方式使用信托财产而违反信托一样。受托人破产时,受益人设法证明受托人对其所负债务具有优先权。法官的裁决是受益人不享有优先权。因为清算人接收并控制的资产,并未包括与受益人称受托人对他们负有债务的资产存在关联的资产。

因此,信托的构想实际上是与物有关的对人权不仅对债务人,而且对其他人都可以强制执行。假定达到其他人都是侵权人的程度,即便这不是衡平法特有的技术问题,而是普通法和大陆法法律体系所共有的技术问题。只要一项制度不允许对他人权利进行非法干涉,它就会在每一项对人权上附上一项财产权;但正如我们所见,对人权依然

---

〔46〕 这就是 Re Goldcorp Exchange [1995] 1 AC 74, [1994] 3 WLR 199 (PC NZ)案实际持有的观点。

〔47〕 [1986] 1 WLR 1072 (PC Bahamas).

〔48〕 Bishopsgate Investment Management Ltd v Homan [1995] Ch 211, [1994] 3 WLR 1270 (CA) and Re Goldcorp Exchange [1995] 1 AC 74, [1994] 3 WLR 199 (PC NZ)案显著虚化了这一点。

保持原样。当然,衡平法提供了实际的强制执行方案,这是普通法所没有的,而且这很可能可以对非法干涉受托人履行职责的人实施,但这本身并不能形成我们所了解的信托,因为它没有对受托人的死亡或破产提供保护。合法继承人继承物后,承担与该物对用益权人的约束相同的义务,用益权成立,与物有关的对人权转变为对物权。

不过,称这样的受让人受“同样义务”的约束,可能不太准确。这引出了关于用益权进化构想的另一个重要观点。用现代术语来说,用益权是消极的。用益受封人没有积极的管理职责,如投资和保险,更不用说他(或者更常见的是他们)〔49〕有自由裁量权了。他就像我们今天所说的纯粹的受托人:将信托用于用益权的目的。〔50〕在笔者所讲述的构想中,受让人(无论是以通知方式的有偿转让,还是以其他方式的有偿转让)如妨碍事先的用益权安排,则要承担责任。为解决这个问题,我们说受让人受用益权的约束。我们真正的意思是他一定不能妨碍用益权。只要用益权是无担保的,就称(1)受让人在行使用益权时,与原用益权人受相同的约束;(2)受让人只有不妨碍用益权行使的义务,当然该义务是可具体执行的,二者之间没有真正的区别。我们早已注意到,引起违约的侵权宣告了一种财产权的存在,但不是关于合同履行的财产权,而只是一种不受非法干涉的财产权。这种情况也是如此。把与物有关的对人权转变为对该物的财产权变得更加容易,如果它不是使受让人受到与原义务人同样约束的财产权,而是一种消极的财产权,即受让人不得妨碍原始义务的履行的话。

如果一个人从任何涉及对人权和财产权的法律制度开始,并试图

〔49〕 Above n 34.

〔50〕 构想不准确的原因是1536年用益法规定通过将合法的财产转移到保有地受益人来“实施”用益权,该法令被一种司法阴谋推翻。该构想最著名的描述是哈德威克勋爵的观点,一项庄严颁布的法令“除了在转让中多加了三个词外,没有其他效果”(Hopkins v Hopkins [1738]1 Atk 581,591, 26 ER 365, 372)。这是不准确的,因为那些被认为是不可执行的用益权,在现代术语中不光是信托,因此不是用益法所针对的不当行为[Baker (n 15 above)329 – 330]。

在该制度中创建一个我们所知道的信托,他将面临两类规则协同形成的障碍。首先,人们可能会认为,受益人或受托人中的一方必须是信托财产的所有人;你不能让受益人成为所有人,否则信托就不成立。其次,无论一个人拥有什么财产,只要该财产不受他人财产权的限制,这个人所拥有的财产就有可能被他的债权人和继承人取得,所以不能让受托人成为信托财产的所有人。就像你不打破鸡蛋就不能做煎蛋卷一样,似乎你不打破这些规则就不能建立信托。普通法打破了第一条规则,它使受托人成为所有人,同时赋予受益人财产性权益。魁北克信托也打破了第一条规则,以不同的方式:它创造了一种受托人和受益人都不是所有人的制度。[51] 苏格兰的法律采取了不同的方式,打破了第二条规则。受托人拥有财产,受益人没有真正的权益,但该财产的所有权仍无法为受托人的债权人所取得,因为受托人以独立于包含其个人其他财产的"独立财产"的方式持有该财产。[52] 这个概念结构,与因妨碍他人履行义务而承担责任的可能性相结合,可以解释受益人在受托人破产时的优先地位,以及对以通知方式转让财产的受让人的追索权。[53] 以这样的方式理解普通法的信托是可能的,的确,

---

〔51〕 CCQ art 1261; J Beaulne Droit des fiducies (Wilson & Lafleur Montreal 1998). 受托人对无主信托财产的权利通常是那些管理非其所有财产的人所拥有的权利。可以通过第三种方式打破第一条规则来建立信托;也可以通过在第三条规则中违反第一条规则来建立信托。毕竟,受益人也许可以成为所有人,只要我们可以限制所有人对其所拥有财产的权利。这是荷兰政权的概念结构,尽管只有在特定情况下才发生效力:S Kortmann and H Verhagen "National Report for the Netherlands" in DJ Hayton et al (eds) Principles of European T rust Law (Kluwer Law International The Hague 1999) 195, 199 - 200。

〔52〕 G Gretton "Trusts Without Equity" [2000] 49 ICLQ 599. 独立财产(patrimoney)是资产的集合,从广义上说,也是责任的集合。在大陆传统中,每个法人都有一份独立财产;在许多大陆法系中,如法国,每个法人都有一份独立财产,不包括苏格兰的解决方案。魁北克信托使用了同样的概念;信托财产是一种"通过分配,自主且区别于信托人、受托人或受益人所享有的财产,以及他们都不享有任何真正权利的一种独立财产"(CCQ art 1261)。

〔53〕 解释受赠人的情形不太恰当;呼吁适用欺诈性转让的原则,但这表明受益人的负担比我们对信托的通常理解所预期的负担更高。

这提供了一些优势。[54] 笔者前文描述的从"无转让行为的非法干涉"模式向"财产权在财产转让给第三方后仍存续"模式的转变,可以被理解为一项财产已转变为独立的财产权利聚合体。当然,就当前目的而言,笔者不确定这有多大意义。无论从哪种角度看,这种转变都是深刻的,但笔者坚持自己的理解,部分原因是,尽管这种转变意义深远,但它并不像笔者所描述的那样明显。

笔者认为这是关于它如何产生的部分描述,也是笔者将在下文展示的——关于它后续如何变化,或者关于这种变化如何进行的部分描述。从信托开始,这种转变已经明显发生,笔者将考虑 6 个案例,从与信托最紧密的开始——已经发生转变的案例——再到其他 4 个案例,最终以一个没有转变的案例结束。

(二)转让特定财产的合同

如果被告承诺在特定财产中转让或创建利益,我们常说这构成了信托。承诺转让的一方当事人持有权益,该权益以推定信托的方式转让给受让人。历史根源还是在于用益权法,或许可以类比特定货物的销售,所有权在合同订立时转移,从而保护买方对抗卖方的受让人和债权人。[55] 但是,当涉及土地的时候,衡平法令超越法律的理由是什么? 触发因素一直被认为是义务的具体可强制执行性。[56] 但是,从逻辑上讲,义务的具体可执行性并不构成财产权。[57] 在某些情况下,

---

〔54〕 这是格雷顿(Gretton)所作的精辟分析之要点。这种分析的一个优点是,它似乎更适合目的信托的情况。

〔55〕 JB Ames"The Origin of Uses" in Lectures on Legal History and Miscellaneous Legal Essays (Harvard University Press Cambridge Mass 1913)233, 239.

〔56〕 D WM Waters The Constructive T rust (Athlone Press London 1964)75 says this was regarded as"well established" by 1725. But see S Gardner "Equity, Estate Contracts and the Judicature Acts: W alsh v Lonsdale Revisited" [1987]7 OJLS 60.

〔57〕 Text at n 8.

比如在义务无特定标的物的情况下，它不能转化为财产权。[58] 从逻辑上讲，在任何情况下，义务都不能转化为财产权。但是，如果该义务是与物有关的对人权，则可以转化为财产权，这里正是如此，就如用益权和信托。

这种信托的意义是什么？很明显，这并不是真正意义上的信托，因为在具体可强制执行的承诺作出时，有关财产的所有受益权都转移给了未来的受让人。[59] 该原则的核心似乎给买方一种担保利益：它确保买方的交易是可执行的，即使面对死亡或破产，或转让给第三方。[60] 在用益权时代，合同意味着卖方为买方的利益而使用财产。这就足以产生其所需的安全性，而不是其他。[61] 随着信托的出现，也许由于法律术语的限制，买方的利益总是被称为推定信托。这样做的后果，有人可能称为代价，是巨大的。1964 年瓦特斯（Waters）对它进行了最完整的记录。[62] 一个问题是信托兴起的时间，在订立合同时，可能不知道卖方是否能创建可接受的物权，因此甚至不知道是否会有转让行为。[63] 这就需要“回溯”原则了。这个具有争论性的问题被重新讨论，因为澳大利亚高等法院和加拿大最高法院都已确认，即使对

---

〔58〕 合同一般由卖方具体执行，但他对购买价款没有信托义务。不过，一些法官未作正确判断，比如 Shaw v Foster [1872] LR 5 HL 321, 333，切姆斯福德（Chelmsford）案中，法官认为买方成为卖方购买价款的受托人。

〔59〕 C Harpum Megarry and W ade：The Law of Real Property（6th edn Sweet and Maxwell London 2000）678 – 679；K Gray and SF Gray Elements of Land Law（3rd edn Butterworths London 2000）561 – 563；AJ Oakley Parker and Mellows：The Modern Law of Trusts（7th edn Sweet & Maxwell London 1998）375；JE Martin Hanbury and Martin：Modern Equity（15th edn Sweet & Maxwell Lon-don 1997）314 – 315.

〔60〕 In McCreight v Foster [1870] LR 5 Ch App 604, 610（LC）aff'd sub nom Shaw v Foster [1872] LR 5 HL 321，哈瑟利（Hatherley）法官说：“他迄今为止，通过协议的达成，使其不签订其他财产合同。”

〔61〕 Mareschall's Case [1506] 116 SS 525；Ireby v Gibone [1579] Cary 82, 21 ER 44.

〔62〕 Waters（n 56 above）ch Ⅱ.

〔63〕 Waters（n 56 above）76 – 87.

于土地利益,它的具体履行也确实是一个关于司法自由裁量权的问题。[64] 如果是这样的话,那么即使在这种看似最"制度化"的推定信托中,我们也能找到一种依赖司法裁量权的信托。这一规则还引发了关于是否需要法定形式诉讼的问题[65],并且产生了其他分歧,特别是关于这一观点与让与法之间的关系。你可以转让合同的利益,但不能转让合同的负担。一些财产,特别是租赁物,承载着负担。如果 A 已签约授予 B 合法租约,而 B 又将租约转让给 C, C 是否基于 B 与 A 所签订的合同对 A 负有债务?一般的转让法会说不,但是如果让与租约的协议在所有方面都和原始租约一样,那么似乎 C 应该受到约束。[66]

因此,这种"信托"只是一种担保利益。然而,在同样的情况下,还有另一种推定信托,更名副其实。如果买方完全履行了合同中自己一方的义务,而转让仍未发生,就会产生这种情况。显然,这是一项独立的原则,不同于在具体可执行性基础上产生的"推定信托"。[67] 这就是取得财产后的费用承诺是如何在取得财产后自动执行的:付款义务人已经预先付款。如果该承诺是转让财产,那么以信托方式持有已经付款的标的物,比单独依据合同的方式更有保障,因为在信托制度的保护下,该财产的全部利益归买方所有。但即使在这种情况下,我们也可以发现,如果对卖方的受让人强制执行信托,信托的功能将非常

---

〔64〕 Chan v Cresdon Pty Ltd [1989]168 CLR 242, para 25; Semelhago v Paramadevan [1996] 2 SCR 415, 136 DLR (4th)1, paras 20 – 22.

〔65〕 Most recently Neville v Wilson [1996] 3 WLR 460 (CA).

〔66〕 这个问题已经引起了英国的法律改革:参见 Landlord and Tenant (Covenants) Act 1995; Chan v Cresdon Pty Ltd [1989]168 CLR 242, 提出在合法租约没有被授予的情况下,租约中应付租金的担保人不承担责任;注意到了与案件互动的难度,即 Dearle v Hall [1828] 3 Russ 1, 38 ER 475, litigated in McCreight v Foster [1870]LR 5 Ch App 604 (LC), aff'd sub nom Shaw v Foster [1872]LR 5 HL 321。

〔67〕 Harpum (n 59 above)679 – 680; R Goode Commercial Law (2nd edn Penguin Harmondsworth 1995)676; N Hopkins " Acquir-ing Property Rights from Uncompleted Sales of Land" [1998]61 MLR 486, 492 – 496. Waters (n 56 above)91 区分了信托的三个阶段,指出如果在全额付款之前转让,卖方保留土地上的担保利益,成为卖方的留置权,参见 Barclays Bank plc v Estates & Commercial Ltd [1997] 1 WLR 415 (CA)。

类似于对以通知方式从用益受封人获得用益权的受让人的强制执行，也就是说，这是一种不得妨碍卖方履行与财产相关义务的一种义务。[68]

本节所描述的两种推定信托，均产生于具体的强制执行和全额支付价款中，体现了人们了解的普通法中"无转让行为的非法干涉"模式到第一种模式"财产权在财产转让给第三方后存续"的转变。这种转变是可能的，因为该义务与特定财产相关。这相当于对未来受让人财产权的承认，虽然该权利在价款全部付清的情况下，其性质强于只有一个特定的可执行的合同。即便如此，在这两种情况下，信托的内容也是完全消极的；受托人的义务必须是按受益人的指示持有财产。

（三）影响特定财产的合同

承诺可以关联特定财产，即使它不是转让财产的承诺。这种情况甚至更加混乱。有一种情况与用益权和信托一样，承诺已转化为对土地的一项权利。这就是消极契约，或者说 Tulk v Moxhay 案规则。[69] 有趣的是，随着该规则的发展，它体现出两个特点。[70] 特点之一的明确根源可见于笔者所阐述的"无转让行为的非法干涉"模式。在案件本身，科顿汉姆（Cottenham）法官从本质上将诉求理解为申请一项禁令，以防止对承诺履行的非法干涉。[71] 从被告必须得到承诺的通知这一意义上说，干涉必须是非法的。但这一要求被废除了，这表明人们观念的转变——从将这种权利理解为土地上的一种权利转向"财产

---

〔68〕 考虑案件 Pullan v Koe［1913］1 Ch 9，在该案中被告被视为（根据婚姻对价原则）已经收到承诺转让信托财产给明示合同的受托人的对价。该案所持的观点是，在收到财产后，她以推定信托的形式为受托人的利益持有财产。当然，他们相应地也持有信托安排的利益。

〔69〕 ［1848］2 Ph 774，41 ER 1143（LC）.

〔70〕 S Gardner "The Proprietary Effect of Contractual Obligations under Tulk v Moxhay and De Mattos v Gibson"［1982］98 LQR 209，293－315.

〔71〕 ［1848］2 Ph 774，778，41 ER 1143.

权在财产转让给第三方后存续”模式。[72] 前文已讨论了这种转变的概念属性,在此我们可以注意到这种转变的一个重要的实际影响:举证责任的归属。即使原告对承诺人只有一项对人权,也可以基于非法干涉保护自己免受第三方的侵害,这甚至可能受到禁令的保护,但原告必须证明存在非法干涉。一旦权利成为土地上的权利,举证负担就会转移;除非能提出抗辩,从表面来看,它对土地移转的受让人有约束力。[73]

该规则的另一个特征,同样不存在于该规则衍生的根源中,而只是在演变过程中可见,是它只适用于消极契约。[74] 我们已经注意到,这是最容易转变成财产权的一种承诺。这种“非法干涉”模式赋予了一种财产权,保护每一个承诺,但从不使他人承担履行的义务。如果我们将承诺转变为与之相关事物的财产权,受承诺人会得到更好的保护;但是,当财产权仍然是一种不受履行承诺干涉的权利,而不是履行承诺本身的财产权时,这种转变是最不令人拒绝、最不令人不快的。

这里要注意的另一系列案例,源于 De Mattos v Gibson 案。[75] 问题是,与某一动产有关的承诺是否会影响承诺人的受让人,以超出普通法通过侵权法所设定范围的方式施加影响,特别是是否可以获得禁令。答案是,禁令有时候是可以获得的。

有一个案例明确地建立在 Tulk v Moxhay 案的类比基础上,表明通过推定信托的方式反映该物中存在利益。[76] 这个建议还没有被很

---

〔72〕 Gardner (n 70 above)311 - 312.

〔73〕 这种影响在 Re Nisbet and Potts' Contract [1906] 1 Ch 386 (CA)一文中被清晰地阐述。

〔74〕 Gardner (n 70 above)293 - 298. 通过原告拥有因承诺而获益的土地需要通过其他要求进一步予以限制:Gardner (n 70 above)299 - 310。

〔75〕 [1858]4 De G & J 276, 45 ER 108 (CA in Ch).

〔76〕 Lord Strathcona SS Co v Dominion Coal Co [1926] AC 108 (PC Nova Scotia)125 (Lord Shaw).

好地接受。[77] 尽管这一规则是与 Tulk v Moxhay 案一起诞生的，但它并没有与之一起发展。实际上，我们看到了模式间的一种选择，其不同于 Tulk v Moxhay 系列案件最终选择的模式。在这里，第三方责任的概念基础似乎是非法干涉，没有任何判决认为原告享有该物的财产权。[78] 这就像一个不得引发违约的禁令。[79] 这并不必然表明此类禁令的运用与该侵权行为的范围完全一致；[80] 尽管这可能意味着它应该如此。[81] 强制执行是通过强制令，但强制令的颁发并不意味着对转让物财产权的认可。[82]

坚持非法干涉模式的一个实际效果是，原告的权利虽然对某些第三方可强制执行，但不能在破产中取得优先地位。另一个与 Tulk v Moxhay 案形成鲜明对比的焦点是，由于该诉讼的提出是基于对某项义务的非法干涉，而不是取得原告拥有财产权的东西，因此应由原告

---

〔77〕 Port Line Ltd v Ben Line Steamers Ltd [1958] 2 QB 146, [1958] 2 WLR 551 (QBD); Gardner (n 70 above) 286 – 287; A Tettenborn "Covenants, Privity of Contract, and the Purchaser of Personal Property" [1982] 41 CLJ 58, 71 – 72; S Worthington, Proprietary Interests in Commercial Transactions (Clarendon Press Oxford 1996) 106 – 107; W Swadling "Property" ch 4 in P Birks (ed) English Private Law (Oxford University Press Oxford 2000) 267 – 268.

〔78〕 Cf Worthington (n 77 above) 108 – 116.

〔79〕 This was the understanding of Browne-Wilkinson J in Swiss Bank Corp v Lloyds Bank Ltd [1979] Ch 548, [1979] 3 WLR 201 (ChD), varied [1980] 3 WLR 457 (CA), affd [1982] AC 584, [1981] 2 WLR 893 (HL). 我们也能回想到，在拉姆利继任盖伊(Gye)，涉及是否存在引发违反合同的一般侵权问题(Lumley v Gye [1853] 2E&B 216, 118 ER 749 (KB))时，他得到一份针对他的先期禁令（Lumley v Wagner [1852] 1 De GM & G 604, 42 ER 687）。瓦达姆斯指出在诉讼中，拉姆利最终未能确认对盖伊的侵权行为。被告提出抗辩或否认基本事实指控的能力在当时是新颖的。

〔80〕 Gardner (n 70 above) 292 – 293; Tettenborn (n 77 above) 82 – 83; Worthington (n 77 above) 105 – 106.

〔81〕 J Beatson Anson's Law of Contract (27th edn Oxford University Press Oxford 1998) 436. 无论法律和公平之间的关系如何，当它们追求完全相同的目标时，证明它们有不同的要求至少是困难的。参见 Canson Enterprises Ltd v Broughton & Co [1991] 3 SCR 534, 85 DLR (4th) 129; L Smith "Constructive Fiduciaries?" in P Birks Privacy and Loyalty (Clarendon Press Oxford 1997) 249, 254。

〔82〕 Above n 8 and text.

证明被告知道他正在干涉他人履行义务;被告不承担法律责任,除非被告能为自己在未经通知的情况下购买合法财产的行为是善意有偿的作有效辩护。

我们注意到,尽管这两条路线发生分野,但他们似乎具有一个共同特征,这也是引起违约的侵权行为,以及对继承人、受赠人和以通知方式转让的受让人的用益权和信托的强制执行所共有的特征:从概念上讲,它不是受让人以某种方式承继转让人原本对原告承担的义务。相反,受让人被禁止妨碍该义务的履行。正如在 Tulk v Moxhay 案中,可执行的契约设定的必须是消极义务,根据 De Mattos v Gibson 案指引的法律路线而授予的任何禁令也必须如此。〔83〕 但这种相似性反过来又凸显了"无转让行为的非法干涉"模式(适用于 De Mattos v Gibson 案和引起违约的侵权行为)与"财产权在财产转让给第三方后存续"模式(用益权、信托、转让特定财产的具体可执行合同和 Tulk v Moxhay 案)之间的另一个区别:一旦与某物有关的义务被重新定义为关于该物的一项权利,原义务人能否履行义务就变得无关紧要;每个人都受其约束。与之相反,如果义务仍维持原状,它就非常重要。如果显而易见转让人不会履行其对原告的义务,那么禁止受让人妨碍转让人履行义务就没有任何意义。〔84〕 特别是,一旦义务被消灭,无论是违约还是其他原因,受让人都不对妨碍义务履行承担责任。

最后,我们可以看到,在 Tulk v Moxhay 案和 De Mattos v Gibson 案之间仍然存在一个不稳定的法律体系:Quistclose 信托。〔85〕 这里我

---

〔83〕 Port Line Ltd v Ben Line Steamers Ltd [1958] 2 QB 146, [1958] 2 WLR 551 (QBD); Swiss Bank Corp v Lloyds Bank Ltd (n 79 above) (Browne-Wilkinson J);泰滕伯恩(Tettenborn) (n 77 above) 74 – 75 注意到存在一个可能的例外;沃辛顿(Worthington) (n 77 above)呼吁一个更宽泛适用的规则。

〔84〕 加德纳(Gardner)认为这是一项原则,即如果不再有任何履约可能,就不会对受让人发出任何命令:Gardner (n 70 above) 282 – 288。

〔85〕 Barclays Bank Ltd v Quistclose Investments Ltd [1970] AC 567. 因一个案例而命名一个法律部门,这通常是分析不成熟的标志。如果是这样的话,本节所述的三个法律部门还没有完全被纳入既定的法律范畴。

们有一个关于转让特定财产给承诺人的承诺。如果该交易未能实现，则该财产将由承诺人以信托的方式为转让人利益所持有。[86] 关于如何分析财产转让后信托目的失败之前的状态，存在很大的争议。一种观点认为，这是为转让人利益成立的信托；[87] 另一种观点认为，这是一种目的信托。[88] 也有一些人总体上怀疑这一规则的合理性。[89] 在另一种观点看来，根本不存在信托，其只是转让人持有的一种无名的衡平财产权权益。[90] 如果这是正确的，其效果将类似 Tulk v Moxhay 案。事实上，与在这种情况下一样，从这个观点来看，在 Quistclose 信托中发挥作用的承诺是消极的。[91]

(四)追溯收益的所有权诉讼

如果受托人出售信托财产，他会收到其他资产作为交换物。如果他根据信托条款的规定行事，已转让的财产不再是信托财产，但受托人收到的新财产是信托财产。[92] 如果受托人出售信托财产的行为违反了信托，情况则略有不同：该交易不对受益人发生效力，并且可以(受制于抗辩事由)主张，被出售的财产无论流转到谁的手里，都是信托财产。或者一方面，他可以选择称收益由受托人以信托方式代为持

〔86〕 这种信托最好理解为归复信托：R Chambers Resulting Trusts (Clarendon Press Oxford 1997)83 - 85。

〔87〕 P Millett "The Quistclose Trust：Who Can Enforce It?" [1985]101 LQR 269.

〔88〕 Re Northern Developments (Holdings) Ltd (ChD 6 October 1978)；Twinsectra Ltd v Yardley [1999] Lloyd's Rep Bank 438 (CA)；L Ho and P StJ Smart "Re-Interpreting the Quistclose T rust：A Critique of Chambers' Analysis" [2001]21 OJLS 267, 285.

〔89〕 W Swadling "A New Role for Resulting T rusts?" [1996]16 LS 110, 120 - 124.

〔90〕 Chambers (n 86 above) ch 3；L Ho and P StJ Smart "Re-Interpreting the Quistclose Trust：A Critique of Chambers' Analysis" [2001]21 OJLS 267, 283："钱伯斯的分析要求法院承认事先存在未被发现的衡平权利或利益。"当然，如果钱伯斯的分析是正确的，当这种信托在19世纪得到承认时，这种权利或利益就被发现了。

〔91〕 Chambers (n 86 above)74 - 75；criticised in Ho and Smart (n 90 above)278 - 280. 当然，如果承诺的性质是积极的，钱伯斯可以思考一种"正常"的信托，在这种信托中，转让人/承诺人是受益人。

〔92〕 这一点在"超越原则"章节中有讨论。

有。这种保管收益的选择可以理解为,其运作程序是,要求受托人以信托财产管理承继者的身份运作信托财产。由于该交易是违反信托的,受益人不必在账户中接受它。另一方面,受益人也可以选择交易后果,即使受托人本无意作为信托代表人行事。一旦作出此选择,受托人就有义务以信托方式保管该收益。与此同时,以信托方式持有特定财产的义务开始履行,并且财产以此方式被持有。

在义务的履行阶段,甚至连普通法律师都没有注意到,但对于大陆法系来说,这的确是令人吃惊的。这是经常观察到的事实的核心,即普通法体系对因侵吞财产而产生的可追溯收益的财产权非常慷慨,但大陆法系不承认它们,除非存在特定的法律依据。二者的区别在于技术,尤其是衡平法的技术——如果一个人有义务转让(或以信托形式保管)特定的财产,则他自动以信托方式持有它。[93] 大陆法系一般将个人代位求偿权与物上代位求偿权区别开来,个人代位求偿权指的是一个人接管另一个人所拥有的权利,而物上代位求偿权指的是某物出于某种法律目的取代另一物。在基于追溯大陆法例,来解释财产权之诉时,通常会说这是物上代位求偿权的一种概括形式。从历史的角度来看,这是一种误导,因为衡平法技术的根基不是受益人对某物的权利,而是受托人对受益人所负的义务。在受托人破产的情况下,"物上"效力当然至关重要,因为该义务的履行基于法律的实施。与明示信托一样,这标志着概念的转变。如果受益人对可追溯收益的权利只等同于受托人所负义务的性质,那么第三方只对非法干涉该义务承担责任。一旦受益人的权利成为可追溯收益的财产权,第三方就可以在没有侵权行为的情况下承担责任,从而产生在破产中享有优先权的可能性。虽然这种用益权的逻辑并没有表明它应延伸到可追溯收益,但法官不能拒绝将同样的技术适用于这些收益,即赋予用益权人在原始

〔93〕 这并不是说这个推理证明财产权的慷慨性。它只是确定了产生它的衡平法的技术。关于正当理由,参见 L Smith The Law of T racing (Clarendon Press Oxford 1997) 303 – 320。

财产中的财产权。[94]

(五)贿赂

两种模式之间的转变显然发生在另一情境中。如果受托人收受贿赂,显然,他应对委托人承担责任。[95] 如果这被理解为一种义务关系,那么它仍然不限于受贿数额,而通过问责的理念,可以延伸到贿赂所获得的利益。同样,在这种情况下,不诚实地参与违反信托义务的第三方也会受到影响。[96] 但为了约束受贿人的债权人和诚实但接受赠与的人,要求相对方承担责任的权利必须被定性为以受贿为核心事由的财产权。A G Hong Kong v Reid 案采纳此观点。[97] 类比可强制执行的承诺转让特定财产的情况,该贿赂在收到时即以信托方式持有。[98] 这项判决是有争议的。我们可以怀疑,类比具体可执行合同到底有多大的作用。正如我们在讨论这些时所看到的,转让甲地的具体可强制执行合同的效果,不是简单地将甲地的全部受益权转让给订约人,而是转让一种担保权益。全部受益权可以在不转让法定财产的情况下转移,但必须在成交价格全额支付的情况下转移。因此,问题

---

〔94〕 Bale v Marchall [1457] 10 SS 143; Foskett v McKeown [2000] 2 WLR 1299 (HL).

〔95〕 Lister v Stubbs [1890]45 ChD 1 (CA).

〔96〕 Royal Brunei Airlines Sdn Bhd v Tan [1995] 2 AC 378 (PC Brunei). 附属责任并不完全一致,这一点仍然是正确的:L Smith "Constructive Fiduciaries?" in P Birks Privacy and Loyalty (Clarendon Press Oxford 1997)249, 258 - 267。在衡平和法律之间,有不同的精神标准(如不诚实和明知)和不同程度的干预(如引起和协助)。上诉法院最近拒绝承认欺诈侵权法中的有意协助欺诈性侵权行为。参见 Credit Lyonnais Bank Nederland NV v ECGD [2000] 1 AC 486, [1999] 2 WLR 540. See the Chapter by Charles Mitchell in this volume。

〔97〕 [1994] 1 AC 324, [1993] 3 WLR 1143 (PC HK), approving Sir Peter Millett "Bribes and Secret Commissions" [1993] RLR 7.

〔98〕 在坦普尔曼的演讲中,关键的措施是基于同一条格言("像对待已做的事一样对待应该做的事"),这条格言为具体可执行转让承诺的转变提供了正当理由。参见 Sir Peter Millett (n 97 above)29:"在这二者之间并不存在显著区别,即对被告手里的财产受益所有权(当被告负有将其移转给原告的合同义务)提出的诉求,与对他手里的财产受益所有权的诉求(他负有为原告获取相关财产的信义义务,无论是否得到该财产)。"参见 S Gardner "Two Maxims of Equity" [1995]54 CLJ 60, 60 - 63。

可能不是不忠诚的受托人是否有义务在收受贿赂时以一种具体可执行的方式转让贿赂,而是受害的受益人在功能上是否与已支付全部价款的买方处于相同地位?就第三方债权人而言,第二个问题的答案是否定的:支付了全部价款的买方已经得到了他的交易,至少他已经支付了价款,其所得应为债权人的利益。[99]

(六)超额赔偿

对于应由他人负主要赔偿责任的损失,如果被保险人已经从保险人那里获得赔偿,又从主要责任人那里获得赔偿,那么被保险人就获得了超额赔偿。他必须向他的保险公司,就超出他所遭受损失以外的任何赔偿担责。[100] 再一次,一个熟悉的主题之后,法院注意到存在对特定财产的义务,并将其转变为该财产的财产权。在 Lord Napier and Ettrick v Hunter 案中,[101] 判决认为,在这种情况下,保险人对从主要责任人处取得的财产享有衡平法上的留置权。主题在这里有一个变化,即产生的财产权是留置权(一种担保权益),而不是信托(一种受益权)。这实际上符合内在逻辑:这项义务不是要转让全部款项(就像贿赂的情况一样),而是只转移一定数额的款项,以确保不会发生超额赔偿。由于该义务涉及的是金钱数额,而不是某些物的全部,因此信托

---

〔99〕 在讨论里德(Reid)的正确性时,债权人的立场显得尤为突出,但并不总是以一种有用的方式。反对里德的说,结果不合理地将原告提升到普通债权人之上(这就要求回答原告是否需要提升的问题);赞成里德的(包括坦普尔曼勋爵本人,以及米利特先生)说,债权人不能期待拥有从未属于债务人的东西(这回避了它是否存在的问题)。显而易见的是,无论对受托人和原告受益人之间的对错进行多少分析,都无法得出关于财产权是否合理的答案,因为根据定义,它将在这种关系之外产生影响。

〔100〕 C Mitchell The Law of Subrogation (Clarendon Press Oxford 1994) 82 - 86. 正如米切尔所指出的,这种责任实际上并不是一种代位权,尽管与代位权一样都支持完全赔偿原则。该原则认为,由于保险人和被保险人已经约定保险人将赔偿被保险人,因此,保险人对被保险人超额赔偿的任何情况都不是协议所允许的,构成被保险人的不当得利。

〔101〕 [1993] AC 713 (HL).

是不恰当的。[102] 当然,人们可能争辩说,就像贿赂的情况一样,没有任何保证赋予该义务财产权的效力。[103] 即使这种法律效力被赋予,也要注意它的标的物是什么。[104]

(七)资产冻结令

我们可以考虑最后一种情况,在这种情况下,与某物相关的义务显然没有转为该物的权利:资产冻结令。[105] 被告被禁止处理某些财产。该命令只对对人权发生效力,它不能被理解为赋予原告对资产的财产权。由于冻结令是临时的,原告甚至尚未在资产上形成任何权利;在一般情况下,即使原告在审判中获胜,他也不会确立该财产的任何财产权。[106] 但是,当原告获得冻结令,该冻结令是只对被告发生效力的个人义务,他会怎么做?他会立刻跑到被告账户所在银行,并告知银行该冻结令,那么银行就会受到冻结令的约束。因此,法院明确表示,在发布冻结令时应当考虑银行的利益。[107] 但一旦银行得到通知,他们就仍受到约束。问题还不止于此:原告可能会得到一个全球性的冻结令。由此类推,他会跑到被告账户所在的乌兰巴托的银行,并告知银行该冻结令。在这样的情况下,大法官的"长臂管辖权"也无法触及。有意违反伦敦银行发布的冻结令将构成藐视法庭;出于许多

---

〔102〕 L Smith The Law of Tracing (Clarendon Press Oxford 1997)364 – 365. 其他案例关注程度较低,使用信托的表述。例如,National Fire Insurance Co v McLaren [1886]12 OR 682 (Ch); followed in Mutual Insurance Co v Tucker [1993]119 NSR (2d)417, 314 APR 417 (CA)。

〔103〕 Mitchell (n 100 above)83 – 84.

〔104〕 简化 Colonial Furniture Co (Ottawa) Ltd v Saul Tanner Realty Ltd [2001]196 DLR (4th)1 (Ont CA)案的案件事实,焦点是对被保险人负有偿付责任的第三方是否可以抵销被保险人对其所负债务。法院认为不能,由于保险人对第三方对被保险人所负债务享有利益,该债务与被保险人对第三方所负债务不是"同一权利",因此不能抵销。推理是否朝着错误的方向进行,这是有争议的;信托或留置权的标的是向第三方追偿,但追偿的范围应独立于保险人对该追偿的主张而定。

〔105〕 在加拿大仍然如此,我们也继续有原告。

〔106〕 如果申请人试图获得这样一种权利,禁令更容易获得,而根本不是资产冻结令。参见 Polly Peck International Ltd v Nadir (No 2)[1992] 4 All ER 769 (CA)。

〔107〕 Z Ltd v A-Z and AA-LL [1982] QB 558, [1982] 2 WLR 288 (CA).

原因，我们可能不想对乌兰巴托的银行家说同样的话。但是应考虑必须做些什么来防止这种情况发生，冻结令的措辞必须明确排除其管辖范围之外的人。[108]

这展示了第三方责任的第二种模式，即“无财产转让行为的非法干涉”的适用范围。即使你不是诉讼的一方当事人，参与违反冻结令的行为也是违法的。我们坚信冻结令是对特定人有效的，但如果我们不注意冻结令的文字表述，理论上世界上任何人都可能因为介入违反冻结令行为而锒铛入狱。我们可以说冻结令确实是对人的指令。然而，事实上冻结令设定的义务只对被告发生效力。这就像引起违约一样：只有合同的一方当事人有履行合同的义务。但其他任何人都有可能因非法导致违约行为的发生而承担责任。这是一种财产权，伴随对人权产生，它不是一种逻辑上的必然，而是法律上对什么是错误行为的一种选择方案。

资产冻结令程序的法律基础总是提醒我们，无论冻结令的效力范围有多广，这种效力一定不能上升到被冻结财产财产权的高度。这一认识使我们无法采取很久以前用益权和信托所采取的决定性程序：使该义务对发现自己持有该义务相关资产的非侵权人具有约束力。事实上，在资产冻结令中，这一程序似乎总是面临另一个障碍：义务一般不会涉及某一特定财产，而是涉及被告的一般性财产，可能在管辖区间内，也可能只是部分满足原告已被证实的诉求。在我们已经讨论过的情况中，这两种情形都不适用。

四、结论

每个人都知道信托的故事是关于义务如何转变为财产权的故事。

---

〔108〕 Derby & Co Ltd v Weldon (Nos 3 & 4) [1990] Ch 65, [1989] 2 WLR 412, [1989] 1 All ER 1002 (CA).

本章指出,每一项义务都伴随着财产权,在某种程度上只要该义务受到非法干涉就能获得一般性保护。从这个角度来看,用益权产生的意义并不在于创造了一种财产权;只要用益权人履行用益权的义务不受第三方的非法干涉,该财产权就已经存在。关键的一步是从抽象财产权到土地财产权的转变。这种做法的实际效果是多方面的。用益权受益人不再需要证明存在非法干涉,受让人应当说明,作为未以通知方式有偿购买合法财产的买方,他取得的财产中不含有信托受益人的利益。用益权人的债务人或法定继承人不能取得土地。

在许多情况下我们能看到,不受他人非法干涉的财产权与对某人承担的义务同时存在。普通合同权利、冻结令、没有信托财产的信托义务:在每一种情况下,不特定的被告都有可能对非法参与违约行为承担责任。[109] 但是,履行权确实是属于个人的;财产权不是一种履行权,只是一种不受他人非法干涉的权利。

当个人义务与某些特定的标的物有关——当它是与某物有关的对人权时——就有可能采用很久以前用益权采取的措施。也就是说,重新定义不受与特定物相关的个人权利非法干涉的财产权为该物的财产权。我们采取的这一措施涉及(1)具体可强制执行的转让特定财产的义务;(2)转让已经支付对价的特定物的义务;(3)为了取得相邻土地的利益订立与土地上的不动产有关的禁止性义务契约;(4)以信托方式持有未经授权处分信托财产所得收益的义务;(5)退回超额赔偿的义务;(6)对收受贿赂承担责任的义务。对涉及某一特定动产的合同义务,我们未做慎重考虑,但最后除了在某个观点上保留,我们撤回原观点,即当承诺是否定性的,会产生特殊目的的信托。

---

〔109〕 我们还通过可撤销的优先权和转让规则保护个人履约权。这些最初也被理解为一种非法干涉,尽管现代法律制度或多或少地否定了债务人和受让人为使转让可撤销而做出任何一方或双方所要求的非法行为。有趣的是,在诺丁汉勋爵时代,这是推定信托的适当目的:Prolegomena of Chancery and Equity in DEC Yale (ed) Lord Nottingham's Two Treatises (Cambridge University Press Cambridge 1965) ch XIII § 1, citing Twyne's Case [1601] 3 Co Rep 80b, 76 ER 809 (Star Chamber)。

但是,如果本章的观点是正确的,则某物的所有权是基于改变非法干涉他人履行义务的错误行为的定性而产生的。[110] 也就是说,从因非法干涉行为而承担责任的情况(普通合同的法律仍然如此规定)开始,简单地说,任何人,即便不能恰当地称其为不当行为人,都不得干涉他人履行义务,如果义务的标的物恰巧进入其掌控范围的话。[111] 为了保持与非法干涉的联系,我们可能说,法定继承人或受赠人的良心受到了影响,尽管不清楚这为分析增加了什么。[112] 但被变更的不是履行权,而是履行义务的行为不受干涉。笔者认为,履行权完全属于个人。

当财产的转让违反信托条款时,我们可以说,受让人"受信托约束",或称其为推定受托人。笔者的结论是,我们的意思是或者应该只是,受托人受制于受益人权利,不得侵害受益人在信托中的权益。这就对其施加了一项义务,就如同在任何情况下一个人占有属于另一个人的东西。[113] 受托人义务的内容取决于信托的性质。[114] 如果是单纯

〔110〕 以类似的方式,即使在没有任何直接所有权证明的情况下,你也可以通过对货物的非法干涉转为侵权的严格责任来保护动产的财产权。早期普通法用侵权法之外的法律保护动产权利,随着侵权法的发展,侵权法成为唯一可用的法律:JH Baker An Introduction to English Legal History (3rd edn Butterworths London 1990) 439 - 452。如果对动产的唯一权利主张是由于非法干涉,而这些侵权主张取决于实际过失,那么动产的财产权就不会得到很好的保护。

〔111〕 当然并非对所有人都适用,因为存在未经通知的情况下有偿善意购买合法财产者权益规则。

〔112〕 P Birks "Equity, Conscience and Unjust Enrichment" [1999] 23 Melb ULR 1; DR Klinck "The Unexamined 'Conscience' of Contemporary Canadian Equity" [2001] 46 McGill LJ 571.

〔113〕 Above n 11 and text.

〔114〕 尽管,一个无担保的明示受托人将只是一个受托人;笔者同意这些人的说法,即没有理由认为受让人(推定受托人)负有信托义务:Lonhro plc v Fayed (No 2) [1992] 1 WLR 1, 12 (ChD); American Law Institute Restatement of the Law of Restitution, QuasiContracts and Constructive Trusts (St Paul Minn ALI 1937) §160 comment (a); L Smith "Constructive Fiduciaries?" in P Birks Privacy and Loyalty (Clarendon Press Oxford 1997) 249, 262 - 267; Sir Peter Millett "Restitution and Constructive Trusts" in W Cornish et al (eds) Restitution: Past, Present and Future (Hart Oxford 1998) 199, 205; J Hackney Understanding Equity and Trusts (Fontana London 1987) 167 - 168; R Chambers Resulting Trusts (Clarendon Press Oxford 1997) ch 9。

信托,则受让人须按受益人的命令持有信托财产;这仿佛回到用益权的时代,在这种情况下,用益受让人所承担的义务与原受托人承担的义务大体相同。但是,如果原来的信托不是单纯信托,根据信托条款,受益人很可能无权占有或控制信托财产。在这种情况下,受让人的义务是按照受托人的指令保管财产;此时受让人可能是新受托人,而不是违反信托转让财产的人。因此,可恰当理解为,这种情况下的推定信托是为了保护那些持有明示信托权利的明示受托人的利益。[115]

不能将受让人理解为"受信托的约束",即不能要求受让人必须像原受托人那样履行义务。[116] 投资和保险义务以及真正的信义义务,在这种情况下没有存在位置。[117] 更不用说,我们希望受让人被赋予原受托人享有的信托权,并受其约束。任何人未经其同意不得成为受托人这一原则,便符合归复信托和推定信托的所有法律。当然,如果受让人确实是侵权人,那么对他施加除上述义务外的一些义务是很恰当的。上面的讨论只注意到那些最低限度的义务,这些义务是受益人财产权不受信托义务不当履行的侵害的应有之义;即使是对无辜的受让人,这种权利也是可强制主张的。但如果受让人从事了不当行为,如故意接受信托财产,或不诚实地协助违反信托义务,他所承担的义务将更加广泛。

---

〔115〕 即使在无担保信托的情况下,我们也可以这样理解这种情况,只是原来的无担保受托人不参与分析。事实上,这可能会让我们怀疑最好的分析是否为受让人以归复信托的方式为原始受托人(或其继承人)持有财产。钱伯斯认为,类似归复用益的一个基础是无偿从用益受封人处取得财产的受让人受该用益权的约束:A WB Simpson A History of the Land Law(2nd edn Clarendon Press Oxford 1986)180 – 181。受让人为用益受封人持有归复用益权;因为这种用益权就像是一种无担保的信托,原来的用益受封人退出,而由受让人持有保有地受益人的用益权;但它并不被称为归复用益权,因为转让人不是最终受益人。

〔116〕 This is made clearest by Space Investments Ltd v CIBC T rust Co (Bahamas) Ltd [1986] 1 WLR 1072 (PC Bahamas): 部分受托人履行的义务仅限于偿还债务;它没有一个标的物。因此,清算人不能因占有某些标的物而"受信托约束";在某种意义上他不能对错误地引起违约负责,因为他没有做错任何事。因此,清算人能够"受信托约束"的唯一方式是没有履行应当履行的义务。

〔117〕 Above n 114.

在这种情况下,就像在其他情况下一样,“推定信任”一词似乎是法律分析师和法律之间的烟幕。众所周知,这一词可以有很多含义。信托的根基,就像用益权的根基一样,在于义务,但两者都在很久以前就产生了财产权。然而“信托”,尤其是“推定信托”,仍涵盖义务和财产权制度。当我们只关注义务,特别是只对第三方承担的义务时,我们可能说的是信托制度。[118] 另一个极端,一些人,也许是大多数人,认为受益人的受益财产权利益是信托的决定性特征。[119] 有一个中间立场,它保留了“信托”这个词来形容一种两者兼而有之的关系。[120] 因此,如果我们几乎不知道“信托”是什么意思,“推定信托”有不同的用法就不奇怪了。当被告“作为推定受托人承担责任”被要求承担责任时,推定信托只不过是一种义务;这是干涉受托人履行义务而引发的个人责任。[121] 同样,肖勋爵(Lord Shaw)在 Lord Strathcona SS Co v

---

〔118〕 埃姆斯(Ames)认为,大法官早期强制执行用益权是通过遵循法律的方式,当时法律允许第三方为了他的利益强制执行一项与资金的委托或转移有关的承诺: JB Ames “The Origin of Uses” in Lectures on Legal History and Miscellaneous Legal Essays (Harvard University Press Cambridge Mass 1913)233, 239。同样,在最早以“为原告的用益取得和收到的款项”形式提出损害赔偿之诉的例子中,“原告的用益”一词的意思是“为原告的利益而给予他人的承诺”:JH Baker “The History of Quasi Contract in English Law” in W Cornish et al (eds)Restitution: Past, Present and Future (Hart Oxford 1998)37,48 –49。

〔119〕 Hardoon v Belilios [1901] AC 118, 123 (PC, HK); Guerin v Canada [1984] 2 SCR 335, 13 DLR (4th)321, 361; Sir Peter Millett “Restitution and Constructive T rusts” in W Cornish et al. (eds)Restitution: Past, Present and Future (Hart Oxford 1998)199, 204.

〔120〕 The speech of Lord Browne-Wilkinson in W estdeutsche Landesbank Girozentrale v Islington LBC [1996] AC 669, [1996] 2 WLR 802. 他认为,尽管将财产受益权与所有权区别开来,但除非受托人对受益人负有充分的个人义务,否则这种关系不能被恰当地称为信托。支持这种观点的一个观点是,它符合否认抵押人和抵押权人之间的关系是信托的标准用法。参见 however DWM Waters The Constructive Trust (Athlone Press London 1964)ch Ⅲ 144, 其指出直到19世纪末,人们通常这样称呼它。沃特斯(Waters)的理由与威尔金森勋爵的立场有很多共同之处; 在 chs Ⅱ and Ⅲ中,就推定信托而言,他认为卖方和买方、抵押人和抵押权人之间的关系是令人困惑的,因为这些关系与明示信托几乎没有共同之处。

〔121〕 Paragon Finance plc v D B Thakerar & Co (a firm)[1999] 1 All ER 400 (CA); Sir Peter Millett “Restitu-tion and Constructive Trusts” in W Cornish et al. (eds)Restitution: Past, Present and Future (Hart Oxford 1998)199, 200; L Smith “Constructive Trusts and Constructive Trustees” [1999]58 CLJ 294.

Dominion Coal Co 案[122]中对该词的使用,似乎仅表示第三方有义务不干涉他人对原告履行义务。

但笔者曾提出主张,在违反信托转让财产时适用的推定信托,只不过是受益人免受他人对信托履行不当干涉权利的体现。从这个意义上说,肖勋爵的错误判断也许是可以理解的。尽管摆在他面前的案件事实并不存在推定信托,但当财产违反信托转让时,产生的推定信托是建立在肖勋爵所采用的同一概念模型上的:为防止非法干涉义务而进行的保护。[123]通过这种推定信托,衡平法设定财产权不受与物有关的对人权行使的非法干涉,并将其转变为某物的财产权。这是具有重大意义的一步。但物的财产权仍然是一种不受信托不当履行侵害的财产权。可如此理解,该权利可被认为是由创建原始信托的同一事件创建的,并在转让给受让人后完整存续。与此同时,这并不意味着受让人将承继原受托人的职责。而“推定信托”一词能否有效地概括这一切,则是另一个问题。彭纳(Penner)勇敢地试图改变过去的说法,他说,受让人是“明示信托利益的推定受托人”,[124]这是现已公开立法的最大努力,但有一天,我们可能无法继续与“推定信托”共存。

---

[122] [1926] AC 108, 125 (PC Nova Scotia).

[123] 笔者将理解建立在不同概念基础上的其他推定信托。

[124] JE Penner The Law of T rusts (2nd edn Butterworths London 2000) 120.

第六章　协助

查尔斯·米切尔
(CHARLES MITCHELL)

一、引入

(一) Royal Brunei Airlines Sdn Bhd v Tan 案

尼科尔斯勋爵(Lord Nicholls)在 Royal Brunei Airlines Sdn Bhd v Tan 案(以下简称文莱皇家案)[1]为枢密院所作的著名演讲中,主张衡平的"附属责任……附加到一个在违反信托或受托义务行为中不当获利提供协助的不诚实的人",[2]并且他重新调整了不诚实获取责任与不诚实协助责任,认为这两种形式的责任都不取决于对不法受托人或信义义务人不诚实

---

〔1〕［1995］2 AC 378.

〔2〕Royal Brunei［1995］2 AC 392. Cf Australian Securities Commission v AS Nominees Ltd［1995］62 FCR 504, 523 (Finn J),将知情协助作为"基于错误的辅助责任形式"。

行为的认定。[3] 在这种情况下,尼科尔斯法官推翻了文莱上诉法院的判决,该判决本身是根据英国上诉法院在 Barnes v Addy[4]案和 Belmont Finance Corp v Williams Furniture Ltd[5]案中的判决建立的。仅在受托人或信义义务人不诚实行事的情况下,才引发协助违反信托或其他信义义务而承担的责任。

枢密院可能没有必要背离英国上诉法院此前在这一点上的判决,因为他们的贵族似乎认为 Tan 的公司在文莱皇家案所从事的违反信托的行为在事实上是不诚实的。这从尼科尔斯勋爵的声明中可以看出:[6]

文莱上诉法院认为,(Tan 的公司)BLT 在其所拥有的航空线数量上存在欺诈或不诚实行为是不成立的。他们的高等法院法官阁下认为上诉法院的意思是被告(Tan,其思想被认为是 BLT 公司的思想)[7]意图欺瞒航空公司是不成立的。被告希望,或者是期望有能力支付航空公司,但是这笔钱在一个经营不善、管理费用高昂的日常业务过程中损失了。这些事实无关紧要。被告根本无权将这笔钱用于商

---

〔3〕 Royal Brunei [1995]2 AC 385, 认为以受托人或受信义人善意违反义务为理由免除不诚实协助的责任是"没有意义的"。自 19 世纪中期以来,英国法律就很好地确立了不诚实导致无辜违约的责任: Fyler v Fyler [1841]3 Beav 550, 49 ER 216; A-G v Corporation of Leicester [1844]7 Beav 176, 49 ER 1031; Alleyne v Darcy [1854]4 Ir Ch App 199; Eaves v Hickson [1861]30 Beav 136, 54 ER 840; Re Midgely [1893] 3 Ch 282。在前两项中,兰代尔(Langdale)勋爵"没有区分诱导和协助,也没有认为违约诱导或协助与道德质量有相关性……在这些被协助的违约是欺诈性的案例中(随后的)对(协助)责任的限制,似乎因此从塞尔伯恩(Selborne)勋爵的角度完全形成", Barnes v Addy [1874] LR 9 Ch App 244: C Harpum "The Basis of Equitable Liability" in P Birks (ed) The Frontiers of Liability vol 1 (OUP Oxford 1994)9, 11-12。协助责任和引诱责任之间的关系将在下文第 2 部分中进一步讨论。

〔4〕 [1874]9 Ch App 244, 251-2 (Lord Selborne LC, sitting in the Court of Appeal in Chancery).

〔5〕 [1979] Ch 250, 267 (Buckley LJ) and 273-274 (Goff LJ), rejecting Selangor United Rubber Estates Ltd v Cradock (No 3)[1968] 1 WLR 1555, 1591 (Ungoed-Thomas J). 参见 Belmont Finance Corp Ltd v Williams Furniture Ltd (No 2)[1980] 1 All ER 393, 405 (Buckley LJ) and 407 (Goff LJ),更进一步的讨论参见下文第三部分。

〔6〕 Royal Brunei (n 1 above)393 (Lord Nicholls).

〔7〕 更进一步讨论参见下文第三部分。

业活动。

但是,他们的法官必须决定这个法律问题,作为他们必须作出判决的一部分。Tan 曾明确承认存在违反信托的行为,他曾协助这一违反信托行为,而且他是在实际知情的情况下这样做的。因此,毫无争议的是,他实际从事了"协助行为",并具备了承担责任的必要主观要件。因此尼科尔斯法官本可以就此置之不理,但他没有。相反,他选择重新审视有关协助违反信托责任主观因素的法律,并在这个问题上重新制定法律,淡化被告知情的重要性。

此前,在巴登,Delvaux v Société Générale pour Favoriser le Dédevelopement du Commerce et de l'Industrie en France SA 案〔8〕,彼得·吉布森(Peter Gibson)法官认为,即使被告的行为不构成不诚实行为,被告也可能对协助行为承担责任,〔9〕而且他也同意,知情的五种类型中任何一种都会使被告承担协助违反信托的责任:(1)实际知情;(2)故意对显而易见的事情视而不见;(3)故意、鲁莽地未尽到一个诚实理性的人应尽到的咨询义务;(4)基于对所处环境的了解,足以指认存在一个诚实和合理的人应当知情的事实;(5)对决策环境的知情程度,足以使一个诚实和合理的人产生怀疑。〔10〕他还认为,类型(2)~(5)都可以与类型(1)区别开来,因为它们构成了各种类型的"假定"或"推定悉知"。〔11〕当时,巴登、德尔沃对知情的分类构成了一系列关于协助责任的英国案例的讨论起点。在这些情况下,有人指出,第(2)类和第(3)类应更恰当地理解为实际知情,而不是推定知情〔12〕。推定知情与推定通知不是一回事,〔13〕在商业交易中,除非事实

〔8〕 [1993] 1 WLR 509.

〔9〕 Baden, Delvaux v Société Générale (n 8 above)577.

〔10〕 Baden, Delvaux v Société Générale (n 8 above)575 – 587.

〔11〕 Baden, Delvaux v Société Générale (n 8 above)576.

〔12〕 Agip (Africa) Ltd v Jackson [1990] Ch 265, 293 (Millett J); Cowan de Groot Properties Ltd v Eagle Trust plc [1991] BCLC 1045, 1103 (Knox J).

〔13〕 关于这个区别,参见 esp Re Montagu's ST [1987] Ch 264, 277 – 9 (Megarry V – C)。

足以引起怀疑，否则商人通常不会主动调查，这说明了推定通知，因为该术语通常被理解为与土地交易有关，在商业交易中发挥的作用有限。[14] 第(1)类、第(2)类和第(3)类当然足以构成协助者的责任[15]，第(4)类和第(5)类的措辞可能指向不诚实以及疏忽大意的主观状态。[16] 这也出现了一种共识，即与彼得·吉布森在巴登的裁决相反，被告必须不诚实才能承担责任。[17]

---

〔14〕 Cowan de Groot Properties Ltd v Eagle Trust plc [1991] BCLC 1045, 1112 (Knox J); Eagle Trust plc v SBC Securities Ltd [1993] 1 WLR 484, 492 - 493 (Vinelott J); El Ajou v Dollar Land Holdings plc [1993] BCLC 735, 758 (Millett J). But cf Westpac Banking Corp v Savin [1985] 2 NZLR 41, 53 (Richardson J)："很明显，法院不会轻易在商业交易案件中引入询问义务，因为他们必须意识到广泛适用该原则的严重抑制作用。然而，必须有这样的情况，即对于已知的事实，没有任何正当的理由允许一名已收到因违反信托而支付给他款项的商人，为其商业活动的紧急需要而寻求庇护。"

〔15〕 Re Montagu's ST [1987] Ch 264, 272 (Megarry V - C); Lipkin Gorman v Karpnale Ltd [1987] 1 WLR 987, 1005 - 1006 (Alliott J), aff'd [1989] 1 WLR 1340, 1355 (May LJ).

〔16〕 在 Agip (Africa) Ltd v Jackson 案中，米利特提出一点，警告不要"过于草率地假定第(iv)类和第(v)类仅为推定通知的情况"。参见 Cowan de Groot Properties Ltd v Eagle Trust plc [1991] BCLC 1045, 1112 (Knox J)。And cf Agip (Africa) Ltd v Jackson [1991] Ch 547, 567 and 569 (Fox LJ)，德尔沃承认五种巴登知情量表中的任何一种都足以承担责任，并随后表示，"问题是(被告)是否诚实行事"。

〔17〕 Re Montagu's ST [1987] Ch 264, 285 (Megarry V-C); Agip (Africa) Ltd v Jackson[1990] 1 Ch 265, 292 - 293 (Millett J); [1991] Ch 547, 569 (Fox LJ); Eagle Trust plc v SBC Securities Ltd [1993] 1 WLR 484, 495 (Vinelott J); Lipkin Gorman v Karpnale Ltd [1989] 1 WLR 1340, 1354 - 1355 (May LJ); Cowan de Groot Properties Ltd v Eagle Trust plc [1991] BCLC 1045, 1101 (Knox J); Polly Peck International v Nadir (No 2) [1993] BCLC 187, 203 - 204 (Scott LJ); Bank Tejerat v Hong Kong and Shanghai Banking Corp (CI) Ltd [1995] 1 Lloyd's Rep 239, 248 (Tuckey J). See too Carl Zeiss Stiftung v Herbert Smith & Co (No 2) [1969] 2 Ch 276, 298 - 299 (Sachs LJ) and 301 (Edmund-Davies LJ); Competitive Insurance Co Ltd v Davies Investments Ltd [1975] 1 WLR 1240, 1250 (Goff J); Belmont Finance Corp v Williams Furniture Ltd [1979] Ch 250, 267 - 268 (Buckley LJ) and 275 (Goff LJ). And cf Consul Development Pty Ltd v DPC Estates Pty Ltd [1975] 132 CLR 373, 376 (Barwick CJ), 398 (Gibbs J), and 408 - 412 (Stephen J); Westpac Banking Corp v Savin [1985] 2 NZLR 41,70 (Sir Clifford Richmond); Marr v Arabco Traders Ltd [1987] 1 NZBLC 102,732, 102,762 (Tompkins J); Equiticorp Industries Group Ltd v Hawkins [1991] 3 NZLR 700, 728 (Wylie J); Nimmo v Westpac Banking Corp [1993] 3 NZLR 218, 228 (Blanchard J); Springfield Acres Ltd (in liq) v Abacus (Hong Kong) Ltd [1994] 3 NZLR 502, 510 (Henry J).

然而,不诚实是承担责任的先决条件这一观点并非没有受到质疑:在巴登、德尔沃之前的一系列案例中,法官认为如果被告诚实,但因疏忽未调查被指控交易的情况,他应当承担责任,而且该判决结果从来没有被推翻过。[18] 建立在巴登 - 德尔沃分类法基础上的法律体系也面临一个更普遍的问题,那就是它变得过于理论化:在尼科尔斯法官看来,法院在调查被告所具有"何种"知情的努力中被引导走向"曲折的卷积"。"事实是,'明知'不适用于作为逐渐变暗区间的评估指标,差异是程度化的而非类型化的。"[19]

因此,尼科尔斯法官决心重新开始。他认为,最好避免将知情作为承担责任的认定要素,最好忘记巴登、德尔沃的标准。[20] 他拒绝将知情作为责任的"试金石"的观点,除非明确指出"在这种情况下知情的意思"。[21] 他认为,应当测试的内容是是否存在不诚实,以一个客

---

〔18〕 Selangor United Rubber Estates Ltd v Cradock (No 3) [1968] 1 WLR 1555; Karak Rubber Co Ltd v Burden (No 2) [1972] 1 WLR 602; Rowlandson v National Westminster Bank Ltd [1978] 1 WLR 798.

〔19〕 Royal Brunei [1995] 2 AC 391. Cf Agip (Africa) Ltd v Jackson [1990] 1 Ch 265, 293 (Millett J), followed in Cowan de Groot Properties Ltd v Eagle Trust plc [1991] BCLC 1045, 1112 (Knox J); Nimmo v Westpac Banking Corp [1993] NZLR 218, 228 (Blanchard J),把巴登和德尔沃的分类描述为"无用的"和"记不住的"; Three Rivers DC v Governor and Company of the Bank of England (No 3) [2000] 2 WLR 15, 62,赫斯特(Hirst)指出,巴登和德尔沃分类是"过于复杂的",并补充说,"它的点(三)实际上以循环的方式定义了鲁莽"。See too P D Finn "The Liability of Third Parties for Knowing Receipt or Assistance" in D W M Waters (ed) Equity, Fiduciaries, and Trusts (Carswell Toronto 1993) 195, 196, 将巴登、德尔沃等级描述为"技术到人为和神秘的程度"。

〔20〕 Royal Brunei [1995] 2 AC 392.

〔21〕 Royal Brunei [1995] 2 AC 392. 尼科尔斯补充说,"如果不知情仅仅意味着不诚实,那么不诚实是更合适的标签"。In Powell v Thompson [1991] 1 NZLR 597, 610 - 612,托马斯认为包括疏忽在内的不知情行为就足够了。然而,虽然新西兰法院后来接受了不知情作为赔偿责任的标准,但他们也认为,疏忽并不足以导致赔偿责任: Equiticorp Industries Group Ltd v Hawkins [1991] 3 NZLR 700, 728 (Wylie J); Marshall Futures Ltd v Marshall [1992] 1 NZLR 316, 325 (Tipping J),蒂平(Tipping)观察到:"我宁愿衡平法的先驱们穿得比托马斯所呼吁的那些提法所暗示的更有特色。如果一种行为比被描述为欺诈和不诚实的行为更不应受到谴责,但尽管如此可以被恰当地描述为不知情就足够引发责任,那么我不知道一个人该如何识别这种行为。"

观的标准来判断：一个处于被告地位的诚实的人是否会以被告的行为方式行事？如果不会，被告则应承担责任。

（二）在英国和英联邦法院的文莱皇家案

自文莱皇家案以来，大量案件席卷英国和英联邦法院，在这些案件中，起诉者试图确定被告协助违反信托或信义义务的责任。作为枢密院的一项决定，文莱皇家案在技术上比英国上诉法院在 Barnes v Addy[22]案和 Belmont Finance Corp v Williams Furniture Ltd[23]案中的判决权威更弱，但在随后的案件中，英国法院仍与枢密院的意见保持一致。例如，在 Dubai Aluminal Co Ltd v Salaam[24]案中，就"客观"或"主观"的不诚实测试是否可以用于确定协助者的责任，与 Belmont Finance 案相比，彼得·吉布森法官更倾向于文莱皇家案的判决——虽然正如彼得·吉布森法官正确观察到的那样，上诉法院既不需要也不打算在 Belmont Finance 案中定性承担责任应具备的主观因素，因为该案的焦点问题仅在于索赔人在其诉状中是否恰当地指控对方的不诚实。[25] 在 Grupo Torras SA v Al-Sabah（No 5）[26]案中，上诉法院将文莱皇家案描述为协助违反信托或信义义务者责任的"引领性案件"。同样，在 Bank of Scotland v A Ltd[27]案中，上诉法院认为，"尼科尔斯法官的全部意见值得仔细研究"，并且它包含了关于这种责任"有罪知情测试"的"最新和最明确指导的所有判决依据"。更一般地说，英国

---

〔22〕［1874］9 Ch App 244.

〔23〕［1979］Ch 250.

〔24〕［1999］1 Lloyd's Rep 415, 452; this point was not taken on appeal:［2001］QB 113.

〔25〕参见，例如［1979］Ch 250, 267-8（Buckley LJ）：严格来说没有必要……让我们在这一上诉案中决定承担责任所应具备的知情程度。关于不诚实指控的诉辩状规则见下文第三部分，下文第三部分将讨论文莱皇家案中确定的不诚实测试的性质。

〔26〕［2001］Lloyd's Rep Bank 36, 56（per curiam）.

〔27〕［2001］1 WLR 751, 761; Three Rivers DCv Governor and Company of the Bank of England（No 3）［2000］2 WLR 15, 62（Hirst LJ）.

法院也将协助违反信托的责任称为“不诚实协助”责任。[28]

“不诚实协助”的文字表述及其所阐述的规则，也已被马来西亚[29]、新西兰[30]和新加坡[31]的法院采用。澳大利亚法院使用“知情协助”的表述最多，但至少在国家上诉法院层面上，他们也追随了文莱皇家案，认为不诚实是承担责任的必要条件。[32] 相比之下，加拿大法

〔28〕 参见，例如 Gencor ACP Ltd v Dalby [2000] 2 BCLC 734, 756 (Rimer J)：过去被称为“知情协助”的做法……现在被称为“不诚实的协助”。Walker v Stones [2001] QB 902, 947 (Sir Christopher Slade)：“这是索赔人意图指控违反信托的不诚实协助行为。”

〔29〕 Industrial Concrete Products Bhd v Concrete Engineering Products Ltd [2001] 2 MLJ 332, 363 (James Foong J).

〔30〕 Cigna Life Insurance New Zealand Ltd v Westpac Securities Ltd [1996] 1 NZLR 80, 87-88 (Greig J)，根据文莱皇家案得出结论，认为“不诚实是知情协助”责任的“一个重要组成部分”；Equiticorp Industries Group Ltd (in stat man) v R (No 47) [1998] 2 NZLR 481, 540 (Smellie J)，指的是“不诚实协助索赔(明知协助索赔的表述更恰当)”。在 Equiticorp 案中斯梅利还表示，“当然，谭已经扫清了这里的障碍。再也没有争论的余地了。客观地评估，不诚实是附加责任的必要组成部分”。

〔31〕 Banque Nationale de Paris v Hew [2001] 1 SLR 300.

〔32〕 首批相关案例：Turner v TR Nominees Pty Ltd [1995] 31 ATR 578, 592 (Santow J)；Colour Control Centre Pty Ltd v Ty (NSW Sup Ct (Eq Div) 24 July 1995), para 60 (Santow J)；Farrow Finance Co Ltd (in liq) v Farrow Properties Pty Ltd (in liq) [1997] 26 ACSR 544, 586 (Hansen J), followed in Hancock Family Memorial Foundation Ltd v Porteous [1999] 32 ACSR 124, 141 (Anderson J) (aff'd on another point [2000] WASCA 29, itself aff'd [2000] HCA 51)；Compaq Computer Australia Pty Ltd v Merry [1998] 157 ALR 1, 21 (Finkelstein J)；Currububula Holdings Pty Ltd v DRE Downtown Real Estate Pty Ltd [1998] NSWSC 518；Re Tietyens Investments Pty Ltd [1999] FCA 206, para 90 (Weinberg J)；Hungry Jack's Pty Ltd v Burger King Corp [1999] NSWSC 1029 (Rolfe J)；Rogers v Kabriel [1999] NSWSC 368, para 174 (Young J)；Temwood Holdings Pty Ltd v Oliver [2000] WASC 69, paras 41-42 (Steytler J)；Aequitas Ltd v Sparad No 100 Ltd (formerly Australian European Finance Corp Ltd) [2001] NSWSC 14 (Austin J)；National Australia Bank Ltd v Rusu [2001] NSWSC 32, para 40 (Bryson J)。In the Victoria Court of Appeal, inMacquarie Bank Ltd v Sixty-Fourth Throne Pty Ltd [1998] 3 VR 133, 156；塔吉尔(Tadgell)认为，“可能[文莱皇家案]测试应该在澳大利亚适用”。随后，在 Burger King Corp v Hungry Jack's Pty Ltd 案中，新南威尔士上诉法院对其进行了审理：谢勒(Sheller)、比兹利(Beazley)和斯坦(Stein)在初审时共同肯定了罗尔夫(Rolfe)的讨论，并指出，因为罗尔夫“有权认定 BKC 的行为不诚实或缺乏诚信……”从而创建了 BKC 在衡平法上填补因其行为引发损失的责任，该责任施加于 BKC，因其“不诚实(从事)或(辅助)违反信托或信托义务”(引用上面的文莱皇家案，n 1, 392)(尼科尔斯法官)。澳大利亚高等法院在 Pilmer v The Duke Group Ltd (in Liq)案中指出，“没有关于上诉人在衡平法上负有责任的指控……基于他们不诚实地协助董事违反其受托责任，从而引发了在诸如文莱皇家案件的判决中所讨论的原则的应用”。

院继续使用“知情协助”一词[33],同时,他们继续遵循伊卡布奇(Iacobucci)在 Air Canada v M&L Travel Ltd 案中的裁决精神,即认为知情是赔偿责任的“试金石”并且“没有必要……认定[协助者]本人的行为是恶意或不诚实的”[34]。然而,加拿大法院似乎不太可能认定被告因知情协助而承担责任,而根据尼科尔斯法官的“不诚实”标准,被告也不应承担责任,因为伊卡布奇在加拿大航空公司案中也认为“这方面承担责任的知情要求类型是实际知情……粗心大意或故意视而不见”[35],这一表述与尼科尔斯法官的名言相呼应,“鲁莽地无视他人的权利或可能的权利,能够视为不诚实的表现”[36]。

(三)本章的目的、结构、范围

本章的目的是讨论尼科尔斯法官在这一领域重新设定法律的努力如何在法庭上表现,并了解自文莱皇家案以来的案件还有哪些关于不诚实协助责任的信息。关于不诚实(或知情)协助的责任问题,已经有很多优秀的研究成果,其中最著名的是查尔斯·哈普姆(Charles

---

[33] Gold v Rosenberg [1997] 3 SCR 767, 780 (Iacobucci J); Citadel General Assurance Co v Lloyd's Bank Canada [1997] 3 SCR 805, 819 (La Forest J); Glenko Enterprises Ltd v Keller [2001] 1 WWR 229, 248 (Huband JA).

[34] [1993] 3 SCR 787, 826, recently followed in eg, Sorrel 1985 Limited Partnership v Sorrel Resources Ltd [2001] 1 WWR 93, 112 – 113 (Picard JA).

[35] Air Canada v M & L Travel Ltd [1993] 3 SCR 811, affirmed in Citadel General Assurance Co v Lloyd's Bank Canada [1997] 3 SCR 805, 820 (La Forest J). See too Glenko Enterprises Ltd v Keller [2001] 1 WWR 229, 248 (Huband JA).

[36] Royal Brunei [1995] 2 AC 390. Cf Walker v Stones [2001] QB 902, 944 (Sir Christopher Slade); HR v JAPT [1998/1999] 2 OFLR 252, 282 – 283 (Lindsay J):一个人对其所理解的自身处境而承担风险,与他采取相关决策以避免对其所知悉的,并希望忽略的他人所产生的风险,二者之间有时可能很难划清界限。尽管有时难以区分事实和对事实可信度的质疑,一个人在利益完全归属自己的问题上承担风险,与在他合理地观察到,与他人无关而只影响其自身利益,这一事实在大多数情况下与附属责任无关……就风险而言,文莱的不诚实问题,并非指向与某人处境有关的风险,而是关于承担……可能会危及其他人处境的危险。

Harpum[37])的研究。然而,本章是在相信新案例带来了一些有趣的新问题的基础上进行的,并且对一些熟悉的问题也有了新的认识。

本章的划分如下。不诚实协助责任的法律性质在第二部分中作了考虑。第三部分审查了不诚实协助索赔的构成要件,正如第四部分对不诚实协助索赔的某些抗辩一样,第五部分得出了一些简短的结论。这里没有提到成功的索赔人有权获得的救济,这是一个重要而有趣的问题,如果不进一步扩充已经很长的一章[38],就不能恰当地处理

---

[37] C Harpum "The Stranger as Constructive Trustee" [1986]102 LQR 114 and 267; P D Finn "The Liability of Third Parties for Knowing Receipt or Assistance" in D W M Waters (ed) Equity, Fiduciaries and Trusts (Carswell Toronto 1993) 195; C Harpum "The Basis of Equitable Liability" in P Birks (ed) The Frontiers of Liability vol 1 (OUP Oxford 1994) 9; S Gardner "Knowing Assistance and Knowing Receipt: Taking Stock" [1996]112 LQR 56; A J Oakley Constructive Trusts (3rd edn Sweet & Maxwell London 1997) 186 – 222; J Mowbray et al (eds), Lewin on Trusts (17th edn Sweet & Maxwell London 2000) 1240 – 1260.

[38] 在这方面,人们可能希望考虑的问题包括:(1)"法院如何……"已扩展了 Norwich Pharmacal Co v Customs & Excise Commissioners [1974] AC 133 案所恢复的衡平法上的证据开示救济,以打击诈骗犯的诡计和变色龙般的滑稽行为,包括不诚实协助者,正如在 Alberta Treasury Branches v Leahy (Alberta QB 18 August 2000) paras 68 – 106 (Mason J) 案中讨论的那样;参见 Sumitomo Corp v Credit Lyonnais Rouse Ltd [2001] 2 Lloyd's Rep 517; Irawan v WB Ltd (Victoria Sup Ct (Comm and Eq Divs) 11 Oct 2001); Sumitomo Corp v Credit Lyonnais Rouse Ltd [2001] 2 Lloyd's Rep 517; Irawan v WB Ltd (Victoria Sup Ct (Comm and Eq Divs) 11 Oct 2001)。(2)如何需要追溯规则,以证明一名不诚实的协助者处理了可追溯属于索赔人财产收益的财产,例如 Agip (Africa) Ltd v Jackson [1990] Ch 265, aff'd [1991] Ch 547; Bank Tejerat v Hong Kong and Shanghai Banking Corp (CI) Ltd [1995] 1 Lloyd's Rep 239, 247 – 248 (Tuckey J);但是在 Foskett v McKeown [2001] 1 AC 102, 113 (Lord Steyn) and 128 – 129 (Lord Millett)中,认为只有一套追踪规则,从而有效地废除了需要信托关系才能使"衡平"规则发挥作用的要求。(3)如何评估针对不诚实协助的赔偿额,参见 Colour Control Centre Pty Ltd v Ty (NSW Sup Ct (Eq Div) 24 July 1995) (hereafter Colour Control Centre) paras 64 – 71 (Santow J); Equiticorp Industries Group Ltd (in stat man) v R (No 47) [1998] 2 NZLR 481, 644 – 646 and 658 – 668 (Smellie J); News International plc v Clinger (ChD 17 November 1998) esp para 388 (Lindsay J); Northland Bank v Willson [1999] 249 AR 201, esp 238 (Wilkins J); Fyffes Group Ltd v Templeman [2000] 2 Lloyd's Rep 643, (hereafter Fyffes Group) 660 – 668 (Toulson J), noted C Mitchell "Civil Liability for Bribery" [2001] 116 LQR 207; Alers-Hankey v Solomon (British Columbia Sup Ct 8 December 2000)。(4)基于收入的赔偿如何评估,参见 Timber Engineering Co Pty Ltd v Anderson [1980] 2 NSWLR 488, 495 (Kearney J); Colour Control Centre, paras 72 – 76 (Santow J); Fyffes Group, 668 – 672 (Toulson J)。(5)基于所得的赔偿应属个人性质还是专有性质,就此请注意 Nanus Asia Co Inc v Standard Chartered Bank [1990] 1 HKLR 396。

这个问题。该章未提及不诚实协助的次级责任[39],也没有提到过法律冲突中的不诚实协助索赔[40],或不诚实的协助者与其他对同一受益人或委托人的同一损失负有连带责任的相关主体之间的赔偿诉讼。[41]

二、不诚实协助责任的司法性质

这一部分将分为两部分。首先,它考察了当法院说一个不诚实的协助者应"作为推定受托人"承担责任是什么意思,以及这个术语如何

---

〔39〕 As to which, see Mara v Browne [1896] 1 Ch 199 and Re Bell's Indenture [1980] 1 WLR 1217, both followed in Estate Realties Ltd v Wignall [1992] 2 NZLR 615, 634 - 635 (Tipping J), but not cited or considered in Agip (Africa) Ltd v Jackson [1990] Ch 265, itself aff'd [1991] Ch 547; Young v Murphy [1996] 1 VR 279, 315 (J D Phillips J); McDonic v Heatherington [1997] 142 DLR (4th) 648; Dubai Aluminium Co Ltd v Salaam [1999] 1 Lloyd's Rep 415, 466 - 471 (Rix J), overruled [2001] QB 113, noted C Mitchell [2001] 16 Tru LI 164. Leave to appeal from the CA's decision in the Dubai Aluminium case has been granted: [2001] 1 WLR 884. More recently, in Balfron Trustees Ltd v Peterson [2001] 151 NLJ 1180, transcript paras 22 - 39, Laddie J reassessed the rules governing the imposition of vicarious liability for dishonest assistance in the light of the HL's decision in Lister v Hesley Hall Ltd [2001] 2 WLR 1311.

〔40〕 On jurisdiction: Casio Computer Ltd v Sayo The Times 6 February 2001, aff'd [2001] EWCA Civ 661; Dexter Ltd (in admin rec'ship) v Harley The Times 2 April 2001, both noted TM Yeo [2001]116 LQR 560. On choice of law: Thahir v PT Pertambangan Minyak das Gas Bumi Negara (Pertamina) [1994] 3 SLR 257; Arab Monetary Fund v Hashim (No 9) (Ch D 29 July 1994); Dubai Aluminium Co Ltd v Salaam [1999] 1 Lloyd's Rep 415, 467 (Rix J), not considered on appeal: [2001] QB 113; Grupo Torras SA v Al-Sabah (No 5) [2001] Lloyd's Rep Bank 36, 62 - 66 (per curiam). For general discussion, see J Bird "Choice of Law", and R Stevens "The Choice of Law Rules of Restitutionary Obliga-tions", both in F D Rose (ed) Restitution and the Conflict of Laws (Mansfield Press Oxford 1995), respectively at 94 - 96, and 188 - 191 and 215 - 218; G Panagopoulos, Restitution in Private International Law (Hart Publishing Oxford 2000) 90 - 91.

〔41〕 Considered in C Mitchell "Apportioning Liability for Trust Losses" in P Birks and F D Rose (eds) Restitution and Equity, Vol I: Resulting Trusts and Equitable Compensation (LLP Ltd London 2000) 211.

继续给他们带来麻烦。其次,论述了不诚实协助责任、诱导违反信托责任与知情接收信托财产责任之间的关系。

(一)作为推定受托人的责任

“信托财产已经转移给他,或者目前在他的控制下,并且他只能要求通过一种过程或者其他(方式)使财产应当被授权于他,对受托人而言是至关重要的。”〔42〕不诚实协助者的责任并不取决于信托财产的收取,“即使没有信托财产到达协助者的手中”,责任也会产生。〔43〕综合起来,这些主张告诉我们,尽管不诚实协助者通常被称为“推定受托人”对索赔人负有个人责任,但这一表述并不意味着不诚实协助者对账户的个人责任来自原告将财产授予不诚实协助者而创建信托(尽管在一些罕见的情况下,推定信托会被强加于不诚实协助者不法行为所获利益之上〔44〕)。这只能意味着他的个人责任类似于受托人对受益人的个人责任。

的确,在 Westdeutsche Landesbank Girozentrale v Islington LBC 案〔45〕中,威尔金森法官提道,“对不诚实地协助违反信托的人施加的推定信托,即使受托人没有收到可识别的信托财产,也可能承担信义义务”,并认为这种“信托”是“为了建立信托必须有信托财产”这一规则的“明显例外”。但就他的法官身份而言,更好的观点是,“推定信

〔42〕 Re Barney [1892] 2 Ch 265, 273 (Kekewich J).

〔43〕 Royal Brunei [1995] 2 AC 382 (Lord Nicholls); Houghton v Fayers [2000] Lloyd's Rep Bank 145, 149 (Nourse LJ); Montreal Trust Co of Canada v Hickman [2001] NFCA 42, para 46 (Green JA); Sir P Millett (now Lord Millett) "Tracing the Proceeds of Fraud" [1991] 107 LQR 71, 83:“从犯要么根本没有收到(因违反信托而支付的财产),要么是在接收不相关的情况下收到的。”

〔44〕 参见,例如,Nanus Asia Co Inc v Standard Chartered Bank [1990] 1 HKLR 396, 417 - 419 (Cruden DHCJ),认为通过故意协助其消息来源(商业银行的雇员)违反信任而获利的内幕交易者,应将这些利润以商业银行推定信托的方式持有,此外,将这些利润存放于内幕交易者的第二家银行应将这些利润以商业银行推定信托的方式持有。

〔45〕 [1996] AC 669, 705. See too Giumelli v Giumelli [1999] 196 CLR 101, 112 (Gleeson CJ, McHugh, Gummow, and Callinan JJ).

托”一词“只是(在对不诚实协助索赔的情况下)用来描述施加在(被告)身上的衡平责任”[46],并未向他持有的财产创建信托;他“实际上根本不是受托人,即使他可能被要求承担责任,就好像他是(受托人)”[47];而且当法院说他“作为推定受托人”负有个人责任时,这“不过是一个衡平法上的救济公式”[48]。

法院喜欢使用这一公式的一个原因是,虽然同时允许受益人起诉参与违反信托的不诚实协助者等第三方,但它使法院能够保持这样一种正统观念:受益人不能起诉除受托人以外的任何人。[49] 法院喜欢使用这一公式,还因为他们是习惯生物,他们相信即使公式没有添加任何东西,让它从舌头上滚下来也没有坏处。然而,公平地说,在这里讨论的大多数案件中,[50]法院并没有被这个“模棱两可和误导性的词语”迷惑,[51]仅在其中的一些案件中,他们被术语误导了。他们以错误的观点为前提发展了法律,即不诚实协助者的责任来自某种信托义务的施加。

---

〔46〕 Twinsectra Ltd v Yardley [1999] Lloyd's Rep Bank 438, 467 (Potter LJ); Agip (Africa) Ltd v Jackson [1990] Ch 265, 292 (Millett J); Equiticorp Finance Ltd v Bank of New Zealand [1993] 32 NSWLR 50, 104 – 105 (Kirby P); Nimmo v Westpac Banking Corp [1993] 3 NZLR 218, 226 (Blanchard P). 也参见 P Birks “Trusts in the Recovery of Misapplied Assets” in E McKendrick (ed) Commercial Aspects of Trusts and Fiduciary Obligations (Clarendon Press Oxford 1992) 149, 154; Sir P Millett (now Lord Millett) “Restitution and Constructive Trusts” in W R Cornish et al (eds) Restitution: Past, Present and Future (Hart Publishing Oxford 1998) 199, 200; Lord Millett “The Law of Restitution: Taking Stock” [1999] 14 Amicus Curiae 4, 6 – 7。

〔47〕 Paragon Finance plc v DB Thackerar & Co [1999] 1 All ER 400, 409 (Millett LJ); Belmont Finance Corp Ltd v Williams Furniture Ltd [1979] Ch 250, 272 (Goff LJ):辩称(因不诚实协助而被起诉的被告)是受托人,或者他们违反了信托,既没有必要也不恰当。

〔48〕 Selangor United Rubber Estates Ltd v Cradock (No 3) [1968] 1 WLR 1555, 1582 (Ungoed-Thomas J).

〔49〕 下文第三部分将进一步讨论这一点。

〔50〕 参见 Arab Monetary Fund v Hashim (No 9) (Ch D 29 July 1994),查德威克认为,当存在法律冲突,在为不诚实协助的诉讼确定适当的法律选择规则时,法院不应被推定受托人关系的措辞误导,并强调在这种情况下是否承认信托下财产权的概念是无关紧要的。

〔51〕 See Fyffes Group Ltd v Templeman [2000] 2 Lloyd's Rep 643, 671 (Toulson J), echoed in Bank of Scotland v A Ltd [2001] 1 WLR 751, 761 (per curiam).

这类推理分别为克莱斯韦尔(Cresswell J)和大卫·斯蒂尔(David Steel J)在 Bankgesellschaft Berlin AG v Makris 案[52]和 Petrotrade Inc v Smith 案[53]的裁决提供了依据,即只有在被起诉的违反主要信托义务的行为导致财产滥用的情况下,才会承担不诚实协助的责任。[54]在 Dubai Aluminium Co Ltd v Salaam 案[55]中,特纳(Turner)(在上诉法院任职)认为,对不诚实协助负有责任的合伙人作为滥用信托财产的推定"受托人"负有责任,其结果是,共同合伙人是否对其不当行为承担次级责任的问题由 1890 年《合伙企业法》第 13 条而不是第 10 条管辖。在 Brinks Ltd v Abu-Saleh (No 3)案[56]中,里默(Rimer)认为,被告只有在知道"所涉信托(或至少知道能够被律师认定为信托的事实)和知道受托人的欺诈设计的情况下",才能对不诚实的协助负责,因为枢密院在文莱皇家案中不可能有意建议"不管从犯是否知悉信托的存在,从犯作为推定受托人对受益人负责"。

这些不同的观点本身是否可取还有待商榷。但不诚实协助责任来自对被告手中财产设定的信托这一事实的观点,一点儿也不强制。鉴于推定受托人的用语已使法院产生不同的想法,我们没有它会更好。

最近,在 Bank of Scotland v A Ltd 案[57]中,上诉法院成功地避免了这个陷阱。上诉银行从刑事情报机构收到信息,说该银行的一名客户正在接受调查,该客户存入其账户的钱可能是欺诈所得。一旦银行收到这类信息,它就会陷入困境:如果它冻结了客户的账户,它可能会

---

〔52〕 QBD (Comm Ct)22 January 1999.

〔53〕 [2000] 1 Lloyd's Rep 486, 491 –492.

〔54〕 讨论请见下文第三部分。

〔55〕 [2001] QB 113, 144 –150. 讨论参见 Mitchell, n 39 above。

〔56〕 The Times 23 October 1995. 讨论请见下文第三部分。

〔57〕 [2001] 1 WLR 751. Lord Woolf CJ spoke for the whole court; the other members of the court were Judge and Robert Walker LJJ.

面临违约诉讼,[58]而且根据1988年《刑事司法法》第93D条,它还可能承担"泄密"责任;如果它允许客户从银行账户中取钱,但事实证明这笔钱确实是欺诈所得,[59]它可能会面临不诚实协助的诉讼,而且它也可能违反1988年法令第93A条,该条禁止协助他人保留犯罪行为的利益。因此,本案中的银行在未通知客户的情况下私下向莱特曼(Lightman)申请指示,向银行发出针对客户的临时禁令,限制银行从账户中付款。[60]

不幸的是,这被证明是错误的举动。当银行没有任何解释就拒绝从账户中提取资金时,客户风闻发生了什么并且其后会采取各种策略,在此过程中,法律成本不断上升,银行越来越担心自己无法从那些被证明没有违法行为的客户那里收回诉讼成本。最终,拉迪(Laddie)拒绝了莱特曼的命令,理由是它不能再用于任何有用的目的,而且原则上它一开始就不应该被批准。令银行沮丧的是,他命令银行支付客户的费用,并认为莱特曼的命令受制于关于损害赔偿的默示交叉承诺。[61]

该银行提出上诉,但上诉被驳回。上诉法院支持拉迪的结论,即禁令一开始就不应该被批准,因为它认为银行应该在最初寻求严重欺诈办公室(Serious Fraud Office,SFO)的指示。如果SFO和银行当时未能就适当的行动方针达成一致,银行本应向法院申请指令,让SFO而非客户成为其申请的被告。

就目前的目的而言,本案的关注点源于银行的论点,即由于银行可能对其客户涉嫌欺诈的假定受害者负有"作为推定受托人"的责任,

---

〔58〕 As in eg, TTS International v Cantrade Private Bank (Royal Ct of Jersey 1995), noted D Banks [1995]4 JITCP 60.

〔59〕 As in eg, Nanus Asia Co Inc v Standard Chartered Bank [1990] 1 HKLR 396, 419 (Cruden DHCJ),认为如果一家银行在纽约证券交易委员会(New York Security Exchange Commission)告知其正因内幕交易接受调查,从他的账户中释放资金,那么,获得内幕交易者利润的银行可能会因不诚实的帮助而承担赔偿责任。

〔60〕 16 November 1999.

〔61〕 The Bank v A Ltd [2000] Lloyd's Rep Bank 271.

所以"它申请法院管辖权向受托人提供指导和方向的行为是合理的"[62]。如前所述,上议院高级法官不同意银行已经以适当的方式陈述其请求法院指示的事实。[63] 他们还认为,根据《民事诉讼规则》第40.20部分,法院授予宣告性救济的权力已经得到充分发展,因此,诉讼当事人在获得这种救济之前,没有必要表明自己具有受托人的地位。[64] 但是,上议院高级法官仍然考虑了银行客户律师提出的论点,即银行不可能属于法院指令受托人的管辖范围,因为银行"未正式构成受托人,也不存在任何可被法院指示的可识别信托财产"。[65] 上议院高级法官的答复基本上是接受这些声明的正式事实,但认为衡平法上的管辖权足够灵活,可以帮助银行:[66]

> 如果银行对其客户的诚实有如此强烈的怀疑理由,以至于倘若它自己对其怀疑视而不见,这本身就是不诚实的,那么作为违反信托的从犯,银行有承担衡平法上责任的很大风险。处于这种两难境地的银行应该能够求助于衡平法的协助。这家银行没有形式上构成受托人这一事实……不应该成为不可逾越的障碍。

(二)不诚实协助、知情接收和诱因

彼得·伯克斯在本合集[67]中的那一章是对正在进行的关于知情

[62] Bank of Scotland [2001] 1 WLR 762 (per curiam).

[63] Bank of Scotland [2001] 1 WLR 765.

[64] Bank of Scotland [2001] 1 WLR 764 and 767 – 768. At 768, 议员们补充说,"一家主动寻求法院指导的银行,随后会被认定为不诚实行为,从而承担附加责任,这似乎几乎是不可想象的"。

[65] Bank of Scotland [2001] 1 WLR 763.

[66] Bank of Scotland [2001] 1 WLR 764.

[67] 参见第七章。

接收责任性质的辩论的另一个重要贡献。[68] 他认为,法院应当认识到,接收不当使用的信托基金的主体至少可以在两种不同基础上对受益人承担个人责任:他可以基于不当得利而承担严格责任,也可以基于不法行为而承担过错责任。支持这一观点的论据是令人信服的,尽管也有人持其他观点。然而,我们不需要在此重新讨论这一辩论。就目前的目的而言,如果彼得·伯克斯是正确的,那么他的观点也能影响不诚实协助的法律规范,因为它要求我们重新评估这个问题,即知情接收责任如何与不诚实协助责任以及诱发违反信托的责任相关,协助和引诱明显是相关联的,并且的确有观点认为引诱就是一种特定类型的协助。[69]

关于这一问题的最新司法声明是上诉法院在 Torras SA v Al-Sabah(No 5)案中的附带陈述:[70]

知情接收与不诚实协助情境下的责任基础有很大不同。一种是基于接收的责任,经审查可证实,或为持续财产权的辩护,或基于缩减而产生不当得利的个人赔偿主张;另一种是过失责任,是对违反信托义务的一种附带责任。

---

〔68〕 L D Smith "W(h)ither Knowing Receipt?" [1998]114 LQR 394; Lord Nicholls "Knowing Receipt: The Need for a New Landmark" in W R Cornish et al (eds) Resti-tution: Past, Present and Future (Hart Publishing Oxford 1999)231; L D Smith "Unjust Enrichment, Property, and the Structure of Trusts" [2000]116 LQR 412; R B Grantham and C E F Rickett, Enrichment and Restitution in New Zealand (Hart Publishing Oxford 2000)281 – 290.

〔69〕 Bank of Credit and Commerce International (Overseas) Ltd v Akindele [1999] BCC 669, 676 (Carnwath J)(not considered on appeal, [2001] Ch 437):"当一个人不诚实地促成或协助他人违反信托或受信义务时,就会产生不诚实协助的责任。"(我强调的重点)Cf Watson v Dolmark Industries Ltd [1992] 3 NZLR 311, 316 (Cooke P),将公司董事指使公司违反对第三方的受托责任的情况,描述为"最明确的知情协助情况"; Aequitas Ltd v Sparad No 100 Ltd(formerly Australian European Finance Corp Ltd)[2001] NSWSC 14 (Austin J):"塞尔本勋爵提到一个'协助'进行不诚实和欺诈性设计的代理人(Barnes v Addy [1874]LR 9 Ch App 244, 251 – 2),但如果一个陌生人可以被认为促成或故意诱导了受托人的不法行为,那么针对该陌生人的案件就更有说服力了。"

〔70〕 [2001] Lloyd's Rep Bank 36, 62 (per curiam).

这种观点认为,知情接收和不诚实协助之间没有密切的联系,因为一个是基于错误的,另一个不是。但如果伯克斯是对的,那么人们马上会趋向于主张不诚实协助的责任、不诚实采购的责任以及明知是基于错误的接收的责任,这都是某个衡平法不法行为的所有方面,即干涉他人的衡平财产权。这可以被称为“衡平转换”,附文称这是一种基于过错的不法行为,因此会使衡平法上的财产所有者比普通法上的同等权利主体受到更少的法律保护——正如人们所预期的那样。

根据这种分析,一个不诚实地接收信托财产的被告可能并不总是基于不当得利承担个人责任,就好像他接收了他人的财产,在为恢复原状的诉求抗辩的过程中可以论证这一事实。[71] 但他将始终作为一个“衡平转让者”承担责任——不仅对他所得到的负责,而且要对索赔人的损失(如果损失更大的话)负责。[72] 这有可能发生,例如,如果被告获得了原告所持公司60%股份的一半,这些股份对被告(作为少数股权)的价值,低于对原告的价值(作为少数股权和多数股权之间的差异)。在最近的一个加拿大案件(Treaty Group Inc v Simpson 案[73])中,原告公司成功地以“明知收到”为由提起诉讼,并获得“严重损害赔偿”,其获得的赔偿金额超过其损失的金额,以补偿其在员工的时间和精力被从日常工作中转移到解决主要不法行为人的欺诈行为时所蒙受的利润损失。

在勾勒出有关不诚实行为的法律未来可能如何发展的图景之后,我们必须马上补充一点:这方面的法律可能还可以以其他方式发挥作

---

〔71〕 讨论请见下文第三部分。

〔72〕 Lord Nicholls “Knowing Receipt: The Need for a New Landmark” in W R Cornish et al (eds) Restitution: Past, Present and Future (Hart Publishing Oxford 1999) 231, 244:“在不诚实的接收者的情况下,责任不限于所收到财产的价值。尼科尔斯勋爵在他的文章中并没有详述这一观点,但在1998年剑桥大学的一次会议上,尼科尔斯勋爵在向与会者介绍文章所依据的论文时,曾用文中给出的例子来阐述他的观点。这一论点与之前在文莱皇家案中的陈述大相径庭,即‘不同的考虑适用于(知情接收的责任和不诚实协助的责任,因为)接收责任是基于赔偿的(而)附属责任不是基于赔偿的’。”

〔73〕 [2001] 103 ACWS (3d) 1072, paras 29 – 31.

用。特别是,我们应该注意到,在最近的一系列案件中[将在下文第三部分第2(b)节中讨论],英国法院在以下问题上存在分歧:被告不诚实协助违反信托的行为本身是否导致了资金的滥用,这是否构成不诚实协助者承担责任的先决条件?如果这个问题的答案是"是",那么这就与不诚实协助构成了更大的不法行为"衡平非法强占"的一部分观点是一致的。如果答案是"不",那么就有两种可能。不诚实的协助可能会发展成一种各种衡平法上不当行为的次级责任,包括但不限于违反信托和其他信义义务,这种情况下衡平法将不得不决定是否希望效仿普通法采取的对次要违约责任和侵权的吝啬态度。[74] 或者,不诚实的协助可能分裂成两种类型的责任:"衡平转换"的主要责任和参与衡平不法行为的次要责任。

三、诉求的构成部分

(一)当事人

1.原告

如被告不诚实地协助他人从事违反信托行为,则在不诚实协助的诉讼中,受益人或受托人是否为适格原告就会引发质疑。如果被告曾不诚实地协助公司董事或其他雇员违反其对公司所负的信义义务,那么就会产生这样的问题:有资格起诉的是否是股东,而不是公司?这两个问题将在本部分依次处理。

---

〔74〕 P Sales "The Tort of Conspiracy and Civil Secondary Liability" [1990] 49 CLJ 491; D Cooper Secondary Liability for Civil Wrongs (Unpublished PhD thesis, University of Cambridge, 1995); M Tugendhat "Assisting in a Breach of Duty by a Fiduciary, the Common Law, and Money-Laundering" in F D Rose (ed) Restitution and Banking Law (Mansfield Press Oxford 1998) 135; H Carty "Joint Tortfeasance and Assistance Liability" [1999] 19 LS 489.

显然,受托人或受益人都可以起诉不诚实地帮助违反信托的第三方。[75] 此外,受托人本身就是第三方协助其违反信托的受托人,但这并不妨碍受托人的诉讼,前提是在此类案件中,从事不法行为的受托人必须证明他对被告诉讼的原因,而不允许仅依靠他自己对事件的解释。这似乎是一条奇怪的规则,尤其是在那些继续坚持在起诉主张存在不诚实(或"知情")协助的诉讼之前,被指控违反信托的行为必须是不诚实和欺诈行为的司法辖区。但必须指出的是,因不诚实的协助而起诉第三方的权利本身就是一项信托资产,而受托人——即使是有不法行为的受托人——仍有义务为受益人的最大利益行事,将其在行动中选择的利益转化为一笔金钱奖励,用以弥补受益人的损失或剥夺被告的利润。[76] 此外,正如翁戈德·托马斯(Ungoed-Thomas)在 Selangor United Rubber Estates Ltd v Cradock(No 3)案中所说:[77]

在基于非法违反信托而提出的索赔中,[索偿人的受托人]不依赖因该违反行为而授予或创设的权利。恰恰相反,他所依赖的是被违背者所违背的权利,正如"违反信托"一词所表明的那样。违反信托行为包括使原告成为非法交易的一方。所以……根据分析,原告不排除依赖于非法交易一方当事人的信托违反,而原告本身是该非法交易的一

---

[75] Young v Murphy [1996] 1 VR 279, 281 (Brooking J); McMahon v Livingstone [2001] NSWSC 55, para 49 (Windeyer J) Cf Fried v National Australia Bank Ltd [2001] FCA 907, paras 180 ff (Gray J).

[76] Young v Murphy (n 75 above) 282 – 283 (Brooking J) and 297 (J D Phillips J), followed in Koorootang Nominees Pty Ltd v Australia and New Zealand Banking Group Ltd [1998] 3 VR 16, 75 – 76 (Hansen J). "推定受托人原则"亦适用于下列情况: Brink's Mat Ltd v Noye [1991] 1 Bank LR 68, 72 (Mustill LJ); Equiticorp Industries Group Ltd (in stat man) v R (No 47) [1998] 2 NZLR 481, 545 – 547 (Smellie J); Casio Computer Co Ltd v Sayo The Times 6 February 2001, transcript, para 25 (Anthony Mann QC), affirmed on another point [2001] EWCA Civ 661。

[77] [1968] 1 WLR 1555, 1656, followed in Equiticorp Industries Group Ltd (in stat man) v R (No 47) [1998] 2 NZLR 481, 523 (Smellie J).

方，当违背包括使原告成为该交易的一方时。

这一分析表明，在新西兰高等法院的 Marshall Futures Ltd v Marshall 案中，蒂平法官可能使问题有点过于复杂。[78] 在这里，有人认为，公司受托人不可能是针对其公司管理人员不诚实协助行动的适当索赔人，因为它将不得不依靠自己的欺诈性违反信托行为来支撑，以作出索赔。被告辩称，在这种情况下，索偿权应归属受益人。然而，在公司违反信托后，公司已进入清算程序。蒂平法官认为，揭开公司的面纱，揭露公司行为背后的清算人是恰当的。清算人的职责是维护公司的债权人的利益。因此，蒂平法官拒绝取消诉讼程序，并允许他们继续进行诉讼，但有一项条件，即被告不受申诉公司就其自身行为所作任何让步的约束。

就受益人而言，我们可能会注意到，允许受益人起诉不诚实的协助者违背了受益人只能起诉受托人这一被普遍接受的观念，用莱昂内尔·史密斯的话来说，这种观念"存在于信托的逻辑中"，因为限制受益人要求受托人负责的权利"是当事人选择使用信托机构来安排自己事务时所产生的一整套法律事件的一部分"[79]。莱昂内尔·史密斯还在一段颇有启发性的文字中指出：[80]

如果受益人发现被告继续以受信托条款约束的方式收到信托财产，那么被告是为信托财产受益人服务的受托人，所以要求适当的宣告和救济的诉讼是针对受托人的诉讼。但如果受益人试图让被告为被告的行为承担个人责任，就不那么容易了。被告现在不持有，也许从来没有持有过，原告的信托财产。在这里，[确定被告"作为推定受托人"承担责任]的逻辑就发挥了作用。(因为这)并不是说被告确实

[78] [1992] 1 NZLR 316.

[79] L D Smith "Constructive Trusts and Constructive Trustees" [1999] 58 CLJ 294, 299.

[80] "Constructive Trusts and Constructive Trustees" [1999] 58 CLJ 300.

是受托人,也不是说他曾经是,也不是说存在或曾经存在推定信托;这只是主张被告应该对原告个人负责,原告(被期望)只被允许起诉他的受托人。

关于第二个问题,我们的出发点必须是上诉法院在 Prudential Assurance Co Ltd v Newman Industries Ltd (No 2)案中的判决。[81] 最近,在 Johnson v Gore Wood& Co(一家公司)案[82]中,英国上议院对该案进行了复审,大多数上议院议员认为该案件代表了以下主张[83]:(1)当公司因可诉的违反对公司所负义务的行为而遭受损失时,该违反义务行为的诉讼权属于公司,公司可单独就该行为提起诉讼,但在例外情况下,股东可以通过派生诉讼代表公司行使公司权利,以为公司填补损失或者取得衡平赔偿。[84] (2)如果股东因他人违反股东的义务而导致其股份的价值减少,且没有违反对公司的义务,则本条规则不适用,因为在这些情况下,股东有独立的诉讼理由,而公司没

[81] [1982] Ch 204.

[82] [2001] 2 WLR 72. Johnson v Gore Wood & Co 案中规定的原则是否会使股东在被告对公司的索赔有很好的抗辩权的情况下,拒绝以反映性损失为由起诉被告,这一棘手问题的讨论参见 Barings plc (in liq) v Coopers and Lybrand (a firm) [2001] EWHC Ch 461, paras 89 ff (Evans-Lombe J), considering Arden LJ's dissenting judgment in Day v Cook [2001] Lloyd's Rep PN 551。

[83] Johnson v Gore Wood & Co (a firm) [2001] 2 WLR 94 - 95 (Lord Bingham) and 120 - 122 (Lord Millett). 高夫勋爵同意米利特勋爵的意见。库克勋爵和赫顿勋爵分别在104 号案和 114 号案中确认了保德信保险案,但对于保德信保险案的裁决是否与 NZCA 在 Christensen v Scott [1996] 1 NZLR 273 号案中的裁决相一致的问题,他们不同意其他人的意见。这种意见上的分歧导致他们在文本的命题(5)上与别人产生了分歧。

[84] Johnson v Gore Wood & Co (a firm) [2001] 2 WLR 94 (Lord Bingham), following Prudential Assurance [1982] Ch 204, 222 - 223 (per curiam); Heron International Ltd v Grade [1983] BCLC 244, 261 - 262 (per curiam); George Fischer (Great Britain) Ltd v Multi Construction Ltd [1995] 1 BCLC 260, 266 (Glidewell LJ); Gerber Garment Technology Inc v Lectra Systems Ltd [1997] RPC 443; Stein v Blake [1998] 1 BCLC 573, 577 - 579 (Millett LJ).

有。[85] (3)不适用于“公司因违反义务而遭受损失,股东所遭受的损害分离和区别于公司该损害起诉于违反时独立股东承担的义务”,因为在这种情况下,“双方均可起诉要求赔偿因违反义务而给其造成的损失,但均不得要求赔偿因违反对另一方所负的义务而给对方造成的损失”[86]。(4)适用于没有违反对股东个人义务的情况,因为在这些情况下,股东本身没有理由采取行动,即使对公司违反义务的结果是通过给公司造成损失而减少其所持股份的价值。[87] (5)适用于同一被告分别对公司和股东单独承担义务,该被告违反了对股东的义务仅造成股东遭受“反射损失”,即因被告违反对公司的义务而导致反映公司资产价值减少的股权价值的降低。[88]

由此可见,当董事违反了对公司的信义义务时,公司几乎总是对该违反义务的行为或不作为提起诉讼的合适人选。该通则唯一可能的例外是,董事的行为或不作为同时构成了对公司的违约和对

[85] Johnson v Gore Wood & Co (a firm) [2001] 2 WLR 121 (Lord Millett), following Lee v Sheard [1956] 1 QB 192, 195 – 196 (Denning LJ); George Fischer (n 84 above); Gerber (n 84 above).

[86] Johnson v Gore Wood & Co (a firm) [2001] 2 WLR 94 – 95 (Lord Bingham), taking this to be the effect of Lee v Sheard [1956] 1 QB 195 – 196 (Denning LJ); Heron International Ltd v Grade [1983] BCLC 262 (per curiam); R P Howard Ltd v Woodman Matthews and Co (a firm) [1983] BCLC 117, 123 (Staughton J); Gerber Garment Technology Inc v Lectra Systems Ltd [1997] RPC 443; Stein v Blake [1998] 1 BCLC 573, 577 – 579 (Millett LJ).

[87] 就小型私人公司而言,公司资产的减少可能与股份价值的减少相当接近;对于一家上市交易的公司来说,两者之间的联系可能不会如此密切,因为股票价值很可能受到市场情绪以及该公司基础资产价值和交易前景的影响。

[88] Johnson v Gore Wood & Co (a firm) [2001] 2 WLR 95 (Lord Bingham) and 124 – 125 (Lord Millett), both overruling Barings plc (in admin) v Coopers & Lybrand (a firm) [1997] 1 BCLC 427, 435 (Leggatt LJ) and refusing to follow Christensen v Scott [1996] 1 NZLR 273, 280 (Thomas J). 一名股东可就一名被告违反其个人应负的义务而提出诉讼,而被告亦违反了对该公司应负的义务,即使该股东所遭受的损失因被告违反对该公司应负的义务而减少。在第 104 ~ 105 页,在克里斯坦森担任 NZCA 成员的库克勋爵否认法院的判决违反原则,并强调托马斯已经认识到不应该允许双重恢复。在第 113 ~ 114 页,NZCA 的决定也得到了赫顿勋爵的支持,但正如戈夫勋爵同意米利特勋爵的观点,NZCA 在克里斯坦森的分析被以 3 : 2 的多数否决。

股东的单独违约,从而给股东造成了非反射性损失的损失。例如,在勒克宁(Re Lucking)的遗嘱信托中[89],公司股东也是一个信托的受益人,该信托资产还包括公司的更多股份。她成功地起诉了她的受托人,因为他们未能阻止公司执行董事侵吞公司资产。其中一名受托人也是公司董事,他未能阻止执行董事的不当行为,也构成了可诉的对公司违反义务的行为,但这并不被认为阻止了受益人的诉讼。最近,Re Luckin WT 案的判决意见被上诉法院在 Walker v Stones 案[90]中确认,他们的法官在更复杂的事实上得出了基本相同的结论。

Walker v Stones 案也提出了同样的问题,即信托资产包括多家公司股份的信托的受益人,是否可以对协助公司董事违反信义义务的被告提起不诚实协助的诉讼。克里斯多夫·斯莱德爵士(Sir Christopher Slade)认为,他们不能,也就是说,在实践中,受益人会发现,即使不是不可能,也很难说服法院,他们有权这样做:[91]

> 根据审慎担保原则,……有必要考虑(涉嫌不诚实协助)的假定行为是否会给(受益人)造成个人损失,与其给(公司)造成的任何损失不同。在我看来,显然没有。在依靠审慎担保原则为(受益人的)索赔进行辩护时,(被控不诚实协助者)所处的地位与受托人截然不同,受托人面临的索赔是基于 Re Lucking's WT 原则提出的。受益人对(不诚实的协助者)必须依赖的诉讼理由,必须与公司所依赖的诉讼理由相同。它们将涉及对完全相同的事实进行调查,并以同样的事实为基础。就这些针对(不诚实的协助者)的诉讼理由而言,合适的原告应该是公司本身。

---

[89] [1968] 1 WLR 866.

[90] [2001] QB 902, 953 (Sir Christopher Slade).

[91] Walker v Stones [2001] QB 671. See too Shaker v Al-Bedrawi [2001] EWHC Ch 159, esp paras 149 – 150 (Lawrence Collins J).

在这个问题上的另一个案例是来自加拿大的Hanson v Clifford[92]，在该案例中，一个派生诉讼和一个个人诉讼都是在股东的倡导下提起的，案由涉及公司董事及其妻子违反信托义务，以及妻子不诚实地协助丈夫违反义务。在派生诉讼中，埃里科(Errico)判决夫妻双方承担损害赔偿义务，并认为：[93]

个人诉讼中的损害赔偿诉求应包含在派生诉讼中的赔偿金额中。如判决股东在个人诉讼中要求的损害赔偿，将使[股东]能够以个人身份得到补偿，而股东事实上能因派生诉讼对公司判决的补偿而相应获得股份的增值。

然而，由于被告并没有主张应基于此理由驳回个人诉讼，因此埃里科认为没有必要决定这是否是他采取措施的恰当理由，并满足于在个人诉讼中给予原告象征性的损害赔偿。

2. 被告

如果你违反了信托或其他信义义务，申诉人希望基于不诚实的协助向某人提出诉讼，但问题是申诉人是否可以将此人作为诉讼的唯一被告提出诉讼，或他是否必须使被告以共同被告的方式与其他人一起参与诉讼。根据情况，他应当也有权起诉主要的不法行为者、他的共同受托人或受信义人、其他不诚实的协助者、知情接收信托财产的人，或者实际上，他有权起诉与主要违反信托有关的任何其他他有权要求赔偿的人。然而，很明显，这些当事人对索赔人可能负有的任何责任

[92] [1994] 59 CPR (3d) 465; Watson v Imperial Financial Services Ltd [1984] 88 BCLR (2d) 88, considered in Jiwan v Jiwan (British Columbia Sup Ct 15 February 2001) paras 34 – 42 (Clancy J); Lederer v Fenwick (Ontario Sup Ct 3 August 2001), 麦高乐法官驳回一项申索，指称被告以受托人身份协助自己在担任一间公司董事时违反受托人责任，而所持有的股份则构成信托财产。

[93] Hanson v Clifford [1994] 59 CPR 509 – 510.

都是共同连带责任,[94]因此索赔人可以自主选择起诉他们中的任何一个人。[95] 如下一节所讨论的,不诚实协助的责任取决于被协助人是否违反了主要义务,但这甚至不能说明索赔人在起诉不诚实的协助者之前必须先起诉主要的不法行为者的原因。[96] 根据《民事诉讼法》第 20 部分的规定,不诚实的协助者当然可以加入任何或所有其他人作为第三方参与的诉讼,以期在他被认定负有责任的情况下从他们那里获得分摊或赔偿,但那是另一回事。[97]

(二)首要违反

1. 需要一个首要违反

在文莱皇家案中,尼科尔斯法官指出,对不诚实行为的责任"是一种次级责任,它只出现在违反信托的情况下"[98]。与此一致的是,法院系统地免除了被告的责任,因为被告没有得到受托人或其他受托人的协助,而这些受托人或其他受托人本身就导致了对索赔人的违约。

---

〔94〕 Canada Safeway Ltd v Thompson [1951] 3 DLR 295, 323 (Manson J); Efstratiou v Glantschnig [1972] 1 NZLR 594, 599 (Turner J); D'Amore v Macdonald [1973] 32 DLR (3d) 543, 549 (Addy J); Abbey Glen Property Corp v Stumborg [1976] 65 DLR (3d) 235, 281 - 283 (McDonald J); MacDonald v Hauer [1976] 72 DLR (3d) 110, 130 (Bayda JA); Winslow v Richter [1989] 61 DLR (4th) 549, 563 (Wood J); Hanson v Clifford [1994] 59 CPR (3d) 465, 504 (Errico J); Young v Murphy [1996] 1 VR 279, 300 (J D Phillips J); Somes v Duke Group Ltd [2000] FCA 248, para 17 (von Doussa J); Montreal Trust Co of Canada v Hickman [2001] NFCA 42, para 43 (Green JA); Trustor AB v Small-bone (CA 9 May 2000) para 97 (Scott V-C); Comax Secure Business Services Ltd v Wilson (QBD 21 June 2001); Capital Investments Corp v Classic Trading Pty Ltd [2001] FCA 1385; Baker Petrolite Corp v Canwell Enviro-Industries Ltd [2001] 13 CPR (4th) 193.

〔95〕 Glenko Enterprises Ltd v Keller [2001] 1 WWR 229, 257 - 258 (Huband JA),休班德驳回一项论点,即不诚实协助诉讼应被驳回,理由是索赔人以前曾因同样违反信托而对知情接收人提起不成功的诉讼。

〔96〕 Chan Kern Miang v Kea Resources Pte Ltd [1999] 1 SLR 145, esp 151 (per curiam).

〔97〕 Discussed in Mitchell, n 41, above.

〔98〕 Royal Brunei [1995] 2 AC 382.

因此,在1999年的Goose v Wilson Sandford & Co(No 2)案[99]中,上诉法院裁定,如果一名注册会计师给予欺诈者的帮助与欺诈者唯一违反对原告的受托责任无关,那么他对不诚实的帮助不承担责任;此外,在News Ltd v Australian Rugby Football League Ltd案[100]中,澳大利亚联邦法院全体法庭裁定,上诉人电视公司对其招募橄榄球联盟俱乐部参加拟议的新橄榄球联盟比赛不承担不诚实协助责任,因为该俱乐部对被诉橄榄球联盟机构不负有信托责任。

在索赔人可以证明被告在首要违约中提供了不诚实的协助的情况下,他仍有一些工作要做。根据他所寻求的补救办法,他还必须表明首要违约给他造成了损失,或不诚实的协助者因首要违约得到了好处,或主要的不法行为者或事实上有其他人得到了这样的好处。这些主张的第一个判例依据是Brown v Bennett (No 2)案[101]。在该案中,纽伯格(Neuberger)法官驳回了一项有关不诚实协助的索赔,理由(除其他外)是,即使索赔人提出了一项初步证据,证明德芬－唐太斯曾协助一些公司董事违反义务,他们也无法确定这些违反行为是否造成了被诉损害,而这种损害无论如何都会发生。第二项主张的判例依据是Fyffes Group Ltd v Templeman案[102],其中托尔森(Toulson)法官建议,原则上索赔人可以对一名不诚实的协助者进行利润核算,此人通过衡平法上的不法行为使自己受益,而不管首要违约是否给索赔人造成损失。麦克莱尔(McLelland)再次在其对澳大利亚著名案件United States Surgical Corp v Hospital Products International Pty Ltd的一审判

---

〔99〕 CA 14 March 2000.

〔100〕 [1996]64 FCR 410; Miranda v Hardovin (British Columbia CA 3 May 1996) para 16 (Finch JA); National Mutual Property Services (Australia) Pty Ltd v Citibank Savings Ltd (Fed Ct Aus 28 May 1998),林格伦(Lindgren)认为,如果一家银行的代理人也曾在一项单位信托计划中担任投资者的代理人,那么如果代理人没有违反对投资者的受托责任,该银行就不需要对协助承担责任。

〔101〕 Ch D 18 October 2000.

〔102〕 [2000] 2 Lloyd's Rep 643, esp 660－668. 就本案的事实而言,原告的损失与被告的获益是一样的。

决中认为:[103]

> 明知他人违反了受托人义务而参与其中的人,可以是两者兼而有之(1)就受益人因该等参与而获得的任何利益向受益人承担责任,以及(2)就因违约而导致的受托人对受益人的任何金钱责任,与受托人承担连带责任。

该陈述的后一部分引出了我们的第三个命题,这一命题在其他几个案件中也可以找到,包括 Comax Secure Business Services Ltd v Wilson 案[104]。在该案中,理查德·西摩(Richard Seymour)法官裁定,一名主要不法行为者、一名不诚实的协助者和一名知道主要不法行为者违反受托义务而获得利润的第三方,都对这些利润负有连带责任。就前两者的责任而言,这"无关紧要……(他们)可能满足于(第三方)应当享有这一特定违反信托义务的全部果实"。

在受托人受到免责条款保护的情况下,被告是否可能对违反信托的不诚实协助承担责任,这一问题似乎没有在法庭上得到检验。免责条款有两种形式:一种是不承担违反义务的责任[105],另一种是一开始就免除他的义务[106]。这两种条款都可以以"全有或全无"的方式起作

---

[103] [1982]2 NSWLR 766, 817.

[104] QBD 21 June 2001; Canada Safeway Ltd v Thomson [1951] 3 DLR 295, 323 (Manson J), considered in Moage Ltd v Jagelman [2001] NSWSC 557, and followed in: D'Amore v Macdonald [1973] 32 DLR (3d)543, 549 (Addy J), aff'd [1974] 40 DLR (3d) 345; Abbey Glen Property Corp v Stumborg [1976] 65 DLR (3d)235, 282 (McDonald J), aff'd [1978] 85 DLR (3d) 35, subseq pro-ceedings, Alberta QB 2 February 1983; Osman Auction Inc v Belland [1999] ABQB 589; Trustor v Smallbone AB (CA 9 May 2000) para 97 (Scott V-C), 很明显斯科特(Scott)副大法官认为被告作为一名不诚实的协助者,应负连带责任,承担因违反受托责任而从被支付款项中所获得的一切利益,而且这种连带责任"不限于他本人所获得的部分",尽管如此,斯科特副大法官在这一点上的裁决似乎并没有被莫里特(Morritt)副大法官在随后的程序中完全理解: Trustor AB v Smallbone (No 2) [2001] 1 WLR 1177, 1186 (cf comments below at n 161)。

[105] As in eg, Armitage v Nurse [1998] Ch 241.

[106] As in eg, Hayim v Citibank [1987] AC 230.

用,因此该条款排除了违反特定类型义务的所有责任,或者它们可以根据受托人过错的程度来浮动。由于尼科尔斯法官在文莱皇家案中认为,无论受托人的过错程度如何,不诚实协助的责任都是可以承担的,因此就目前的目的而言,后一种区别似乎没有任何意义。然而,前一种区别可能很重要。因为,如果受托人受到第二类条款的保护,免除了他的义务,那么在不诚实协助案中,被告可能会辩称他从未违背过首要义务来逃避责任;相反,如果受托人只受第一种条款的保护(不包括违反信托义务的责任),他就不应该接受这一论点。

然而,即使是在第一种情况下,被告也可能作为不诚实的协助者与不法的受托人或受信义人共同或连带地承担责任而逃避责任。[107]结果是,受托人或受信义人的责任免除也应免除与其共同或连带地承担责任的那些人的责任。这将在下面的第四部分第 1 节中进一步讨论。

不过,最后我们必须注意到西蒙·加德纳(Simon Gardner)的建议:"人们可能……质疑是否有必要选择违反信托的路径确定责任。"[108]法院似乎还没有重新考虑西蒙·加德纳在这一点上的观察,但他们值得一些思考。他写道:

似乎对于干涉合同关系的类似责任,没有必要违约。[109] 当然,在信托的背景下,不要求违约是有道理的。在被投诉的事件中,受托人依靠被告的正直和能力,并作为一般谨慎的商人这样做,他们通常不承担违约责任。[110] 然而,如果被告采取的行为不诚实,那么按照现在

[107] See the cases Cited in n 94, above.

[108] S Gardner "Knowing Assistance and Knowing Receipt: Taking Stock" [1996] 112 LQR 56, 68.

[109] Citing Lord Denning MR's judgment in Torquay Hotel Co Ltd v Cousins [1969] 2 Ch 106.

[110] Citing Speight v Gaunt [1883] 22 Ch D 727; [1883] 9 App Cas 1. See now the Trustee Delegation Act 1999 and the Trustee Act 2000, esp ss 1, 11, 12, and Sched 1.

的法律要求,他对构成信托的法律权利的损害就像违反了信托一样。

这种说法至今没有在案件中出现的原因可能是,受托人和受益人在受托人雇用第三方从事某种信托业务的情况下,不需要就不诚实的协助起诉第三方,因为在这种情况下,受托人可以随时以违反合同或侵权为由起诉第三方。

2. 违背何种义务

很明显,对不诚实协助的索赔不仅限于首要违约已导致明确的受托人侵占信托财产的情况,还针对那些其他自愿协助对其委托人承担责任的受托人侵占财产的人。例如,合伙人[111]、公司董事[112]、其他代理人及雇员[113]。尽管如此,然而,法律并不那么确定,有四个问题尤其值得我们深思:在不诚实的协助中提出的索赔,是否针对那些在不

---

[111] Alers-Hankey v Solomon (British Columbia CA 27 March 2000); subsequent proceedings: British Columbia Sup Ct 8 December 2000. See too Jiwan v Jiwan (British Columbia Sup Ct 15 February 2001) esp para 18 (Clancy J).

[112] 长期以来,如果公司董事滥用公司资产,就被认为违反了信托,即使资产的法定所有权属于公司,导致董事不能准确地被描述为受托人: eg, Russell v Wakefield Waterworks Co [1875] LR 20 Eq 474, 479 (Jessel MR); Re Lands Allotment Co [1894] 1 Ch 616, 638 (Lindley and Kay LJJ); Consul Development Pty Ltd v DPC Estates Pty Ltd [1975] 132 CLR 373, 396 (Gibbs J); Re Duckwari plc [1999] Ch 253, 262 (Nourse LJ)。法院当然知道,严格来说,董事并非公司财产的受托人: eg, Regal (Hastings) Ltd v Gulliver [1967] 2 AC 134, 147 (Lord Russell), following Re Forest of Dean Coal Mining Co [1878] 10 Ch D 450, 451–453 (Jessel MR)。但即便如此,他们的立场足够相似,法院可以毫不犹豫地认定,帮助他们滥用公司资产的人可以为不诚实协助承担责任: eg, Selangor United Rubber Estates Ltd v Cradock (No 3) [1968] 1 WLR 1555, 1574 (Ungoed-Thomas J); Belmont Finance Corp Ltd v Williams Furniture Ltd (No 2) [1980] 1 All ER 393, 405 (Buckley LJ); Heinl v Jyske Bank (Gibraltar) Ltd [1999] Lloyd's Rep Bank 511, 516 (Nourse LJ)。

[113] Norwich Union Fire Insurance Soc Ltd v Central Auto Salvage (London) Ltd (CA 30 July 1993)(索赔人保险公司机动救援组一名职员违反受托责任);Brinks Ltd v Abu-Saleh (No 3) The Times 23 October 1995(受雇于索赔人的保安人员违反受托责任);Colour Control Centre Pty Ltd v Ty (NSW Sup Ct (Eq Div) 24 July 1995) esp paras 60–63 (Santow J)(公司经理违背信义义务);Humphris v Jenshol [1997] 25 ACSR 212(因破产而不再担任董事,但其后继续管理公司的公司高级人员违反受托人责任);Comax Secure Business Services Ltd v Wilson (QBD 21 June 2001)(索赔人公司的销售经理违背信义义务)。

导致滥用财产的情况下协助违反受托责任的人;他们是否对那些协助违反非信义义务的公平义务的人撒谎;他们是否针对那些协助挪用由结果信托或推定信托持有资产的人;他们是否对那些协助在普通法上滥用财产而导致索赔的人撒谎?

就违反信义义务而言,我们可能期望法院认为,在所有这些违反行为中,不诚实的协助者应承担附属责任,这与法院维护信义关系完整性的愿望是一致的。事实上,正如我们已经提到的[114],在英国判例法中出现了分歧,其问题是那些协助违反信义义务的人是否会承担附属责任,但并不会导致对信托基金或其他受信义义务约束的财产的滥用。认为需要滥用资金的观点的支持者似乎有理由认为,因为不诚实协助的责任是"作为推定受托人"的责任,只有当受益人或委托人的财产信托可以在某处找到时,才会产生这种责任。[115] 然而,这种推理与之前讨论过的论断是不一致的[116],即对于不诚实协助的责任是"作为推定受托人"的责任,只是在这种意义上,它类似于被告如果是受托人将会承担的责任:它不是"作为推定受托人"的责任,因为不诚实的协助者或其他任何人实际上是索赔人财产的受托人。

当局倾向于更狭义的观点,即主要的违规行为必然导致资金的滥用,其观点如下。在 Cowan de Groot Properties Ltd v Eagle Trust plc 案[117]中,当事人和法官诺克斯(Knox)都承认,声称"知情协助"的成分包括受托人或受信义人"与错误应用信托财产有关"的(不诚实的)设计。在 Bankgesellschaft Berlin AG v Makris 案[118]中,当事人和法官克莱斯韦尔都承认,索赔银行必须证明其支付款项的事实错误,足以使该款项的衡平所有权权益对其有利,然后才能使一些被告因不诚实

---

[114] 参见上文第二部分。

[115] Bankgesellschaft Berlin AG v Makris (QBD (Comm Ct) 22 January 1999); Petrotrade Inc v Smith [2000] 1 Lloyd's Rep 486, 491 - 492 (David Steel J).

[116] 参见上文第二部分。

[117] [1991] BCLC 1045, 1103.

[118] QBD (Comm Ct) 22 January 1999.

地协助错误收款人而承担责任。[119] 在 Goose v Wilson Sandford & Co (No 2)案[120]的初审判决中，里默认为这将涉及附加责任的"延伸"，认为它可以附加在一般的信托义务的违反上。在 Satnam Investments Ltd v Dunlop Heywood & Co Ltd 案[121]中，诺斯(Nourse)(提交上诉法院判决)认为，"在一个案件可以归入任何一类(知情接收或知情协助)之前，必须有信托财产或可追踪的信托财产收益"。在 Petrotrade Inc v Smith 案[122]中，大卫·斯蒂尔认为，除非索赔人能够证明其受托人的违约行为涉及索赔人财产的滥用，否则被告贿赂索赔人的信义人使其行为违背了索赔人的利益，不应被认定为不诚实协助责任。在 Ansys Inc v Khee 案[123]中，帕克(Park)很高兴地假设"要确定附属责任必须存在的要素是：(1)被挪用的钱必须是被[原告]托管的；(2)挪用款项必须是违反信托……(3)[被告]必须协助或促成了违约行为。他根据事实得出结论，即不存在这种信托，因此也不存在附属责任，尽管我们可以注意到，根据事实，被指控的主要不法行为者显然也不欠原告其他类型的受托责任，因为他们的关系是由一个独立的商业合同的条款管辖的。

相比之下，有几个英国案例中这个问题一直存在，至于附属责任是否会在不涉及滥用信托基金违反信托义务的情况下产生，这还是个悬而未决的问题——澳大利亚高等法院似乎并没有为 Consul

---

[119] 从他对这一点的评论中，尚不清楚克莱斯韦尔是否认为银行有必要证明其拥有衡平的所有权权益，因为他认为银行需要证明对信托基金的滥用，或者他认为银行需要证明其违反了受托责任。然而，前一种解释似乎在他随后的声明中得到了证实，他说："对不诚实协助追究责任，既没有权利获得衡平赔偿，也没有权利获得相应损失的赔偿……相关责任是被告作为受托人，对作为不法行为或违约行为主体的财产承担责任。"

[120] Ch D 25 January 1999; aff'd on other grounds, CA 14 March 2000.

[121] [1999] 1 BCLC 385, 404.

[122] [2000] 1 Lloyd's Rep 486, 491 - 492. 一般认为，为使行贿人在侵权行为中承担的责任量化，行贿人的委托人遭受的损失至少应等于行贿人的价值，但这并不足以作为确定行贿人衡平附随责任的依据。

[123] Ch D 19 May 1999; Crown Resources v Vinogradsky (QBD 14 Nov 2001) para 20 (Garland J).

Development Pty Ltd v DPC Estates Pty Ltd[124]案所困扰。在 Brown v Bennett 案[125]中,莫瑞特“不支持”瑞蒂在初审中的裁决,即在公司董事违反信义义务涉及公司事务的管理,但不影响公司财产的情况下,不应产生不诚实协助责任:[126]在莫瑞特看来,股权应该从更广泛的角度看问题的论点有“说服力”,但最后他认为没有必要决定这个问题。在另一起受贿案(Fyffes Group Ltd v Templeman 案[127])中,当事人似乎只是简单地假设了更广泛的观点是正确的,而托尔森在此基础上对此案作出了裁决,没有发表评论。在上诉法院 Goose v Wilson Sandford & Co(No 2)案[128]中,莫瑞特(代表整个法院发言)不认为诺斯在 Satnam Investments 案中的陈述在这一点上具有约束力,并认为“尼科尔斯勋爵(在文莱皇家案中)对该原则的表述不包含……一项要求[被告协助的违反信托必须涉及错误应用信托财产或其销售收益]……而且……我们不排除这种索赔的可能性”。然而,决定这个问题又一次显得不太必要。最后,在 Gencor ACP Ltd v Dalb 案[129]中,里默回到了这个问题上,他认为根据前面的决定,他现在必须把它看作“一个悬而未决的问题”。

---

[124] [1975]132 CLR 373.

[125] [1999] 1 BCLC 649, 657 -659.

[126] [1998] 2 BCLC 97, 104.

[127] [2000] 2 Lloyd's Rep 643. 被告就赔偿责任的补救后果进行了辩论,这种补救后果的前提是错误地认为不诚实的协助者会招致赔偿责任,因为对从索赔人取得的财产实行推定信托;托尔森在第 671 ~672 页正确地驳斥了这一论点。

[128] CA 14 March 2000.

[129] [2000] 2 BCLC 734, 757;Banque Nationale de Paris v Hew [2001] 1 SLR 300, 334 -336, Lai Kew Chai J 评论了 the Satnam Investments 案和 the Goose 案,并得出结论:不诚实附属责任下的索赔负责人……原则上,即使没有不当处理任何信托财产或其可追踪的销售收益,只要受益人造成了上述损失,也可以保持。不幸的是,从这个措辞中,我们并不清楚法官的意思是说,不诚实协助的责任可以由自己从未处理过信托财产的协助者承担(这是没有争议的),还是可以由协助者承担主要违法者对信托财产的不当处理导致的主要违反义务(这是文本中讨论的有争议的一点)。

上诉法院最近对 Twinsectra Ltd v Yardley 案[130]的裁决也与这个问题有关。在这里，原告荣盛集团借钱给第一被告雅得利，理由是这笔钱“仅用于取得财产的目的”。最终，雅得利把钱花在了其他各种事情上，当它无法偿还贷款时，荣盛集团起诉了雅得利和帮助它进行相关交易的律师利奇。除其他外，上诉法院认为这笔钱是由一个最密切的信托基金[131]保管的，利奇对不诚实地协助雅得利违反对荣盛集团的义务滥用这笔钱负有责任。就目前而言，本案的利益在于，波特(Potter)发现利奇对不诚实的协助负有责任，尽管他也认为，当雅得利误用这笔钱时，荣盛集团对这笔钱并没有目前的衡平利益。更确切地说，波特只满足于荣盛集团有“存疑的”[132]衡平利益，或者他对这笔钱根本没有任何利益，只是一种防止其滥用的个人权利。[133] 由此看来，波特并不认为这是确定利奇对不诚实协助承担责任的障碍，因为雅得利所犯的首要违约并未涉及荣盛集团目前拥有的受益利益资金的滥用。

安德鲁·泰滕伯恩(Andrew Tettenborn)声称，波特关于利奇责任的发现“几乎没有带来严重的困难”，原因是：[134]

> 虽然许多“不诚实协助”案件涉及索赔人在滥用时拥有受益利益的资金，但从严格意义上讲，没有理由将这种最高责任限制在违

---

[130] 参见[1999] Lloyd's Rep Bank 438; appeal pending to the House of Lords. Cf Shenzen City LuohuDistrict Industrial Development Co v Yao (British Columbia Sup Ct 25 April 2000) esp paras 136-147 and 165-182 (Williams CJSC)，威廉姆斯认为已为某一特定目的设立了索赔人资金的明示信托，违反信托规定，该资金被用于不同目的，其中一名被告应对故意协助该违约行为承担责任。很难将这些发现与违反受益人原则私人目的信托无效的规则相一致，但它们可以解释为索赔人的钱被一个快速密切的信托影响。

[131] Named after Barclays Bank Ltd v Quistclose Investments Ltd [1970] AC 567.

[132] Echoing Carreras Rothman v Freeman Matthews Treasure [1985] Ch 207, 233 (Peter Gibson LJ).

[133] Echoing R Chambers, Resulting Trusts (Clarendon Press Oxford 1997) 74.

[134] A Tettenborn "Quistclose Trusts, Fraud and Third Parties" [2000] LMCLQ 459, 461, n 12 and text.

> 反信任的协助上。诚实协助违反任何不滥用资金的公平义务,而其中一名[主要不法行为者]是受益所有人,则应同样招致赔偿责任。

以上讨论的诺斯在 Satnam Investments 案中所举的例子表明,泰滕伯恩的分析比这篇文章所显示的要困难得多。尽管如此,他的论点原则上还是很有吸引力的。[135]

在荣盛集团案件中,当事人将资金借款方所承担的衡平义务视为信义义务,波特显然认为他们的看法是正确的。[136] 因此,当我们转到第二个问题时,此案并没有真正帮助我们,即协助违反非信义义务的衡平义务的人,是否会对不诚实协助负责任。然而,上诉法院对皮尔斯的判决[137]为第二个问题提供了一些线索,尽管这个案件也提出了一些棘手的分类问题。它涉及一项针对机密信息接收者的索赔,巴克斯顿(Buxton)将其描述为"明知协助(线人)违反机密"的索赔。"该声明未能基于事实,因为信息的接收者被认为没有不诚实的行为,但我们可以注意到,巴克斯顿在托尔森和菲普斯的机密书中批准了以下法律声明:[138]

> 第三人在得知线人违反保密规定所泄露的情报时,对委托人应负保密义务。这一原则源于这样一种原则,即在第三方故意帮助他人违

---

[135] 上诉法院关于利奇责任的裁决结果也提出了一个问题,即被告知道导致主犯承担责任的事实,而不了解这些事实的法律意义,是否足以认定被告承担不诚实协助责任。下文第4(d)节将审议这个问题。

[136] Twinsectra Ltd v Yardley (n 130 above)454 (Potter LJ).

[137] CA 10 February 2000.

[138] R G Toulson and C M Phipps, Confidentiality (Sweet & Maxwell London 1996)92. 这一说法本身是由作者从科特纳姆(Cottenmblc)勋爵在一个著名的古老案例中发表的一段演讲中衍生而来的,即 Prince Albert v Strange[1848] 1mac & G, 25,45,41 ER 1171,1179。衡平法是否会对违反合同的不诚实协助给予诉讼?认为不会的观点是 Canadian Pacific (Bermuda) Ltd v Nederkoorn Pte Ltd[1999]2 SLR 18,35 - 36(根据法院裁决):文莱皇家案"在这里完全没有关联(因为)上诉人与第一批答辩人之间的关系纯粹是合同关系"。

反信托、秘密或合同时，这是一种衡平的欺诈行为。

我们还可以注意到另外两个案例，表明机密信息的接收者可能因不诚实地协助违反保密规定而被追究责任：来自中国香港的 Nanus Asia Co Inc v Standard Chartered Bank[139] 案，以及来自新南威尔士上诉法院的 Burger King Corp v Hungry Jack's Pty Ltd[140] 案。

如果这些案例是正确的[141]，那么我们可能想要问的一些分类问题是，衡平的保密义务是否应该适当地归为一种信义义务，违反信托的索赔是否应该被适当地理解为有关滥用财产的索赔（这将表明，这些案例支持这样一种观点，即接收财产本身可能构成对不诚实协助索赔目的的协助）[142]。不久之前，加拿大最高法院在 Cadbury Schweppes Inc v FBI Foods Ltd[143] 案中对这两个问题给出了否定的回答，但尽管宾尼（Binnie）对这两个问题的讨论令人信服且广泛，但他的决定最终与案件的事实紧密联系在一起，此后还给出了其他答案。[144]

关于我们的第三个问题，协助违反结果信托或推定信托的人是否

---

〔139〕 [1990] 1 HKLR 396, 416 – 7 (Cruden DHCJ)，克雷登认定一名内线交易员在知情的情况下协助其泄露消息，即某商业银行的雇员违反信任，并将其不法行为的利润建立在对该商业银行的推定信任之上。

〔140〕 NSWCA 21 June 2001, affirming Hungry Jack's Pty Ltd v Burger King [1999] NSWSC 1029. Cf Sigma Chemicals [1986] Pty Ltd v Brown [2001] WASC 39, paras 65 – 68 (Steytler J).

〔141〕 从 Rodaro v Royal Bank of Canada (Ontario Sup Ct 8 February 2000) paras 936 – 937 (Spence J)，思朋斯可以收集到一些支持这种观点的证据，即"为了主张……的权利要求"。明知协助违反信托义务，必须有这样的义务……（然而，违约索赔）在侵权行为的性质上至少与违反信托或信托义务一样严重。然而，思朋斯发现没有必要去决定违背信任的不诚实协助的索赔是否会说谎，因为"原告的下级使团（没有）邀请法院考虑"这个问题。

〔142〕 参见下文"接收"部分。

〔143〕 [1999] 1 SCR 142, esp 164 – 165 and 168 – 173 (Binnie J), considering LAC Minerals Ltd v International Corona Resources Ltd [1989] 2 SCR 574.

〔144〕 See eg, A-G v Blake [1998] Ch 439, 454 (per curiam), aff'd on a different point [2001] 1 AC 268; Arklow Investments Ltd v Maclean [2000] 1 WLR 595, 600 (per curiam); Fyffes Group Ltd v Templeman [2000] 2 Lloyd's Rep 643, 670 (Toulson J); Walsh v Deloitte & Touche Inc (PC 17 Dec 2001) paras 12 – 14 (per curiam).

会承担不诚实协助责任,我们必须首先指出,法院并不总是明确说明其强加了哪一种结果信托或推定信托。[145] 这使得分析为什么这些信托被强加的任务并不容易,但是我们不需要在这里调查这个困难且有争议的问题。就目前的目的而言,需要注意的是,参与违反任何一种信托的人显然都可能承担不诚实协助责任[146],还需要注意的是,由此产生的结果信托和推定信托具有“不需要受托人同意这样做”的共同特征。[147] 这样做的意义在于,推定和结果信托的受托人很可能对他们的受益人不负有信托义务,这表明,以下案例给了我们对第二个问题和第三个问题的肯定回答。[148]

如果财产的合法所有人因一个足以阻止受益利益转移给接收者的错误而将其转移给另一个人,则对该财产将施加对其有利的信托。这一说法可以通过参考 Chase Manhattan Bank NA v Israel-British Bank (London) Ltd[149]案(以下简称大通曼哈顿案)来支持,在该案例

---

[145] 如 Collings v Lee [2001] 2 All ER 332, 336 (Nourse LJ):“这种信托是否应该被描述为隐含的、结果性的还是推定的,这都不重要。”

[146] 除下文所述的案件外,另请参见 Aroso v Coutts & Co [2002] 1aier (Comm) 241,在该案件中,未成功地试图说明银行账户中的钱是按存款账户持有人的相应信托持有的,且辩护银行在向另一账户持有人付款时不诚实地协助违反了所产生的信托。索赔失败,不是因为劳伦斯·柯林斯(Lawrence Collins)认为被告不可能因不诚实协助违反由此产生的信托而承担责任,而是因为他认为没有产生任何由此产生的信托,而且索赔人未能证明被告有不诚实行为。

[147] L Smith “Constructive Fiduciaries?” in P Birks (ed) Privacy and Loyalty (Clarendon Press Oxford 1997) 249, 263.

[148] Privacy and Loyalty (Clarendon Press Oxford 1997) 267,莱昂内尔·史密斯在总结推定受托人和结果受托人是否对其受益人负有受托责任时是这样说的:“很久以前,当唯一的结果受托人或推定受托人是那些真正承诺为他人利益行事的人时,所有受托人都可以是受托人[引用 Keech v Sandford [1726] Sel Cas T King 61, 25 ER 223(推定受托人)和 Ryall v Ryall [1739] 1 Atk 29, 26 ER 39(结果受托人)]。既然结果信托和推定信托被更广泛地用于将财产转移到衡平法认为属于它的地方,其结果肯定是不同的。所有这一切如何与对附属责任法律进行合理化的呼吁一致呢? 如果为扭转不当得利而设立信托的受托人不承担信托义务,其代理人是否会因知晓协助而承担责任? 是的,他可以,因为他是在协助违反受托人按照受益人的指示持有财产的基本义务。换句话说,一个人可能要为协助违反信托承担责任,即使该信托没有涉及任何信托义务。”

[149] [1981] Ch 105.

中,高尔丁(Goulding)令人惊讶地认为,在这种情况下应该施加一个推定性的(而不是结果性的)信托。[150] 在大通曼哈顿案后,法院多次裁定,一笔被错误支付给他人的资金将在其之上强加推定信托给错误支付人,而随后帮助收款人违反信托而滥用这笔资金的第三方,可因不诚实的帮助而承担赔偿责任。塔克伊(Tuckey)认为这是 Bank Tejerat v Hong Kong and Shanghai Banking Corp (CI) Ltd [151] 案、Bankgesellschaft Berlin AG v Makris 案 [152]、Grupo Torras SA v Al-Sabah(No 5)案 [153] 和 Barret v McCormack 案 [154] 中适用的法律。

如果一个未经授权的人声称是法定所有人的代理人,表面上使他与第三方签订协议,根据该协议,他的财产将转给第三方,即使第三方知道所谓代理人缺乏权威,信托也可能被建立。由此产生的对这种情况的信托分析将集中于法律所有者对交易的不同意,但在一些事实上,它可能替代争论,一个基于不法行为的推定信托会为了法定所有人的利益而建立。上诉法院最近在 Heinl v Jyske Bank (Gibraltar) Ltd [155] 案(以下简称海恩尔案)中审议了这一情况。根据 Rolled Steel Products (Holdings) Ltd v British Steel Corporation [156] 案的权威,上诉法院认为"如果一名代理人被据称合同的另一方知道无权约束其委托人,合同不成立",其结果是,所述合同不能有效地剥夺其在财产中的受益利益并将其授予第三人。因此,虽然在财产转让时法定所有权可以转移给第三方,但委托人不必为了重新获得财产的实益利益而撤销交易,因为当第三方获得法定所有权时,就产生了有利于委托人的信

[150] Lord Browne-Wilkinson's discussion of the Chase Manhattan case in Westdeutsche Landesbank Girozentrale v Islington LBC [1996] AC 669, 714 - 715.

[151] [1995] 1 Lloyd's Rep 239, 247.

[152] QBD (Comm Ct) 22 January 1999.

[153] QBD (Comm Ct) 24 June 1999; affirmed on a different point [2001] Lloyd's Rep Bank 36.

[154] [1999] 4 ITELR 1.

[155] [1999] Lloyd's Bank Rep 511, esp 519 - 521 (Nourse LJ).

[156] [1986] Ch 246.

托:衡平法视委托人为财产的持续实益所有人,无论"付款是否经过修饰……为无偿或有价的,有担保的或无担保的,有利息或无利息的贷款"[157]。上诉法院在海恩尔案中亦裁定,如第三者在这类交易中接收申索人的财产,然后在违反其向申索人解释该财产义务的情况下处置该财产,则协助他违反该义务的人,如果他是在相关的精神状态下这样做的,可引致不诚实协助的法律责任。

在马尼托巴上诉法院审理的 Gordon v Winnipeg Canoe Club[158]案中,被答辩人是一辆拖拉机的所有者,他将拖拉机借给了一个独木舟俱乐部,他是该俱乐部的成员。拖拉机被偷了,俱乐部根据保单成功地提出了索赔,然后将保单收入存入透支的银行账户。法院认为,被答辩人对保单利益(在不正当收入的情况下)享有推定信托,将这些收益支付给俱乐部的银行就违反了这种信托。被答辩人起诉了负责在俱乐部违反信任事件中"知情协助"的俱乐部官员,但未能成功,因为违反信任行为并非"欺诈和不诚实"(加拿大法律继续要求如此[159])。不过,我们可以注意到,休班德(Huband)可以:[160]

设想环境……如果被告负有责任……[作为"知情人"],由于被告知道不诚实和欺诈的意图,而对建立在不公正的财富等基础上的推定信托进行干涉。

---

[157] Heinl v Jyske Bank (n 155 above) 521 (Nourse LJ). This finding has since been reaffirmed in Twinsectra Ltd v Yardley [1999] Lloyd's Rep Bank 438, 461 (Potter LJ) and Collings v Lee [2001] 2 All ER 332, 337 – 338 (Nourse LJ). 但是,在 Greater Pacific Investments Pty Ltd (in liq) v Australian National Industries Ltd [1996] 39 NSWLR 143, 153 案中,麦克莱伦(McLellan)认为,如果 A 向 B 出售财产的合同违反了 A 对 B 所欠的受托责任……在 A 的请求下,该交易是衡平法上的无效交易,A 可以(如果必要的话)获得撤销该交易的命令。除非 A 有效地避免交易并(如有必要)获得撤销令,否则 B 因交易而产生的财产权不受影响。

[158] [1999] 172 DLR (4th) 423.

[159] See cases cited in n 171 below.

[160] Gordon v Winnipeg Canoe Club [1999] 172 DLR (4th) 436.

最后,在 Westdeutsche Landesbank Girozentrale v Islington LBC 案中,威尔金森勋爵提到了一个陌生人简单地窃取索赔人财产的情况,他认为小偷是索赔人财产的推定受托人,因为“当通过欺诈股权获得财产时,欺诈性接收者获得了一种推定信托”[161]。在 Kuwait Oil Tanker Co SAK v Al Bader[162]案中,摩尔·比克(Moore-Bick)根据这一论断提出:“不诚实地参与盗窃行为的人,即使是作为当事人而不是委托人,也必须作为推定受托人与实际的小偷一起承担法律责任。”一个从陌生人那里偷窃的小偷如果没有向受害人解释财产,就违反了信托义务,这一观点令人怀疑,这是对信托概念的扭曲,与索宾卡(Sopinka)在 Norberg v Wynrib[163]案中提出的有益警告相悖,索宾卡提出的“衡平原则不能仅仅为了改善救济的性质和范围而引进”。

但是,即使布朗·威尔金森勋爵的主张过于激进,似乎盗窃案中的同谋者仍可能通过其他途径而对提供不诚实协助承担责任。这就引出了我们的第四个也是最后一个问题。因为在 Grupo Torras SA v

---

[161] [1996] AC 669, 716. 最近的其他案例涉及这样一种情况,即雇员根据对索赔人的事先存在的受托责任而被偷去了钱,并且将这笔钱的推定信托强加于雇主,结果雇主显然有权起诉第三方,因为他们不诚实地协助(或有意地接收已支付的钱)违反了推定信托。See National Australia Bank Ltd v Rusu [2001] NSWSC 32 (where the claims in dishonest assistance and knowing receipt were both unsuccessful); Treaty Group Inc v Simpson [2001] 103 ACWS (3d) 1072 (where the dishonest assistance claim failed and the knowing receipt claim succeeded); Casio Computer Co Ltd v Sayo [2001] EWCA Civ 661 (preliminary proceedings in a claim for dishonest assistance). Another case of this sort may also have been Trustor AB v Smallbone (CA 9 May 2000) esp paras 97 – 98 (Scott V – C). 尽管在随后的诉讼中,莫瑞特副大法官似乎理解了案件的相关部分,提出了一个不同的问题,即公司股东是否应负责知晓公司收到了因违反信托或受托责任而支付的款项的收据,但莫瑞特副大法官似乎并没有完全理解斯科特副大法官关于不诚实协助点的发现要点。此外,不幸的是,他将该案件作为一个公司的蒙面/知情接收类型的案例进行分析,并没有考虑到罗斯·格兰瑟姆(Ross Grantham)在“恢复和无力偿债的公司:对股东的关注”中有深刻的讨论。里默在委托人 AB v Smallbone 案一审中秘密作出判决,并对其判决的公布施加了限制。

[162] QBD (Comm Ct) 17 December 1998.

[163] [1992] 92 DLR (4th) 449, 481.

Al-Sabah (No 5)[164]案中,曼斯(Mance)(初审法官)认为:

就[Trustee of FC Jones & Sons (a firm) v Jones][165]案表明,一个陌生人C提取第三方B的款项不会违反信托责任,但可能仅会在普通法上承担责任,看起来最不可能的是这可能意味着一个第三方D不诚实地辅助C可以逃避不诚实协助的责任。琼斯并不关心这种情况,他确实认识到(在不同的背景下),如果一个人在普通法上没有头衔,而在衡平法上只有赤裸的法律头衔和推定信托,那么这种地位所提供的保护就会低于衡平法上的地位,这将是荒谬的。

我不知道该如何理解这一点,因为琼斯所受责任的性质是一个有争议的问题,而曼斯没有说明他对这一点的看法。一方面,他可能认为,在个人因不当得利而主张恢复被告手中财产的情况下,帮助他人挪用财产的,可能产生不诚实的协助责任;另一方面,他可能认为,它可以附加到那些协助挪用财产的人在普通法导致个人索赔,维护索赔人的财产权利,类似于上议院在Foskett v McKeown[166]案中承认的所有权衡平法主张。无论如何,曼斯的这句名言标志着与以前的判例法不同,因为它表明,在普通法上导致优先责任的情况下,帮助他人不当占有财产的人可能要承担不诚实协助责任,甚至可能是在普通法上没有建立在错误基础上的主要责任。

3. 何种类型的违反

在实践中,不诚实的协助者与不诚实的受托人或其他受托人合作的情况经常发生,但问题是,如果主要违反义务本身出于善意,被告是否可以被确定不诚实协助责任。正如已经说过的,枢密院在文莱皇家

[164] QBD (Comm Ct) 24 June 1999; aff'd on a different point [2001] Lloyd's Rep Bank 36.

[165] [1997] Ch 159.

[166] [2001] 1 AC 102.

案中肯定回答了这个问题,[167] 英国法院似乎不太可能在这一点上拒绝遵从枢密院的意见,即使上诉法院以前在 Barnes v Addy[168] 案和 Belmont Finance Corp v Williams Furniture Ltd[169] 案中作出了不同的裁决。

枢密院在这一点上的决定也被新西兰法院视为良法。[170] 但加拿大并没有遵循这一原则,根据加拿大最高法院对 Air Canada v M & L Travel Ltd[171] 案的裁决,加拿大法院继续坚持认为存在不诚实违反信托或受信义务的行为。在澳大利亚,法院的立场并不明确,因为在最近的一些案件中,法院又回到了 Barnes v Addy 案,认为首要违约必须是"欺诈性和不诚实的"。[172] 然而,澳大利亚关于附属责任的主要案件仍然是澳大利亚高等法院对 Consul Developments Pty Ltd v DPC Estates Pty Ltd[173] 案的判决,史蒂芬(Stephen)提到协助者必须知道

---

[167] Text to n 3 above.

[168] [1874] 9 Ch App 244.

[169] [1979] Ch 250, 267 (Buckley LJ), and 273 – 274 (Goff LJ); also Belmont Finance Corp Ltd v Williams Furniture Ltd (No 2) [1980] 1 All ER 393, 405 (Buckley LJ) and 407 (Goff LJ).

[170] Cigna Life Insurance (New Zealand) Ltd v Westpac Securities Ltd [1996] 1 NZLR 80; Equiticorp Industries Group Ltd (in stat man) v R (No 47) [1998] 2 NZLR 481, 550 (Smellie J). Cf Westpac Banking Corp v Savin [1985] 2 NZLR 41, 70 (Sir Clifford Richmond); Powell v Thompson [1991] 1 NZLR 597, 613 (Thomas J).

[171] [1993] 3 SCR 787, 813 – 826 (Iacobucci J), followed on this point in many cases, for example: Gold v Rosenberg [1995] 25 OR (2d) 601, 604 – 605 (Laskin JA), aff'd [1997] 3 SCR 767, 782 (Iacobucci J); Citadel General Assurance Co v Lloyd's Bank Canada [1997] 3 SCR 805, 819 (La Forest J); Gordon v Winnipeg Canoe Club [1999] 172 DLR (4th) 423, 437 (Huband JA); Burton v Global Benefit Plan Consultants Inc [1999] 178 Nfld & PEIR 169, 173 (Orsborn J); Northland Bank v Willson [1999] 249 AR 201, 223 (Wilkins J); Sorrel 1985 Limited Partnership v Sorrel Resources Ltd [2001] 1 WWR 93, 107 (Picard JA); Glenko Enterprises Ltd v Keller [2001] 1 WWR 229, 249 (Huband JA).

[172] Lyford v Commonwealth Bank of Australia [1995] 13 ACLC 900, 914 (R D Nicholson J); National Mutual Property Services (Australia) Pty Ltd v Citibank Savings Ltd (Fed Ct of Aus 25 May 1998); Gertsch v Atsas [1999] NSWSC 898.

[173] [1995] 132 CLR 373.

"欺诈或违反信任"的要求[174],麦蒂尔南(McTiernan)和吉布斯(Gibbs)也表示,首要违约不需要是欺诈,[175]这是昂戈德·托马斯(Ungoed-Thomas)在 Selangor United Rubber Co v Cradock (No 3)案中得出的结果。[176] 此外,文莱皇家案的规则在 Compaq Computer Australia Pty Ltd v Merry 案[177]中得到了芬克尔斯坦(Finkelstein)的明确遵循,而在 Turner v TR Nominees Pty Ltd[178]案中,桑托(Santow)发现没有必要确定这一点(因为托管人在事实上是不诚实的),但注意到:[179]尼科尔斯勋爵制定了一项新的附属责任原则,该原则符合科尔比(Kirby)在 Equiticorp Finance Ltd (in liq) v Bank of New Zealand 案中对塞尔伯恩(Selborne)的批评。[180] 科尔比评论说,他"看不出有什么理由使信托资金的接收方银行承担责任,证明违约是为了推进涉及新西兰银行的'不诚实和欺诈性设计'"。

(三)协助

当然,有许多方法可以促进一个首要违约的发生,这是人类的想象力可以达到的。然而,在实践中,在过去几十年里,对不诚实协助的指控大多是针对金融、法律专业人士和组织的,如会计师、银行、公司董事、律师等。毫无疑问,这反映了一个事实,即他们的专业知识和地位使得没有他们的帮助许多金融欺诈无法实施。毫无疑问的是,他们对法院管辖权的适应性和雄厚的财力使得起诉他们是值得的。

针对公司董事的不诚实协助申索会引起的特别的问题以及针对

[174] Consul Developments Pty Ltd v DPC Estates Pty Ltd [1975] 132 CLR 412.

[175] Consul Developments Pty Ltd v DPC Estates Pty Ltd [1975] 132 CLR 386 (McTiernan J) and 398 (Gibbs J).

[176] [1968] 1 WLR 1555, 1582 and 1590, rejected in England by the Court of Appeal in the Belmont Finance case (n 5 above).

[177] [1998] 157 ALR 1, 5 – 6.

[178] [1995] 31 ATR 578.

[179] Turner v TR Nominees Pty Ltd [1995] 31 ATR 591 – 592.

[180] [1993] 32 NSWLR 50, 105.

银行的不诚实协助申索也会引起的特别的问题,将在下文讨论。针对银行从客户账户中支付资金的诉讼(不成功)的典型例子是 Lipkin Gorman v Karpnale Ltd 案[181],合伙人违反其对其他合伙人的信托义务,从公司账户中提取资金。上诉法院认为这类索赔很少发生,因为客户通常更容易证明违反了银行对客户的合同注意义务,而不是证明参与支付款项的银行官员不诚实。[182] 向律师索偿的一个典型例子是 Dubai Aluminium Co Ltd v Salaam[183]案。在该案中,一名律师就一项不诚实协助的诉讼达成和解,理由是他声称,除其他外,他起草了虚假法律文件,旨在促进或掩盖向第三方欺诈转让索赔公司财产的行为。一个典型的针对会计师的索赔案例是 Lurgi (Aust) Pty Ltd v Ritzer Gallagher Morgan Pty Ltd[184]案,被告会计师被发现负有不诚实

---

[181] [1989] 1 WLR 1340, not considered on appeal: [1991] 2 AC 548. See too Aroso v Coutts & Co [2002] 1 All ER (Comm) 241. 在这种情况下,败诉的理由是,存入银行的钱是作为索赔人的信托而持有的,而当银行从账户中支付款项给其中一个账户持有人的命令时,不诚实地协助违反了信托。

[182] 参见 Lipkin Gorman v Karpnate Ltd [1989] 1 WLR, 1376 – 1378 (Parker LJ); Barclays Bank plc v Quincecare Ltd [1988] 1 FTLR 507, 516 – 517 (Steyn J)。在这种情况下,银行在合同和侵权方面的责任将是共同广泛的。在处理代表银行付款的订单时,确认银行在合同和/或侵权行为中对其客户负有注意义务的澳大利亚案例如下: Ryan v Bank of NSW [1978] VR 555, 578 – 582 (McGarvie J); Varker v Commercial Banking Co of Sydney [1972] 2 NSWLR 967, 975 – 979 (Macfarlan J)。上诉人银行在 National Australia Bank Ltd v Gordon (Victoria CA 11 April 1996) 中也承认了这一点。然而,斯泰恩(Steyn)的评论被 NSWCA 考虑,在 Sansom v Westpac Banking Corp (1996) Aust Tort Reps 81 – 383 中,Sheller JA 指出,如果他们是正确的,那么"Westpac 在侵权行为中负有比受托人更大的责任",并得出结论,这两种责任的内容是相同的,结果是,一家银行如果对情况没有足够的了解就进行调查,并不违反其对客户的习惯法义务。Powell JA 在结果中同意,但不否认银行在普通法上的义务可能超出其在权益方面的义务。

[183] [2001] QB 113. See too Bank of New South Wales v Adams [1982] 2 NSWLR 659; Equiticorp Group Ltd v Hawkins [1991] 3 NZLR 700; Beach Petroleum NL v Abbott Tout Russell Kennedy [1999] 48 NSWLR 1; Twinsectra Ltd v Yardley [1999] Lloyd's Bank Rep 438, 462 – 466 (Potter LJ).

[184] [2000] VSC 277. See too Agip (Africa) Ltd v Jackson [1990] Ch 265, aff'd [1991] Ch 547; Spring-field Acres Ltd (in liq) v Abacus (Hong Kong) Ltd [1994] 3 NZLR 502; News International plc v Clinger (Ch D 17 November 1998) paras 380 – 388 (Lindsay J); Barret v McCormack [1999] 4 ITELR 1; Gencor ACP Ltd v Dalby [2000] 2 BCLC 734.

协助责任,他让两名公司董事通过制造一系列虚假发票、编制空壳公司账簿(利用这些空壳公司的资金进行洗钱)以及处理空壳公司的银行账户来欺诈公司,从而使他们从公司窃取资金。

1. 因果影响

被告人以相关方式协助违反首要义务,他的作为或不作为[185]必须帮助了主要违法者:如果他的作为或不作为阻碍了主要违法者或对主要违法者的帮助"微不足道",他就不能在相关方面构成协助主要违反。[186] 索赔人无须证明不诚实协助者的行为"不可避免地(造成)损失",[187]也无须证明不诚实协助者"只是参与了导致(首要违约)的一系列事件中的一部分",或声称(首要违约)在没有他的协助下也可能会发生。[188] 但是,尽管法院"参与评估违反信托或信义义务方面不诚实协助的确切因果意义"的尝试是"不合适的",[189]申请人必须证明被告的行为或不作为具有某种因果意义,因为"如果没有因果影响并且因此[被告]没有提供协助……良心的要求[根本不]需要任何补救"[190]。

由此可见,虽然被告可能因首要违约行为发生之前的作为或不作

[185] 不作为代表的特殊问题将在下文讨论。

[186] Baden, Delvaux [1993] 1 WLR 574 (Peter Gibson J).

[187] Baden, Delvaux [1993] 1 WLR 575 (Peter Gibson J).

[188] Balfron Trustees Ltd v Peterson [2001] 151 NLJ 1180, transcript para 21 (Laddie J),拉迪指出,不诚实协助者的责任来自"帮助主要违法者的事实",而"不是因为他(实施)了所有,甚至大部分构成首要违约的行为"。

[189] Grupo Torras SA v Al-Sabah (No 5) (QBD (Comm Ct) 24 June 1999) (Mance LJ, sitting as a judge at first instance); aff'd on this point [2001] Lloyd's Rep Bank 36, 61 (per curiam), and again in Casio Computer Co Ltd v Sayo [2001] EWCA Civ 661, paras 15 (Tuckey LJ) and 52 (Pill LJ). 我想知道,在后一个案例中,塔基和皮尔是否正确,即索赔人是否不需要证明不诚实协助者的行为和索赔人的损失之间存在任何因果关系?

[190] Brown v Bennett [1999] 1 BCLC 649, 659 (Morritt LJ).

为而承担责任,[191]但如果他的作为或不作为只是在首要违约行为完全实施之后才发生,被告就不可能承担责任。[192] 如果主犯犯了一系列违法行为,被告只能对其行为或不作为造成影响的行为负责。[193]如果被告没有促成该违约或协助实施该违约,则不足以使被告承担责任,即他只是享受了从首要违约中获得的个人利益。[194]

同时,如果被告积极地使不法受托人从基本违反义务中获得某些个人利益,则被告可对不诚实协助承担责任。因此,吉尔斯(Giles)在 BTR Engineering (Australia) Ltd v Patterson 案中认为:[195]

---

[191] R P Austin "Constructive Trusts" in P D Finn (ed) Essays in Equity (Law Book Co Sydney 1985) 196, 237-238, discussing Adams v Bank of New South Wales [1984] 1 NSWLR 285:"如果第三方协助违反信任,而在协助时只是被逮捕,则说他永远不负有责任,这是太僵化了。但亚当斯证明,恐惧的理由必须是强有力的……"关于这类协助,见 Aequitas Ltd v Sparad No 100 Ltd (formerly Australian European Finance Corp Ltd) [2001] NSWSC 14:一家公司董事推动了一项计划,通过合资企业扩大公司的业务,其中包括任命公司的顾问担任目标公司的董事;这个计划"结构上有缺陷",因为它导致顾问处于"不可避免的、无法挽回的"利益冲突的位置;因此,董事协助顾问违反受托责任,尽管在事实上他没有不诚实。

[192] 正如在 Brown v Bennett [1998] 2 BCLC 97, 105 中(拉蒂在上诉中确认的这一点):"在奥西斯出现之前,违背和由此造成的对公司的损害已经完成。"

[193] Grupo Torras SA v Al-Sabah (No 5) [QBD (Comm Ct) 24 June 1999] (曼斯作为初审法官):"有必要确定违反信托或义务的行为是协助造成的,以及违反信托或义务造成的损失是什么。指控一个单一的、持续的阴谋犯下并掩盖挪用是一回事。但它可能涉及一系列违反信托或受托责任的行为。实际损失可能发生在挪用的初期,而不是掩盖。仅限于掩盖阶段的不诚实协助可能会或不一定会招致先前这种损失的责任。"

[194] Cf BTREngineering (Australia) Ltd v Patterson [NSW Sup Ct (Comm Div) 20 June 1991] (Giles J):"获得(贷款)清偿的好处……(被告)作为担保人显然负有第二责任,在我看来,这似乎不是所需要的协助。"同时参见 Satnam Investments Ltd v Dunlop Heywood & Co Ltd [1999] 1 BCLC 385, 390 (Nourse LJ),强调被告公司,莫尔班,并没有索取从另一个被告那里收到的违背信托责任的信件,这封信中包含了莫尔班后来利用的有利信息。在第 403 页,他还表示,"尽管(审判法官)提到'莫尔班在知情的情况下违反了受托责任',但我们不能将此视为发现莫尔班参与了违约行为",而且"有必要强调,莫尔班没有参与(其他被告)违反对(原告)的受托责任"。根据这些陈述,很难知道如何理解他在第 404 页的进一步评论,即"我们本不想排除[不诚实协助的索赔]的可能性……"如果法官认定莫尔班不诚实,那么他就成功了。

[195] NSW Sup Ct (Comm Div) 20 June 1991.

对受托人的利益通常是其违约的一个因素，但即使不是这样，受托人也可能为了获得利益而违反义务。没有理由通过忽视现实来限制衡平法责任的延伸，而现实是，获取利益——将其交到他的手中或按他的意愿使用——通常对违约的受托人来说至关重要。那就是他违背职责的原因。那是他计划的一部分，一个在这一计划中提供帮助的陌生人可能要承担相应的责任。

同样，诺斯在海恩尔案[196]中认为，在资金被藏匿到受益人找不到的地方之前，不充分执行导致资金滥用的违反信托行为，结果是，在有关资金从信托账户中删除后，那些协助洗钱活动的人可能要对不诚实协助负责。我们可以把这些裁决同曼斯在 Grupo Torras SA v Al-Sabah(No 5)[197]案中的初步裁决相比较，即被告之一的名为索勒的公司董事不构成不诚实地协助挪用公司资金，因为他向审计人员提供误导性的信息，并向股东提供误导性的账目，是为帮助掩盖公司的亏损。用法官的话来说：

没有证据表明，如果没有索勒先生的这种行为，现在丢失的资金本可以收回，甚至没有证据表明，如果没有这种行为，随后的挪用也不会发生。在这种情况下，尽管索勒先生的行为应该受到谴责，但我不认为它招致附加责任……

---

[196] See [1999] Lloyd's Rep Bank 511, 523 (Nourse LJ), approving Agip (Africa) Ltd v Jackson [1990] Ch 265, 293 (Millett J). Cf Donnelly v Gibson Sheat Nominees Ltd (NZ High Ct 13 December 1993)，赫伦认为，当受托人违约先于他的协助时，某人可以协助违反信托行为，但该协助"在造成损失的意义上是实质性协助"；Computer Co Ltd v Sayo [2001] EWCA Civ 661, Para 22 (Tuckey LJ)，质疑安东尼·曼(Anthony Mann)最初的结论，即"(索赔人的)损害仅发生在(其)银行账户的提款时"，并暗示"当钱从不当行为的受托人自己的账户中提取并转移到其他地方时，也会造成损害"。

[197] QBD (Comm Ct) 24 June 1999.

上诉时没有考虑这些裁决。[198] 关于曼斯,它们很难与已经提到的裁决相调和,而且它们似乎也不符合一项原则,即索赔人只需要表明一个不诚实协助者的行为对首要违约的实施具有某种因果意义。

2. 不作为

在文莱皇家案中,尼科尔斯勋爵认为"诚实及其对应的不诚实主要与不诚实的行为有关"[199]。与这一意见一致的是,法院在最近的案件中倾向于认为,被告必须采取一些积极行动,才能被认定为不诚实协助者。换句话说,法院通常不愿以被告被动地默许了另一个人的活动为基础确定被告的责任。[200] 法院可能因这种倾向而受到批评,在某种程度上,它反映了法院没有认识到在某些情况下,一项不作为与一项积极行动具有同样大的因果影响。然而,必须铭记的是,对处于特定地位的诚实者是否会以特定方式行事的假设性调查是出了名的困难,[201] 计算这种行动的可能后果以及诚实者随后会对这些后果采取的进一步行动同样困难。[202] 法院的做法在一定程度上反映了对这些困难的正确理解,因此它似乎是站得住脚的,尽管它可能会澄清一些问题,如果它们明确说明在这一点上它们的许多决定中所隐含的内容,即索赔人要想主张协助"责任",就必须表明所申诉的行为或不作为在某种程度上使首要违约行为得以发生。

---

[198] [2001] Lloyd's Rep Bank 36.

[199] Royal Brunei [1995] 2 AC 389.

[200] 除了在下文中讨论的案例,参见 Equiticorp Industries Group Ltd (in stat man) v R (No 47) [1998] 2 NZLR 481, 664 – 667, esp 667 (Smellie J):"我还不至于认为,默许永远不会等于协助。也许在某些情况下,它会这样做,尽管这些情况难以想象。"

[201] Cf H L A Hart and T Honoré Causation in the Law (2nd edn OUP Oxford 1985) 412:"如果被告可以不止一种方式遵守法律,我们应该假定他会以最便宜的方式遵守法律,以最低限度遵守法律,还是以最有效的方式遵守法律?"

[202] Causation in the Law (n 201 above), 413:"当人的反应受到质疑时,一个困难往往来自这样一个事实,即我们很少能肯定地说,一个人会如何对一个没有发生的情况作出反应";417:"证明一种依赖于几种假设偶然性的联系比证明一种依赖于少数偶然性的联系更难。"

有关这些担忧最清晰的司法表述,可以在新南威尔士上诉法院的Beach Petroleum NL v Abbott Tout Russell Kennedy 案〔203〕的判决中找到。在这里,法院认为上诉人公司提交材料的结构存在“根本缺陷”,它采用了两阶段的方法,即首先确定被告律师所掌握的知识,然后确定一个诚实的人在同样的情况下会采取何种积极步骤。法院认为,这种方法不能令人满意地证明律师的不作为是不诚实的,因为它“是基于假定,即给定了某种知识状况……诚实的人只会做一件事”,然而,在这个案例的情况下,没有任何证据表明这样的结论是通过合理的方式打开的,更不用说必要的推论了。此外,上诉人未能“确定一个诚实的人所要求的任何一个步骤比其他任何步骤都重要”,因此实际上“请法院就因果关系进行了一系列令人眼花缭乱的交替调查”。

关于这个问题的其他案件包括 Brinks Ltd v Abu-Saleh (No 3)〔204〕案,里默认为,抢劫金条的收益可以作为信托资金,因为这些金条是从索赔人那里挪用的,违反了索赔人所负的信托责任,该劫匪是受雇于索赔人的一名保安,他向他的同伙提供了索赔人仓库的钥匙和关于仓库安全安排的信息。然而,里默拒绝认定被告在陪同丈夫前往瑞士旅行时协助违反了信托关系。在瑞士,丈夫将大量现金存入一家瑞士银行,为抢劫所得进行洗钱。实际上,里默赦免了她的责任,理由是她被动地默许了丈夫的活动。这可能是对她行为的一种慷慨解释,因为她曾积极陪同他的旅行,这样做为他提供给瑞士海关官员的表面故事提供了真实性,即两人是因公进入瑞士的古董商。

---

〔203〕 [1999]48 NSWLR 1, 87 – 89 (per curiam).

〔204〕 The Times 23 October 1995; Nightingale Finance Ltd v Scott (Ch D 18 November 1997),卡恩沃斯认为,“作为‘知情协助者’的第三方要承担责任,他必须是违反信托的积极参与者”,而且,如果第三方在为自己的利益行事的过程中顺便消除了不当受托人道路上的障碍,就不可能作为受托人违约的从犯承担责任,即使他拥有承担责任的必要心理状态。

在 Treaty Group Inc v Simpson[205]案中,帕尔杜(Pardu)拒绝认定被告在妻子未向雇主报告其活动的情况下,协助其妻子挪用雇主的钱。在另一个加拿大案件,Bare Land Condominium Plan 8820814 v Birchwood Village Greens Ltd[206]案中,内申(Nation)认为一名公司董事应对故意协助该公司违反法定信托承担责任,该董事一直是公司的"控股股东",但拒绝认为另外两名董事也负有类似责任,因为他们没有积极参与被投诉的交易。这一裁决与最近其他一些有关公司董事的案件相比,显得相当令人不安。在这些案件中,董事负有监督彼此活动的积极义务,并在监督公司事务中发挥积极作用。[207]

最后,在 Goose v Wilson Sandford & Co (No 2)[208]案的一审判决中,里默认为,合伙企业不能对不诚实协助承担责任,在他们未能阻止其客户(受托人)向委托人作虚假陈述的情况下。里默在本案中也提出了略微不同的观点,他"不理解 A 如何能帮助 B 不披露某些事情",除了通过陈述使 B 的沉默更加真实——在这种情况下,他认为针对受托人的投诉应该被视为共谋或欺骗的主张,而不是不诚实协助的主张。尽管如此,更好的观点是,如果第三方对委托人作出了积极的陈述,使受托人未能披露他应该披露的事项,从而违反了他的义务,那么第三方肯定协助违反了受托义务。上诉法院在上诉时维持里默的判

---

[205] (2001)103 ACWS (3d)1072, para 15(无论如何,被告须向其妻子的雇主负责,因为他知情接收)。Cf Banque Nationale de Paris v Hew [2001] 1 SLR 300, 336 – 8 (Lai Kew Chai J), 不幸的是,法官没有明确指出,当被告没有向主犯的雇主报告他们对主犯非法外汇交易的知情时,他们是否帮助主犯违反了信托义务。cf Lurgi (Australia) Pty Ltd v Gratz [2000] VSC 278, paras 59 – 69,其中伯恩承认主犯的妻子协助其违反雇主义务,但不承认她这样做是不诚实的。

[206] Alberta QB 30 November 1998, paras 67 – 70 (Nation J); Hub City Supplies v Total Drywall Ltd (British Columbia Sup Ct 16 Sept 1996) para 17 (Dillon J), 狄龙(Dillon)发现一名董事没有协助公司的首要违约,因为她"没有参与公司的业务决策,只处理了一些小的文书工作"。

[207] Re Barings plc (No 5) [2000] 1 BCLC 523, esp 535 – 536 (per curiam), affirming Jonathan Parker J at first instance: [1999] 1 BCLC 433, 483 – 489.

[208] Ch D 25 January 1999.

决,即被告没有承担任何责任,不同的理由是,被告并未就其不诚实的客户违反信托责任向索赔人作出陈述。因此,议员们认为没有必要讨论里默所说的这些陈述本身不能构成协助的说法是否正确。[209] 然而,在这方面,我们可以注意到帕顿(Patten)最近在 Fayers Legal Services Ltd v Day[210] 案中的判决。在这里,一名财务顾问积极参与了一家公司的管理工作,从而帮助维持该公司作为合法企业经营的假象。帕顿认为,通过这些行为,顾问恰当地协助了公司主要董事违反信义义务。该主要董事多年来系统地挪用公司资产,并通过向股东作出一系列虚假陈述来掩盖这一事实。

3. 委托人和代理人

委托人的代理人违反对索赔人的义务,即使代理人为了中饱私囊而有不诚实行为,只要被代理人在履行自己业务的过程中实际上或者表面上授权代理人实施过错行为,也可以对代理人的过错承担民事责任。[211] 但是,有时也有人认为,委托人应当对代理人的违约负责,因为另一种原因,即委托人因授权代理人采取行动而犯了不诚实协助的错误。这类论点在法庭上并没有得到特别良好的处理,也许是因为据称在有关案件中构成协助的"授权"是一种相当离题的性质。

因此,有人认为,公司的股东通过向公司提供财务手段,"授权"公司采取行动,从而协助其违反对第三方的义务。但作为回应,法院已经明确表示,这种"资本性控制"不足以确定股东作为协助者的责任,而且需要一些更接近"职能性控制"的东西——不能说公司的股东帮助公司违反了对第三方的义务,除非董事促使公司违反股东的明确指示(当然,也有可能,股东可以是公司的董事本人)。

因此,例如,在 Springfield Acres Ltd (in liq) v Abacus (Hong

---

[209] CA 14 March 2000.

[210] Ch D 11 April 2001, para 75.

[211] Armagas Ltd v Mundogas SA [1986] AC 717, 781 – 783 (Lord Keith); Alliance and Leicester BS v Edgestop [1994] 2 EGLR 229, 251 (Mummery J).

Kong) Ltd[212]案中,一家公司的董事不诚实地促使公司接收另一家公司挪用的资金,并将这些资金支付给第三方,亨利(Henry)在新西兰高等法院裁定,“被告拥有第一家公司的事实本身并不足以使被告对该公司的行为负责”。同样,在加拿大的一宗案件,Transamerica Life Insurance Co of Canada v Canada Life Assurance Co 案[213]中,夏普(Sharpe)认为,“在没有知情参与违反信托行为的证据的情况下,法律不会仅仅以目标被告是犯衡平法上错误的公司实体的所有人为依据,就对被告强加衡平法上的责任”。

在澳大利亚的 Tableau Holdings Pty Ltd v Joyce[214]案中,也出现了一个相关的问题,得到了类似的回答。在该案中,上诉人公司的一名董事兼股东违反了对第三方的受托责任,该公司间接受益。第三方起诉该公司不诚实协助。董事和他的兄弟是公司仅有的董事,他们和他们的妻子是公司仅有的股东。第三方争辩说,这些事实无情地导致了一种推论,即该董事的行动是由公司授权的,其结果是,该公司在有关方面协助了他的违规行为。然而,法院驳回了这一论点,并表示在该公司被认为协助该董事的不当行为之前,还需要做更多的事情。斯泰特勒(Steytler)在法庭上发言时还认为,公司从其协助的违反义务行为中间接获益这一事实并不成立。[215]

从另一个角度来看委托人和他的代理人之间的关系,我们可能会看到代理人常常因为协助其当事人违反衡平义务而承担责任,尤其是当我们看有关公司董事的案件时。在文莱皇家案中,被答辩董事总经理承认,他“协助”了他的公司违反信托,导致其公司滥用上诉人的信托基金——许多其他当局也表明,如果犯有首要违约行为的董事导致

---

〔212〕 [1994] 3 NZLR 502, 512.

〔213〕 [1996] 62 ACWS (3d) 891. Subsequent proceedings: [1998] 22 ETR (2d) 106; reversed in part: Ontario CA 9 April 1999.

〔214〕 WA Sup Ct 14 June 1999.

〔215〕 Cf the text to nn 233 and 234 below.

其公司参与相关交易，可能要对不诚实协助承担个人责任。[216] 然而，上诉法院最近在 Standard Chartered Bank v Pakistan National Shipping Corp (No 2)案(以下简称渣打银行案)中作出的裁决引发了与这些公司董事案件有关的问题。[217]

要解释这一点，首先必须注意到英国法院发展了两种不同的公司行为理论。通常采取的立场是，公司只能通过实际或表面上被授权代表其行事的个人采取行动，[218] 而应使用代理规则和替代责任原则来确定公司是否受任何特定个人行为的约束或对任何特定个人行为负责。这些规则被霍夫曼勋爵(Lord Hoffmann)在 Meridian Global Funds Management Asia Ltd v Securities Commission 案(以下简称子午线案)中称为"主要归因规则"。[219] 它们与下述观点一致，即作为公司代理人的个人，在侵权行为中，例如，他对第三方的行为，即使这些行为是在公司雇用他期间和在他的职权范围内发生的，即使公司本身因此要对同样的错误承担代理责任，其个人可能也要承担个人责任。

然而，令人困惑的是，英国法院还认为，在某些情况下，将公司代

---

[216] Scott and Scott v Riehl and Schumak [1958] 15 DLR (2d) 67, 73–74 (Wilson J); Watson v Dolmark Industries Ltd [1992] 3 NZLR 311, 316 (Cooke P) and 319 (Gault J); Air Canada v M & L Travel Ltd [1993] 3 SCR 787, esp 827–828 (Iacobucci J); Turner v TR Nominees Pty Ltd [1995] 31 ATR 578; HR v JAPT [1998/1999] 2 OFLR 252, 284 (Lindsay J); Glenko Enterprises Ltd v Keller [2001] 1 WWR 229, 252–253 (Huband JA); Bare Land Condominium Plan 8820814 v Birchwood Village Greens Ltd (Alberta QB 30 November 1998) paras 57–73 (Nation J); Van Vliet Construction 1988 Ltd v Jaeger (British Columbia Sup Ct 9 Jan 1998); Botterill v Schuringa (Out CA 10 Dec 1998). See too Australian Securities Commission v AS Nominees Pty Ltd [1995] 18 ACSR 459, 476 (Finn J). 注意到知情协助的责任"对于信托公司的董事来说意义重大，因为往往是他们自己在行使董事会权力时的行为导致他们的公司违反信托"。在 Casio Computer Co Ltd v The Times 6 February 2001, Para 16 案中，安东尼就另一点提出：董事可以对不诚实协助负责，他使他的公司在违反信任的情况下收到资金，因此为知道收到资金而承担责任。

[217] [2000] 1 All ER (Comm) 1.

[218] Freeman and Lockyer (a firm) v Buckhurst Park Properties Ltd [1964] 2 QB 480; British Bank of the Middle East v Sun Life Assurance Co of Canada (UK) Ltd [1983] 2 Lloyd's Rep 9; First Energy (UK) Ltd v Hungarian International Bank Ltd [1993] 2 Lloyd's Rep 194.

[219] [1995] 2 AC 500, 507.

理视为通过其可能与之“一致”的人进行行为是恰当的,其结果是,该人的心理状态被认为是该公司的心理状态,因为他在行为时“是”该公司。这一理论被霍夫曼勋爵在子午线案中称为一种“特殊”的归因规则[220],当我们讨论法人是否会有不诚实行为时,将在下面回答它。[221] 不过,现在值得注意的一点是,“身份确认原则”可以用来确定公司对个人行为负有责任这一事实,并不一定意味着此人也不能对个人行为承担个人责任。[222] 然而,伊文斯(Evans)最近在渣打银行案中得出了一个结论,他认为,以其他方式持有将威胁到公司独立法人人格的“卓越性”,并据此认为,公司董事在受雇过程中向原告作出欺诈性虚假陈述的,不应以个人名义对欺诈侵权行为承担责任。[223]

伊文斯的分析受到罗斯·格兰瑟姆观点的强烈影响,他认为法院用来描述某些组织法人人格的语言只不过是一种便利的隐喻性简写,用来表示修改或废除通常适用于这些作为自然人合伙人的实体法是恰当的。[224] 然而,在处理此观点时需要谨慎一些。理解法人人格的语言是很有帮助的,因为它可以简化这样的结论:在某些情况下,修改

[220] Meridian Global Funds Management Asia Ltd v Securities Commission [1995] 2 AC 507.

[221] 参见下文第 4 部分。

[222] A point well made in J Armour "Corporate Personality and Assumption of Responsibility" [1999] LMCLQ 246.

[223] Standard Chartered Bank [2001] 1 All ER (Comm) 20, glossing the House of Lords' decision in Williams v Natural Life Health Foods Ltd [1998] 1 WLR 830; Hirst LJ's judgment in the Williams case in the Court of Appeal, [1996] 1 BCLC 131, 148, approving Trevor Ivory Ltd v Anderson [1992] 2 NZLR 517, 527 (Hardie Boys J). And cf Harman v Tappenden [1801] 1 East 555, 102 ER 214, cited in Mill v Hawker [1874] LR 9 Ex 309, 321 – 322 (Kelly CB) (dissenting), 为了支持以下声明:“我认为这是一个确定的法律:对于公司以公司身份进行的公司行为,除非该行为是由被指控的个人恶意进行的,并且公司名称仅仅被用作恶意行为的一种色彩,否则不应对公司的个人成员提起诉讼。”皮戈特(Piggot)和克利斯比(Cleasby)并没有提到这一点,因为他们认为所涉及的行为是越权行为,上诉时也不考虑:(1875) LR 10 Ex 92。

[224] This theme is explored in R Grantham "Restitution and Insolvent Companies: Honing in on Shareholders" in F D Rose (ed) Restitution and Insolvency (LLP Ltd London 2000) 220. See also R Grantham and C Rickett "Directors' Tortious Liability: Contract, Tort, or Company Law?" [1999] 62 MLR 133.

或废除英国法律的实体法规则是适当的,因为它们会影响合伙人。这也明确表明,实体法是否应该修改或废除是一个政策问题,应在个案基础上明确加以审议。但伊文斯关于必须给予公司独立法人资格"优先权"的声明带来了这样一种风险,即在未来的案件中,这种政策讨论的必要性将被忽视,如果他的话被理解为,在涉及一群据说具有拟制人格的自然人的每一种情况下,实体规则都必须自动修改或废除。

这基本上是波特的观点,他在考虑伊文斯在 SX Holdings Ltd v Synchronet Ltd[225]案中的分析时,得出了相反的结论,即公司董事可能要为其作为董事所作的欺诈性误报承担责任。波特的讨论值得我们仔细研究,他的方法和结论同样值得我们仔细研究:

> 在欺诈和欺骗的情况下,我们绝不容易从政策或逻辑上看出,为什么赋予《公司法》有关公司独立人格原则的霸权,会导致放宽个人为了自己的经济利益而故意以其利益所在的公司的名义欺骗他人的追责。鉴于过失责任是对因疏忽而对"邻居"造成的损害而施加的责任,以及/或基于被告已故意对受害索赔人承担个人责任的假设,欺诈责任是基于代表故意(或轻率地)对"目标"代表造成的伤害而施加的责任。(在)另一篇文章中,斯泰恩勋爵(Lord Steyn)明确表示从威慑和道德的角度看,这一理论的基本原理是基于对故意不法行为的被告施加更广泛的个人责任,而不是施加在民事损害赔偿中较少应受谴责的被告身上的。[226]

---

[225] CA 10 October 2000, paras 23 – 25; Cf Noel v Poland (QBD (Comm Ct) 14 June 2001),托尔森拒绝对一名公司董事在渣打银行案的法律意见书上进行虚假陈述的问题作出简易判决。托尔森利用 P Watts "The Company's Alter Ego—An Impostor in Private Law" [2000] 116 LQR 525 中的论点,认为 CA 在渣打银行案中的推理与之前的权威机构不可调和,包括 HL 的判决,在 HL 的判决中,对董事欺诈的索赔与对其他代理欺诈的索赔没有区别对待,其中,基于"身份认同原则"的论点没有构成法院推理的一部分。参见 Merrett v Babb [2001] QB 1065,其中梅不同意奥尔德斯对一个类似问题的分析(这本身与奥尔德斯先前在渣打银行案中与埃文斯达成的协议一致)。

[226] Citing Smith New Court Securities Ltd v Scrimgeour Vickers (Asset Management) Ltd [1997] AC 254, 279.

因此,有很多值得说的观点是,有强有力的政策理由来抵消为什么个人责任不应仅仅基于这样一个理由,即该代表据称是以公司董事的身份提出的,并被理解为是以公司董事的身份提出的,特别是当他是该公司的控股股东和策划人时,使用公司名称是自己欺诈计划的重要组成部分。

因此,在公司董事导致公司首要违约或协助公司违约或接收不当资金的情况下,可视情况免除董事因不诚实协助而承担的个人责任。但在法院得出这样的结论之前,它必须首先审查不诚实协助责任的潜在目的及其与公司法规则的相互作用,并且根据波特的前述讨论,法院很可能认为,为了威慑和道德的利益,应该施加责任。

不幸的是,在新西兰的 Springfield Acres Ltd (in liq) v Abacus (Hong Kong) Ltd[227]案中,董事因其职务行为而被免除了此类责任,但没有对相关政策问题进行这样的分析。我们只能猜测,如果法官把心思转到这些问题上,他会如何看待这些问题。然而,从澳大利亚 Wickstead v Browne[228]案的判决来看,如果董事能够被证明积极参与导致其公司主要违反义务,那么他们更有可能被认定为个人责任,而不是被动地未能阻止这种违约的发生。然而,应该记住的是,这些判词可能更多地告诉我们法院对疏忽责任的谨慎态度,[229]而不是告诉我们关于不诚实协助责任的规则与公司人格的相互作用。在 Wickstead v Browne 案中,汉德利(Handley)和克里普斯(Cripps)认为:[230]

起诉书相关地指称,答辩人致使一家公司将上诉人的资金用于自

[227] [1994] 3 NZLR 502, 512 (Henry J).

[228] [1992] 30 NSWLR 1. Cf Southern Equities Corp (in liq) v Bond [1999] SASC 441,德贝尔(Debelle)在罢工程序中提出,由初审法官决定,董事会成员身份本身是否构成明知协助违反公司所履行的义务。Dietrich Steel Ltd v Shar-Dee Towers [1987] Ltd (Ontario CA 3 February 1999) para 28 (McKinlay JA), applying the Ontario Construction Lien Act 1990, S13 (1) (b).

[229] 在上文讨论。

[230] Wickstead v Browne (n 228 above) 16.

己的用途,违反了信托。答辩人是该公司的一名高级行政人员,因此是该公司的“代理人”。衡平法院认为(公司)将上诉人的资金转为自己使用的行为是欺诈行为。因此,索赔陈述抗辩了一些事实,这些事实如果在审判中提出,就可以证明答辩人“参与”了这种欺诈行为或“协助了一种不诚实和欺诈的设计”。同时,对于被告允许公司违反责任的指控,不得披露在 Barnes v Addy 案原则下的任何责任基础。

4. 接收

我们接下来必须讨论的问题是,被告是否会因不诚实的协助而被追究责任,因为他在首要违约行为中获得了信托财产。已经指出的一点是,不诚实协助的责任并不取决于信托财产的接收。[231] 但这并不意味着被告在事实上接收了信托财产的情况下就不能因不诚实协助而被起诉,[232] 尽管在实践中原告往往不选择这样做。

这有两个主要原因。第一种情况是,假设索赔人能够将该资产确定为其财产的可追踪收益,索赔人可能宁愿对接收人手中的资产主张所有权。第二种情况是,他可能更倾向于对接收者个人提起诉讼,要求的过失程度比不诚实要小,这很难证明——尽管我们可以顺便指

[231] See n 43 and text above.

[232] Baden, Delvaux [1993] 1 WLR 572 – 573 (Peter Gibson J); Equiticorp Industries Group Ltd (in stat man) v R (No 47) [1998] 2 NZLR 481, 539 (Smellie J): “that the same facts can give rise to both liability as an accessory and a recipient is well established.” Smellie J notes Powell v Thompson [1991] 1 NZLR 597, where the defendant was found liable under both heads; Agip (Africa) Ltd v Jackson [1990] Ch 265, aff'd [1991] Ch 547, where the defendant accountants were sued under both heads, and were found liable as dishonest assistants but not as knowing recipients; and Nimmo v Westpac Banking Corp [1993] 3 NZLR 218, where neither cause of action succeeded. At 641, Smellie J concluded that on the facts of the Equiticorp case, “both accessory and recipient liability are . . . established.” To the same effect are Standard Chartered Securities Ltd v Lai (Hong Kong Sup Ct 7 March 1995) paras 79 – 83 (Rhind J); Hinds v Uellendahl [1995] NTSC 104, para 83 (Thomas J); Lurgi (Australia) Pty Ltd v Culvert Constructions Pty Ltd [2000] VSC 279, para 26 (Byrne J).

出,在 Air Canada v M & L Travel Ltd[233]案中,利亚科布奇(Iacobucci)认为,如果被告"因违反信任而获得利益,这(可能)会形成一个推断,即陌生人明知违约",因此采取了不诚实的行为,尽管他也说,"接收一项利益既不是得出这种推论的充分条件,也不是必要条件"[234]。在普通法上,过失诉讼比不诚实协助诉讼更容易认定,[235]收款人的衡平诉讼同样容易认定——尽管后一种诉讼所需的过失程度是一个持续争议的问题。[236]

然而,话虽如此,原告可能希望以不诚实协助来起诉已收到信托财产的被告,至少有两个抵销理由。第一,原告可能发现,证明被告收到了其财产或可追踪的收益在证据上是不可能的,或在战术上是不可取的,从而排除了在知情接收情况下的所有权索赔或个人索赔。关于这一点,没有什么可说的,只是要明确指出,索赔人无法证明被告收到了他的财产,如果他想取得任何进展,那么他必须证明被告以其他方

[233] See [1993] 3 SCR 787, 812, followed in Glenko Enterprises Ltd v Keller [2001] 1 WWR 229, 249 (Huband JA); Sorrel 1985 Limited Partnership v Sorrel Resources Ltd [2001] 1 WWR 93, 110 (Picard JA). Iacobucci J cited the following authorities for his proposition: Gray v Johnston [1868] LR 3 HL 1, 11 (Lord Cairns LC); Coleman v Bucks and Oxon Union Bank [1897] 2 Ch 243, 254 (Byrne J); Shields v Governor and Company of the Bank of Ireland [1901] 1 IR 222, 228 (Porter MR); Fonthill Lumber Ltd v Bank of Montreal [1959] OR 451, 468 (per curiam); Selangor United Rubber Estates Ltd v Cradock (No 3) [1968] 1 WLR 1555, 1586 (Ungoed-Thomas J); Groves-Raffin Construction Ltd v Bank of Nova Scotia [1975] 64 DLR (3d)78, 116 - 117 (Robertson JA).

[234] Bare Land Condominium Plan 8820814 v Birchwood Village Greens Ltd (Alberta QB 30 November 1998) para 70 (Nation J):"虽然某些个人利益的性质可能表明信托或个人参与受托人的活动,但它不是自动如此。法律要求(懂行的协助者)参与(不法行为)受托人的活动,而这不仅仅是通过接收个人利益而发现的。"在 Barret v McCormack [1999] 4 ITELR 1 案中,初审法官通过裁决指出,被告会计师从其在首要违约中提供的协助中获益,因为他们从其向主要违法者提供的协助中获得了专业费用;然而,在上诉中,律师"避免将会计师因其工作而收取专业费用(没有证据表明这些费用不是通常的费用)作为不诚实的证据":(1999)4 ITELR 1,21 (per curiam)。

[235] 参见上文讨论的案例和附带的文本。

[236] 这些案例有很多,而且众所周知,这里绝对不是把它们全部重复一遍的地方。虽然上文第二部分简要提到了这一点,但这里也不是重新讨论目前关于知情接收索赔性质辩论的地方。

式协助了首要违约行为；另外要注意到保罗·马格拉斯(Paul Magrath)的观察，“评论员经常(正确地)因为太容易对律师在案件中提出的论点提出异议，而没有意识到战术决定在诉讼中的重要性，而遭到批评”[237]。

第二，原告可以证明被告已收到他的财产，并希望这样做，但被告可以以他是代理收取财产为理由抗辩以收据为基础的起诉：他作为第三方的代理人收取该财产，他对该第三方负有直接责任，而该第三方在被告收到索赔人的财产后立即对索赔人承担责任。近年来涉及行政管理性接收的大多数相关案件涉及对银行的索赔，不幸的是，这些案件的裁决并不总是与对不当得利法、银行法和代理法的正确理解相一致。不过，对我们来说幸运的是，最近乔纳森·摩尔(Jonathon Moore)对这一法律体系进行了详细分析，他的优秀博士论文《银行返还》(*Restitution from Banks*)已完成。[238] 下面是对乔纳森·摩尔论点的总结。[239]

在某种程度上，知情接收的诉讼属于不当得利法，但仅针对为自己获得财产而受益的被告，不针对作为第三方代理人而获益的被告。要区分受益受赠人与法定受赠人，关键问题不在于受赠人是否获得财产的受益所有权(这往往是错误的假设)，[240] 也不在于受赠人是否在接收后将财产移交给委托人。相反，关键问题是，被告是否有责任从收到时起就收到的财产向委托人说明，其双重结果是，被告并没有因

[237] P A Magrath “Knowing Receipt and Dishonest Assistance: A Wrong Turn” [1999] LMCLQ 343, 344.

[238] J P Moore Restitution from Banks (Unpublished DPhil dissertation, University of Oxford, 2000).

[239] 我非常感谢摩尔博士允许我把他论文中的材料复制到下面的段落中。这些仅是他关于事务性接收作为对衡平法诉讼辩护的主要观点的总结，并且强烈建议仔细阅读他的全部意见。在某种程度上，伯克斯在《归还与银行法》一书中预见了他的研究方面。

[240] J P Moore Restitution from Banks (Unpublished Dphil dissertation, University of Oxford, 2000) 213：“实益接收不是使接收者受益的接收。它是某人代表他自己而不是作为代理人行事的接收。”

收到财产而全面致富，以及从被告作为其代理人收到财产时起，委托人本人就对索赔人负有责任。[241] 根据这一行政管理性接收的理解，被告因违反信托或其他信托义务而以行政管理性方式接收转移给他的财产，因此可以对不诚实协助负责，但他不能对知情接收负责。[242]

为了确定收到信托财产的银行是否应以不诚实协助或知情接收而被起诉，必须根据这些原则，首先将账户持有人向银行存放财产的情况与第三方向银行存放财产的情况区别开来。一种情况是，银行总是获益地接收，而不是以行政管理性方式收到钱：另一种情况是，只是从账户持有人向银行贷款，或者如果账户透支，则由账户持有人偿还欠银行的债务。因此，在第一种情况下，当受托人或受托人自己将信托资金存入其个人账户时，银行可能对知情接收款项的索偿承担潜在责任，[243] 而与此相反的情况，即银行在这种情况下只能作为不诚实的协助者承担责任，这在原则上是不正确的。

例如，在 Polly Peck International plc v Nadir（No 2）[244] 案中，波利佩克国际有限公司（以下简称 PPI）对其在米德兰银行（Midland Bank）央行账户中支付的款项提出索赔。这笔钱是由中央银行以获益性而

---

[241] J P Moore Restitution from Banks（Unpublished DPhil dissertation, University of Oxford, 2000）225－247. 摩尔讨论了一系列案例，确定委托人从代理人收到索赔人的财产之日起，无论代理人是否将款项支付给委托人，都因不正当得利对索赔人负有责任。参见 National Westminster Bank Ltd v Barclays Bank Ltd［1975］QB 654；Chase Manhattan Bank NA v IsraelBritish Bank（London）Ltd［1981］Ch 105；ANZ Banking Group Ltd v Westpac Banking Corp［1988］164 CLR 662；Portman BS v Hamlyn Taylor Neck（a firm）［1998］4 All ER 202, 207（Millett LJ）。

[242] J P Moore Restitution from Banks（Unpublished DPhil dissertation, University of Oxford, 2000）160－176. 摩尔讨论了两组案例，第一组确定受托人代理人不负有代表受托人接收信托财产的知情接收责任，第二组确定第三方代理人不负有代表第三人接收信托财产的知情接收的责任。

[243] As in eg, Director, Real Estate and Business Brokers v NRS Mississauga Inc［2001］194 DLR（4th）527.

[244] ［1993］BCLC 187.

非行政管理性方式收到的，这表明 PPI 的主张应该是知情接收，[245] 而米利特一定是错误地认为这件事是知情协助。[246] 在上诉中，斯科特将索赔分成两部分，[247] 根据央行随后是否就以英镑表示的金额（在斯科特看来，英镑转换导致了"知情协助"索赔）记入其自己账户持有者 IBK 的账户，或就以土耳其里拉表示的金额（在斯科特看来，土耳其里拉转移导致了"知情接收"索赔）记入其自己的账户。然而，正如乔纳森·摩尔正确观察到的那样，[248] IBK 的接收并不是本案涉及的接收，仔细阅读 PPI 的声明就可以清楚地看到：[249] 其涉及的接收是央行从 PPI 收到的资金。

在新西兰的两起案件中，由于不同的原因，斯科特将波利·派克索赔一分为二的主张受到了质疑：Nimmo v Westpac Banking Corp[250]，Cigna Life Insurance New Zealand Ltd v Westpac Securities Ltd[251]。在这里，布朗查德（Blanchard）[252] 和格雷格（Grieg）[253] 分别倾向于"净收益方法"，认为在以知情接收为诉讼理由的案件里，银行已经将存款支付给账户持有人时不能被认定为获益地接收资金。奥德（Auld）在 Macmillan Inc v Bishopsgate Investment Trust plc (No 3)[254] 案中也采用

[245] J P Moore Restitution from Banks (Unpublished DPhil dissertation, University of Oxford, 2000) 180.

[246] Polly Peck International plc v Nadir (No 2) [1993] BCLC 191："我倾向于认为在这个词的相关意义内并没有证据表明有接收。"

[247] Polly Peck International plc v Nadir (No 2) [1993] BCLC 204.

[248] J P Moore Restitution from Banks (Unpublished DPhil dissertation, University of Oxford, 2000) 179 – 180.

[249] Polly Peck International plc v Nadir (No 2) [1993] BCLC 202 (Scott LJ)："中央银行在收到米德兰账户的上述款项时，实际上知道纳迪尔（Nadir）先生违反了他的受托责任而促成了上述款项的转让。"

[250] [1993] 3 NZLR 218.

[251] [1996] 1 NZLR 80.

[252] Nimmo v Westpac Banking Corp [1993] NZLR 225.

[253] Cigna Life Insurance New Zealand v Westpac Securities Ltd [1996] NZLR 86.

[254] [1996] 1 WLR 387, 409.

了这种方法,但正如摩尔令人信服的论证那样,[255]它不恰当地考虑了在银行收据之后或与银行收据同时进行的贴现,这些贴现只与银行是否有辩护的问题有关,也没有恰当地涉及银行最初是否致富的问题。

至于第二种情况,[256]当现金由账户持有人以外的人存入银行,或者银行自己在中央清算银行的账户是由于该人的指示而贷记的,那么原则上银行总是将交易的收益作为账户持有人的代理——由此得出,银行对知道接收不承担责任,但可能对不诚实协助承担责任。法院和学术评论员一直难以接受这一主张,尽管可以组织案例来支持这一主张。他们不愿意的原因可能是,他们并不总是明白,代表客户接收第三方存款的银行不会"受益"地收到钱,仅仅因为它对钱有良好的所有权,然后把钱当作自己的:正如上文已经解释过,"实益(获益)接收"与"行政管理性接收"的区别不仅在于被告对金钱享有良好的所有权,而且在于被告不必向自被告收到款项之日起就对索赔人负有法律责任的委托人支付同等金额。[257] 第二个相关的原因可能是,当银行代表客户接收第三方存款时,尤其是在账户透支的情况下,究竟发生了什么并不十分明显。然而,要正确理解,无论银行和客户之间的账户状态如何,此类交易总是以相同的方式进行:首先,银行作为客户的代理,以事务性(行政管理性)形式接收存款;其次,在另一项交易中,银行或向客户借款,并将账上的金额贷记为欠客

---

[255] J P Moore Restitution from Banks (Unpublished DPhil dissertation, University of Oxford, 2000) 189 - 190.

[256] Discussed by J P Moore Restitution from Banks (Unpublished DPhil dissertation, University of Oxford, 2000) 192 - 210 and 250 - 256.

[257] Cf L D Smith "Unjust Enrichment, Property, and the Structure of Trusts" [2000] 116 LQR 412, 433: "Banks always receive beneficially, even if they are acting as agents." See too S Gleeson "The Involuntary Launderer: The Banker's Liability for Deposits of the Proceeds of Crime" in P Birks (ed) Laundering and Tracing (Clarendon Press Oxford 1995) 115, 126 - 127; R Cranston, Principles of Banking Law (OUP Oxford 1997) 207 - 208; M Bryan "Recovering Misdirected Money from Banks" in F D Rose (ed) Restitution and Banking Law (Mansfield Press Oxford 1998) 161, 181 - 187.

户的债务,或当客户的账户透支时,银行代表客户申请金额,以减少客户欠银行的债务。

在 Agip (Africa) Ltd v Jackson[258] 案中,至少在客户的账户有贷方的情况下,本分析的结论是最恰当的。此案中,米利特如是说:

> [知情接收的诉讼]的基本特征……即受赠人必须是为了自己的使用和利益而接收财产的。这就是为什么付款行和代收行通常都不能被纳入它的原因。

也有一些较早的案例,它们支持同样的观点,即当资金被第三方计入透支账户时,也适用同样的分析:在 British North American Elevator Co v Bank of British North America[259] 的案例中,枢密院认为,一家银行"在知情的情况下(成为当事人)滥用信托资金",[260] 而不是由银行客户向透支账户支付款项时作为违背信托的从犯负有责任;同样,在 Bank of New South Wales v Vale Corp (Management) Ltd[261] 案中,一个单位信托公司的经理错误地将收到的作为单位认缴的款项存入了属于同一公司集团的公司透支账户,新南威尔士州上诉法院认为,"不是(被告)银行,而是(公司集团)接收了从(经理)账户中支付的几乎全部

---

[258] [1990] Ch 265, 291, aff'd [1991] Ch 547; Compagnie Commerciale Andre SA v Artibell Shipping Co Ltd 2001 SC 653, 661 -662 (Lord Macfadyen):"毫无疑问,在某种意义上,付给银行的钱存入客户账户的贷方,在收到后就变成了银行的钱——就像麦凯(Mackay)勋爵在 Royal bank of Scotland v Skinner 案中所说的那样(1931 SLT 38,384),这笔钱'只是被银行家消费掉了'。但在这种简单的情况下,银行并没有因此而致富,因为它向其客户授予了相应金额的即时义务。银行用那种方式的接收不会……为以下论点提供必要的基础,即在客户将款项偿还给付款人的情况下,银行就不公正地致富了。"

[259] [1919] AC 658.

[260] British North American Elevator Co v Bank of British North America [1919] AC 658, 663 (Viscount Haldane).

[261] NSWCA 21 October 1981.

款项”[262]。

与这种权威背道而驰的是大量的裁决和意见，乔纳森·摩尔认为这些裁决和意见在原则上是错误的。其中包括米利特在 Agip (Africa) Ltd v Jackson 案中的进一步声明：[263]

如果代收行用这些钱来减少或免除公司的透支……它是为了自己的利益而接收资金的。

令人沮丧的是，米利特勋爵（自那以后就一直如此）在 Agip (Africa) Ltd v Jackson 案发生后改变了立场，他不假思索地写道，一家银行只有在“有意识地将为减少透支而支付的款项划入账户”的情况下，才能被认为收到了第三方存款。[264] 然而，正如摩尔所指出的那样，[265] 当一家银行从指定了相关账户的第三方那里收到付款时，银行无法选择将这笔钱贷记在哪个账户，因此无法“有意识地挪用”第三方的存款。

---

[262] Bank of New South Wales v Vale Corp (Management) Ltd NSWCA 21 October 1981 (Street CJ).

[263] [1990] Ch 265, 292, aff'd [1991] Ch 547. See too Foxton v Manchester and Liverpool District Banking Co [1881] 44 LT 406; Coleman v Bucks and Oxon Union Bank [1897] 2 Ch 243; Citadel General Assurance Co v Lloyds Bank Canada [1997] 3 SCR 805. The latter case was also followed on this point in Peppiatt v Nichol (Ontario Ct (Gen Div) 21 August 1998) paras 316 – 346 (Chadwick J).

[264] Sir P Millett (now Lord Millett) "Tracing the Proceeds of Fraud" [1991] 107 LQR 70, 83, n 46, considered in Westpac Banking Corp v M M Kembla New Zealand Ltd [2001] 2 NZLR 298, 316 – 317 (per curiam).

[265] J P Moore Restitution from Banks (Unpublished DPhil dissertation, University of Oxford, 2000) 212 – 213.

(四)不诚实

1. 可诉的不诚实

被告有权根据所申辩的不诚实指控对其行为作出判断,[266]并且不是说如果被告的抗辩得到充分的辩护,就不需要进一步的证据了,因为“是否存在欺诈指控可能会影响整个抗辩的进行方式”,[267]也不是说“重要的是,被告应该在答辩书中对将要对他提出的事实问题给予充分的警告”。[268] 出于这个原因,它“通常无法回答对细节的要求……被告已经知道该信息……被告有权通过原告的诉状,使开庭审理的案件得以公开。[269] 然而,即使是在“失信及不诚实的特殊个案”中,诉状“亦须包含且仅包含原告所倚赖的重要事实的摘要形式的陈述,而非证据及……这种陈述应在案件性质所允许的范围内尽量简短”[270]。

“如诉状中所述欺诈行为的事实是有关的,则无须在诉状中使用‘欺诈’或‘不诚实’等字眼;但是,如果所请求的事实与清白相符,那

---

[266] Armitage v Nurse [1998] Ch 241, 251 (Millett LJ), following Davy v Garrett [1878] 7 Ch D 473, 489 (Thesiger LJ). 亦参见 Practice Direction, Pt 16, para 11.2(1), 指欺诈指控,但显然也适用于不诚实指控。在 Wakelin v Read (CA 17 March 2000)案中,一项类似的原则构成判决的基础,即养恤金监察员无权阻止——调查退休金计划成员是否不诚实地协助前受托人违反信托,理由是该成员与前受托人参与了“一项阴谋”,而现任受托人从未对该事实提出异议,因此该成员也从未有机会反驳该事实。(监察员完全凭书面文件解决了双方之间的争端)根据英格兰及威尔士律师公会行为守则第606条,律师必须有合理可信的材料以使其能够适当地进行欺诈抗辩,但守则没有要求将这些材料完全披露给被告。参见 Rigby v Decorating Den Systems Ltd (CA 15 March 1999)。在 Brown v Bennett (No 2)(Ch D 18 October 2000)案中,纽伯格(Neuberger)认为,律师很可能违反了这项职责,并补充说,索赔人“非常具体”的案件是由法律协助委员会资助的,已经有四年多的时间了,而“使(索赔人)代表被告提出的严重的、在许多情况下非常严重的指控没有出现……存在”。然而,尽管有这些评论,纽伯格随后拒绝对索赔人的律师发出浪费费用命令,部分原因是,经过进一步的思考,他得出结论,他们的不诚实申诉决定是一个理性的律师可能会采取的,部分原因是索赔人拒绝放弃特权。

[267] Belmont Finance Corp Ltd v Williams Furniture Ltd [1979] Ch 250, 270 (Orr LJ).

[268] Gray v New Augurita Porcupine Mines Ltd [1952] 3 DLR 1, 13 - 14 (Lord Radcliffe), followed in Aequitas Ltd v Sparad No 100 Ltd (formerly Australian European Finance Corp Ltd) [2001] NSWSC 14 (Austin J).

[269] Montreal Trust Co of Canada v Hickman [2001] NFCA 42, para 60 (Green JA).

[270] HR v JAPT [1998/1999] 2 OFLR 252, 284 (Lindsay J).

么法庭就无法判定欺诈。"[271] 也没有必要在欺诈索赔中提供有关知情的详情,但前提是陈述了实际知情——尽管被告可以寻求有关实际知情诉状的进一步详情,并且"如果有一份诉状表明一个人'知道或应该知道'特定事项,那么该已完成的诉状应予以详细说明"[272]。此外,关于不诚实协助的请求,"如果所请求的事实不足以证明该计划不诚实,那么仅凭祈求知道该计划不诚实是不够的"[273] 以及"为了声称存在欺诈,仅用'故意'或'鲁莽'(但不'欺诈'或'不诚实')这样的字眼来表示恳求是不够的"。(因为这)可能仍然使它怀疑这些词是在技术意义上使用的,还是仅为了通过对投诉的贬义强调来增加色彩。[274] 在不诚实协助诉讼的特定情况下,"在原告要求被告对不当处置有关财产承担赔偿责任的诉请基础上,每名被告均有权知道他或她在涉嫌企图以欺诈手段处置有关财产或在其知晓且不诚实协助并参与其中的过

---

[271] Armitage v Nurse [1998] Ch 251 (Millett LJ), following Belmont Finance Corp Ltdv Williams Furniture Ltd [1979] Ch 250, 268 (Buckley LJ):"所指控的事实可能足以证明据称涉及不诚实行为,但如果事实复杂,这一点可能不那么清楚,在这种情况下,答辩人有责任说明什么时候指称不诚实行为。如果他使用模棱两可的语言,使人怀疑他是否真的依赖所谓不诚实的交易,这将是致命的;对不诚实指控的辩护不够清楚。" Cf Burton v Global Benefit Plan Consultants Inc [1999] 178 Nfld & PEIR 169, 176 (Orsborn J):"如果诉讼原因取决于欺诈和不诚实的活动(和对活动的了解),起诉状必须清楚地作出这种断言,而被说成是欺诈和不诚实的行为必须清楚地查明和定性。我很感激……'欺诈和不诚实'可能被视为对事实的描述,而不是对事实本身的断言;尽管如此,支持该特征描述的基本事实必须在起诉状中明确陈述。"如以不诚实协助以外的法律依据而提出的诉状准予在司法管辖区以外送达被告人,则申索人其后不得辩称法院准予不诚实协助的另一项申索是正当的,因为所提出的事实亦支持另一项不诚实协助申索。See Metall und Rohstoff AG v Donaldson, Lufkin & Jenrette Inc [1989] 3 WLR 563, 581 (Slade LJ), distinguishing Re Vandervell's Trusts (No 2)[1974] Ch 269, 321 (Lord Denning MR). See too DSQ Property Co Ltd v Lotus Cars Ltd The Times 28 June 1990 (Dillon LJ):"无论如何,不诚实的案件必须得到相当细致的辩护,以便被告能够充分了解他被传唤出庭的案件。我不相信丹宁(Denning)勋爵在 Vandervell 案中的一般规则——在如此复杂的案件中,不使用'推定信托'或其他一些措辞,就可以允分为推定信托辩护,从而向被告表明,所主张的情况至少是塞尔伯恩勋爵[Barnes v Addy [1874] LR9 Ch App 244, 251 - 252]案中所设想的情形之一。"

[272] Rigby v Decorating Den Systems Ltd (CA 15 March 1999).

[273] Rigby v Decorating Den Systems Ltd (CA 15 March 1999) (Peter Gibson LJ), construing Brown v Bennett [1998] 2 BCLC 97, 107 (Rattee J).

[274] See Armitage v Nurse [1998] Ch 257 (Millett LJ).

程中所扮演的角色”[275]。

通常更难确立欺诈指控而非过失指控,因为“指控越严重,事件发生的可能性就越小,因此,法院在断定该指控是在概率平衡的基础上确立的证据就越有力”[276]。因此,在申请即决判决时,所申辩的事实必须特别清楚,法院才可能作出这样的结论。[277] 若一项不诚实的证据是由涉嫌参与欺诈计划的被告的共犯提供的,如有支持其指控的独立证据,法院在作出不诚实的裁定前,必须慎重考虑。[278] 如果从辩护事实中得出的适当推论是被告的行为不诚实,那么举证责任将转移到他身上,如果他选择不提出证据,那么法院可以合法推断不诚实,即使他本可以为自己的行为提供一个可信的替代解释。[279] 如果被告确实

---

[275] Montreal Trust Co of Canada v Hickman [2001] NFCA 42, para 57 (Green JA).

[276] Re H and Others (Minors)(Sexual Abuse: Standard of Proof)[1996] AC 563, 586 (Lord Nicholls); cf Bater v Bater [1950] 2 All ER 458, 459 (Denning LJ). Lord Nicholls' comments in Re H were held to govern the standard of proof in an action for dishonest assistance by Mance LJ (sit-ting as a judge at first instance) in Grupo Torras SA v Al-Sabah (No 5)(QBD (Comm Ct) 24 June 1999), aff'd on this point [2001] Lloyd's Rep Bank 36, 45 (per curiam).

[277] Cf Houghton v Fayers [2000] Lloyd's Rep Bank 145, 149 (Nourse LJ); Gencor ACP Ltd v Dalby [2000] 2 BCLC 734, 758 (Rimer J):“理论上……我应该能够仅仅通过查看文件并确切地确定被告做了什么,就判定被告是否不诚实。我只想说,我认为在这个案件的事实上,这并不是一件容易的事情,对于在这样的简易申请中对被告作出不诚实的最终裁决,我持相当保留的态度。”

[278] Dubai Aluminium Co Ltd v Salaam [2001] QB 113, 128 (Evans LJ).

[279] Agip (Africa) Ltd v Jackson [1990] Ch 265, 293 – 294 (Millett J). Cf Norwich Union Fire Insurance Soc Ltd v Central Auto Salvage (London) Ltd (CA 30 July 1993), (Evans LJ):“可能有与(被告)对(由辩护事实引起的有关其行为的问题)清白一致的答案,如果是这样,答案在(被告)自己的知情范围内。在这种情况下……他故意保持沉默,这增加了平反者断言有罪的推断的分量,从整体上看,证据与无罪不再一致或同样一致”; Turner v TR Nominees Pty Ltd [1995] 31 ATR 578, 588 (Santow J):“被告没有出示证据。”因此,Jones v Dunkel [1959] 101 CLR 298 的推论是合理的,即他所提供的任何证据都不会对他的案件有帮助。桑托(Santow)因此认定被告行为不诚实,尽管他后来在第 594 页的判决中指出“没有企图隐瞒所做的事情和……这表明,人们应该诚实地(如果完全错误的话)看待它的合法性”。同样的观点,参见 Van Vliet Construction 1988 Ltd v Jaeger (British Columbia Sup Ct 9 Jan 1998) paras 38 – 39 (Pitfield J); Barret v McCormack [1999] 4 ITELR 1; Kenna & Brown Pty Ltd (in liq) v Kenna [1999] NSWSC 533, para 213 (Bergin J)。注:法院不应作出任何不利于被告的推论,因为被告拒绝放弃就所涉事项接收的专家法律意见所享有的特权: Ferrotex Industrial Ltd. v banquefrancais de l Orient (QBD (Comm Ct) 4 July 2000), Para 35 (Morison J)。

出现在证人席上,他必须有机会回答原告在盘问中不诚实的指控,[280]他的信誉和作为证人的陈述必须根据客观事实、全部可能性和有关人的动机加以检验。[281]

一旦法官以这种或那种方式作出最终裁决,上诉法院不太可能撤销法官的判决,因为只有在"没有证据支持(法官的)裁决"或"总体上证据不足"的情况下,上诉法院才会这么做。[282] "在对证据形成自己的看法时,上诉法院通常必须牢记,初审法官比上诉法院更有资格确定证人的可信性";与此同时,法院还必须"退后一步,设法评价所有有关证据,尽可能不受主审法官作出的裁决和上诉主体的影响"。[283]

2. 不诚实和社会习俗

不诚实协助诉讼中的被告是否有不诚实行为,本质上是一个事实问题,需要法院通过衡量他的行为是否与"社会中思想正确的人的标准"

---

[280] Aroso v Coutts & Co [2002] 1 All ER (Comm) 241, 256, para 41 (Lawrence Collins J).

[281] Armagas Ltd v Mundogas SA [1985] 1 Lloyd's Rep 1, 57 (Robert Goff LJ), followed in Grupo Torras SA v Al-Sabah (No 5) (QBD (Comm Ct) 24 June 1999), impliedly approved on this point in [2001] Lloyd's Rep Bank 36, 43 and 47 (per curiam).

[282] Bank of Credit and Commerce International (Overseas) Ltd v Akindele [2001] Ch 437, 448 (Nourse LJ).

[283] Dubai Aluminium Co Ltd v Salaam [2001] QB 113, 129 (Evans LJ); Grupo Torras SA v Al-Sabah (No 5) [2001] Lloyd's Rep Bank 36, 45 – 46 (per curiam); Benmax v Austin Motor Co Ltd [1955] AC 370, 375 – 376 (Lord Reid). 不同寻常的是,在 Group Torras 案中,上诉法院推翻了曼斯关于一名上诉人不诚实的裁决,认为他的故事牵强,因为他的故事是别人为了反驳他而提供给他的:Gruppo Torras SA v Al-Sabah (No 5) above, 42 – 49。对于其他罕见的不诚实(或诚实)裁定在上诉中被推翻的案件,参见 Armagas Ltd v Mundogas SA [1985] 1 Lloyd's Rep 1; National Justice Compania Naviera SAv Prudential Assurance Co Ltd [1995] 1 Lloyd's Rep 455; Heinl v Jyske Bank (Gibraltar) Ltd [1999] Lloyd's Rep Bank 511; Mortgage Express Ltd 诉 S Newman & Co (a firm) [2000] PNLR 298。其中哈特得出结论,被告是诚实的,基于事实的力量,而这些事实并没有为适当的证据所承认。[2001] PNLR 86, esp 99 (Aldous LJ),强调法官"对被告在证人席上的诚实印象深刻",但"极不情愿"地得出结论,认为有必要进行新的审判,因为"当法官得出相反的结论时,本法院认为纽曼女士不诚实,尽管我认为这是有缺陷的"。至于纽曼女士的行为是否诚实,只能在看到纽曼女士给出的证据后才能得出结论。Mortgage Express 的申索随后得以解决,但被告其后被裁定在被告就律师赔偿基金提起的第三者诉讼中诚实行事。

相违背来确定。[284] 这些都是客观标准,也就是说,被告的个人道德准则并不是相关准绳:如果他没有遵守社会规范,那么他就是不诚实的,即使他按照自己的道德观点行事,也就是所谓"罗宾汉"不诚实。[285] 例如,在新南威尔士州最高法院审理的 Turner v TR Nominees Pty Ltd[286] 案中,被告是一家受托公司的董事,他要求该公司从信托基金中偿还他为其儿子(原告受益人)支付的费用。被告亦是该信托的受益人,而他可以合法地以受益人的身份替自己取走该信托款项。但桑托仍然认为:[287]

即使……被告可能认为自己有理由偿还自己和他人为儿子支付的费用,但事实是,他是用儿子的钱来偿还的,所以他可能认为这并不违反信托,但这并不能排除不诚实从犯责任的范围。这是不诚实,从尼科尔斯勋爵提法的广义上说,仍然适用。这是故意的,在这种情况下,被告应该知道他在处理原告的钱,无论他认为自己这样做是否合乎道德。

---

[284] Mortgage Express Ltd v S Newman & Co (a firm) [2001] PNLR 86, 100 (Aldous LJ),肯定了米利特在 Agip (Africa) Ltd v Jackson [1990] 1 Ch 265, 295 案中的观察,即不诚实"本质上是一个陪审团的问题"。米利特不可能是字面上的意思。从历史上看,对不诚实协助的指控是由大法官法庭提出的,陪审团不构成法院程序的一部分,甚至在普通法欺诈诉讼的背景下,陪审团审判的权利在 20 世纪 30 年代之前在英格兰和威尔士实际上被废除了。

[285] Grupo Torras SA v Al-Sabah (No 5) [2001] Lloyd's Rep Bank 36, 60 (per curiam); Consul Developments Pty Ltd v DPC Estates Pty Ltd [1975] 132 CLR 373, 398 (Gibbs J):一个爱管闲事的陌生人可能会被判有罪,因为"他自己的道德迟钝使他没有意识到一种对普通人来说很明显的不当行为"。但在 Aequitas Ltd v Sparad No100 Ltd (formerly Australian European Finance Corp Ltd) [2001] NSWSC 14 案中,奥斯丁(Austin)发现一名协助者的行为"表现出一种道德上的迟钝,无视"可能会因首要违约而受到伤害的第三方的权利,但仍然得出结论,他没有采取不诚实的行为。恕我直言,他是否能正确地得出这样的结论似乎令人怀疑。

[286] [1995] 31 ATR 578.

[287] Turner v TR Nominees Pty Ltd [1995] 31 ATR 592. 在第 594 页,桑托也认为"没有试图掩盖所做的事情,这表明了一种诚实的,即使是完全错误的,对其合法性的看法"。然而,桑托似乎无法断定被告因此是一个诚实的傻瓜而不是一个无赖,因为被告没有为自己提供证据,而另一个辩护的事实支持不诚实的推论。

社会中思维正常的成员,根据他们的道德标准判断被告的行为显然是一种虚构的概念。因此问题就产生了,除法院自身的道德观之外,其还可以利用什么资源来赋予这群严肃的人物一种观点。这些案例表明,在适当的情况下,可以特别考虑两个问题。第一,法院可以承认在特定社会经济群体或国家内被接收的做法的证据。因此,例如,在马来西亚高等法院审理的 Industrial Concrete Products Bhd v Concrete Engineering Products Bhd[288]案中,冯·詹姆斯(James Foong)认为,这是“我们当地社会条件下的常态”,诚实地说,与所谓公司董事进行商业谈判的一方,在该董事实际上有权代表公司,特别是如果公司按照他所说的一切去做的情况下,会相信该董事的代表行为。再一次,在 Grupo Torras SA v Al-Sabah (No 5)案中,曼斯(初审法官)指出一名西班牙公司董事:[289]

> 西班牙的风气毫不内疚地容忍了索勒认为存在问题的外汇管制和税收方面的不诚实行为。在这种情况下,我不会认为索勒先生的行为不诚实。

---

[288] [2001] 2 MLJ 332, 364–365:“你从市场上听到的消息中得知,一个强大的对手刚刚获得一家上市公司的控制权,你不能要求他了解他公司的并购,或在谈判中授予他这种权利的董事会或成员决议。你不能忽视这样一个事实,即商界人士不是律师。商人的正常做法是,你有商品要卖,请把它们拿给我看,如果它们符合我的目的,我会以合适的价格购买它们,除非有情况使我怀疑你是通过非法手段获得货物的。”参考上文第 14 号判例,建立推定通知在商业交易中只发挥有限的作用,但请注意,1985 年《英国公司法》第 722 条废除了与公司进行交易的外人固定其注册的宪法文件推定通知的原则,尚未生效。

[289] QBD (Comm Ct) 24 June 1999, not considered on appeal: [2001] Lloyd's Rep Bank 36; Arab Monetary Fund v Hashim (No 9) (Ch D 29 July 1994) (Chadwick J): “如果……的基础……在原告一方,Barnes v Addy constructive trust claim 案是不诚实或缺乏诚信的,那么根据所有相关的情况来判断诚实或不诚实必须是正确的;这些情况必须包括当地法律的相关规定。”cf Dubai Aluminium Co Ltd v Salaam [1999] 1 Lloyd's Rep 415,453 (Rix J) (上诉未被考虑:[2001] QB 113),接收迪拜的习惯和惯例证据应告知其关于被告在迪拜境内行为诚实性的决定,但考虑到它“可能对当事人的行为产生影响,如果有的话……在迪拜境外继续进行”;事实是,里克斯(Rix)认为,按照迪拜和英国的标准,被告都是不诚实的。

第二,也许是对曼斯方法的一些怀疑,法院倾向于假定被告从事的行为已被定罪或被认定为民事错误的行为不可能是诚实的。[290] 例如,在 Barret v McCormack[291] 案中,上诉人会计师试图避免被归为不诚实,他们认为:

在瓦努阿图盛行的商业环境中,由于其避税天堂的地位和保密法律,处于上诉人地位的专业人员不会像在其他地方那样对其客户进行深入的询问。

但瓦努阿图坚决反对这个观点,认为它是:

误解[瓦努阿图商业和企业保密法]的范围和目的,暗示它们降低了本案中上诉人所要求的诚实标准。保密法无意降低人们对公司管理人员在管理公司事务或与第三方进行交易时的诚实标准。这些规定提供了一种保证,保证不披露关于公司事务和公司交易的具体信息,但立法假定这些事务和交易将按照瓦努阿图共和国的法律进行。

同样,在 Glenko Enterprises Ltd v Keller[292] 案中,曼尼托巴省上诉法院休班德承认,在加拿大建筑业,承包商经营一个单一的一般账户是常见做法,在该账户中,有法定建筑商留置权的资金与其他资金混

[290] Cf Belmont Finance Corp Ltd v Williams Furniture Ltd [1979] Ch 251, 270 (Buckley LJ):"'犯罪'和'欺诈'不是同义的;犯罪行为可能没有欺诈或不诚实行为。"

[291] [1999] 4 ITELR 1, 28 (per curiam).

[292] [2001] 1 WWR 229,在 Sorrel 1985 Limited Partnership v Sorrel Resources Ltd [2001] WWR 93, 113 案中,皮卡德(Picard)认为没有足够的证据证明初审法官的裁决,即石油和天然气行业普遍接收有限合伙企业将有限合伙资金用于资助普通合伙人的运营,这违反了普通合伙人对有限合伙企业的信托义务。在 Transamerica Occi-dental Life Insurance Co v Toronto-Dominion Bank [1999] 173 DLR(第 4 期)468,483 - 487 案中也出现了一个类似但截然不同的问题,涉及保险公司的代理人在单独的信托账户中持有保费是否属于保险业惯例问题的专家证据。奥斯本(Osborne)认为,这一证据应在全面审判中根据双方协议的书面证据进行评估,不应在未经动议法官适当考虑的情况下被驳回。

合，并从中支付承包商的一般义务，但即便如此，他认为：[293]

> 无论行业惯例如何，都不能为违反《建筑留置权法》规定挪用信托基金的行为开脱。

这使我们产生了这样一个问题，即法院在评估被告的行为时，是应该考虑被告的知识水平还是对法律的无知。这个问题将在下文(d)分节中讨论。

3. 不诚实和知情

"以造福非信托对象为目的的受托人，其不诚实程度并不会因为他不打算造福自己而降低"[294]，而从他人口袋里偷钱包的人，"不会仅仅因为他认为这种行为没有什么过错而逃脱不诚实的发现"。[295] 但是，如果受托人知道受益人希望他这样做（尽管他仍有违反义务的行为，并应获得他们的书面同意以保护自己），将信托资金转投给陌生人的受托人并不存在不诚实行为；如果一个人知道另一个人口袋里的钱包是他自己的，五分钟前被偷了，那么他收回自己的财产也不是不诚实的。这些例子告诉我们，如果不调查一个人周围的环境以及他对这些环境的了解，我们就无法有意义地评估一个人行为的诚实程度——用赫斯特的话来说，"不诚实和知情（某种程度上）就像鸡生蛋和蛋生鸡一样"[296]。这反过来告诉我们，尽管尼科尔斯勋爵努力淡化知情在文莱皇家案中的重要性，但它仍然是不诚实协助者责任测试的一个组

---

[293] Glenko Entreprises Ltd v Keller [2001] 1 W WR 242.

[294] Armitage v Nurse [1998] Ch 241, 251 (Millett LJ). 同样，违反信任或受托责任的协助者即使没有为自己谋取利益，也可能是不诚实的：Gencor ACP Ltd v Dalby 案中，里默认为"没有暗示[被告]个人获得任何利益"这一事实没有特别的意义。被告在上文第 233 号文和第 234 号文的案文中提到了被告从他协助的一项主要违反中获得利益这一事实的重要性。

[295] Royal Brunei [1995] 2 AC 389 (Lord Nicholls).

[296] Three Rivers DC v Governor and Company of the Bank of England (No 3) [2000] 2 WLR 15, 62 (Hirst LJ); not considered on appeal: [2000] 2 WLR 1220.

成部分。

当然,尼科尔斯勋爵很清楚,不诚实有“强烈的主观因素,因为它是对一种行为的描述,根据一个人当时实际知道的事情来评估,与一个理智的人应该知道或欣赏的事情截然不同”。[297] 他在文莱皇家案中的目的不是要否认知情的重要性,而是要让我们重新关注知情为什么重要。他在文莱皇家案中提到的“‘逐渐变暗的光谱’解释了所需的‘种类’知情所固有的困难”[298],在巴登和德尔沃的法理学中,考虑到这些困难,他的目的是消除一些分散注意力和无益的术语。这并不是要否认这个问题的重要性,这个术语是为了解决这个问题而创造的。这一值得赞扬的目标能否在长期内实现,还有待观察。当我们读到诺斯在 Bank of Credit and Commerce International (Overseas) Ltd v Akindele[299] 案中的论述时,我们可能会怀疑这一点,即巴登 - 德尔沃分类“通常有助于识别不同的知情状态,这些状态可能会或可能不会导致以了解协助为目的而发现不诚实行为”,但其他法官显示他们自己不太喜欢这种处理问题的方式。[300]

4. 知情什么

无论我们用什么术语来讨论被告的知情,很明显的是,一个被告

---

[297] Royal Brunei [1995] 2 AC 389.

[298] Three Rivers DC v Governor and Company of the Bank of England (No 3) [2000] 2 WLR 62 (Hirst LJ).

[299] [2001] Ch 437, 455; Heinl v Jyske Bank (Gibraltar) Ltd [1999] Lloyd's Rep Bank 511, 523 (Nourse LJ); Equiticorp Industries Group Ltd (in stat man) v R (No 47) [1998] 2 NZLR 481, 640 (Smellie J):“实际上,尽管[在文莱皇家案中]的判决强烈反对进一步提及巴登比例尺,但这意味着,只有原告建立巴登类别(i)、(ii)或(iii),他们不诚实的从犯行为才能成功。”斯梅利(Smellie)对巴登分类的理解与上面注释 16 中提到的英国当局不一致。

[300] Mortgage Express Ltd v S Newman & Co (a firm) [2001] PNLR 86, 100 (Aldous LJ). 奥尔德斯认为被告是否有不诚实行为“可能不是一个容易回答的问题,但这是那种全国各地的法官和陪审团无须分析大量权威机构每天都要回答的问题”; Tri-Star Customs and Forwarding Ltd v Denning [1999] 1 NZLR 33, 38 (per curiam):“对显而易见的事实故意视而不见,很可能导致在特定情况下发现或协助推导知情推断。需要考虑特定的类别是不明显的,并且可能导致不希望的僵化。这项调查是一个直截了当的事实问题,既不需要用别的词代替,也不需要用一个公式。”

在被称为行为不诚实之前必须知道的大多数具体事情,在不同的案件中会有很大的不同。如果他以“似乎很便宜的价格”购置财产,除非“建议出售的模式和条款”及“公开市场价值”显示卖方代表有欺诈行为,否则他不经询问就继续出售财产并非不诚实。[301] 他参与了一项违反合同而产生的信托,“那么他是否知道该信托将取决于他的……对合同的熟悉度或参与度”。[302] 他在股份交易中提供了帮助,那么买家从不会抱怨他们得到的股份可能是相关的,但他应该意识到,如果股份交易是欺诈性的,那么“购买股份的人可能不会因为他们对欺诈毫不知情而抱怨”。[303] 如果他参与了一项洗钱活动,就应该问他是否知道他参与交易的目的是隐瞒通过他之手的资金的来源。[304] 如果他使主要违法者将信托资金存入违法者的银行账户,则应询问他是否知道该账户处于贷方状态,并且违法者打算立即向受益人付款,或者他是否知道该账户透支,违法者打算将这笔钱用于自己的目的。[305] 在其他情况下,其他事项将是相关的。

说明了这一点后,更困难的问题是,是否有什么事情是所有不诚实的协助者在被追究责任之前必须知道的。更具体地说,问题仍然是被告是否必须知道他的作为或不作为会导致对索赔人犯下错误,或是否足以知道他的作为或不作为会导致对某些人犯下错误,或甚至他认为(不正确的)这些行为是否会导致对不是索赔人的某些特定人犯下错误。如果我们发现,被告必须知道对索赔人有错误,我们还必须问,他是否必须明确地将该错误确定为违反信托责任或受托责任。

莫里森在 Ferrotex Industrial Ltd. v Banque Francais de l'orient[306] 案

---

[301] Cowan de Groot Properties Ltd v Eagle Trust plc [1991] BCLC 1045, 1111 (Knox J).

[302] Air Canada v M & L Travel Ltd [1993] 3 SCR 787, 812 (Iacobucci J).

[303] Barret v McCormack [1999] 4 ITELR 1, 32 (per curiam).

[304] Heinl v Jyske Bank (Gibraltar) Ltd [1999] Lloyd's Rep Bank 511, 526 (Nourse LJ).

[305] Glenko Enterprises Ltd v Keller [2001] 1 WWR 229, 251 and 255 (Huband JA).

[306] QBD (Comm Ct) 4 July 2000, paras 36 – 37.

中发现的这一问题让人们对这些问题有了更清晰的认识，即一家银行仅知道客户在与银行的交易中存在欺诈行为是不够的，而且执行客户的指令不仅会给第三方带来损失，还会给银行自身带来利益。同样相关的还有 The Bank v A Ltd[307]案，拉迪（Laddie）认为（也许令人惊讶）银行"永远"不能被认为在操作客户的账户时存在不诚实行为。客户在开户后的几周内就存入了 120 万美元，而伦敦警察厅告诉银行，他们正在调查与某些可疑的金融欺诈有关的客户。拉迪的观点是："（银行）所有的怀疑都是存在的。"如果银行不采取行动，拒绝对账户进行操作，那就不算不诚实的行为：[308]

最严重的情况是，（警方）向银行提供的情报本应让人怀疑，一家有限责任公司及其一些支持者可能已卷入或可能卷入某种不法行为。

然而，更直接的是，我们必须考虑米利特在 Agip （Africa）Ltd v Jackson[309]案中的陈述，即被告知道他们参与了一项欺诈行为，这就足以判定被告的不诚实，而且无论他们是否知道受害者的身份，都是一样的。他认为：[310]

对于一个被控故意协助一项欺诈和不诚实计划的人来说，他说他认为这"只是"违反外汇管制或"只是"逃税案，并不能为自己辩护。

[307] [2000] Lloyd's Rep Bank 271, aff'd on a different point sub nom Bank of Scotland v A Ltd [2001] 1 WLR 751.

[308] 参见 The Bank v Ahe Bank v A Ltd (n 307 above) 283; Wavefront Trading Ltd v Po Sang Bank Ltd [1999] HKCFI 5 (Keith J)：拒绝遵从客户的指示是一种极端的做法，银行不能轻率行事。银行不能仅在客户的账户上有人提出索取权后就冻结客户的账户。

[309] [1990] 1 Ch 265.

[310] Agip (Africa) Ltd v Jackson [1990] 1 Ch 295, followed in Barret v McCormack [1999] 4 ITELR 1 26 (per curiam) and Banque Nationale de Paris v Hew [2001] 1 SLR 300, 333–334 (Lai Kew Chai J). See too Fox LJ's comment in the Court of Appeal in the Agip case [1991] Ch 547, 569.

他没有必要知道欺诈的确切性质，甚至知道受害者的身份。如果一个人有意识地帮助别人，他知道他所做的安排是为了向第三方隐瞒所发生的事情，那么他就冒了这样的风险，即他参与了对第三方实施的欺诈。

这一论述与萨克斯(Sachs)先前在 Carl Zeiss Stiftung v Herbert Smith & Co (No 2)案中的论述不同，该论述称被告必须"对信托存在的实际情况以及对正在进行的违反信托的不当行为的实际情况都有所了解"。[311] 但在上文已讨论过的 Brinks Ltd v Abu-Saleh (No 3)[312] 案中，[313] 里默随后表示，即使被告在违背信任方面有相关的协助(他认为她没有)，他也不会认为她具备承担责任的必要主观状态。虽然她知道她丈夫的旅行是为了带一大笔现金出国，但她认为他是为了逃税，在里默看来，这是不够的。

此后，曼斯(初审法官)和上诉法院在 Grupo Torras SA v Al-Sabah (No 5)[314] 案中讨论了 Agip(Africa) Ltd v Jackson 案和 Brinks Ltd v Abu-Saleh案之间的不一致。曼斯认为，米利特的评论被剥夺了一般的权威，因为在 Agip(Africa) Ltd v Jackson 案中，被告实际上有充分的理由怀疑原告存在欺诈行为，[315] 他倾向于里默的做法：

---

[311] [1969] 2 All ER 367, 379, cited with approval in Air Canada v M & L Travel Ltd [1993] 3 SCR 787, 811 – 812 (Iacobucci J), and recently followed in Sorrel 1985 Limited Partnership v Sorrel Resources Ltd [2001] 1 WWR 93, 105 (Picard JA). See too Baden, Delvaux (n 8 above) 575 (Peter Gibson J): the defendant "must know that there was a trust"; Equiticorp Industries Group Ltd (in stat man) v R (No 47) [1998] 2 NZLR 481, 639 (Smellie J).

[312] The Times 23 October 1995. Cf National Mutual Property Services (Australia) Pty Ltd v Citibank Services Ltd (Fed Ct of Aus 28 May 1998). 林格伦(Lindgren)认为被告"必须实际上已经知道构成违反信托义务的要素的所有情况"，同时承认"存在一些意见分歧。关于(被告)所要求的意识的性质和程度，以及(被告的)'过失'或'应受谴责性'的问题"。

[313] 在第三部分。

[314] QBD (Comm Ct), 24 June 1999; on appeal: [2001] Lloyd's Rep Bank 36.

[315] They had also refused to testify, with the consequences set out in the text to n 279 above.

里默所关心的是一个常见的问题,如果她在 Brinks Ltd v Abu – Saleh 案中提供过帮助,那么被告在一般意义上显然是不诚实的,因为很明显,旅行的全部目的是不诚实的逃税。这个问题的答案似乎在于认识到,对于不诚实的帮助,被告的不诚实肯定是针对原告持有的或可能持有的信托或推定信托的财产,而不是引入对任何此类信托知情的单独标准。

在上诉中,上诉法院认为没有必要就这一点发表最后的看法,就像 Grupo Torras 案的事实一样,上诉人如果知道他所关心的资金属于或来自原告,就可能对他产生影响。[316] 但法官们表示,他们"倾向于同意里默的观点"。[317]

尽管如此,我们还是很难同意,一个知道或有充分理由怀疑他协助欺诈行为的被告,因为他不知道受害人是谁,或者他认为自己是在欺骗别人,就应该免除他实际上协助欺诈索赔人的责任。允许被告依赖这一论点实际上是免除了他的责任,因为他假定,除他的不法行为的实际受害者之外,还有人可能通过民事或刑事司法系统追缉他,但他没有假定他的不法行为的实际受害者应该这样做的风险。很难理解为什么一个行为不诚实的人会被允许依赖这种道德败坏的论点。此外,上诉法院判决的实际效果是,使被告更容易通过编造对其行为的解释来逃避不诚实协助的责任:一个不诚实的阴谋故事往往比一个不诚实的没有过错的行为故事更有可能与不诚实协助案件的事实相一致。

最后,我们可以注意到,在 Twinsectra Ltd v Yardley[318] 案中,被告律师利奇试图逃避不诚实协助的责任,他辩称,"他是否在 Nelsonian 意义下做了不诚实的行为的问题,取决于他是否意识到预期的事情只是'违背

[316] Grupo Torras [2001] Lloyds Rep Bank 36, 59 (per curiam).

[317] Grupo Torras [2001] Lloyds Rep Bank 36, 59 (per curiam).

[318] [1999] Lloyd's Rep Bank 438.

承诺'，还是构成了违反信托"。[319] 但是波特没有这样的想法：[320]

> 在这种情况下，我认为恶习就在于他故意不去考虑荣盛集团作为承保的受益人而享有的权利，无论这种权利是法律规定的还是衡平的……

换言之，波特认为，那些知道自己在帮助针对某一特定原告的某种错误的人，即使他们不知道该错误的法律分类，也会对不诚实帮助承担责任。这种做法与上诉法院在 Belmont Finance Corp v Williams Furniture Ltd (No 2) 案中的裁决一致，即就民事合谋侵权索赔的目的而言，被告知道他的行为是错误的就足够了，即使他并不理解这些行为的确切法律意义。[321] 这也与澳大利亚、加拿大和新西兰的各种案件相一致，表明一个陌生人只需要知道基本事实，而不需要知道被作为受托人加有信托责任的法律原则、被确定承担违背信托义务的受让人或附属责任。[322]

---

[319] Twinsectra Ltd v Yardley Lloyd's Rep Bank 465 – 466.

[320] Twinsectra Ltd v Yardley Lloyd's Rep Bank 466.

[321] [1980] 1 All ER 393, 404 – 5 (Buckley LJ, adopting Viscount Dilhorne's remarks to the same effect in relation to criminal conspiracy, in Churchill v Walton [1967] 2 AC 224, 237)："如果使交易非法的所有事实被当事人所知……不懂法律不能成为他们的借口……他们对交易的非法性质的无知或未能认识到，也不能因为他们得到错误的建议这一不幸事实而原谅他们。"参见 Maguire v City of Calgary [1983] 146 DLR (3d) 350, 354 (per curiam)。

[322] Coy v Pommerenke [1911] 44 SCR 543; Canada Safeway Ltd v Thompson [1951] 3 DLR 295; Gathergood v Blundell & Brown Ltd [1992] 3 NZLR 643, 646 (Cooke P), 648 (Gault J), and 650 (McKay J); Hanson v Clifford [1994] 59 CPR (3d)465, 502 (Errico J); Hunters Products Group Ltd (in liq) v Kindly Products Pty Ltd [1996] 20 ACSR 412, 431 – 432 (Nathan J). 在"道德上的愚钝"和对法律的无知中，并发现这足以使被告银行承担协助和教唆违反《维多利亚公司法》第 129 条的责任，它是"在知情的情况下提供协助"，没有必要证明它"在知情的情况下违反了该条"。参见 Air Canada v M & L Travel Ltd [1993] 3 SCR 787, 812 (Iacobucci J)，拉科布奇(Lacobucci)认为，"如果信托是由法律施加的，那么知情协助者将被视为知道它"，该裁决已在加拿大有关违反建筑商留置权法规的各种案件中得到遵循，例如，St Mary's Cement Corp v Construc Ltd [1997] 32 OR (3d)595; Glenko Enterprises Ltd v Keller [2001] 1 WWR 229, 249 (Huband JA); Bare Land Condominium Plan 8820814 v Birchwood Village Greens Ltd (Alberta QB 30 November 1998) para 64 (Nation J)。

然而,在此权限范围内,我们可以将 United States Surgical Corp v Hospital Products International Pty Ltd[323]案中新南威尔士州上诉法院的裁决认定为,协助者不仅必须知道导致首要违约的事实,而且必须认识到根据这些事实,首要违约在法律上成立。我们还可以注意到,加拿大法院拒绝认定被告在违反("补救性")推定信托(相对于明示信托)的案件中负有知情协助的责任,在明示信托的案件中,无法预测法院是否会行使其自由裁量权发现推定信托是基于事实产生的。[324]同样的道理,人们可能会想,在 Twinsectra Ltd v Yardley 案中,利奇是否受到了严厉的对待,因为他不知道法庭后来会认定,他自以为协助的违约行为,实际上违反了秘密信托。但我们没有明显的理由在法院决定是否犯了一个主要不法行为时,区分强裁量力和弱裁量力:如果被告可以因法院在行使其事实调查职能时发现的不诚实协助主要违信行为而被追究责任,为何他不应对法院在行使自由裁量权裁决法律补救过程中发现的不诚实协助违信行为承担责任?在本文撰写之时,一份针对荣盛集团事件的上诉书正在等待受理:看看上议院议员们是否会对此案的这一方面有所考虑,这将是一件有趣的事情。

---

[323] [1983] 2 NSWLR 157, 253. See too Ninety Five Pty Ltd v Banque Nationale de Paris [1988] WAR 132, 176 (Smith J). 莱昂内尔·史密斯认为在没有信托财产经过协助者之手的情况下,可能需要法律知识。

[324] Constantine v Ioan (Irons) and Chase [1969] 67 WWR 615, 624 (Gould J):"我拒绝在 1966 年事先了解到一名法官将在 1969 年,经过两天的审判,判定艾恩斯对银行中未确定的部分资产是康斯坦丁的推定受托人。" Besta International Corp v Watercraft Offshore Canada Ltd (British Columbia Sup Ct 14 December 1994) paras 34 – 35 (Saunders J):"在这种情况下,信托不是来自文件中的明示条款,也不是来自法规,而是来自衡平法规则的运作……信托的存在并不自明,需要法院作出决定";Durish v White Resource Management Ltd [1998] ABQB 801, para 232 (Mason J); Gordon v Winnipeg Canoe Club [1999] 172 DLR (4th) 423, 436 (Huband JA):"了解明示信托和违反信托的情况是一回事。但要判断是否存在欺诈信托则完全是另一回事,目前还没有法院宣布这一情况,支持随后宣布信托的情况也远不清楚。在本案中,在法院宣布保险收益受信托支配之前,我不认为被告斯图尔特和其他个人被告可以被称为知道违反信托。但是 cf Transamerica Occidental Life Insurance Co v Toronto Dominion Bank [1999] 173 DLR (4th) 468, 489 (Osborne JA):'上诉人必须根据推定信托成立之前发生的行为,在法律上协助违反推定信托。'案件的这方面需要调查(被告)对基本事实的了解……(动议中没有涉及这一点)。"

5. 何时知情

“由于(就不诚实协助的申索而言)协助必须是不诚实的,因此(被告)在进行(相关)交易时所知的情况才是重要的。”[325] 因此,“虽然当所有事实都已知晓、整体情况已浮现时,回顾协助者的心理状态很有诱惑力”,但必须抵制这种诱惑,法院必须“根据协助者在交易时的心理状态,并根据当时她所知道的事实”进行裁量。[326] 如果被告的行为是出于无辜的心理状态,但后来意识到事实表明这些行为导致了主要的违反职责,那么他是否可以用事后的知情来确定他的行为?在加拿大的 Northland Bank v Willson[327] 案中,被告参与了一系列交易,使索赔银行的官员违反信托义务滥用银行的资金,而被告只是在几笔交易完成后才充分意识到这些交易的不正当性质,被告对这些早期交易中的不诚实协助不承担责任。然而,他对后来参与的交易负有责任,他完全知道这些交易的不法性质。在这样的裁决中,威尔金斯还裁定,“在某种程度上,(银行清算人所依赖的证据)在时间问题上造成了模糊……解决模糊性必须有利于被告”[328]。

6. 知情和法人人格(拟制人格)

不诚实协助的责任取决于不诚实主观状态的证明。像公司这样的拟制人没有大脑,因此也没有主观状态。法院有三种方式可以对这些事实作出回应。他们可能会认为,谈论具有不诚实心态的法人是毫无意义的,不诚实协助的责任不应由法人承担,因此,法人参加的违反衡平义务中的受害者不能以法人作为不诚实协助者得到补救。同样,

---

[325] Heinl v Jyske Bank (Gibraltar) Ltd [1999] Lloyd's Rep Bank 511, 523 - 524 (Nourse LJ), followed in Royal Westmoreland v Skene (QBD 7 November 2000).

[326] Lurgi (Australia) Pty Ltd v Gratz [2000] VSC 278, para 69 (Byrne J). Cf Bell Group Ltd (in liq) v Westpac Banking Corp [2001] WASC 315, para 175 (Owen J).

[327] [1999] 249 AR 201, 235 and 237 (Wilkins J). Cf Ghana Commercial Bank v C The Times 3 March 1997:一旦得知失主的索赔,被盗款项的接收人将以“推定受托人”的身份对失主个人承担责任,但就从收到赃款之日起至得知失主索赔之日这段期间而言,他们不承担任何个人责任。

[328] Northland Bank v Willson [1999] 249 AR 235.

他们本可以认为,有关不诚实协助责任的规则是不适当地为拟制人拟定的,尽管如此,这种规则是可取的,因为有时应考虑参与违反公平义务的行为,因此应为此目的制定一套不同的、更为恰当的规则。另外,他们可以认为,尽管这些关于不诚实协助的规则不适当,但通过在适当的情况下将法人假定为具有必要的主观状态,可以将法人纳入关于不诚实协助责任的规则范围内。根据霍夫曼勋爵在子午线案中讨论的"特殊"归因规则,法院选择了第三种方法,因此在适当的情况下,可以虚构地认为像公司这样的拟制人出于不诚实协助的诉讼目的而拥有了相关的主观状态。[329]

这些规则通过虚构的方式发挥作用,认为一个拟制人具有与特定人类个体的知识和思维过程"一致"的心智:在不诚实协助诉讼的背景下,如果与它一起被识别的人具有不诚实的心智状态,则该拟制人被认为具有不诚实的心智状态。因此,为了达到这一目的,人类个体应该与拟制人相区别的问题就产生了很多。根据霍夫曼勋爵在子午线案中对这一点的观察,这个问题的答案将转向几个因素,包括不诚实协助责任的性质、这种责任被施加的政策原因以及在相关交易中为拟制人行为的那些人类个体的角色和责任。因此,例如,在 Nightingale Finance Ltd v Scott[330] 案中,卡恩沃斯(Carnwath)认为,尽管一家公司的头脑应该与该公司管理人员的头脑相一致,该管理人员已经为该公

[329] [1995] 2 AC 500, 507.

[330] Ch D 18 November 1997; BTR Engineering(Australia)Ltdv Patterson (NSWSup Ct 20 June 1991); Humphris v Jenshol [1997] 25 ACSR 212; Andic International Pty Ltd v FSM Wytwornia Wyrobow Roznych SA (NSW Sup Ct (Command Eq Divs)17 March 1988); Royal Westmoreland v Skene (QBD 7 November 2000); Ikeuchi v Liu [2001] QSC 54, para 144 (Muir J); Capital Investments Corp Pty Ltd v Classic Trading Pty Ltd [2001] FCA 1385. And cf Canson Enterprises Ltd v Boughton & Co [1996] 1 WWR 412, 427 (Rowles JA),罗尔斯(Rowles)认为,被告律师事务所不可能对知情协助负有责任,因为对该违法行为有实际认识的律师事务所(布劳顿)的成员并非实施协助行动的律师事务所的成员,如果布劳顿的知情被归为伍伦所有,那么对于伍伦来说,最多的说法是他拥有推定性的知情,这不足以使他作为一名知情的协助者承担责任。这种推理可以解释为什么作为一名知情的协助者,伍伦自己没有责任,但他忽略了一点,即公司可能已经为鲍顿的实际知情所修正,因此被认定有责任。

司签署了文件,使欺诈行为得以发生在第三方身上,但该管理人员:

> 在签署同意书时,他根本没有注意自己签署了什么,(这)似乎意味着,(他)含蓄地将同意书的行政责任委托给了另一位要求他签署同意书的董事。然后,可以完全正确地说,第二位董事与同意有关的知情可以归因于公司,如果他不诚实地给予这些同意,那么公司也不诚实。[331]

子午线案是与身份认定原则相关的法律向前迈出的重要一步,因为它要求法院以一种比以往更具体的方式来分析归属问题。然而,仍然存在的一个问题是,霍夫曼勋爵的分析是以这样一种理解为前提的:一个拟制的人只能被识别为特定的人类个体,而他并没有认为,一个拟制的人可能被认为拥有一种由几个不同人类的知识和观点聚集而成的"复合心理状态"。这在原则上是可能的,在试图确定法人对疏忽造成的过失责任而非为不诚实行为承担责任的情况下,这一论点可能更有说服力,但根据英国法律,目前不能用集合法来解决任何一种类型的人为责任。在指控公司过失杀人罪的刑事诉讼中这一观点被明确否认,在 R v HM Coroner for East Kent, ex parte Spooner 案[332] 和 A-G's Reference (No 2 of 1999)[333] 案中,法律委员会也在其最近的两份报告中反对这一想法:信托规则和监管规则,[334] 以及刑事法典的非自愿过失杀人罪立法。[335]

相比之下,一些澳大利亚法院对在不诚实协助诉讼的背景下进行

---

〔331〕 卡恩沃斯在引用文本中删除的一段话中表达了同样的结论,他表示,在给予这些同意方面,沃顿是"公司的指导思想"。尽管如此,这种处理问题的方式似乎令人困惑地倒退到了子午线(Meridian)之前的法律,根据该法律,公司的董事是唯一可以与之相匹配的个人。

〔332〕 [1989] 88 Cr App R 10, 15 – 17 (Bingham LJ); R v P & O European Ferries (Dover) Ltd [1991] 93 Cr App R 72, 84 (Turner J).

〔333〕 [2000] 3 WLR 195, 211 – 212 (per curiam).

〔334〕 Law Com No 236 [1995], para 12.6.

〔335〕 Law Com No 237 [1996], para 7.32.

集中处理的想法表示同情。例如，在 Macquarie Bank Ltd v Sixty-Fourth Throne Pty Ltd[336]案中，维多利亚州上诉法院不得不考虑澳大利亚高等法院先前在 Krakowski v Eurolynx Properties Ltd[337]案中所作的声明的重要意义，即“一家公司的高级职员对一项交易的不同方面负责的职能分工，并不免除根据他们各自所拥有的知识而确定的责任”。塔德盖尔（Tadgell）拒绝接受“证明了不知道欺诈或应该揭露它事实的人的知情的简单聚集的合法化，以至创造了一个具有不诚实意图的名义人”的观点。但是阿什利·阿亚（Ashley AJA）采取了不同的路线。他以为：[338]

> 有些令人不满意的是，就身份确认原则而言，被认为是公司头脑的人的主观状态，应被排除在本应由公司的另一名雇员或代理人告知但未告知该人的知情情况之外。这可能会为公司打开一条道路，使其在本应进行这种交流的情况下却未能进行知情交流而从中受益。

这让他想到，伍顿（Wooten）在 Re Chisum Services Pty Ltd[339]案中提出的“一种值得称赞的方法”，即当公司的每个员工都有工作职责，并且有机会与彼此分享信息时，应该允许知情的聚合——不管他们是否遵守了这个职责，是否利用了这个机会。然而，就 Macquarie Bank Ltd v Sixty - Fourth Throne Pty Ltd 案的事实而言，这种方法并没有对索赔人有利，因为它“未能确定任何人的思想应该被认为是（被告公司）的思想，对于这些人来说，传达相关信息的义务（有机会传达该信息）被强加给了公司的其他雇员”。

---

[336] [1998] 3 VR 133.

[337] [1995] 183 CLR 563, 582 - 583 (Brennan, Deane, Gaudron, and McHugh JJ), citing Dunlop v Woollahra MC [1975] 2 NSWLR 446, 485 (Wootten J), and Tesco Supermarkets Ltd v Nattrass [1972] AC 153, 170 (Lord Reid).

[338] Macquarie Bank [1998] 3 VR 161.

[339] [1982] 7 ACLR 641, 650.

知情的聚合也使斯梅利的 Equiticorp Industries Group Ltd (in stat man) v R (No 47)[340] 案获得成功,这是一宗著名的新西兰案件,在1994 年和 1995 年花费了大约 200 天的审判时间。在不讨论这个案件所有复杂事实的情况下,就目前的目的而言,可以这么说,斯梅利依据已经提到的澳大利亚案例认为,新西兰政府雇用的各种公务员以及政府的各种法律和金融顾问所拥有的知识之和可以"被加在一起构成一个综合整体,使其作为被指控不诚实的受害者或知情的接收方的地位得以判断"[341]。

7. 不诚实和个人素质

尼科尔斯勋爵在文莱皇家案中明确表示,被告无权根据其个人道德标准而不是社会标准来判断其行为的道德,[342] 但他也认为,在判定被告是否有不诚实行为时,可以注意被告的一些个人属性,如他的经验和智力。[343] 由此可见,一个没有经验和愚蠢的被告可以辩称,他没有做出不诚实的行为,因为他没有意识到他应该以不同的方式行事,即使一个更有经验和智力的人不会犯同样的错误。[344] 显然,法院可能不相信以此为据的被告正如他所说的那样愚蠢,但法律和金融专业

---

[340] [1998] 2 NZLR 481.

[341] Equiticorp Industries Group Ltd (in stat man) v R (No 47) [1998] 2 NZLR 627 – 629.

[342] Royal Brunei Airlines Sdn Bhd v Tan [1995] 2 AC 389:"诚实不是一个可有可无的尺度,它的价值高低取决于每个人的道德标准。"亦参见 Aktieselskabet Dansk Skibsfinansiering v Brothers [2001] 2 BCLC 324, 334 (Lord Hoffmann, sitting as a judge of the Hong Kong Court of Final Appeal):"被告不能被允许以某种不为社会所认同的私人诚实标准为掩护。"

[343] Royal Brunei Airlines Sdn Bhd v Tan [1995] 2 AC 391.

[344] 例如,BTR Engineering (Australia) Ltd v Patterson NSW Sup Ct (Comm Div) (Giles J):"乍一看,帕特森夫人不会表现出某种好奇心,以至于她至少初步了解帕特森的商业风险很难与领薪水的员工的收入相吻合。但我接收帕特森夫人的说法。在我看来,很明显,她对那些她名义上是当事人的交易——无论是亲自参与的还是作为公司董事的——根本不知道,而且她并没有把心思放在这些交易上。"亦参见 Banque Nationale de Paris v Hew [2001] 1 SLR 300, 333 (Lai Kew Chai J):如果被告"受到亲属关系、同情心、利他主义或过分轻信或信任的天性或性格的驱使,我不认为这些特征或缺点,无论多么可悲,在从犯责任的背景下构成不诚实"。

人士(我们可能提醒自己,他们往往是不诚实协助诉讼的被告)通常比其他人更不可能说服法院证明他们的无能,[345] 尽管他们有时能成功做到这一点。[346]

在实践中,很难区分道德上和智力上受到挑战的人,[347] 恕我直言,克里斯多夫·斯莱德爵士在 Walker v Stones[348] 案中对这个问题的评论并没有解决这个问题。在此情况下,上诉法院须以被告受托人的诚实行为为基础,决定被告受托人是否属于信托契约豁免条款的范围。由此产生的问题是,如果一个受托人真诚地相信违背信托的行为符合受益人的最佳利益,那么他是否可以被称为诚实行为。在确定这个问题的过程中,克里斯多夫·斯莱德爵士试图将尼科尔斯勋爵对文莱皇家案中不诚实的理解与米利特在 Armitage v Nurse 案中的观点相

---

[345] Cf Houghton v Fayers [2000] Lloyd's Rep Bank 145, 151 (Buxton LJ):"戴先生,作为一名声称在金融和破产事务中担任顾问的人,很难不知道[一个资金被挪用的公司的公司结构]的重要性,因为他相信所支付的所有款项都是正当的";在其后的诉讼中,戴伊被裁定有不诚实行为的事实:Fayers Legal Services Ltd v Day (Ch D 11 April 2001)。亦参见 Re a Solicitor (QBD (Div Ct) 20 November 2000) para 26 (Hallett J):"律师能够成功地证明,对普通公众来说明显不诚实的东西对他来说并不明显不诚实,这确实是一个罕见的案例。"

[346] 例如,Thomas v Pearce (CA 10 February 2000)(涉及地产代理)。f Mortgage Express Ltd v S Newman & Co (a firm) [2000] PNLR 298, 322 (Hart J):"不幸的是,在这一时期,很多律师[远早于这里的抵押贷款欺诈行为臭名昭著的年代],他们似乎一直在假定他们对抵押人的责任是在非常有限的性质下努力,并且对他们所展示的问题的性质几乎是难以置信的天真。我的结论是,(被告律师)处理这个问题的整个方法从一开始就很幼稚,远低于他的支持标准,但并不是不诚实的。"在上诉中,法院认为哈特是在证据不充分的事实基础上不正当地作出这一结论的,案件被发回重审:[2001] PNLR 86。Mortgage Express 提出的申索亦获清结,但被告其后在被告向律师弥偿基金提出的第三者诉讼中,被裁定诚实行事:Ch D 1 March 2001。1991 年 3 月,律师协会首次向其成员发出了关于抵押欺诈的绿卡警告,列出了需要注意的迹象,包括不寻常的交易、不寻常的指示、不完整的文件和购买价格的变化。

[347] Cf Mortgage Express Ltd v S Newman & Co (a firm) (Ch D 1 March 2001) para 9 (Etherton J),埃瑟顿(Etherton)指出,"在胜任行为范围的极端末端,在不诚实和无能之间的界面存在法律困难"。

[348] [2001] QB 902.

协调,[349]即如果是"出于善意和诚实的信念,认为投资是为了受益人的利益",通过"有意识地超越其权利(例如,明知未经授权而投资)而违背信托的受托人并非欺诈的行为"。克里斯多夫·斯莱德爵士观察到:[350]

> 没有理由在受托人免责条款的背景下适用不同于违反信托的从犯责任的诚实度测试。如果 Armitage 的法庭认为自己与 Tan 不同,而没有说出来或解释原因,那将是令人惊讶的。我认为……在说到,只要"受托人这样做是出于善意,并且诚实地相信他们的行为符合受益人的利益"而故意违反信托时,那么他们就不是不诚实的……米利特正在把他的思绪引向塞尔温(Selwyn)曾经描述为"明智的信任违约"的不寻常的案例。[351] 我认为最不可能的是,当一名副监事—受托人对受益人利益的看法是如此不合理,以致没有一名合理的副监事—受托人会持有这样的信念时,他会有意将这句格言应用于这种情况。

从这些评论看来,如果被告故意协助违反衡平义务,并错误而又真诚地认为这符合受益人的最大利益,那么他就不是不诚实的,除非他的信念是"不合理的"。但这个结论并不令人满意。文莱皇家案明确表明,法院不应根据被告的智力能力来判断其行为的道德性,而应

---

[349] [1998] Ch 241, 250 - 251,米利特在 Three Rivers DC v Governor and Company of England (No 3) [2000] 2 WLR 1220, 1274 案中重复:"故意违反信托,如果受托人真诚地相信是为了那些他有义务为其利益行事的人的利益而作出的,就不是不诚实的。"

[350] 参见 Walker v Stones [2001] QB 941。northland Bank v Willson [1999] 249 AR 201, 225 (Wilkins J):"(银行官员将银行资金安排在一项计划中,目的是制造银行资产大于实际资产的假象)要求法院宽恕他们的欺骗,理由是他们没有从该计划中获得个人利益,或者这些措施只是为了维持银行的持续生存。不能说银行的最大利益必然是其继续经营,因为这种经营只能通过对股东、审计师、监管机构和所有依赖银行财务记录真实性与银行打交道的人实施欺诈来维持。"

[351] 引用了 Perrins v Bellamy [1899] 1 Ch 797, 798 (Lindley MR):"我以前的长官,已故的塞尔温,曾说过'受托人的主要职责是明智地违反信托'。"

根据社会的道德标准来判断。不诚实和愚蠢不是一回事。不诚实协助的责任取决于被告知道他所知道的,并尽可能了解该信息的含义,以一种诚实的人知道同样的信息和同等水平的理解都会回避的方式行事。这并不是说一个比被告更聪明的人就能更好地解释这种情况和它所呈现的道德难题。[352]

波特在 Twinsectra Ltd v Yardley[353] 案中所持的观点,也可能会有同样的反对意见,即被告可以依靠以下一些理由来反驳不诚实的指控:[354]

> 特殊的环境、特点或缺乏经验……表明了对他可期待的诚实的标准是不同于对一个合理谨慎诚实的律师可期待的诚实标准。

事实上,有人对曼斯在 Grupo Torras SA v Al-Sabah (No 5)[355] 案中所作的裁决提出了这类反对意见,即上诉人之一,一位名叫福尔奇(Folchi)的律师,有不诚实行为。福尔奇主张:[356]

> 法官采用了一种完全客观的测试方法,以疏忽而不是不诚实的方式来表达他的结论。应用文莱皇家案测试,一个人只有在他的诚实标准低于客观标准的情况下,才能被认定为客观不诚实……法官没有对福尔奇作出这样的判决。他可能得出的一个结论是,福尔奇先生怀疑这些交易是否正当,而故意闭上眼睛和耳朵,或者故意不问有关这些

---

[352] Cf Mortgage Express Ltd v S Newman & Co (a firm) (Ch D 1 March 2001) para 7 (Etherton J):"我不认为斯莱德爵士有意图……要废除无能与不诚实之间的关键区别……无能,即使是严重的无能,也不会等于不诚实,仅此而已。"

[353] [1999] Lloyd's Rep Bank 438.

[354] Twinsectra Ltd v Yardley [1999] Lloyd's Rep Bank 465。在 Mortgage Express 案第 8 段中,埃瑟顿将波特提及的"一个合理审慎和诚实的律师"解释为"指的是在荣盛集团接受审查的律师受托人就是这样一个人,不能也没有以缺乏经验作为其行为的理由"。

[355] QBD (Comm Ct) 24 June 1999; on appeal: [2001] Lloyd's Rep Bank 36.

[356] Grupo Torras SA v Al-Sabah (n 355 above) 60 (per curiam).

交易的问题——这就是所谓“视而不见”欺诈。但法官并没有作出这样的裁决，他只是从一个诚实的律师会怎么做的角度来表述自己的结论，而不是从福尔奇的实际行为来表述。换句话说，他错误地应用了一种客观的测试，将推定的或假定的知情归因于福尔奇先生。这样的知情不会导致发现不诚实行为。

上诉法院对这些意见书表示“相当关注”，[357]但支持曼斯关于不诚实观点的裁决，其依据是曼斯在其判决中所作的各种陈述都支持这样一种观点，即他的本意是认为福尔奇有意对他参与交易的欺骗性视而不见。与此同时，当局强调：[358]

在这些案件中，就像任何其他认定不诚实的案件一样，法官应明确其认定的依据。如果法官发现存在客观不诚实，那么法官应当清楚释明，即使法官认可被告相信自己没有做不法的事，但按客观标准来看，被告仍然不诚实。

这一小节的最后一句话可能要留给霍夫曼勋爵，他最近又回到了一个最喜欢的主题，[359]他警告不要使用“假定的正派诚实人”的概念来概括客观的不诚实概念：[360]

---

[357] See Grupo Torras SA v Al-Sabah (n 355 above) 60 (per curiam).

[358] See Grupo Torras SA v Al-Sabah (n 355 above) 61 (per curiam). Cf Twinsectra Ltd v Yardley [1999] Lloyd's Rep Bank 438, 462 (Potter LJ), 必须澄清卡恩沃斯在初审时的裁决，即被告“并非不诚实，但他确实故意对该承诺的含义视而不见”。

[359] Cf Re Saul D Harrison & Sons plc [1995] 1 BCLC 14, 17 (Hoffmann LJ)：“在解释法院如何在公司管理的背景下决定什么是公平的时候，我认为，在法律用来在不同情况下人格化其司法标准的已经相当可观的虚构人物之外，再加上一个通情达理的公司监督者，不会有太大帮助。”

[360] Aktieselskabet Dansk Skibsfinansiering v Brothers [2001] 2 BCLC 324, 334 (Lord Hoffmann, sit-ting as a judge of the Hong Kong Court of Final Appeal).

危险在于,因为正派诚实的人也倾向于表现得合理、体贴等,因此,人们可能会倾向于将这些方面的缺点视为未能遵守必要的客观标准。在我看来,至少在欺诈指控的情况下,把注意力集中在真正的被告身上,简单地问他们是否不诚实,要安全得多。法官和陪审团在理解什么是不诚实方面很少有概念上的困难。

四、抗辩

(一)免除

如果索赔人正式免除不诚实协助者的责任,或明确确认不诚实协助者参与交易的有效性,那么索赔人一般在事后无法起诉不诚实协助者。例外情况下,如果被告不诚实地协助公司董事违反受托义务,导致公司破产,而被告的行为据称得到公司本身也是首要违约方唯一股东的批准,他们的所谓批准可能无法免除被告以公司名义为公司债权人利益提出的索赔。[361]

如果原告免除了主犯的责任,或肯定或默许了主犯的违约行为,那么这也将使他无法起诉不诚实协助者。其原因是,不诚实协助者与实施不法行为的受托人或受信义义务人承担连带责任,[362] 因此,一个

---

[361] See Re Gasbourne Pty Ltd [1984] VR 801, 839 (Nicholson J). 这句论断似乎与最近的一系列案例相一致,即 Re Duomatic Ltd [1969] 2 Ch 365 中的规则不允许股东一致地非正式地同意批准违反公司义务,如果强制义务规则的目的是保护除股东作为一个整体之外的其他利益集团:Wright v Atlas Wright (Europe) Ltd [1999] 2 BCLC 301; Re Torvale Group Ltd [1999] 2 BCLC 605; BDG Roof Bond Ltd v Douglas [2000] 1 BCLC 401。

[362] 参见注释 94 引用的案例。

人的免责会起到免除另一个人责任的作用。[363] 但是，应当记住，免除责任和不起诉的盟约之间是有区别的，因为索赔人只是立约不起诉主要的违法者，同时保留他对不诚实协助者的诉讼权利，之后将有权追究不诚实的协助者。[364] 也应该记住这一点：[365]

违反信托或信托义务的确认，与同意、免除或默许一样，是一种衡平法的抗辩……（那些）援引（这些抗辩）的人必须表明，作为义务相对方的受益人或个人对构成违约的事实及其后果有充分的了解，以便在本案的所有情况下使其公平公正，禁止他获得他本来有权获得的救济。

如果索赔人与主要违法者签署书面和解协议，然后起诉第三方不诚实协助，则不需要将主要违法者作为诉讼的一方，也不需要确定该协议是否可以免除该不诚实协助者的责任，因为这是一个法律问题，

---

[363] Cf G Williams, Joint Obligations (Butterworths London 1949) 160，指出"连带责任的几个部分不是累积的几项责任，而是连带的"。参见 Thompson v Harrison [1787] 2 Bro CC 164, 29 ER 94; Re EWA [1901] 2 KB 642。至于几个违约受托人之一的免除是否意味着免除其他受托人的问题。在 Jyske Bank (Gibraltar) Ltd v Spjeldnaes (Ch D 23 July 1997) 案中，埃文斯认为，原则上确认主犯的违约不能使不诚实协助者逃脱责任，但上诉法院法官采取了不同的立场。他们认为，本案中应归责的交易为无效交易，不能予以确认，而且在任何情况下，它并不是根据答辩公司在充分了解所有情况的情况下试图予以确认的事实而确定的：sub nom Heinl v Jyske Bank (Gibraltar) Ltd [1999] Lloyd's Rep Bank 511, 520 – 521 and 522 (Nourse LJ) and 533 (Colman J)。然而，没有一个上诉法官认为一名不诚实的协助者不能依赖在其辩护中对首要违约的确认，而且似乎诺斯会允许上诉人修改他的请求，使其依赖于这一论点，但对于已经提到的两件事，则参见 Heinl 522 – 523。

[364] Northland Bank v Willson [1999] 249 AR 201, 212 – 213 (Wilkins J).

[365] Heinl v Jyske Bank (Gibraltar) Ltd [1999] Lloyd's Rep Bank 511, 522 (Nourse LJ), citing Re Pauling's ST [1962] 1 WLR 86, 107 (Wilberforce J) (concurrence) and Holder v Holder [1968] Ch 353 (acquiescence); Shenzen City Luohu District Industrial Development Co v Yao (British Columbia Sup Ct 25 April 2000) para 205 (Williams CJSC)：声称管辖索赔人和主要违反者之间关系的股份转让协议，对在订立本协议时不知道主要违反者的索赔人不具有约束力。第 219 段，威廉姆斯指出："如果在这种情况下，股份转让协议将约束处于原告位置的无辜者，那么，在不知情的情况下，违反信托行为的人将被允许签订随后的协议，提出支付比所欠金额更多的钱（没有任何遵守的意图），以挫败欺诈或违反信托的索赔。这不可能是法律。"

可以在主要违法者缺席时确定。[366]

在信托文件中免除受托人违反义务的免责条款也应该免除其不诚实协助者的责任，这似乎是有争议的。[367] 然而，法院根据 1925 年《受托人法》第 61 条对受托人免除责任的裁量权性质，使得法院在免除受托人在本条项下责任的同时，使不诚实的协助者承担责任，不存在任何困难。[368]

（二）诉讼时效

如上文所述，不诚实的协助者通常被认为是“推定受托人”而负个人责任，但在这个语境中，这个短语的意思是他们因“好像是明示受托人，而实际上他们不是”而负有个人责任，并不是说“因为在合法所有者的财产上强加了一项推定信托”，所以他们负有个人责任。因此，正如米利特在 Paragon Finance plc v D B Thakerar & Co[369] 案中重申的那样，1980 年《限制法案》中提到的“受托人”不适用于它们，尽管它们确实适用于推定受托人。[370]

因此，问题是，1980 年《时效法案》第 21 条如何影响对不诚实协助者的索赔。有关的分节如下：

（1）本法规定的时效期间不适用于受益人在信托项下提起的诉

[366] See Chan Kern Miang v Kea Resources Pte Ltd [1999] 1 SLR 145.

[367] 讨论在上文第三部分。

[368] Cf Macdonald v Hauer [1976] 72 DLR (3d) 110，在这种情况下，贝达（Bayda）本可以援引类似的法定自由裁量权，解除两名共同受托人因违反信托而承担的责任，同时确定第三名受托人承担的责任。

[369] [1999] 1 All ER 400, 408. Cf Soar v Ashwell [1893] 2 QB 390, 396 (Bowen LJ); Taylor v Davies [1920] AC 636; Clarkson v Davies [1923] AC 100; Competitive Insurance Co Ltd v Davies Investments Ltd [1975] 1 WLR 1240; Tito v Waddell (No 2) [1977] Ch 106, 249 (Megarry V-C).

[370] 1980 年《时效法案》第 38 条规定，“信托”和“受托人”在该法案中的含义应与 1925 年《受托人法》中的含义相同；1925 年《受托人法》第 68 条将这些术语的含义拓展到“默示的和推定的信托”。

讼，该诉讼为：

a）关于任何欺诈或欺诈违反信托（受托人是该欺诈的一方或私人）……

（3）根据本条前款规定，受益人对信托财产的追偿或者对任何违反信托行为的追偿，不属于本法其他任何规定规定的时效期间，自诉讼权利产生之日起六年内不得提起。

就第 21 条第 1 款而言，根据上文所述，原则上（a）项所提及的“受托人”本身不能是不诚实的协助者，“受托人”只能是主要违法者。这表明，原则上说“从犯可能始终无法以时效为抗辩理由是不正确的，因为他的不诚实足以将他纳入第 21 条第 1 款第（a）项的涵摄范围”。[371] 更好的观点应该是，如果一项不诚实协助的行为与“主要违反信托”的行为相关——而且被认为是这样[372]——那么在受托人欺诈的情况下，该行为将受到第 21 条第 1 款第（a）项的影响，但如果他没有这样做，那么该行为就不会受到影响。在后一种情况下，第 21 条第 3 款似乎因此适用，同样假设不诚实协助的诉讼是“关于”首要违约的诉讼。《勒温信托》的编辑非常不喜欢这样的结论。[373] 意思是说，对于不诚实的协助行为有两种不同的限制规则，这些规则的适用导致了一个问题，即文莱皇家案的受理法院明确认为该问题与不诚实协助者的责任无关，关键在于主要的不法行为者本身是否不诚实。然而，有人认为，对这种反常现象的适当回应是，议会修改第 21 条的措辞，以反映文莱

[371] J Mowbray et al (eds) Lewin on Trusts (17th edn Sweet & Maxwell London 2000) para 44 - 45. 在他们的支持下，编辑们引用了 Manx 高等法院的一项判决：Barlow Clowes International Ltd v Eurotrust International Ltd [1998/99] 2 OFLR 42，他们声称在 Paragon Finance 案中“另一点上没有遵循”。然而，有人认为 Barlow Clowes 的案件与米利特在这一点上的决定也不一致。

[372] Cf Re Diplock [1948] Ch 506, 512 - 513 (per curiam), construing the statutory precursor to the Lim-itation Act 1980, s 22; G L Baker Ltd v Medway Building and Supplies Ltd [1958] 1 WLR 1216, 1221 - 1222 (Danckwerts J).

[373] Lewin on Trusts (n 371 above), para 44 - 45.

皇家案所制定的法律的变化,而不是法院捏造"建设性受托人"一词的含义,以便将不诚实的协助者纳入第 21 条第 1 款第(a)项作为"受托人",正如《勒温信托》的编辑所建议的那样。

(三)共同过失/疏忽

在 Equiticorp Industries Group Ltd (in stat man) v R (No 47)[374]案中,斯梅利认为,如果某公司的董事违反了受信义义务,而被告曾协助该公司履行了这一义务,那么该公司的股东"应注意确保他们知道(董事们)在做什么"。为此,他减少了被告应向公司支付的 2.5% 的衡平法赔偿。斯梅利的决定有一部分违反了英国法律。根据英国法律,索赔人可能发现了主要的违反职责行为,却因疏忽没有发现不诚实协助索赔要求,并不能作为抗辩。[375] 在这方面,英国衡平法反映了普通法关于欺诈侵权行为的规则。[376] 然而,即使根据英国法律,也不应忘记,如果索赔人发现了持续的首要违约行为,而没有采取行动加以制止,那么,由于他的默许,可能会被禁止就随后的损失起诉一名不诚实的协助者。

(四)1925 年《受托人法》第 61 条

1925 年《受托人法》第 61 条授权法院免除"受托人"违反信托的个人责任,只要受托人诚实、合理,就应当得到公正的免除。在加拿大的一个案件(Hub City Supplies v Total Drywall Ltd[377])中,迪伦

---

[374] [1998] 2 NZLR 481, 659 – 660. Cf Banque Nationale de Paris v Hew [2001] 1 SLR 300, 338 (Lai Kew Chai J),称索赔方未能阻止其雇员在外汇市场上进行流氓交易,是"自己不幸的罪魁祸首"。

[375] Corporación Nacional del Cobre de Chile v Sogemin Metals Ltd [1997] 1 WLR 1396.

[376] Corporación Nacional del Cobre de Chile v Sogemin Metals Ltd [1997] 1 WLR 1402 (Carnwath J). For the position at common law, see most recently Standard Chartered Bank v Pakistan National Shipping Corp (No 4) [2001] QB 167.

[377] British Columbia Sup Ct 16 Sept 1996, paras 19 – 20.

(Dillon)认为,在适当的情况下,同样的加拿大法定条款授权法院免除"知情协助者"的责任,因为他们负有"推定受托人"的责任,因此属于本条范围。然而,正如上述第二部分已经讨论过的,以及在本部分第2节中重新讨论过的理由,这种分析是建立在对附属法律性质误解的基础上的,而且更好的看法是1925年《受托人法》第61条不适用于不诚实的协助者。即使他们属于"推定受托人"的范畴,英国法院无论如何都不可能以一个不诚实协助者的行为诚实为由免除他的责任。

五、结论

由于一些现在可能很明显的原因,标题"结论"(非常简短的)作为最后部分的标题特别不合适。有关不诚实协助的规定正在不断变化。在过去几年中,法院在许多案件中应用和审议了这些规则,毫无疑问,它们将继续这样做。这种类型的衡平法责任的界限正在扩大,因为索赔人试图确定第三方因参与主要违反义务而承担的责任,这种责任正日益远离明示受托人违反对其受益人所负的核心义务。多年来,法院在努力确定责任的主观因素时遇到的困难并没有消失,但尼科尔斯勋爵的不诚实测试在某种程度上使法院得以解决这些困难。通过授权它们摒弃巴登、德尔沃法律学中极其细微的差别,采用一种更粗暴、更直接的方法,许多细节问题已经解决,但一些核心问题仍有待解答。特别是不诚实协助、明知接收和诱因之间的关系尚未解决,而且可能要等到法院对不当得利法、财产法和不法行为法之间的关系发展出一致的——而且是连贯的——理解之后才能解决。

第七章　接收

彼得·伯克斯(PETER BIRKS)

如果一个人对金钱或其他资产有衡平但非法律所有权,资产落入陌生人手中时他有什么权利? 这个问题已经引起了很大的争议。近年来,不仅出现了探讨这一问题的新案例,更重要的是,两篇重要的文章加速了这一辩论,一篇来自伯肯黑德的尼科尔斯勋爵[1],另一篇来自莱昂内尔·史密斯教授。[2] 除了澳大利亚[3]的一个明显的例外,最近学界的贡献主要表现在对严格责任的排除上,不仅适用于不当得利领域,如尼科尔斯勋爵的文章所支持的。尼科尔斯勋爵的立场仍然是唯一可以接受的,目前的目的只是捍卫它。

---

〔1〕 Lord Nicholls of Birkenhead "Knowing Receipt: The Need for a New Landmark" in WR Cornish et al (eds) Restitution, Past, Present and Future: Essays in Honour of Gareth Jones (Hart Oxford 1998) 231.

〔2〕 L D Smith "Unjust Enrichment, Property and the Structure of Trusts" [2000] 116 LQR 412.

〔3〕 P Creighton and E Bant "Recipient Liability in Western Australia" [2000] 29 UWA L Rev 205. 4 [1987] Ch 264.

本章考虑三种主张:(1)对财产所有权的直接主张(证明);(2)因不当挪用资产而产生的个人索赔请求权;(3)因不当得利而产生的个人索赔请求权。

本文反对莱昂内尔·史密斯的观点,认为坚持主张(1)和主张(2),就必须公平地接受主张(3),否则不仅会与普通法产生不可辩护的不对称,还将被迫容忍自身内部相互矛盾的观点。与主张(1)和主张(2)有关的一个重要主题是,与其说传统的"知情接收"责任是不当得利责任或错误行为责任,不如简单地说其判例法变得混乱,正是因为它试图跨越这两种非常不同的责任。正如尼科尔斯勋爵观察到的,关键之处不是赋予知情接收以特殊性质,而是确保不当得利的责任不被否认或忽视。我们必须摒弃旧的名字和它的独特性。一个名字似乎意味着一种责任,但其实包含两种责任。

"蒙塔古"的《信托协议》[4]为这个争论提供了一个便利的平台。1985年3月29日,梅加里法官作出了这个决定。如果我们问现在将如何决定,我们将面临解决所有重要的问题。人们会记得,受托人违反信托,将一些信托资产永久地转移给占有者——第十任曼彻斯特(Manchester)公爵。所涉资产是有价值的动产,如绘画和家具。违反信托的行为是技术性和程序性的。受托人有权转移这些资产,但必须在采取某些步骤之后,然而他们并没有采取这些步骤。没有什么能改变违约的性质,除非它能解释为什么梅加里法官能够得出这样一个结论:受托人或第十任公爵都是诚实的。该诉讼是在第十任公爵去世后由他的继承人第十一任公爵提起的,他是信托的受益人。该诉讼的一个目的是迫使第十任公爵的财产以金钱代替他不应该被给予的资产的价值。

这个诉讼最终败诉了。梅加里法官认为,由于无法证明第十任公爵的财产仍然包括任何信托资产或其可追踪的收益,所以唯一的问题是他是否有个人义务偿还他收到的价值,原告必须证明老公爵有过

---

[4] [1987] Ch 264.

错。然而,他发现老公爵根本没有错。老公爵当然是诚实的。也就是说,老公爵不知道他无权获得这些资产,他没有对他无权获得这些资产的可能性视而不见,他也没有鲁莽地未进行诚实和理性的人会进行的调查。老公爵甚至没有粗心大意。受托人认为他们有权转让资产。他完全有理由信赖他们。因为老公爵没有任何过错,所以没有必要决定什么程度的过错会使公爵承担责任。然而,梅加里倾向于原告必须证明不诚实的观点。

在重新审视这一案例时,本文坚持了梅加里所强调的区分,即财产和义务之间的区分,换句话说,财产权主张和个人索赔之间的区分。"个人索赔"和债法之间的联系并不清晰。义务与对人权相关联,或者不用拉丁语表达,与个人权利相关联。你支付我 1000 英镑的义务与我个人针对你支付我 1000 英镑的权利相关。个人主张是对权利的主张。因此,个人索赔是在债法中提出的索赔,换句话说,是要求强制执行一项债务。

除区分财产权主张和个人主张的结构性投入之外,本文还从另一个原则性投入开始。讨论中的原则是,除非差异不可避免地由法律渊源决定或由理性要求,否则无论财富是在信托背后的成文法上,还是在衡平法上,都应该得到完全相同力度的保护。恰好有这两种可以持有财富的模式。一幅画可以是信托资产,其中一人或多人对信托财产享有受益人权益,也可以单独拥有或共同拥有信托财产。同样,非常重要的是,利用计算机技术的新市场机制意味着越来越多的股票和其他公司证券的投资者只能获得衡平利益。原因是法定所有权很可能在作为许多客户托管人的某家银行中得到巩固。[5] 由于模式的选择——直接或在信托幕布后持有,在很大程度上具有偶然性,原则上看起来是正确的,应当尽可能产生最小的影响。

---

[5] J Benjamin Interests in Securities (OUP Oxford 2000) 17 – 30; A O Austen – Peters Custody of Investments (OUP Oxford 2000) 2 – 10.

这一投入并不试图否认成文法和衡平法之间的差异,无论它们是否可取,都必须得到接受。除了法律,它们是无法克服的。例如,在衡平法上,人们可以提出纯粹的财产权要求,而在法律上不能。同样,衡平法上的利益总是容易受未经通知就购买法定财产行为的损害,而在法律上,没有人可以赋予比它更大的利益(己所不欲,勿施于人),不存在这一公理的普遍例外。这些差异根深蒂固,无法消除,尽管它们可以并且已经被最小化。夸大或加剧它们将是非常不负责任的。

一、物件返还之诉

在主张财产权时,法律和衡平法之间有着直接的、不可避免的区别。在法律上,对于错误的动产,不能简单地主张"我说塞尚的那幅画是我的!"个人财产只能通过债法间接得到保护。换句话说,在普通法中,没有物权保护。如果阿什莫尔博物馆发现了它被挪用的"塞尚",它的请求言辞不会是"那幅画是我的!",而要么是"因为你挪用了那幅画,犯了错误,所以你对我负有义务",要么是"因为你通过得到那幅画而不公正地变得富有,是由我付出代价,所以你对我负有义务"。

"维护"一词有时被非常松散地用于任何保护财产或解决财产干预的诉求中。〔6〕这与两千年来西方法律传统的一贯用法背道而驰,根据西方法律传统,物件返还之诉是对一件事物权利的直接主张。"我说你有义务赔偿我挪用塞尚的损失!"的确,在最宽松的意义上,这一主张是在维护我的财产权,但恰当地说,这不是一个物件返还之诉,也不应该被称为物件返还之诉。它在拐弯抹角地或间接地主

〔6〕 Graham Virgo expressly adopts this wide sense: G Virgo The Principles of the Law of Restitution (OUP Oxford 1999) 11 - 16, 656, 664 - 668.

张财产权。[7] 普通法中没有对动产的维护。然而,在衡平法上是有的。原告可以要求法院宣布被告作为受托方而持有“塞尚”。他这么做事实上是直接主张在衡平法上这幅画是他的。他要求法院支持这一主张,并宣判它是真实的。

在“蒙塔古”案中,没有人试图证明任何被误导的动产或其可追踪的收益存在于老公爵的遗产中。然而,梅加里并没有完全忽视这种诉请。我们也不能忽视它,因为物件返还之诉是“一揽子”方案的一部分,其他部分,如同在法律上,通过债法保护财产的诉讼主张。尽管我们主要对这些义务感兴趣,但我们无法评估它们的性质和范围,只能将其当作衡平法用来保护财产的整套工具的一部分。

现阶段只需要说明两个问题。第一个问题是梅加里自己提出的。如果原告能够证明老公爵的遗产包括任何被错误地转移给他的动产或其可追溯的替代物,那么这些资产属于受托人的声明以及随之发生交付这些资产的订单将完全与过错无关。[8] 只要老公爵持有这些资产,对物件返还之诉的回应就永远不会是他是清白的。

第二个问题要复杂得多,需要一点说明空间。对收到资产的主张与对其可追溯替代物的主张有很大不同。上议院最近认为情况正好相反,因此需要更加强调这一点。如果原告在替代物上的权利与在原物上的权利相同,那么它就没有空间拥有自己的原因事件,而上议院明确表示它没有。但这一观点肯定也是错误的。对替代物的权利不是同一个权利,它确实有自己的原因事件。这个要充分解释。如下文所述,在不当得利中排除个人主张在理性上是无辩护余地的,这是论点的一个重要部分。

替代物中的权利与原物中的权利相同,并具有相同的原因事件,

---

〔7〕 较短的牛津英语词典给出了动词“证明”的第五个意思,即“通过行动,特别是通过行动来断言或维持”。为了自己的利益;防止侵犯或干涉。真正的维护者直接主张所有权:“那东西是我的!”

〔8〕 [1987] Ch 264, 271.

这一相反的立场在 Foskett v Mckeown 案[9]中尤为突出。在该案中，受托人窃取了信托资金来支付人寿保险单的保险费。不久之后，他自杀了。上议院认为，信托受益人有权分享 100 万英镑死亡抚恤金的保险利益，受益人可得比例与信托资金用于支付保险费的比例相同。[10]后来被征收的明示信托下产生的衡平法上的利益，在征收所得金钱的可追溯替代物中继续存在。因此，布朗·威尔金森勋爵认为根本没有新的原因事件：[11]

> 讨论的唯一信托是购买者信托契约的明示信托。根据这些明示信托，买方有权在买方支付给迪希先生(Mr Deasy)的原始款项中享有衡平法上的财产权权益。与任何其他衡平法上的财产权权益一样，购买者信托契约下的衡平法上的财产权权益，最初存在于支付给迪希先生的款项中，现在存在于法律上代表原始信托资产的任何其他财产中。[12]

米利特勋爵的引领性言论中贯穿着同样的思想。他谈到"将原告的财产权从一项资产转移到其可追溯的收益上"，[13]却未察觉有必要解释这种转移是如何实现的。[14]

---

〔9〕 [2000] 2 WLR 1299 (HL).

〔10〕 人们敏锐地观察到，即使这一结果也违反了受托人不得从其信托中获利的原则：A Berg "Permitting a Trustee to Retain a Profit" [2000] 117 LQR 366, esp 370 – 371。

〔11〕 维尔戈先生同意这种方法，因为他对专有利益的处理似乎假设是它们在替代物中的持久性，并且没有讨论任何明显的原因事件：维尔戈(上述第 6 节)642 – 645。

〔12〕 [2000] 2 WLR 1299 (HL)1304 EF; cf 1223 AB (Lord Millett).

〔13〕 [2000] 2 WLR 1299, 1322H – 1323A; cf 1327 C-D.

〔14〕 相反，霍夫曼勋爵指出，有一个新的事件，罗马人称为混合。参见[2000]2 WLR 1299(HL)1311；cf Justinian, Institutes 2.1.27 – 28。混合是两种流体物质在一个容器中的物理混合物。它的效果是把贡献者变成最终物质的共同拥有者。然而，事实上从来没有任何混合，只有替代。如果我偷了钱，把它存入我的银行账户，就没有钱的混合，即使账户是负债的。有一种替代条款，资金用于加强对银行的索赔。如果这笔钱被"从账户中取出"，还有另一种替代方式。如果这样获得的钱被用来购买另一项资产，还有另一种替代。此外，如果有一种混合物，混合的规则对原始混合物的替代物没有任何规定。如果你把我的酒和你的酒混合在一起出售或交换，我在金钱或其他交换产品中没有获得财产权。

这经不起更深入的分析。被征收的受益人最终拥有了他们从未拥有过的某物的权利,以及一种他们从未拥有过的权利——与外人的共同所有权。这可以被描述得更形象一些。假设受托人拿了信托资金,加上自己的一部分个人资产,买了一辆车。在故事的结尾,被征收的受益者对这辆车享有份额,权利的客体现在不一样了。故事开始时,并没有汽车,权利的性质也不一样。不能合理地断言,汽车的共同所有权产生于转让和声明,这创造了征收的信托(显然,它是由法律的实施而产生的)。法律的运作基于事件。汽车共有权是由一个原因事件引发的,必须对该原因事件进行描述和命名。Foskett v Mckeown 案中的死亡抚恤金也是如此。任何其他结论都一定是虚构的。〔15〕

法律通过穿越虚构来提高其逻辑性。如果一项权利因法律的实施而产生,则该权利的原因事件通常可以被指明。我们经常不假思索地这样做。邻居的土地上生长的树或建造的建筑物作为财产传给邻居。一般来说,这个事件是“添附”,即从少数到多数的增加。和它的相似词语“加工”一样,罗马术语因长期使用而变得为人所熟悉,〔16〕尽管被“合并”常常是首选。〔17〕 在我们目前的上下文中,该事件并非基于双方同意的替代。在我们的法律中,如果 D 占有了 C 的资产,并且未经 C 的同意,将该资产换成另一项资产,则通过法律的实施,C 在替代物中获得的权利应尽可能地反映他在原物中所拥有的权利。没有神圣的罗马术语,原因很简单,不是每个制度都承认替代物的产生基于替代资产的权利,而罗马法并不承认这一权利。

仅为事件命名是不够的,必须把它放在正确的范畴里。所有因法

---

〔15〕 布伦斯(Burrows)教授最近在阿斯·布伦斯的《财产归还:揭露不当得利》(2001)117 LQR 412 中试图揭露这一虚构。然而,尽管他的观点与这里所表达的非常接近,他还是在他的文章中谈到了财产虚构。但所有权是足够真实的;虚构的说法是,替代物中的权利可以用解释原始资产中权利的事件来解释。

〔16〕 W Swadling in P Birks ed English Private Law (OUP Oxford 2000) 4.476, 4.563; S Gleeson Personal Property Law (FT Law and Tax London 1997) 55.

〔17〕 Holland v Hodgson [1872] LR 7 CP 328, 334 (Blackburn J); Berkley v Poulet [1977] 241 EG 911 (CA)913 (Scarman LJ).

律的实施而产生的权利都源于错误、不当得利或其他原因事件。我们知道，非共识的替代与不当行为无关。在 Trustee of FC Jones & Sons v Jones 案[18]中，上诉法院对一连串的替代给予了充分的法律效力，但没有一个字提到错误。即使没有任何错误，这一结果也适用于任何非共识性替代行为，因此，替代必须是不当得利或其他事件的混合。

斯威德林(Swadling)先生认为替代必须放在杂项类别[19]中，与“添附”和“加工”并列。它们也通过法律的实施运作，而没有不当操作。毫无疑问，这两个事件都必须放在杂项类别中，但不能说这两者都被认为是对不当得利的回应。“添附”和“加工”使成为整体所有者的人获利，而丝毫不考虑对剥离另一个可取性的探究。因此，斯威德林先生认为这二者既不是“错误”，也不是“不当得利”，而是“其他各种各样的原因事件”，毫无疑问，斯威德林是正确的。替代是一个困难得多的情况。

在我看来，未经同意的替代是一种不当得利。莱昂内尔·史密斯教授也持同样的观点。[20] 布伦斯教授最近也提出了同样的观点。为了达到同样的效果，布伦斯教授最近提出了一个具有同等影响的强有力的论点。[21] 如果 D 用信托资金的钱给自己买了一辆捷豹汽车，他可以说是以牺牲受益人的利益为代价来获利的。[22] 他通过获得自己选择的有价值的动产使自己变得富有。可以说，这种获利是以受益人的利益为代价的，因为尽管捷豹从来就不是他们受益人的，但它是使用他们的钱获得的，而且在没有得到受益人同意的情况下有一个不公

[18] [1997] Ch 159 (CA).

[19] WJ Swadling (n 16 above)4. 477 – 483.

[20] LD Smith The Law of Tracing (OUP Oxford 1997) 300.

[21] AS Burrows (n 15 above)esp 418 – 419, 422 – 423.

[22] 这篇重要的文章将在下面的第三部分讨论。他现在将此类案件归入一个特殊的不当得利类别，称为“基于所有权的索赔”。他认为，这种索赔不取决于原告的任何扣除概念，这种概念只适用于“有缺陷的转让”索赔。

正的因素。[23] 未经同意的行为比错误更进一步。一个错误转账的人拿回了钱,因为他对转账的同意被侵犯了。如果一个人的财产在未经同意的情况下被转移,他至少有同等的正当性拿回财产。在这里,法律会归还给你。它通过在替代物中增加新的所有权来实现这一点。

如果按照斯威德林先生的原则来解决不当得利的问题,我们将会遇到严重的困难。杂项类别确实是繁杂的,但其中的每个事件都有其背后的原因。法律为什么要赋予替代物所有权效力或者任何效力,可以给出什么理由?在这方面,替代与“准入”和“规格”有很大不同。它们提出了必须被解决的实际问题。织补袜子的羊毛的所有权会怎样?又有谁能拥有一种用别人的材料制成的全新的东西,就像用别人的葡萄酿制的葡萄酒呢?

替代没有这样的问题。除非是为了扭转不当得利,否则法律根本没有理由去干预替代物。而且,正如我们已经注意到的,一些体制没有这样的规定,尽管没有一个忽略了“替代”和“规格”。因此,如果你接受每一个原因事件都必须有一个基本原理,你就会得出这样的结论:普通法扩大了替代物的权利,因为它认为替代物是用别人的东西换取的,就像捷豹是用别人的钱或股份换来的一样,这是一个以牺牲别人为代价的不当得利的例子。

然而,斯威德林先生似乎得到了上议院的支持。众议院遵循维尔戈(Virgo)先生的路线,[24] 声称被掠夺的受益人的索赔与不当得利没

[23] 这个命题的前提是,任何一项财产所固有的机会都属于其所有者,因此,通过篡夺这些机会来充实自己就是截取法律已经赋予所有者的东西。在此基础上,即使是在著名的肯塔基洞穴案中提出的主张,也可以理解为基于一种调解性的减法充实:参见 E Weinrib, “Restitutionary Damages as Corrective Justice” [2000] 1 Theoretical Inquiries into Law 1, cf E Weinrib “The Juridical Classifi-cation of Obligations” in P Birks ed The Classification of Obligations (OUP Oxford 1997) 37, 47; see also P Birks in P Birks ed English Private Law (OUP Oxford 2000) 15.06 – 15.08。这并不是说肯塔基案不能被解释为对错误的赔偿,只是说它可以通过替代分析被解释为一种调解不当得利。

[24] 虽然这些文字与他的非常相似,但他的工作在判决中没有得到承认,也许是因为没有得到律师的承认。

有任何关系。[25] 然而,这并不完全像斯威德林先生所说的那样。上议院将替代排除在不当得利之外,部分原因是未能将其确定为相关的因果事件,部分原因是在财产和不当得利之间存在不可辩护的逻辑对立。我们不能作出这种对比,正如不能说索赔的根源是义务而不是不当得利一样。这样的命题违反了逻辑原理。物权和债权是应对事件的协调并存类别,不当得利是事件。财产权(物权)不亚于对人权(债权),其产生于事件,不当得利是对这类事件类别的一般描述。

从逻辑上说,一个人不能像在哺乳动物和食肉动物之间一样,在原因事件和反应之间制造一个排他性的对立。从经验来看,可能没有食肉哺乳动物进化发生过的演变。从经验上看,不当得利可能只触发对人权。我们刚刚看到,关键的问题是,引发财产权的未经同意的替代是不当得利的一种类型还是其他各种事件之一。事件和反应之间错误的逻辑对立使得不可能提出那个问题。从其所依据的谬误来看,我们不得不得出这样的结论:上议院对斯威德林先生立场的明显支持是站不住脚的。

如果斯威德林先生是对的,它属于后一类,即"其他事件"。未经同意的替代不是不当得利的例子,而是各有各的理由的难以控制的杂项汇集。如果是这样的话,上议院根据经验,并且是偶然的,有权说索赔与不当得利无关。原告主张的是财产权,而这种财产权并非源自不当得利。但是,如果相反的观点是正确的,即原告必须被视为主张一种财产权,这种财产权确实产生于不当得利。一种观点认为,原告同时处于财产法和其他杂项事件法中。另一种观点认为,它们同时位于财产法和不当得利法中。

一个类似的例子是 Attorney-General for Hong Kong v Reid 案。[26] 里德(Reid)是一名检察官,他收受巨额贿赂以保护某些罪犯。枢密院

〔25〕［2000］2 WLR 1299 (HL)1304 CD,1306 D, 1311 C-D, 1322H－1323A; cf 1327 C-D.

〔26〕［1994］1 AC 324 (PC).

认为,根据法律的规定,里德成为每一笔贿赂款的受托人;换句话说,里德收到的每一笔贿赂都立即归属于他的雇主——中国香港特区政府。如果我们就此打住,中国香港特区政府的权利必须被认为源自财产法,也产生于不法行为法。所讨论的原因事件是违反信义义务的错误行为,由该事件触及的权利是财产权。

然而,还有一个复杂的问题。索赔不是针对收到的款项,而是针对其可追踪的替代物。里德将贿赂款投资于新西兰的农场,中国香港特区政府能够对这些农场主张受益权。根据上面所说的,对农场的权利不能被解释为坚持新事物的同等权利。这是一项新的权利,可归因于新的事件,这个事件是非自愿的替代。同样的论点让斯威德林等人认为农场的权利属于其他杂项事件的范畴,而他们的反对者认为这种权利来自不当得利。中国香港特区政府对所得款项的财产权源于错误行为,而一种观点认为,替代物的权利源于不当得利。

教训是,一个人不能在原因和反应之间建立一个干净的逻辑对立,因此不是在错误法和财产法之间,不是在不当得利法和财产法之间,也不是在其他事件法和财产法之间构建逻辑对立。换句话说,提起物件返还之诉时要求原告将其抽象主张,如"我说塞尚的画是我的!"具体化,即指向在法律上具有该后果的事件。后果是财产类后果。财产是反应的一种类型,正是这种结果将索赔明确地置于财产法中。相关的原因事件可以是任何类型的,它们可能是同意的表现,或错误,或不当得利,或其他各种各样的表现。每项财产索赔都属于其中一栏。

这场辩论必须公开的最明显的原因是,如果经过深思熟虑,认为未经同意的替代是不当得利的一个特殊例子是正确的,那么由此产生的权利将很容易受到处境改变的抗辩,否则不会。处境容易改变是不当得利产生的所有权利的特别弱点,无论是个人权利还是所有权权利。在财产法中,这种脆弱性是不当得利产生的财产权的显著特征。将其他事件产生的财产权定性为"纯财产权",然后将不当得利产生的财产权认定为“不纯的”财产权，这是不安全的，也是误导性的。[27] 不当得利产生的财产权与任何其他财产权一样“纯”，但在这一方面它们更脆弱。[28]

到目前为止，我们已经说过，在“蒙塔古”案中，如果证明资产包含可追溯的老公爵所获资产的替代物，它们就可以得到证实。主张资产由信托持有的诉讼是对衡平财产权的直接主张，被恰当地称为物件返还之诉。没有必要证明老公爵有任何过错。就原始资产的可追踪收益而言，衡平法财产权的主张可以通过替代证据来实现。替代是一种不当得利，但不是所有人都同意。因此，物件返还之诉将基于不当得利——不当得利中的所有权主张。我们将在下面回到这一点。就可追溯的替代物及其背后逻辑而言，这种诉讼的存在构成了在不当得利中承认尚未被承认个人主张案件的关键部分。理由是，如果不允许受益人就同一事件提出个人索赔，就不可能承认不当得利引起的财产权索赔。这相当于一种令人费解的不一致。

二、挪用的错误

选择“挪用”一词是为了超越当前法律的语言。因为罗马法知道“盗窃”的民事错误，所以人们很容易简单地说“盗窃”，或者逃避刑事含义，说“民事盗窃”，这反而让它成为“挪用”。私法中保护财产的一种方式是对那些非法挪用财产的人施加义务。在某个重要的方面，基

---

〔27〕 也不应该在“归还”财产权和所有其他权利之间划清界限，因为这种脆弱性只是那些由“不当得利”产生的归还财产权的一个特征。

〔28〕 戈夫和琼斯似乎认为，由不当得利产生的财产权也应是自由裁量的，以“考虑到被告的诚实或破产等事实”；参见 G Jones (ed) Lord Goff of Chieveley and G Jones The Law of Restitution (5th edn Sweet and Maxwell London 1998) 81。然而他们注意到法院一直对这一概念持敌对态度。参见 G Jones Hochleaga Lectures: Unresolved Problems in the Law of Restitution (Sweet and Maxwell Asia 2001) 13。在我看来，这种敌意应该保持下去，参见 P Birks “The end of the remedial constructive trust?” [1998] 12 Trust L Intl 201 - 215。

于错误的个人主张比物件返还之诉更有影响力。这丝毫不取决于被告手中是否仍持有该物品或其可追踪的收益。支付的义务仅是因犯了错误而产生的。

普通法将挪用的错误区分为侵占货物和返还。如今,返还如此占主导地位,以至于为了当前的目的,我们可以把注意力集中在它上面。返还进入法律,要求满足不诚实的条件。也就是说,这种情况下的案例总是重复说返还是不诚实的。〔29〕 不诚实的要求被取消了,它变成了虚构。只要诉讼的形式存在,这一表述就存在,但不能被穿越。返还就这样变成了现在的样子,一种严格责任的侵权行为,〔30〕原因显而易见。错误必须掩盖原本会被遗漏的物件返还之诉所掩盖的事实。

另一个观点可以立马得到论证。自上议院在 United Australia Ltd v Barclays Bank Ltd 案〔31〕中解释了"放弃侵权行为"的法律术语以来,很明显,返还错误的受害者可以在以他的损失计量的索赔(赔偿)或以被告的收益计量的索赔(恢复原状)之间进行选择。诉讼的唯一原因,即返还的侵权行为,产生了这些替代权利。现在,关于两者是否都可以被称为"损害"的争论毫无结果且仍在持续。说"奖励"或"金钱奖励"是安全的,但有些人坚持认为基于收益的奖励不能是"损害赔偿"。在确定"知情接收"的衡平法责任的性质时,必须牢记这一点。上述案件虽然只涉及返还的侵权行为,却给人一个深刻的教训——即使很清楚地假定追偿措施是以收益为基础的,也不能从该追偿措施中

〔29〕 "the defendant…knowing the goods and chattels aforesaid to be the claimant's…and contriving fraudulently…to deceive and defraud…converted" Wickham v Sperring in J Lilly A Collection of Modern Entries (5th edn A Strahan and W Woodfall London 1791).

〔30〕 确定转换责任的严格性质是何时确立的并不容易,这当然是 18 世纪中期的法律。参见 Hartop v Hoare [1743] 2 Str 1187; Cooper v Chitty [1756] 1 Burr 20. Blackstone 3 Commentaries 153, though brief, is to the same effect。但是,尽管布勒的治疗时间长得令人惊讶,但他似乎没有进一步否认任何特殊抗辩的有效性,也没有在一般问题下增加无罪证据的无关性。参见 F Buller, An Introduction to the Law relative to Trials at Nisi Prius (3rd edn Strahan and Woodfall London 1781) 48 – 49. Gallyard v Archer [1789] in JH Baker and SFC Milsom Sources of English Legal History (Butterworths London 1986) 535。

〔31〕 [1941] AC 1 (HL).

推断出知情接收是不当得利的一个例子,而不是错误的一个例子。恢复原状不属于不当得利法的范畴。恢复原状是多种原因造成的。[32]在这种情况下,不能得出结论:基于收益的追回必须将不当得利作为诉讼原因。[33]

(一)战略转变:接受方责任的两个方面

尽管笔者极力主张"知情接收"应被视为不当得利的一种类型,并因此应舍弃"知情"一词中隐含的过失这一不协调的要求,[34]但法院似乎已经反对这一观点。现在看来,彻底放弃这种分析是正确的。[35]坚持认为"知情接收"只是一种不当得利的观点是错误的,这种不当得利本身被理解得很慢,特别是理解不当得利的责任虽然受到抗辩,但很严格。

更好的诉讼方式是接受这样一种观点,即知情接收在判例法中的模糊性和不确定性是因为它未能区分两种截然不同的责任,一种是基于错误的责任,另一种是基于不当得利的责任。因此,我们的任务不是将"知情接收"归入这一类或那一类,而是证明这两种责任都是必要

---

〔32〕 P Birks "Misnomer" in WR Cornish et al (eds) Restitution, Past, Present and Future: Essays in Honour of Gareth Jones (Hart Oxford 1998) 1. Also multi-causalist, though using different series of causes, are: G Virgo The Principles of the Law of Restitution (OUP Oxford 1999); I D Jackman The Varieties of Restitution (Federation Press Annandale NSW 1998). Multi-causalism is not uncontested: AS Burrows "Quadrating Restitution and Unjust Enrichment: A Matter of Principle" [2000] Restitution LR 257, 269: "For the moment, I will continue to sing to the old hymn-sheet which quadrates the principle against unjust enrichment and restitution." Cf A Tettenborn "Misnomer—a Response to Professor Birks" in Restitution, Past, Present and Future 31.

〔33〕 P Birks "Unjust Enrichment and Wrongful Enrichment" [2001] 79 Texas L Rev 1767; J Edelman "Unjust Enrichment, Restitution and Wrongs" [2001] 79 Texas L Rev 1869; cf also A Kull "Disgorgement for Breach, the Restitution Interest, and the Restatement of Contract" [2001] 79 Texas L Rev 2022.

〔34〕 P Birks "Misdirected Funds: Restitution from the Recipient" [1989] LMCLQ 296.

〔35〕 First steps towards renunciation: P Birks "Property and Unjust Enrichment: Categorical Truths" [1997] NZL Rev 623, 651.

的,并且都不会使另一种变得多余。在债法范围内,信托财产的接收人可以根据适当的事实对挪用行为承担责任,也可以被迫对其不当得利进行赔偿。从表面上看,“知情接收”是有倾向性的:它倾向于基于错误的责任机制。在最近一篇优秀的文章中,彼得·克莱顿(Peter Creighton)和爱丽丝·班特(Elise Bant)倾向于把它放在一边,而援引“接收责任”。[36] 这是最有帮助的,接收人责任可以基于资产挪用或不当得利的错误。

有人可能会反对说,这种战略转变为时过早。在不当得利之诉中,司法对将知情接收重新表述为不当得利的诉求所表现出的同情迹象并非完全缺乏。[37] 彼得·克莱顿和爱丽丝·班特自己提出了一个强有力的理由,将传统的赔偿责任转化为不当得利的严格赔偿责任,他们表明,西澳大利亚州已经有了一项法定赔偿责任,在其自身范围内,正是这样做的。[38] 然而,压制基于错误的赔偿责任可能与拒绝让不当得利赔偿责任浮出水面一样糟糕。此外,上诉法院最近决定坚持在知情接收方面有过失的要求,这对任何试图将传统的责任锁、责任库和责任桶转移到不当得利法的努力都是一个沉重的打击。

我们将不得不回到下面这个问题。在 Bank of Credit and Commerce International (Overseas) Ltd v Akindele 案[39](以下简称阿基德尔案)中(下文将进一步讨论),沃德(Ward)和塞德利(Sedley)支持的诺斯表示,在他看来,严格的责任制度“在商业上是行不通的”。他似乎更希望这个关于恢复原状的特殊例子不要被认为是由不当得利引起的,但因此我们必须将其理解为一种错误:

> 虽然一般来说,有可能将我们的恢复原状法纳入不当得利规则下

---

〔36〕 Creighton and Bant (n 3 above).

〔37〕 Notably Kooroortang Nominees Pty Ltd v ANZ [1998] 3 VR 16 (Hansen J). 除了尼科尔斯勋爵的法外写作,汉森是唯一一位接受严格责任不当得利主张的法官。

〔38〕 Creighton and Bant (n 3 above) 221 - 231.

〔39〕 [2000] 4 All ER 221 (CA).

的一部分，但我冒昧地怀疑，在许多商业交易中，严格赔偿责任加上处境改变抗辩是否比基于过错的赔偿责任更可取，例如，在这个例子中，接收的内容是一家公司的资金，而该公司的董事滥用了这些资金。[40]

诺斯承认，这个问题可能会在更高的层面上引起争论，但很明显，他认为基于过错的责任应该占主导地位。

拒绝严格责任的适用，无疑是拒绝了知情接收的不当得利分析视角。严格责任是不当得利法的本质。如果有对过失的一般要求，整个不当得利法很可能被纳入民事不法行为，但这不会发生。只要他的资产作为一个整体仍然在膨胀，完全无辜的接收人，比如接收到错误支付的人，对于对方要求返还财产的请求就不能给予有效的抗辩。付款人的粗心大意和收款人的无辜都无济于事。[41] 原因是，在资产仍然膨胀的情况下，接收人只是被要求放弃他本不该拥有的价值。

诺斯在注意到一份更高的权威，即尼科尔斯勋爵的一篇非常重要的文章时表示，他倾向于基于过失的赔偿责任。[42] 事实上，人们似乎没有注意到，尼科尔斯勋爵本人虽然赞成在原告仅享有衡平法上权利的情况下，承认不当得利中的赔偿责任，但没有主张将知情接收归入不当得利。他的策略正是本章现在要讨论的。简言之，他试图表明，有必要承认不当得利的责任，以及知情接收者责任的属性是错误。他的观点一直是两者都有责任。尼科尔斯勋爵诉诸这一策略本身就是追求这一策略并放弃简单地将知情接收注入不当得利瓶子的一个原因。与其将知情接收视为错误或不当得利，不如将其判例法视为未能区分这两种形式。

---

〔40〕 [2000] 4 All ER 221 (CA)236.

〔41〕 这两点在1841年已经很清楚了。然而，这一主要案例并没有将这一主张局限于资产仍然膨胀的情况，它不知道改变处境的辩护。

〔42〕 Lord Nicholls of Birkenhead (n 1 above).

(二)接收人责任:错误

就知情接收被视为一种错误,特别是作为挪用错误的衡平形式而言,仍然有一个问题应该更容易被回答,因为没有任何不当得利的干扰和随之而来的严格责任的牵引。接收人的过错需要达到什么程度?在"蒙塔古"案中,梅加里法官认为这个构成错误需要证明存在不诚实。在阿基德尔案中,卡恩沃斯(Carnwath)首先表示同意。然而,这甚至忽视了上诉法院反对的权利,要求不超过非故意的错误,其形式为没有发现一个尽到合理注意义务的人本应发现的问题。上诉法院不止一次表示,只需要证明接收人应该知道这笔钱来自信托财产即可。[43] 在阿基德尔案中,上诉法院再次适用了这一较低级别的错误,但就在似乎要澄清事实的时候,却设法掩盖了事实。

事实是,国际信贷商业银行(Bank of Credit and Commerce International,BCCI)的官员在背后不诚实地筹集银行的资金,以兑现他们早些时候从首席执行官阿基德尔(Akindele)那里,以欺诈为目的获得的银行投资条款。首席执行官在1985年投资了1000万美元,三年后他有权要求返还1667.9万美元。BCCI的清算人想要回这笔钱,最终将他的索赔限制在收益上,即667.9万美元。他的索赔失败了。

这一索赔案提供了一个理想的机会来让我们重新考虑一个人在他人不知情的情况下,获得其衡平法财产的责任性质。显而易见,法院的意思是,一方面,拒绝不诚实的要求,正如我们已经看到的;另一方面,拒绝严格责任的概念。[44] 但在其最后的表述中,法院又回到模糊的语言,说道我们要问如果被告不还钱会不会不合情理。对于如何解释"不合情理",法官没有给出指导。在一个极端,不归还你不应得到之

---

〔43〕 Belmont Finance Corp v Williams Furniture Ltd (No 2) [1980] 1 All ER 393 (CA) 403 - 405; cf Houghton v Fayers [2000] 1 BCLC 511 (CA) 516.

〔44〕 [2000] 4 All ER 221 (CA) 231 - 232, 236 - 237.

物是不合情理的。[45] 在另一个极端，不诚实是不合情理的。“不合情理”表示未经分析的反对，因此包含了争议中的每一个立场。如果我们看看法院做了什么，而不是总结它打算应用于测试的用语，我们可以看到，首席执行官阿基德尔持有他的钱，作为一个事实调查的结果，类似于对推定通知的调查：他既不知道也不应该知道 BCCI 内部正在进行的不当行为。[46] 在这个调查中，“不合情理”似乎只是马车的第五个轮子。

苏珊·托马斯(Susan Thomas)在最近的一篇文章中提出了这一点。[47] 她试图通过寻找可能以最低成本防止损失的人来稳定“不合情理”中固有的不确定性。这现在是那些支持经济分析规范应用的人所使用的常规技术。按照这一思路，保留“不合情理”一词毫无意义，因为对预防成本的调查很难与良心的好坏联系起来。然而，她的讨论指向的方向与法院实际裁决中看起来打算采用法律的方向相同。也就是说，根据她的经济标准确定的“不合情理的人”，在这种情况下是能够被合理地期望发现所收到的资产的信托或信托来源的人。这是一种标准，在过去，这种标准被毫无必要地编码在推定通知的语言中。

尽管诉诸“不合情理”是不可取的，但由此可以以这样或那样的方式推断，阿基德尔案构成了对一种观点的信守，即挪用错误的公平版本要求的过错程度低于不诚实。这种过错要求的是不合情理，尤其是不合情理地未能发现所涉资产的信托源头。然而，必须提出一个问题，即如果即将讨论的不当得利的赔偿责任被安全接受，这一立场是否会或应否成立。针对不当得利中严格赔偿责任的处境变更抗辩，仅适用于善意改变处境的人，但还没有决定取消资格抗辩是否仅限于那

---

〔45〕 这一点在 Kelly v Solari 案(1841)9 M & W 54，152 ER 24 中有明确的讨论，特别是在罗尔夫(Rolfe)的判决中：“关于这一论点，金钱不能被追回，除非在不充分的情况下保留它，在我看来，无论它是在一个事实错误的情况下支付的，如果当事人知道这个事实，他就不会支付它，保留它只能是不充分的。”

〔46〕 [2000] 4 All ER 221 (CA)237 – 238.

〔47〕 SB Thomas “Goodbye Knowing Receipt. Hello Unconscientious Receipt” [2001] 21 OJLS 239, 252 – 253.

些实际知道自己无权享有的人。[48] 如果，似乎很可能，如做这样的限制，将会出现不对称甚至可能不正常的情况，即将错误知情接收责任施加于只是粗心大意的行为上。因为知情接收的错误实际上会抵消抗辩的作用。这种情况还发生在不当得利和侵权行为之间的边界上，并不令人费解，但也不可取。一旦不当得利的责任到位，似乎最好是求助于梅加里法官在"蒙塔古"案中偏向的观点，并坚持将不诚实作为责任基础的要求，就像知情援助一样。[49]

严格责任并非确定无误地与不当得利挂钩。斯威德林先生愿意将衡平法上接收人的责任看作严格责任的专有错误，与返还密切类似。[50] 然而，返还只是严格责任的侵权类型，因为普通法没有物件返还之诉。在公平的一面，没有同样的压力。此外，如果不当得利中严格但脆弱的责任与衡平法物件返还之诉放在一起，严格责任的错误将使解释不同责任之间的关系变得不必要的困难。

如果看起来很可能发生，挪用这一衡平的错误继续存在，那么它的最终形态将取决于不当得利方面最终会发生什么。不当得利责任如果被认定，错误最有可能的结果将把它带回"蒙塔古"案，即要求认定错误项包含不诚实的要素。

三、不当得利

首先，要注意的是，即使在上诉法院一级，阿基德尔案也没有取消不当得利的衡平法严格责任。法院没有明确区分不法行为责任和不

〔48〕 在后文进一步讨论。

〔49〕 自尼科尔斯勋爵在文莱皇家案中作出重大判决以来，后者所要求的不诚实就已经很清楚了。

〔50〕 WJ Swadling "Some Lessons from the Law of Torts" in P Birks (ed) Frontiers of Liability vol 1 (OUP Oxford 1994) 41, discussed as a possibility but without enthusiasm by Creighton and Bant (n 3 above) 220 – 221.

当得利责任,其结果是,法院实际上认为知情接收从性质上属于衡平法上的不法行为。

其次,充分考虑不当得利的诉因不会产生不同的结果。阿基德尔本人不会承担这一责任,因为根据所发现的事实,他可以基于善意购买的理由为自己辩护。在处理这一假设问题时,知情接收将被视为基于过失认定的错误行为,上诉法院没有必要考虑善意购买的抗辩。阿基德尔对受托人给予了重视,他从受托人那里得到了这笔钱。也就是说,他只获得了合同规定的投资回报。法院认为,由于 BCCI 不能证明他没有进行合理的调查,他根本不应承担责任,讨论无法触及善意购买的抗辩问题。当收件人要对基于过失的错误负责时,即使是受赠人也不能承担责任,除非必要的过失程度被确定。[51]

最后,对商业不确定性的担心,尽管在基于错误的赔偿责任方面可能是真实的,但在不当得利方面必须被视为是虚幻的,因为严格赔偿责任表面上令人敬畏的前景实际上受到强有力的辩护的限制。不当得利的严格责任是脆弱的。如果对商业不确定性的担忧是真实的,那么根本就不会有不当得利的法律,即使是普通法。因此,可以说,阿基德尔案排除了斯威德林先生所设想的那种对财产权错误的严格责任。[52] 它没有提到不当得利责任。

(一)不当得利中严格责任的必要性

如果不简单展示分析这种脆弱严格责任的适当性,甚至必要性,讨论就无法进行。这个论点与衡平法和普通法无关,它位于两者之上。严格责任在不法行为法中是令人惊讶的,并且总是需要基于特殊理由的解释,但是,与直觉相反,这是对不当得利的自然反应。如果用我们在侵权法中经常使用的非常熟悉的假设来处理这个问题,那么这

〔51〕 在这种方法上,Polly Peck International Plc v Nadir (No 2)案中关于善意购买的奇怪讨论简直格格不入。

〔52〕 Swadling (n 50 above).

个论点就永远无法向前推进。从本质上说,不当得利会产生严格但脆弱的责任。的确,在一些特殊情况下,过失的要求可以发挥特定的作用,[53]对严格赔偿责任进行一般否定,甚至在特定情况下否认而不提及偏离责任的某些特殊原因,都是对不当得利法根本核心的否认。加拿大最高法院 Citadel General Assurance Company v Lloyds Bank Canada 案中确实走了这么远。[54] 恕我直言,对不当得利的比较研究无法证实这一立场,不当得利的责任原则上是严格的。

关键是不当得利首先与损失无关,因此与决定两个无辜方中哪一方应承担损失的古老困境无关。[55] 直接与"脆弱"一词联系在一起的"首要"一词的确切含义将在下文再次讨论。目前,应让这个命题毫无保留地成立,即不当得利的法律不是调整损失,而是重新分配收益。

假设你收到一张 50 英镑的票据,而你是用一张 20 英镑的票据支付的。你在和你的朋友聊天,你甚至没有看就把钱放进了你的钱包。在你到达商店门口之前,他们要求你退还剩余的 30 英镑。你说他们非常粗心或者你绝对无辜是没有用的。任何一方的过错都无关紧要。原因是不存在让你承担损失的问题。你只是被要求归还一笔你从未打算要的盈余。

故事可以稍微复杂一点。假设你没有被拦在店里,而是按原计划过马路去对面的餐厅和朋友一起吃午饭。你用现金付账。此时你仍然完全没有意识到错误的盈余,但在支付账单时,你用完了钱包里的所有钞票。当你离开餐馆时,商店的人看到你,要求你退还剩余的 30

---

〔53〕 This is discussed in P Birks "The Role of Fault in the Law of Unjust Enrichment" in GH Jones and WJ Swadling The Search for Principle: Essays in Honour of Lord Goff of Chieveley (OUP Oxford 1999) 235.

〔54〕 [1997] 152 DLR (4th) 411 (SCC) 435. Cf also NJ McBride and P McGrath "The Nature of Restitution" [1995] 15 OJLS 33 – 49, answered by Lusina Ho "The Nature of Restitution-A Reply" [1996] 16 OJLS 517 – 533.

〔55〕 对严格责任的恐惧总是忽略了这个事实。苏珊·托马斯赞同阿基德尔对严格责任的拒绝,尽管经常不明确,但在她的文章中很明显,她是在考虑分配损失。从根本上说,这仍然是一个关于如何为信托欺诈分配损失风险的争议。

英镑。现在你不再有钞票,但商店的索赔力度丝毫没有减弱。你的资产仍然膨胀了30英镑。不管怎样,你都要吃午饭。如果你没有用钱包里的现金付账,你会用信用卡支付。你已经花了30英镑,但你还有其他盈余资产。没有人要求你承担损失,只是要你归还你从未打算收到的盈余。严格责任是唯一合适的规则。不当得利迫使人们放弃不应保留的盈余资产。

在这些故事中没有分配损失的事宜。不当得利首先与现存的不当得利有关。然而,它确实遇到了重新分配损失的问题,进一步的变化将会显示出来。假设最初的计划是回家吃午饭。在公共汽车站告别时,你的朋友要求借几英镑车费。当你把它拿出来的时候,你会发现你的钱比你想象的要多。但你仍然没有怀疑原因,你提议既然你似乎有一些钱,你将为你们两个支付午餐。你付了午饭钱,然后你被要求归还30英镑。

在这种变化中你需要承担损失。商店减价30英镑,你已经花了20英镑,是你家庭午餐费用的两倍。尽管你确实吃了一顿丰盛的午餐,但如果不是被明显倾向的余额误导,你也不会发生费用。你的资产不再膨胀,没有多余的钱可供退还。如果你必须偿还30英镑,因为商店的错误,你的情况会变得更糟。这时你的处境已经改变。

在处境改变之后——由获利引起的损失〔56〕——错误确实变得相关。不诚实的收款人将不能以他的不正当利益抵扣他的正当利益,并将承担损失。在英国法律中,还不清楚较轻程度的过失是否会使接收人丧失以处境改变来抗辩的资格。〔57〕 一个诚实立场改变的人可以抵

〔56〕 Whether there is any such thing as a non-disenriching change of position which will give a defence is very doubtful: Further discussion in English Private Law (n 16 above) 15. 308 - 309 and P Birks "Mistakes of Law" [2000] 53 CLP 205, 220 - 222.

〔57〕 "In our view, the honest, if foolish, defendant who, knowing all the facts, ought to have surmised that he should make restitution of the benefit conferred, should be allowed, in an appropriate case, to invoke the defence of change of position": Goff and Jones (n 28 above) 826.

销和不诚实的人不能抵销损失的清晰规则可能是最好的。新西兰的经验表明,试图权衡和平衡双方的过错会沦为一种待裁决的猜谜游戏。[58] 因此,"首先"意味着,在之前,不当得利完全是关于转移收益的。出于同样的原因,在此之前,责任是严格的,但它也是脆弱的,因为可能即将发生一个令人失望的处境改变。其他抗辩,特别是善意购买,进一步加剧了这种脆弱性,而这种脆弱性使人们对商业不确定性的恐惧似乎具有了真实感。[59]

(二)普通法模式

有关不当得利的责任在普通法中通过 Holiday v Sigil 案得到了说明。[60] 霍利迪(Holiday)丢了一张 500 英镑的票据,西格尔(Sigil)捡到了。霍利迪成功地开展了一场针对西格尔的金钱诉讼。Moffatt v Kazana 案也是体现不当得利责任的现实案例。[61] 人们很容易立刻说,Holiday v Sigil 案只不过是主张由侵权行为引发的返还权的旧方式。在 United Australia Ltd v Barclays Bank Ltd 案中,我们已经遇到了上议院的否决,即就不法行为的收益提起金钱诉讼必然涉及转向不法行为以外的诉讼原因。[62] 根据这种观点,诉讼的原因将一直是错误行为,而并不是损害原告利益的不当得利。

---

〔58〕 Thomas v Houston Corbett & Co [1969] NZLR 151 (NZCA); National Bank of New Zealand v Waitaki International Provessing Ltd [1999] 2 NZLR 211 (NZCA); RB Grantham and CEF Rickett Enrichment and Restitution in New Zealand (Hart Oxford 2000) 333 - 340.

〔59〕 因此,在上面所有的变化中,用剩余的 30 英镑去餐馆是不可能的,因为是一个真正的购买者。在 Lipkin Gorman v Karpnale Ltd 案中,如果赌徒沉迷于美食,他的供应商就会因为这个原因而免疫。只有赌博合同的无效剥夺了接收人赌场的绝对防御。

〔60〕 [1826] 2 C & P 176, 172 ER 81.

〔61〕 Moffatt v Kazana [1969] 2 QB 152.

〔62〕 [1941] AC 1 (HL), (n 19 above).

然而,需要强调"必须"一词。[63] 在许多情况下,一组事实将揭示不止一个诉讼原因,如在合同或侵权行为中。同样,在有些情况下,原告要求归还财产的诉讼理由可能不止一个。因为我们从重要的现代案例中知道,Holiday v Sigil 案中的诉讼请求即使没有过错,也不存在。在 Lipkin Gorman v Karpnale Ltd 案[64]中,原告律师事务所成功地对赌场提出了现代意义上的金钱诉讼,在该案中,一名沉迷于赌博的合伙人将从该事务所一个账户中取走的钱输光。在琼斯父子公司诉琼斯一案[65]中,一家破产公司的受托人提起了同样的诉讼。一个合伙人的妻子拿走了公司的一部分资金,并通过投资将其增加了五倍。她被要求向公司支付全部款项。在前一个案例中,赌场根本没有任何侵权行为,尤其是它没有支取公司的资金。在后一种情况下,上诉法院没有尝试认定这位妻子实施的侵权行为。两者都是不当得利的严格责任案例。

Holiday v Sigil 案无疑可以被分析为一个因返还错误而恢复原状的案件。我们可以用同样的方式来分析这些没有错误发生的案例。分析如下:就像在以前的诉讼中一样,被告对原告负有债务,因为被告在未经原告同意的情况下以原告利益为代价获利。错误付款的情况适用同样的分析思路,除外情形是同意仅由于错误而受损,而在我们的情况下根本没有同意,因为原告的转移行为是在他不知情的情况下发生的。"不知情"似乎是唯一可以用来与错误相提并论的词。不公正的因素是不知情。因此,在不当得利中确立初步责任的问题可以这样回答:(1)被告是否获利?是的。被告的获利是在自主选择的帮助

---

〔63〕 布伦斯和麦克德瑞克(Mckendrick)正确地指出,如果在伟大的澳大利亚联合案中有缺陷的话,那就是众议院没有充分地强调这一点。关于联合澳大利亚公司的第一项索赔必须"放弃侵权认定"的论点得到了充分的回答,证明没有放弃侵权的认定,索赔很可能是基于侵权行为。然而,在许多实际情况下,最好是提请明确注意在侵权行为或不当得利中选择诉讼原因的可能性。

〔64〕 [1991] 2 AC 548 (HL).

〔65〕 [1997] Ch 159 (CA).

下确立的。原告选择不坚持他原有的所有权。如果坚持主张所有权,那就意味着该资产从未被添加到被告的财富中。相反地,在将其视为确实使被告获利时,他接受了其已移交给被告的事实,并放弃了相反的技术性主张。(2)代价是否由原告承担?是的,因为资产是原告的财产。(3)除表示同意或错误之外,还有其他恢复原状的理由,从这个意义上说,不当得利是不公正的吗?是的,因为原告没有同意被告以由原告承担代价的方式取得财产,甚至错误的转让人也没有给予哪怕是减损的同意表示——他不知道这次转让。

维尔戈(Virgo)先生认为这种不当得利分析是错误的。他说,这些主张"与扭转被告不当得利的规则无关"。它们属于财产法,是"维护财产权"的例子。他说:

"实质意义上的不当得利法"在这种情况下完全不适用,因为维护财产权的行动是财产法的一部分,与扭转被告不当得利规则无关。一旦证明被告已经收到或保留了原告拥有财产权的财产,则无须证明其他任何东西来确立原告的诉讼理由。如果被告拥有原告的财产,他或她应该将其或其价值归还给原告,而原告不必证明被告以他或她的利益为代价不公正地获利。〔66〕

他甚至否认关于不当得利的引领性案例是关于不当得利的:

如果这个分析是正确的,我们有一个很好的讽刺。虽然上议院在Lipkin Gorman v Karpnale Ltd 案中的裁决是至关重要的,因为在该案中,不当得利规则被接受成为英国法律的组成部分,但该案件本身并

〔66〕 Graham Virgo expressly adopts this wide sense: G Virgo The Principles of the Law of Restitution (OUP Oxford 1999) 12.

不能作为本案适用不当得利规则的依据。[67]

这忽略了通过债法来维护和保护财产权之间的区别(这可能有点冒险,被称为间接或派生维护)。Lipkin Gorman v Karpnale Ltd 案并不是一个物件返还之诉,普通法没有这个东西。这是一项个人主张,主张被告有义务偿还他们收到的物品。在诉讼形式的语言中,这是一个独立的假设,理由是被告赌场收到了原告名下的钱。简言之,这是,或者在过去会是,一个保有和收到金钱的诉讼。正如曼斯菲尔德(Mansfield)勋爵所说,"保有和收到的金钱",是"不该保留的"钱。[68] 被告赌场因收受他人不应该公正保有的金钱——构成不当得利——而产生债务。

Lipkin Gorman v Karpnale Ltd 案正是上议院所说的那样。与之前的 Holiday v Sigil 案一样,它表明保护财产的一种间接或寄生的方式是将被告视为承担因不当得利而产生的义务。虽然不太熟悉,但这在结构上等同于他因错误而承担义务——我们通称为"挪用"的错误。根据普通法,一个人不能为自己证明清白。我们必须求助于债法。在债法中,人们要么求助于由错误产生的义务,要么(较为罕见)求助于由不当得利产生的义务。

(三)莱昂内尔·史密斯拒绝衡平法上的严格责任

莱昂内尔·史密斯教授在这类索赔方面的立场与维尔戈先生的立场有表面相似之处,因为他现在使用"产权要求"一词,并坚持对这种索赔进行单独处理。[69] 然而,他的立场实际上是完全不同的。他认为这些诉讼属于不当得利的诉求。他的"产权要求"是不当得利索

---

[67] Graham Virgo expressly adopts this wide sense: G Virgo The Principles of the Law of Restitution (OUP Oxford 1999) 14 – 15.

[68] Moses v Macferlan [1760] 2 Burr 1005, 1112; 97 ER 676.

[69] L D Smith "Unjust Enrichment, Property and the Structure of Trusts" [2000] 116 LQR 412.

赔的一个子集,独立于通过资产转移获利的案例,并与之形成对比。[70] 因此,莱昂内尔·史密斯在普通法中引入了一个与《德国民法典》第812条中的威尔堡–冯·卡默勒(Wilburg-von Caemmerer)的区分几乎相同的区分。这一段区分了通过履行行为的获利和以其他方式的获利。我们把对"某种其他方式"解释的大部分空间,尽管不是全部,让给了Eingriffkondiction——对一个通过蚕食一项权利,通常是一项财产权而获利的人提出的权利主张,这种权利将财富归于另一个人。[71]

事实上,德国法域已经接受了不当得利法两分的必要性,这意味着,如果有人想说这种区分是不必要的,就必须进一步考虑最小化两分法的重要性,甚至考虑更长时间。然而,在我看来,除了作为讨论"由原告承担代价"这一短语的一个分主题,确实没有必要。布伦斯教授还说,莱昂内尔·史密斯提出的两种主张"本质上是相同的"。[72]

以损害原告利益为代价而获利的人可以区分为直接获利者和次要或遥远的获利者两种类型。一般原则是,除了例外情况,人们不能越过直接获利者去起诉更远链条的获利者。[73] 这样做的尝试通常是有诱惑力的,因为远链条的受益者可能比直接受益者有更大的获利空间。在寻找禁止跨越规则的例外时,毫无疑问,最明显的是由利普金·戈尔曼(Lipkin Gorman)的主张构成的,这些主张被莱昂内尔·史密斯称为"产权要求"。[74] 如果C丢下一张50英镑的票据,X捡起

---

〔70〕 L D Smith "Unjust Enrichment, Property and the Structure of Trusts" [2000] 116 LQR 421 – 425.

〔71〕 G Dannemann in B Markesinis W Lorenz and G Dannemann The German Law of Obligations Volume I The Law of Contracts and Restitution: A Comparative Introduction (OUP Oxford 1997) 717, 740; R Zimmermann and J du Plessis "Basic Features of the German Law of Unjust Enrichment" [1994] Restitution L Rev 14, 24.

〔72〕 Burrows (n 15 above) 417 n 29.

〔73〕 布伦斯教授给这一原则起了一个名字,叫作"私了",这个词从不当得利的法律在"默示合同"的假设下被迫存在于合同中的那一天起,就被不太愉快地保留了下来,撇开这个词不谈,这一原则的效果是目前最好的:作为布伦斯归还法(巴特沃斯伦敦1993)45 – 54。

〔74〕 Burrows (n 73 above) 48 – 49.

它并把它交给 D，C 可以跨越 X 起诉 D。对于 Lipkin Gorman v Karpnale Ltd 案，尽管它遇到了由自己的事实引起的严重复杂情况，但它无疑接受了这一主张。这必须解释清楚。

"例外"背后的真相可能是，它根本不是例外，而是反映了这样一个事实，即 D 与 C 的关系与 X 的关系完全相同。也就是说，如果收到的东西是 C 的财产，并且仍然是 C 的财产，那么每个后续的接收人都直接从 C 获利。X 和 D 都是 C 的直接获利者，尽管 D 事实上是从 X 处获得，但归根结底他获得了 C 的财产，因此其直接从 C 处获利。

因为跨越是一件非常重要的事情，所以任何关于"由原告承担代价"的讨论都必须集中在这一现象上，不管是不是例外。但没有任何迹象表明不当得利的法律因此需要被分成两个截然不同的部分，正如莱昂内尔·史密斯所希望的那样。

当考虑到一个事实，与德国法律不同，如莱昂内尔·史密斯仅转移资产给第二个和随后的收款人，将不被认为构成得利，这一点就更加明显了。[75] 在 Holiday v Sigil 案中，原告是丢失票据的人，被告是第一个发现票据者。莱昂内尔·史密斯认为这是一个转移财产的案件。只有当第一个发现者或接收人传给另一个人时，莱昂内尔·史密斯才看到将他不当得利法二分法的一半传给另一半的必要性。这突出了不当得利法两部分之间界限的重要性，因为在"以……为代价"的调查中，下一个发现者或接收人或第一个发现者或接收人的下一个接收人将确实处于与第一个发现者或接收人相同的地位：他已经收到原告的财产。

关于"以……为代价"的问题很简单，即在不依赖事实本身错误属性的情况下，是否可以说被告从原告那里"获益"。"从"可以有更宽和更窄的解释，其中每个系统都必须作出选择。接下来是直接性的问

---

〔75〕 L D Smith "Unjust Enrichment, Property and the Structure of Trusts" [2000] 116 LQR 426.

题,原则上必须是“直接来自”原告。这样就很容易得出结论:那些得到属于原告的有价值资产的人总是并且等同于直接从原告那里获利。

在这一点上,我们所做的只是争辩说,在普通法中,对未经他人同意而接受属于他人的金钱或有价值资产的人有权直接基于不当得利索赔。这一主张与结构相似、人们更为熟悉的侵权主张并列。根据我们在开始时建立的假设,同样的制度应平等地适用于信托幕后持有的财产。换句话说,衡平法上的所有人应该得到与法定所有人同样的保护,尤其是现在这么多以金融证券形式储存的财富都由信托受托人持有。当尼科尔斯勋爵非常有力地主张衡平法上的所有人确实应该享有相当于利普金·戈尔曼主张的衡平法同等利益时,〔76〕这一地位在法庭上得到保证似乎只是一个时间问题。

前景变得不那么明朗了。莱昂内尔·史密斯的文章在目前情况下的真正重要性在于,他主张,由于衡平法上的财产有不同的历史和不同的事件,所以在不当得利中衡平法上的“产权要求”之诉必须得到允许,而且实际上应该得到不同的保护。〔77〕他认为,这些差异之一恰恰是衡平法上的产权人在不当得利中无法提起个人诉求。在资产挪用领域,他有权提起物件返还之诉,有个人的诉求,但他在不当得利方面与利普金·戈尔曼的主张没有可比性。苏珊·托马斯支持这一立场。〔78〕

必须非常认真地对待这一论点。如今,衡平法上的所有者受到的保护不如法定所有人,对这一现象最轻微的声明很可能会让伦敦金融城的心冷下来。我们注意到,上述新市场机制的一个后果是,越来越

〔76〕 Lord Nicholls of Birkenhead “Knowing Receipt: The Need for a New Landmark” in WR Cornish et al (eds) Restitution, Past, Present and Future: Essays in Honour of Gareth Jones (Hart Oxford 1998) 231.

〔77〕 L D Smith “Unjust Enrichment, Property and the Structure of Trusts” [2000] 116 LQR 412, esp 430 ff. Cf K Barker and L Smith “Unjust Enrichment” in D Hayton (ed) Law's Futures (Hart Oxford 2000) 411, 424 –426.

〔78〕 S B Thomas “Goodbye Knowing Receipt. Hello Unconscientious Receipt” [2001] 21 OJLS 239, 251 –253.

多的投资者现在在证券中享有衡平权益,法定所有权则由一些大型中介持有。莱昂内尔·史密斯教授提出的这种论点,即衡平所有权在某种程度上是二等的,并以二等的方式得到保护,将造成真正的焦虑,如果它走得更远,将阻碍或扭曲新市场机制的发展。因此,第一步是强调这样一个事实,即在一个未能接受衡平法上的所有人在不当得利中享有严格的个人诉求的世界中,实际上很少有案例会得到不同的判决。

我们已经讨论过的对商业不确定性的虚幻恐惧的一个方面是,如果我们假设莱昂内尔·史密斯是正确的,即在衡平法上不存在不当得利的主张,并且知情接收必须保留其基于过失的错误的性质,那么受到不同对待的信托资产接收人将是无辜的受赠者,他们的处境没有改变,但不再保有所收到的东西,或其可追踪的替代物。受赠者——亲属、爱人、慈善机构、政党——并不是一个完全无足轻重的群体,他们也不是一个在与被掠夺所有权的竞争中通常受到很大保护的群体。

这样一个接收人,如果是无辜的,那他在莱昂内尔·史密斯的世界里是不会被追究责任的。假设D无过错地从X和Y那里收到了1000英镑,X和Y从他们作为受托人的信托资金中取出这笔钱。D用这笔钱来付房租,不管怎样,他都得付房租,而且要用他银行账户里的钱来支付。没有什么可辩护的,D不能因为错误挪用(知情接收)而被起诉,因为事实是他是无辜的。他应基于不当得利承担责任,但是在莱昂内尔·史密斯的世界里,信托的受益人没有这样的权利主张。[79] 尼科尔斯勋爵早期的论文非常正确地否定了这个结论。[80] 只有法定所有人才享有利普金·戈尔曼的权利主张。

除了这个数字——受赠者没有留下所收到的资产,但他无法指出

〔79〕 L D Smith "Unjust Enrichment, Property and the Structure of Trusts" [2000] 116 LQR 432.

〔80〕 Lord Nicholls of Birkenhead "Knowing Receipt: The Need for a New Landmark" in WR Cornish et al (eds) Restitution, Past, Present and Future: Essays in Honour of Gareth Jones (Hart Oxford 1998) 236 - 237.

自身处境的改变——只有那些处境不同的人会因为举证责任的改变而有所不同。基于过失的责任要求原告证明存在过失;不当得利的责任是严格的,但被善意的处境改变和善意的购买行为击败。被告承担证明抗辩事由的责任。在极少数情况下,原告如果无法证明被告存在过错,则无法转移证明自己诚信的举证责任。

然而,莱昂内尔・史密斯有一个很好的论据。几乎没有案例允许对衡平法上的所有者提出利普金・戈尔曼式的不当得利主张。他说,当我们不得不得出结论说所有的法官和律师都忽视了这种可能性时,这是令人吃惊的。[81] 然而,在这个领域,有三个原因说明这不应该是决定性的。

第一,不当得利法律刚刚出台。[82] 它不仅在这个领域,而且在所有方面都被隐藏或歪曲了。判例法中关于知情接收的矛盾和含糊本身就表明需要完成不止一个任务,因此是不当得利法寻求在该领域立足的证据。

第二,在寻求适用衡平法的规则时,拒绝考虑普通法案件,这种做法再也不能被接受了。它们属于一个法律体系。如果普通法案例表明,资产落入外人之手的所有人应该有权主张不当得利,那么这一结论应该适用于衡平法上的所有人,除非有什么确凿的理由证明不能这样做。

第三,不管雷・迪普洛克(Re Diplock)索赔案的历史和分析特点

---

〔81〕 L D Smith "Unjust Enrichment, Property and the Structure of Trusts" [2000] 116 LQR 413, 430, 435.

〔82〕 The beginning of this change can be dated to 1933 or 1966, the former because in the USA the Restatement of Restitution was commissioned in that year, the latter because it marked the publication of the first edition of Goff and Jones on Restitution (n 28 above): for a short account of the modern history of the subject: P Birks "The Law of Restitution at the End of an Epoch" [1999] 28 UWA L Rev 13, reprinted in LD Smith Restitution (Ashgate-Dartmouth Aldershot 2000) 83.

如何,[83]事实仍然是,那些根据遗嘱或无遗嘱而享有权利的人确实对那些被错误分配财产的人享有利普金·戈尔曼式的索赔权。无论是否存在过错,误得财产者个人都应承担责任。他们的责任与 Lipkin Gorman v Karpnale Ltd 案一样,完全符合现代不当得利法。这使得生前信托的受益人没有这样的权利主张变得非常不可容忍。结合将衡平法上的所有人排除在不当得利法之外的表面上的不合理性,这是一种历史无法获胜的论点。历史创造了一个不寻常的现在。唯一可以接受的做法是,通过向信托受益人赋予与法定所有人和遗嘱或无遗嘱受益人同样的诉讼权利,来克服这种不正常的现象。

莱昂内尔·史密斯提出的其他论点就没那么好了。他说,那些向衡平法上的所有权人赋予与法定所有人相同的不当得利衡平法诉讼权利的人实际上是在主张取消信托,而这样做恰恰是在信托越来越多地吸引业务的时候,因此是其他司法管辖区域羡慕的对象。[84]

这一点毫无意义。加强对受益人的保护绝不会破坏信托制度。事实上,衡平法院一直努力确保受益人不受伤害。这就是为什么,就土地而言,很少有善意购买者的抗辩破坏衡平法上的权益。当土地是财富的主要储存手段时,法官们使抗辩的条件几乎得不到满足。事实上,即使是现在,鉴于金融市场的所有新发展,信托的最佳服务对象仍将是受益人(尽管是衡平所有者而不是法定所有人),确保其绝不是次级所有者。

他还说,基于过错的挪用行为和不当得利的严格责任之间会存在紧张或矛盾。事实并非如此。正如我们已经看到的,可能需要一些小的调整来最小化这两种索赔之间的冲突程度,但这只涉及微调,否则

---

〔83〕 Minister of Health v Simpson [1951] AC 251 (HL), Re Diplock in the courts below. Smith (n 2 above) 437 – 444. 根据普遍同意,这一要求现在将受到处境改变的抗辩,执行人应承担主要责任的概念现在也将被拒绝。On the latter point, see especially P Creighton and E Bant (n 3 above) 228 – 230.

〔84〕 L D Smith "Unjust Enrichment, Property and the Structure of Trusts" [2000] 116 LQR 430 – 432.

就会出现一种常见的竞合情况。在这种情况下,一些原告将能够分析他们的事实,以便找到其他起诉理由,一个是错误,另一个是不当得利。竞合总是意味着互相竞争的行为之间存在一定程度的矛盾。[85] 不当得利的责任是严格的,但也是脆弱的。它的主要目的是确保膨胀的资产——或者更准确地说,正在膨胀的资产——在错误的人手中应该被归还,不管接收人收到资产时有多么无辜。它实际上与基于过失的责任相结合,针对的是资产没有持续膨胀的被告。这就是使不诚实的接收人丧失处境改变抗辩资格的效果。

真正的矛盾在别处,并以相反的方式起作用。如果不承认不当得利中构建严格的个人主张的必要性,就几乎不可能为替代资产的合法性辩护。我们已经看到,替代资产的合法性用不当得利条文可以进行最好的解释。如果我用你的信托资金换一辆车,你在车上的权利来自这样一个事实,对我而言,车是从你处获得的不当得利,也就是说,来自你的钱。莱昂内尔·史密斯本人同意这一点。[86] 那些不同意的人很难提出任何理由来解释我们为什么允许对替代资产的合法性进行辩护。这似乎没有别的原因。

如果一个人一度被迫接受基于不当得利的替代物解释,那么他就会遇到一股不可抗拒的力量,支持利普金·戈尔曼的主张。论点集中在已经给出的例子上。无辜的D收到信托资金,用它支付房租。无论如何他都会付的。他的资产仍然膨胀。如果没有人基于不当得利提出个人诉求,他就不能被追究责任。他没有犯挪用资金的错误,也没有什么可辩护的。

如果D用信托资金买了一辆车,他的处境会大不相同。这辆车可能会被提起物件返还之诉。显然,D承担责任的机会取决于他如何使

[85] Cf Henderson v Merrett Syndicates [1995] 2 AC 145 (HL). The problems of concurrence are excellently discussed in AS Burrows Understanding the Law of Obligations (Hart Oxford 1998) 16 – 44.

[86] L D Smith "Unjust Enrichment, Property and the Structure of Trusts" [2000] 116 LQR 424 – 425.

用信托资金。本不应该如此，除非对替代物的性质和后果有一些完全不同的解释，否则D的责任应该取决于他是否仍然拥有膨胀的资产。假设他仍然拥有可追踪资产等同于他还坐在膨胀财产上，这也是没有意义的。他可能有一些可追踪的替代物，但总体上他的财富没有持续膨胀，或者他可能没有可追踪的替代物，但仍然拥有超过他应该持有财产的数量。

如果不采取两个步骤，就不可能形成合理和一致的立场。一个是对替代物的物件返还主张本身必须服从于处境改变的抗辩，考虑到这样的可能性，即尽管D确实持有可追踪的替代物，但他可能已经改变了他的处境，因此他的资产没有膨胀。例如，他用信托资金买了一辆车，然后举办了一个大型聚会，如果不是因为信托资金让他变得富有，他可能不会举办这个聚会。另一个是允许信托受益人享有利普金·戈尔曼式的衡平法请求权，这种方法适用于D没有可追溯的替代物且没有改变他的处境的情况。

四、结论

这些论点表明，如果"蒙塔古"案重演，根据梅加里的观点，即对知情接收错误承担责任需要证明被告的不诚实。尽管其他观点强力介入，即它只涉及非故意错误的形式，表现在没有进行合理调查。然而，选择不诚实的唯一原因是，显然，处于第十一任公爵同样地位的原告有权对不当得利提出索赔，这与在Lipkin Gorman v Karpnale Ltd案中法律所有人得到承认的索赔相类似，而且与该索赔一样，建立在受到严格抗辩的严格责任的基础上。尼科尔斯勋爵对这一主题的研究清楚地表明，这一主张是不可否认的。这一章一直是没有必要的，如果不是因为后来出现反对他的立场，尤其是莱昂内尔·史密斯教授提出的挑战，这一章是不会写的。这件事越早到达上议院越好，这件事必须得到解决。不当得利责任和不法行为责任之间的区别具有非常重要的现实意义。后者不受处境改变抗辩的影响,前者则不会触及间接损失。这样的事情不能持续处于不确定中。

在一定程度上,莱昂内尔·史密斯教授可以声称自己的观点有案例支持。但是法律依据不能无限期地对理性产生不利影响,剥夺衡平法上所有人基于严格责任的不当得利请求权并没有合理理由。只要其仍然如此被剥夺权利,衡平法就将被视为阻碍诉讼原因的基本规则,即当一个人的财富仍在不公正地膨胀时,恢复原状的责任便是完全独立于过错的。保留一个人从未尝试拥有的东西是没有理由的。在诚实地改变处境事由发生后,事情开始变得不同了。衡平法院不能违背原则。衡平法院没有违抗它,但也没有理解它。这里和那里,在它的位置上,关于一个资产替代另一个的处境,关于死者遗产的误导,衡平法院已经接受了它,尽管只是自发接受,但仍然没有完全理解它。这并不奇怪,因为在普通法系国家,不当得利的法律才刚刚开始被理解。

第八章　免责

耶·彭纳(JE PENNER)

上诉法院在 Armitage 案[1]中由米利特作出的判决无疑是管理受托人免责条款的法律里程碑。尽管后来也有相关的判决,[2]但正是米利特的判决有力、清晰地阐述了工作中的基本原则,才使该判决如此重要。米利特的判决现在是普通法(这里的意思当然包括衡平法)在这一问题上的背景立场,因此任何立法都必须根据这一立场来解读,以确定任何立法实际上对法律作了哪些修改,以及在任何此类立法计划中存在哪些基本概念和概念性分析框架。我们在上议院认真讨论这些问题之前,将以 Armitage 案作为参考。

然而,正如我将要论述的,Armitage 案中的

---

〔1〕［1998］Ch 241. 上议院于 1997 年 12 月 18 日驳回了上诉请求［1998］Ch 264。

〔2〕Bogg v Raper The Times 22 April 1998（CA）; Wight v Olswang The Times 18 May 1999（CA）; Walker v Stones［2001］2 WLR 623（CA）. 所有这些案件都在主要方面遵循了 Armitage 案的判决。

裁判理由来自对信托的理解方式，在这种理解方式中，信托的“债权性”方面比“物权性”方面更受到重视。在这一点上，这些术语无疑是神秘的，但在对 Armitage 案的判决进行认真审查后，我将尝试赋予它们一些实质性内容，并说明为什么强调前一方面对我们理解受托人免责条款的局限性具有重大影响。

一、Armitage 案中的事实

上诉人宝拉·阿米蒂奇（Paula Armitage）对其受托人提起了违反信托的诉讼。她在该信托中的权益是根据 1958 年《信托变更法》对先前的《分配协议》进行变更而产生的。变更时，宝拉的母亲是终身受益人，而当时 17 岁的宝拉是信托资金余额领受人。变更的结果是分割信托财产，使宝拉的母亲在一部分土地上拥有绝对权益，外加一次性给予一笔现金。另一部分土地外加一笔较小的金额被重新分配给宝拉：（1）积攒信托资产收益，直到宝拉年满 25 岁，在此期间，她对信托收入的利益享有绝对处置权，同时有权为她的利益支付或使用收入；（2）本金方面，直至宝拉年满 40 岁，宝拉母亲以信托形式为宝拉持有本金，并规定在 25 岁到 40 岁向宝拉分期转移本金。

这块土地（宝拉和她母亲的）大部分是农田。在变更前，这块土地由一家家族公司耕种，该公司的唯一股东和董事是宝拉的母亲和祖母。因此，在变更之后，受托人签订合同，将宝拉的农田交由她母亲控制的一家公司耕种，她母亲和宝拉一起是先前《分配协议》的受益人。宝拉控诉的主要原因是，信托变更之后，她的受托人在处理她的土地时，不是仅考虑她的利益，或大部分考虑她的利益，而是为了她的母亲和其他家庭成员的利益。

在继续下一步之前，有必要考虑的是宝拉控诉的合理性。在我看来,宝拉的控诉似乎太有道理了。这里的情况是一个大型家庭农场在几代时间跨度下被置于信托之中。提出重新分配信托财产出于各种重要的理由,其结果是以前的主要受益人中只余一人(当时为未成年人)继续持有她在信托下"家族经营"中的权益。但对于新信托的受托人来说,这很可能只是一种"技术性"重组。事情基本上还是和以前一样。所有土地继续由同一家家族公司在同一个规则下耕种。特别是,新《分配协议》的受托人很容易意识不到,无论他们的想法是什么,在旧的《分配协议》下,他们都有职责在终身受益人和余额领受人之间保持平衡,而现在他们在这方面的职责已经发生了根本性的改变,因为他们现在一心一意地维护一个人的利益,就所有意图和目的而言,这个人是新信托的唯一受益人(假设她能活到信托规定的年龄,即她早逝情况下的赠与不发生效力)。

宝拉针对其受托人的两项特别指控是,他们未能适当监督公司对其土地的管理,并且他们未能调查该原因,即为什么宝拉和她母亲出售各自在信托变更下分割得到的土地,出售宝拉土地的价格比分割时的估价大幅下降,而她母亲土地的出售价格有所上升。如果我们假设,宝拉的母亲是家庭中的主导力量,这似乎也是有道理的,那么受托人可能希望避免家庭摩擦,这种摩擦可能来自他们质疑家族公司对农场的一般经营管理或者通过调查不同地块的销售价值的可能来源,或者考虑到不同地块在变更时的估价情况以及按照分割方式分割土地决定的依据。

二、受托人免责条款的有效范围

在进入审判程序之前,出现了一个关于信托文书中免责条款的效力和范围的先决问题,正是这个问题构成了上诉的核心。信托文件的

第15条内容如下。

> 受托人对宝拉信托资金或者其任何部分或其收入在任何时候或因任何原因可能发生的任何损失或损害概不负责,除非此类损失或损害是由受托人本人的实际欺诈行为造成的……[3]

米利特的判决涵盖了许多要点,可以总结如下。

(1)“实际欺诈”一词实际上排除了在“推定欺诈”或“衡平法欺诈”中更广泛的欺诈概念,因为这些术语适用于单纯或者重大过失。因此,该条款实际上免除了受托人对非欺诈行为的任何责任。就受托人而言,实际欺诈意味着实际上的不诚实行为,要么以违背受益人利益的方式行事,要么对受益人的利益漠不关心,这与故意违背信托的范围并不一致。[4]

> 受托人若有意识地越权行事(例如,进行他们明知未经授权的投资),就可能故意违反信托;但是,如果他们这样做是出于善意并且诚实地相信他们是在为受益人的利益而行事,那么他们的行为就不是欺诈……受托人的职责是管理信托财产,为了受益人的利益而处理信托财产。如果他以自己并不诚实地相信符合他们的利益的方式行事,那么他就是不诚实的。他是否坚持或者认为他从该行为中获得个人利益并不重要。如果受托人的意图是让非信托对象获益,其不诚实程度也不会因为他不打算使自己受益而降低。
>
> 在我的判断中,第15条免除了受托人对信托财产的损失或损害的责任,无论受托人多么懒惰、轻率,还是缺乏勤勉、存在疏忽或者故意,只要他没有不诚实的行为即可。[5]

---

〔3〕 Armitage v Nurse [1998] Ch 250.

〔4〕 Armitage v Nurse [1998] Ch 250 – 251.

〔5〕 Armitage v Nurse [1998] Ch 251 (my italics).

在受托人免责条款的语境中,“故意违约”与“实际欺诈”具有相同的含义。[6]

(2)在受托人实施“衡平法欺诈”的情况下,第15条这样的条款不会给受托人提供帮助,因为这意味着“存在受托人与其委托人的某些交易以及受托人可能利用其地位为自己谋利的风险”[7]。在这种情况下,不存在对信托的“损失或损害”[8];相反,无论委托人有任何损失或收益,此类交易都有可能被撤销(或要求公平赔偿),因此,即使采购受托人支付了超过财产价值的费用,自我交易也可能被撤销。

(3)像第15条这样的条款与信托并不矛盾。

受托人对受益人负有不可减少的核心义务,并可由受益人强制执行,这是信托概念的基础。如果受益人没有对受托人强制执行的权利,那就没有信托。但我不接受更进一步的意见,即这些核心义务包括技能和谨慎、审慎和勤勉的义务。受托人为了受益人的利益诚实而善意地履行信托的职责,这是赋予信托实质性内容的最起码的必要条件,在我看来这就足够了……如果受托人依靠受托人免责条款的存在来证明他所提议的行为是正当的,那么他将因此而失去保护:按照该条款的适当含义,他将被认为鲁莽行事。[9]

这些法院的判决引发了许多问题,[10]但我将集中讨论一个问题,这个问题对于确定判决的正确性是至关重要的,即米利特对受托人不

---

[6] See Armitage v Nurse [1998] Ch 252.

[7] Armitage v Nurse [1998] Ch 253.

[8] Armitage v Nurse [1998] Ch 253.

[9] Armitage v Nurse [1998] Ch 253 - 254.

[10] Two are Millett LJ's support, Armitage (n 1 above) 252, of Maugham J's characterization of wilful default in Re Vickery [1931] 1 Ch 572, and his characterization of the common law's scepticism of or inability to make clear sense of a distinction between ordinary and gross negligence, Armitage (n 1 above) 254 - 256.

可减少的核心义务的描述。

三、受托人的忠实义务和信义义务

乍一看，米利特的判决似乎具有误导性。如果有人认为，米利特对受托人应当仅为了受益人的利益而诚实履行信托职责的描述本质上是受托人信义义务的另一种表述，那么可以认为米利特在推进一项基本主张，即受托人的核心义务包括信义义务。米利特的陈述被引用来支持上述第(1)点，其中，他将受托人的诚信义务界定为只为受益人最大利益服务的义务，这似乎支持这一解释，以及作为上述第(2)点基础的以下段落。

受托人免责条款(如《分配协议》第15条)并不旨在排除受托人在此类情况下的责任，即违反受托人义务的情况，如自我交易行为。

米利特认为，第15条不存在相矛盾的问题，理由是该条款排除了违反此类信义义务的责任，可以解释为，如果该条款排除了此类违反信托的责任，则该条款将是“矛盾的”。[11]

然而，从整体上看，该判决不能接受这种解释。在判决书后的几句话中，米利特又说，“但是没有必要进一步探讨这个问题，因为没有人为这样的行为辩护”，此后，米利特只关注受托人是否有不诚实的行为，以致无法依靠第15条。正如人们经常强调的那样，信义义务可以在没有任何不诚实的情况下被违反，即使

---

〔11〕 关于“相矛盾”，在信托文书中纳入此类免责条款的结果是否会导致该交易被作为某种交易而非信托被视为有效，或者是否存在信托的意图占据主导地位，以致该免责条款将因被理解为与交易的主旨不一致或“相矛盾”而被删除，这将是一个解释的问题。

是最大善意的情况,[12]因此,将米利特的观点解读为将诚实义务和信义义务视为等同是错误的。此外,由于米利特最终依据受托人的核心义务作出了关于限制条款有效范围的判决,因此将判决建立在某种信托职责标准上是不可支持的,因为并非所有受托人在处理信托财产时都受到信义义务的约束。枢密院在 Hayim v Citibank NA. 案[13]中接受了这一点。在 Kelly v Cooper 案中,枢密院称,"在任何特定案件中所承担的信义义务的范围和性质应参照当事人之间的任何潜在合同关系来确定",并认为对该安排特殊性的参照也适用于信托案件。[14] 在单纯的消极信

---

〔12〕 Regal (Hastings) Ltd v Gulliver [1942] 1 All ER 378, [1967] 2 AC 134n (HL); Boardman v Phipps[1967] 2 AC 46 (HL).

〔13〕 [1987] AC 730 (PC).

〔14〕 众所周知,很难定义信义义务,但在这里不详细讨论这一点,认为并非所有受托人都是受托人的依据是,并非所有受托人在对信托财产行使法律权力时都有自由裁量权,从而使他们采取有利于自己或他人利益而非为了受益人利益的行动。因此,在没有持续争论的情况下,我采取了信义义务的"自由裁量权"理论。See EJ Weinrib "The Fiduciary Obligation" [1975]25 University of Toronto Law Journal 1; P Birks, "Equity in the Modern Law: An Exercise in Taxonomy" [1996]26 Western Australian Law Review 1, 18; J Langbein "The Contractarian Basis of the Law of Trusts" [1995]105 Yale Law Journal 625, 655 - 659. 自由裁量权理论的力量在于,它指出,在某些法律安排中,本质是一个人,即委托人,依赖另一个人的专业知识或行为能力,即受托人,除了简单地要求其为了另一方的利益而行使这种专门知识或行为能力,不可能事先具体说明应该如何行使。如果法律允许此类安排(似乎没有明显的理由不允许),那么受托人必须将另一方的利益作为其行使自由裁量权时的唯一指导考虑因素。否则,这项安排根本行不通;也就是说,如果法律不承认可以承担这样的义务,那么这种自由裁量权授予的承诺就无法运行,因为如果不能要求 B 仅为了 A 的最佳利益行使该自由裁量权,则授予 B 自由裁量权以影响 A 的地位对 A 没有好处。因此,如果法律希望规定此类安排,则必须在达成此类安排时规定信义义务。根据信义义务理论,信义义务可以严格定义为,受托人仅在符合其原则的最佳利益的情况下行使自由裁量权的义务,在这种情况下,一个人(受托人)同意承担法律权利来影响另一个人(受托人的委托人)的法律地位,包括法律权利、义务,受托人在行使这些法律权利的方式上享有自由裁量权(此处的法律权利指法律认可的,因此包括普通法上或衡平法上的权利)。这两个核心案例体现了典型的受托人及其受益人,以及代理人及其委托人。受托人对信托财产享有法定所有权,因此具有影响受益人地位的法定权利。在可以行使自由裁量权的范围内,他有权酌情改变受益人的法定权利和义务。他在行使其投资信托基金的自由裁量权的过程中买卖信托财产;根据信托文书,他可以酌情决定向一个受益人支付多于另一个受益人的款项;他可以有权选择继任的受托人。在行使这些权利时,他必须只考虑受益人的利益。他不应因为在该公司有股份并

认为该公司需要更多资本,从而购买公司股票作为投资;他不应因为爱上了受益人 X 而酌情给予受益人 X 一大笔而不给予受益人 Y 任何东西;他不应任命他的兄弟作为他的继任受托人,因为他的兄弟不走运并且可以承担受托人费用。同样,代理人是指有权为其委托人与第三人订立合同的人,并且必须同样地仅考虑其委托人的最佳利益。例如,他不应将其委托人的货物出售给第三方,因为第三方愿意“回扣”部分价格给他。关键的一点是,受托人是一个自愿承担作为他人决策者角色的人:受托人有权为委托人的利益作出决策(具有法律约束力的决策)(因此,这些决策改变了委托人的法律地位)。虽然这些都是信义关系的经典案例,但这一概念已经延伸到其他案例,有时也适用于律师的情况,因为虽然律师不一定拥有影响其客户的真正法律权利(严格来说,他不一定是其客户的代理人),但在客户基本上遵循律师建议的情况下,律师通常会建议其如何与第三方打交道,因此从这个意义上说,律师具有强大的实际权利来影响其客户相对于第三方的法律地位,有时则不然。加拿大最高法院在 M(K) v M(H) [1992] 3 SCR 6, [1992] 96 DLR 4th 289 (SCC)案中的判决可能是对该概念最奇怪的延伸,在该判决中,一名父亲被发现对子女实施性虐待从而违反了对其子女的信义义务。[See also Norberg v Wynrib, [1992] 2 SCR 226, [1992] 92 DLR 4th 449 (SCC).]现在虐待儿童是一种可怕的违法行为,当父母对孩子实施虐待时,从一般意义上讲,也是对忠诚和诚信的严重背叛。但虐待儿童是一种犯罪行为和民事违法行为。任何人在法律上都没有权利或自由裁量权来虐待儿童,这一权利或自由裁量权应本着善意行使或者根本不行使。信义义务旨在确保受托人以最符合其委托人利益的方式作出他在法律上被授权或有义务在其信托或代理下以某种方式或其他方式承担的决定。鉴于受益人的信义义务,受托人对合法权利或自由裁量权的合法使用可能会变成违法行为,因为其揭示出对忠诚或诚信义务的违反。违反任何旧义务,无论是侵犯或虐待儿童等侵权行为,还是违反合同,都不会仅因为其本身是违法行为,它还揭示了行为人存在自私自利的不忠实或不诚实从而构成违反信义义务的行为;这些行为不在构成任何受托人的自由裁量权范围的决定范围内,且仅适用于受托人的信义义务。因此,如果你的受托人通过殴打你或诽谤你或偷你的自行车来偏袒自己的利益,那么他肯定构成违法行为,但没有违反他对你的信义义务(尽管因为他是你的一些事务的受托人,他犯下这样的错误可能特别不适宜,这可能被正确地视为侵权行为的加重)。然而,正如在 M(K) v M(H)案中一样,法院似乎偶尔会以这种方式延伸“受托人”的概念,以此作为处理违法行为人更高效的手段。[另一个例子是 Reading v A – G [1951] AC 507 (HL); see G Jones “Unjust Enrichment and the Fiduciary's Duty of Loyalty” [1968] 84 LQR 472.]简言之,仅仅是构成违法行为,并不能仅因为表明违法者偏袒自己的利益而非受害者的利益从而构成违反信义义务的行为,因为这会使大部分侵权行为和违反合同的行为变成违反信托义务的行为;必须存在一种先前建立的信义关系,通过这种关系,受托人有权作出影响其委托人的具有法律约束力的决定,并且当他在其自由裁量权范围内作出他本来有权作出的决定时,揭示出他更偏向自己的利益,而不是为他委托人的利益时,他就违反了信义义务。

托[15]和 Quistclos 信托[16]中,信义义务似乎没有任何范围,这当然不是说这类信托的受托人不可能欺诈性地违反信托。但是,即使是在这类受托人的情况下,欺诈也不等同于违反信义义务。

即使如此,鉴于该案的事实和米利特认为的第 15 条的范围,米利特如此严格地将他的重点局限于不诚实或实际欺诈行为似乎并不合适。米利特审查该案的起诉状,发现没有明确指控(被告存在)不诚实行为,最多是疏忽行为,因此,受托人不承担责任。米利特允许原告重新修改其起诉状,但其补充如下内容。

对于是否有材料可以证明律师有理由建议这样一个过程,我不做表示,我也不想鼓励它。他们无疑会记住,在关键时刻,《分配协议》的受托人包括一个专业人士和两个远亲;在缺乏某种经济或其他激励的情况下,针对独立专业受托人的欺诈指控本质上是不可信的。

但是,如果第 15 条没有免除受托人违反其只考虑受益人最大利益的信义义务的责任,那么 Armitage 案可以理解为就这类主张而言,第 15 条无法帮助受托人。如上所述,违反信义义务可以被视为宝拉控诉的核心内容,正如前面所提及的,这是一个合理的事实主张。为了了解宝拉的主张有多大力度,不妨对比一下公平义务。公平义务必须被视为受托人的信义义务之一,因为只有在受益人之间保持公平,

---

[15] 显然,自我交易规则不适用于消极受托人。See DJ Hayton Underhill and Hayton's Law Relating to Trusts and Trustees (15th edn Butterworths London 1995) 653, and J Mowbray et al Lewin on Trusts (7th edn Sweet & Maxwell London 2000) para 20－78. 与这一观点相反的是克罗斯在 Re Brooke Bond & Co Ltd's Trust Deed [1963] Ch 357 案中作出的判决,其中经管受托人善意地决定以保险公司的身份向保管受托人投保信托保险。克罗斯认为,托管受托人在利益冲突的情况下进行此类交易是应当被禁止的,即使经管受托人已作出决定,且托管受托人无权自行制定政策。Re Brooke Bond's Trust Deed 并不代表法律,因为它旨在制定关于信托义务的一般规则。

[16] [1970] AC 567 (HL). 无论是目的信托/归复信托分析,还是消极信托/委托分析,都不存在任何信义义务,因为从这两种观点来看,信托的限制基本上也是由贷款合同决定的,即根据该合同,任何一方都不作为另一方的受托人。

受托人才能履行对所有受益人的诚信和忠诚义务。事实上,在不止一个受益人的情况下,公平义务只是忠诚和诚信义务的具体标尺。声称受托人没有公平行事并不罕见。在 Nestle v National Westminster Bank 案[17](以下简称 Nestle 案)中,对受托人的指控之一是他们没有公平行事。结果,上诉法院并不认为受托人通过调整其投资使其现有的终身受益人获益违反了这项义务,因为法院对这一义务的理解给予了受托人相当广泛的自由裁量权,[18]但人们可以想象另一个法院正在采取一种稍微狭隘的观点。显然,受托人并没有充分考虑其公平的义务,因为有利于终身受益人的投资似乎只是对其中一名终身受益人的恐吓作出的反应。如果宝拉的主张被证实, Armitage 案显然比 Nestle 案更进一步,因为指控的是受托人忠于她母亲的利益,而她母亲已经不再是受益人。再来看看 Pauling 案中新的《分配协议》。[19]在那里,受托银行完全是在其父亲的动议下行事,她的父亲是《分配协议》中的一个受益人。很明显,父亲的强势性格使得他忽视了孩子的利益,根据自己的意愿推动了信托进程。在 Nestle 案或者 Pauling 案的新《分配协议》中,专业受托人都没有从所谓违反信托中获得重大利益,他们是在没有任何"经济激励"的情况下这样做的,尚不清楚除了让他们在信托管理中的生活变得更轻松,他们还有什么"其他激励"。[20] 我认为,撇开注意的问题不谈,受托人考虑的优于受益人的利益是受托人自己的利益还是第三方的利益,这与违反信托义务的问题无关。正如米利特说的:

无论他是否坚持或者认为他从该行为中获得个人利益这并不重要。如果受托人的意图是让非信托对象获益,其不诚实程度也不会因

[17] [1994] 1 All ER 118 (CA).

[18] Nestle (n 17 above) 137 (Staughton LJ).

[19] [1963] Ch 576.

[20] See also Wilson v Turner [1883] 2 Ch D 521.

为他不打算使自己受益而降低。

如果对非信托对象的利益的袒护超过对信托对象利益的袒护,这同样是不诚实的,这么做同样违反了信义义务。因此,尽管米利特有理由怀疑,如果专业受托人没有从中获益,那么任何实际欺诈的指控在本质上可能都是不可信的,但不清楚为什么这种怀疑应该扩展到违反信义义务的指控上。然而,对于这一点,有人可能会说,注意义务对于将受托人视为应承担责任的人来说至关重要,不仅对将他自己的利益优于受益人的利益的行为承担责任,而且对将第三方的利益优于受益人利益的行为承担责任。其实,查看管理受托人的标准规则,即无利润规则、无冲突规则、自我交易规则和公平交易规则,都是针对受托人自身利益可能优于受益人利益的情况,而不是第三人利益优先的情况。因此,可能有人会争辩说,在受托人自身利益与受益人利益发生冲突的情况下,即使出于无意,甚至出于善意,违反信义义务的行为也可以被提起诉讼,但只有受托人偏袒第三方利益值得注意的情况才应当被起诉。乍一看,这似乎有道理,但显然是不正确的。例如,有一条明确的规则规定了律师对其委托人的信义义务,该规则适用于律师在同一个交易中代理两个委托人的情况。正如米利特在 Bristol and West Building Society v Mothew 案中所说:[21]

受托人未经双方知情同意,为两个可能存在潜在利益冲突的委托人行事,其违反了不可分割的忠诚义务;他将自己置于这样一种境地,即他对一个委托人的职责可能与他对另一个委托人的职责相冲突……这有时被称为"双重雇用规则",违反该规则自动构成违反信义义务。

最后,除直接阐述受托人为受益人最大利益服务的信义义务,即为所有受益人的最大利益服务外,不清楚还能如何解释公平义务。显然,

---

〔21〕 [1998] Ch 1 (CA) 18 – 19.

受托人采取的行为是为了第三人的利益而不是为了适格的信托对象利益,这种情况很少发生;人性使然,存在明显危险的情况是,他通过偏袒自己的利益来违反信义义务。但是,原则上似乎没有什么可以排除这一规则在极少数情况下的适用,而且就指控的事实而言,Armitage 案就是一个明显的例子。如果这是正确的,那么第 15 条这样的条款不被视为免除受托人违反信义义务的责任,该条款免除所有其他违反信托行为(只要该行为并非有意为之),法律责任的效力并不会延伸至违反信义义务的行为(无论是否有意为之)。因此,在我看来,宝拉把自己的诉讼请求置于这样一个违反信托的框架内,该诉求将具有效力。[22]

四、信托不可减少的核心以及诚实善意义务

米利特参照受托人职责中不可减少的核心,为其确定受托人免责条款的限度进行辩护,认为这是"赋予信托以实质内容所需的最低限度"[23]。因此,米利特支持强有力的"信托自由"观点,类似强有力的契约自由:只要当事人自愿承担的权利和义务的合法安排具有某种可行的法律效力,法律就应该使其生效;法律的作用不是要求作出合法安排的各方接受标准的"一揽子"条款,除非有一些足够重要的与公共政策抗衡的考虑因素。区别于任何与信义义务联系的概念本身,米利特的忠诚和诚信的基本核心义务可简化为受托人不应对受益人实施欺诈行为的

〔22〕 Cf. S Worthington "Fiduciaries: When is Self-Denial Obligatory" [1999] 58 Cambridge LJ 500. 沃辛顿(Worthington)区分了忠诚行使和诚信追求正当目的的义务:前者大致涉及受托人偏袒自身利益的情况,后者涉及受托人行为不当但未获得利润或个人利益的情况。沃辛顿主要关注的是,后者的补救措施将更符合违反信托的典型补救措施,即补偿受益人损失的补救措施,而不是剥夺受托人利益的补救措施。如果所述的宝拉的主张成功,她的主张显然是赔偿损失,因此在这方面,按照沃辛顿的说法,受托人的违约行为不是违反信义义务,而是追求不正当目的(偏袒非信托对象),因此,除非有一条款免除受托人违反其信义义务的责任(或者,更可能的是,排除他原本可能承担的信义义务),否则不应免除对该违约的责任。

〔23〕 Armitage v Nurse [1998] Ch 253-254.

不可推卸的义务,其中欺诈包括故意的不当行为或严重忽视受益人的利益,从而在一定程度上构成不诚实行为。受托人的核心义务是根据过错的标准而不是义务类型来确定的。因此,受托人职责的本质涉及受托人以不诚实的方式,而不是以疏忽或无辜的方式,履行或不履行信托条款规定的任何义务,而不是赋予信托实质的某些最低或基本的义务,如将信托财产和自己财产分开的义务,或者保管信托财产等义务。对此,有人认为这是误导,混淆了义务和责任的性质。

从逻辑和原则上讲,很明显,就合同和信托而言,一方可以免除缔约方或受托人的所有个人违反的责任,而合同或者信托具有"法律内涵"。原因很简单,法律义务的作用远大于作为违反法律义务控诉的理由。首先,只要遵守自愿承担的义务,就会产生法律后果。例如,只有参照已经履行的合同义务,才能捍卫某些权利,特别是财产权。考虑这样一份销售合同,根据这份合同,我将 1000 英镑转让给你,作为你转让一台钢琴给我的对价,假设我们都完全履行了我们的义务。重要的是,这些转让是在合同项下进行的,而不仅仅是作为相互馈赠。例如,如果我向你提出主张,要求你归还 1000 英镑,并说你从中不当得利,那么你明显而有效的回应是指出你收到的 1000 英镑是我们的合同的对价。也许,更尖锐的是,考虑一下你是那台钢琴的受托人,并在违反信托的情况下转让了它。鉴于我是根据我们的合同而收到钢琴的,作为善意购买人保留钢琴所有权。[24] 其次,在许多情况下,违约的作用不仅仅作为主张个人责任的依据。例如,一方违反合同条件

〔24〕 上议院在 Lipkin Gorman v Karpnale [1992] 4 All ER 512 (HL)案中对赌博合同的处理似乎破坏了这一点,因为花花俱乐部不是因为其与赌徒的合同不可执行而拒绝了善意购买的辩护。需要指出的是,他们的勋爵(坦普尔曼和戈夫)对 1845 年《博彩法》的解释是,支付结算赌注的费用相当于输家向赢家自愿赠送的礼物,或者,就赌注是合同而言,这些合同不仅是不可执行的,而且是无效的。还应当指出的是,合同并非因免责条款而无法执行,而是因为法律的规定而无法执行,从而引发公共政策的问题,这里可能存在一些特殊情况;此外,在任何情况下,他们勋爵的分析都是无法令人信服的,如果不是实际上与公认的权威对赌博合同影响的性质不一致的话:在这两个方面参见 P Birks "The English recognition of unjust enrichment" [1992] LMCLQ 473, 493 - 496。

时允许另一方将合同视为终止。[25] 对个人赔偿责任的任何减免也不应免除一方当事人服从法院关于具体履行的命令,[26] 前提是在适当的情况下。[27] 简言之,只要存在合同义务,合同的"内核"就存在,并且在任何一方都没有任何因违约而承担责任的情况下也会真正存在。当然,我们都很熟悉德夫林(Devlin)法官(当时他是)在 Firestone Tyre & Rubber Co Ltd v Vokin's & Co Ltd 案中的陈述:[28]

"我们承诺做一件事情,但是我们如果不做,我们也不用对此负责"这样的话是无意义的。如果事情到此为止,那么合同里就什么都没有了。

但是在我看来,这似乎是一个错误,正如库特(Coote)主张的那样,免责条款的效力就是免除所涉的义务。[29] 弥补违反义务的个人责任在概念上不等同于最初设定该义务,并且如上所述,没有考虑合

〔25〕 B Coote Exception Clauses (Sweet & Maxwell London 1964)6. 分析这一点时认为,免除损害赔偿责任将消除合同义务,因违反条件而终止合同的权利将被视为无辜方在自己履行义务或付款时利用先决条件的权利,如果对方不履行,就免除了自己的义务。但是,没有一个真正的合同能够以这种方式从相互条件的角度进行分析;see JE Penner "Voluntary Obligations and the Scope of the Law of Contract" [1996]2 Legal Theory 325, 333 – 335. 因此库特基本上回避了这样一个问题:以这种方式对待因违约而终止合同的权利就是将合同各方视为具有无关联的、尽管是有条件的单方面义务,而不是双边协议下的相关义务。简言之,他将合同视为有条件的赠与。

〔26〕 在损害赔偿不足的情况下,特定履行传统上被视为一种"进一步或更好"的救济,这一事实不应使我们忽视这样一个事实,即强制履行义务在概念上不同于通过替代履行另一种次生义务(如支付损害赔偿)而使某人承担责任,这就是违约的合同责任,即补救性的次生义务。

〔27〕 例如,考虑到尽管在 Beswick v Beswick [1968] AC 58 (HL)案中,被告不能对其被允诺的所有权继承人承担超过名义的损害赔偿责任(合同是第三人利益合同),因此,实际上他不承担赔偿责任,这不妨碍具体履行命令的条款。事实上,这被视为法院作出裁判的一个理由。据我所知,没有人认为,为了第三人利益而强制执行合同在规定违约赔偿责任方面存在困难,因此需要得出这样的结论,即这些合同根本不是法律上的合同。

〔28〕 [1951] 1 Lloyd's List LR 32, 39.

〔29〕 Coote (n 25 above)7 ff.

同的主要法律后果,即根据合同条款履行合同时产生的法律后果。假设合同的法律意义只在于当事情出错时法院可能采取的行动,这无异于因偶尔倒下的树木而错失了森林。

所有这些更适用于信托的情况,完全不考虑受托人个人违反信托责任,即他对管理信托财产的个人责任,信托义务的存在具有深远的法律后果。举一个例子,因为存在信托,受托人对信托财产的法定所有权才不会成为破产管理人为了债权人利益而处置信托财产的理由。此外,按照信托条款处理信托财产是这些交易对当事方有效的法律依据。信托财产的自愿接受者仅在根据信托条款进行财产转让的情况下,即他是适格信托对象的情况下,才获得其收到的信托财产的受益法定所有权,否则他只是信托财产的自愿接受者,受信托对真正受益人的约束。即使在没有责任的情况下,信义义务的效力在发生违反信托的情况下也更加明显。无论受托人是否承担个人责任用自己的钱来补足信托账户,只要追索规则以及管控外人对信托的个人责任的规则可以适用,任何可以在信托账户上伪造的违反信托的交易都可以被撤销。此外,受托人违反信托是更换受托人的一般理由,也可能是主张不当得利以归还受托人费用(如果有的话)的理由。即使受托人对欺诈性违反信托的行为不承担个人责任,所有这些影响也会发生。

如果我们把焦点从受托人的个人责任转移到其基本职责上,那么这些基本职责是什么?从受托人的角度来看,信托的本质是财产不是(全部[30])他自己的,不能被置于债权人可以得到的处境下,或者在他死亡或者破产时不能被视为其财产的一部分。由此可见,受托人的核心职责是:(1)将信托财产与自己的财产分开并保管信托账户;(2)遵守信托条款(如果有的话)。简言之,作为受托人,财产的法定所有人必须有责任以这样一种方式处理财产,以使得那些对信托[31]提出主

〔30〕 他可能是几个受益人之一。

〔31〕 我避免将那些对信托提出诉求的人称为受益人,原因将在下文中变得显而易见。

张的人能够确定信托当前的标的,以便能够向那些无权获得信托标的的人(当然可能包括受托人)援引追索规则,以及向任何管控第三方因协助此类交易或通过此类交易接受信托财产或其有可追索收益援引个人责任的规则,否则信托财产不受到信托的真正约束,以及确定谁有权真正享有信托财产的利益,以便决定何时可以适当援引有关的追索规则以及第三人的个人责任规则。

换言之,只要那些对信托提出诉求的人确实能够修改信托账户,受托人的个人责任就不是赋予信托实质内容的必要条件。用另一种方式表述米利特的话,修改信托账户的能力是赋予信托实质内容的最低要求。由此可知,对账户补充收取费用的能力,即"使受托人不仅对他实际收到的东西,而且对他通过努力可能收到的东西承担责任"〔32〕,这不是信托的一个基本特征,因为这一个人责任附属于受托人投资信托财产的义务,并且不是所有信托都规定了这种义务。

看来,在寻求确定受托人义务和责任最低限度的不可避免的逻辑基础上,我们寻找赋予信托以实质内容所必需的"最低限度",受托人根本不需要承担任何个人责任。它可以免除个人责任。在我看来,这是对的,如果这让我们暂停下来,我们应该问为什么?什么样的直觉会让我们认为,在这种逻辑中,不知何故,在某个地方,我们误入歧途了?我现在想试着解释一下,这个结果仅来自对信托的一种特定设想,如果不这样设想,我们会得到一个截然不同的结果。

五、"债权性"信托:信托的多重财产观

信托是财产的信托,因此任何信托的概念都必须至少包含财产规则。就我刚才所述的信托最低限度的实质而言,信托的本质是信托财

〔32〕 P Millett "Equity's Place in the Law of Commerce" [1998]114 LQR 214, 226.

产不构成受托人适格个人财产的一部分,因此,信托的核心义务是使“信托财产不是受托人自己的财产”这一想法生效。但这种观点对信托的“财产性”方面采取了特殊的视角,使其与信托的“多重财产性”观点非常一致,这一观点可能被视为对将可行的信托概念引入大陆法域可行性的担忧。

《海牙公约》规则的要求,[33]似乎也是“欧洲信托法原则”所要求的最低限度,[34]即要使所持有的财产成为信托财产,受托人必须将该财产与其个人财产分开,以使其他人对该财产提出的主张得以实现,无论是“受益人”式的个人利益的主张,或者是强制执行信托目的的主张。但非常重要的是,为了与大陆法系单一所有权的民事概念保持一致,没有规定也没有要求任何个人(当然,受托人除外)拥有信托财产的“所有权”。不要求有在衡平法上的受益人所有权人;实际上,我认为假设其不存在。一般的想法是,受托人拥有两份财产权益。他的第一份财产,也就是我们所有人作为法律上的主体而拥有的财产,可以称[35]为他的一般财产。这是我们与生俱来的,在默认情况下,我们对任何资产的所有者权利都属于这种类型,而且这种财产用于满足任何针对我们的一般性诉求。但是,法律可以提供获得第二种(或第三种或第四种或第 n 种)财产权利的便利(无论获得多少种财产都无关紧要),这些财产包含特定的特殊权利和义务。这些随后产生的特定财产权域,就是“欧洲”信托的意义。它们是独立的财产权域,这确保了能够产生所有权人享有所有权的效力。其中的财产不构成受托人个

〔33〕 The Hague Convention on the Law Applicable to Trusts and on their Recognition, implemented by the Recognition of Trusts Act 1987, Art 2, 11.

〔34〕 D Hayton S Kortmann and H Verhagen Principles of European Trust Law (Kluwer Law International The Hague 1999) esp 13 – 20. See also D Hayton “The Developing European Dimension of Trust Law” [1999] 10 King’s College LJ 48 and my review of the book, JE Penner [1999] 13 Trust L Intl 199, and S Dix (tr) M Lupoi Trusts: A Comparative Study (Cambridge University Press Cambridge 2000) 2 – 3.

〔35〕 Following Hart’s distinction between general and special rights: HLA Hart “Are there any natural rights?” in J Waldron (ed) Theories of Rights (OUP Oxford 1984) 77, 83 – 88.

人总财产的一部分；因此，在英文术语中，在受托人死亡或破产时，不可构成其财产的一部分，也不能用于满足他的一般债权人的主张，也不可用于受托人对他人进行赠与。很明显，信托的多重财产观具有独特而强烈的财产权属性。

即便如此，我还是将刚刚描述的信托"多重财产域"称为"债权性"信托，因为信托的实质是由受托人对特定财产的义务程度决定的。在这些义务存在的范围内，财产不属于受托人自己，因为这些财产不构成受托人一般财产的一部分。但是请注意：不要求该财产属于其他人所有。受托人所承担的特定义务不被视为他控制他人财产这一事实的具体表现，因此必须要为了他人的利益而持有财产。相反，我们从这样一个立场出发，即财产是受托人自己的，但是受到特定义务的约束，这些义务对受托人所拥有财产的特定部分具有财产性效力。信托的性质是"债权性"而不是"财产性"，因为设立"财产权属性"是为了保障受托人的义务得以履行。它不是传统信托意义上的"财产权"，传统信托的出发点是，无论受托人可能对财产承担任何特定义务，其他人都是受托人拥有普通法上所有权的财产的所有人。从这个角度看，受托人的基本义务是承认受益所有权人对财产的权利，这不仅意味着他不将财产视为自己的财产，还意味着他将财产视为受益人的财产。

也许这看起来是一个非常细微的区别，对现实世界几乎没什么影响。事实上，只有将信托理解为物权性而非债权性或多重财产属性，人们才能理解许多传统的信托理论，特别是 Saunders v Vautier 案[36]中的原则，对客体确定性的先行要求，自动归复信托的运作，受益人原则，追索信托财产，以及受托人为信托利益而订立的合同所承担的责任。我将简略地看一看其中每一项，以说明问题所在。然而，这些规则的传统力量日益受到各种批评。因此，我还将指出，现代信

---

〔36〕［1841］4 Beav 115；affd［1841］Cr & Ph 240.

托理论的发展轨迹是向信托的多重财产观靠拢的，这是海顿教授最近提出并赞扬的轨迹。[37]

Saunders v Vautier 案中的原则是，财产是受益人的，而不是受托人的，也不是委托人的，[38]法律上的受益人有权将财产视为他自己的，因此可以行使正常的所有权权能，特别是按照他自己的意愿处置他的财产。如果该财产在衡平法上不可撤销地归属于他，并且他对信托财产的取得不存在任何条件或其他困难，他可以要求合法转让信托财产或其等分份额。[39] 这种权力不能源于受托人在信托下的义务或者受托人对信托财产的法定所有权，因为它的行使明确地违背了这些义务和法定所有权。这种权力只能被作为所有权的一种权能来证实其合法性，它与衡平法上的受益所有权密不可分。多重财产权域债权性信托中没有类似的权利。然而，尽管在英国这一原则有所突破，[40]但在其他司法管辖区，这一原则已被明显削弱，特别是通过援引委托人设定信托的目的对受益人的权利附加某种限制，从而禁止任何取得信托财产的提议或者经所有受益人同意的变更，这种禁止的限度在于

〔37〕 D Hayton "Developing the Obligation Characteristic of the Trust" [2001]117 LQR 96. See also A Duckworth "Trust Law in the New Millenium" (in three parts) [Nov 2000] Trusts and Trustees 12, [Dec 2000/Jan 2001] Trusts and Trustees 11, [Feb 2001] Trusts and Trustees 9.

〔38〕 因此，沃特斯(Waters)正确地说，……信托是一种处分方式，一旦设立信托的文书生效或对信托作出了立即处分的口头声明，委托人就如同通过完全的赠与将财产给予受益人一样转让了财产。必须重申这一几乎不言而喻的主张，因为有时有人说信托是一种"限制转让"的模式。所谓限制，是指他已转让财产，但对谁享有以及享有的程度进行限制。事实确实如此，无论是撤销信托、变更受益人、指定其他受益人、收回部分信托财产，或采取任何其他措施修改或者变更信托，这种限制并不意味着通过使用信托，委托人在信托生效后固有地保留撤销权或干预权。未来享有的方式在转让行为中有规定，但转让仍然是真正的转让。参见 DWM Waters The Law of Trusts in Canada (2nd edn Carswell Toronto 1984)291。

〔39〕 Stephenson v Barclays Bank Trust Co. Ltd [1975] 1 All ER 625; Lloyds Bank v Duker [1987] 1 WLR 1324; Re Smith [1928] Ch 915.

〔40〕 特别是在 Re Brockbank 案中，韦西(Vaisey)认为，根据法律规定，受益人无权要求受托人退位，现在 1996 年《土地信托和受托人任命法》第二部分的规定部分地推翻了这一点。然而，下文讨论的 McPhail v Doulton [1971] AC 424 (HL)等案例似乎也限制了原则的效力。

不减损委托人在设立信托时的“重要目的”。[41] 英国法律在法院根据1958年《信托变更法》同意准受益人的情况下对这一限制进行了调整,[42]但令人高兴的是,这一偏差最近被消除了。[43]

传统上,对信托客体确定性的检验要求所有受益人都是可确定的,这就要求受托人可以起草一份完整的受益人名单。[44] 这一要求的实质是,如果受托人不能确定所有受益人的范围,他就不能为所有受益人而管理信托。显然,只要有些受益人是可以明确识别的,就不存在对受托人强制执行信托,以确保受托人不会将信托财产视为是自己的财产,这似乎是 McPhail v Doulton 案(以下简称 McPhail 案)中放宽这一要求的基础。[45] 但是,似乎不可能将一个无法确定的类别视为衡平法上真正的受益共有人,因为不言自明的是,要使一项财产权存在,一个或多个所有人的身份不能是“悬而未决”的,法律上显然不存在这种不明确的所有权。当然,这样一个类别不可能行使 Sauders v Vautier 案中的任何权力。因此,McPhail 案成为一个体现信托法发展方向(趋向于债权性信托而远离财产性信托)的例子。

似乎只有从信托的财产性角度出发,才能解释自动归复信托的正常运作,尽管这种财产性基础现在可能正在被破坏。传统的理解是,如果委托人未能处置以信托方式转让的财产的全部受益权益,则剩余部分在衡平法上仍然属于他。他是否已设法将财产权益转移给另一个人是一个直截了当的问题。正如普洛曼(Plowman)在 Vandervell v

---

〔41〕 See, eg, American Law Institute Restatement of Trusts 2d (American Law Institute St Paul Minn 1959) ss 337 - 339; Bahamas Trustee Act 1998 s 87. 英国法律中可能存在一个相关限制,即根据1958年《信托变更法》进行的信托变更是否必须保留原始信托的“基础”, see Re T's Settlement Trusts [1964] Ch 158; Re Ball's Settlement [1968] 2 All ER 438,但这一假定限制背后的理由是不可支持的:see JE Penner Law of Trusts (2nd edn Butterworths London 2000) 306 - 307。

〔42〕 In Re Steed's Will Trusts [1960] Ch 407.

〔43〕 Goulding v James [1997] 2 All ER 239 (CA).

〔44〕 IRC v Broadway Cottages Trust [1955] Ch 20 (CA).

〔45〕 [1971] AC 424 (HL).

IRC 案[46]中所说:“在我看来,一个人不会仅仅通过说‘我不想要它’就停止拥有财产。如果他试图将其赠送他人,问题一定是,他这么做到底成功了吗?”这一声明得到了厄普约翰(Upjohn)勋爵[47]的认可,最近在 Air Jamaica Ltd. v Charlton 案[48]中也得到了米利特勋爵的认同。但是这一分析遭到质疑:在 Westdeutsche Landesbank v Islington LBC 案[49]中,在一份意见书中,他强调了信托的债权性方面,以否认在衡平法中财产的法定所有人是其他人,但该人不受影响其良知的特定信托义务的约束,他应该被适格地称为受托人,[50]威尔金森勋爵认为,自动归复信托的运作应符合财产转让的法律要求,而不是符合委托人的意图,因此:

> 我不相信这是正确的。如果委托人明确地或通过必要的暗示放弃了信托财产中的任何受益权益,在我看来,就不存在自动归复信托:未经分配的衡平法权益作为无主财产归国家所有。[51]

如果这是正确的,那么通过必要的意图以信托的方式处置财产,一个人可以做他在法律上做不到的事情,即他可以通过自己的行为只是使其财产成为无主财产。但是在多重财产观下,这是交易的本质。[52]

从信托的多重财产观来看,目的信托的问题是,只简单地命名目

---

[46] Vandervell v IRC [1966] Ch 261, 275.

[47] Vandervell v IRC [1967] 2 AC 291 (HL)314.

[48] [1999] 1 WLR 1399 (PC)1412.

[49] [1996] AC 669 (HL).

[50] Westdeutsche Landesbank [1996] AC 707.

[51] Westdeutsche Landesbank [1996] AC 708, citing Re West Sussex Constabulary's Widows, Children and Benevolent [1930] Fund Trusts [1971] Ch 1.

[52] 这种方法还有其他问题。特别是,放弃的意图并不是向官方赠与的意图,在诸如 Re West Sussex(n 51 above)等生前赠与案例中,不清楚为什么被放弃的财产应被视为无主财产,而不是任何人都可以占有的财产,为什么在这个观点上的财产不简单地视为受托人的财产?

的,没有对受托人强制执行信托。对此的补救措施是显而易见的:只要能够产生某种强制执行机制,无论是向律师长或为公益信托的慈善专员提供起诉资质,还是通过设立信托的“强制执行人”职位,都能使问题得到解决。[53] 然而,英国衡平法的传统观点认为,私益信托是无效的,这不仅仅是强制执行的问题,因为衡平法本身已经为那些不正常的私益信托延伸出一种强制执行机制,这种机制确实有效,即佩廷格尔(Pettingall)命令。[54] 这种命令可以被构建为使任何目的信托生效,[55]因此,在传统信托立法的立场必须由其他东西予以支撑。有人认为,这仅仅是因为在这一原则领域中,信托的物权性概念继续占据主导地位,即使只是隐含的,[56]因此英国衡平法尚未准备好支持这种明显的无受益人财产情况。

至于追索[57]信托财产,我认为这是常见的,信托财产在违反信托的情况下被转让到第三人手中,受益人对该信托财产提出主张,是对该财产享有持续衡平所有权的主张,如果转让给善意购买者,则该交易可以使得受益人在衡平法上的所有权落空。这种解释法律的方式仅在受益人被视为信托财产的衡平所有人或“衡平法”上所有人的基础上起作用。这不仅仅是因为他对受托人自己财产的特定部分拥有权利,即可对第二份财产权域提出主张(值得指出的是,根据《海牙信

---

〔53〕“离岸”司法管辖区特别制定了立法,允许强制执行人执行信托目的,其中最著名的例子是 the Cayman Islands' STAR trust, provided in the Special Trusts (Alternative Regime) Law 1997. See P Matthews “Shooting Star: The New Special Trusts Regime from the Cayman Islands” [1997] 11 Trust L Intl 67; A Duckworth “STAR WARS: The Colony Strikes Back” [1998] 12 Trust L Intl 16; P Matthews “STAR: Big Bang or Red Dwarf” [1998] 12 Trust L Intl 98; A Duckworth “STAR WARS: Smiting the Bull” [1999] 13 Trust L Intl 158.

〔54〕From the order made in Pettingall v Pettingall [1842] 11 LJ Ch 176, see Penner (n 41 above) 255-256.

〔55〕法院可以,而不是应当设计一个命令,似乎是对 Re Thompson [1934] Ch 342 信托的基础的验证,这当然是本末倒置的,使得该决定更加可疑,see Penner (n 41 above) 256。

〔56〕因此,在如 Re Lipinski's Will Trusts [1976] Ch 235 这样的案件中,法院明确关注财产的受益所有权,任何有效的“目的”,如 Re Denley's Trust Deed [1969] 1 Ch 373 所述的目的,均已被解读为基本上不具有约束力,see Penner (n 41 above) 252。

〔57〕从这些不同的角度理解追索更复杂,也许要复杂得多。

托公约》[58],追索信托财产的权利并不被视为信托的基本特征;这种权利的存在是由任何特定信托的"准据法"决定的)。当然,对于受益人追索信托财产的权利还有其他说明,这些说明不涉及其享有的持续衡平所有权。这可以将其视为财产权的一个表现,基于法律的运作来防止接受者不当得利,我有预感,这种观点正在变得流行。或者,可以将信托视为一种合同,在这种合同中,"受益人"获得的债权请求权是对特定财产的某种或另一种担保权益。[59]

最后,考虑"信托债权人"的概念。海顿很好地阐述了传统立场:[60]

> 与公司不同,信托没有法律人格:因此它不能拥有自己的财产或者签订合同,不能起诉或者应诉。受托人拥有信托财产,可以签订合同,起诉或者应诉。受托人在其代表信托的身份上没有与其个人身份不同的独立法律人格。因此,无论是以他自己的名义还是以受托人的名义签订合同,他都要以个人全部财产对管理信托基金中的债务承担个人责任,除非他明确表示,他只在信托基金可供他用来偿还债务的范围内承担责任。为了履行他作为受托人而适当承担的责任,他有权对信托基金进行追索(以受益人因其违反信托而获得的权益为限),债权人可以代位行使这一权利。

因此,传统的信托立场并不是信托受益人就像一组特定的债权人,他们只能对特定的财产权域提出主张,相应地,受托人对于来自不同财产权域的不同债权人承担不同的责任。相反,受托人对所有可能

[58] Hague Trusts Convention (n 33 above) Art 11(d).

[59] J Langbein "The Contractarian Basis of the Law of Trusts" [1995]105 Yale LJ 625, 647 – 648. 考虑到这种抽象的担保权益是衡平法的创造;如果不考虑(或多或少有限的)以信托所有权观点为特征的受益所有权,则不清楚它有多大意义。

[60] D Hayton Hayton and Marshall's Commentary and Cases on the Law of Trusts and Equitable Remedies (10th edn Sweet & Maxwell London 1996)5 – 6.

向他提出主张的人,受益人、一般债权人、配偶、其他人负有同等的个人责任——信托资金不能为他满足任何主张,并不是因为他是受益人(债权人)的单独债务人,“信托”是为此目的而分离的特定的、单独的资产池,信托财产属于其他人,而不属于他。受托人不为单独但平等的债权人或受益人持有单独但平等的财产权域,而是只有一份个人财产,完全有权对该财产权域提出主张,如对违反信托的赔偿。单独的“信托”财产本质上根本不是他的财产,而是其他人的财产,这就是为什么他的个人债权人不可对该财产提出主张。但是改革正在酝酿之中。信托法律委员会在征求专业人士的意见后,最近编写了一份报告[61],提出了一项立法改革,其核心内容是无论是否在信托条款范围内,只要受托人没有实际欺诈行为,信托基金将对受托人管理信托产生的任何侵权或合同索赔承担“主要责任”。因此,信托基金可能变得“资不抵债”,也就是说,受托人这一份特定财产权域可能会因为特定债权人对其提出的主张而完全消灭。如果这一改革被采纳,那么无论出于何种目的,信托的多重财产法域概念都将在英国法律中被铭记,而且很明显,信托传统的“物权性”概念将在本质上被废除。英国信托律师委员会提出了一项改革,要求从根本上将信托概念向这一方向重新调整,这是证明信托的“债权性”和背离“物权性”趋势的最好证据。

六、免责条款的重新审视

如果我正确地描述了法律的发展方向,那么信托将越来越被认为主要是债权性的,是附属于特定财产的一系列权利义务。既然信托主要是一个债权问题,似乎没有理由不让“契约自由”“信托自由”理念

---

〔61〕 Trust Law Committee Report: Rights of Creditors Against Trustees and Trust Funds (Butterworths London 1999).

占据主导地位,就像米利特所认为的那样。正如我也试图表明的那样,只要核心受托人职责到位,确保信托财产与受托人的其他财产分离,就不存在一个在思维方面合逻辑的终止点,在这一点上受托人可以免除责任。只要信托账户可以被篡改,分离信托财产就具有法律实质意义。对受托人责任的任何限制必须基于政策,而不是概念性的。

是否有任何基于政策的理由剥夺委托人和受托人在免除受托人违反信托的个人责任方面享有的完全自由?人们可以想象,在某种情况下,将个人责任免除范围扩大到所有违约行为,包括不诚实的违约行为,这可能是完全明智的,例如,作为家庭信托受托人的家庭成员——请记住,账户总是可以被伪造的,甚至恶意交易也可以被撤销,只要追索规则和辅助者与接受者第三方的个人责任规则可以做到这一点。在我看来,没有任何明显的公共政策表明法律不允许这种安排。然而,很明显,这不是一个典型的信托事例,也许我们的重点应该只放在专业受托人身上。正如米利特在 Armitage 案〔62〕中所说:

> 必须承认的是,人们普遍认为,这些条款有些太过分了,受托人对其服务收费,作为专业人士,他们不应期待免除对其一般专业过失的责任,更不会依靠受托人免责条款来排除重大过失责任…… 目前,由约翰·维内洛特(John Vinelott)爵士担任主席的信托法律委员会正在审议这个问题。如果像《分配协议》中第 15 条这样的条款不予生效,那么我认为这应该由议会来完成,议会的优势在于可以与相关机构进行广泛协商,并征求信托法律委员会的意见。

信托法律委员会在其《受托人免责条款咨询文件》〔63〕中表示,其一般倾向于制定一项法律条文,规定因其服务而获得报酬的受托人,

〔62〕 Armitage v Nurse [1998] Ch 256.

〔63〕 Trust Law Committee Consultation Paper on Trustee Exemption Clauses (Butterworths London 1999).

无权因疏忽违反信托而免除责任。出于对保险赔偿的可获得性和一般工作效率的考虑,例如制定一个相对严格的规则的正面价值,这似乎是很合理的。然而,最后我想指出,如果从“物权性”角度来看,适用于所有受托人的类似规则在逻辑上可能不是出于政策考虑,而是出于对信托的本质考虑。

让我们从最初的原则开始:信托机制是一种独特的债权和物权的组合。因此,信托必然有债权性和物权性两个方面。我已经描述了债权性、多重财产性的观点,其中债权性方面被着重强调,而物权性方面被减少到最低限度。现在是时候从强有力的物权性方面来考虑这个机制了。根据这种观点,信托是财产从委托人到受益人的结构化转移。信托允许委托人以法律上无法获得的方式来构建其转移的利益。它之所以能够做到这一点,是因为法定财产所有权人可以被视为管理持有人,其有义务使施加于财产上的结构安排生效,从而使赠与的结构安排生效。信托不依赖于受托人的存在——信托不会因为缺少受托人而失效,任何人都可以从受托人职位上退下来。因此,信托不能被视为第三人利益合同,因为信托合同是在个人之间订立的。因此,认为委托人与个人“订立合同”是为了另一方的利益而持有财产法定所有权的观点是错误的,就好像给合同订立者施加了个人义务一样。因此,信托是一种财产机制,它包含了一种需要一个人来参与的资产处置结构,因为它需要一个人来操作,而这个人是谁并不重要。法律会确保有人来操作这个结构,必要时由法院自己来操作。

现在,我们认真对待信托的物权性质,我们理解信托财产受益性属于受益人,每个受益人的权益以其在转移结构下的应得受益权的范围为限且互相关联,相对而言不属于其他人,包括受托人。(为简单起见,暂时假设任何受托人暂时没有受益利益,即也不是受益人,这一点可比照适用于受托人是受益人的情况,但这一假设有助于说明问题。)至于任何对信托财产的侵犯或干涉,从而损害受益人在这种处分结构下的利益的行为,受托人和其他人一样,都是第三方,当然,所有法律主体都有义务不干涉他人的财产。目前,受托人和其他非受益人的区别,也是唯一区别,是在取得信托财产的法定所有权后,获得了法定所有权上的权力,并受到信托义务的约束,利用这些权力来实现信托的资产处置结构安排。因此,如果受托人处理信托财产的方式破坏了这种处置结构(达到他进行的交易可以虚构账户的程度),那么他就如同其他非财产所有人一样,在干涉受益人的财产权。关于受托人免责条款,我们必须问的问题是,所有者是否可以转让财产。例如,捐赠人是否可以某种方式进行赠与,即免除非受赠者因干涉受赠者受益权转移而产生的个人责任。

我想,从理论上说,在普通法中,人们被授予土地的前提是,赠与将决定受赠人是否可要求特定非法侵入(他人土地)者或某类型侵入者或所有侵入者承担个人责任,尽管我认为,法院可能会考虑这样的条件,尤其是有利于所有侵入者的条件,因为这与赠与的本质相冲突。但是我提出这种可能性,只是为了表明这是题外话,从而避免一种误解:问题不在于是否可以对受赠人施加这种条件,因为这种条件不等同于受托人免责条款。受托人免责条款并不把限制受赠人或受益人的权利,作为对受益人向受托人提起诉讼权利的限制的方式,但如果提起此类诉讼,则该条款可免除受托人的责任。这种豁免是给予被免除责任的人的,而不是强加给受赠人的。一旦明确了这一点,很明显,捐赠者声称具有这种效果的任何行为都是无稽之谈。我不能单方面为他人提供这种个人利益,即使是在我自己的财产上。当然,我可以不起诉任何侵入者,但只有通过实际签订有约束力的协议或者通过契约作出有约束力的承诺,我才能真正免除某人的责任。免除他人责任是一项个人权利,因此只能以个人名义授予。我不能随意授予所有人以个人权利,当然也不能以某种方式将这些权利附加到我的财产上,法律上根本没有赋予我对我的财产权这样处置的权力。当然,我不能对我的继承人、我的受赠人做那些我作为所有人不能做的事情。

因为信托条款不是委托人和任何特定个人之间的协议问题,而是与对所有权继承人有约束力的财产一起“运行”的条款,并且免除责任只能给予具有特定身份的个人,所以受托人免责条款不能用来免除受托人的责任。受托人免责条款与信托并不完全矛盾,它们之所以无效,是因为它们声称要做的事情在概念上根本不可能实现。

现在人们可能会对这个结论作出回应,认为它包含了一个误解。诚然,受托人免责条款附属于信托,因此不能被视为授予特定的个人。当然,任何受托人在接受信托时都出于自愿,在这种情况下,即新受托人相当于接受协议的一方,因此可以利用该协议的任何对其有利的条款,如免责条款。这种观点认为,合同或协议不是个人与任何特定的人签订的,这一点并不重要。通过自愿接受信托,受托人充分参与了一项类似个人协议的安排,他完全可以利用构成这种交易安排部分的责任限制。根据这一推理,即使他的行为违反信托条款,受托人与信托财产的不特定的非所有权人仍处于完全不同的处境,因为即使如此,他仍然是以受托人的身份行事。因此,作为受托人,他可以利用自愿协议中对他有利的任何方面,从而可以利用免除他的违反信托责任的条款。

然而,这种回应观点的难处在于,它要求我们从债权的角度来看待信托,而不是从物权的角度,这正是我试图阐述的角度。从债权的角度来说,信托的所有条款都是在委托人和受托人之间商定的,目的是建立一种为第三方利益处理财产的自愿协议,因此即使协议包括受托人免责条款,也是如此。正如我说过的,从这个角度来说,这是完全正确的,事实上,我会比米利特更进一步,允许受托人免除个人责任,即使是在欺诈性违反信托的情况下。但是从物权性的角度来看,受托人不像一个“缔约方”,而是一个负有特定义务、被授予财产的受让人,因此他被授予管理财产的运作内容必须适合财产运作的事项,诸如免责条款之类的个人权益则不行。

现在,你可能会回答:委托人通过设立一个特定的信托,让他的受托人暂时承担各种义务,如人身义务、投资义务等——这些显然不约束所有第三方，只有承担信托义务的个人受到约束，如果是这样的话，为什么委托人不能为暂时承担信托义务的人提供个人豁免？从物权性的角度来看，这里的错误是认为受托人职责是委托人施加给受托人的。事实并非如此。当一个人取得信托财产的所有权时，这些义务是通过法律的实施施加给他的。通过取得信托财产的所有权，受托人作出的任何个人承诺并非面向委托人；他向受益人作出承诺不必亲自会见过受益人，更不用说与受益人达成任何协议来使他们赋予他个人权利。他对受益人的个人义务完全源于他取得了由受益人获益的财产的所有权这一事实。信托项下的所有义务，从信托财产分离、保管信托账户以及根据信托条款处置财产，到一般信义义务，都是法律施加的义务，即默认条款，在整个信托发展史上，法律认为施加这些义务是很重要的，但是这么做只是为了使财产属于受益人而非受托人这一信托功能生效。[64] 值得记住的是，我们不应该只关注这里的职责，委托人也没有给受托人授予任何权力。受托人在信托项下的权利是因他对信托财产的法定所有权而产生的。作为法定所有人，他有权与法律允许的任何人进行财产交易。正是由于法律赋予了受托人义务，这些权力才用于受益人的利益，而不是他自己的利益。那么，根据物权性的观点，委托人的信托自由不是对受托人施加义务，而是以他想要的任何创造性、条件性、或有性的方式分割信托财产中的受益人权益，只要他遵守支配财产处分自由的一般规则，如禁止永久性规则或限制积累的规则，以及限制或减少法律以其他方式施加给受托人的义务，如果他愿意，可将其直接限制或减少为消极信托。简言之，受托人的义务不是由委托人和受托人之间的协议决定的，而是由法律的运作产生的，以实现信托的基本要素，即法定所有人为了他人的利益持有法定所有权。诚然，受托人自愿承担信托责任，但只有在任何人都可以拒绝财产对其转让，或放弃遗嘱下的财产权益的情况下，受托人才是自

〔64〕 除了一个例外，投资的责任，这将很快被讨论。

愿的。如果受托人接受了它，他会受到其主要事件的约束，即信托财产的利益属于其他人。如果他确实从中受益，比如通过受托人报酬条款受益，那么他是作为受益人的一种而非作为合同的对价来受益的。[65]

如果这是正确的，那么就不存在与合同同等的逻辑，即作为一项议价，委托人和受托人可以随心所欲地塑造义务和限制责任。从这个角度来看，委托人在这方面的唯一权力将是向打算担任受托人角色的特定个人提供个人报酬，以对抗其在信托财产交易中可能承担的任何责任。当然，法律或受益人自身也可以暂时免除任何特定受托人违反信托的责任。[66] 但是，如上所述，任何一般性受托人免责条款将是无效的。

但是，毫无疑问，读者可能会回答，财产概念的灵活性，尤其是其衡平法的表现形式中，必须规定类似于受托人免责条款的内容。读者这样想是对的，我马上就要谈到，但前提是读者可能不喜欢他听到的东西。首先，必须注意前面分析中的一个问题，即如果我们认为"投资"信托财产的义务和内容不超过"维持"信托资产的义务，那么我将支持一个普遍的主张，即没有任何条款可以免除受托人未能这样做而承担的个人责任，因为这似乎只是一种受益人对财产的受益权的义务，即不得以完全疏忽的方式处理信托财产或采取更恶劣的举措。然而，向受托人施加投资义务时，往往要求受托人必须达到一个熟练的专业投资者所能达到的回报水平，我认为就这一特定义务而言，必须以义务性观点为主导。这一点很简单——由于法律对任何财产的受让人规定了义务，一般来说，任何受让人都必须遵守这项义务。就受让人的实际个人特征对财产运作效果而言，则似乎不可能将其视为可以与财产一起正常运行的事件，或者至少，将其视为财产适当运作的

---

〔65〕 Re Duke of Norfolk's Settlement Trusts [1982] Ch 61. 2000 年《受托人法》第五部分现在也规定了受托人的报酬。

〔66〕 例如，1925 年《受托人法》第 61 条。

事件似乎是不合理的。有争议的是,法律现在要求的投资标准可能是这种更高的标准,[67]并且只能从义务属性的角度来论证。如果是这样,那么就应该允许委托人免除受托人违反这一义务的责任。正如我之前所说的,在我看来,受益人有权对账户收取额外费用不应成为信托的核心特征之一。必须强调的是,这种对债权性观点的明显妥协并不是真正的妥协。提出物权性观点的目的并不是要否认现代信托法中可能存在的一些要素,这些要素不能通过将信托视为一种非常类似于受托人承担个人义务的合同来加以解释。提出信托物权性观点的目的是证明我们对信托性质理解的一个来源是正确的,而这一来源目前可能正在被侵蚀。从一开始就有人认为,信托只能被视为财产性和义务性要素的结合。问题是,我们如何在这些要素的概念和理解中取得平衡,也许是出于一种美好但渺茫的希望,即希望能够取得持续的平衡,从而产生一种规则性的信托法。至少,本文的重点不是要提出"所有权"这一抽象概念基础上的全面的信托法"理论",它解释了所有既定的法律。相反,我们的目标是确定一个有时隐藏但重要的基础,在这个基础上我们像现在这样理解信托规则。

考虑到这一点,我们可以回到受托人免责条款的"物权性"方面。仔细思考这类条款如何适用的一个特别突出的原因是,我们对它的反应可能会揭示出我们对米利特爵士在 Armitage 案和信托法律委员会中所表达的那种宽泛的受托人免责条款适用范围的许多直觉上的保留或不安,这些保留很难从义务性的角度来捕捉或证明。

考虑授予终身受益人"不基于浪费而起诉",该条款与第三方受让人的财产(在他人生存期间保有的)一起运行。这难道不是对土地和财产管理的责任免除吗?不完全是。授予不因浪费而受指控的权利实质上是授予一个比法律上默认程度更大的土地利益;它是为终身受益人提供所有者权益,在绝对所有权人享有的权利范围内,可以随心

〔67〕 例如,2000 年《受托人法》第二部分。

所欲地做任何事，这样，当土地被占有时，土地的复归就不需要特定的形式。通过这种更大的授予，他享有复归权者对财产的某种管理的免责，因此，这种高于正常权益的授予为"财产性免责条款"提供了一种模式。委托人可以授予受托人（当然，包括作为受托人的继任者的受托人）信托财产中的或有权益，该权益能够按比例抵消其他受益人的权益，即受托人对违反信托负有个人责任的金额。因此，财产性免责条款是信托财产本身的或有权益，使得受益人预期的主要权益向受托人追索承担信托回复的个人责任部分失效。受托人履行信托条款的任何义务不被免除，也不免除违约责任；相反，其责任由委托人设定的受益权益来承担。

当然，实际上，违约后的诉讼结果是一样的。如果受托人的责任处于"免责条款"的范围内，并且该条款表达了受托人权益所属的精确细节，那么其他受益人的起诉是没有意义的。权益对受托人的让与，不会导致信托财产实际转移给受托人，也不会使受托人在剩余信托财产中获得更大的权益（超出他的收费条款为他保留的或他在信托基金中可能拥有的任何其他受益权益）。相反，免责条款将为受托人提供在任何信托财产中的唯一受益权益，该权益被要求添加到信托中来"复原"它。在这方面，受托人的新权益使之前受托人的违反信托行为获得豁免，其获得的任何信托财产收益得以"合理化"，但不是体现在条款上。或有权益产生于信托资产中，受托人在信托资产中的或有利益由针对受托人的归还信托财产的主张构成。我怀疑受益人是否可以坚持将任何财产实际转移到基金中，根据 Saunders v Vautier 案中的规则，受托人（无论是违约受托人本人或者更有可能是其继任者）将被禁止从事任何毫无意义的事情。毕竟，在要求为恢复信托原状而付款的主张中的利益是绝对的，即不可剥夺的，并且完全是合法的（假定），他有权决定如何处理所述财产利益。

我不知道这样一个条款是否会让信托文件"自相矛盾"，尽管我认为它刺痛了我们对于"矛盾"的直觉，甚至比基于债权模式中最广泛的免责条款更为尖锐。为什么呢？我冒昧地说，它这样做是因为它非常直接地表达了受托人如何通过自己的违约行为获得或扩大其对受益人财产的权利。它以这样一种“零和博弈”的方式表示，在这种情况下，受益人的损失必须算作受托人的收益。我认为，这背后的直觉是，受托人未能履行其信托职责（不顾我在上文中提到的为获得可观回报而投资信托这一真正繁重的职责），就是未能正确地将信托财产视为属于其他人（受益人）的财产。这就根本无法成为受托人，未能做到真正意义上的他人世俗财产的管理者。法律要求受托人以同样粗心、随意、草率、鲁莽或不正当的方式对待信托财产，对待受益所有人的财产如同对待自己的财产。这表明根据信托物权性的观点，对信托的性质和受托人的角色有了进一步的了解：在这种观点下，受托人的工作并不像人们经常说的那样“繁重”。作为受托人可能很费时，很麻烦，但从遵守信托条款（再次区分投资义务）需要具备一些处理财产的特殊能力的意义上说，这个工作并不繁重。这并不是一个挑战，人们出于各种原因可能经常无法实现这一点，因为他们出于各种原因经常无法履行合同义务。“密切关注财产，并在指定时间将其合理分配”——这并非复杂的事。请记住，没有人被要求担任受托人的角色，如果受托人认为这一切过于繁杂，他们也可以辞职。此外，与合同的情况非常不同的是，衡平法院在受托人面临如何推进的困难时积极向他们提供帮助，并且根据1925年《受托人法》第61条的规定，可以原谅一个诚实的受托人所犯的造成损失的合理错误。因此，从物权性的角度来看，即使不完全与信托相抵触，插入这样一个免责条款也是有悖常理的，因为根据这种观点，如果一个人仅从常识推断，便知道他在处理他人的财产，那么他就可以诚实、合理地违反信托，这几乎是不可思议的。

七、当前信托概念的不稳定性

前述考虑强烈地向我表明，目前在法律中找到的信托概念（也许更重要的是，在我们作为信托律师的一般理解中）是不稳定的，在物权性和债权性观点之间摇摆不定。在描述信托的本质特征时，我们似乎已经从信托的灵活性的欣赏转向了更危险的“灵活性”。例如，我不清楚信托不应因缺乏受托人而无效的原则是否源于对信托的债权性的理解（自愿义务产生于人与人之间双边交易的基础上——一个人不能在撰写一份合同时坚持要求法律去寻找某人作为合同的另一方）；然而这是从信托物权性的观点出发得出的原则，因为这种观点仅授予委托人提供某种特定赠与的便利，而赠与本身是一种单方行为。显然，免责条款的局限性只是信托债权性和物权性观点之间的一个战场。而且，至少就目前而言，我无法提供一个强有力的理由，来说明我更倾向于债权性观点或物权性观点。我真正担心的是，如果未能认识到最近许多信托法发展的重要性，就意味着我们最终默认了“债权性”观点。在欧洲一体化或重新制定法律体系以更好地服务于我们的利益的问题上，我绝不是墨守成规，但我确实认为，如果要走一条过时的路，那对信托的物权性理解应该得到体面的埋葬。我认为，无论关于正义的观念或直觉给了我们什么，并赋予其什么实质性的东西，在放弃它们之前，我们作为律师有义务向自己解释为什么它们现在已经过时。

第九章　抗辩

约翰·洛瑞(JOHN LOWRY)和
罗德·埃德蒙兹(ROD EDMUNDS)

一、概述

当受托人被认定对违反信托负有个人责任时,法庭可行使1925年《受托人法》第61条规定的自由裁量权准予部分或全部责任免除,当违反信托行为是诚实和合理时,责任减免就可以运用。[1] 在1896年往后50年左右的时间里,[2]我们可以通过适用该条款的先例看到,被告受托人几乎是理所当然地提出了申请,自那以后,它就一直停留在法律的死水中。[3] 事

〔1〕 1925年《受托人法》第61条规定:"如果法院认为,受托人,无论是法院指定的还是其他方面指定的,对任何违反信托行为负有或可能负有个人责任,不论所称违反信托的交易是在本法生效之前还是之后发生的,但行为诚实、合理,并且应当公平地免除违反信托行为的责任以及在他犯下这种违反行为的问题上没有获得法院的指示,则法院可以全部或部分免除他的个人责任。"

〔2〕 1896年《司法托管人法》第3条。

〔3〕 英格兰和威尔士法院审议1925年《受托人法》第61条的两个明显例外是:Re Pauling's Settlement Trusts [1964] Ch 303 (CA); Bartlett v Barclays Bank Trust Co Ltd (No 1)[1980] Ch 515 (CA)。

实上,英格兰和威尔士关于信托法的主要评论很少为该章节分配超过一页的篇幅,尽管判例法在其颁布后立即产生了相当大的分量。然而,至少在非专业受托人的背景下,它仍然是可行的,Re Evans (decd)案最近重新审查了这一问题。[4] 这项裁决令人感兴趣,因为它对当代关于1925年《受托人法》第61条范围的司法思考提供了思想见解。它还为重新评估司法救济的范围和职能提供了机会。

二、Re Evans 案件

被告是无遗嘱者的女儿。在受管理的情况下,她持有她父亲以法定信托为她和她哥哥准备的财产,原告有一半的份额。在1990年分配财产时,她已经有30多年没有收到她哥哥的消息,以为他已经死了。根据法律建议,她购买了一份受益人缺失保险单,其覆盖大约一半的遗产。这比购买一个班杰明法令便宜,而且更有效。4年后,索赔人再次出现。尽管他从保险单中获得了将近21,000英镑,但他还是起诉了他的妹妹,尤其是,要求她赔偿对遗产管理不善造成的损失。更具体地说,他声称该保单有缺陷,即未能提供在他有权享有该份遗产的时间内的利息。当法院认定被告应对该利息承担责任时,被告辩称应免除她的责任。

担任高等法院副法官的理查德·麦科姆(Richard McCombe)指出,没有人指控违规行为是不诚实的。根据1925年《受托人法》第61条的规定,为此需要考虑的是被告的行为是否合理,是否应该得到公正的免责。法官的结论是,被告应得到部分责任减免。她的赔偿责任

〔4〕［1999］2 All ER 777 discussed［1999］All ER Rev 234, 320-321, 385-387.

是有限的，未支付的利息可从未分配的房产出售款中得到满足。[5] 根据司法对该条款及它的先例使用的个案考察办法，确定是否提供这种救济需要考虑与违背义务行为有关的所有情况。在该案中，有利于责任减免的因素包括遗产规模相对较小以及为避免不必要的费用而不向法院申请指示。尽管早些时候的法院指出，根据法律意见行事并不是"免责护照"[6]，但法院裁定，被告寻求并依据其律师的意见为本金投保是合理的。

从影响法院决定是否援引免责条款的具体情形中后退一步，更为一般的印象是，该案具有使之有可能与运用该条的先前的案件体系同化的特征。这是一个小型的家族遗嘱信托。被告是一个没有报酬的非专业人士，对遗产管理的技术细节一无所知，她随时愿意按照专业意见行事，使她能够适当地履行她的职责。[7] 如果她在客观方面表现得相当合理，那么她因技术违规而被免责似乎就不足为奇了。[8]

现代信托的范围超出了遗嘱或家庭信托的解决范围。它们涉足商业领域，对养老基金的管理作出重大贡献，并且是慈善事业的重要载体。管理这些信托基金可能需要技术专长。因此，正如人们所预料

---

〔5〕 可以争论的是，作为一个支付过高的受益人，遗嘱执行人的责任可能被视为为迪普洛克的个人索赔[Re Diplock's Estate [1948] Ch 465 (CA)]打开大门的可能性，她可能已申请改变立场辩护，而不是根据1925年《受托人法》第61条，see [1999] All ER Rev 320, 321.6 Citing Evershed。

〔6〕 引用Evershed先生在Marsden v Regan [1954] 1 WLR 423 (CA)434－435，并另参见Baden, Delvaux and Lecuit v Société Général pour Favoriser etc [1993] 1 WLR 509, 609。与埃文斯形成对比的是，法官罗默(Romer)并不倾向于向遗嘱执行人提供救济，即使在一个模糊的债权人的债权变成一份令状之后，执行人仍继续支付遗产项下的收入受益人，see Re Kay [1897] 2 Ch 518. 法官就令状签发之前所做的一切给予遗嘱执行人补救，法官指出(524)"如果我认为，遗嘱执行人收到对其遗嘱执行人的财产提出严重和实质性索赔的通知，可以不予理会而不受惩罚，这将导致严重后果"。

〔7〕 可以对新西兰最近的一个遗产管理案件进行类似的评估，尽管该案件的救济对象是一家专业信托公司，see Re Te Huango [1993] 3 NZLR 77.

〔8〕 对于被告所采取的步骤是否合理，有不同的看法。参见P Kenny "A Lost Beneficiary Returns" [1999] Conv 375, 376。

的那样，信托管理并不局限于在类似雷·埃文斯庄园小型私人信托范围内的非专业托管人的等级。在整个20世纪以及进入21世纪以来，信托管理的职业化程度明显提高。1925年《受托人法》第61条可继续为诚实及合理的业余受托人提供存余保障。然而，这种免责条款并不自动表明对于商业信托的专业受托人而言具有任何价值。

本章探讨了法定救济条款在不断变化的信托和信托管理世界中的持续地位。在归纳有关免责条款运用的标准之前，本章考虑了这一条款的历史根源，以此作为确定其现行存余地位的一种手段。通过关注投资——众多现代信托公司的一项中心管理任务——我们探讨了未经改革的1925年《受托人法》第61条可能在多大程度上发挥作用。这一审查运用了2000年《受托人法》向受托人提供投资权力的推动力。由于这些立法变化促使人们认为信托管理正在失去其非专业性地位，而更多地被视为一个专业和专家领域，本章审议了可从1985年《公司法》第727节的司法运作中推断出的另一种改革潜力，它是一项与受托人免责条款相对应的条款，即为违约的公司董事提供保护。本章的最后一部分将受托人定位为信义受托人而非信托管理人。信义义务是现代信托管理制度的重要组成部分。它们与信托投资等功能形成对比，后者在很大程度上取决于谨慎和技能的积极责任，因为违反信义义务涉及控制受托人不忠诚的衡平禁令。几乎没有证据表明，英格兰和威尔士的法院已被要求确定受托人何时（如果有的话）有资格就违反信托义务的行为获得司法减免。人们争辩称，基于违反信托行为获得利润的受托人可以获得衡平法上的技能和劳动减免待遇，其是使1925年《受托人法》第61条在这方面无关紧要的一个重要因素。

三、变化中的信托和托管：维多利亚时代的焦虑

在代表18世纪末和19世纪突出特点的社会经济发展下，信托管

理的性质发生了根本的变化。[9] 工业和农业革命、殖民化和铁路繁荣发展作为动力,促进了一种更有效率和更灵活的信托手段的发展,这为不断积累的商业财富的代际转移提供便利。在整个18世纪,信托的设立稳步增加,到18世纪末,出售遗嘱信托(被贬称为“商人信托”[10])已成为普遍的做法,[11] 尽管1882年《已婚妇女财产法》使得妇女的小额家庭信托问题变得多余。[12]

虽然18世纪经历了信托法的重大发展,但信托仍然是相对简单的事务。直到19世纪70年代,托管人仍然被视为主要是被提名的财产持有人,几乎没有管理信托财产的作用,就像他们中世纪的同行一样。土地仍然是最重要的资产,其可以年复一年地通过农业租赁或租赁产生收入。然而,到了19世纪末,受托人的角色发生了根本性的变化。1875年前后,农业用地的价值急剧下降。1882年《定居土地法》促使许多大型不动产出售,使问题更加复杂。[13] 土地管理现在变得日益繁重。这些变化,加上商业企业的大量增加,使得典型的信托性

[9] 1720年,南海公司(South Sea Company)倒闭,立法机构将注意力转向建立一套公司法制度,以服务企业的疯狂增长。

[10] See P Polden "The Public Trustee in England, 1906 – 1986: The Failure of an Experiment" [1989] JLH 228. The connection here presumably lies with the rapid increase in the ranks of the mercantile classes during the 18th and 19th centuries.

[11] 据估计,英格兰1/10的房产(相当于约10亿英镑)以信托形式持有,See the Select Committee on Trusts Administration, pp 1895(248) XIII 403, q 79 and q 593。对信托基金越来越多的依赖无疑也具有象征意义,因为它“为一生的体面努力打下了印记”,从而契合了维多利亚时代节俭和责任的价值观。

[12] 出售遗嘱信托更好地满足了财富在代际之间顺利传递的需要,旧式信托(用益信托可以追溯到中世纪)则没有这种需要。用益信托基本上是一种简单的产权转让手段,旨在阻挠对房地产代际转让的封建限制。参见 F Pollock and F Maitland, The History of the English Law before the time of Edward 1(CUP Cambridge 1898)。用于慈善目的的信托在其历史的早期阶段也是显而易见的。波洛克(Pollock)和梅特兰援引了一个信托基金支持方济会的例子,方济会因为宣誓贫穷而无法直接拥有财产。参见 FW Sanders An Essay on the Nature and Laws of Uses and Trusts, Including A Treatise on Conveyances at Common Law; and Those Deriving Their Effect from the Statute of Uses (E & R Brooke London 1791)。

[13] See M J Chesterman "Family Settlements on Trust" in G R Rubin and D Sugarman (eds) Law, Economy and Society (Professional Books Abingdon 1984) 124. See also, F M L Thompson, English Landed Society in the Nineteenth Century (Routledge London 1963).

质发生了根本变化,形成一种新的信托管理形式。

受托人因此成为多种资产组合的积极主动的管理者,其中动产占了最大部分。因此,终身租户开始将注意力集中在公用事业、殖民地、地方政府、铁路股票以及抵押贷款投资所产生的回报上。此时,授权受托人投资的类别也在扩大,包括一个不那么保守的范围,从土地和公债转向风险更高的投资,如无记名证券和抵押贷款。因此,信托投资现在更容易受到市场反复无常的影响。不可避免的是,许多受托人并未对高回报投资可能带来的风险尽到本应有的注意义务,而且如果选择的投资项目业绩不佳,受到过失索赔的风险也越来越大。抵押贷款形式的信托投资也可能发生受益人抱怨受托人参与了风险和投机活动。立法机关对此作出具体回应,承认受托人通常可以声称,如果他们采取了某些步骤,包括采纳证券价值咨询意见,并将贷款上限定为该价值的2/3,他们的行为就是合理的。[14]

尽管新型信托越来越复杂,但相当部分受托人仍然是无报酬的业余人士。这支无偿受托人大军感动了梅特兰夫人,她注意到"几乎每一个富裕的人都是受托人"[15]。在为法律教育委员会举办的一系列内殿讲座中,一位从业者生动地描绘了当时典型的受托人:

一个农民……出于感情的考虑,同意在一个邻居的遗嘱下担任受托人,而这个邻居是在集市上他经常与之一起喝一杯的人。他的情况,确实无知,可能很固执,可能是好争吵的,但是诚实,明显诚实地流

〔14〕 由1888年和1889年的《受托人法》提出,并由1893年的《受托人法》加以巩固,这些要求目前载于1925年《受托人法》第8条和第9条。值得注意的是,在这些法令中,立法机关为信托基金受托人以抵押方式投资设立了救济条款,这是1896年《司法受托人法》第3条一般条款的补充。根据这些条款中的一项或另一项规定,赔偿责任和可能的减免引发多个案例。See Re Walker [1890] 62 L T 449; Re Somerset [1894] 1 Ch 231 (CA); Re Stuart [1897] 2 Ch 583; Re Dive [1909] 1 Ch 328; Shaw v Cates [1909] 1 Ch 389; Palmer v Emerson [1911] 1 Ch 758; and Re Solomon [1912] 1 Ch 261.

〔15〕 F W Maitland "Trust and Corporation" in HD Hazeltine et al (eds) Selected Essays (CUP Cambridge 1936) 141, 175.

着汗。[16]

考虑到这一点,法院已开始减轻受托人在管理信托时应有的谨慎标准方面的要求。[17] 然而,对非专业受托人来说,现在对这一角色更高的前程期望带来了更重的责任风险。他们必须确保那些当前享有财产收益的人获得合理的收入,同时为未来受益者保留本金。正是在这里,终身受益者和剩余财产获得者之间常常存在利益冲突。一方面,终身受益者所要求的高回报投资很少产生本金的增值(如果有的话)。另一方面,剩余资产获得者所要求的资本增值只能通过选择收入相对较低的投资才能得到保障。对出于天真的骑士精神而承担任务的无偿受托人来说,这些责任的重量常常变得太沉重了。参加 1895 年特别委员会(Select Committee)[18]的一些证人很好地说明了这一观点,18 名证人的有影响力的报告构成了最初的法定免除权的基础。在他的证词中,林德利法官毫不含糊准确地接受主席、总检察长里德(Reid),未来的洛雷本(Loreburn)勋爵,提出的观点,大意是:

> 私人受托人受到非常严格的法律规则的约束,也就是说,事情可能是违反信托的行为,但从一般的角度来看,这种行为既不意味着不诚实,也不意味着真正的不合理。[19]

---

〔16〕 A Birrell QC MP on the Duties of Trustees (Macmillan London 1896).

〔17〕 See for example, Speight v Gaunt [1883] 9 App Cas 1 (HL), considered below n 54. 尽管法院没有采用哈德威克在 Knight v Earl of Plymouth 案中所建议的主观检验,即受托人不应期望行使比财产授予者本人更高的技能和关心程度,法院应如何确定财产授予人自己的标准是什么,这个问题没有得到解决。See, also, Harden v Parsons [1758] 1 Eden 145 Lord Northington LC. 法院没有干扰关于董事信义义务的既定原则,这些原则始于金大法官在 Keech v Sandford [1726] Sel Cas Ch 61 案中的经典判决。

〔18〕 Note 11 above; further n 22 below and text thereto.

〔19〕 Note 11 above q 596. 回到委员会提出的问题(第 597 题):"很重要的一点是受益人信托方面经常有所强求,而且由于希望获得更多收入的愿望,特别是小型信托方面,使受托人非常尴尬?"沃尔特斯回答说:"是的。我个人在一家信托公司里遭受过这种痛苦……"

同样,注册法律协会的代表沃特斯(Walters)先生在被问到时也给出了肯定的回答：

难道你不认为,由于希望增加收入的信托受益人的强求,往往有大量不明智的投资吗?[20]

事实上,对19世纪后期的法律报告的粗略研究揭示了大量诚实的,毫无疑问是善意的,但是过于温顺的受托人,他们被要求对他们的善意行为造成的损失负责。

四、1925年《受托人法》第61条的起源

在受益人期望值不断提高和受托人责任随之增加的背景下,到19世纪90年代,愿意担任非专业人员受托人的人数显然在迅速减少,缺口由专业人员(一般是律师)填补。法律行业本身正在经历经济衰退,破产的发生率不断上升。律师未被设定将客户账户独立开户的义务,这使得太多的客户屈从于动用信托资金的诱惑,以此维持自己的偿付能力。[21]

这种现象在整个法律界引起了焦虑,1895年2月18日,最高英国下议院任命了信托管理特别委员会。该委员会负责审查"根据现行法律,个人在信托管理方面所承担的责任,以及是否可以做出任何进一步的立法规定,以确保对信托进行充分的管理,而无需使私人受托人

〔20〕 Above n 11, qs 421 -422.

〔21〕 例如,案例 Rowland v Witherden [1851]3 Mac & G 568。这个问题占据了特设委员会审议的大部分时间,在其最后报告中,特设委员会指出:"这种贪污行为造成了许多损失和随之而来的痛苦。"

和执行人承担他们现今所面临的风险”〔22〕。大法官在动议二读《司法受托人法案》时的言论清楚地表明了人们对日益缺乏合格的非专业受托人的看法，该法案是委员会工作的成果：

> 旧的法律对受托人的确非常严厉，其结果是很难找到合适的人担任这一职务。在这种情况下，人们极不情愿承担受托人的责任，而目前的法案……不仅将使现行法律有很大的改进，而且将满足长期以来人们严重感到的匮乏需要。〔23〕

当然，这种不安情绪贯穿了特别委员会的审议工作。哈尔斯伯里(Halsbury)勋爵在向委员会作证时说：

> 我认为……难以找到合适人选担任受托人的一个原因是适用于受托人的极其严厉的法律。事实上，你已经吓坏了每一个有责任心和值得尊敬的人，使他们不愿成为受托人，这是一条规则；没有人会接受受托人的职位，除非他深受骑士精神的影响。〔24〕

他继续强调有必要在一定程度上放宽法律。针对专责委员会主席提出的建议，即法律应免除受托人在其采取一切合理谨慎措施下的责任，并如其他需委托管理财产者一样承担责任，法官哈尔斯伯里表示：

---

〔22〕 Note 11 above. It examined eighteen witnesses including the Lord Chancellor, Lord Herschell, Lord Halsbury, Lord Watson, Lindley LJ, Lord McLaren, two county court judges and members of the legal profession.

〔23〕 Parl Debs 20 July 1896. 赫舍尔(Herschell)勋爵赞同委员会的工作和该法案的条款，补充说：“受托人大部分行为是无偿的……但法律仍然认为他们负有责任，尽管他们可能已经诚实和合理地行事，如果严格按照法律的规定条款，他们则将会被认为是违背了信任。我们没有这样处理任何其他类别的代理人，我们强加给受托人的责任无疑是非常严重的，而且在许多情况下是不公正的。”

〔24〕 Above n 11, q 217.

我认为应当这样。我不禁想到，法院所说的执行法律的精神的根源何在："好吧，如果你想问我们，就问我们，我们会告诉你们该怎么做，但如果你们选择成立自己的机构，我们会让你们为我们投保，你们必须自担风险。"对此的反对意见是，这一切都意味着产生费用。[25]

在特别委员会报告发表后的 12 个月内，《司法受托人法》正在逐步通过议会程序。[26] 1896 年《司法受托人法》第 3 条规定了一项与哈尔斯伯里法官和林德利法官等知名证人的证据内容相一致的责任减免条款。

五、追踪 1925 年《受托人法》第 61 条的内容

考虑到这一历史观点，至少从务实的角度来看，第三部分的观点是可以理解的。许多家庭信托的信托管理发现自己被迫承担不公正的负担。在 Re Hurst 案中奇蒂（Chitty）法官说："我知道最近有一种意见——可能一些有学识的法官参与其中——认为旧的大法官法庭对受托人的处理过于严厉。"[27] 其结果是，如前所述，到 19 世纪末，越来越明显的是，富有和正直的人不愿承担信托管理义务。因此，该条文容许法庭酌情豁免违反信托的受托人，以提供法定责任减免。1925 年《受托人法》第 61 条重新规定了此项内容，[28] 这项规定被视为正在

〔25〕 Above n 11, q 220.

〔26〕 它于 1896 年秋获得批准，并于 1897 年 1 月 1 日生效。

〔27〕 [1891] 63 LT 665, 669.

〔28〕 There are corresponding provisions in other Anglo-Commonwealth jurisdictions such as: s 73 Trustee Act 1956 (NZ); s 85 Trustee Act 1925 (NSW); s 67 Trustee Act 1958 (Vic); and s 35 of the Ontario Trustee Act 1970.

进行的一系列司法和立法改革的一部分,[29] 这些改革的目的是使信托管理任务不那么繁重,从而鼓励合格的非专业受托人提供信托服务。然而,并非所有拟议中的改革都能得到落实转变为成文法律。特设委员会的建议未获采纳,特别是林德利法官强烈要求受托人向法院申请批准"这种背离信托条款的行为,因为这种背离已成为对情况变化的权宜之计,而且是为了那些有利害关系的人的利益"。[30]

在该法实施后的几个月内,在大法官办公室法官审理一系列的案件之前,这项规定很快就有了相关报告。[31] 委员会从一开始就强调,它并不打算改革受托人所承担的义务。在 1896 年《司法受托人法》之前构成违反信托的行为在该法之后仍然如此,受托人基于此种违反行为对受益人的赔偿责任同样没有减少。[32] 实质上,该条款授权法院使之决定,基于案件的特定适用背景,由受益人而不是受托人承担违背信托行为造成的损失是否更为公平。

不建议详细审查关于 1925 年《受托人法》第 61 条或其前身的所有判例法。[33] 为了我们的目的,可以提出三个一般性的意见。第一个初步要点采取的形式是习惯性的警告,反对任何试图对案件进行分

---

〔29〕 法定措施包括:(1)1888 年《受托人法》第 8 条使《时效法》适用于非欺诈性违反信托的行为,而且,比勒尔(Birrell)在 1896 年的书面材料中将其描述为"一项重大新颖事物"。(2)根据《受托人法》1888 年第 2 条,放宽受托人对代理人违约的责任。(3)遵循特设委员会的建议(尽管拖延了大约 20 年),根据 1906 年《公共受托人法》设立了公共受托人办公室。后者主要归功于特设委员会成员之一霍华德 · 文森特爵士的坚持不懈的运动,他对新西兰公共受托人的工作印象深刻,特别是在减少受托人及其律师的欺诈事件方面。

〔30〕 Note 11 above, q 457.

〔31〕 For example, Re Kay [1897] 2 Ch 518; Re Turner [1897] 1 Ch 536; Re Stuart [1897] 2 Ch 583; and Perrins v Bellamy [1897] 2 Ch 590.

〔32〕 但是,法院可以行使其自由裁量权准予救济,而无须具体请求,参见 Singlehurst v Tapscott SS Co Ltd [1899] WN 133(CA)。

〔33〕 For a detailed examination of the caselaw see L A Sheridan "Excusable Breaches of Trust" [1955] 19 Conv 420. Subsequent cases that refer to s 61 are: Re Pauling's Settlement Trust [1964] Ch 303 (CA); and Bartlett v Barclays Bank Trust Co Ltd (No 1) [1980] Ch 515 (CA). This does not mean that provisions with comparable terms in English company and Commonwealth trusts legislation have not received more recent consideration.

类或就何时可以获得减免得出任何一般性结论的做法。粗略地审查有关法律报告就可以看出，可以安全地掌握的唯一首要原则是，法官要坚持拒绝通过制定行使裁量权的一般准则来限制其自由裁量权。[34] 然而，人们同样认为这些案件可能为将来的案件适用提供一个宽松的司法指南。这种公认的智慧带有对未来的含蓄警告，即受托人不能制定一个如何使自己成为一个受宽恕的违反信托者的计划。[35]

第二个一般性问题涉及简要考虑本节的要求。为了获得减免，受托人必须满足三个关键条件：诚实、理性以及免除违反信托责任是公平的。将所有三个条件都视为并行处理的做法，引起了对其起草方式的严重怀疑。[36] 第三个条件本身是相对简单的。在决定受托人的违规行为是否"应当公平地得到原谅"时，[37] 法院须考虑他是否应当因

〔34〕 Re Kay [1897]2 Ch 518,524. 其中法官罗默说："我强烈希望不要削弱1896年法案的效力——我认为每个案件都必须根据其情况来处理。"法官伯恩在 Re Turner [1897]1 Ch 536,542 案中也表达了类似的观点："在执行本节的规定时，不可能制定任何一般规则或原则，我认为每个案件都必须取决于其自身情况。"

〔35〕 See Sheridan (n 33 above)421.

〔36〕 从当代的观点来看，毛姆(Maugham)在"可原谅的背信行为"[1898]14 LQR 159 中说："只有必要的强制性抗辩才能为这种奇怪的立法模式申辩。如果一项法律与公众的意识相抵触，就应当以明确的方式加以修改：本节所采用的方法不仅可能使人对其范围产生怀疑，而且可能使人对其在不同法院的不同实际应用产生怀疑……"法官们也表示了批评。在 Perrins v Bellamy [1898]2 Ch 521[affd [1899]1 Ch 797(CA)]一案中，法官凯克威奇对该条的措辞进行了彻底审查，并得出结论(在528~529页)："我不明白如何能够为受托人违反信托行为开脱责任同时不为所提到的不作为开脱责任，也不明白如何能够为不作为开脱责任同时不为违反信托行为开脱责任。如果我可以随意猜测的话，我猜想这些词是通过修改而加上去的，并且在没有适当考虑到上下文的意义的情况下溜进了规约。"

〔37〕 这里的一些指导意见，尽管是在另一种背景下提供的，可以从 Dundee General Hospitals Board of Management v Walker [1952] 1 All ER 896 (HL)一案中收集到，其中建议，如果受托人在作出决定时尽了注意义务，法院不会重新公开他们的决定，无论它看起来多么不合理。诺曼德勋爵说："我们只关心不合理的行为，但是在本案中还有其他证据表明，受托人谨慎、认真和公正地履行他们的职责，并真正希望尽其所能履行他们的义务。一个最重要的事实是，他们采纳了律师的意见，并在其指导下采取了行动。这是反对不合理行为的有力证据。我不准备接受这样的观点：他们的决定或他们作出决定的理由不合理，必须有超过他们作为合理的人行事的更直接和令人满意的证据。"

违反信托行为和未向法庭征求指示而获得原谅。[38] 后一项公平因素反映了实际考虑,即诉讼费用因素对可能寻求法院指示的受托人具有主要的阻却作用。[39] 英国特别委员会认识到了这种担忧,称为“小规模诉讼”,其报告指出:

受托人有法定权利在履行其职责时听从大法官的指示来保护自己,但是对费用的恐惧往往阻碍谨慎的受托人在小型遗产管理中征求法庭指示。作为对所提供保护的回报,衡平法院对受托人的行为适用比其他资产管理者的行为适用更严格的标准。

根据《格雷林德》第3条的规定,此事提交法院审理。[40] 上诉法院积极承认,遗嘱执行人拒绝为寻求法庭指示而花费50英镑的行为是正当的,即在债务人失去偿付能力之前,将166英镑的本票债务用于房产的投资原应纳入不动产统计范围。没有比诚实更难克服的立法要求。诚实乍看起来似乎是多余的,因为没有任何法庭会让一个不诚实或有欺诈行为的受托人从他的责任中获得减免。诚实不是要求对受托人的诚信进行调查,而是在本质上被理解为代表信托的利益行事。[41]

因此,该条款的关键在于要求违反信托行为必须合理。如果我们思考那些受托人行为超出其权力范围并且在不考虑任何过失的情况下受托人表面上负有责任的案件,那么一个有趣的问题就会产生,即

---

〔38〕 公平被广泛认为是平衡受托人与其他利益相关方的利益。另外,如果法院认为一个谨慎的商人在管理自己的事务时会采取不同的行动,那么,接受可靠建议的受托人似乎不一定有资格获得救济:根据法律建议采取行动不是“救济护照”。然而,可能有一些情况,比如受托人的经验和专业知识,相当值得这种信赖,参见 Marsden v Regan [1954] 1 WLR 423 (CA) 434 – 435。

〔39〕 参见347页注11。

〔40〕 [1898] 2 Ch 593 (CA).

〔41〕 See Sheridan (n 33 above) 423. See also, the obiter remarks of Thomas J in Jones v AMP Perpetual Trustee Company NZ Ltd [1994] 1 NZLR 690 (NZCA) 712.

一个因违反信托法而寻求法院救济的失职受托人是否可以说是行为“合理”：受托人是否可以是合理的并有疏忽的？用如此简单的术语来说，答案似乎是否定的。然而，人们可能会认为，这项立法的倡导者对以下观点怀有同情，即伴有疏忽的技术性违规行为的责任应该得到合理的减免。在向英国特别委员会提交的证词中，赫谢尔（Herschell）勋爵讨论了自愿私人受托人的责任，他表示：

> 这是因为他们在法律上没有履行义务，在许多情况下，可以说是因为他们的疏忽；然而，在我看来，毫无疑问，在许多情况下，任何一个通情达理的谨慎人都可以并且会采取他们受托人所做的行动。[42]

按照这种办法，即使“由于疏忽”而产生赔偿责任，受托人也有希望证明，无论他们的行为多么谨慎，有关的违约行为都会发生。赫谢尔勋爵显然会同意责任减免。林德利法官在其著名的 Perrins v Bellamy 案中提到“审慎的”违反信托，可能暗含着同样的思想，尽管他的意思可能主要是指受托人故意作出超越其投资权力的决定。[43] 大法官里格比（Rigby）当然感到同情：“我清楚地记得，在我早期的案件中，受托人由于疏忽而违反信托，不涉及任何道德责备，结果受托人承担了后果……这震惊了一个人的良心。”[44]

责任减免的范例是 Re Smith.[45] 案件。遗孀受托人汤普森（Thompson）夫人住在赖盖特。信托基金的伦敦律师的惯例是填写支票并寄给她签字。这样一来，汤普森夫人熟知的一名律师助理就可以在他潜逃前在拟兑现的支票上欺骗性地获得她的签名。凯克威奇

〔42〕 2 Note 11 above, q 161 - 163. 佩林（Paling）争辩说，1896 年法令第 3 条的颁布是立法机关承认在某些情况下技能和注意标准过高，这一规定的起草是为了降低注意标准，see “The Trustee's Duty of Skill and Care” [1973] 37 Conv 48。

〔43〕 [1899] 1 Ch 797 (CA).

〔44〕 Note 43 above, 801.

〔45〕 5 [1902] 86 LT 401.

(Kekewich)法官认为,受托人——“诉讼当事人本身或多或少是无辜的,就道德责任而言,在本案中当然是完全无辜的”——行事诚实、合理,有权获得减免:

也许是因为汤普森夫人没有采取一个非常谨慎或者非常精明的人可能采取的所有预防措施,也许是因为这些律师没有管理好他们所信任的职员,如果他们按照不应该信任任何人的原则行事,他们就会小心翼翼地管理他们的职员;但是除此之外,任何人都不能受到责备……在我看来,无论以何种方式看待这个案件,都不能说汤普森夫人采取了不合理的行动,因此没有理由让她受苦。[46]

这似乎表明,在1925年《受托人法》第61条的内容范围内,过失但在道义上无辜的违法行为可被视为合理。然而,这一部分产生的大量判例法并没有证实这一点。该条款的司法工作遗留的更为持久的影响是,如果受托人在履行其管理工作时未能达到所要求的谨慎标准,他们就一定会被认定为行为不合理,因此将被剥夺责任减免的“好处”。

这就留下了最后一个一般性观察。自谢里丹(Sheridan)设定了这一条款的界限以来的46年中,英格兰和威尔士几乎完全没有对这一条款进行司法审议。此外,他的评估所依据的绝大多数判决是在1896

---

〔46〕 Note 45 above, 402 – 403. A similar line of reasoning is also discernible in the more recent Commonwealth decision in Fales Wohlleben v Canada Permanent Trust Co [1976] 70 DLR (3d) 257 (Can SC). 大法官迪克森(Dickson)在其中指出,有关受托人没有作出任何应受谴责的行为,并指出:“她尽最大努力使自己了解情况,但加拿大永久信托公司未能向她提供对于知情意见至关重要的文件内容。她所做的一切决定都是在她的职责范围内做出的,我没有发现她没有听进去,或者她反应不理智或者顽固……这正是本章节所要讨论的问题。沃莱本(Wohlleben)太太应该公平地免除她的失信行为。”根据新西兰案例 Re Mulligan [1998] 1NZLR 481,该案中拒绝解除一位年老且缺乏经验的寡妇受托人的义务,这位受托人的顽固态度使她对其共同受托人——一家专业信托公司提出的信托投资应当多样化的任何建议持敌对态度。

年《司法受托人法》实施后20年左右的时间内作出的。对于司法判例数量逐渐下降的现象，没有明显的解释。这可能与业余受托人在一定程度上被专业人士取代有关。[47] 也许更倾向于庭外和解而不是昂贵的诉讼起到了一定的作用，正如受托人责任保险的事故率不断上升一样。[48] 同样，也可以推测，报告案件数量的减少可能是因为司法部门承认了范围广泛的受托人免责条款的有效性，而这些条款往往是专业受托人所依赖的。[49] 无论真正的解释是什么，诉讼的相对减少本身并不无情地表明，该条款已经变得多余。[50] 但是，至少它提供了一个理由来重新评估该部分将要并应该继续扮演的角色（如果有的话）。

与其参照违反信托的全部范围来分析对该条款的司法回应，不如仅着重于两类违反行为。[51] 首先，在受托人发挥投资功能的背景下，对1925年《受托人法》第61条的过去和未来价值进行探索，其中的挑战在于该条款在设计者的头脑中占据显著位置。这一讨论将审查在责任减免条款有效期内，关于注意标准和投资权力的普通法规则如何有助于创造一种相对宽松的法律环境，从而使得将赔偿责任施加于专家受托人并不容易。因此，受托人几乎不需要依赖司法责任减免。

因此，接下来需要考虑的是，2000年《受托人法》所规定的投资改革和注意义务是否打算扰乱这种状况。有人争辩说，它们至少证实了专家受托人援引运用的1925年《受托人法》第61条的未来可能性在衰退。可能有人认为，对信托法这一方面进行重新配置的一个可能的推动力，在于审查围绕董事可获得的相应的公司法责任减免规定的司法活动。因为与1925年《受托人法》第61条不同，1985年《公司法》

---

〔47〕 关于整个20世纪护理标准（特别是投资等管理事项方面的专家和/或专业受托人的护理标准）要求已经降低的相关看法，下文进一步审议。

〔48〕 See R Ham "Trustees' Liability" [1995] 9 TLI 21.

〔49〕 See Armitage v Nurse [1998] Ch 241 (CA) and the Trust Law Committee's Consultation Paper, Trustee Exemption Clauses, 1999. See Ch 8 (Penner).

〔50〕 As can be seen by the recent recourse to the provision in Re Evans (n 4 above).

〔51〕 要更全面地讨论根据可以救济的违约种类而解除补偿条款的运作，参见 Sheridan (above n 33) 426－437。

第727条是一连串现代案件的主题,这些案件对董事决策“合理性”要求作出回应,从而促进了对可犯错董事责任减免条款适用的主观解释。如果在受托人的专业性与公司董事之间建立联系,就有一种诱因,即参照1985年《公司法》第727条的决定来重塑1925年《受托人法》第61条的未来。然而,由于下面列出的原因,这将是一个不适当的发展方向。

本章认为的第二种违反信托的类型是忠实信义义务的核心。要清楚了解法定责任减免条款的现代应用前景,面临着不同的挑战。1925年《受托人法》第61条引领并指导英国涉及无辜违反的判决这一预防性原则的发展方向。〔52〕 取而代之的是一种渐进式的做法,即对受托人的创业技能给予一定的财务承认。可以从投资和诚实违反受托责任这两种违反信托类型中梳理出一条共同的结果线索,即1925年《受托人法》第61条占据控制角色的有形印象。与这种认识相反,如果需要作出任何改变,那么这一问题变得更加引人关注。

六、受托人投资:标准上升还是下降

正如我们已经指出的那样,1925年《受托人法》第61条现在所载的规定的起源在很大程度上要归功于其时代的精神,在这一时期,信托机构、受托人及其在信托管理中的作用的性质正在发生重大变化。〔53〕 随着受托人享有更广泛管理权的投资信托的兴起,信托管理的专业化程度也在不断提高。将投资事项委托给他人的法律选项的局限性,进一步凸显了托管的重大责任属性。司法责任减免条款的部分目的是减轻受托人的忧虑,因为担任受托人的朋友或家庭成员在没

〔52〕 See, for example, Boardman v Phipps [1967] 2 AC 46 (HL).

〔53〕 See also, G Moffat Trusts Law Text and Materials (3rd edn Butterworths London 1999) ch 9, and Polden (above n 10).

有法律保护的情况下,要面临更高的信托管理风险,那么说服他们继续担任受托人将是非常困难的。同样不应忘记的是,在19世纪的最后25年里,法院逐渐形成了管理受托人投资的更高的谨慎标准。因此,在上诉法院就 Speight v Gaunt 案[54]作出裁决之后,规定在投资以外的管理事务中,受托人应该像一般谨慎的商人一样,受托人应像对自己的事务一样给予信托事务同等程度的关注,这成了一条定律。[55]甚至有些人支持在法律中给予更多的责任放松,作为对1895年特别委员会的回应,林德利法官似乎更倾向于谨慎地制定法律,以便为受托人提供进一步的责任减免:

你知道,上议院居于首位,我将尽我个人所能。我可以对自己有点信心,因为 Speight v Gaunt 案是由已故的最高英格兰及威尔士高等法院宗卷主事官、大法官鲍恩(Bowen)和我决定的。这被认为有点牵强,但是上议院支持我们;在这种鼓励下,我们下次可能会走得更远一些。

但是,这种司法之外的观察与审理 Speight v Gaunt 案的同一法官在3年后更严格地制定受托人投资的注意标准之间并不容易取得妥协。在一份著名的司法声明中,林德利法官解释道:

受托人的义务不是像一个谨慎的人那样只考虑自己的利益。如

〔54〕 [1883]22 Ch d 727(CA)[affd [1883]9 App Cas 1(HL)]. 法官认为受托人不必为经纪人挪用受托人委托购买股票的约15,000英镑信托金而蒙受的损失承担信托责任。购买证券时以这种方式付钱是符合商业惯例标准的。杰塞尔先生说:"受托人不受约束,因为他是受托人,除了在自我的交易中进行类似交易的一般通常的方式之外,他还可以进行其他的交易。让受托人采取比一般谨慎的商人更进一步和更好的预防措施,或以任何其他方式经营业务,都是不合理的。"

〔55〕 佩林评论说,考虑到受托人有义务无偿行事,注意义务仍然极为繁重。

果他是为其在道义上有义务提供服务的人的利益进行投资。[56]

实际上,与最近的注意义务标准一致,早期的判决以违反信托行为应当合理为前提条件。因此,在 Re Stuart 案[57]中,法官斯特灵(Stirling)得出了在 1925 年《受托人法》第 3 条和现行的受托人注意标准之间的一个协同效应。他指出,任何受托人都不应因违反信托而被公平地免除责任,除非他令法院信服,他是按照一般普通审慎的人处理自己的事务那样处理信托事务。法官认为受托人必须证明:

他的行为是合理的;当然,在处理这样一个问题时,考虑受托人是否会像处理他自己的事务一样进行投资是很公平的,此外,如果受托人把自己的钱借出去……我认为一个人在处理自己的钱时,不会仅仅根据他的律师的意见来处理作为担保物的财产的价值问题,尽管毫无疑问,他可能会这样做,以处理任何可能涉及的所有权问题或法律问题。[58]

如果不考虑更多因素,这可能会被认为是将 1925 年《受托人法》第 61 条放在一个仅发挥剩余作用的位置上——因为如果受托人能够证明自己达到了谨慎商人的标准,就不会出现违反信托问题。然而,如果受托人在审慎行事后实施某些技术性违规行为,则可以适用 1925

〔56〕 Re Whiteley [1886] 33 Ch D 347 (CA) 355; endorsed by Lord Watson on appeal [Learoyd v Whiteley [1887] 12 App Cas 727 (HL) 733]. See Nicholas Warren QC "Trustee Risk and Liability" [1999] 4 TLI 226, 227. Cf the statement of the duty in Law Commission, Trustees' Powers and Duties (Law Com No 260) 1999 para 2. 14.

〔57〕 [1897] 2 Ch 583. See also the approach in Re Grindey, (text to n 40 above).

〔58〕 Note 57 above, 590 – 591. 伯恩法官在 Williams v Byron [1901] 18 TLR 172 一案的判决中指出:"该节的规定旨在,让法庭认定其违反信托的行为在特定情况下是行为合理的,但它绝不意味着被用来作为对玩忽职守的诚实人的一般性赔偿条款,如果这样适用以动摇或削弱法院在处理信托事项方面的明确规则,我认为,它将造成比它意图补救的更大的罪恶。"

年《受托人法》第61条的规定。因此,虽然不可能或不宜提炼关于其运作效果的一般准则,但调查结果似乎有一些可取之处,即该款不应协助在履行投资管理职责过程中不谨慎的受托人。这种协同作用产生的一个双重好处是,法律制定了一个透明的办法,并且在保护受益人和受托人之间取得明智的平衡。这种平衡也符合特别委员会所确定的基本理由,特别委员会认为最大的需要是确保无偿信托管理活动的持续可行性。

在投资管理方面,义务内在的合理性与第61条之间的相互关系,可以在涉及该条款的为数不多的相对现代的案例判定之一中找到。在 Bartlett v Barclays Bank Trust Co Ltd (No 1)[59]一案中,案件中的不谨慎表现为信托银行未能采取适当措施来监管一家持有该信托几乎全部股份的公司的资产发展活动。法官布莱曼的判决几乎没有触及1925年《受托人法》第61条的条款,主要是因为适用该条款需要案例中事前表明尽管受托人诚实,受托人不能说他已经做到了一般谨慎商人在照看他人事务所达到的注意程度。在这种情况下,指称银行符合1925年《受托人法》第61条关于合理违约的范畴是站不住脚的。

如今,巴特利特(Bartlett)的话被引用,更主要的原因是它在关于注意标准应该根据特定受托人的状态而有多大差别的争论中发挥了作用。[60] 对受托人应该有更严格的勤勉标准的印象是基于《雷·沃特曼的遗嘱信托》(Re Waterman's Will Trusts)[61]中所表达的意见。法官哈曼(Harman)在书中说:"我没有忘记,一个获报酬的受托人应该比一个无报酬的受托人行使更高的勤奋和知识标准。"[62]然而,似

---

〔59〕 [1980] Ch 515 (CA).

〔60〕 Note 59 above, 534. Oakley points to this as authority for the proposition that a higher standard of care is owed by paid trustees, see A J Oakley Parker and Mellows: The Modern Law of Trusts (7th edn Sweet & Maxwell London 1998) 492. See also, J E Martin Hanbury and Martin Modern Equity (16th edn Sweet & Maxwell London 2001) 500.

〔61〕 [1952] 2 All ER 1054.

〔62〕 Note 61 above, 1055.

乎没有任何报告案例表明这种“更高”的注意义务标准在判决中所占的比例。如果有可能，更不用说有必要，提出一个适当的标准，[63] 并商定信托管理的不同类别，[64] 剩下的问题是这种差别能够而且应该在多大程度上影响 1925 年《受托人法》第 61 条的运作。带薪专业人员享受责任减免的资格并不自动受到限制。[65] 即使当局倾向于建议法院减少对有偿受托人的同情，[66] 英国法院似乎还没有诉诸更高标准的注意程度。[67] 无论如何，所需的谨慎程度不应在实质上扰乱法律义务和责任减免管辖权之间的平衡感，这一点是有争议的。如果为专业人员规定了更高标准，法院只需参照同一标准，来解释 1925 年《受托人法》第 61 条的“合理”。这样就可以维持不同案例之间可比性的协同作用。

然而，在现实中，仅关注受托人不断变化的身份和经验，有可能面临错过 20 世纪更广泛背景的风险，在这一背景下，受托人的投资活动

〔63〕 法官罗默在 Jobson v Palmer [1893] 1 Ch 71, 76 一案中表示支持为非专业和专业受托人制定共同的注意义务的标准：“我认为没有充分理由将 Speight v Gaunt 一案中规定的原则局限于未付薪酬受托人的案件中，但毫无疑问，一些判定 Speight v Gaunt 一案的法官在其判决中考虑了受托人没有因其服务而得到报酬这一事实。我认为这个原则应该在适当的情况下适用，即使是在受托人获得报酬的案件中……”参见 JE Penner The Law of Trusts (2nd edn Butterworths London 2000), 288 ff。

〔64〕 根据回报和专业知识等因素对受托人进行分类在术语上是非常困难的：Moffat (n 53 above) 342。法律改革委员会第二十三号报告书《受托人的职责及责任》中将受托人分为三类：(1)家族朋友类别的非专业无薪受托人；(2)有薪受托人，通常具备专业资格，如律师及会计师；(3)专业受托人，如银行。最近，法律委员会提到了“无报酬的非专业人士、支付报酬的专业人士或专业受托人”：Law Com 260 (above n 56) Para 3 24(3)。

〔65〕 National Trustees Company of Australasia Ltd v General Finance Company of Australasia Ltd [1905] AC 373 (PC) 381.

〔66〕 这可能是法官普洛曼在 Re Rosenthal 案中拒绝向专业(律师)受托人提供救济的原因，因为受托人不合理地违反信托，未能从剩余遗产中支付遗产税。不过，Re Pauling's Settlement Trusts 案中的一家受托银行获得了部分宽免(above n 3)。另外参见，根据 1973 年《受托人法》第 73 条(NZ)，Re Te Huango (above n 7)。

〔67〕 在 Re Mulligan 案中，法官潘克赫斯特(Panckhurst)似乎未经讨论就假定，普通注意义务标准应同样适用于受托人公司和“家族”受托人。

没有享受到法律的便利化待遇。各种问题都有详细的记录。[68] 其中包括 1961 年《受托人投资法》对现代信托受托人可行使的投资权力的限制性和过时的法定概念。[69] 受托人在有效履行日益增加的专业投资职能上面临进一步的障碍，即无益地禁止受托人委托他人履行职责。在实践中，这可能不可避免地迫使受托人至少考虑违反信托义务，以确保最大限度地获得财政回报。从相反的观点来看，可能有人认为，法律在确定有偿受托人对执行投资责任方面没有很好地服务于信托。这一点在 Nestlé v National Westminster Bank plc. 的案例中得到了有力的说明。[70] 大法官莱格特（Leggatt）根本没有承认存在任何更高的标准，而是哀叹人们对银行期望的可怜的注意标准（以 Speight v Gaunt 案的术语表示）。他表示："但根据不苛刻的谨慎标准，银行没有表现出从事违反信托、导致亏损的行为。"[71] 在这种情况下，案例不足之处更多地在于未能对投资责任本身作出具体规定，而不是未能尝试制定适用于专业或专家受托人的适当谨慎标准。

所有这些都表明了信托和信托管理的动态性质和需要，以及随着社会和经济发展对法律的重视程度。这与维多利亚时代末期的需求有些共同之处，这些需求促使人们呼吁制定现代的法定责任减免条款。一个世纪之后，人们希望 2000 年《受托人法》能够充分解决这些

---

〔68〕 最近的一份法律委员会报告第 1.1 部分全面论述了这些事项，然而，有关于受托人权力和义务的法律没有跟上信托不断变化的经济和社会性质，事实上，受托人根据现行法律所拥有的默认权力一般认为是被严重限制的。See D Hayton "English Fiduciary Standards and Trust Law" [1999] 32 Vanderbilt Journal of Transnational Law 555, 556 – 570.

〔69〕 In the wake of Professor Goode's Report of the Pension Law Review Committee, 1993 (Cm 2342 – 1), wider powers were made available to trustees of occupational pension schemes by s 34(1) of the Pensions Act 1995.

〔70〕 [1993] 1 WLR 1260 (CA). 在 Re Mulligan 案中（n 46 above），违规行为相当于未能根据资本增长的需要对基金的任何部分进行投资，而不是所谓雀巢违规行为，即基金资本价值未能最大限度地增长。例如，一家新西兰信托公司的操作并非被判定为轻率，而是因 1987 年股市崩盘而蒙受损失，参见 Jones v AMP Perpetual Trustee Company NZ Ltd（n 41 above）。

〔71〕 Note 70 above, 85.

问题。[72] 除了放宽和更新受托人的默示投资权力，[73] 新的立法使受托人集体授权规则现代化。[74] 这些形成了宝贵的基础，以支持专业受托人管理现代信托，构建一个新的明确的法定注意标准。2000 年《受托人法》第 1 条明确提到需要在考虑特定受托人的专业知识、经验或专业背景的情况下，要求受托人行使合理的注意和技能，以与所处的环境相适应。[75] 为了投资的目的，这消除了普通法中存在更高的专业受托人注意标准的认识误区。[76] 但是，无论这些细节如何，由于更明确地界定了责任的级别并在意义上加以确定，因此较少转移了人们对 1925 年《受托人法》第 61 条的持续目的的注意力。如果要维持先前提出的义务和责任减免之间的协同作用的想法，那么未能达到履行义务的统一标准及其主观要素的专业受托人就不能声称他或她根据 1925 年《受托人法》第 61 条采取了合理行动。因此，法典编纂提供了一个健全而灵活的机制，能够与传统的责任减免建立令人满意的工作联系。但是，如果把重点放在托管方面日益提高的专业精神上，那

[72] 法律委员会的报告（第 1.2 部分）将投资确定为受托人管理的主要任务，强调了技术和基金管理操作方面最近的具体变化，这些变化使改革的必要性“迫在眉睫”，因为这些变化相当于投资做法如何进行的基础性发展。See J Garton “Trustee Act 2000” [2001] 15 TLI 34.

[73] 根据各种保障措施，2000 年《受托人法》第 3 条实际上规定了一项一般投资权，除非信托契约中存在某种相反的限制。

[74] 首次允许授予投资授权（非慈善信托）或部长级投资法案（慈善信托）：2000 年《受托人法》第 11 条。

[75] 这样设计的目的是确保一个标准，反对保护不称职的业余爱好者和自称具有特殊技能的专家。因此，应当要求每一位受托人都行使在当时情况下合理的注意义务和技能。但是，如果受托人具有特殊的知识或技能，或认为自己具有这种知识或技能，或如果受托人是在业务或专业过程中行事，则合理的注意和技能水平可能会提高。Law Com No 260 (n 56 above) para 3.24 (2).

[76] 甚至可以说，这项立法更普遍地编纂了普通法中的注意义务，参见 Garton (above n 72) 37 (n 41)。类似的发展可以从 1986 年《破产法》第 214 条所载的不法交易条款中看出来。法官霍夫曼采取这种做法是为了代表将对普通法中适用于公司董事的注意标准采取的现行做法：参见 Norman v Theodore Goddard [1991] BCLC 1028, 1030 – 1; Re D'Jan of London Ltd [1993] BCC 646, 648; The Law Commission, Company Director: Regulating Conflicts of Interests And Formulating A Statement of Duties (Law Com No 261 1999)。

么,可以参照管理有薪酬的公司董事的现行制度,寻找第 61 条运作的另一个方向。

七、公司法视角:减免董事责任

1925 年《受托人法》第 61 条几乎复制了 1985 年《公司法》第 727 条的内容。尽管缺乏关于这一条款的判例法,但围绕被拒绝给予责任免除的行为类型的一些因素已经出现。〔77〕 与 1925 年《受托人法》第 61 条一样,寻求免责的董事必须证明诚实。在 Re Welfab Engineers Ltd 案〔78〕中,一家公司的董事曾在该公司亏损时,以两次竞标中较低价格出售公司主要资产,其决策出发点是低价的公司会持续经营。不久之后,公司进入清算程序,并且清算人对董事提起不当行为诉讼。法院裁定,董事们接受较低报价并没有违反职责,即使他们违反了,也会根据 1985 年《公司法》第 727 条的规定给予责任减免。法官霍夫曼认为,董事们的动机出于保住公司业务和员工工作机会的诚实和合理的愿望。

这说明了两点。第一,1985 年《公司法》第 727 条所载的合理性要求,如同 1925 年《受托人法》所载的合理性要求一样,有可能给法官带来一个明显的难题,即如何认定过失行为是否合理。第二,与信托的判例法不同的是,在决定董事责任减免法条适用过程中的合理性的概念上,判例体现了冲淡客观特征的意图。这种倾向也体现在大法官霍夫曼对

---

〔77〕 如果董事滥用职权谋取经济利益,法院不会给予补救。在 Neptune (Vehicle Washing Equipment) Ltd v Fitzgerald (No 2) [1995] BCC 1000 案中,一位独资董事违反了他的受托责任,控制公司的决议,以便获得终止其服务合同所需的 100,892 英镑的付款。他的行为不能说是合理的。同样,在 Guinness plc v Saunders [1990] 2 AC 663 (HL) 一案中,救济也被拒绝,理由是不可能救济一名董事,该董事根据一份无效合同保留了支付给他的 520 万英镑,据称是该公司以薪酬方式支付给他的。在 Re Duckwari plc (No 2) [1998] 2 BCLC 315 (CA) 一案中,有人提出,如果董事打算通过一项重大财产交易直接或间接个人利益获利,则不能说其行为合理,因此根据 1985 年《公司法》第 727 条将被拒绝给予救济。

〔78〕 [1990] BCLC 833.

Re D'Jan of London Ltd[79] 的判决中,他在对董事行为的主观考虑的基础上提出了一个解决方案。一份直截了当的财产保险提案表格包含了许多事实错误。保险公司随后拒绝承担该公司提出的火灾赔偿的保险责任。该控股董事没有看保单就在提案上签了字。大法官霍夫曼认为这种错误是任何忙碌的人都会犯的。在给予董事部分免责时,法院考虑到了事实,他持有公司的99%股权(他的妻子持有其他股权),因此经济现实是董事将自己和妻子的利益置于风险之中。法官说:

一个被认定犯有疏忽过错的人,包括没有采取合理的注意,能让法院相信他的行为是合理的,这似乎很奇怪。然而,该条明确规定他可以这样做,因此,尽管在普通法中行为达到缺乏合理谨慎的程度,但就第727条而言,该行为可能是合理的。[80]

在这两项裁决的推理中,[81] 法院在确定董事行为是否合理并且

---

[79] [1994] 1 BCLC 561. 在 Re Brian D Pierson (Contractors) Ltd [1999] BCC 26, 48 一案中,黑兹尔·威廉姆森(Hazel Williamson),作为高等法院的副法官,在申请伦敦有限公司的 Re D Jan 时指出:"就第727条而言,'合理性'必须能够通过更少地服从于普通法关于过失的注意标准的某种方式得到满足。"

[80] Note 79 above, 564.

[81] 在 Bairstow v Queens Moat Houses plc, [2000] 1 BCLC 549 案中,法官纳尔逊(Nelson)认为,决定董事是否应免除个人责任的标准,不能与决定董事是否对疏忽、违约或违反信托承担责任的标准相同,因为"第727条很少被使用在董事从事经营活动中被发现诚实但粗心大意的情况中"。然而,在上诉中,大法官罗伯特·沃克(Robert Walker)在一个附带意见中以不合理直截了当地拒绝了这种做法:[2001]2 BCLC 531,550。这个问题在1986年《破产法》第214条的错误不当交易条款方面也显露出来。作为对这种索赔的抗辩,第214条规定,如果董事一旦发现自己处于知道或应当知道公司将进入破产清算程序时,他为了尽量减少对公司债权人的潜在损失而采取了所能采取的合理措施,法院将不追究其责任。董事应当知道或确定的事实主要透过客观评估来决定。在 Re Produce Marketing Consortium Ltd, [1989] 5 BCC 569 案中,法官诺克斯(Knox)审查了第727条与不当交易条款之间的相互关系。他指出(第604条),第214条载有保护董事的充分保障措施,该条款不易与"第727条所要求的必要主观的方法"相协调。另见 Re Brian d Pierson (Contractors) Ltd [1999] BCC 26 案,其中法院认为,第727条不适用于不当交易索赔,因为议会不打算同时由同一位法官在判决中同时适用第214条和第727条。

可以被宽恕时,可以考虑董事对公司利益相关者的义务以及其行为的罪责程度等因素。[82] 在后一种情况下,诚实但疏忽的董事可能因此被免除责任,条件是案件中的疏忽不严重,而是可能发生在任何忙人身上的那种事情。主观性还对 Re Simmon Box (Diamonds) Ltd[83]案的审判法官在 1985 年《公司法》第 727 条的解释上产生了重大而独特的影响。作为大法官分庭的副法官,王室法律顾问彼得·史密斯(Peter Smith)认为,1985 年《公司法》第 727 条旨在实现不法行为者之间的公平。法官认为,对一名 19 岁的董事给予部分责任减免是公平的,考虑到他的行为后果不是由他本人的任何直接过错造成的,而是源于他父亲的行为,人们发现,他过于信任他父亲。

该条款提供了一种在过错方之间的责任分配机制,这一条款有其自身的吸引力。这显然标志着司法部门对在确定责任减免过程中应加以权衡的各种因素的态度,在围绕 1925 年《受托人法》第 61 条建立的司法案例中,这些因素没有明显的对照。[84] 这一点以及 1985 年《公司法》第 727 条对合理性要求的主观重叠提出了一个更广泛的问题,即在多大程度上可以而且应该以同样的方式解释两条款中的相同语言。反过来,这又涉及在何种程度上为董事提供最适当的责任减免和司法判例的蓝图,为 1925 年《受托人法》第 61 条设定一个合适的未来方向和作用。毕竟,2000 年《受托人法》有力地提醒人们,现在可能比 1896 年更经常地根据受托人的专业知识来选任和激励他们。

董事和委托人也具有受托人的身份。正如 Re D'Jan of London Ltd 案件所说明的,在实践中,董事可能是控股股东,因此拥有公司。

---

〔82〕 因此,重大过失是不可饶恕的。在 n Dorchester Finance Co Ltd v Stebbing [1989] BCLC 498 一案中,有两位董事因为疏忽在空白支票上签字,导致第三位董事可以随心所欲地行事,这两位董事被认为没有合理行事,因此不应得到免除。

〔83〕 [2000] BCC 275. 上诉法院没有对这一点进行辩论,大法官查德威克拒绝就法官的意见是否正确发表意见:Cohen v Selby [2001] 1 BCLC 176(CA)。

〔84〕 在 Re Mulligan(n 46 above)一案中,法院拒绝救济,在独立处理专业受托人和非专业受托人问题时,法院是严格的。

此外,传统的董事只对公司负责的观点本身也受到学者和立法规定在许多方面的压力。举一个例子,1985 年《公司法》第 309 条规定,董事有法定义务考虑公司雇员的整体利益。这种更广泛的考虑因素和利益主体可以充分证明,在存在董事违反职责的情况下,有理由对董事的救济采取更为宽松和灵活的做法。但这并不意味着,对在履行投资职责(或违反核心受托人义务)中有疏忽的受托人适用这一做法同样正确。信托法将受益人的经济福利置于首要地位,从而决定责任减免的适用不应当依赖这些主观因素。如果公司董事不能为 1925 年《受托人法》第 61 条适用于商业性信托提供最佳的类比,信托法这一条款的未来是什么的问题将不会结束。

在讨论这一问题之前,有必要平衡我们对 1925 年《受托人法》第 61 条在现代信托管理世界中继续运作的前景的讨论,同时考虑该条款对违反信托义务的受托人的价值。众所周知,为了减轻信托管理的预期负担,引入了 1925 年《受托人法》第 61 条的法条前身。违反受托责任似乎没有影响立法设计者的意识。他们主要关心的是为非专业受托人提供援助,这些受托人可能会因为管理受托人投资日益强化的对变化的节奏和专业知识的需要而无辜地陷入困境。这并不是简单地说行动的范围现在不那么重要。相反,我们必须牢记的是,有影响力的司法思维的新发展,这种思维将受托人的忠诚义务与他或她的管理职责,如投资和授权明确划分开来。[85] 后面这些职能越来越多地被

---

〔85〕 最值得注意的是,大法官米利特在 Bristol and West Building Society v Mothew [1998] Ch 1(CA)18 一案中的声明:"违背信义义务,因此意味着不忠诚或不忠。仅仅是能力不足是不够的。一个忠诚的雇工,尽其所能地为他的主人服务而没有不忠,违反信义义务也是无罪的。"再考虑一下澳大利亚高等法院在 Macquire v Makaronis [1997] 71 ALJR 781 (HCA)703 一案中的判决。另参见 R C Nolan "Conflicts of Interests, Unjust Enrichment, and Wrongdoing" in W R Cornish, et al Restitution Past, Present and Future: Essays in Honour of Gareth Jones (Hart Oxford 1998) 87, 88:并非所有那些影响被恰当地称为受托人的人的责任本身都是受托责任。例如,谨慎和技能的义务规定在受托人和公司董事身上,但这些义务不是受托责任,尽管它们影响到被恰当地称为受托人的人。信托义务通过禁止不忠诚而促进忠诚,以及可能导致不忠诚的活动:信托义务本质上是禁止性的,不包括所谓受托人的积极义务。

定位为受托人的侵权责任,而不是违反衡平法上的核心信托义务。[86]

八、收益分配

没有英国判决报告显示受托人成功依据 1925 年《受托人法》第 61 条就违反其核心信托义务的行为获得责任减免。更重要的是,几乎没有证据表明对该条开展了司法讨论。[87] 一方面,这在政策和规则上都是不足为奇的。从 1925 年《受托人法》第 61 条的法定用语来看,不能立即看出任何违背其信义义务的受托人如何可能期望达到其"诚实"或"可信"的要求,或者能够证明他或她应该得到公平原谅的基础。也可以说,通过阻止所有这种背离职责的行为,与信托理想的预防意图相吻合。另一方面,如此笼统地处理此类违反行为而不提供法定救济,可能会因未能区分诚实和不诚实地违反受托义务而受到质疑。

没有人会赞同关于 1925 年《受托人法》第 61 条的论点,即该条款可以用于为 A-G Hong Kong v Reid 一案[88]中明显的隐蔽和犯罪行为提供救济。相较之下,在回顾受托人诚实而勤奋的活动时,可能需要更多的思考,比如在 Boardman v Phipps 案(以下简称博德曼案)[89]中被要求承担责任的律师和受益人。他们在相当长的一段时间里,凭借企业家的坚韧和敏锐,干预了雷斯脱公司的事务,扭转了公司的命运,从而增加了他们自己的财富和持有大量少数股权的信托公司的财富。

---

〔86〕 See Ch 2 (Getzler).

〔87〕 It seems there is one ill-reported twentieth century case, mentioned by Sheridan (n 33 above), 434 in which relief was denied for breach of what might now, adopting Megarry V-C classification in Tito v Waddell (No 2) [1977] Ch 106, be termed the self – dealing rule: Re Clark[1920] 150 LTJ 94.

〔88〕 [1994] 1 AC 324 (PC).

〔89〕 [1967] 2 AC 46 (HL).

这样一来,他们就违背了受托人的忠诚义务,使得他们的个人利益与受托人的义务发生冲突。在从他们的职位中获益之后,便产生了一个假设性的问题:他们的违反信托行为是否能够引用 1925 年《受托人法》第 61 条中的救济管辖权?这个问题是假设性的,因为没有任何迹象表明,在博德曼案[90]诉讼程序的任何阶段中,这一部分是经过详细讨论的。对这一疏忽的一个显而易见的解释是,事实上,由于受托人之一是受益人,而另一人是信托的律师,两人都不是法条旨在保护的受托人。[91] 如果他们是受托人,他们可能会指出无可争议的事实,即他们的诚信从未受到指责,而他们的动机至少部分是希望促进信托的利益。因此,可能会有人争辩说,事实上或法律上没有任何好的理由将他们排除在法定救济的可能性之外。

当然,根据其基本原理的传统观点,1925 年《受托人法》第 61 条的救济概念主要聚焦于援助其违反信托义务的行为造成了信托的损失而无能为力的受托人。在博德曼案这样的案例中,错误但勤勉的受托人无一例外地显示在违反信托过程中获利。如何将违反信托义务而获利的受托人的考虑置于 1925 年《受托人法》第 61 条的范围内变得不那么明显。这可能有助于解释在相关案件中,为什么法院不考虑法定责任免除条款的适用性,而是考虑是否有必要满足受托人的要求,即支付他或她在赚取现在应归还的获利时所贡献的技能和劳动相关的报酬。起初,在博德曼案中,法官威尔伯福斯(Wilberforce)指出,

---

〔90〕 Similarly, it seems that the precursor to s 727 of the Companies Act 1985 (s 448 of the Companies Act 1948) was not pleaded on behalf of the profiteering directors in Regal (Hastings) Ltd v Gulliver [1967] 2 AC 134n (HL). See further, J Birds "The Permissible Scope of Articles Excluding the Duties of Company Directors" [1976] MLR 394, 397.

〔91〕 即使允许在某种程度上根据推定信托来确定其责任,似乎也没有理由认为非明示受托人不符合第61 条的规定。对这种论点的一些支持可能(直接)从1925 年《受托人法》第 68 条中获得,(间接)从 Re Clarke [1920]150 LTJ 94 案中获得,也可能从 Baden, Delvaux and Lecuit v Société Général pour Favoriser etc [1993] 1 WLR 509, 609 案中获得。学术论文中也存在相同意见,See G Elias Explaining Constructive Trusts(Clarendon Press Oxford 1990) esp 20。

虽然在这一点上的法律渊源不足，但这笔交易是一种“需要行使某种特殊的专业技能的特殊性质”，因此“在我看来，现在让受益人介入并获取利润，而没有为产生利润的技能和劳动力支付薪酬，是不公平的”〔92〕。

上诉法院在案件的裁决中，支持给予这种衡平补偿的观点得到了广泛的认可；〔93〕并且现有的司法判决所确立的观点在随后的判决中得到了积极和优先考虑。〔94〕但对判决内容的某些方面仍有疑问。其中包括两个相互关联的不确定问题，第一个是关于对违反受托责任的公司董事支付津贴的确切适用性，〔95〕第二个是关于在发放津贴之前必须存在什么例外情况。这些问题在澳大利亚的 Warman International v Dwyer 一案〔96〕中得到了探讨，法院超越了严格意义上的津贴发放，决定在董事受托人和他的委托人之间分配利润。该案法院区分了违反义务获得特定资产的受托人和收购企业并经营企业的受托人，认为：

就企业而言，迫使有过错的受托人无期限地就经营企业或利用委

---

〔92〕 [1964] 1 WLR 993, 1018.

〔93〕 Explicitly in the House of Lords (n 89 above) 104 (Lord Cohen) and 112 (Lord Hodson). For the Court of Appeal, See [1965] Ch 922, 1020 - 1021 (Lord Denning MR) and 1030 - 1031 (Pearson LJ). 相较之下，大法官拉塞尔(Russell)的观点则更为谨慎：“原告承认，他们应该为自己的所作所为获得一定规模的报酬。我无意对他们享有这种权利表示怀疑，但我宁愿不对这一项下的法律发表任何意见，因为他们的权利问题尚未成为我们讨论的主题。”

〔94〕 Estate Realties Ltd v Wignall [1992] 2 NZLR 615; O Sullivan v Management Agency and Music Ltd [1995] QB 428 (CA); Cheese v Thomas [1994] 1 WLR 129 (CA); Warman International Ltd v Dwyer [1995] 182 CLR 544; Maguire v Makaronis [1997] 71 ALJR 781; Nottingham University v Fishel [2000] ILRL 471.

〔95〕 See Lord Templeman in Guinness plc v Saunders (above n 77) 694; Lord Goff, 701 Left the Point Open. Cf Kishimoto Sangyo Co Ltd v Akihira Oba [1996] 2 HKC 260; and Warman International Ltd v Dwyer [1995] 182 CLR 544.

〔96〕 [1995] 182 CLR 544; P Jaffey "Accounting For Wrongful Profits" [1996] LMCLQ 462.

托人良好的意愿所得的全部利润承担责任，可能是不恰当和不公平的。在这种情况下，根据具体情况，允许受托人获得利润的一部分可能是适当的。当受托人的技能、努力、财产和资源、他引入的资本以及他承担的风险——只要这些风险不是委托人的财产所面临的风险——导致相当大比例的利润增长时，情况很可能就是这样。那么可以说，利润增加的相关比例不是原告财产自身的产物或后果，而是受托人的技能、努力、财产和资源的成果。[97]

沃曼（Warman）书稿中的斜体摘录对衡平法中收益分配的基本原理提出了一种解释。法院认为，只应归还违反信托行为所产生的利润，而不应归还基于受托人的工作和技能所得的任何其他利润。对利润减让的另一种解释基于以下前提：

这种诉讼是一种恢复原状之诉，就像赖特（Wright）勋爵在 Fibrosa 案中所描述的那样。其要点是，被告不公正地使自己发了财，允许他保留这笔钱是违背良心的。[98]

无论这些论述哪一个更好地阐述了现代衡平司法权的基础，[99] 它们都有一个共同的特点。两种观点都强调了受托人接收他或她合理应得的财务回报的必要性。分配部分利润反映向受托人提供服务的支付，即使该服务涉及受托人违反其信托义务。由于这实际上涉及"因果"类型的调查，它对忠诚诚信义务的威慑作用并不构成破坏。[100]

---

〔97〕 Above n 96, 561. 共同意愿下达成订立利润分享安排的意愿取决于：（1）被告能够表明订立利润全部账户的不公平性；（2）利润分享的先前安排。否则，被告只会索要公平性津贴。另参见 O'Sullivan v Management Agency and Music Ltd ［1995］ QB 428（CA）。在 Warman 案中，据说是否有津贴取决于被告是否确立了将全部利润分配给被告的不公平性。

〔98〕 Above n 93, 1020（Lord Denning MR）. See further P Birks "Restitution Without CounterRestitution" ［1990］ LMCLQ 330.

〔99〕 G Virgo Principles of the Law of Restitution（OUP Oxford 1999）536－537.

〔100〕 这也不会削弱受托人通常无偿提供服务的要求，see Nolan（above n 85）117。

所有这些都与制定1925年《受托人法》第61条的立法用意的真正功能和基础大相径庭。该条文的主要内容是应部分减免或全部减免诚实的受托人的法律责任。毫无疑问,已将受托人付出的人力和技术标注金钱的价值。该调查的目的是确定什么程度的免责是允许的。这样就可以区分该条款的目的和运作与衡平制度之间的关系。如果信托通过诚实受托人的专业努力而获得利润,那么考虑对其劳动应给予何种补偿似乎比操纵1925年《受托人法》第61条中的责任减免措辞以间接支付受托人已完成的工作更为明智和连贯。可以进一步确定成文法与衡平法之间的一个重大区别。衡平法管辖权所固有的灵活性使受托人的诚信能够在影响薪酬的宽松程度方面发挥重要(但不是决定性的)作用。在某些情况下,这意味着受托人有权得到小于他或她提供的服务的全部价值的回报,因为他或她的交易可能不是高度诚实的。[101]相较之下,不诚实的受托人从来没有资格根据1925年《受托人法》第61条获得救济,他或她也不应该得到救济。

考虑到这些差异,很难形成衡平法上的津贴和救济条款之间的任何重叠。这并不是说应该简单地自动将受托人排除在条款之外,因为违反信托义务是信义性质的。事实上,今后法院是否会被要求根据1925年《受托人法》第61条的规定代表受托人对索赔权利予以支持,还有待观察。然而,如果受托人违反了信义义务而获得了利润,那么他或她似乎更有可能主张获得衡平法上的补贴或分享利润。因此,无论1925年《受托人法》第61条在理论上如何能对受托人提供违反信义义务的救济,都没有什么迹象表明,今后该条将仅发挥象征性和剩余的作用。[102]

---

〔101〕 See Elias J in Nottingham University v Fishel [2000] ILRL 471, 485; Badfinger Music v Evans 2000 WL 33148811; Tipping J in Estate Realties Ltd v Wignall [1992] 2 NZLR 615, 630 – 631.

〔102〕 认为第61条为改变对于受托人一般性的职位抗辩提供了一个可变的但未被开发的基础,see Elias(above n 91)20。

九、1925 年《受托人法》第 61 条:回到未来

如果不加以干涉,1925 年《受托人法》第 61 条可能会继续处于休眠状态,只是偶尔会用来解救一位非专业受托人,使其免于承担因技术上的疏忽而违反职责的责任。这将与维多利亚时代的立法设计者们产生共鸣,他们的主要关注点是不要让有能力的非专业受托人因诚实和合理的违规行为而承担责任,从而危及此类人士的供应。不管这一目标多么值得称赞,但它再也不能自称与现代信托和受托人同等重要了。因此,1925 年《受托人法》第 61 条可能会得到贸易与工业部指导小组授予 1985 年《公司法》第 727 条同样令人骄傲的喝彩。它指出该条很少使用但是仍有价值。[103] 公平起见,贸易法委员会建议作出一些小的改动,包括删除该条文中有关合理性的规定。[104]

将具体的公司法建议搁置一边,讨论信托立法的条款是否需要更新可能是有益的。一种观点认为,至少在投资活动方面,这种改革的必要性可能是多余的。如果法院愿意将该条款适用于受薪的专业受托人,2000 年《受托人法》中改革所产生的现代化影响可能附带重振了 1925 年《受托人法》第 61 条。因为,如果它最初是围绕谨慎标准与其合理性要求之间的自我实现的协同作用,那么它现在有可能重新做到同样的事情,只是现在参照新的信托立法。关于违反信托义务的问题,原则上没有任何规定排除法官在此类案件中适用 1925 年《受托人

---

〔103〕 The Company Law Review Steering Group Modern Company Law For a Competitive Economy: Developing the Framework (DTI/Pub 4754/4k/3/00/NP. URN 00/656, 2000) paras 3.24 – 3.27.

〔104〕 The Company Law Review Steering Group Modern Company Law For a Competitive Economy: Final Report (DTI/Pub 5552/5k/7/01/NP. URN 01/943, 2001) paras 6.2 – 6.4. 这种解决办法是针对目前司法部门对 1985 年《公司法》第 727 条及相关案文的正文中的态度,即如果董事对过失负有责任,就很难将其视为行为合理。

法》第 61 条给予责任减免。然而,正如本章所论证的那样,在实践中,更有可能要求法院考虑给予衡平法上的经济补偿,而不是法定责任减免。

对于 1925 年《受托人法》第 61 条如何能够继续与现代信托和专业受托人保持关联,虽然这是一个可行的设想,但总体而言,该条似乎不会像其前身于 1896 年颁布之后的前 50 年左右那样,成为 21 世纪信托诉讼的一个突出或普遍特征。这并不是否认重新起草 1925 年《受托人法》第 61 条可能是值得的。改革可能仅仅是一种微调。一个更加激进的选择是修改该条的措辞,以提供最开放的自由裁量权,法院可以通过"如果它认为合适"这种方式给予责任减免。另一个极端是通过制定某种固定的标准来消除固有的不精确的法定酌处权的可能性。[105] 然而,在采取任何重新起草的措施之前,需要考虑这项工作的总体目标及其与目前正在审查的其他信托事项的联系。

对于许多人来说,1925 年《受托人法》第 61 条的命运被视为与决定受托人免责条款的未来这一更为核心的事务无关。[106] 就法律改革议程而言,免责条款可能完全掩盖了 1925 年《受托人法》第 61 条。如果不抓住机会全面地看待这些相互关联的问题,那将是不幸的。作为朝这个方向迈出的第一步,如果法律委员会能够对实践中持续存在的对免责条款的需求及该条款的功能进行评估,[107] 那将是非常宝贵的。这将确保法律的任何发展都能证明它值得那些制定 1896 年《司法受托人法》的人的努力付出。

---

〔105〕 信托法委员会提出的建议第 6.3 段,尽管没有提出如何制定这一标准的说明。

〔106〕 Note 49 above.

〔107〕 这可能涉及审议上文所审议的一些相关事项及其案文。

第十章　同意

詹妮弗·佩恩
(JENNIFER PAYNE)

一、引言

对违反信托义务的受托人来说，总是可以利用各种理由为自己辩护。也许最经久不衰的抗辩是这样一种陈述，即同意违反信托的受益人无法就违反信托向受托人提出索赔。有时，作出同意的意思表示的受益人甚至可能不得不对受托人进行赔偿。[1] 这似乎足够简单明了。事实上，这一原则自首次被阐明以来(250多年)，围绕这一原则存在的争议非常小。[2] 它不仅适用于信托受托人，而且适用于其他受托人，特别是公司董事。最近的一个案例提出了一些关于其适用的困难。

---

〔1〕 Trafford v Boehm [1746] 3 Atk 440; Trustee Act 1925, s 62.

〔2〕 正如汉德利(Handley)在1992年《判例汇编周报》第666页Spellson v George[1992]NSWLR 666案中评论的那样，在审查关于这个问题的英国判例法时，“所报道的考虑辩护的案件中，对抗辩或其适用方式的分析出人意料地少”。

1989 年 1 月，Knight v Frost 案[3]中，奈特(Knight)支付 30 万英镑购买了祖克公司的股份。弗罗斯特(Frost)是祖克公司的大股东和事实上的董事，他“在每个重要的时候都行使了董事会的所有权力”[4]。奈特的 28 万英镑资金立即被祖克公司的董事借给了祖斯公司。祖斯公司是一家由弗罗斯特及其妻子拥有的美国公司，实际上已无力偿债，并欠弗罗斯特大笔款项。奈特随后同意向祖克公司的银行提供 45, 000 英镑的有限担保，以使祖斯公司能够向祖克公司再贷款 75, 000 英镑。这两笔贷款都没有附带商业利率，这违反了弗罗斯特作为祖克公司董事的职责。随后，奈特又向祖克公司的银行提供了进一步的担保，这一次是无限期的，以维持公司的运营。

上述两笔贷款都没有还清。奈特试图代表公司，特别是针对与这些贷款有关的弗罗斯特提出派生诉讼。哈特毫不费力地认为这些贷款的主要目的是让祖斯公司受益，因此弗罗斯特违背了他在这些贷款方面为祖克公司的最大利益真诚行事的信托义务。此外，由于弗罗斯特同时担任祖克公司董事和祖斯公司股东，他违反了自我交易规则，未能遵守 1985 年《公司法》第 317 条的要求。然而，弗罗斯特认为，尽管存在这些违规行为，但祖克公司的股东不能代表公司提起派生诉讼，因为奈特默许了这些违规行为。哈特说：

根据我的判断，在确定原告对所发生事情的默许是否足以使祖克不再因违反信托义务而追究弗罗斯特先生的责任时，所采用的测试与受益人默许违反信托义务的类似案例中适用的测试相同。威尔伯福斯在 1961 年的 Re Pauling's Settlement Trusts 案(以下简称瑞·鲍林案)(3 All ER 713 at 730)中表达了这一点。[5]

---

[3] [1999] 1 BCLC 364.

[4] Knight v Frost (n 3 above) 368.

[5] Knight v Frost (n 3 above) 375.

就该案事实而言，哈特认为，自始至终，奈特从未默许第一笔贷款，因为他知道30万英镑中的大部分将支付给祖斯公司，并且他投资的业务本质上是投机性质的，但关于祖斯公司的经济实质，奈特的“同意”是建立在弗罗斯特对祖斯公司财务实质的误导性陈述上的。然而，在哈特看来，奈特已经同意了随后的75,000英镑贷款，因为那时奈特一定已经意识到了祖斯公司的财务状况。因此，尽管哈特准备允许祖克公司对弗罗斯特提出索赔以收回第一笔贷款，但他不准备允许就第二笔贷款提出索赔。

Knight v Frost 案特别关注的是将信托法规则转换为公司法的方式，以及哈特的假设，即违反信托和董事违反义务在这方面是“类似的”。本章将调查“同意抗辩”的适用情况，并提出这两种情况并非如哈特所认为的具有相似性。Knight v Frost 案引发了两个有趣的问题：奈特是否真的同意弗罗斯特违反义务？如果答案是肯定的，那么该同意的效果是什么？

二、对违反信托的同意

早在1818年，埃尔登（Eldon）勋爵就重申了违反信托同意的基本原则：

所有的案例都表明，如果信托受益人与违反信托的受托人联合起来，共同从事构成违反信托的行为，并且明知行为违反信托，那么这样的信托受益人就永远不能起诉该违反信托的行为。埃尔登勋爵更进一步指出一个观点：无论是共同从事行为，还是没有最初同意情况下的默许，都将豁免受托人。但这只是一条一般适用规则，法院必须调查引发同意或默许的具体情况。[6]

对该规则的表述一般用威尔伯福斯在瑞·鲍林案中的陈述:[7]

法院必须考虑信托受益人表示同意的所有情况,以考察信托受益人在作出同意的意思表示之后,转身起诉受托人是否衡平和公正。在这种情况下,他是否知道他所同意的是一种违反信托的行为(不是必要条件),判断这一问题的前提是他完全理解他所同意的是什么,并且他是否直接从违反信托行为中受益不影响"同意"的效力。[8]

法院[9]和评论员[10]都重申了对同意抗辩的界定,但令人惊讶的是,在这方面几乎没有进一步的讨论或分析。[11] 正如威尔伯福斯的声明所表明的那样,这种抗辩规则的一个重要内容是否定受益人对受托人的后续索赔应该是公平和公正的。[12] 一般情况下这肯定是正确的,但这一问题不能仅停留在那个层面上。

毫无疑问,受益人向受托人作出的明确合同承诺,即他不会就某一特定的未来信托违约提起诉讼,对受益人具有约束力,因为在没有无效因素的情况下,合同承诺始终具有约束力。[13] 同样清楚的是,如

---

〔6〕 Walter v Symonds [1818]3 Swans 1, 64; 36 ER 751, 774. Cf Trafford v Boehm [1746]3 Atk 440.

〔7〕 See [1961] 3 All ER 713.

〔8〕 参见 Re Pauling's Settlement Trusts (n 7 above)730, specifically endorsed on appeal [1964] Ch 303 (CA)338。

〔9〕 Eg,Spellson v George[1992]NSWLR 666;Knight v Frost[1999]1 BCLC 364.

〔10〕 J Martin (ed)Hanbury and Martin's Modern Equity (16th edn Sweet and Maxwell London 2001)663 –664; P Pettit Equity and the Law of T rusts' (8th edn Sweet and Maxwell London 1997)491; D Hayton (ed)Underhill and Hayton's Law of T rusts and T rustees (15th edn Butterworths London 1995)894.

〔11〕 Eg,Spellson v George [1992]NSWLR 666 (NSWCA)669 (Handley JA).

〔12〕 Re Pauling (n 7 above)730.

〔13〕 Generally: Sir Guenter Treitel The Law of Contract(10th edn Sweet and Maxwell London 2000)Ch 13.

果允许受益人违背其承诺是不公平或不公正的,那么在违反信托之前作出的承诺即使不具有合同约束力,也应该得到维护。这种衡平的考虑基于这样的事实:由于受托人依赖受益人的承诺,因此将自己置于将承担潜在责任的地位,这将产生对公平的考虑。如果受托人不会,或可能不会做他已经做的事,并且在受益人没有承诺放弃任何索赔的情况下导致信托违约,那么要求受益人在以后违背该承诺大概是不公平的。

除基于受益人不起诉受托人的某种协议为表现形式的同意的情况外,法院还将仅从受益人同意违反信托本身来推断存在该协议。即使没有类似协议的任何内容,当受益人对违反信托的资产处置行为给予有效同意,日后又允许受益人对受托人提起该不当处置的诉讼,似乎同样不公平。〔14〕 实际上,这方面的大多数情况(包括瑞·鲍林案本身)都是如此,涉及后一种情况,即明确同意构成违反信托的行为。任何不起诉的协议都只是法律的推论。

如果法院所采用的测试仅是衡平和公正的测试,那么它将理所当然地受到与尼科尔斯勋爵相同的批评,尼科尔斯勋爵将“不合情理”的概念视为违反信托协助案件中责任的“试金石”。尼科尔斯勋爵表示,除非明确“在这种情况下,不合情理意味着什么”〔15〕,否则对不合情理性的测试同样毫无意义,我们需要一些指导,以了解在特定事实情况

---

〔14〕 当同意抗辩以这种方式表述时,由于受益人已使受托人相信他或她不会通过明示同意不起诉,或通过同意受托人随后在履行违约行为时所依赖的违反信托本身而提起诉讼,因此允许受益人起诉受托人是不公平的,那么,抗辩的基础就可以在禁止反悔的范围内进行调整。许多案件都基于禁止反悔的理由: Swan v Perpetual Executors and Trustees Association of Australia Ltd [1897] 23 VLR 293, 309 (Holroyd J); Phillipson v Gatty [1848] 7 Hare 516, 523 (Wigram V-C); Chillingworth v Chambers [1896] 1 Ch 685, 704 and 708; Holder v Holder [1968] Ch 353, 403 (Sachs LJ) Quite how far the consent defence can be regarded as estoppel-based is open to question。当然,同意抗辩的一些例子与禁止反悔的经典概念非常接近,这种概念基于一方当事人对另一方当事人的某些陈述,而另一方当事人依赖对他或她不利的陈述。然而,很明显,同意并不总是通过禁止反悔来适用。

〔15〕 Lord Montfort v Lord Cadogen [1810]19 V es 635; Overton v Bannister [1844]3 Hare 503, 506 (Wigram V-C).

下,与同意违反信托有关的衡平和公正意味着什么。一些指导是可利用的。事实上,就同意抗辩的内容而言,很容易找到一些已经达成共识的陈述:[16]

(1)作出同意意思表示的受益人已经成年,[17]心智健全;

(2)不得因不当影响而取得同意;[18]

(3)一个受益人同意违约的事实不会影响没有同意违约的其他受益人的权利;[19]

(4)受益人应当充分理解"其同意的内容",[20]但不需要知道其同意的事项是违反信托的行为;

(5)受益人从违反信托中受益不是必要条件;[21]

(6)在决定是否允许受益人对受托人提出索赔时,必须考虑所有情况。[22]

这些陈述通常适用于同意违反信托的所有情况。[23] 然而,违反信托的"同意"并不是一个单一、简单的概念,必须适用一套单一、简单

〔16〕 本清单并非详尽无遗,但包含了评论员普遍认为构成抗辩依据的观点。

〔17〕 Lord Montfort v Lord Cadogen [1810] 19 Ves 635; Overton v Bannister [1844] 3 Hare 503, 506 (Wigram V-C).

〔18〕 Farrant v Blanchford [1863] 1 De GJ & Sm 107; Stevens v Robertson [1868] 18 LJ 427.

〔19〕 Brice v Stokes [1805] 11 Ves 319; Ghost v W aller [1846] 9 Beav 497.

〔20〕 Re Pauling [1961] 3 All ER 713, 730 (Wilberforce J).

〔21〕 Chillingworth v Chambers [1896] 1 Ch 685; Fletcher v Collis [1905] 2 Ch 24.

〔22〕 Re Pauling [1961] 3 All ER 713, 730 (Wilberforce J).

〔23〕 Lord Hailsham of St Marylebone Halsbury's Laws of England (4th edn Butterworths London 1973) vol 48 (2000 reissue) paras 1014 – 1015. Some commentators accept that there are differences to be drawn between, for example, concurrence and acquiescence, but nevertheless suggest that the statements (i) – (vi) apply in all cases: J Martin (n 10 above) 663 et seq, esp 666 regarding statement (iv).

的规则来确定是否应允许受益人起诉受托人。[24] 相反,它包括许多不同的事实情况,从明确同意在违约发生前不起诉受托人的受益人,到仅在违约发生后才发现违约的受益人,并且没有对违约表示同意或反对,其间有许多具体情形。[25] 当然,在所有这些事实情况中,最重要的是,拒绝受益人索赔需要确保公平和衡平的实现。因此,似乎上述(1)～(6)的陈述只有在反映任何特定情况下的衡平和公正时,才能普遍适用。

在此基础上,陈述(1)～(3)似乎是无可非议的。很难想象,在任何实际情况下,仅基于一个受益人的同意,或由于受到不正当影响而引起的同意,或受益人缺乏必要的同意能力,而否认受益人提出索赔的权利是公平和衡平的。[26]

陈述(4)需要更多的思考。可以设想法院应考虑受益人已从违约行为中受益这一事实。例如,Stafford v Stafford 一案[27]中,一名女性被告知即将发生的违反信托事件,但她什么也没说。在接下来的15年里,她接受了因违反信托而产生的款项,在这段时间里,她没有采取任何行动来维护自己起诉受托人违反信托的权利。在这段时间结束时,她决定就这一违反信托行为向受托人提出索赔——她的索赔失败了。

---

〔24〕 法院和评论员使用不同的短语,却没有准确界定它们在每个案件中的含义,这一事实无助于厘清属于"同意"一词范畴内的各种事实情况,例如,Lord Eldon in Walker v Symonds [1818] 3 Swan 1, 64 talks variously of "concurrence", of acts "authorized" or "adopted" by the beneficiary and of "acquiescence". See also Wigram V-C in Phillipson v Gatty [1848] 7 Hare 516, 523. Other judges have spoken of "inducement" or "assent" by the beneficiary: De Bussche v Alt [1878] 8 Ch D 286, 314 (James, Baggallay and Thesiger LJJ), of "release of the trustees", of "estoppel by words or conduct" and of acts "sanctioned" by the beneficiary: Life Association of Scotland v Siddal [1861] 3 De G F & J 58, 73 - 4; 45 ER 800, 806 (Turner LJ).

〔25〕 参见 Spellson v George [1992] NSWLR 666 (NSWCA) 679 (Young JA)。

〔26〕 当然,法院仍需确定不当影响和"必要"能力等概念的含义。这一讨论超出了本章的范围。

〔27〕 [1857] 1 De G & J 193.

仅因受益人未能在一段时间内提出索赔而推导出受益人同意的情况很少。这也许并不奇怪。以这种方式将违反信托的责任推到受益人身上,通常难以实现衡平和公正。正如特纳(Turner)所说:

受托人有责任遵守信托义务……我不准备认为,受托人仅仅是通过通知信托受益人,就可以被允许免除违反信托义务的责任。他不能让受益人承担告知他的信托职责,并提醒他遵守职责的义务。[28]

在 Stafford v Stafford 案中,法官指出,一般不应基于受益人长期不作为,就推导出受益人同意的结论。[29] 出于衡平和公正起见,因受益人不作为而否认其对受托人违反信托的索赔权,则需要一些特别情形。斯坦福德(Stafford)的受益人从受托人违约中受益这一事实就非常特殊,足以使受益人的不作为构成有效的同意。因此,法院最好在该案中考虑到她的利益。陈述(5)的公认表述——受益人没有必要从中受益,不应妨碍法院在 Stafford v Stafford 案等罕见案件中考虑受益

〔28〕 Life Association of Scotland v Siddal [1861] 3 De G F & J 58, 73 – 4, 45 ER 800, 806. 虽然这在复归利益的背景下是明确的,但很难理解为什么它不应该更广泛地适用于所有受益利益。

〔29〕 This should now be left to the Limitation Act 1980. Although some early cases did suggest that a beneficiary can be disentitled from relief by mere acquiescence over a long period of time—Life Association of Scotland v Siddal [1861] 3 De G F & J 58, 77 (Lord Campbell LC)—the better view is stated clearly by Wilberforce J in Re Pauling [1961] 3 All ER 713 in relation to what was then the Limitation Act 1939: "[t]here being an express statutory provision providing a period of limitation for the plaintiffs' claims, there is no room for the equitable doctrine of lache." (735) aff'd in Re Pauling [1964] Ch 303 (CA) 353. An example of the modern approach to this issue can be seen in John v James [1991] FSR 397, 438 (Nicholls J). 唯一的例外是,如果限制法案出于任何原因不适用。例如,1980 年《时效法》第 21 条规定,对于拥有未来权益的受益人,该法规定的时效期在该权益被占有之前不会开始计算。对于未来有利益关系的受益人,如果他知道信托违约并在接管前 20 年内(如通过默许)有效同意该违约行为,可能会有一些论点认为,在这一点上,允许受益人就违约行为起诉受托人可能是不合情理的。

人的受益问题。[30]

陈述(4)中,关于受益人是否知情,特别是他或她是否知道所同意的内容违反信托,是更大的问题。尤其是需要仔细考虑本陈述与陈述(5)之间的相互作用,后者要求权衡所有事实。瑞·鲍林案对于理解这种相互作用是很重要的。

在瑞·鲍林案中,在获得终身权益持有人 W 的书面同意后,婚姻安排协议的受托人(一家银行)有权就婚姻四个子女中每一个的既得份额的最高 50% 行使预付权,并为其生前遗赠或者以受托人认为合适的方式为其利益支付相同的价款。这家人总是入不敷出。一共支付了 34 笔款项。一些是为了孩子的利益而支付的,没有违反信托,但其他一些显然是为了 W 的利益而安排的,法院认为这些违反了信托。然而,在后两种情况下,所涉儿童都在违规行为发生之前签署了同意书。其中一些所谓同意效力被打了折扣,因为这些孩子不知情,而且是"盲目给予的"。[31] 然而,如果同意有效,这就意味着那些已经表示同意的受益人无法诉诸银行对相关违约行为承担责任。当面临对这些受益人进行适当知情测试的问题时,威尔伯福斯审查了权限,并提出了他认为应该使用的测试。该测试具有重复性:

> 法院必须考虑受益人同意时所有的法律情境,以此决定在受益人作出同意的意思表示后,他回过头对受托人提起诉讼的行为是否衡平和公正。受益人不必知道他所同意的是违反信托的行为,如果他充分了解他所同意的事项,受益人直接从违反信托的行为中受益也不是必需的要件。[32]

---

〔30〕 Chillingworth v Chambers [1896] 1 Ch 685; Fletcher v Collis [1905] 2 Ch 24; Re Pauling [1961] 3 All ER 713, 730 (Wilberforce J).

〔31〕 [1961] 3 All ER 713, 734.

〔32〕 [1961] 3 All ER 713, 730.

因此,这个测试包含陈述(4)和陈述(5)。很明显,威尔伯福斯希望这两种陈述都与瑞·鲍林案相关联。但是,在受益人同意违反信托的情况下,这两种测试是否都应该被视为普遍适用的测试?有争议的是,考虑到瑞·鲍林案的所有情节,威尔伯福斯在该案中否认受益人的索赔是公平和公正的,尽管他们不知道他们同意的内容构成了对信托的违反。威尔伯福斯强调,所涉两名受益人均受过教育,完全能够理解信托条款及其重要性,事实上,就两名受益人中的至少一人而言,威尔伯福斯似乎表明,他可能很清楚自己的受益权以及在任何情况下违反信托的行为。[33] 然而,令人怀疑的是,威尔伯福斯的具体主张,即受益人无须了解其同意的法律后果,其意图是否不仅仅意味着受益人的不知情往往对同意的抗辩不是致命的。[34]

将威尔伯福斯的观点视为对有效同意所应包含的要素制定了一种普遍的方法,是一种更好的观点。这种方法考虑到案件的所有情况,对各因素进行综合权衡。从这些特定事实的总体来看,对所做事情法律性质的具体了解并不是有效同意的先决条件。把具体的知情测验看作一个普遍的测验,从这种分析角度来说,是错误的。然而,威尔伯福斯的具体知情测试在瑞·鲍林案中的地位,似乎确实存在一些困惑。例如,哈尔斯伯里案中所包含的同意抗辩的表述似乎不那么具有灵活性:

当受益人对违反信托提起诉讼时,如果其同意被相对方用作对其提起诉讼的抗辩,法院就必须考虑所有的情况,以决定起诉受托人是否公平合理;但是,出于保护受益人考虑,受益人没有必要知道他所同意的是一种违反信托的行为,如果他完全理解他所同意的内容,也没有必要要求受益人从这种违反行为中受益。法律没有硬性规定不了解

---

[33] Re Pauling's Settlement Trusts (n 32 above)730 – 731.

[34] Support for this view can be found in Spellson v George [1992] NSWLR 666 (NSWCA)676 (Hope AJA obiter).

法律权利会妨碍有效同意的效力，但是，所有这些情况都必须加以考虑，以确定提出诉讼的受益人是否应该在对受托人提起的诉讼中胜诉。[35]

也许这并不奇怪，在 Knight v Frost 案[36]中，哈特在应用威尔伯福斯的具体知情测试时，便认为这是一个普遍适用的测试方法。虽然哈特没有明确提到他申请对该案进行知情测试，以此确定当事人对 75,000 英镑贷款的同意是否会阻却其的索赔权，但他确实提到了包含该测试的瑞·鲍林案的相关章节。根据对该案事实和结果的分析，显然，他一定应用了威尔伯福斯的知情测试。虽然有人可能认为，奈特了解他所提供担保的总体情况，以及这些担保使得向祖斯公司提供贷款成为可能的事实，因此，可以说，他已经完全了解了他作出同意的意思表示时的外部情境，很难理解为什么奈特可以被视为明知他所同意的事项是弗罗斯特违反信托的行为。

显然，在 1990 年之前，奈特肯定不知道祖斯公司的严重财务困境，直到 1990 年，奈特收到了截至 1990 年 1 月 31 日的一份祖斯公司未经审计的账目复印件，以及 1990 年秋天弗罗斯特向银行提交的"管理报告"的复印件，那时"奈特必定清楚祖克公司和祖斯公司都没有钱"[37]。当然，在那一天之后（重要的是，在违反义务的那天之后），奈特继续提供无限担保，但哈特所依赖的作为奈特"同意"的证据的有限担保发生在 1989 年，当时奈特尚未掌握该信息。如果在奈特同意的时候没有这些信息，很难看出奈特是如何理解这些贷款将构成弗罗斯特的违约行为的。如果哈特考虑到了这个问题，那么他肯定会发现奈特是不同意的。然而，哈特得出结论，事实上，奈特确实同意弗罗斯特与祖克公司向祖斯公司提供的第二笔 75,000 英镑的贷款关联的违反

[35] Halsbury (n 23 above) vol 48 para 1015. 请注意，该测试不限于"同意"的情况，而且旨在更普遍地应用于同意。这似乎至少包括默许，如果不是免除的话，这似乎在第 1016 段单独处理。

[36] [1999] 1 BCLC 364.

[37] [1999] 1 BCLC 364.

义务的行为。[38]

更可取的观点不是将威尔伯福斯的具体知情测试视为一种普遍测试,而是将注意力集中在他在瑞·鲍林案中设定的一般原则上,即在确定是否应当否认受益人的救济时考虑所有事实。这很可能意味着,在特定的事实情况下,只有在受益人确实理解其同意的法律后果的情况下,否认受益人对受托人提出索赔才是公平和公正的。这一观点得到了支持。

很明显,威尔伯福斯并不认为他所制定的测试是面面俱到的。他将测试限制在"同意"的情况下。法院从未对其多方面用于描述不同类型"同意"的词语设定明确定义,但"同意"一词的使用往往意味着通过受益人的积极行为对违约行为表示同意,[39]与不作为同意("默许")不同。[40] 它似乎也排除了受益人在违约发生后免除受托人责任的情况。[41] 这显然符合瑞·鲍林案中的观点,即受益人

---

〔38〕 [1999] 1 BCLC 364, 378. 哈特允许就28万英镑的第一笔贷款采取派生诉讼是正确的,这一点毋庸置疑。

〔39〕 这可能包括受益人的积极行为,即同意违约或同意不起诉,也可能包括受益人鼓动违约的情况。See Evans v Benyon [1887]37 Ch D. 329; P Pettit Equity and the Law of T rusts (8th edn Butterworths London 1997)491.

〔40〕 此处的不作为实际上意味着受益人未能就违反信托提起诉讼,但这可能与其他可能表明受益人在未明确说明的情况下接受违约的行为相结合。See Holder v Holder [1968] Ch 353 (CA).

〔41〕 尽管大多数评论员倾向于将这种情况作为同意的一个例子,例如,Halsbury (n 23 above)(4th edn 2000 reissue) vol 48 paras 1014 – 1015; Hanbury and Martin (n 10 above)663; P Pettit (n 39 above)49。事实上,最好将其视为受益人的同意不会得到支持的情况,除非该同意构成受托人和受益人之间具有约束力的合同的一部分,然后受托人可以在合同中强制执行该合同。在没有这种合同的情况下,很难理解为什么要求受益人受到违约后解除是公平的,因为缺乏对受托人的依赖。法院从未明确表示过这一点,但有人认为,法院在这方面的推理可以为这一观点提供一些支持。特别是,法院认为,违约后的解除通常被认为需要受益人给予某种有价值的考虑,无论这种考虑多么轻微。See Stackhouse v Barnston [1805]10 Ves 453; Ghost v Waller [1846]9 Beav 497. Only the old case of Egg v Devey [1847]10 Beav 444. 只有 Egg v Devey [1847]10 Beav 444 的案例似乎与这一观点相矛盾。然而,这并不是一个完全直截了当的案件,因为它涉及原告在遗嘱中留下金钱,据说接受遗嘱会阻止原告随后提出违反信托的索赔。虽然该案中遗嘱项下的赠与可被视为独立于信托,但法院明确认为二者是相互关联的,并在认定原告放弃提起违反信托诉讼的权利时,非常强调原告根据遗嘱接受赠与。因此,有人认为,过分依赖该案是错误的。

的积极行为构成同意违反信托。这也符合这样一个事实,即在瑞·鲍林案中,当确定受益人不需要知道存在违反信托行为时,〔42〕威尔伯福斯严重依赖另一个涉及同意的早期案例〔43〕,即 Evans v Benyon 案〔44〕。

关于威尔伯福斯的具体知情测试不应被视为普遍适用测试的观点,可以在 Holder v Holder 案中找到进一步的支持。〔45〕在该案中,被告购买信托财产的行为违反了信托。他和原告一样,错误地认为自己已经成功地退出了信托关系。被告辩称,原告同意违反信托,因为,在被告看起来不太可能完成销售的情况下,原告非但没有试图撤销出售,反而要求被告赔偿定金。这是一个默许案件,因为被告声称原告没有做任何事情来向受托人主张自己的主张,根据被告的说法,从中可以暗示原告同意违约。原告辩称,由于他没有意识到被告是受托人,因此他不知道该出售行为构成了对信托的违反。因此,他不知道自己有权撤销出售。

Holder v Holder 案一开始面临的问题是,在决定是否允许原告提出违反信托的索赔时,是否应考虑这种不知情的情况。对于这一问

---

〔42〕 威尔伯福斯将其测试局限于并发的案例,这一事实也有助于解释之前的一些案例,这些案例采用了不同的知情测试,并且威尔伯福斯似乎觉得没有必要加以区分,例如,Farrant v Blanchford [1863] 1 De G J & Sm 107, esp 119 (Lord Westbury)。

〔43〕 有一点需要注意。Evans v Benyon 案涉及受益人的积极行为,构成同意违约,与瑞·鲍林案有一个重要的区别,在这种情况下,违约是由受益人鼓动的。可以说,Evans v Benyon 案中有关知识的评论仅限于"同意并积极参与"信托基金分配的受益人(344 Cotton LJ)。长期以来,议会和法院都承认,受益人鼓动违约不同于受益人对违约行为的简单同意,并且会产生更严重的后果,尤其是在受益人可能对受托人进行赔偿方面。1925 年《受托人法》第 62 条涉及受益人可能被要求赔偿受托人的情况,该法对受益人的明示同意(必须以书面形式)和受益人鼓动违约的情况(在这种情况下无须书面形式)进行了区分。在普通法中,受托人在这两种不同情况下获得赔偿的可能性有区别。就明示同意而言,只有在受益人获得个人利益的情况下,才会进行赔偿。See Booth v Booth [1838] 1 Beav 125; Chillingworth v Chambers [1896] 1 Ch 685. 但是,如果受益人鼓动违约,则无须显示个人利益。See Sawyer v Sawyer [1885] 28 ChD 595. 因此,有争议的是,在瑞·鲍林案中,威尔伯福斯不应在该案的狭窄范围之外,应用 Evans v Benyon 案中使用的受益人知情测试。

〔44〕 [1887] 37 ChD 329 (CA).

〔45〕 [1968] Ch 353 (CA).

题,克罗斯(Cross)审查了权限。他提到了威尔伯福斯的结论"关于受益人必须具备何种程度的知情才能被认定为同意违反信托的类似问题"[46],并立即就他是否应该应用相同的测试发表了自己的观点:

同样,根据我的判断,在所谓默许案件中,我们不能制定严格的规则来决定对已知事实的法律后果的知情对成功抗辩是或不是至关重要的。这完全取决于具体情况。根据 Stafford v Stafford 案[47]中的事实,人们可以很好地理解为什么上议院大法官认为允许请求人依赖她对自己权利的不知情是不公平的。然而,在这种情况下,在我看来,把他对他所知道的事实知情的法律后果归咎于他是完全不公平的。[48]

这句话开头的"同样"很重要。克罗斯觉得自己同意威尔伯福斯在瑞·鲍林案中的说法。由于他对摆在他面前的事实采用了不同的具体知情测试,他只能同意威尔伯福斯在该案中所述的一般原则,即在确定受益人的知情问题时需要考虑该案的所有事实。克罗斯清楚地认为,威尔伯福斯提出的具体知情并不是一种普遍适用测试。上诉法院认可了这个观点。[49] 哈曼说:

和法官一样,我也希望遵循威尔伯福斯的结论,他在瑞·鲍林案的信托协议中审查了生效判决。[50] 因此,没有严格规定对法律权利的不知情是一种阻却,但必须审视整个情况,以确定提出申诉的受益

[46] Holder v Holder [1968] Ch 369.
[47] Sawyer v Sawyer [1885] 28 ChD 595.
[48] Holder v Holder [1968] Ch 369 – 370 (Cross J).
[49] [1968] Ch 353.
[50] [1962] 1 WLR 86; [1961] 3 All ER 713.

人是否应该对受托人胜诉。[51]

威尔伯福斯的具体知情测试似乎不应该被视为一种普遍适用的测试。然而,对于他的具体测试应该在什么时候应用,可以从狭义或广义的角度来看待。狭义的观点认为,虽然该测试不具有普遍性,但其目的是涵盖所有被视为包含"同意"的行为,即受益人鼓动违约、明确同意违约发生或在违约发生前明确同意不起诉受托人。广义的观点认为,即使在同意的情况下,具体测试也不应自动适用,即使在这些情况下,法院也应始终根据摆在其面前的特定情况来确定适当的知情测试。这一观点在 Holder v Holder 案上诉法院的裁决中得到了一些支持。

后一种观点更可取,因为公平和公正作为首要价值可能意味着,即使受益人表面上同意违反,甚至鼓动违反,但只有当他们知道自己同意(或煽动)违反信托的事实时,就案件的特定事实而言,否认他们的后续索赔才是公平和公正的。例如,受益人要求受托人进行某些投资,而这些投资违反了信托。受益人不知道其所建议的投资构成违反信托,并且合理地认为受托人会检查这一点,并且仅在事实上符合信托文书条款的情况下进行投资。在这种情况下,受益人的鼓动是否应被视为有效同意?人们可以抗辩说,否认受益人提出后续索赔是不公平的。

然而,处理 Knight v Frost 案的过程中,这两种观点的妥协方案不是必须的,因为即使在狭义的观点上,哈特也错误地将瑞·鲍林案中的具体知情测试自动适用于该案的事实。如果奈特有作出同意的意思的话,即不属于同意违反信托的范畴。奈特既不鼓动违约,也不直接同意违约,也不明确同意不起诉弗罗斯特违约。相反,这是奈特提

〔51〕［1968］Ch 353, 394. 然而,上诉法院推翻了克罗斯对该案事实的这一检验,裁定原告不应主张违反信托,因为他在充分了解事实的情况下(尽管不知道违反信托的情况)确认了销售并接受了部分购买价格。

供有限担保的行为，从而同意向银行借款，哈特依靠该行为来确定存在同意：

原告同意借款（并暗示借款）是在作出一个充分知情的决定，使祖克公司从现在起不再对此事提出申诉。[52]

这可以被分析为推定同意，或者更可能的是，在 Holder v Holder 案中，被分析为默许同意。[53] 因此，我们必须考虑所有情况，以确定奈特是否应该被允许对弗罗斯特提起诉讼。一个很好的起点似乎是 Holder v Holder 案中克罗斯的陈述，即在默许的情况下，受益人应该知道自己的合法权利，在此基础上，否认他的索赔权才是符合公平和衡平要求的选择。似乎没有任何理由对奈特的默许适用不同的测试。[54] 奈特做的唯一一件事就是同意借钱，然后弗罗斯特违反义务借给祖斯公司。奈特对贷款给祖斯公司会涉及违反义务的不知情似乎至关重要。在这种情况下，很难理解为什么代表公司否认奈特对弗罗斯特的索赔是公平和公正的。基于此，哈特认为奈特的行为构成有效同意似乎是错误的。

三、抗辩扩展适用于公司法

在这一部分中，我们从有效同意的成立要求转向同意的效果本身。一个重要的问题是，抗辩适用于董事和受托人的效果是否相同。哈特将两者视为“类似”的，因此，在公司法中类似 Knight v Frost 案等

〔52〕［1962］1 WLR 86；［1961］3 All ER 713.

〔53〕哈特在整个判决过程中都提到奈特的“默许”。

〔54〕例如，这里没有骑士个人利益的元素。这一问题对霍尔德上诉法院来说似乎至关重要，因为它说服他们不要将克罗斯的一般原则应用于该案的事实。

情况下,可以适用同意违反信托的原则,而无须进一步考虑该情况在公司法中适用环境的差异。这一部分将试图表明,公司法与信托法的情况并不像哈特建议的那样相似。在公司法背景下适用同意抗辩时需要谨慎。

在公司法中,诸如奈特等股东声称的同意可能在两种情况下具有相关性:一是股东就公司对其个人应承担的义务对公司提起的诉讼;二是公司对其他人(如董事)提起的诉讼,股东代表公司提起的诉讼。有时会出现一些混乱,因为同一个诉讼可能同时导致两种情况,例如,违反公司章程可能同时涉及公司对股东个人的错误行为(因为1985年《公司法》第14条规定,公司章程构成股东与公司之间的合同),以及董事对公司的错误行为,导致公司违反其章程。

(一)股东对公司向其个人所负义务的同意

对于股东就其个人所受不当对待而提起的诉讼,同意的信托原则具有明显的相关性。从本质上讲,同意违反信托这一概念的适用很简单。上文提到的困难之处主要在于确定是否已给予有效同意。一旦确认有效的同意,该同意的适用就相当清晰。有效同意意味着受益人将失去就违约向受托人提出索赔的权利,尽管如此,显然其他未同意的受益人将保留这一权利。[55] 这个概念是这样适用的,因为受托人的所有义务的履行对象都是受益人。他们是对受托人违反信托提起诉讼的权利人,因此他们是免除受托人义务的权利人。因为免除权是个人的,每个受益人在决定他或她是否会向受托人放弃个人利益时只需要考虑他或她自己的意愿;受益人没有义务考虑任何其他人的利益来作出这个决定。

因此,受益人有权同意不对违反该义务的行为提起诉讼,无论是明示还是以某种方式同意违约行为本身,如默许不当行为。由于权利

---

〔55〕 Brice v Stokes [1805] 11 Ves 319; Ghost v Waller [1846] 9 Beav 497.

的个人性质，一个受益人的同意对另一个受益人不具有约束力。这非常符合公司对股东个人承担义务的情况。

在这方面经常引用的一个案例，即 Towers v African Tug Co（以下简称托尔斯案），[56] 这个案例值得研究，在该案中，董事会不合法但诚实地将 1900 年的利润用于支付中期股息，而不是减少借记差额。显示这些错误的资产负债表已提交给股东并获得批准。当他们意识到自己的错误时，他们建议用未来利润来抵销借记差额，并在随后的两个财政年度内完成，正如这些年度的资产负债表所示，这些年度的资产负债表也提交给了公司的股东，并得到了他们的批准。1903 年，两名已收到其股息份额并同意通过所有三份资产负债表的股东代表自己和公司其他股东就该行为（非法行为[57]）对公司提起诉讼。上诉法院一致认为，在这种情况下，原告的诉讼无法成功：

> 我认为，如果股东自己在提起诉讼时口袋里有基于越权行为得到的部分收益，他就不能提起诉讼。在我看来，这也不会改变他代表自己和他人提起诉讼的事实。[58]

事实上，在 Wallersteiner v Moir 案（No 2）[59] 之后，托尔斯（Towers）的股东代表公司提起诉讼被称为股东派生诉讼，但随后令人困惑的是，被描述为股东“代表自身和所有其他股东以公司为被告提

---

〔56〕［1904］1 Ch 558.

〔57〕Cf Companies Act 1985 s 35.

〔58〕［1904］1 Ch 558（CA）567（Vaughan Williams LJ）.

〔59〕［1975］QB 373（CA）391. 在 Wallersteiner v Moir 案（No 2）中，上诉法院不仅采用了“衍生诉讼”一词来描述少数股东代表公司提起的诉讼，而且，这种术语的变化有助于澄清这样一个事实，即在这种情况下，个人股东根本没有强制执行个人权利。这显然具有重要后果，例如，股东可以就其成为股东之前对公司所犯的错误提起衍生诉讼（参见 Seaton v Grant［1867］LR 2 Ch App 459）。

起诉讼"[60]。由于个人索赔和派生索赔之间的这种混淆,托尔斯案对派生诉讼产生了影响,下一节将更详细地讨论这个问题。然而,出于这些目的,很明显,无论是对是错,托尔斯案的上诉法院都认为股东代表公司提出的主张是股东个人主张的集合。上诉法院明确表示,这些个人股东不能起诉,也不能起诉获得更大的起诉权,因为他们的诉讼在形式上是他们自己和公司所有其他股东的行为。[61]

因此,托尔斯案中同意概念的应用至关重要,在该案中,法院将股东的诉求视为主张股东个人的利益。原告在完全了解事实的情况下默许了错误的股息支付,并且这些股息份额确实落入他们的口袋,这意味着,如果允许他们代表个人获得索赔,那将是不公平的。以这种方式理解,上诉法院关于股东个人利益和行为可以消灭其个人索赔权(无论是个人索赔还是集体索赔)的陈述显然是正确的。然而,在充分理解了个人诉讼和派生诉讼之间的区别后,[62]在托尔斯案中规定的规则的任何更广泛的应用都是可以开放讨论的。

(二)股东对于向公司承担义务的同意

1. 一般原则

在 Knight v Frost 案中,奈特提出的诉讼不是代表他自己的诉讼,而是代表公司的诉讼。在这种情况下,信托同意概念的不太适用。这是因为涉及三项重要的公司法规则:公司的独立法律人格,[63]多数控制的概念,股东的表决权是一种财产的概念,从而使得"每个股东对任何事项都有一个完全的表决权,尽管他在主题问题上的个人利益可能

---

〔60〕"代表诉讼"一词通常用于描述股东代表自己(可能还有其他股东)对其个人所犯错误提起的诉讼,以及股东代表公司对公司所犯错误提起的诉讼。参见 Foss v Harbottle [1861]2 Hare 461, 491 – 492。

〔61〕 Towers v African Tug Co [1904]1 Ch 572 (Cozens-Hardy LJ).

〔62〕 Prudential Assurance Co Ltd v Newman Industries (No 2)[1982] Ch 204; Johnson v Gore Wood & Co [2001] 2 WLR 72 (HL).

〔63〕 Salomon v Salomon & Co Ltd [1897] AC 22 (HL).

与公司的一般或特定利益对立或不同”〔64〕。

将这些规则应用于Knight v Frost案，可以清楚地看出，在这种情况下，将信托原则转换成公司法中的原则可能存在很大问题。显然，弗罗斯特作为董事对公司负有义务，而不是向奈特这样的个人股东负有义务。〔65〕该案不涉及奈特和弗罗斯特之间可能存在的任何个人权利，而这些权利可能导致奈特以其个人身份提出索赔。该案中唯一相关的错误是弗罗斯特作为董事对该公司的错误行为。同样，公司作为法人而非自然人，不能自行执行也不能原谅这种错误。公司执行权利通常由董事会对不法行为人提起诉讼。然而，弗罗斯特控制着董事会，因此董事会不会代表公司对弗罗斯特提起诉讼。

对错误的宽恕受公司法批准概念的约束。事实上，在公司法中，“批准”一词往往掩盖了两种不同的功能。例如，如果一名董事就合同进行谈判，但其行为超出了其权限，股东的任何“批准”行为通常会解决两个问题：董事违反义务的行为和合同的有效性。这一区别越来越多地被学界采用，〔66〕在某些情况下也被议会采用。〔67〕但可以公平地说，这一区别在实践中尚未得到体现，在两种效果都存在争议的情况下，股东批准的普通决议通常会被认为具有两种效果。〔68〕然而，在

〔64〕 North-West Transportation v Beatty [1887] 12 App Cas 589 (PC), 593 (Sir Richard Baggallay).

〔65〕 Percival v Wright [1902] 2 Ch 421, unless the directors have acted in such a way as to put themselves into the situation of owing duties direct to the shareholders: Briess v Woolley [1954] AC 333 (HL); Coleman v Myers [1977] 2 NZLR 225; Peskin v Anderson [2001] 1 BCLC 372.

〔66〕 See, eg, RJ Partridge “Ratification and the release of directors from personal liability” [1987] CLJ 122.

〔67〕 Companies Act 1985 s 35.

〔68〕 相较之下，同意违反信托的信托概念仅等同于免除董事的个人责任，而不是对不法行为的任何确认。与公司不同，信托显然没有独立于受托人的法人资格。当第三方与受托人（法定所有人）签订合同时，他们不关心受托人的行为是否以任何方式“约束信托”。该合同将约束受托人作为个人，无论他们在信托方面的行为是正确的还是错误的。因此，合同的“有效性”问题既不适用于第三方外部人员，也不适用于受益人。相反，受益人的问题是，是否免除受托人对其不法行为的个人责任，以及受托人是否有任何与违约有关的赔偿权利。

Knight v Frost 案中，奈特对弗罗斯特就其违反义务造成的损失向公司赔偿的同意声明的效力存在争议。对于这是否会对合同本身的有效性产生任何影响，没有意义，因此，在该案中，可以将同意的信托概念与其公司法对应的概念进行同等比较。

股东以批准的方式对董事违反公司所负义务的行为进行宽恕，这通常由股东大会以普通决议的方式进行。[69] 有效批准的效力通常被认为等同于公司就不起诉董事的违反义务的行为达成的具有约束力的协议。公司作出此类决定的基本原则是多数原则。这意味着：

> 除非本公司成立所依据的章程或其他文书中有相反的规定，否则股东大会就本公司在法律上有权处理的任何问题作出的决议对少数股东具有约束力，进而对本公司具有约束力。[70]

当然，这种情况与信托形成差异性对比，在信托情况下，每个受益人只能在向受托人提供免除责任时约束自己。每一个负有义务的人都有个人权利解除不法行为人的义务。因此，为了不产生疑问，受托人需要获得所有相关受益人的一致同意。

此外，根据表决权作为财产权的一部分的规则，股东可以行使自己的表决权以免除董事的责任。即使他是公司的控股股东，通常也可以这样做。[71] 当然，信托的受益人也可以在他们认为合适的情况下决定是否免除受托人责任，而无须顾及任何其他人的利益。这样一来，他们免除的决定就和股东的投票权一样，均属于财产权。然而，至

---

〔69〕 Regal (Hastings) Ltd v Gulliver [1942] 1 All ER 378 (HL). Cf where the company is insolvent or on the verge of insolvency, in which case it has been suggested that the interests of the creditors will intervene and the shareholders are not then the correct medium of ratification: eg, West Mercia Safetywear v Dodd [1988] BCLC 250.

〔70〕 North-West Transportation Co Ltd v Beatty [1887] 12 App Cas 593 (Sir Richard Baggallay).

〔71〕 根据法院认为不可容忍的一小类错误，例如，Cook v Deeks [1916] 1 AC 554 (PC)。

关重要的是,受益人只能在决定是否免除受托人责任时对自己产生约束力。受益人的决定不会约束任何其他人,而多数控制原则意味着股东在行使投票权时,从自身利益出发,可以影响其他股东,最终影响公司。

把这些规则放在一起,很明显,弗罗斯特作为大股东,从表面上看,可以为了自己的利益利用自己的选票原谅自己对公司所做的错事。就信托而言,这是不可能的,因为唯一受托人不能同时也是唯一受益人,不法行为人如弗罗斯特可能会有机会利用其股份使自己的不法行为合法化。[72] 因此,将同意违反信托的信托法概念转换成公司法概念意味着,大多数股东出于自身最大利益采取的行动,通常可被视为公司的行为,并作为对董事违反职责的有效同意。[73]

在公司法中,一般规则指董事所违反的义务的责任是对公司而不是对股东个人承担的。然而,Knight v Frost 案确实属于这条一般规则的例外之一。[74] 在有限的情况下,法院承认允许弗罗斯特这样的大股东有效原谅自己的不当行为的法律规则所面临的难题,在这种情况下,法院允许奈特这样的小股东代表公司提起诉讼。[75] 考虑到 Knight v Frost 案中的特殊情况,弗罗斯特对公司的控制以及对公司实施欺诈的可能性,法院允许提起衍生诉讼。

2. 派生诉讼索赔

因此,通常适用的规则,即弗罗斯特作为大股东代表公司行事,被搁置一边。如今哈特关注小股东,并认为其代表公司。哈特通过调查小股东的行为,确定公司是否同意弗罗斯特的不当行为。这通常采取

---

〔72〕 North-West Transportation Co Ltd v Beatty [1887] 12 App Cas 589(PC), 593 (Sir Richard Baggallay).

〔73〕 Foss v Harbottle [1843]2 Hare 461.

〔74〕 Edwards v Halliwell [1950] 2 All ER 1064.

〔75〕 See, eg, Smith v Croft (No 2) [1988] Ch 114; Prudential Assurance Co Ltd v Newman Industries Ltd (No 2) [1981] Ch 257 and [1982] Ch 201 (CA).

分析的形式,例如,少数股东是否希望代表公司对不法行为人提起诉讼。[76] 然而,值得注意的是,哈特不依赖奈特作出的任何此类声明,而是依赖奈特以个人身份所做的事情,即同意有限担保。不仅以此作为奈特同意违约的证据,而且证明公司对弗罗斯特提起的诉讼应被禁止。这似乎是一个奇怪的跳跃。有人建议,在大多数情况下,需要的不仅仅是少数股东以个人身份采取的行动,以引导法官禁止公司对不法行为人提起诉讼。

托尔斯案[77]经常被引用为先例,该案认为股东的诉讼和利益可能会对公司救济措施的可用性产生影响。[78] 这是一个不幸的后果,因为在该案中,上诉法院未能适当地厘清股东的个人诉讼,以及他们代表公司提起的如前所述的诉讼。Wallersteiner v Moir 案(No 2)[79]之后,很明显,针对不法行为人的索赔权归属于公司,并且派生索赔应首先被视为等同于公司本身的索赔。因此,小股东所从事的不当行为应该与公司诉讼是不相干的。

在涉及公司本身或公司清算人实际提起的诉讼案件中,法院认为公司清算人直接站在公司的立场上,法院在决定是否允许派生诉讼进行时忽略了少数股东的不当行为。[80] 同样的结果也应该发生在派生诉讼中,因为尽管索赔的形式发生了变化,但实质并未发生变化。作为一项一般规则,在法院评估股东派生诉讼是否应当继续进行时,个人股东的行为和利益应该是不相干的,因为法院面临的问题是通过衍

---

〔76〕 See, eg, Smith v Croft (No 2) [1988] Ch 114.

〔77〕 [1904] 1 Ch 558 (CA).

〔78〕 Eg, Paul Davies (ed) Gower's Principles of Modern Company Law (6th ed. Sweet and Maxwell London 1997) 668 – 669; A J Boyle (ed) Gore-Browne on Companies (44th edn Jordans Bristol 1986) vol 2 para 28. 8. See, generally, J Payne "'Clean Hands' and Derivative Actions" [2002] CLJ 76.

〔79〕 [1975] QB 373.

〔80〕 例如,就非法股息支付而言,即使部分股东在充分了解这些支付的违法性的情况下收到了这些支付,法院也不难允许对董事提出索赔。See Precision Dippings Ltd v Precision Dippings Marketing Ltd [1986] Ch 447; Moxham v Grant [1900] 1 QB 88.

生诉讼手段为公司而不是股东伸张正义。

然而,在这个原本直截了当的议题上,还有一个亮点可以补充。除询问公司是否有权提起诉讼外,法院还可以询问是否应允许该股东代表公司提起诉讼。[81] 股东的不当动机不应成为驳回其他有效派生诉讼的有效依据。[82] 然而,有两种截然不同的论点可以用来有效地否认该股东代表公司提出的索赔。这两种论点都不否认该公司的索赔,尽管在祖克公司这样的小公司中,拒绝向该股东提供救济的附带实际效果可能是暂时否认该公司的索赔。

第一个论点是如果某个股东利用派生诉讼,仅为他或她自己获得附带利益,法院可以拒绝向该股东提供救济。在这种情况下,股东滥用派生诉讼权,该权利旨在为公司伸张正义。提起派生诉讼时,股东代表公司行事,在有偿付能力的公司中,这实际上意味着代表其他股东。如果一名股东在提出其他股东不同意的诉讼请求时有独特的利益,并且如果这些股东中的大多数人反对该股东的诉讼,那么驳回该个人提出的派生诉讼是正确和适当的。[83] 因此,法院可以允许公司的独立股东决定让特定个人提起的派生诉讼继续进行是否符合公司的利益。[84]

---

〔81〕 例如,Smith v Croft (No 2) [1988] Ch 144, 170 (Knox J); Nurcombe v Nurcombe [1985] 1 WLR 370。

〔82〕 不仅是基于不正当动机拒绝某人在其他方面有效的主张,这与公司法的其他领域(可以说是类似的领域)相反[Eg, Bryanston Finance Ltd v De Vries (No 2) [1976] Ch 63 (CA) 75 (Buckley LJ)]。但动机也是一个众所周知的概念,法院很难确定这个概念,而且往往混淆不清,难以证明。

〔83〕 In an insolvent company a similar situation can arise regarding the motive for presenting a winding up petition: eg, Re Crigglestone Coal Co Ltd [1906] 2 Ch 327; F Oditah "Winding up recalcitrant debtors" [1995] LMCLQ 107, 123 – 130.

〔84〕 诺克斯·杰在 Smith v Croft (No 2) [1988] Ch 144 派生诉讼中阐述了这一原则,他明确表示,股东没有代表公司提起诉讼的不可撤销的权利,法院在决定是否允许衍生诉讼进行时应考虑独立股东。这一观点随后得到了法律委员会的认可。尽管法律委员会的建议是,独立机构的观点不应被视为结论性的,而仅是法院应考虑的因素之一。出于这些目的,独立性的衡量标准是股东是否会投票支持被告董事,以支持他们,而不是为了公司的利益。参见 Smith v Croft (No 2) [1988] Ch 144, 186 (Knox J)。

然而,在某些情况下,比如像祖克公司这样非常小的公司,可能没有独立的股东团体可以作出这一决定。在这种情况下,法院在确定是否应禁止该特定股东代表公司提起诉讼时处于孤立无援的状态。如果这些股东的诉讼符合其自身利益,而不是公司的最大利益,那么法院以他们试图滥用派生诉讼权为由驳回该诉讼可能是合法的。

这种情况的一个例子是 Barrett v Duckett 案〔85〕,在该案中,一名股东对一名董事提起派生诉讼,指控该董事将公司资金转入他自己和妻子共同持有的银行账户,而原告的女儿与被告发生了激烈的婚姻纠纷,这一事实使该诉讼变得复杂。这家非常小的公司没有独立的股东团体,因为唯一的股东是原告股东和被告董事。尽管上诉法院在驳回原告提出的派生诉讼时使用了较为情绪化、不太恰当的语言,〔86〕但法院判决的主旨似乎是反对原告滥用派生诉讼程序,因为索赔并非"真正代表公司"进行。〔87〕 在这种情况下,股东是否"同意",或其他议题,显然与此不相关。哈特在 Knight v Frost 案中没有采用这一论点,事实上,没有证据表明奈特试图在提起衍生诉讼时获得附带利益。

第二个论点是基于禁止反言。在某些情况下,人们可能会认为,少数股东已经向不法行为人承诺,他或她不会对不法者提出索赔。〔88〕 然后,少数股东可能被禁止提出索赔,如果当时没有其他人代表公司提出索赔,那么实际效果是公司失去派生诉讼的机会。Nurcombe v Nurcombe 案〔89〕就是一个很好的例子。在该案中,丈夫和妻子是公司仅有的两名股东。在他们的离婚诉讼中,丈夫违反了他作为公司董事职责的事浮出水面,他将一份利润丰厚的合同从公司转移到另一家他持有控股权的公司。这一问题曝光后,妻子继续进行离婚诉讼,在离

---

〔85〕 [1995] 1 BCLC 243 (CA).

〔86〕 Note 82 above.

〔87〕 [1995] 1BCLC 243 (CA)256 (Peter Gibson LJ).

〔88〕 股东通常没有义务以公司的最佳利益行事,这一事实让他们可以自由作出这样的承诺。

〔89〕 [1985] 1 WLR 370.

婚诉讼中判给妻子的一次性付款中考虑了这笔不当划款。随后,妻子以少数股东的身份代表该公司对其现在的前夫提起诉讼,指控其违反义务。上诉法院驳回了这一诉讼,因为通过选择继续进行婚姻诉讼,"她实际上被禁止提起'派生'诉讼,如同她承担了不起诉的约束性承诺一样"[90]。

与前一个论点不同,第二个论点是基于股东的同意。然而,这种同意与原告和不法行为人之间的关系有关,因为这是不法行为人可以对股东行使的个人权利。这与不法行为人与公司之间的关系无关。这只是规模较小的公司的一个实际后果,使得股东似乎能够代表公司表示同意。事实并非如此。该公司的索赔不因该同意而失效。[91]

哈特也没有采用第二个论点,尽管他相信奈特确实作出了同意的意思表示,这个论点对他是开放讨论的。相反,他采用了奈特同意的观点,并由此创造了公司对弗罗斯特不当行为的批准。他通过 Multinational Gas and Petrochemical Co v Multinational Gas and Petrochemical Services Ltd 案中规定的原则确定了这一点,即"一家有偿付能力的公司的所有股东一致决定公司根据其组织章程有权做的任何事,应视为公司的决定"[92]。审判时,奈特是唯一存在的少数股东。因此,哈特面对两名股东,其中一名股东为弗罗斯特,他已经知道他不希望代表公司提起诉讼。作为唯一的其他股东,奈特的观点被哈特视为疑团中缺失的一部分。哈特认为,由于奈特以个人身份已经同意弗罗斯特的不当行为,那么公司的所有股东都可以被视为同意,因

---

〔90〕 Nurcombe v Nurcombe [1985]1 WLR 380 (Sir Denys Buckley).

〔91〕 这不太可能阻止后续股东,或者在公司清盘的情况下,实际上是清算人,随后被允许代表公司就该错误提出索赔,因为尽管在这一点上没有直接授权,似乎不起诉的决定并不排除该公司的主张。See J Payne "A Re-examination of Ratification" [1999] CLJ 604, 616 - 617.

〔92〕 2 [1983] Ch 258, (CA) 280 (May LJ) and see also Meridian Global Funds Management Asia Ltd v The Securities Commission [1995] 3 All ER 918 (HL) 923 (Lord Hoffmann obiter). Hart J specifi-cally refers to this principle in his judgment: [1999] 1 BCLC 364, 374.

此公司可以被视为同意,禁止其未来对弗罗斯特提起诉讼。[93]

哈特的方法需要受到质疑。法院面临的主要问题是拒绝向公司而不是股东提供救济是否公平。允许奈特的同意(如果存在的话)剥夺他提起派生诉讼的权利是一回事,该公司的索赔权并不因此消失;把奈特以个人身份所提起的诉讼转变成剥夺公司提起诉讼的权利,这完全是另一回事。单一股东(如奈特)以个人身份从事的行为不应以这种方式应用,这样做是在公司背景下滥用同意的概念来违反信托。

四、结论

本章试图围绕着“同意”违反信托这一看似简单概念的适用困难来探讨一些问题,尤其是当扩展到明示信托受托人的核心案例之外时。本章后半部分的重点是将这一概念转换成公司法中的概念,如 Knight v Frost 案所示。在这种情况下,由于同意抗辩的实质内容以及将该原则适用于涉及公司时遇到的三方情况,都会出现困难。

关于其中的第一点,有人认为威尔伯福斯在瑞·鲍林案中提出的测试被哈特在 Knight v Frost 案中误用。威尔伯福斯在瑞·鲍林案中提出的所谓受益人同意的成立要件是了解必要信息的主张,并不具有普遍适用性。相反,这种表述,即需要考虑案件所有事实的一般原则,应该被理解只适用于他面前的特定事实。受益人知情状况的判定,应根据每个案件的事实,以及公平和公正的指导性概念灵活适用。在某些情况下,例如 Knight v Frost 案本身,不应拒绝个人随后对不法行为人采取救济措施,除非证明其不仅知道导致违约的情况,而且知道这些情况实际上相当于违反了信托或信义义务。

尽管 Knight v Frost 案中的法官主张公司法中的情况与信托法中

〔93〕 J Payne “A Re-examination of Ratification” [1999] CLJ 616 – 617.

的情况类似,但这一陈述掩盖了公司法情况的复杂性。正如本章试图说明的那样,“同意”抗辩在公司案件中的适用并不简单。明确这一原则的适用非常重要,以避免奈特等以个人身份提起诉讼的股东行为被错误地归咎于公司,从而导致公司失去潜在的有价值的法律权利。

一般来说,个别股东的行为应该与法院评估公司是否应该被允许对不法行为人提出索赔无关。在某些情况下,法院驳回特定股东的派生诉讼可能是适当的,在非常小的公司中,这种做法的实际效果可能会让人觉得股东是代表公司提起诉讼,或代公司作出同意的意思表示。然而,不应掩盖这样一个事实,即公司的索赔权不会也不应因该个人股东的行为或同意而消灭。随着同意违反信托的抗辩延伸到明示受托人之外适用情形的发展,未来还需要更多地思考这个问题。

第十一章　时效

威廉·斯威德林
(WILLIAM SWADLING)

通常有两个原因来解释为什么在诉因首次产生后的一段时间内应禁止诉讼。尽管两者都是从保护被告的角度出发,但诉讼总是以考虑公共利益而终结。第一个问题是陈旧证据的不可靠。正如萨蒙(Salmon)勋爵在 Blinkett v James 案中所解释的那样:[1]

当案件(正如他们遵循的惯例)主要依靠证人的回忆时,拖延对被告和原告都十分不利。随着时间的推移,证人的回忆变得模糊,其证据与相关事实也有很大的不同。在某些情况下不可能做到绝对公正,因为采用哪个版本事实的决策变得极为困难。[2]

第二个问题是对确定性的关注。有人说,

---

[1] [1978] AC 297(HL).

[2] Blinkett v James [1978] AC 327. See also the Preamble to the Limitation Act 1540(Appendix Ⅰ).

时效法是“和平法”[3]或“休息法”[4]。经过一段时间后,被告可以自信地认为曾经可能针对他们的索赔事件已经结束。[5] 贝斯特(Best)说,“长期处于休眠状态的主张往往比正义更残忍”[6]。

违反信托的请求权是衡平法上的请求权,衡平法上时效法的适用极其复杂。普通法中的时效问题纯粹是成文法的问题。诉讼或受时效相关条款的约束,或不受其约束。相较之下,衡平法既有法官制定的时效规则体系(称为懈怠[7]),也有一套基于成文法律的(时效)规则。更糟糕的是,这些法定规则要么直接适用,即在法律中明确规定适用于衡平法上的诉讼,要么“类推适用”,即没有明确提及衡平法中的诉讼,但被法院视为类似于普通法法规禁止的行为的诉讼。因此,为了查明在特定情况下,一项衡平法上的诉讼是否受到时效的限制,必须经过以下三个阶段,要求:

1. 这种诉讼是否属于对提起诉讼有明确法律限制的情形?

2. 如果不是,这是否是一项法院将“类推适用”成文法限制的诉讼?

3. 如果不是,这一行为是否仍然受到懈怠原则的禁止?

关于违反信托的诉讼主张,第二个问题的答案总是否定的,正如我们将了解的那样,这些主张是成文法永远无法类推适用的。我们还将了解到,如果不了解这一问题的历史沿革,这三个问题都将无法回答,而我们现在所讨论的正是这一问题。为了了解它在违反信托方面的特殊应用,我们必须全面考察衡平法上时效制度的发展历程。

---

〔3〕 A'Court v Cross [1825]3 Bing 329, 332, 130 ER 540, 541 (Best CJ).

〔4〕 Doe d Duroure v Jones [1791]4 TR 300, 308, 100 ER 1031, 1035 (Lord Kenyon CJ).

〔5〕 See the reference to this in the preamble of the Limitation Act 1540 (Appendix Ⅰ).

〔6〕 A'Court v Cross [1825]3 Bing 329, 332, 130 ER 540, 541.

〔7〕 关于懈怠行为更详尽的描述,请参阅第 12 章。

一、衡平法时效的发展历程

我们将考虑衡平法时效发展的三个阶段：时效成文法产生之前；时效成文法产生但未明确提及衡平法诉讼之前；明确提及衡平法的时效成文法。

(一)时效成文法产生之前

与普通法不同，衡平法院一直有反对拖延[8]的固有规定。正如卡姆登(Camden)勋爵在Smith v Clay案中所解释的：[9]

> 衡平法院从来没有积极地救济违背良心或公共利益的人，它总是拒绝对陈旧的请求提供帮助，而在这种情况下，当事人就睡在他的权利上，并沉默[10]了很长一段时间。除了良心、真诚和合理的勤勉，没有什么能使这个法庭活跃起来；在缺乏这些因素的情况下，法院是被动的，什么也做不了。[11]

这是对懈怠的衡平辩护。但是，与法律上的拖延不同，懈怠不是基于对拖延标准的机械适用，而是基于回答拖延是否不可原谅，是否会给被告带来困难。正如拉迪(Laddie)在Nelson v Rye案中解释的

---

〔8〕 A fact seemingly forgotten by Harman J in A – G v Cocke [1988] Ch 414, 418.

〔9〕 [1767] 3 Bro CC 639, 29 ER 743.

〔10〕 这些书和案例经常将懈怠和默许相提并论。然而，最好将它们区分开，懈怠指不可原谅的拖延；默许则是原告明知自己的权利却袖手旁观，任由它们被侵犯的情况，如被告违反约定建造房屋。后续索赔的不公正之处在于任由被告陷入错误认知，或者试图反驳通过默许产生误解的说辞。See Leeds v Amherst [1846] 2 Ph 117, 123, 41 ER 886,888; De Bussche v Alt [1878] 8 Ch D 286 (CA). 之所以通常将二者联系在一起，是因为拖延往往也是默许的证据。但是可能会有不拖延的默许，或者相反，不默许的拖延。

〔11〕 [1767] 3 Bro CC 639n, 640n, 29 ER 743, 744.

那样:[12]

> 多年来,法院指出了在决定被告辩护是否有效时必须考虑的一些因素。这些因素包括拖延的时间、被告的立场因拖延而损害的程度,以及原告的行为对造成这种损害所起的作用。我承认,仅有拖延是不够的,法院必须审查所有情况,特别是上述因素,然后作出正义或不正义的抉择,由此决定是支持赔偿还是拒绝赔偿。如果被告因此将受到实质性的损害,则其无须证明是由于拖延造成的。另外,原告明知拖延会导致这种不公正的后果,也是需要考虑的因素之一。[13]

在 Nelson v Rye 案中,一名音乐家要求他的管理人就其代理中获得的收入向他基于衡平法承担责任。尽管诉讼提起时超过了适用于合同诉讼[14]的 6 年法定期限,但原告补充主张被告违反了信义义务。拉迪认为这对原告的案件没有任何帮助,根据懈怠原则,6 年后原告提起的诉讼被禁止,因为在提起该诉讼时,被告已经销毁了许多案件必需的文件,而任何口头证据都是不可靠的。[15]

尽管懈怠为所有要求衡平法救济的诉讼提供了一般性抗辩,但它从未适用于信托受益人对其明示受托人交付信托财产本身的主张。其原因不明,似乎与受益人在这种情况下提起诉讼的独特性质有关,该诉讼并不主张某种行为是不当的,只是要求法院宣布某物始终属于

[12] See [1996] 1 WLR 1378.

[13] Nelson v Rye [1996] 1 WLR 1392.

[14] 根据 1980 年《时效法》第 5 条的规定,"基于简单合同的诉讼不得在案由产生之日起满 6 年后提起"。

[15] 在 Paragon Finance plc v DB Thakerar[1999] 1 All ER 400(CA)416 案中,实际裁决被驳回,理由是拉迪不应该在已经欠下的合同债务之外提出单独的信托义务。然而,他对懈怠原则的运用没有受到批评。

受益人，罗马律师会承认这是所有权收回之诉（请求返还物的诉讼）[16]。正如约翰·罗米利（John Romilly）爵士在 Mills v Drewitt 案中所解释的那样：[17]

> 关于拖延或时间流逝问题，我认为不适用于这种情况。时间的流逝和默许适用于信托资金被分割或出现不足，以及你试图让受托人对他的行为负责或承担支付某些款项的责任……但是……这笔资金……是受益人的财产……现在的问题是，如何将这笔资金（我对待它的态度与现在在法庭上对待它的态度完全相同）在有权得到的人之间分配……[18]

然而，必须指出，唯一不适用懈怠原则的信托诉讼是针对明示受托人提出的收回信托财产的诉讼。正如 Mills v Drewitt 案的一段文字所表述的那样，懈怠原则仍可能阻止针对违反明示信托的个人回应而提出诉讼。例如，在 Bright v Legerton 案[19]中，原告（信托受益人）起诉一名已故受托人的个人代表，要求其返还如果受托人妥善管理信托财产（几栋别墅）本将获得的收益。这项诉讼是在所谓管理不善的行为发生 40 年后提出的，人们认为，原告的长期拖延使得被告现在无法证明其实际上没有管理不善。坎贝尔（Campbell）勋爵说：

---

〔16〕 W W Buckland, A Textbook of Roman Law from Augustus to Justinian (3rd edn revised by P Stein, CUP Cambridge, 1963)675; F Schulz, Classical Roman Law (OUP Oxford 1951)368 – 372. 辩护模式如下：如果根据民法，该物品属于原告，那么，除非在法官的指示下由被告返还原物，否则让法官判决被告向原告支付该物品的价值。如果不是这样，便让法官宣布被告无罪。

〔17〕 [1855]20 Beav 632, 52 ER 748.

〔18〕 Mills v Drewitt [1855]20 Beav 638, 750. See also Re Ashwell's Will [1859]Johns 112, 117, 70 ER 360,362，其中佩奇－伍德（Page-Wood）说："反对原告主张的唯一论点是，他们因自己的懈怠和默许而被禁止行权；但是由于受托人从未将该资金用于任何其他目的，并且仍然存在其他能够确定其所有权的人，因此该论点并不适用。"

〔19〕 [1861]2 De G F & J 606, 45 ER 755.

衡平法院不允许在对抗条件(如果没有根据的话)已经消失的情况下,让一项休眠的主张得以成立,更不用说要求诉讼相对方负举证责任,即40年前受托人可能适当收取了房屋租金,而可能证明该事实的证人早已时过境迁,不复存在。时间象征着什么?有人这样描述,时间就像一把镰刀和一个沙漏,一方面它毁灭了可能保护无辜的证据,另一方面它又创设了无辜行为不再被攻击的期限。〔20〕

(二)时效成文法产生但未明确提及衡平法诉讼之前

普通法在16世纪首次引入法定时效期间。〔21〕 1540年《时效法》〔22〕限制了在特定时期内提起与土地有关的某些普通法形式的诉讼,对限制时间的具体要求(60年、50年或30年)随所采取诉讼形式的不同而变化。但是,其并没有对衡平法时效作出规定。1623年《时效法》〔23〕也是如此,该法将时效制度扩展到普通法上的个人诉讼,包括普通法求偿诉讼。虽然没有明确提到衡平法,但1540年《时效法》和1623年《时效法》确实对这一领域产生了深远的影响。想要了解该影响的确切内容,我们需要了解衡平法各种"司法管辖"的一些知识。虽然现在很少遇到,但直到1873—1875年《司法法》才将衡平法的主题问题归入法院的三种"管辖权"之中:"同时"管辖权、"辅助"管辖权、"专属"管辖权。

"同时"管辖权对应的是衡平法对普通法诉讼的回应。实际履行

---

〔20〕 Bright v Legerton [1861] 2 De G F & J 616 - 617, 760.

〔21〕 这并不是说在此之前法律上没有禁止陈旧索赔的手段,因为许多诉讼形式本身便有固有的时间限制,它们只适用于某一时期之后产生的索赔。因此,举例来说,根据《默顿规约》第20卷第8节(1235年),权利令状不能追溯到1154年亨利二世加冕之前的任何时间。然而,问题是,随着时间的推移,这些时效期限自然会越来越长,因此产生了一种系统需求,该系统需求从诉讼原因本身的时刻开始计算时间。

〔22〕 Appendix Ⅰ.

〔23〕 Appendix Ⅱ.

合同的诉讼就是一个例子。另一个是基于侵权行为[24]所立的账户[25]诉讼,还有一个是对可能违反合同或侵权行为进行约束的禁止令。这些诉讼的共同特点是,虽然普通法承认诉因,但并没有给予原告其所寻求的救济。"同时"管辖权涉及实体救济事项,"辅助"管辖权则相反,其涉及程序事项。例如,在普通法诉讼中,原告可能希望强制被告透露某些文件,虽然衡平法有权力命令被告提供相应文件,但普通法没有该项权力。如果是由衡平法院下令出示证据,那么它是在其"辅助"管辖范围内进行的。在"专属"司法管辖范围内,存在普通法根本不承认的诉求。最典型的是受益人要求强制执行信托之诉。信托从未得到普通法的承认,[26]因此,受益人提起强制执行信托的诉讼,只能从衡平法院获得救济,故这类诉讼属于法院的"专属"管辖权。

这些不同司法管辖范围内的时效问题如何处理?对于"同时"衡平法管辖范围内的主张,即衡平法和普通法的回应都是由同一诉讼事由引起的,法院认为原告不能通过寻求衡平法上的救济而规避普通法上的抗辩。我们称为"绕道"规则。Lockey v Lockey 案[27]就是一个很好的例子。对被告的指控是他收受了属于一名婴儿财产的利润,却没有把这些计算在(收益)内。这名婴儿在成年后 6 年才提起诉讼。1623 年《时效法》禁止了他在普通法上享受的对账户的权利,[28]他转而寻求在衡平法中的账户权。然而他被拒绝了,尽管法律并没有就其起诉规定明确的时效期间。麦克莱斯菲尔德(Macclesfield)勋爵认为:

当某人取得当归于婴儿财产的利润,而在该婴儿成年后 6 年,他

---

〔24〕 尽管普通法可以要求开立账户,但出于各种程序原因,原告更愿意将账户归入衡平法。参见 details in S J Stoljar, "The Transformations of Account" [1964] 80 LQR 203。

〔25〕 As, for example, in Phillips v Homfray [1871] LR 6 Ch App 770 (CA) (trespass to land).

〔26〕 今天的观点仍然是: Parker-Tweedale v Dunbar Bank plc [1991] Ch 12 (CA); MCC Proceeds Inc v Lehman Brothers International (Europe) [1998] 4 All ER 675 (CA).

〔27〕 [1719] Prec Ch 518, 24 ER 232.

〔28〕 参见 1623 年《时效法》第 3 条。

寻求为账户收回这笔款,时效法是这种诉讼的一个障碍,因为这属于普通法中的账户诉讼;由于这种收取婴儿财产利润的行为并非信托,而信托作为衡平法院的产物,不为时效法所禁止,因为该成年人可能基于普通法对相对人提起诉讼,因此也不必为此来本院;但是,之所以把这些账单带到这里,是出于对原告所提出要求性质的考虑,他们可能已经看到书、文件和当事人的誓言,这些文件有助于更好厘清账户,而这部分在法律上做得不好;但如果婴儿成年后消极不行使权利超过6年,他的行为阻碍其基于普通法而提起诉讼,如果他在本院可以得到补救,这两种情况没有任何原因上的区别。[29]

对于法院"辅助"管辖范围内的诉讼请求,同样采取了援引高级衡平法程序以支持普通法诉请的方法。因此,在 Widdowson v Earl of Harrington 案[30]中,法院驳回了一项要求强制披露(证据)的诉讼,理由是 1540 年《时效法》已经禁止了寻求法律援助的行为。

至于衡平法"专属"管辖范围内的诉讼,原告根本没有普通法项下的诉讼请求,法官们遵循成文法的引领规则,采用法定时效期间作为懈怠的期限。正如卡姆登勋爵在 Smith v Clay 案[31]中所说:

但是,由于法院没有立法权,它不能恰当地以肯定的规则将限制的时间限定为一小时、一分钟或一年;它是由(法律)环境决定的。但是,正如议会在法律诉讼程序中往往把诉讼和补救的时间限制在一定期间内一样,衡平法院也采纳了这一规则,并用于类似衡平案件。因为当立法机关确定了法定时效期间后,如果允许超过该期限的懈怠,那么衡平法(根据其适当的权力,总是设定起诉时间)将是荒谬的,因

[29] [1719] Prec Ch 518, 24 ER 232.
[30] [1820] 1 J & W 532, 37 ER 471.
[31] [1767] 3 Bro CC 639n, 29 ER 743.

为该法律已被议会限制。[32]

在“同时”或“辅助”管辖范围内的案件中，时效法适用“类推原则”。[33] 争论的焦点之一就是这到底意味着什么。成文规则是否作为懈怠规则的另一种形式适用，就像 Smith v Clay 案对法院“专属”管辖范围内的诉讼适用法定期限一样？或者他们这样做是因为法规直接适用于该案诉求，即使没有明确表示可以这样做？有人认为，由于“衡平遵循法律”，因此该法令可以直接适用。例如，在 Hovenden v Lord Annesley 案[34]中，雷德斯代尔(Redesdale)勋爵说：

从语言学角度上说，衡平法院仅仅通过类推原则行事是错误的；衡平法院遵守法律法规。诉讼时效适用于某些法律救济、收回对土地的占有、收回债务等。衡平法在任何情况下都遵循法律，按法律权利和法律要求行事，至于引起的道德问题，不适用普通法救济。然而，在根据衡平法院提供的方法进行司法管理时，它亦遵循法律。因此，我认为，衡平法院有义务服从所有法律权利和法律要求的时效，并且不能违背法律精神。我认为，实际上必须将衡平法院也纳入法令的适用范围内。因为当成文法限制某些案件中的法律诉讼，并且没有对衡平法上的诉讼规定明确的时效时，必须使衡平法遵循法律规定。因此，必须认为在同一案件中实际上也对衡平法院作了时效规定。[35]

另一些人则认为，法令只间接适用，衡平法院只是不愿意与普通

---

〔32〕 Smith v Clay [1767] 3 Bro CC 639n, 29 ER 743.

〔33〕 1980 年《时效法》(第 36 条第 1 款)本身就规定了可以类推适用。这就提出了一个有趣的问题，即在这种情况下，懈怠是因为公平原则还是因为法律规定而适用。参见关于 1939 年《时效法》第 2 条第 7 款的裁决：Tito v Waddell (No 2) [1977] Ch 106, 250 – 251 案中对梅加里的讨论。

〔34〕 [1806] 2 Sch & Lef 607.

〔35〕 Hovenden v Lord Annestey [1806] 2 Sch & Lef 629.

法的立场相抵触。例如,在 Gibbs v Guild 案[36]中霍尔克(Holker)说道:

> 在某些情况下,虽然衡平法程序未被包括在诉讼时效的表述或宗旨范围内,但衡平法院已经表示应当有一个时效,虽然我们不受诉讼时效的约束,但我们将按照诉讼时效的宗旨行事……[37]

在被告通过欺诈手段隐瞒了诉因存在的情况下,直接适用和间接适用的区别很重要。1540 年《时效法》和 1623 年《时效法》对欺诈性隐瞒也没有设定规则。但是在懈怠法中,这种例外已融入其中。正如我们已经看到的,[38]懈怠是不可原谅的拖延,而由被告欺诈性的隐瞒造成的拖延是可原谅的;就懈怠而言,时钟仅从诉讼原因被发现或通过适当努力可以发现诉讼原因的时候开始嘀嗒作响。如果存在一项普通法和衡平法都可提起的诉由,而原告被欺诈性隐瞒,该诉由将会如何?如果普通法上的主张被法律禁止,原告能简单地转向衡平法吗?或者,法定禁令是否同样适用于衡平法上的要求?如果类推适用只是懈怠法的一部分,换句话说,如果法规只能间接适用,那么法定时效期间将不会限制衡平法上的诉讼。但是,如果该法令直接适用,该诉讼也将被禁止。法院的观点是衡平法上的诉讼没有被禁止。因此,例如,在 Booth v Lord Warrington 案[39]中,在付款后 9 年提起的追回欺诈性诱导的资金转移的诉讼并未因时间流逝而被禁止,法院驳回了

---

〔36〕 [1882]9 QBD 59 (CA).

〔37〕 Gibbs v Guild [1882] 9 QBD 74 (CA). Cf the attitude taken in the area of claims in unjust enrichment involving illegality, where the concern of the law is to prevent unjust enrichment claims stultifying the rules against the direct enforcement of illegal contracts: P Birks "Recovering Value Transferred Under an Illegal Contract" [2000] 1 Theoretical Inquiries in Law 155.

〔38〕 Text from n 8 above.

〔39〕 [1714]4 Bro PC 163, 2 ER 111.

被告的主张，即根据1623年《时效法》[40]（该法禁止普通法上对已有或者收到金钱的索赔）诉讼已被禁止。[41] 但是这个案件不能说已经解决了问题，因为虽然上议院作出了决定，但法院的审判推理过程并没有披露。[42] 事实上，这一决定的结果后来作为1833年《不动产限制法》第26条[43]纳入法令，这意味着这个问题从未得到解决。

我们已经看到，在要求收回信托资产的问题上，一位明示受托人是无法援引懈怠为自己辩解的。毫不奇怪，法院认为1540年《时效法》或1623年《时效法》都没有废除这一规定。但在Hovenden v Lord Annesley案[44]中，雷德斯代尔勋爵对这一例外给出了一种未经提及的、不同的解释。他说：

> 如果受托人持有且不执行其信托，则受托人的占有是对信托基金的占有；例外情况是，受托人不执行信托的情况下，其占有信托财产也并不构成障碍，因为其占有财产是基于他尝试创建的当事方的权利：就像承租人一直以来的情况一样，尽管他在50年内不支付租金，其所有权也并不能阻止其在本协议期满后被驱逐，因为其占有是有合法依据的。[45]

因为他们没有改变现行的法律，所以现在还不清楚为什么雷德斯代尔勋爵认为有必要解释这两个法规没有禁止这种诉讼的原因。然

---

〔40〕 Appendix Ⅱ.

〔41〕 对于即使是普通法也允许因被告欺诈而对原告隐瞒诉因的法规的例外情况，参见 J Brunyate Limitation in Equity（CUP Cambridge 1932）40－49。

〔42〕 Though Brett LJ in Gibbs v Guild［1882］9 QB 59（CA），70－72，deduced that they decided in the way mentioned in the text.

〔43〕 Appendix Ⅲ.

〔44〕 ［1806］2 Sch & Lef 607.

〔45〕 Hovenden v Lord Annesley［1806］2 Sch & Lef 633. This explanation was recently adopted by Millett LJ in Paragon Finance Ltd v Thakerar［1999］4 All ER 400（CA）408.

而，与 Booth v Lord Warrington 案[46]不同的是，他的上述观点可能能够解释，[47]为何《时效法》可以直接适用于衡平法上的诉讼。[48] 但在任何情况下，仅说受托人的占有就是受益人的占有是不正确的，因为受益人在普通法上没有占有权。

我们注意到，主张交付信托资产诉讼的例外适用于明示受托人。推定信托持有的财产被排除在外，其结果是对于"同时"管辖权和"辅助"管辖权范围内的案件，普通法诉讼的法定时效不能通过声称其是推定信托而被规避适用，而对于原管辖权范围内的诉讼，则继续适用懈怠原则。但鉴于雷德斯代尔勋爵认为有必要解释为什么法定时效规则不适用于交付信托财产的明示受托人，他还必须解释该例外适用于推定受托人的原因。换言之，他必须解释为什么推定受托人可以适用该法令，并请求以时效抗辩。对推定信托的诉讼通常涉及对欺诈的指控。在 Hovenden v Lord Annesley 案[49]中，雷德斯代尔勋爵以此为理由解释了法院为何会对此类诉讼适用时效期间：

> 但是欺诈问题不同寻常，在这种情况下，由于欺诈而占有财产的人不是一般意义上的受托人，而是由建立在欺诈基础上的衡平法院判决拟制的受托人，同时，他的占有与以欺诈为由弹劾交易的人的所有权相悖……[50]

这个解释和他解释为什么明示信托被排除在外一样没有必要。此外，正如 Walsh v Lonsdale 案[51]的推定信托的例子所示，并非所有的推定信托都涉及欺诈行为。然而，它是在4年后的 Beckford v Wade

[46] [1806] 2 Sch & Lef 607.
[47] [1714]4 Bro PC 163, 2 ER 111.
[48] [1882]9 QBD 59(CA).
[49] [1806]2 Sch & Lef 607.
[50] Hovenden v Lord Annesley [1806]2 Sch & Lef 633.
[51] [1882]21 ChD 9 (CA).

案[52]中建立起来的，这是牙买加岛对枢密院的上诉。该国有一项法令（不是像英国的时效法那样，禁止经过一定期间后提出索赔），以“契约、遗嘱或其他形式转让协议”的名义，向已占用土地7年或7年以上的人授予对世权。[53] 被告拥有一些土地，并从死者的遗嘱执行人那里受让了转让土地。多年后，原告起诉占有，声称其向被告转让的财产是被告通过欺诈手段获得的，这一事实使该案不符合法律规定，因为这意味着被告已成为她的受托人。但是，如果真存在一个信托关系的话，由于该信托是推定信托而不是明示信托，有人认为不适用该例外，而适用法定时效期间。威廉·格兰特（William Grant）爵士说：

> 的确，没有任何期间限制直接信托，就像受益人和受托人之间那样。但是，如果这意味着衡平法院允许一个人在其产生的事实和情况发生后的任何时间内都有权提出对推定信托有利的证据，那我不知道提出这种学说的依据是什么，因为其会严重危害财产安全。除此之外，时间跨度过长不仅会使得既定事实的真实状态极难确定，即使在事实的真实状态很容易确定并且十分清楚的情况下，这种救济本来是基于推定信托给予的，但当事人拒绝行使，在长期沉默后才进入衡平法院寻求救济。[54]

因此，我们已经从解释为什么该法案适用于推定受托人的诉讼的立场（原告不能简单地通过衡平法起诉来规避法律）转向证明举证确有困难的解释（当信托是通过法律运作的而不是通过同意的表示而产

---

〔52〕［1810］17 Ves 87, 34 ER 34.

〔53〕英国时效法从未以这种积极的方式运作。举例来说，土地所有者在法定期限届满后拥有的所有权不会禁止拥有比其权利被禁止的人更好的权利人（如房东）的所有权，参见 St Marylebone Property Co Ltd v Fairweather［1963］AC 510（HL）。类似的对所有权相对性原则的坚持在 National Employers' Mutual Insurance Association Ltd v Jones［1990］1 AC 24（HL）案中也很明显，该案涉及1979年《货物销售法》第25条中“nemo dat”例外的实施。

〔54〕［1810］17 Ves 87, 97, 34 ER 34, 38.

生的)。这本身并不特别重要,但它可能会进一步发展。那些难以证明的明示信托呢?例如,它们没有书面证据。《时效法》是否也类推适用于它们?答案显然是不应该这样适用,因为这种信托属于衡平法上的专属管辖权,而《时效法》从未适用于这一管辖范围,但是一些法官试图适用这一法律规定。[55]

(三)明确提及衡平法的时效成文法

明确提及衡平法的时效成文法使我们看到了现行的时效法模式,其中明确提到了衡平法上的诉讼。但是,我们应该注意到,与普通法的立场不同,这些法规并不打算详尽地说明衡平法时效的运作细则,而是倾向于制定某些规则,对这些规则设定例外,并保留任何剩余的衡平法管辖权。事实上,他们所做的往往是为了维护现有法律。

我们需要考虑 5 项法律:1833 年《不动产限制法》、1873 年《司法法》、1888 年《受托人法》、1939 年《时效法》以及现行的 1980 年《时效法》。

1. 1833 年《不动产限制法》[56]

1833 年《不动产限制法》是 1540 年《时效法》的更新,旨在使当时存在的各种土地时效期限合理化。它还制定了一项一般性规则,除一些例外情况外,禁止在 20 年后收回土地。与 1540 年《时效法》一样,这些时期表面上只适用于普通法上的诉讼,但是,该法令开创性地颁布了一项规则,即原告不得将其主张从普通法转向衡平法来避免这些时效期间的适用。换句话说,1833 年《不动产限制法》颁布了"绕道"

---

〔55〕 So, for example, Kindersley V-C in Petre v Petre [1853] 1 Drewry 371, 61 ER 493, defined an express trust as one which was expressly declared by a deed or will or some other written instrument. However, in Rochefoucauld v Boustead [1897] 1 Ch 196 the Court of Appeal were firmly of the view that a trust was still express even where it was not evidenced in writing. Logically, this is the only defensible approach, though Millett LJ takes a different view in Paragon Finance plc v D B Thakerar Ltd (a firm) [1999] 1 All ER 400 (CA) 419.

〔56〕 Appendix Ⅲ.

规则。该法第24条规定：

> 任何人在依据衡平法主张土地或租金时，不得提出诉讼以收回该土地或者租金，如其依普通法享有产权、权益或权利，且在衡平法中有同样权益，则其在本条所载的期间内，可提出收回或扣押或提起诉讼。

除第24条外，其他四条明确提及了衡平法诉讼。但和第24条一样，他们只不过是以法律的形式颁布了先前存在的裁判规则。第一个是措辞模糊的第25条。其内容是：

> 当任何土地或租金以任何明示信托的形式交付受托人时，受益人对受托人(任何通过其主张权利的人)提起诉讼以收回该土地或租金的权利，应被视为首先产生。根据本法规定，在此类土地或租金折合成一定对价转让给买方之前，应被视为仅针对此类买方和通过其索赔的其他人产生效力。

这并不像最初看起来的那样是一项法定规则，即无论是懈怠还是1833年《不动产限制法》规定的任何期限都不能对抗仍持有信托财产的明示受托人。仔细研究后发现，虽然该条确实谈到了明示信托，但它涉及的不是针对受托人的诉讼，而是针对受托人的购买者的诉讼，其目的是给买方从受托人处欺诈性购买提供一个时效期限，而不涉及受托人本人的地位。事实上，这是凯尼恩勋爵(Lord Kenyon)在Bonny v Ridgard案[57]中所作判决的法律依据。在那个案件中，受托人违反信托约定，将土地出售给一个恶意购买者，多年后，受益人对购买者提起诉讼，要求收回土地。托马斯·苏厄尔爵士(Sir Thomas Sewell)认为买方是受托人，因此不适用诉讼时效期限。他的观点被

---

〔57〕 Cited in Andrew v Wrigley [1792] 4 Bro CC 125, 138, 29 ER 812, 818.

上诉法院的主审法官驳斥,该法官认为,虽然买方对受益权益有充分的了解,因此是土地的受托人,但与诉讼时效类似,时间已经流逝,现在禁止诉讼。1810 年,威廉·格兰特爵士在 Beckford v Wade 案〔58〕中认同了这一案件观点,他用这个案例来说明对明示受托人和推定受托人的索赔采取的不同方法,Bonny v Ridgard 案属于后一种。因此,这个案例对于 1833 年《不动产限制法》的起草人来说已烂熟于心,尽管还不清楚他为什么认为有必要将其纳入成文法。〔59〕

下一个条款是 1833 年《不动产限制法》第 26 条。此前衡平法院已经决定,与懈怠法一样,在当事人以欺诈手段隐瞒诉因的情况下,法定时效期间不应开始计算,直到原告尽到合理的勤勉义务应能发现其诉讼事由的存在才开始计算。〔60〕 通过转化为第 26 条,这条规则被赋予了法定效力。我们只能猜测,其是为了澄清有关规则适用的争议,这些争议可能是由雷德斯代尔勋爵在 Hovenden v Lord Annesley 案〔61〕中的判决内容所引起的。毫无疑问,从现在开始,懈怠的欺诈例外不仅适用于"专属"管辖区内的诉讼,也适用于"同时"管辖区和"辅助"管辖区内的索赔。〔62〕

2. 1873 年《司法法》

众所周知,1873 年《司法法》是将普通法与衡平法合并的最高法院的法规之一。在该法第 25 条第 2 款中,关于时效,它只讲了一件事:

---

〔58〕 [1810]17 Ves 87, 97 -98, 34 ER 34, 38.

〔59〕 It may, however, be because Bonny v Ridgard was poorly reported: see [1810] 17 Ves 87, 97 -98, 34 ER 34, 38.

〔60〕 Gibbs v Guild [1882] 9 QBD 74 (CA).

〔61〕 [1806]2 Sch & Lef 607.

〔62〕 处理衡平法上的诉讼的剩余两部分在第 27 条和第 28 条,前者保留了法院对未被法规禁止案件的过失的管辖权,后者制定了衡平法上的赎回权,对占有抵押土地超过 20 年的抵押权人禁止赎回土地,这一规则在判例法中已经确立。See Barron v Martin(1815)19 Ves 327,34 ER 539;Cholmondely v Clinton(1821)4 Bligh 1, 4 ER 721.

> 信托受益人对其受托人就明示信托上的任何财产提出的任何诉讼,或就任何违反该信托的行为提出的诉讼,均不适用于任何诉讼时效制度。

这是一个奇怪的规定,正如我们所看到的,[63]无论是针对明示受托人追回信托财产的诉讼还是对明示受托人的违反信托的诉讼,都是在衡平法的专属管辖权范围内的索赔,不受任何时效法的限制,尽管后者当然受懈怠原则的约束。我们只能假定这项规定是出于谨慎而制定的。[64]

3. 1888 年《受托人法》[65]

1888 年《受托人法》的第 8 条与我们的关注相关,理解第 8 条至关重要,因为它构成了现代法律的基础。其规定如下:

> 在针对受托人或通过受托人提出诉讼的任何人的任何诉讼或其他程序中,除非诉讼是基于受托人作为参与方的任何欺诈或欺诈性违反信托行为,或者是为了收回信托财产,或其收益仍由受托人保留,或先前由受托人收到并转为自己使用,否则应适用以下规定:
>
> (a)任何诉讼时效法所赋予的一切权利及特权,须以同样的方式及程度享有,如同受托人或透过受托人提出诉讼的人并不具有受托人的身份,享有在诉讼或其他法律程序中享有的同等权利及特权;
>
> (b)如果诉讼或其他法律程序是为追回金钱或其他财产而提出的,而该诉讼或其他法律程序并不适用现有的诉讼时效,则受托人或通过受托人提出诉讼的人有权受益于并自由地以同样方式在同样程度上就时效期间届满提出抗辩,以阻止该诉讼或其他法律程序,如同

---

〔63〕 Although the common law could order an account, for various procedural reasons plaintiffs preferred to bring account in equity: details in S J Stoljar, "The Transformations of Account" [1964] 80 LQR 203.

〔64〕 衡平法管辖权的三重划分有可能不会在立法颁布后继续存在。

〔65〕 Appendix Ⅳ.

在金钱债务诉讼中对其提出的诉讼一样。

此外,1888 年《受托人法》第 1 条第 3 款规定:

就本法而言,“受托人”一词视为包括执行人或管理人以及因法律解释或法律含义而产生信托的受托人以及明示受托人。

1888 年《受托人法》第 8 条第 1 款到底想表达什么?该款表述并不贴切,[66]为了理解它,我们需要把每个部分分开。第 8 条第 1 款(a)项只是以法定形式颁布了现有的法官制定的规则,即原告对普通法有时效限制的诉讼不能通过向衡平法院起诉以规避该法规,我们以前称为“绕道”规则。得出这个结论的依据有三。第一,第 8 条第 1 款的开篇词未提及交付信托财产的诉讼。因此,第 8 条第 1 款(a)项所能涵盖的唯一索赔要求是个人诉讼。第二,它没有涵盖针对明示受托人违反信托的个人诉讼,因为在那些情况下,没有任何法定时效期间可以适用同等普通法诉讼。第三,第 1 条第 3 款明确指出,“受托人”一词适用于推定受托人,而“绕道”规则所涉及的索赔针对作为推定受托人的个人诉讼。如果这是正确的,那么第 8 条第 1 款(a)项完全没有取得任何新的突破,尽管我们现在本该知道这不足为奇。

第 8 条第 1 款(b)项也完全如此。第 8 条第 1 款(a)项规定了“绕道”规则,涉及衡平法“同时”管辖和“辅助”管辖范围内的案件。相反,第 8 条第 1 款(b)项似乎只限于“专属”管辖范围内的诉讼,且只限于针对明示受托人的善意违反信托的诉讼。有四个依据可以证明这一点。第一,与第 8 条第 1 款(a)项不同,(b)项没有提到适用普通法的时效期间,而是特别为衡平法上的诉讼规定了时效期间。第二,对于要求返还信托财产本身或仍在受托人手中的可追溯的替代物的

〔66〕 J Brunyate, Limitation of Actions in Equity (CUP Cambridge 1932) 114.

权利的诉讼，第 8 条的开篇将其排除在外。第三，信托财产的受托人将信托财产转为自己使用的诉讼也被排除在外，同样为开篇语所排除。第四，欺诈性违反信托的行为被完全排除在外。因此，剩下的就是受益人对善意违反信托行为提出的诉讼，例如，疏忽的投资、向非受益人付款等。[67] 但是，正如我们之前所指出的，[68] 这类诉讼要求总是受到懈怠原则的限制，法院采用法定时效期间作为（该类诉讼的）时效期间。因此，该法只是再度将现有的衡平规则纳入成文法条款。

4. 1939 年《时效法》[69]

1888 年《受托人法》第 8 条被 1939 年《时效法》第 19 条取代。它规定：

(1) 本法所规定的时效期间，不适用于信托受益人提起的诉讼，即：

(a) 欺诈或任何欺诈性违反信托的行为，若受托人是该类行为的当事人或其他参与人；或

(b) 向受托人追回信托财产或由受托人管理的信托财产收益，或向受托人收回以前由受托人占有并转作受托人自己所用的信托财产或其收益。

(2) 除前项规定外，受益人为追回信托财产或因违反信托而提起之诉讼，除本法其他规定有时效期间者外，自诉讼权产生之日起满 6 年后，不得提起诉讼……

---

[67] In re Richardson, Pole v Pattenden [1920] 1 Ch 423 (CA) 440, Warrington LJ said that "The Trustee Act of 1888 was, it is well known, passed in order to remove what was thought to be a hardship on innocent trustees..."

[68] The idea that the statute could apply by analogy is nowadays provided for by the Limitation Act 1980 [s 36(1)] itself (see Appendix Ⅵ). This raises the interesting question whether in such circumstances laches applies because of the rules of equity or because of the rules of statute: see the discussion of Megarry J in Tito v Waddell (No 2) [1977] Ch 106, 250 - 251, a decision on s 2(7) of the Limitation Act 1939 (Appendix Ⅴ).

[69] Appendix Ⅴ.

与1888年《受托人法》第8条一样,1939年《时效法》第19条未对该法作任何变更。1939年《时效法》第19条第1款仅重述了1888年《受托人法》第8条第1款的开篇词,1939年《时效法》第19条第2款与1888年《受托人法》第8条第1款(b)项在实质上并无不同。可能有人会问,1888年《受托人法》第8条第1款(a)项确定的"绕道"规则后来怎么样了。答案是该规则换了一种形式被保留了下来。1939年《时效法》是自19世纪废除诉讼形式后通过的第一部完整的时效法。[70] 因此,该法不再使用普通法诉讼形式的术语,而是指向诉讼的原因。例如,1939年《时效法》第2条第1款规定,自诉讼事由产生之日起满6年不得基于简单的合同或侵权而提起诉讼。该法没有区分普通法和衡平法上的诉讼,但显然,这一时效期间涵盖了普通法和衡平法上的合同和侵权诉讼。[71] 奇怪的是,有一个诉讼是特别提到的。1939年《时效法》第2条第2款规定,"不得就诉讼开始前六年以上发生的任何事项提起诉讼"。这是一个有争议的问题,即这一规定是打算只包含普通法上的清算行为,还是也扩大到衡平法上,[72] 尽管考虑到随后的一项规定(1939年《时效法》第2条第7款)似乎涉及衡平法上的清算行为,但也可能只包括普通法上的清算行为。它规定:

本节不适用于对合同的具体履行或对禁止令或其他衡平法救济的任何诉讼,除非法院通过类推适用本节的规定,就像本法废除的相

---

〔70〕 By the Common Law Procedure Act 1852.

〔71〕 这种方法的一个问题是,虽然立法者可能知道所有的诉讼形式,但诉讼的原因不是这样。一个明显的漏洞是不当得利的主张,这可能基于霍尔丹子爵在 Sinclair v Brougham [1914] AC 398 (HL)415 一案中的错误观点,即"就对人诉讼而言,英国普通法真正承认的(不同于罗马法)只有两类诉讼,一类是基于合同的诉讼,另一类是基于侵权行为的诉讼",这一观点在1939年《时效法》通过后才得到纠正,体现在 Fibrosa Spolka Akcyjna v Fairbairn Lawson Combe Barbour [1943] AC 32 (HL)一案中。

〔72〕 See the discussion of Megarry J in Tito v Waddell (No 2) [1977] Ch 106, 250-252.

应法令如今仍然适用一样。[73]

在 Tito v Waddell (No 2) 案[74]中,梅加里法官认为 1939 年《时效法》第 2 条第 2 款和第 7 款合并的目的是当诉因是在违反合同的情况下,禁止衡平法上的诉讼,但不禁止对所谓"纯粹"受托人提出的诉讼。换句话说,"同时"管辖范围内的账户诉讼在 6 年后被禁止,但此规定不适用于"专属"管辖范围内的诉讼,尽管这种诉讼当然地为懈怠原则所禁止。[75]

还有一个条款不容忽视。由于新的起草方式使得"绕道"规则变得多余,信托和受托人的定义不再需要像 1888 年《受托人法》所规定的包括推定信托和受托人。但这一点似乎被忽略了,因为类似于 1888 年《受托人法》第 1 条第 3 款、1939 年《时效法》第 31 条的规定,"信托"和"受托人"的含义与 1925 年《受托人法》中的含义相同,根据该法第 68 条第 1 款第 17 项的规定,"信托"和"受托人"一词扩展到适用于默示信托和推定信托。

最后,我们应该注意 1939 年《时效法》第 26 条。回顾 1833 年《不动产限制法》第 26 条的规定,对于衡平法"同时"管辖和"辅助"管辖范围内的诉讼,在原告发现诉讼原因之前,不应在隐瞒欺诈的案件中开始计算时效期间。正如我们所看到的,[76]这是一种懈怠规则,因为隐瞒欺诈是延迟的一个很好的借口。我们还发现,在普通法中,隐瞒欺诈并不能阻止时效期间的进行。除此之外,1939 年《时效法》第 26 条还推翻了这一规则,规定隐藏的欺诈行为中止了普通法和衡平法中时效期间的计算。它规定:

---

〔73〕 Emphasis supplied.

〔74〕 [1977] Ch 106, 250 - 252.

〔75〕 这一区别之所以在 Tito v Waddell (No 2) [1977] Ch 1 - 6 案中显得尤为重要,是因为尽管有人提出了法定诉讼时效,但未提出懈怠原则。

〔76〕 A fact seemingly forgotten by Harman J in A-G v Cocke [1988] Ch 414, 418.

本法规定了诉讼时效期间的诉讼提起,包括以下情形之一:

(a)该项诉讼是基于被告人或其代理人,或其诉讼对象或其代理人的欺诈行为,或

(b)上述任何人的欺诈行为隐瞒了起诉权利的存在,或

(c)该诉讼是为了对错误造成的后果寻求法律救济。

诉讼时效期间在原告发现欺诈行为或者错误或者通过合理努力能够发现欺诈行为或者错误之前,不得开始计算。

1939 年《时效法》第 26 条的表述明显要比 1833 年《受托人法》第 26 条的表述宽泛得多。例如,它不仅限于欺诈性的隐瞒,还包括一般性的欺诈和错误。而且,它不仅涵盖了所有普通法诉讼和衡平法“同时”管辖和“辅助”管辖范围内的诉讼,似乎也适用于衡平法“专属”管辖范围内的一项诉讼,1939 年《时效法》第 19 条规定了时效期间,即明示受托人违反信托的个人诉讼。但这可能是一个令人意外的结果,有两个证据可以证明这一点。第一,1888 年《受托人法》首次规定了违反信托的时效期间,而 1939 年《时效法》第 26 条再次吸纳了 1833 年《受托人法》第 26 条(尽管适用范围有所扩展);在 1833 年《受托人法》中,个人违反信托的诉讼不适用法定时效期间。第二,反欺诈条款在任何情况下都是根据第 19 条制定的,因此无须适用第 26 条。

5. 1980 年《时效法》[77]

1980 年的《时效法》取代了 1939 年的《时效法》,是目前生效的法律。然而,就衡平法而言,它几乎没有对 1939 年《时效法》作出改变。因此,1980 年《时效法》第 21 条几乎完全复制了 1939 年《时效法》第 19 条。1980 年《时效法》第 21 条的相关部分规定:

(1)本法所规定的时效期间,不适用于信托受益人提起的诉讼,即

---

〔77〕 Appendix Ⅵ.

诉讼为:

(a)就受托人作为当事人或知悉的任何欺诈或欺诈性违反信托的行为;或

(b)向受托人追回信托财产或由受托人保管的信托财产收益,或向受托人收回此前由受托人收取并转为自己使用的信托财产的收益。

……

(3)除前款规定外,受益人追回信托财产或就违反信托提起的诉讼,除本法规定的有诉讼时效期间的情形外,自诉权产生之日起满6年后不得提起诉讼。

与1939年《时效法》一样,没有提及"绕道"规则,因为法令不再使用普通法上的诉讼时效的表述,而是对诉因问题进行了讨论,并再次颁布了类似1939年《时效法》第2条第2款的规定,尽管这次是在1980年《时效法》第23条中,该节规定:

在本法案规定的适用于索赔的任何时效期间届满后,不得就此项索赔提起诉讼。

然而,关于本条是否适用于衡平法上的诉讼的争议尚未解决,1939年《时效法》第2条第7款所载的内容在1980年《时效法》第36条第1款保留下来。[78]

还有两点需要注意。第一,该法案第32条再次吸纳了1939年《时效法》第26条,不过,正如对1939年《时效法》所争论的那样,这不应被视为适用第21条。第二,与1939年《时效法》一样,1980年《时

〔78〕 1980年《时效法》第36条第1款迫使法院询问,在1939年《时效法》颁布之前,是否会因类推适用懈怠规则而禁止向其提出的索赔,克里斯托弗·斯托顿(Christopher Staughton)勋爵最近在Cia de Seguros Imperio v Heath (REBX) Ltd [2001] 1 WLR 112, 124 (CA)案中谴责了这一行为。

效法》采纳了 1925 年《受托人法》[79] 对“信托”和“受托人”这两个词的定义,其结果是包括推定受托人。但是,由于已经讨论过的与 1939 年《时效法》有关的原因,这一条款是没有必要的。

二、违反信托的适用

为了概括当前有关违反信托的时效法,有必要列举在这一标题下可能包含的各种诉讼,既针对受托人本身,也针对信托的其他人。我们将首先考虑对受托人的诉讼。

(一)对受托人的诉讼

就向信托受益人交付其在信托中持有的权益的有关诉讼而言,没有规定法定时效期间。[80] 如上所述,懈怠原则从来没有适用过这类诉讼。[81]

至于对受托人的个人诉讼,一切将取决于我们如何定义“违反信托”。一个主要的困难是,英国法律没有就什么是违反信任达成共识。正如梅加里在 Tito v Waddell (No 2)案[82] 中所指出的,“违反信任”一词从未在任何英国案例或教科书中定义过。对此有两种可能的观点。第一,广义的观点认为,受托人对衡平法赋予他们的职责的每一次疏忽或违反,都是违反信托的行为。第二,狭义的观点认为,受托人只有在违反受托人对受益人的义务时才是违反信托。换句话说,只有违反受托人特有的职责时才是违反信托。如果非受托人也要承担同样的责任,那么违反该责任就不能构成违反信托。根据这种观点,违

---

[79] 1980 年《时效法》第 38 条第 1 款。

[80] 参见 1980 年《时效法》第 21 条第 1 款(b)项。

[81] [1855] 20 Beav 632, 52 ER 748.

[82] [1977] Ch 106, 247.

反衡平义务并不构成违反信托,仅是违反信义义务,因为衡平法认为,不只是受托人应当避免潜在利益冲突。[83]

宽泛地表述,受托人对其管理信托基金,承担责任的首要义务确保是受托人履行管理职责的特别手段。作为一个历史性问题,这一问责制是实质性义务的基础,下文将加以说明。也就是说,它们是从账户运作的方式推断出来的。诚然,账户仍然是实现这些义务的机制,尽管人们越来越多地讨论这些义务,仿佛它们拥有自己独立的生命。

我们应该立即注意到,这里所述的责任不是 1980 年《时效法》第 23 条所规定的责任。正如我们所看到的,这项规定是衡平法上"绕道"规则的一部分,因此只适用于法院"同时"管辖或"辅助"管辖范围内的案件。相较之下,对受托人提出的违反信托的诉讼显然是法院"专属"管辖范围内的诉讼。正如我们所说,1980 年《时效法》第 32 条不适用于第 21 条,[84]第 85 条也不应适用于第 23 条。[85]

抛开责任不谈,受托人有三个核心义务:促进受益人的利益、遵守信托条款、无私地行动。前两项是受托人独一无二的义务,因此违反这些义务无疑就等于违反信托。违反第三项义务,只有在遵循上文所述的广义观点的情况下,才会被视为违反信托。

(二)促进受益人利益的义务

受托人的主要义务是维护和促进受益人的利益。他必须为受益

---

〔83〕 相反的观点认为,每一次违反信托都认定为违反信托义务是站不住脚的。正如米利特在 Bristol & West BS v Mothew [1998] Ch 1 (CA)18 案中指出的,"受托人的最重要的义务是忠诚义务"。很难说受托人如果出于疏忽作出投资决定或在其不知情的情况下产生错误支出,就违反了他的忠诚义务,因为在这两种情况下,他都没有把自己的利益放在第一位。非受托人受信托义务约束的案例数不胜数。例如,Lister v Stubbs(1890)45 Ch D 1 (CA)(制造商的买方);Boardman v Phipps[1967]2 AC 46(HL)(信托资金律师);A-G for Hong Kong v Reid [1994] 1 AC 324 (PC)(政府检察官)。

〔84〕 具体来说,与 1939 年《时效法》有关。

〔85〕 在 A-G v Cocke [1988] Ch 414 案中,哈曼的确认为对明示受托人的索赔不在第 23 条范围内,尽管不是出于此处所讲的原因。

人行事,就像一个谨慎的商人对待自己的事务一样。[86] 任何违反此项义务而造成损失的行为都会使受托人面临个人赔偿诉讼的风险,该诉讼是通过要求受托人承担责任而强制执行的。

显然,从一开始就适用懈怠原则的诉讼,并不是针对明示受托人收回信托财产本身的诉讼。此外,此类诉讼在衡平法的"专属"管辖范围内,并不受早期时效法的约束,即使是"类推"适用,但法院在立法的指引下,通过懈怠原则的规定适用法定时效期间。[87] 随后,我们看到1888年《受托人法》第8条第1款(b)项制定了这条规则(采用6年时效期间),1939年《时效法》第19条第2款重新确定了这条规则,最后在1980年《时效法》第21条第3款再次确定了这条规则。

关于该法律条款的运作有很多值得注意的地方。首先,该法排除了属于其权限范围的案件诉诸懈怠原则的可能。[88] 换言之,被告不可能主张比法律规定更短的时效期间。

其次,1980年《时效法》第21条仅规定了对于诚实违反信托的诉讼时效期间,1980年《时效法》第21条第1款(a)项排除了欺诈性违反信托。我们已经看到,衡平法上的欺诈如何阻却懈怠原则的适用,因为隐瞒诉讼原因,使得延迟提起诉讼可以被原谅。但1980年《时效法》引发两个问题。第一,就第21条第1款而言,"欺诈"的含义是什么？第二,如果存在欺诈行为,导致第21条第3款规定的6年期间不适用,那么什么样的时效期间(如果有的话)适用该情形呢？

第一个问题之所以难以回答,有两个原因:其一,在衡平法上,欺

---

[86] Speight v Gaunt [1883] 9 App Cas 1 (HL); Learoyd v Whiteley [1887] 12 App Cas 727 (HL).

[87] The idea that the statute could apply by analogy is nowadays provided for by the Limitation Act 1980 [s 36(1)] itself (see Appendix Ⅵ). This raises the interesting question whether in such circumstances laches applies because of the rules of equity or because of the rules of statute: see the discussion of Megarry J in Tito v Waddell (No 2) [1977] Ch 106, 250 - 251, a decision on s 2(7) of the Limitation Act 1939 (Appendix Ⅴ).

[88] Re Pauling's ST [1964] Ch 303 (CA) 353, a decision on the 1939 Act.

诈可能意味着实际欺诈或推定欺诈;[89] 其二,尽管可能存在欺诈,但也可能不存在欺诈性隐瞒。有人认为正确的答案是,此处的欺诈意味着故意隐瞒诉讼原因。至于第一个难题,法律认定的必须是事实上的而不是推定的欺诈,对推定欺诈定义为任何"违反信托义务的行为,而法院一开始就将该行为视为违背良知的行为而予以强制执行"[90],由于适当投资的义务就是这样一种义务,所有违反这一义务的行为都带有欺诈性,其结果就是任何受托人都不能适用 1980 年《时效法》第 21 条第 3 款。[91] 第二个难题是,欺诈必须达到故意隐瞒程度的原因是 1980 年《时效法》第 21 条第 3 款只规定了一条懈怠规则(对善意违反信托的诉讼时效期间为 6 年),而 1980 年《时效法》第 21 条的其他部分也必须符合懈怠规则。因此,就 1980 年《时效法》第 21 条而言,故意违反信托本身并非欺诈。重要的是,是否故意对受益人隐瞒了故意违反信托的事实。同时,如上所述,[92] 1980 年《时效法》第 32 条中,防止欺诈情形下计算时效期间的规定不适用于违反信托的诉讼。

如果存在欺诈性隐瞒,则按照 1980 年《时效法》第 21 条第 1 款的规定,对违反信托的索赔不适用"本法规定的时效期间"。由于没有其他法定的时效时期,我们又回到了懈怠原则。正如我们所见,懈怠原则规定只有在付诸努力才能发现违反信托的行为时,其间才开始计算。这种诉讼没有期限。

(三)遵守信托条款的义务

受托人行使其所持信托权的方式是有限制的。最重要的是,他不

---

〔89〕 关于实际欺诈和推定欺诈之间的区别,参见 J McGhee, Snell's Equity (30th edn Sweet and Maxwell London 2000)610。

〔90〕 Nocton v Lord Ashburton [1914] AC 932 (HL)954 (Viscount Haldane LC).

〔91〕 在 Armitage v Nurse [1998] Ch 241 (CA)260 案中,米利特也得出这一结论,尽管他是通过参考 1939 年《时效法》第 26 条的判例法得出这一结论的,他误认为该判例法是 1980 年《时效法》第 21 条的前身。事实上,1939 年《时效法》第 19 条被 1980 年《时效法》第 21 条取代,1939 年《时效法》第 26 条被 1980 年《时效法》第 32 条继承。

〔92〕 参见本文 426～427 页。

能把这些权利让与受益人以外的人。但他在投资和再投资方面的权力也有限,如不得进行未经信托协议授权或一般法律许可的投资。这是一种严格责任。如果受托人因完全无心的错误或在接受法律建议后向错误的人支付了钱款,他仍然需要恢复基金原状。如受托人未经授权作出投资,受益人可追认及接受〔93〕该项投资,或视其为受托人自掏腰包而作出的投资,并要求将该项未经授权的投资恢复原状。

这类诉讼的时效期间为何?关于受托人误向他人支付钱款而违反信托的诉讼,同样的规则无疑将适用于刚才讨论的未能适当投资的规则。对于未经授权的投资,情况更为困难。最典型的例子就是 Foskett v McKeown 案〔94〕,一名受托人用自己的信托基金为自己购买了一份人寿保险。上议院认为,在受托人自杀时,信托基金的受益人可以按比例享有根据保单支付的金额。福斯基特(Foskett)提出的这类诉讼可能会被视为“向受托人收回信托财产或受托人管理的信托财产收益”的诉讼,因此被排除在 1980 年《时效法》第 21 条第 1 款(b)项和懈怠规则适用范围外。

但这个问题并不简单,因为在 Foskett v McKeown 案中,上议院未能告诉我们为何会产生对未经授权投资的权利。如果它是通过一系列“不当得利”〔95〕事件或一系列“不法行为”〔96〕(违反信托)事件而这样做,那么很难理解为什么对这些诉讼的个人回应不同样适用时效期间。需要注意的是,不仅仅是受托人会为信托原始财产所有者以信托方式持有替代资产。非受托人比如在 Taylor v Plumer 案〔97〕中的被告,可能也会这样做。采用上文所讨论的关于违反信托的狭义观点,

---

〔93〕 Re Jenkin's & Randall's Contract [1903] 2 Ch 362; Wright v Morgan [1926] AC 788 (PC).

〔94〕 See Foskett v McKeown [2001] AC 102 (HL).

〔95〕 Professor Birks would say that the specific unjust factor here is “ignorance”: P Birks, “Property, Unjust Enrichment, and Tracing” [2001] 54 CLP 231, 246 - 247.

〔96〕 除同意、错误和不当得利之外,还有第四类。有人可能会说,替代事件属于这里,而不属于被提名的三个类别中的任何一个。很难说届时将适用什么样的时效期间。

〔97〕 [1815] 3 M & S 352, 105 ER 721.

对被取代资产的索偿，即使替代物是由受托人安排的，也不会被视为因违反信托而产生的诉讼。但还有人会说，即使从广义观点来看，这种情况也不同于违反信托，因为我们甚至没有在谈论"错误"。还应该指出，在 Foskett v McKeown 案中出现的信托类型是一种推定信托，我们已经看到，懈怠的豁免只适用于明示信托，[98] 以及 1980 年《时效法》第 21 条的运用受到同样的限制。[99]

(四) 公正行事的义务

公正行事的义务通常也被称为不从信托中获利的义务。那么哪些利润是被禁止的呢？通常情况下，答案是由禁止利益冲突规则给出的。受托人有义务不寻求与其对受益人的义务相冲突或可能相冲突的利益。这项义务的严谨性表现在调查的假设性质上。问题并非他对某一特定利益的追求是否会牺牲受益人的利益，或者是否诱使他这样做，而在于这是否可能诱使受托人牺牲受益人的利益。[100]

这里的责任是对不法行为恢复原状，该不法行为是违反信义义务的。用上述广义的观点来说，[101] 即违反受托责任也将构成违反信托。因此，对于这种情况下的反应的性质存在很大争议。如果利润是由某种个人权利或财产构成的，[102] 那么这种权利的价值是只属于受益人，[103] 还是也以信托的形式为受益人所持有？[104] 如果只是个人诉讼，那么，至少在无意违反信托的情况下，[105] 它可能适用 1980 年《时效

〔98〕 Text to nn 48 – 55 above.

〔99〕 参见本文 425 ~ 427 页。

〔100〕 Keech v Sandford [1726] Sel Cas Ch 61, 22 ER 629; Regal (Hastings) Ltd v Gulliver [1967] 2 AC 134n (HL).

〔101〕 Text to nn 82 – 83.

〔102〕 As opposed to the provision of some service.

〔103〕 Lister v Stubbs [1890] 45 Ch 1 (CA).

〔104〕 A-G for Hong Kong v Reid [1994] 1 AC 324 (PC). This is not the place to enter that debate. The better view is that the claim is only personal: See the persuasive arugment of D Crilley "A Case of Proprietary Overkill" [1994] RLR 57.

〔105〕 As, for example, in Keech v Sandford [1726] Sel Case Ch 61, 22 ER 629.

法》第21条第3款,因此在发生之日起6年期满后禁止诉讼。如上文所述,[106]如果是由于欺诈违反信托,则1980年《时效法》第21条第3款中的一般规则只应在欺诈涉及隐瞒诉讼理由的情况下不予适用,在这种情况下,诉讼应适用懈怠原则。然而,如果我们沿着财产的角度继续研究,就会出现完全不同的情况。因为现在受益人可以根据1980年《时效法》第21条第1款的规定,认为他们此处的诉讼是要求收回受托人的信托财产,而这(除懈怠之外)不适用诉讼时效。如果否认违反信托义务而引发财产权的整个想法,那么这个问题当然可以避免。较可行的解决办法是,1980年《时效法》第21条第1款只适用于明示信托,而这里的信托明显是推定信托。

我们已经注意到关于受托人所有违反衡平义务的行为是否都构成违反信托的争论。所谓"自我交易"和"公平交易"规则引发了另一场争论。"自我交易"规则规定,受托人不允许自己购买信托财产,因此,如果他购买了信托财产,那么信托受益人可拒绝承认这笔交易,不管这笔交易本身有多公平。[107] 相反,"公平交易"规则规定,只有当受托人表明他没有因受托人地位而获得任何利益时,才会支持受托人购买信托中受益人权益的效力。[108] 在 Tito v Waddell (No 2)案[109]中,梅加里认为违反这些规则本质上并非违反信托;相反,是受托人处理特定资产的权利能力不足。他说,"衡平法的作用是在符合自我交易和公平交易规则的情况下,让受托人承担特殊的责任"。那些将违反"自我交易"和"公平交易"规则的行为归为违反信托的观点是"错误的"。[110] 如果这一分类是正确的,那么我们已经完全忽视了错误,承

[106] Text to nn 90 – 93 above.

[107] Campbell v Walker [1800]5 Ves 867, 31 ER 801; ex p Lacey [1802]6 Ves 625, 31 ER 1228.

[108] Coles v Trecothick [1804]9 Ves 234, 32 ER 529; Morse v Royal [1806]12 Ves 355, 33 ER 134; Chalmer v Bradley [1819]1 J & W 51, 37 ER 294.

[109] [1977] Ch 106.

[110] Tito v Waddell (No 2)[1977] Ch 248.

认了不当得利，违反了“自我交易”和“公平交易”规则，为返还不当得利提供了正当理由（不公平因素）。在这方面，它们类似于不正当的影响，尽管必须承认，有些人[111]误认为这确实是一种错误。[112] 必须承认，梅加里本人将违反这些规则认定为违反受托责任。[113] 但无论如何，违反“自我交易”或“公平交易”规则似乎都不是违反信托。

三、针对第三方的诉讼

第三方也可能因受托人违反信托而对受益人承担责任。最重要的是，他们可能参与并协助受托人违反信托，并就受托人因违反信托而损害的任何权利而承担责任。

（一）协助诉讼

第三人因协助他人违反信托而负有责任的，该第三人承担赔偿受益人损失或者返还其所得收益以助受益人恢复原状的责任。[114] 在理性的世界里，我们将这称为一种赔偿责任，无论是补偿性责任还是恢复原状，均源于帮助他人违反信托是错误的。然而我们并没有处于理性的世界里，尽管有迹象表明我们正在朝着这个方向前进。[115] 法院没有提及不当行为的损害赔偿，而是将责任定性为协助者“作为推定

---

[111] For example, Lord Browne-Wilkinson in Barclay's Bank plc v O'Brien [1994] 1 AC 180 (HL) 191, 196, 198.

[112] See the argument of Birks in P Birks "Notice and Onus in O'Brien" [1998] 12 TLI 2.

[113] [1977] Ch 106, 250.

[114] 关于责任的条件，参见 Royal Brunei Airlines Sdn Bhd v Tan [1995] 2 AC 378 (PC)。

[115] 在最近的一项法律裁决中，这里讨论的责任被上诉法院归类为与“侵权行为、违法行为或准违法行为”有关的事项。See Casio Computer Co Ltd v Sayo [2001] EWCA Civ 661.

受托人而负责”。我们已经看到1980年《时效法》是如何定义“受托人”以涵盖“推定”受托人的。因此,要求被告因协助行为承担责任的诉讼是否应在1980年《时效法》第21条第3款规定的6年时效期间内提出?

从1980年《时效法》第21条第3款的立法历程来看,这类诉讼似乎不属于它的适用范围。正如我们所看到的,1980年《时效法》第21条第3款源自1888年《受托人法》第8条第1款(b)项,该法案规定了对明示受托人就善意违反信托的行为提出赔偿的6年时效期间。虽然1888年《受托人法》对“受托人”的定义也包括“推定”受托人,但没有理由将1888年《受托人法》第8条第1款(b)项的适用范围扩展到非受托人。虽然帮助者有责任像受托人一样承担责任,但众所周知,这只是将其纳入法院管辖范围内的一种手段。正如米利特最近在Paragon Finance plc v D B Thakerar & Co(一家公司)案[116]中指出的那样,他本质上并非合格受托人。此外,1888年立法引入“受托人”一词的引申含义,是为颁布1888年《受托人法》第8条第1款(a)项所载的“绕道”规则做铺垫。事实上,由于从缘由而不是诉讼形式的角度重新制定了时效法,该规则现在显得多余。如今我们已经不需要沿用1939年和1980年法案中使用的广义上的受托人定义,对明示受托人的限制也可以恢复。

由于1980年《时效法》第21条第3款在此处不适用,法律又未规定其他诉讼时效期间,且这是衡平法“专属”管辖范围内的案件,因此没有可类推适用的时效期间。由此可见,此类诉讼仅受懈怠原则的约束。

(二)收据诉讼

我们目前只关心针对受益人的个人诉讼。此处不讨论个人对违

---

[116] [1999] 1 All ER 400 (CA), 409.

反信托不当分配信托财产之诉是严格责任还是过错责任，因为结果并不影响针对他们的诉讼所适用的时效法。在这两种情况下，此处的时效期间将同上文所述的协助诉讼的时效期间相同，即接收人的“推定托管”与协助人的“推定托管”的产生方式完全相同。[117]

(三)信托财产及其可追溯替代物返还请求权

如收受人已将信托基金挥霍一空，除对不法行为受托人本人提出诉讼外，受益人的唯一希望就是对收受人提出个人诉讼。但是，如果信托资产本身或其可追溯的收益仍在收受人手中，则受益人可基于财产权请求其赔偿。只要收受人不是拥有信托财产法定所有权的购买者，且没有收到实际或推定的不当分配信托财产的通知。[118] 如果没有这种抗辩，这无疑会是一项严格责任诉讼。[119] 它该适用哪种时效期间呢？

我们已经看到，针对明示受托人提出的要求交付信托资产的主张，总是不受时效法和懈怠原则的约束。但是，我们的收受人不是明示受托人(此处的“明示受托人”一词是指信托文件指定的受托人)，而是根据优先原则选出的推定受托人。因此，他不会承担与明示受托人相同的义务，如投资、避免利益冲突等。毕竟事实上，他根本不是真正的受托人。[120] 但正如我们所知，1980年《时效法》中的“受托人”一词包括推定受托人。那么问题是，这类诉讼是否属于1980年《时效法》第21条第1款中所述的诉讼。考虑到1980年《时效法》第21条第1款的立法背景，答案是否定的。正如我们所见，1980年《时效法》

---

〔117〕 尽管乔纳森·帕克(Jonathan Parker)在 Bank of Credit and Commerce International v Jan(Ch D,17 November 1999)案中的最新裁决与此相反，但本文中提出的论点都没有提交给法官。

〔118〕 Pilcher v Rawlins [1872] LR 7 Ch App 250 (CA).

〔119〕 Re Montagu's Settlement Trust [1987] Ch 264.

〔120〕 Brunyate described such trusts as "fictional": J M Brunyate, Limitation in Equity (CUP Cambridge 1932) 57.

第21条第1款是对1939年《时效法》第19条第1款的继承,而1939年《时效法》第19条第1款又继承了1888年《受托人法》第8条。[121]同时,1888年《受托人法》第8条是为了维护这样一条规则:衡平法诉讼时效制度从未适用于针对明示受托人的诉讼,而且此处的受托人采用广义观点包括推定受托人是为了1888年《受托人法》第8条第1款(b)项而提出的,该条规定(已经解释过原因)未在1939年《时效法》或1980年《时效法》中被复制。因此得出结论,1980年《时效法》第21条第1款中的"受托人"一词应仅限于明示受托人。

但是,如果1980年《时效法》第21条第1款不适用,难道不能辩称诉讼可归入1980年《时效法》第21条第3款设定的6年时效期间吗?毕竟,这不是"受益人收回信托财产的行为"吗?然而,这部分不能代表它想要表达的意思,尽管它似乎指向关于财产权的诉讼,但实际上它只代表个人诉讼。我们已经看到,这是1888年《受托人法》第8条第1款(b)项所能作出的唯一合理解释,[122]而1980年《时效法》第21条第3款是对该条的承继。既不适用1980年《时效法》第21条第1款,也不适用1980年《时效法》第21条第3款,于是我们又回到了衡平法上的懈怠原则。

四、结论

目前关于约束违反信托行为的时效制度一团糟。除非每个条款都可以追溯到它的起源,否则我们无法理解法律为何如此规定。一旦做到这一点,就可以理解1980年《时效法》为何只适用于这一类诉讼,这多少有些令人惊讶,亦即针对明示受托人的因善意违反信

---

〔121〕 Text from nn 65 – 66 above.

〔122〕 Text from nn 67 – 68 above.

托而产生的个人诉讼。至于其他可能的诉讼,除一项外,其余均适用懈怠原则。例外是,受益人声称明示受托人已将在明示信托项下所拥有的权利转让给他或她,该情形既不适用法定时效期间,也不适用懈怠原则。

附录一

摘自 1540 年《时效法》

因为根据迄今为止制定、限制和指定的该领域的法律和法规规定的为起诉人类祖先或先辈的权利令状和其他占有令状,或他们自己的占有权和占有令状的时效期间可以一直延续到很久以前乃至现在,任何活着的人都无法真正地尝试和了解这些事物的确定性,无论这些事物是已经被审判或将要受到审判,或是时间延长到上述法律和法规所限定的期间内将会使已经或将要受到同样审判的陪审团成员的良心遭受不安。这也是一个很大的麻烦。这一领域的普通法,适用国王所爱的臣民的所有纠纷;因此任何人,尽管他和他的祖先,以及他或他们所拥有的财产,在长期的和平时期内,在土地、物业单位和其他可继承的财产中,不存在或可以存在于任何保证、安静或休息中,属于或在同一领域中,有一个很好的补救办法和改革。是否因此颁布。任何人或个人不得从今后起诉、拥有或维持任何权利令状。或对任何庄园、土地、物业单位、租金、年金、公地、退休金或其他可继承财产,或为任何并在接下来的 30 年内,将他或他们的祖先或前任的任何进一步的占有,但仅限于他或他们的祖先或前任的占有,而这些占有曾经或现在或将被上述庄园、土地、物业单位、租金、年金、公地、退休金或其他可继承物占有。在同一令状的试行之前,或随后在上述处分、所有权或索赔之前,将被起诉、提起、作出或拥有。

而且,如果进一步规定……任何个人今后都不得起诉、拥有或维持对已故祖先的任何鉴定……50 年以内，在原令状生效前 50 年内提交。

附录二

摘自 1623 年《时效法》

1. 为使人们的财产稳定，避免诉讼，应颁布……所有关于继承权的法令，关于继承权的法令，关于遗赠的法令，关于将来任何时候被起诉或提起诉讼的法令，关于任何庄园、土地、财产或遗产的法令……将在本届议会会议结束后 20 年内被起诉。在上述 20 年期满后，该当事人或其任何继承人均不得拥有或维持上述任何庄园、土地、物业或遗产的任何此类令状。

……

3. 并进一步颁布，所有非法侵入行为，即所有非法侵入、扣留、寻找和追回所诉财物和牲畜的所有权的行为，以及除此类行为外的所有关于商人之间的商品交易，他们的生产要素或仆人，所有以贷款或无正式合同为基础的债务行为；所有拖欠租金的债务行为，以及所有攻击、威胁、殴打、伤害和监禁，或其中任何人应在本届议会会议结束后的任何时间被起诉或提起诉讼，应在此后规定的时间和期限内开始或起诉，而不是在（也就是说）该期间之后；对上述行为（诽谤除外）和诉讼，以及上述针对货物或牲畜的非法侵入、债务、扣留和补给行为，以及上述非法侵入行为，在本届议会会议结束后的 3 年内，或在此类行动或诉讼的起因之后的 6 年内，而不是在此之后；以及上述侵犯、攻击、殴打、伤害、监禁或其他行为，在本届议会会议结束后 1 年内，或在此类行动或诉讼的原因发生后 4 年之内，而不是之外；以及对上述诉讼，在本届议会会议结束后 1 年，或下一次会议结束后 2 年之内，而不是之外。

附录三

摘自1833年《不动产限制法》

24. 此外,在1833年12月31日之后,任何主张衡平法上的任何土地或租金的人不得提起任何诉讼以收回该土地或租金,但在此期间内,根据本协议的规定,如果他依法有权享有他在衡平法上主张的该等产权、权益或权利,他可能已分别作出登记或扣押,则可以提起诉讼以收回该产权、权益或权利。

25. 但如任何土地或租金在任何明示信托下归属受托人,则该信托或任何通过该信托提出申索的人向受托人或任何通过该信托提出申索的人追讨该土地或租金的权利,须当作是在该等欺诈行为或以合理努力可能被发现之时或之前首次发生。根据本法案,在此类土地或租金应作为有价物品转让给买方之时及之前,应被视为仅针对此类买方和通过其索赔的人产生效力。

尽职调查可能是第一次被知道或被发现的;但本条款中的任何规定均不应使土地或租金的所有人能够以衡平法起诉因欺诈而追回此类土地或租金的任何善意买方(以有价值的代价),而该买方并未协助实施此类欺诈,并且他购买的时间不知道,也没有理由相信任何这样的欺诈行为。

26. 本法中的任何规定,以及进一步颁布的规定,不得视为妨碍衡平法院以默许为理由拒绝救济的任何规则或司法管辖权,也不得视为妨碍任何人提起诉讼的权利不受本法限制。

附录四

摘自1888年《受托人法》

1. ……(3)就本法而言,“受托人”一词应视为包括遗嘱执行人或管理人,以及因法律的解释或含义而产生信托受托人,以及明示受托人。

……

8. (1)在针对受托人或任何通过受托人提出诉讼的人的任何诉讼或其他法律程序中,除非该项诉讼是基于受托人参与的任何欺诈性违反信托行为,或是基于收回信托财产,或是基于受托人仍保留信托财产的收益,或是受托人先前收到并转换为信托财产的收益。适用于以下规定:

(a)任何诉讼时效规定所赋予的一切权利及特权,须以同样方式及程度享有,当受托人或通过受托人提出索赔的人并非受托人或通过受托人提出申索的人时,在该诉讼或其他法律程序中本应享有的权利及特权一样。

(b)如该诉讼或其他法律程序是为追讨金钱或其他财产而提出的,而该诉讼或其他法律程序并不适用现有的诉讼时效,则受托人或通过受托人提出诉讼的人,有权以同样的方式,对该诉讼或其他法律程序提出诉讼时效抗辩,以阻止该诉讼或其他法律程序的进行。但该规约仍应针对有权单独使用的已婚妇女,不论是否有对预期的限制,但不得开始针对任何受益人,除非该受益人的利益应为占有权益。

附录五

摘自 1939 年《时效法》

2.(1)自诉讼原因产生之日起满 6 年后,不得提起下列诉讼,即

(a)基于简单合同或侵权行为的诉讼;

……

(2)对诉讼开始时 6 年以前发生的任何事项,不得提起赊购账户诉讼。

……

(7)本条不适用于任何要求具体履行合同、强制执行合同或其他衡平法救济的索赔,除非法院可以类似的方式适用本法废除的相应成文法则。

……

19.(1)本法所规定的时效期间,不适用于信托受益人的诉讼,即

(a)就欺诈或任何欺诈违反信托的行为而言,受托人是该类行为的当事人或知情人,或

(b)从受托人的信托财产或其在受托人管有的或以前由受托人收到并转为自身用途的收益中追偿。

(2)上述主题,受益人追回信托财产或因违反信托而提起的诉讼,除本法其他规定的时效期限外,自诉讼权利产生之日起满 6 年后不得提起诉讼。

……

26. 如果本法规定了诉讼时效期限,则

(a)该项诉讼是基于被告人或其代理人,或其所声称的任何人或其代理人的欺诈行为,或

(b)上述任何人的欺诈行为隐瞒了诉讼权,或

(c)该诉讼是为了减轻错误的后果。

在原告发现欺诈行为或者错误,或者经过合理努力能够发现之前,时效期间不得开始计算……

……

31.(1)本法除上下文另有规定外,下列用语分别具有下列含义:

"信托"和"受托人"的含义与1925年《受托人法》中的含义相同……

附录六

摘自1980年《时效法》

21.(1)本法所规定的时效期间,不适用于信托受益人的诉讼,只要该诉讼:

(a)是基于任何欺诈或者欺诈性违背义务提起,且信托的受托人为一方当事关系人;

(b)目的是从受托人处收回其占有的或者先前由受托人获得的并由其使用的信托财产收益。

……

(3)依本条前款规定,如若受益人提起的返还信托财产诉讼或任何基于违反信托义务而提起的诉讼,且本法其他条款对其未作时效规定,则自诉权产生之日起6年期限届满后,不得再提起此类诉讼。

……

23.自本法规定的适用于基于赊购账目提出的权利主张的任何期限规定届满后不得再提起诉讼。

……

32.……在本法规定时效期间的任何诉讼案件中,有下列情形之一的:

(a)该诉讼是基于被告的欺诈行为;或

(b)被告故意隐瞒与原告诉权有关的任何事实;或

(c)提起诉讼是为了减轻不利影响;

在原告发现欺诈、隐瞒或者错误(视情况而定),或者经过合理的努力能够发现之前,诉讼时效期间不开始计算。

……

36. (1)本法规定的下列时限,即

(a)根据第 2 条提出的基于侵权行为的诉讼时效期间;

(b)第 5 条规定的简单契约之诉的时效期间;

……

不得适用于任何关于合同的特定履行或某项禁止令或其他衡平法的救济而提出的任何请求,除非法院可以类比适用任何此类时限,其方式与 1939 年《时效法》废除的任何法令下的相应时限在 1940 年 7 月 1 日之前适用的一样。

(2)本法不影响基于默认或其他理由拒绝救济的衡平法管辖。

……

38. (1)在本法中,除非上下文另有规定,否则“信托”和“受托人”分别与 1925 年《受托人法》中的规定具有相同的含义。

第十二章　懈怠、诉由禁止反言和选择

加里·瓦特(GARY WATT)

民事诉讼的争议性,在于它不仅是诉讼当事人之间对某特定问题的竞争,而且是当事人的私人利益与社会公共利益之间的竞争,因为诉讼的本质是私人纠纷在公共领域进行,部分费用由公众承担。即使是与信托相关的非争议性诉讼也会消耗公共资源。1998年《民事诉讼规则》承认这一点,因为它们认识到"使法院能够公正处理案件的重中之重"是要求法院确保"高效和公正地处理每一个案件",并且确保分配给他的资源不超过"法院资源的适当份额"。[1]《欧洲人权公约》[2]第6条也表明了在私人利益和公共利益之间寻求适当平衡的必

〔1〕 SI No 3132 rule 1.1(1), (2).

〔2〕 The Convention for the Protection of Human Rights and Fundamental Freedoms [Rome, 4 November 1950; TS 71 [1953]; Cmd. 8969]. S 6 of the Human Rights Act 1998 requires courts, as "public bodies", to give effect to the provisions of the Convention.

要性，其中规定"在确定公民的民事权利和义务时……每个人都有权在合理的时间内由依法设立的独立、公正的法庭进行公平和公开的审判"。"除非司法制度鼓励在特定案件中避免、加速和终结诉讼，否则它将变得负担过重，无法提供必要的资源来满足高效、公正审理的一般要求。"

公共利益和私人利益之间的角逐在许多民事诉讼理论中都有体现，其中有三个理论，即懈怠、禁止反言和选择，由于它们与因违反信托而引起的诉讼有特殊的关系，因此被选作这里的讨论对象。传统的"禁止反言"是一种程序障碍，它禁止对已经进入最终判决的诉因重新提起诉讼。从技术上讲，"禁止反言"也可以用于描述程序性障碍，该程序性障碍可防止原告对同一被告提起实质上由相同事实引起的、属于先前的（现在已经结束）〔3〕民事诉讼的一部分，当时本应提起事实上并未提起的诉讼。

本研究将关注更广泛意义上的"禁止反言"，如今法院认为这是滥用程序原则的一个体现。〔4〕例如，如果信托受益人已就公司受托人违反信托提起的索赔达成和解，并因公司受托人董事同一违反信托的行为，基于董事提供了不诚实的帮助而对董事提出诉讼，那么它就可以发挥作用。〔5〕被告以不同身份被起诉的事实并不一定能排除程序限制障碍，如果考虑所有事实，后来的行为就是滥用诉讼。〔6〕事实上，如果后续诉讼中的索赔人是不同的法人，如果一方是另一方的利益关系方，甚至可以取消限制。〔7〕

本章从规则和功能方面分析了懈怠、选择和广义上的诉因禁止反

---

〔3〕 Whether by judgment or settlement; Johnson v Gore Wood [2001] 2 WLR 72 (HL) 91H.

〔4〕 Johnson v Gore Wood [2001] 2 WLR 72 (HL) 90A.

〔5〕 尽管，如果公司受托人的董事已经解决了针对公司受托人的诉讼，基于对董事个人将会有进一步的诉讼的理解，董事将被他们的陈述禁止反诉，不请求一事不再理。

〔6〕 Manson v Vooght [1999] BPIR 376, 387 (May LJ).

〔7〕 This possibility was acknowledged in Johnson v Gore Wood [2001] 2 WLR 72 (HL) 91H.

言之间的某些相似性。[8] 然而,这些观察附属于主要目的,即要证明将这些规则适当地用于因违反信托而引起的诉讼,需要适当平衡私人利益和公共利益。我认为,这些学说的现代司法方法有时没有考虑与其运作有关的公共利益,即使在考虑了有关的公共利益后,也可能无法实现二者之间的平衡。在民事诉讼中,永远不能忽视公众利益的重要性,因为它有时要求用胶带将真相之口尘封。[9]

一、懈怠

(一)懈怠原则的适用范围

2001 年 7 月 9 日,英格兰和威尔士法律委员会发布了一份关于诉讼时效的报告,[10] 并附有一份新的时效法案。稍后将讨论这些改革的影响,但在本文写作过程中,该草案尚未通过。目前的情况是,某些案件不适用法定的 6 年时效期间,该时效期间通常适用于"受益人追回信托财产的行为或任何违反信托的行为"。[11] 该时效本身不包括

---

[8] Such similarities should not be overstated. Certainly, the suggestion that laches, election and estoppel may be categorized as species of waiver [Lord Wright in Smyth & Co v Bailey & Co [1940] 3 All ER 60 (HL) 70 and Brennan J in Commonwealth v Verwayen [1990] 170 CLR 394 (HC Aus) 421] has not elucidated the doctrines, as Mason CJ and Brennan J acknowledged Verwayen 406, 422.

[9] 英国法律有一个基本原则,通常用一句拉丁格言来表达。这句格言可以翻译为:诉讼的结果应符合社会利益,真理可能因此被拒之门外;但社会公众认为,真理可能会以过高的价格买到,以这种代价买到的真理是对正义的否定。参见 The Ampthill Peerage [1977] AC 547 (HL Committee For Privileges) 575G-H (Lord Wilberforce). 10 Limitation of Actions Law Com No. 270 (HMSO London 2001)。

[10] Limitation of Actions Law Com No. 270 (HMSO London 2001).

[11] Limitation Act 1980 s 21(3). Proposals for reform are considered below.

欺诈或欺诈性违反信托，而受托人是该信托的“当事人或利害关系人”，〔12〕以及信托财产、信托财产收益或名义信托财产〔13〕仍由受托人占有或已转换为受托人使用的情形。〔14〕法院承认的另一个适用例外是违反了“自我交易”和“公平交易”规则。〔15〕这些规则与本研究息息相关，因为它们关注“信托行为规范”中的公共利益。〔16〕禁止自我交易的规则尤其重要，因为它要求受托人必须在受益人的要求下购买信托资产，依据借方或贷方的理由予以撤销，〔17〕而不管交易对寻求撤销交易的一方是否完全公平（甚至慷慨）。〔18〕

明确受法定时效期间限制的诉讼事由，不能适用懈怠原则，〔19〕但适用前款规定的法定时效以外的情形。即使是“严重违反信托”〔20〕和

---

〔12〕 Limitation Act 1980 s 21(1)(a) and 32 (1)(a). Armitage v Nurse [1998] Ch 241 (CA) held that proof of actual dishonesty was required to establish "fraud" under s 21(a). But see GH Jones (ed) Goff & Jones, The Law of Restitution (5th edn Sweet & Maxwell London 1998) 858.

〔13〕 Re Howlett [1949] 2 All ER 490 illustrates how notional trust property can be said to remain in the possession of the trustee.

〔14〕 Limitation Act 1980 s 21(1)(b). See Nelson v Rye [1996] 1 WLR 1378.

〔15〕 Tito v Waddell (No 2) [1977] Ch 106, 248 – 249 (Megarry V-C).

〔16〕 许多案例证明了信托财产的公共利益。在 Lloyds Bank Ltd v Bundy [1975] QB 326(CA)一案中，埃里克·萨克斯(Eric Sachs)勋爵认为，一旦确立了受托责任，则“交易利益由负有责任的人保留是违反公共政策的，除非他积极表明受托已经履行注意义务”；在 Goldsworthy v Brickell[1987]2 WLR 133(CA) 一案中诺斯(Nourse)指出，“一方放弃的关系……一定程度的信任和信心‘可能’要求另一方以公共政策为由，表明它没有被背叛或滥用”。Cf Parker v McKenna [1874] 10 Ch App 96 (CA)125 (James LJ); Regal (Hastings) Ltd v Gulliver [1942] [1967] 2 AC 134n (HL) 157B; Law Commission Consultation Paper 151 [1998], The Limitation of Actions, para. 13. 100; Law Reform Committee, Twenty-First Report (Final Report on Limitation of Actions) [1977] Cmnd 6923 para. 3. 82.

〔17〕 See Tito v Waddell (No 2) [1977] Ch 241A-B.

〔18〕 See, generally, Hon Mr Justice B H McPherson "Self-dealing Trustees" in A J Oakley (ed) Trends in Contemporary Trust Law (Clarendon Press Oxford 1996) 47.

〔19〕 Re Pauling's Settlement Trusts [1962] 1 WLR 86, 115 (Wilberforce J) aff'd [1964] Ch 303 (CA).

〔20〕 Harcourt v White [1860] 28 Beav 303, 310 (Sir John Romilly).

指控受托人欺诈的案件,最终也可能为懈怠原则所禁止。[21] 此外,在没有明确规定适用法定时效期间的案件中,“衡平法院一直遵循这样一项原则,即在成文法设定了法律诉讼期间的法律情境时,衡平法院在审理与该情境类似的案件中认为衡平法权利也受到同样的限制”。[22] 类推适用法定时效期间是懈怠原则的一个方面,还是与懈怠原则不同的一个范例,即衡平法是否倾向于遵循普通法,这是一个悬而未决的问题。[23] 然而很明显,在被告受托人有欺诈行为或仍持有信托财产的情况下,以及在违反“自我交易”和“公平交易”规则的情况下,可以就违反信托的行为提出抗辩。[24] 然而,1980 年《时效法》并未考虑没有违反信托的案件。在这种情况下,虽然在推定信

〔21〕“一段足够的期间应该禁止任何诉讼,无论最初的不法行为人实施了多少欺诈和隐瞒行为。”参见 J Brunyate Limitation of Actions in Equity (CUP Cambridge 1932) 192。“即使在欺诈的情况下,救济请求也会在很长一段时间后被拒绝,特别是当通过法律操作针对继承人,或根据欺诈方主张权利的无辜者寻求救济时。”参见 Michael Franks Limitation of Actions (Sweet & Maxwell London 1959) 238。当在 Armitage v Nurse(n 12 above)案中米利特说“不诚实的违反信托的责任不受时间的限制”时,法官指的是法定时效。

〔22〕 Hovenden v Annesley [1806] 2 Sch & Lef 607, 632 (Lord Redesdale). See, also, Cholmondeley v Clinton [1820] 2 Jac & W 1, 149; Paragon Finance Plc v D B Thakerar & Co [1999] 1 All ER 400 (CA) 415h; and Companhia De Seguros Imperio (A Body Corporate) v Heath (Rebx) Ltd [Formerly Ce Heath & Co (North America) Ltd] & Ors [2001] 1 WLR 112. Equity's practice of applying time limits by analogy is expressly preserved by s 36 of the Limitation Act 1980. When applying the statutory period by analogy, equity acts "on the ground that Parliament has shown the public policy that should be followed" Attorney-General v Cocke [1988] 2 WLR 542, 545C(Harman J).

〔23〕 通过类比适用规约的情况与“仅适用懈怠原则”的情况形成了对比:Franks (n 21 above) 233, 但又见 Brunyate (n 21 above),他建议“当法院根据其通过的法规类推,将法定期限作为懈怠法的一部分”。

〔24〕“时间的流逝和默许适用于基金被分割或减少的情况,以及试图让受托人对其行为负责或有责任支付某些东西的情况。”参见 Mills v Drewitt [1855] 20 Beav 632, 638 (Sir John Romilly MR)。

托[25]下对财产权的主张可能会受到懈怠原则的限制,[26]但受益人要求从明示信托受托人处收回财产的主张不会受到限制。[27]

的确,没有任何时效能够禁止受益人和受托人之间的直接信托诉讼,但是若其本意是断言衡平法院允许一个人在事实和情况发生后的任何时间段内提出推定信托诉讼,我不知道提出这样一个对财产安全如此致命的规则的依据是什么。到目前为止,即使在明确表示救济原本是基于推定信托展开的,但一方在长期默许后向衡平法院寻求救济也会被拒绝。[28]

"管理直接信托案件的规则……不同样适用于推定信托的案件。"[29]但是,如果受托人将信托基金的预分配方案(例如,在全权委托下)告知受益人,受益人有义务立即提出任何异议,[30]在信托财产

[25] 在"推定信托"的描述中,不包括被告"收到信托财产"的情况……被原告指控的非法交易对原告不利。因为正如米利特在 Paragon 案中指出的那样,在这种情况下,事实上并不存在违反信托的行为,而仅仅是违反了某种其他义务。对此,衡平法规定了一种"推定托管"。班尼警告说,"不是所有被称为信托的东西都是信托",参见 A Brown (ed) Banning's Law on the Limitation of Actions (3rd edn Stevens and Haynes Temple Bar 1906) 180; M Hemsworth "Constructive Trusts and Constructive Trustees—What's in a Name?: Section 21 of the Limitation Act 1980" [2000] 19 Civil Justice Quarterly 154 – 167。

[26] A claim to establish a constructive trust is one which calls for promptitude, and is liable to be barred on the ground of acquiescence, or by delay alone: J M Lightwood The Time Limit on Actions—A Treatise on the Statute of Limitations and the Equitable Doctrine of Laches (Butterworths London 1909) 268. But contrast J Weeks QC (ed) Preston and Newsom's Limitation of Actions (4th edn Longman London 1989) 49: "[i]ndefinite liability probably applies even when there is no pre-existing trust relationship and the trusteeship arises out of the act complained of: Shephard v Cartwright [1955] AC 431, 450." Weeks does acknowledge that there is Privy Council authority against him on the point Taylor v Davies [1920] AC 636(PC) and Clarkson v Davies [1923] AC 100 (PC).

[27] Franks (n 21 above) 260 – 261. Rochefoucauld v Boustead [1897] 1 Ch 196 (CA) 212. 根据佩奇 – 伍德在 Re Ashwell's Will [1859] Johns 112, 117 案中的说法,如果作为索赔标的的基金从未以任何方式申请过,但仍在受托人手中,则不适用懈怠原则。See, also, Wedderburn v Wedderburn [1838] 4 My & Cr 41,科特纳姆(Cottenham)在该案中说,必须将"交易未完结的"直接信托与"试图在多年前结束的交易上建立推定信托"区分开来。

[28] Beckford v Wade [1810] 17 Ves 87, 97 (Grant MR).

[29] Clegg v Edmondson 8 De G M & G 787, 808 (Turner LJ)。

[30] J Brunyate Limitation of Actions in Equity (CUP Cambridge 1932) 239.

最终分配并导致信托结束时,懈怠原则的适用可能出现,以阻止受益人随后针对受托人的索赔。

懈怠原则不适用于未被违反的明示信托至少有两个可能的原因。第一个原因基于各方之间的考虑,在这种情况下,当信托非明示或未被承认时,缺乏特别的证券来支撑证明信托的存在。当信托非明示或未被承认时,有争议的证据的数量(可能是复杂性)通常会更大,因此,随着时间的推移,对被告造成的不公正因素也会越大。[31] 第二个原因来自信托财产中的公共利益。如果信托是明示的或被承认,它更有可能是在公共领域。当然,在这种情况下,受托人是公共受托人、司法受托人、慈善受托人、破产受托人、遗嘱执行人或信托公司或专业受托人来宣传其服务。如果司法坚持"信托正当性"是为了实现其任何象征性和预防性的(包括威慑)目标,那么在辩护等于否认信托存在的情况下,不允许被称为受托人的人以懈怠为由辩护。[32]

(二)懈怠与公共利益

据巴恩斯·皮科克爵士(Sir Barnes Peacock)在Lindsay Petroleum Company v Hurd案中向枢密院提出的建议:[33]

> 衡平法中的懈怠原则不是可随意选择或严格按照字面含义解释的。如果给予的救济实际上不公平,或者是因为一方所做的行为可能被视为放弃救济,或者由于其行为和疏忽,他虽然没有放弃救济,但使另一方处于某种境地,在上述任何一种情况中,时间的推移和延迟至关重要。但是,在每一种情况下,如果任何反对救济的理由(否则是公正的)仅仅是基于延迟,那么这种延迟当然不等于任何对诉讼时效的

---

〔31〕 J Brunyate Limitation of Actions in Equity (CUP Cambridge 1932) 234. AG v Fishmongers' Co(1841)5 Myl & Cr 16;Beckford v Wade [1810] 17 Ves 87, 97 (Grant MR).

〔32〕 Burdick v Garrick [1870] LR 5 Ch App 233 (HL) 243.

〔33〕 [1874] LR 5 PC 221, 229.

阻却，这种抗辩的有效性则必须根据实质公平的原则进行审判。此时，两种情况都很重要，即延迟的时间和在这段时间内所做的行为的性质，他们可能影响任何一方，并在采取一种或另一种补救措施时造成公正或不公正的平衡。[34]

布莱克本勋爵(Lord Blackburn)在评论 Erlanger v New Sombrero Phosphate Co 案[35]的判词时承认，他"徒劳地寻找任何能给出更明确规则的先例"。[36] 布莱克本勋爵总结如下：

从调查的性质来看，这是个或多或少问题，取决于可能合理要求受托人的努力程度，以及已经发生变化的程度，公正与不公正平衡的结果是支持给予救济还是拒绝救济。[37]

迈克尔·弗兰克斯(Michael Franks)在总结中提出，"很可能无法更准确地描述懈怠原则"。[38] 我不同意。也许布莱克本勋爵和在他之前的巴恩斯·皮科克爵士理所当然地认为，在评估广义上的"正义平衡"时，必须权衡公共利益和私人利益，这是理所当然的，但他们的分析要旨恰恰表明懈怠原则只与各方之间的正义有关。在这方面，应优先考虑卡姆登在 Smith v Clay(1767)案[39]中的分析，该案充分考虑了相关公共利益。

衡平法院从来不积极地救济违背良心或公共利益的人，它总是拒绝对陈旧的诉讼提供帮助，因为在这种情况下，一方就睡在他的权利

---

[34] Lindsay Petroleum Company v Hurd [1874] LR 5 PC 239 - 240.

[35] [1878] 3 App Cas 1218.

[36] Erlanger v New Sombrero Phosphate Co [1878] 3 App Cas 1279.

[37] Erlanger v New Sombrero Phosphate Co [1878] 3 App Cas 1218.

[38] Michael Franks Limitation of Actions (Sweet & Maxwell London 1959) 244.

[39] 3 Bro CC 639n. This note was taken from Lord Camden's own handwriting in his note book.

上,并且默许了很长一段时间……诉讼有时而终乃国家之福。该规则在没有议会法案的帮助下,一直在该法院盛行。

的确,迈克尔·弗兰克斯本人在书的结尾承认:

> 除了原告和被告的立场之外,法院还将更宽泛地考虑给予或拒绝救济的公正性以及反对执行“陈旧”要求[40]的公共政策……案件强调原告的推定默许、被告立场的改变,或类似的偏见,以及对无可指责的第三方的不公正,这表明仅仅不作为并不能阻止原告:这方面的观点是可以找到的……然而,真实的情况似乎是,这一结果虽然可能合乎逻辑,但实际上是不可接受的,法院事实上将因起诉的时间在不合理的时间之后而驳回诉讼,即使没有证据或迹象表明立场或困难有所改变。[41]

在当事人之间没有立场变化、困难、偏见或过度处置的情况下,承认懈怠原则的必要性是出于当事人对终结诉讼和所有权静止中蕴含的公共利益的关注(是指长期和平享有的占有或所有权不应受到干扰的愿望)。这种关切在较早的案例中表现得很明显,正如理查德·阿尔登爵士(Sir Richard Arden)在 Hercy v Dinwoody 案[42]和 Pickering v Stamford 案[43]中所说:

> 不考虑是否满意的问题,而是考虑到可能给家庭带来的疏忽、伤害和干扰……这种懈怠和疏忽可能让犯这种错误的一方必须承担后果成为一项公共政策问题。每一种案例都取决于它的具体情况。现在的问题是,我把事情交代清楚还是拒不交代,二者谁会对公众造成

---

〔40〕 Michael Franks Limitation of Actions (Sweet & Maxwell London 1959) 236.

〔41〕 Michael Franks Limitation of Actions (Sweet & Maxwell London 1959) 241.

〔42〕 [1793] 2 Ves Jun 87.

〔43〕 [1794] 2 Ves Jun 581.

更大的危害。[44]

所有这些案件的问题是,是否有公共或私人的原因诱使法院认为,在任何情况下都不应该受理诉讼。如果给公众带来极大不便,且这种陈旧的诉讼将会使双方在互相对质时面临无尽的困难,这些困难都是由其他各方的疏忽造成的……毫无疑问,法院应该坚决反对这样的判决。[45]

自理查德·阿尔登爵士成为上诉法院的主审法官以来,议会已经颁布了一些时效法,这似乎促成了一种假设,即法律反映了公共利益,而在默认情况下不适用懈怠原则,除非各方经过考虑认为有必要这么做。[46]

这一假设隐含在上诉法院对 Frawley v Neill 案[47]的判决中,当时奥尔德斯·约翰逊(Aldous Johnson)说:

调查应采取一种宽泛的方法,以确定在所有情况下允许一方主张其受益权是否合理。毫无疑问,在已决案件中引发特定结果的情况与主张救济是否合理的问题相关,但每个案件都必须适用宽泛的方法并根据案件事实来判决。

奥尔德斯·约翰逊将这种懈怠方法称为"现代方法",对此我们表示崇高的敬意,但是与理查德·阿尔登爵士200多年前所采用的方法相比,这种方法实际上更不适合现代民事司法。当代懈怠原则的适用方法应考虑在适用时平衡相关公共利益和私人利益。当然,这并不是

〔44〕 Note 42 above, 93.

〔45〕 Note 43 above 582 – 583.

〔46〕 "懈怠原则是不适用的,除非一方确信,最通俗来讲,一方当事人对懈怠的一方有一些偏见。"参见 Tottenham Hotspur Football & Athletic Co Ltd v Princegrove Publishers Ltd [1974] 1 WLR 113, 122C. 47 [2000] CP Rep 20。

〔47〕 [2000] CP Rep 20.

建议在衡平规则可以首先提供帮助时,法院应以公共政策为根据来处理案件,而是说真正的公平原则可以首先提供帮助。相反,民事诉讼的效率需要确定性,确定性要求在诉诸公共政策之前,必须首先求助于既定的理论:“公共政策可能确实是一匹不羁的马。”[48]也就是说,再次强调懈怠原则中的公共政策成分会带来某些好处。

第一,最近《民事诉讼规则》强调需要一个有效的司法系统,要求特别强调所有权静止和诉讼终结中蕴含的公共利益。

第二,法定时效期间未涉及的长期迟延问题得以与民事诉讼中的许多其他问题相一致,这些问题目前都是通过考虑公共利益和私人利益来解决的。例如,修改诉状[49]、要求提起刑事诉讼而被驳回、[50]“无偏见”规则[51],以及正如我们稍后将看到的,诉因禁止反言和选择诉讼理由的理论。

第三,一旦认识到懈怠原则在一定程度上受民事诉讼中公共利益原则的影响,在适当的情形下允许抵消公共利益,可能导致一项陈旧的诉求得以进一步继续。即使单纯从当事人的角度来看,该种做法也是不公正的。正义的平衡并不止步于当事方本身。毫无疑问,可以暂时从公共政策出发,接受允许进行陈旧诉讼的观点,但承认这些观点的一个更有原则的基础将是承认:首先,懈怠本身在某种程度上是一种公共政策规则;其次,在决定是否允许诉讼继续时,必须权衡相互冲突的公共政策。当双方当事人已经解决了诉讼纠纷时,只是缺少相关

---

〔48〕 T J Reynolds “When sauce for the goose may not be sauce for the gander” [1997] 13(5) Const L J 315, 320.

〔49〕 Parmenter v Malt House Joinery [1993] FSR 680.

〔50〕 Allen v Sir Alfred McAlpine & Sons Ltd [1968] 2 QB229, 260 (Diplock LJ).

〔51〕 Unilever plc v Procter and Gamble Company [2000] 1 WLR 2436.

的合同或明确禁止反言[52]的依据或默许[53]，被告仅依靠偏见或不确定的一般理解，公共政策有时会支持受理一个陈旧的主张的合理性。当然，法院不愿意受理一项陈旧的诉讼，如果它会损害特定被告的利益，或如果（通常等同于一件事）特定的当事人提出该诉讼是不合理的，但这种假定总是有利于未调整诉因[54]的诉讼，如果公共政策可以阻止逾期诉讼，那么这可以成为他们的辩护理由。

下列公共利益中，许多可以用来证明与违反信托有关的诉讼实则为陈旧的诉讼。[55]

首先，对于违反信托而言最重要的一点，即公众对信托财产所享有的公共利益（希望受托人对其所担任的职位和进行的交易高度负责）。值得注意的是，信义财产的公共利益具有预防性甚至象征性的意义，因为法律要求与受托人行为相关的正义不仅要得到伸张，而且正义的伸张必须被公众看到。[56]

---

〔52〕 Such as the one in Johnson v Gore Wood [2001]2 WLR 72 (HL) 91H. 该案例禁止被告提出滥用诉讼程序的抗辩。

〔53〕 法律委员会记录，“与懈怠的辩护不同，默许并不取决于原告的拖延，而是要求原告明确或暗示表示他或她不会要求履行有关义务或坚持他或她的权利。这可以从原告的行为中推断出来”。参见 Law Commission The Limitation of Actions CP 151 (January 1998) 9.20。

〔54〕 米利特勋爵指出，“公民诉诸法院的权利”是“普通法赋予的，并得到《保护人权与基本自由公约》第6条的保障”。参见 Johnston v Gore Wood (n 3 above) 118D-E. Followed in Specialist Group International Limited v Deakin [2001] EWCA Civ 777 [10] (Aldous J)。

〔55〕 Other relevant public interests include “the setting of a socially valuable precedent”: S Shavell “The Level of Litigation: Private versus Social optimality of Suit and of Settlement” [1999] 19(1) 1999 Intl Rev of Law and Economics 99, 113; the national interest in recovering profits made through the exploitation of sensitive public office (on facts such as those in Reading v AG [1951] AC 507 (HL) and A-G v Blake [2000] 1 AC 268 (HL); and respect for international human rights (for example in cases concerning the restitution of holocaust-era assets).

〔56〕 据达尼丁子爵(Viscount Dunedin)在 Wright v Morgan [1926] AC 788 (PC) 798 案中的说法，根据确定是否存在信托利益冲突的调查，法院需要询问的“不是做了什么，而是可能做了什么”。虽然，正如林赛(Lindsay)在 Re Drexel Burnham Lambert UK Pension [1995] 1 WLR 32 案中所承认的那样，许多案件是作为该一般规则的例外而判决的，例如，Holder v Holder [1968] Ch 353。

然而,信托财产中的公共利益假定了交易的正当性,并要求将自我交易排除在正当理由之外,[57]这很难与所有权静止中的公共利益相协调。事实上,它们是完全相反的。前者假定信义交易是不良的,因为“证明该交易是正当性的举证责任落在了受托人身上”。[58] 后者如鲍文(Bowen)在 Re Postlethwaite 案[59]中所述,假定一笔交易(甚至是受托人所谓自我交易)[60]是正当的,因为在很长一段时间之后,“法律所作的一般假定是有利于证明交易的诚信和有效性的,而并非不利于它们”。[61]

显然,在特定时间,信义行为的公共利益与所有权静默的公共利益是完全对立的,必然会相互抵消。在 Re Postlethwaite 案中,这一点是在 34 年后实现的。当达到该时间时,法院的唯一选择是不采取任何行动,其结果是财产将继续属于其所有人。重要的是,经过这么长时间的拖延,私人利益不会轻易介入。[62] 正如雷德斯代尔勋爵在 Chalmondeley v Clinton 案[63]中所言:“对公众而言,遗产属于 A 还是

---

〔57〕 Tito v Waddell (No 2) [1977] 241 A-B.

〔58〕 Williams v Scott [1900] AC 499 (HL) 508. 59 [1889] 60 LT Rep 514 (CA).

〔59〕 [1889] 60 LT Rep 514 (CA).

〔60〕 在 Re Postlethwaite [1889] 60 LT Rep 514 (CA)案中,三位受托人于 1854 年 1 月将土地卖给了一位买主,该买主于同年 6 月将土地卖给了其中一位受托人。该受托人在 20 年后以丰厚的利润出售了土地。1888 年,信托受益人试图将最初的出售作为一项自我交易搁置,声称向第三方中介的出售是虚假的。鲍文指出,法院被“要求取代一项发生在三十四年前的可弹劾的交易,当时所有能给出解释的当事人都死了”,因此认为“只要可能给出合理的解释,我们就不应该作出利于交易无效的推论”。如果受托人真的承认了这种自我交易,那么即使延迟 34 年也不会成为障碍。

〔61〕 Re Postlethwaite (n 60 above) 520. 在 Chalmondeley v Clinton [1821] 案中,布莱(Bligh) 勋爵指出,“这个国家几乎所有的财产……以某种方式被公平利益所覆盖……法律总是将占有权视为表面上的所有权,而且这是为了公共利益……因为这是公共政策,占有应该保持不受干扰”;以及“衡平法院一直认为有必要通过对诉讼规定时效来平息占有”。

〔62〕 布鲁尼亚特建议,由于受托人不能购买信托财产或信托利益的规则不依赖于不当影响的推定,因此即使信托财产受到不当影响,这种购买也可以搁置。当他完全了解事实并且不受受托人的影响时,信托已经确认了这一点。但是,衡平法院确实要求如果在合理的时间内完全避免此类交易,唯一的问题是什么时间是合理的。

〔63〕 [1821] 4 Bligh 1,124.

B 并不重要；但重要的是，占有人应该平稳占有。”

然而，尽管“仅仅是时间的流逝就会导致受托人购买的行为无效”[64]这一点很明确，但“法律允许受托人撤销购买的时间比撤销其他交易的时间要长”[65]这一点同样很明确。布鲁尼亚特(Brunyate)举了 Hall v Noyes[66]的例子。在该案中，一名出卖人的善意出售行为在 10 年后被宣告无效，而在 Turner v Trelawney 案[67]中，一名破产受托人出售矿业财产的行为在 15 年后被撤销。布鲁尼亚特认为，后者是“一个非常典型的例子，因为出售是出于善意，财产原价值很低，但在受托人和他的合作方的努力下，其价值已大幅增加”。[68] 有人认为，破产受托人的特殊公众性质或许可以解释为何在这种情况下，信托正当性的公众利益长期凌驾于所有权静止的公众利益之上。在陈旧的诉讼会损害第三方利益的情况下，所有权静止的公共利益也会更加明显，因为受托人的家庭成员在依赖受托人对信托财产的名义所有权的情况下，已经无意间改变了他们的地位。[69]

其次，社会对家庭和睦的愿望在支持延迟诉讼的政策理由清单上。[70] 迈克尔·弗兰克斯认为，在亲属之间的诉讼中，（从一般的意义上说）不会轻易使用懈怠规则，“因为在这种情况下，提起诉讼是痛苦的”。[71] 有人可能会反对说，这种痛苦完全是私事，同样，家庭和睦

---

〔64〕 Franks Michael Franks Limitation of Actions (Sweet & Maxwell London 1959) 257.

〔65〕 J Brunyate Limitation of Actions in Equity (CUP Cambridge 1932) 244.

〔66〕 3 Ves Jun 748.

〔67〕 12 Sim 49.

〔68〕 J Brunyate Limitation of Actions in Equity (CUP Cambridge 1932) 244.

〔69〕 “如果财产已经到达不同的人手中，购买者已经支付相应对价，默许的效果会增加，即使所有权是建立在违反信托的基础上，它也会随着时间而生效。”

〔70〕 See Hercy v Dinwoody [1793] 2 Ves Jun 87.

〔71〕 Michael Franks Limitation of Actions (Sweet & Maxwell London 1959) 239; Re Howlett [1949] Ch 767. The claimant was the trustee's son and had delayed his suit until after his father's death. Note Jones v Higgins [1866] LR 2 Eq 538 and Phillipson v Gatty [1847] 7 Hare 516, 523.

也是私事。[72] 然而,对于信托法中似乎把家庭牢牢地置于私人领域的每一个先例来说,[73] 可以发现先例表明家庭的福祉符合公共利益。[74] 无论当局的状况如何,任何认为家庭内部和谐与整个社会无关的说法无疑都是不切实际的。[75] 因此,在有司法灵活性和自由裁量权余地的地方,如在适用懈怠规则方面,法官考虑家庭和睦是完全合法的。

最后,可能会有人认为(尽管可能比信托财产和家庭和谐的因素更无法服众),在导致拖延的情况下,应考虑索赔人的财产状况。在 Rochefoucauld v Boustead 案[76] 中,索赔人的律师(一位伯爵)正式提出了这一意见,当时他争辩说,索赔人"只是因为缺乏资金而推迟起诉,并且害怕进行如此昂贵的诉讼"。[77] 林德利法官以其他理由处理了此案,拒绝考虑该意见的实质内容。[78] 然而,在最近的 Johnson v Gore Wood 案中,上议院在决定允许原告提起诉讼时,确实将原告缺乏资金视为一个相关因素,该诉讼是原告就同一事实本可以提起的早期诉讼的一部分。[79] 在 Johnson v Gore Wood 案中,似乎假定原告的贫穷(如果有关联性)仅与特定诉讼的当事人有关。从来没有人认为

---

〔72〕 在 Re Brogden [1888] 38 ChD 546 (CA)案中,受托人没有逃脱其玩忽职守的后果,尽管他的玩忽职守被归因于他"对破碎的家庭关系感到厌烦"。

〔73〕 For example, the long-standing distinction between "private" family trusts and "public" charitable trusts: Caffoor and Others v Commissioner of Income Tax, Colombo [1961] AC 584 (PC).

〔74〕 For example, the long-standing presumption that the relief of the poverty of one's own family is for the public benefit and therefore charitable: Re Compton [1945] Ch 123.

〔75〕 许多评论家批评了家庭只能被置于私人领域的观念。See J Eekelaar "What is Critical Family Law?" [1989] 105 LQR 244, 254 - 258, J Dewar Law and the Family (Butterworths London 1989) 4 - 6; A Bainham "Privatisation of the Public Interest in Children" [1990] 53 MLR 206 states (at 207). "由于家庭在某种意义上是一种公共服务,因此将其完全排除在公共领域之外运作是不准确的。"

〔76〕 [1897] 1 Ch 196 (CA).

〔77〕 Rochefoucauld v Boustead [1897] 1 Ch 202.

〔78〕 Rochefoucauld v Boustead [1897] 1 Ch 212.

〔79〕 As was the case in Johnson v Gore Wood [2001] 2 WLR 72 (HL) 90 G-H.

考虑贫穷可能符合公众利益。但是,有人认为,无论是由于原告的贫穷、健忘,还是其他一些通常被告不知道的情况,延迟诉讼同样会对被告造成损害。因此,有人认为,索偿人的贫穷并不属于当事各方之间的正义,而是主要属于公共政策考虑因素,因为公共政策要求获得正义不应取决于财富。在违反信托的情况下,索赔人贫穷的问题可能特别突出,因为索赔人的财富往往被禁锢在索偿的诉讼之内。

(三)改革

目前,懈怠原则只适用于不受法定时效限制的违反信托的行为,其中最重要的是那些欺诈行为,那些涉及违反"自我交易"或"公平交易"规则的行为,以及受托人仍持有信托财产的案件。然而,根据新的时效法[80],这三种情况(像任何其他违反信托的行为一样)将受标准法定时效期间的约束。法定时效期间为被告知道该请求之日起3年,或者为诉讼事由首次发生之日起10年,以较短期间为准。[81] 新的时效法将大幅减少目前所理解的懈怠原则适用于违反信托行为的情况。这一点很难与1980年《时效法》第34条第2款相协调,该条规定"本法中的任何规定均不影响以拖延、默许或其他理由拒绝救济的任何衡平法管辖权"。[82] 该条应规定,"本法中任何规定不得剥夺以迟延为由拒绝救济的任何衡平管辖权……"毫无疑问,新的法案将在至少两个重要方面影响目前以拖延为理由拒绝救济的衡平管辖权。

第一,懈怠原则将适用于受法定时效限制的违反信托的行为,因为在拟议的新制度下,每一项违反信托的行为都将受法定时效的限制。第二,目前的懈怠原则将被另一种以拖延为理由排除诉讼的原则取代。法律委员会报告中的下列段落(措辞有些晦涩)提出了两项修改:

---

〔80〕 Proposed by the Law Commission in Report No. 270 (n 10 above).

〔81〕 Clause 1.

〔82〕 Clause 34(2).

……原告可以在时效期间内提出赔偿请求,但迟延提出的请求,依照现行法律基于懈怠原则予以禁止。根据我们的建议,即使相关的时效期限尚未到期,(原文如此)法院仍有权以迟延为由拒绝受理诉讼。[83]

目前对懈怠的主流理解是将其概念化为防止不合理地主张权利的一种方法,我们需要纠正这种理解,即只有在原告在延期期间的大部分(如果不是全部)对自己的权利不知情的情况下,才适用法定的10年期限。很难理解,当一个原告在整个迟延期间不知道他有权提起诉讼时,他如何因不合理的延期受指责。当然,如果原告在他最终提出诉讼之日,由于延误使得特定被告受到十分不利的影响,那么允许诉讼继续进行可能是不公平的。然而,即使这样,如果以不公为由驳回起诉可能也过于牵强,除非要求原告对这种特别不公正的后果在某种程度上承担责任。

在本章前面部分,有人提出不知情是懈怠原则适用的一个不适当的基础。有人建议,应该用更普遍的各方之间的公平考虑来代替。在这方面,该法案是朝着正确方向迈出的第一步。然而,它本可以走得更远。首先,放弃衡平法与以迟延为由自主排除民事诉由规则之间的传统但不必要的联系。在原则上,普通法完全有理由设置一项规则,即禁止未由成文法明令禁止的逾期诉讼。[84] 其次,通过维护司法自由来考虑公共政策对延迟诉讼的正当性。[85] 该法案将所有违反信托的行为,甚至包括欺诈、违反"自我交易"或"公平交易"规则以及保留信托财产的行为受制于相应的时限限制。[86] 在私人信托中,只有当申请人

---

〔83〕 Para 4.277.

〔84〕 在 Companhia de Seguros Imperio v Heath [2001] 1 WLR 112 (CA) 124 E-F 案中,克里斯托弗·斯托顿(Christopher Stoughton)勋爵认为,基于懈怠原则的公平性质的分歧可能被夸大了。

〔85〕 其中包括需要归还因欺诈、利益冲突和"战争罪"而获得的收益,促进家庭和谐;树立了一个有社会价值的先例,并为穷人提供了诉诸司法的机会。

〔86〕 正如法律委员会的报告所指出的那样:"核心制度"是"法院无权决定不适用时效期限"的制度。

是儿童[87]、身有残疾[88]或拥有其未占有的权益时，才会放宽违反信托的法定期限。[89]

令人遗憾的是缺乏灵活性。法律委员会承认米利特勋爵的观点，"有一种情形可以将欺诈性违反信托与其他欺诈行为区分开来。……如果真的涉及的是违反信托"，[90]但该法律草案没有包含赋予承认欺诈性违反信托行为的特殊地位的条款。同样重要的是，尽管法律委员会关于这一主题的原始咨询文件中有85%的受访者同意违反信托应遵守法定的时效期间，但近20%的受访者认为应区别对待欺诈性违反信托的行为。此外，约30%的受访者认为，"公平交易"和"自我交易"应在核心制度之外处理。[91] 这些重要的少数意见没有在草案中得到表达。

民事诉讼的其他规则则充分反映了公共利益的每一个方面，正如诉讼时效是维护司法经济的必要手段一样。我们看到在 Henderson v Henderson 案中，无论是判决、规则选择还是所谓规则都有利于公共利益，反对诉讼的持续和扩散。然而，他们没有像法律委员会提出的"核心制度"那样固化和硬化。当然，必须在一段时间后阻止竞争对手发声，即使真相因此被拒之门外。然而，当法官可以合理地表达公众关切时，把他们的嘴封起来又是另一回事儿。

要使关闭的政策与正义相适应，就必须采取保障措施：法律因此允许上诉；法律因此破例允许超时上诉；法律因此进一步破例允许以欺诈为理由对判决进行攻击；时效期间也因此可以破例延长。[92]

然而，即使根据1980年《时效法》的条款，不可能承认超过10年

---

〔87〕 Clause 28.

〔88〕 Clause 29.

〔89〕 Sub-clause 22(1).

〔90〕 Para 2.42 of the report, referring to Paragon (n 22 above) 414 (Millett LJ).

〔91〕 Para 4.96.

〔92〕 The Ampthill Peerage [1977] AC 547 (HL Committee for Privileges) 575 G-H (Lord Wilberforce).

的时效期间,为了防止法律本身被用作欺诈的工具,即使在拖延 10 年之后,也可能承认原因。假如被告故意误导原告时效期间超过 10 年。他可能已经承诺“在 12 年的时效期间结束之前解决这个问题”。当然,在这种情况下,被告将无法依靠真正的法定时效期间使他的欺诈行为得以延续。当然,同样的论点也被用来否定与文件形式有关的法定时效期间。[93]

最后,即使找不到创造性的方法来承认新方案下超过 10 年期间的诉因,至少在 10 年期限内仍有灵活适用懈怠原则的余地。显然,仅仅拖延不到 10 年将不足以构成懈怠,但是,拖延加上各当事方之间的因素,例如对特定被告可能造成特别困难的可能性,也许在 10 年的期限届满之前就可以证明禁止诉讼是正当的。法院在受理基于懈怠原则提起的诉讼之前,设定 10 年以下的期限的最低值应划在何处还有待观察,但没有发现低于拖延 6 年适用懈怠原则的先例。然而,在法院基于“一般”当事人之间的考虑(无论以不公平、偏见或公平的方式表达,最好是后者)禁止 10 年内的诉讼请求之前,希望法院能认识到考虑公共利益对任意排除迟延的民事诉讼的重要性。有人认为,如果诉讼符合某些公共利益,法院应允许整个 10 年的期限用尽,除非某些“特定”当事人间的司法原则(如正统的禁止反言原则)阻却诉讼。

二、诉由禁止反言

既判力原则防止对已经进入终审的诉讼事由重新提起诉讼。一

[93] Rochefoucauld v Boustead [1897] 1 Ch 196 (CA). 时效法与成文法十分相似,因为两者都反映了促进确定性和避免诉讼的愿望。因此,这两者都将从整体利益出发,排除个人索赔的公正性。

且诉因合并到最终判决中，禁止反言[94]原则就可以用于防止就此事再次提起诉讼。既判力原则体现了一些公共利益，包括诉讼终结的需要、被告不受重复诉讼的困扰的期望，以及防止对同一事实作出相互冲突的判决为公众所记录的需要。[95] 如果一个诉由尚未成为诉讼标的，英国法律的基本假设是对该诉由仍可提起诉讼。在上一节中，我们注意到，如果原告的拖延足以使1980年《时效法》或懈怠原则对案情适用，这一推论可能会因原告的拖延而被推翻。在本节中，我们将注意到，以前没有根据该诉因作出裁决，尽管该诉因可以且应该作为已经最终结束的早期诉讼的一部分被提出，但这一推论遭到了反驳。多年来，这一长期存在的民事诉讼原则被认为是既判力"禁止重复诉讼"分支的一种更广泛的形式，但最近其被视为滥用程序原则的一个范例。[96]

在它的许多范例中，无论对错，这个原则都源于一个早期案例，并在这个案例中形成了一个范例。因此，它被称为"Henderson v Henderson 规则"[97]。这种所谓的"规则"或学说，与最终结束诉讼的公共利益是一致的。懈怠原则反映了这一公共利益，通过防止长时间拖延阻碍诉讼的提起。Henderson v Henderson 案中的"规则"反映了公众利益，关注拖延导致无法起诉的问题，规定当同一诉讼问题的较

---

[94] 一种既包括诉因禁止反悔的案由又包括对诉因禁止反悔问题的描述。关于这两者之间的区别：参见 Black-Clawson International Ltd v Papierwerke Waldhof-Aschaffenburg AG [1975] AC 591 (HL) 619－620 (Viscount Dilhorne)。

[95] House of Spring Gardens Ltd v Waite [1991] 1 QB 241 (CA) 255B-C (Stuart-Smith LJ) 案说明，国际层面也具有避免不一致判决的愿望。事实上，避免判决不一致的愿望是《民商事管辖权和判决执行公约》第5条第3款的主要目的。See Handelskwekerij G J Bier BV and Another v Mines de Potasse D'Alsace SA [1978] QB 708 (ECJ).

[96] See Bradford & Bingley Building Society v Seddon [1999] 1 WLR 1482 (CA) 1490 (Auld LJ); Johnson v Gore Wood [2001] 2 WLR 72 (HL).

[97] (1843) 3 Hare 100. See G Watt "The Danger and Deceit of the Rule in Henderson v Henderson: A New Approach to Successive Civil Actions Arising from the Same Factual Matter" (2000) 19 CJQ 287－314; and G Watt "Henderson is Dead! Long Live Henderson! The Modern Rule of Abuse of Process" [2001] 20 CJQ 90－101.

早诉讼结束之后，才可提出诉讼。[98]

Henderson v Henderson 一案中关于“规则”的主要案例是上议院最近在 Johnson v Gore Wood[99]案中的裁决。该案中，一家公司的总经理兼控股股东约翰逊（Johnson）先生因专业失误对其律师提起个人诉讼，尽管他的公司已经解决了对同一律师事务所提起的类似诉讼，但这两种诉讼的产生基于基本相同的事实。

在 Johnson v Gore Wood 案中，宾汉姆勋爵（Lord Bingham）认为，Henderson v Henderson 案规则的合理应用应该是“一个综合性的、基于案件事实的判决，该判决考虑到所涉及的公共利益和私人利益，也考虑到案件的所有事实，并将注意力集中在一个关键问题上，即在所有情况下，一方是否误用或滥用法院程序”。[100] 他早期观察到：

> 对 Henderson v Henderson 案目前的理解是，虽然滥用程序和诉由禁止反言及问题禁止反言是有区别的，但它们仍有许多共同之处，即潜在的公共利益是一样的：诉讼应该有终局性，一方不应该在同一件事上两次争论不休。这种公共利益因目前强调诉讼的效率和经济性而得到加强，符合当事人和整个公众的利益。[101]

现在面临的挑战是如何确定不同的私人利益与公共利益之间的关系，以及当它们涉及基于同一诉因而持续诉讼问题，应当分别给予的权重考虑。据说，米利特勋爵对这一挑战作出了正确回应：

> 拒绝一方重新起诉已经确定的问题是一回事；剥夺他首次就一个此前没有裁决过的问题提起诉讼的机会是另一回事。后者显然剥夺

---

〔98〕 98 Barrow v Bankside Agency Ltd［1996］1 WLR 257（CA）.

〔99〕［2001］2 WLR 72（HL）.

〔100〕 亨德森背后的公共利益是“诉讼应该是终局的，一方不应该在同一件事上两次争论不休……”Johnson v Gore Wood（n 99 above）90D（Lord Bingham）.

〔101〕 Johnson v Gore Wood（n 99 above）90A.

了公民由普通法赋予的并得到《保护人权与基本自由公约》第6条保障的诉诸法院的权利。目前正在审议的法条只能是一项程序规则，其基础是需要确保法院的程序不受滥用，被告不受压迫。〔102〕

法官阁下的方法的一个优点是，它确认了有利于对未经司法审判案件的一般推定。个人诉诸司法的权利应被推定为高于维护司法经济的公共利益，除非相反的情况得到明确证明。（尽管矛盾的是，对个人诉诸司法的一般权利的保障取决于司法经济的可变性。）尽管公共利益可能是强大的，它使得诸如懈怠和滥用程序等程序规则具有必要性，尽管这种程序规则的适用导致在极端情况下真相可能被排除在外，但实质性的未经司法审判的诉因不易灭失。米利特勋爵分析的另一个优点是，它似乎区分了对特定被告的压迫和对法庭程序的滥用。〔103〕即使宾汉姆勋爵正确地指出，在实践中"很少会发现滥用程序，除非法院认为后来的诉讼程序可能对一方不公"，但法院对当事人之间利益的考虑应尽可能与考虑滥用诉讼程序原则所依据的公共政策区分开来。

在决定是否允许就同一事项连续进行诉讼时，应首先处理传统的实体法理论，如合同和禁止反言原则，其次应考虑当事人之间的公平和正义，只有在考虑当事人之间的利益时，才应诉诸保护司法程序不受滥用的公共利益。这一顺序与先前提及的懈怠原则的适用非常相似。将这种方法应用于 Johnson v Gore Wood 案，被告公司本应被基于滥用程序而禁止反言。原本可以对被告提出真正的禁止反言，因为被告（通过其律师）的一份声明可以认定为诱使原告停止提出诉讼。（这名律师曾表示，约翰逊的个人诉讼将"是一项独立的诉讼，在必要的时候，这确实是一个需要单独协商的问题"。）约翰逊先生依赖该声

〔102〕 Johnson v Gore Wood (n 99 above) 118D-E.

〔103〕 此外，118H - 119A：被告应始终承担举证责任，证明他遭受第二次诉讼是被迫的或滥用诉讼程序。

明,如果被告以滥用程序为由抗辩并辞去其代表人职位,这将是不合理的,因为(根据该案事实)辞去代表人职位会对约翰逊先生造成损害。

事实上,这与法官最初采用的方法基本相同,法官认为,根据惯例,被告不得以滥用程序为由进行抗辩。宾汉姆勋爵在上议院发表了看法,他同意这一分析,戈夫勋爵(Lord Goff)也同意被告被禁止以滥用程序为由进行辩护,但可以基于代表的禁止反言原则为自己辩护。

鉴于此,严格来说,官方随后对滥用诉讼程序规则的讨论可能是附带意见。然而,往往当声明是被“顺便”提出时,就可能存在不严谨的风险,〔104〕正如索恩登的库克勋爵(Lord Cooke)在讲话中所说,他认为:

> 被告提出的论点姗姗来迟,虽更巧妙但不现实,即和解具有阻止个人诉讼的效果,在我看来,这似乎更类似于滥用程序,而非原告在寻求诉讼过程中的行为。〔105〕

法官本应抵制将被告的论点描述为滥用职权的诱惑,因为有充分的理由主张,被告在正常情形下,不得对其最初的观点反言。这并不是否认法院拥有管辖权,即可以将任何一方的诉讼视为滥用程序,显然他可以这样做(尽管这一权力通常是针对原告行使的)。〔106〕这只是表明,使用滥用程序原则来处理本质上属于当事方之间的问题,至少在两个方面可能是有害的。首先,它倾向于将禁止连续诉讼的公共利益与仅有关一方当事人的私人利益联系起来,因为被告几乎总是反对连续诉讼。其次,它创造了一个极大的、极容易受政策驱动的司法自由裁量权。滥用诉讼程序的潜在危害是滥用宝贵的司法资源,其方式

〔104〕 Witness Lord Millett's (expressly obiter comments) Johnson v Gore Wood (n 99 above) 120 B-C where the link between unconscionability and abuse of process is unhelpful.

〔105〕 Johnson v Gore Wood (n 99 above) 101 E-F.

〔106〕 法院有权删除任何“案件说明”,只要它看起来是“滥用法院的程序或以其他有可能妨碍公正处理诉讼的因素”。参见 Civil Procedure Rules 1998 rr 3.3 and 3.4(2)(b)。

可能会直接或间接损害司法程序的权威性,而在 Johnson v Gore Wood 这样的案件中,"法院与其说是在保护自己的诉讼程序,不如说是在保护被告的利益"。[107]

即使在宾汉姆勋爵的分析中,滥用程序问题考虑具有独特性的当事方利益的风险也是潜在的,因为宾汉姆勋爵认为是否存在对任何特定事实的歪曲是一个常识问题。当然,问题是我们永远无法保证任何两个法院会对什么是常识有同样的理解。Johnson v Gore Wood 案很好地说明了这一点,因为上诉法院认为原告的个人诉讼是一种权利滥用,而上议院认为并非如此。诚然,如果上诉法院考虑到原告的贫困,并倾向于支持未经审理的诉由进入诉讼程序,可能不会认定其为权利滥用,但事实仍然是基于常识的上诉绝不会影响法院认定滥用程序的自由裁量权。这当然是上议院想要的 Johnson v Gore Wood 案的结果,作为一个判决它有充分的效力,只要不允许由公共政策驱动的滥用程序理论侵占属于各方当事人的应有权利领域即可。

三、选择

"当一个人被要求在两种相互排斥的选项中做出选择时,在这种情况下,他的选择是不可撤销的,这个人就被称为进入选择程序。"[108] 两种类型的选择与违反信托的案件相关性很大。第一种类型的选择是选择是否寻求救济措施。因此,受益人必须决定是否避免进行可撤销的交易(如其受托人的自我交易)[109],是否向受托人索赔受托人基

---

[107] Johnson v Gore Wood [2001] 2 WLR 120 F-G (Lord Millett). The undesirable confusion of public and private interests in the doctrine of abuse of process can be traced back to Lord Diplock in Hunter v Chief Constable of the West Midlands Police [1982] AC 529 (HL) 536.

[108] J Brunyate (n 21 above) 217.

[109] 受益人可以选择采纳,确认或批准交易,或者可以通过行为或默示推定其选择放弃救济。

于其受托职位[110]而获得的未经授权的利润，以及当其受托人未经授权使用信托基金购买资产时是否提出索赔。[111]

第二种类型的选择是在可替代的补救办法之间作出选择，典型的情况是在受托人挪用信托财产归自己使用的情况下，在账户救济办法和赔偿救济办法之间作出选择。[112] 备选的救济方案的另一项是，受益人拒绝不当运用信托资金购买资产的一定比例的财产权份额，转而取得对资产的留置权，以此作为对受托人个人诉讼的担保。[113] 一个相关的例子是，受益人可以选择向已支付信托资金的受托人提起诉讼，或者向信托资金的支付对象提起诉讼。[114] 另一可替代的补救方案适用于受托人在自己的交易中误用信托基金的情况，即原告可以选择以复利代替受托人因误用信托基金而获得的那部分交易利润。[115]

第一种类型的选择是必须在合理的时间内，在寻求救济或放弃救济之间作出选择。这与懈怠原则密切相关。[116] 如果我们以原告决定是否避免受托人的自我交易为例，比如受托人购买信托持有的股份，

---

[110] 例如，在 Keech v Sandford [1726] Sel Cas Ch 61 案中，受托人以自己的名义续签了一份属于信托财产的租约，根据这些事实，"塞斯图伊克信托必须选择是放弃他在续签的租约中的权利，还是起诉，要求宣布该租约是根据对他的推定信托持有的"。

[111] "事实上他没有……抱怨获得资产但试图利用它并不意味着他采纳或批准它——他几乎肯定会辩称这是违反信托——它只意味着他不寻求有关它的补救办法。"参见 Boscawen and Others v Bajwa and Another [1996] 1 WLR 328 (CA) 342B (Millett LJ)。

[112] See Tang Man Sit v Capacious Investments Ltd [1996] 1 AC 514 (PC).

[113] This species of election, in some doubt since Re Hallett's Estate 13 ChD 696 (CA) 708 (Sir George Jessel MR), was affirmed in the House of Lords in Foskett v McKeown [2000] 2 WLR 1299, 1327G.

[114] "起诉一方并不意味着放弃对另一方的索赔。他当然必须在两种替代补救办法之间做出选择，但在获得判决并得到满足之前，没有最终的选择。"参见 United Australia Ltd v Barclays Bank Ltd [1941] AC 1 (HL) 30 (Lord Atkin)。

[115] Vyse v Foster 1872 – 1873 8 LR Ch App 309 (HL) 334.

[116] "如果时间的流逝是一般抗辩中的一个要素，即原告已经放下或放弃了他的权利，或者已经选择不主张这些权利，或者被禁止主张这些权利，那么时间的流逝被认为是以默示的方式起作用的。另外，时间的流逝本身可能是一种抗辩；例如，这可能使被告无法证明他的案件，因为他的证人已经死亡；在这种情况下，原告可能因懈怠而被禁止（使用狭义的词），尽管不会有默许"，参见 Brunyate (n 21 above) 189; Allcard v Skinner [1887] 36 ChD (CA) 145 and Edwards v Carter [1893] AC 360 (HL)。

很明显,迟延作出选择的原告实际上能够以被告的确定性作为赌注。如果股票涨势良好,原告将选择认定自我交易无效;如果股票涨势不佳,原告将允许自我交易继续维持效力。显然,不能允许原告延迟到股票开始变得有吸引力,才作出选择。

第二种类型的选择,即在备选的救济方案之间的选择,完全不同于第一种。它适用于诉讼已经开始。在这种情况下,原告被命令支付费用,还承担了败诉的风险。不能说他只是以被告的经济利益赌博,因此没有要求其在合理的时间内进行这种类型的选择,唯一的要求是在作出判决之前进行。本节的其余部分将专门讨论这类选择,违反信托[117]方面的引领性案例是枢密院在 Tang Man Sit (decd)(个人代表)v Capacious Investments Ltd 案(以下简称 Tang Man Sit 案)中的裁决。[118]

根据尼科尔斯勋爵在 Tang Man Sit 案中的观点,面临多种补救办法选项的原告根本不需要作出选择。“他可能有两种救济途径。他可以选择这种或那种救济方案,或两种都选择。这是他的事。他可以获得两种救济办法的判决,并执行两种判决。”[119] 然而,尼科尔斯勋爵承认,这一普遍权利也有某些局限。第一个局限是“Henderson v Henderson 案[120]中所谓规则”,这是之前讨论过的。第二个局限是法院的权力,“当实现公平所需时,对多人提出的诉讼应一并审理和裁决”。[121] 第三个局限是反对“双倍赔偿”的规则,该规则规定“原告不能从一名或多名被告处获得总计超过其损失数额的赔偿”。[122]

对原告而言,享有多种救济途济益处多多。但当原告面临可选的不

---

[117] The trust was a bare trust arising out of a commercial joint venture not dissimilar to the trust in Banner Homes Group Plc v Luff Developments Ltd (No 1) [2000] Ch 372 (CA).

[118] [1996] 1 AC 514 (PC) noted by P Birks [1996] 112 LQR 375.

[119] Same case 522D.

[120] Same case 522F.

[121] Same case.

[122] Same case.

同的救济方式时,则处于完全不同的境地。原告被要求在不同的救济方案之间进行选择。部分原因是为实现当事方之间的简单衡平,[123]因为选择将防止原告得到"双倍赔偿"。然而,反对双重清偿的规则规定"有权获得损害赔偿的一方当事人不能就同一损失得到双倍清偿",这与要求在可替代的不同救济方式之间进行选择的规则不同。[124]

一方面,反对"双倍赔偿"的规则在判决的当时或判决之后生效,而不同的救济方式之间的选择规则在判决时或判决前生效。另一方面,虽然反对双重赔偿的规则几乎主要涉及当事方之间的利益考虑(不允许特定原告从特定被告处获得超过其应得的赔偿),但选择规则,如Henderson v Henderson一案的规则,促进了更广泛的公共利益及其对当事方之间正义的关注。正如尼科尔斯勋爵在Tang Man Sit案中所说:

像所有的程序性规则一样,关于在替代性救济措施之间选择的既定规则并不是固定不变的规则。这些规则是达到目的的手段,而不是目的本身。它们只不过是管理法律诉讼程序的综合性和统率性规则的实际应用,即诉讼程序应以在各方当事人利益之间达成公平和合理的方式进行,同时适当考虑在法院再诉讼程序中更广泛的公共利益。[125]

有人可能会反对,认为选举规则只是为了防止当事方之间的双倍赔偿,司法程序中的公共利益与此事无涉,这种反对有一定的说服力。事实上,甚至有先例表明,作为一个法律问题,最终判决就等

---

[123] 在Johnson v Agnew [1980] AC 367 (HL)案中,威尔伯福斯勋爵说:"选举,虽然是许多学习和提炼的主题,但最终是一种基于对常识和公平的简单考虑的学说。"In Tang Man Sit Lord Nicholls approved this dictum [1996] 1 AC 514 (PC) 522B-C.

[124] Foskett v McKeown [2000] 2 WLR 1299 (HL) 1313F (Lord Hope of Craighead).

[125] Tang Man Sit (n 118 above) 521 H-522B.

同于“赔偿”,[126] 从这一点来看,判决前进行选择可以防止双重赔偿。然而,更恰当的观点是,反对双倍赔偿的规则关注的是事实上的赔偿,而不是法律理论上的赔偿。

在这种情况下,如果选择仅是为了防止双倍赔偿,那么在申请人实际上收到足够的资金以满足一种或另一种可替代的救济措施之前,没有必要进行选择。然而这并不是法律的规定。要理解为什么选择通常必须在最终判决之前进行,我们必须关注影响这一规则的公共利益。事实证明,这些基本上与支持既判力原则的公共利益相同,即需要确定性和终局性,需要防止两项或多项相互冲突的判决(基于同一事项产生)出现在公共记录上。[127] 后者正是防止司法程序声誉受损的部分,这最能解释为什么在对此事作出最终判决之前必须在可替代的不同救济措施之间作出选择。在防止不同的补救措施出现在同一判决中时,选择规则避免了类似于对同一事项出现的两个相互冲突的判决的损害。事实上,选择规则之所以不适用于累积救济措施,正是因为对这些救济方案的判决不会像两个备选方案的判决那样在逻辑内部不一致。无论救济措施是累积性的还是替代性的,都适用反对双重赔偿的规则,但当救济措施是替代性的,则适用时应考虑更多因素。正如尼科尔斯勋爵所说,外部因素是“法庭诉讼程序中更广泛的公众利益”[128]。

然而,假设错误地形成了内部不一致的判决,如果法官最初令被告受托人就他从信托基金中获得的 10,000 英镑承担责任,并赔偿信托基金所受 10,000 英镑的损失,在这种情况下,申请人还需作出选择

---

[126] 原告选择起诉,要求赔偿销售时的货物价值或以金钱形式拥有的和收到的销售收益,原告选择了前一种救济方式,他获得了判决。因此,他得到了法律上等同于付款的东西,即货物全部价值的判决。一旦恢复了判决,他的救济措施就完全没有了。参见 Buckland v Johnson [1854] 15 CB 145, 166 (Maule J)。

[127] See n 95 above., cf Port of Melbourne Authority v Anshun Pty Ltd [1981] 147 CLR 589 (HC Aus) 603 – 604.

[128] Tang Man Sit [1996] 1 AC 521H – 522B.

吗？答案是肯定的。然而，对司法程序声誉的损害已经造成，在这种情况下进行选择的主要原因（也许是唯一的原因）是防止双倍赔偿。本质上，这就是 Tang Man Sit 案中所发生的事情。已知事实是，土地所有人唐（Tang）是在土地上建造房屋的合资企业的一方，他同意在建筑工程完成后将部分房屋转让给原告，但实际并没有转让。相反，唐在申请人不知情或未经批准的情况下，将这些房屋出租给老人居住。原告一方面要求赔偿因房屋不当使用和占用造成的损失以及财产减少的价值，另一方面要求赔偿未经授权取得的利润和违反信托的损失。在原告有机会充分考虑其首选救济措施之前，法官就恢复原状和赔偿的诉求作出了有利于原告的判决。

Tang Man Sit 案是个例外。众所周知，一般情况下出于我们已认定的公共政策的原因，法律要求选择应在判决前进行。然而，是否存在相反类型的公共利益可能导致不同结果的情形？本章的一个目的是证明适用于违反信托案件的特殊公共利益有时可能足以抵消民事诉讼法规则所提倡的便利性、确定性、终局性和一致性方面的公共利益，如懈怠规则和 Henderson v Henderson 案中的其他规则。同样地，这似乎有可能是正确的选择规则理论。因此，在 Vyse v Foster 案中，有人提出信托义务的特殊性质可能说明搁置在不同的救济措施之间进行选择的一般规则的正当性，尽管这很可能导致双重赔偿和内部不一致的判决：[129]

> 我们认为，在受托人违反对自己和他人的信托进行贷款的情况下，该规则适用于利息和利润之间的选择时需要非常充分的考虑，此后法院才能作出最终决定。[130]

---

[129] ［1872］LR 8 Ch App 309（HL）.

[130] Vyse v Foster（n 129 above）334.

当受托人故意违反信托，比如挪用信托资产时，信托正当性的公共利益可能会例外地支持——判决前必须作出选择的一般规则的放宽适用是合理的。

尽管其重要性毋庸置疑，但我们不能忽视权衡不同公共政策的过程中，考虑该问题时应蕴含的灵活性（或者不可预测性）。因此，在采取其他不同的救济措施的情况下，法院应该像我们审查其他程序的情形一样，在以任何政策为基础来处理案件之前，注意影响当事方之间的实质性因素。公共利益很少会为当事人之间不公平的结果辩护，因为公众的首要利益（至少就司法程序而言）是案件的公正审理。因此，尼科尔斯勋爵认为，如果当事人之间不公平的话，他不会允许原告在 Tang Man Sit 案中提起损害赔偿诉讼。[131]

四、结论

当迈克尔·弗兰克斯提出法定时效条款“强调公共因素”而“衡平法规则（懈怠）主要着眼于当事人的行为”时，[132]他选择“强调”和“主要”这两个词并非偶然。他认识到，法院最初就承认在适用懈怠原则时考虑到公共政策。[133] 相较之下，普赖姆（Prime）和斯坎伦（Scanlan）的著作在其他方面密切承袭了迈克尔·弗兰克斯本人对这一问题的处理方式，他们断言，“与时效不同，懈怠原则的基础不在于公共政策，而在于当事人的行为，以及赋予或拒绝当事人寻求补救措

---

〔131〕 值得注意的是，在得出“没有不公平”的结论时，在允许索赔人继续进行损害赔偿索赔时，尼科尔斯勋爵倾向于使用“不公平”一词，而不是“显失公平”。法官在其他地方感叹过这样一个事实，即“不合理”这个模糊不清的词对股权律师有相当的吸引力。参见 Royal Brunei Airlines v Tan [1995] 3 WLR 64 (PC) 76。

〔132〕 Michael Franks Limitation of Actions (Sweet & Maxwell London 1959) 233.

〔133〕 Text from n 40.

施时的正义平衡”。[134] 这项研究试图证明后者对先前案例的解读不准确,以及对于未来案例而言,是不可取的方法。然而,现代法院只把注意力集中在懈怠的当事人因素,特别是无意识的方面,并没有采取措施阻止这种做法。[135]

讽刺的是,尽管懈怠原则与 Henderson v Henderson 一案中的“规则”在功能和理论上十分相似,但相对于前者,现代法院往往侧重对当事方之间的考虑,而几乎未对相关公共政策进行考虑;就后者而言,则有可能出现完全相反的情况。这种不一致的原因是,法院倾向于将懈怠原则归为衡平规则,而不是程序性规则(主要是由于懈怠和默许之间的混淆)。[136] 衡平语言和衡平范式因此局限于衡平领域,在理论的制定和应用中占据主导地位。其结果是不恰当地强调了无意识因素,而没有充分强调重要的政策问题,在决定是否禁止陈旧诉讼时,应该权衡这些问题。我们已经看到,在违反信托的诉讼中,信托财产是一种十分重要的公共利益,在某些情况下,它可能为陈旧的诉讼提供正当理由。Henderson v Henderson 案的规则也起源于古老的衡平法院,如果不是从一开始就被认为是一种程序规则而不是衡平法规则,该规则很容易遭受与懈怠原则同样的命运,并将为此付出沉重的代价。由于局限于程序领域,程序语言和程序范式在其制定和应用中占据了主导地位,其危险在于,结果会不当强调滥用程序,而未充分强调各方当事人的考虑。

本研究的目的是证明所考虑的三个程序原则是“达到目的的手

---

〔134〕 T Prime & GP Scanlan The Modern Law of Limitations(Butterworths London 1993) Chapter 13.

〔135〕 See Frawley v Neill[2000] CP Rep 20.

〔136〕 In Cholmondeley v Clinton [1821] 4 Bligh 1, 78 - 79 Lord Redesdale, Lord Chancellor of Ireland, and the learned author of a Treatise on Pleadings in Suits in the Court of Chancery by English Bill [1780] referred to laches as a principle of law which is found reflected in common law and legislative rules.

段,而不是目的本身”。[137] 事实上,所有程序主义所追求的目标与新民事诉讼规则所追求的目标是一致的,即“公正地处理案件……高效和公平”。[138] 如果要实现这一目标,法院必须抵制所有其他模式,并应认识到,只有在同时重视私人利益和公共利益的情况下,才能在适用程序性规则时找到真正的正义平衡。

---

〔137〕 Tang Man Sit (decd) (personal representatives) v Capacious Investments Ltd [1996] 1 AC 514 (PC) 522B (Lord Nicholls).

〔138〕 Civil Procedure Rules 1998 SI No 3132 r 1.1(1), (2).

第十三章　综述

大卫·海顿
(DAVID HAYTON)

本文中所涉及的章节可以分为4个主题:“信托的性质”“责任:损害赔偿或公平补偿”“追溯、超越、接收和协助”“对违反信托请求的抗辩”。各个章节均涵盖宝贵精深的专业知识和独特见解。尽管下面内容主要是评述,但笔者已经将其添加到信托法的丛书当中。

一、信托的性质

与这一主题相关的章节有:第2章约书亚·盖兹勒“勤勉义务”、第3章埃德温·辛普森“冲突规则”、第8章耶·彭纳“免责”和第10章詹妮弗·佩恩“同意”。这些章节共同引发我们对一个问题的思考,即信托义务是否真的像朗贝因(Langbein)教授所建议,实质上是一种契约性的“交易”。[1] 毕竟,委托人可以免除或修改注意义务,利益冲突行为可以基于授权而进行,对违反信托义务的行为给予免责,同时,委托人或受益人对违反信托行为的许可能够阻却违反信托行为带来的任何法律诉讼。事实上,在99%的案例中,存在委托人和受托人就修改受托人的默示义务、免责条款的内容以及受托人的报酬问题达成协议的情况。

然而,这一共识与朗贝因教授的观点相冲突,这种冲突的发生并非基于对历史根源理解的差异,[2] 亦非因委托人在信托关系成立后退出信托管理舞台,[3] 也不是出于衡平法官所扮演的角色,抑或法院的固有管辖权。[4] 在英国,信托义务中的核心内容是信托资产(无论是财产利益还是在诉讼中的财产性权益)由受托人持有,且不受受托人的债权人、继承人或配偶的追索,因为受益人被视为信托资产在衡平法上的所有权人。委托人可以单方宣布创建信托,无论是通过宣告自己是自身所有的全部或特定部分已确定财产的受托人,还是将特定资产转移到受托人的名下。在后一种情况下,受托人通常同意以信托所设定的规则接受信托财产。在未与受托人签订协议的情况下,委托人秘密设立遗嘱信托,也可以转让土地或股份给以受让人名义注册的公司,所有权将自动转移给受让人。[5]

受托人在发现信托时可以拒绝接受信托财产,但这不影响受益人在委托人死亡(在遗嘱信托的情况下)或委托人完成了将预定的受托人登记为土地或股份所有权人的一切必要事项,[6] 即完成转让法定

[1] J Langbein “The Contractarian Basis of the Law of Trusts” [1995] 105 Yale L J 625. In England third parties can now enforce contacts for their benefit under Contracts (Rights of Third Parties) Act 1999.

[2] M Lupoi Trusts: A Comparative Study (CUP Cambridge 2000) 166.

[3] Re Astor's S T [1952] Ch 534, 542; Bradshaw v University College of Wales [1988] 1 WLR 190, 194.

[4] Re Beddoe [1893] 1 Ch 547; Re New [1901] 2 Ch 534.

[5] J Hill “The Role of the Donee's Consent in the Law of Gift” [2001] 117 LQR 127.

[6] Re Rose [1952] Ch 499.

所有权所需要的登记手续的情况下，获得信托财产利益。衡平法不允许因缺少受托人而使信托无法成立，[7]因此，已故委托人的遗产代理人将成为受托人（具有辞去信托和任命新受托人的法定权利[8]），或者，如果委托人还活着，那么他将成为受托人（具有相同的法定权利）。

此外，由于委托人行为的效果是在信托基金中产生衡平法财产权，一旦确定所有受益人，并且所有受益人均具有完全行为能力，受益人可以一致要求受托人将信托基金中的特定资产转移给自己（或者自己所提名的人），因此在衡平法上他们被视为所有信托财产的所有者。[9] 这并不妨碍或否定委托人与受托人之间约定更长期限的信托的目的。

然而，在美国的大多数州，委托人给受托人施加的义务，即受托人优先执行委托人认为对受益人有益的重要目的，高于受益人的利益。因为只要委托人的一个重要目的尚未实现，法院就不允许受益人出于自身主观利益从受托人处获得信托财产。[10] 否则，就与英国一样，受益人可以通过追溯程序来维护自己的衡平法所有权，追溯程序导致其对追溯到的财产享有衡平法上的留置权或抵押权，或者对追溯到的全部或适当比例的财产享有衡平法权利。奇怪的是，正如伯克斯教授在他的章节中指出的那样，虽然“衡平法是对人法”，但衡平法上的财产权益可以在具有对物效力的诉讼中得到维护（当事人之间诉讼的结果是被告被命令将特定财产转让给原告，由原告作为受托人持有，或者在例外情况下，为其自身利益持有）。相较之下，虽然普通法被认为是对物法，但在动产案件中，它不提供财产权救济，也没有超出损害赔偿的严格责任。

---

〔7〕 Mallot v Wilson [1903] 2 Ch 494 approved in Harris v Sharp (CA 21 March 1989).

〔8〕 Trustee Act 1925 s 36.

〔9〕 Saunders v Vautier [1841] 4 Beav 115; Stephenson v Barclays Bank Trust Co Ltd [1975] 1 WLR 882.

〔10〕 例如，为了继续积累收入，或为了确保 B 作为其兄弟姐妹 C、D 和 E 51% 股权的受托人和作为 25% 股权的受益人，可以继续控制和经营家族企业。

因此，英美信托义务创造了衡平法财产权益，其对受影响财产的继受人具有约束力，除非他们是法定所有权的有偿善意购买人，且不知道受益人的权益，或者受到旨在促进财产市场化的超越原则规定的保护(例如，把从土地获得的资金交付给两个以上受托人或一个信托公司[11])。不仅受托人所有的信托财产及其可追溯收益不受受托人的债权人、继承人和配偶的索赔，而且第三方手中的信托财产及其可追溯收益也不受该第三方或该第三方的债权人、继承人或配偶的索赔，除非该第三方是上述善意购买人或受上述超越原则规定保护的人(或他们的所有权继承人)。尽管大陆法系可以通过受托人在破产、死亡或离婚时授予豁免的法律规定，或通过限制受托人的继承人或配偶在知情的情况下接受信托财产的判例发展，为受托人拥有的隔离信托财产授予豁免，但这种豁免本质上源于委托人要求受托人履行的信托义务中赋予受益人的衡平法财产权利的性质。[12]

英国信托义务的财产权方面已经达到了极限，[13]尽管美国的大多数州对此略有减弱，但正如我们所知道的，如果委托人的重要目的仍然未实现，那么美国有一项法律可以防止对信托财产享有绝对权利的受益人利用 Saunders v Vautier 案的规则主张将信托财产变为自己的财产。[14] 不管怎样，英国信托的义务性特征还有进一步发展的余地。

除慈善目的信托外(其具有不同于私人信托的历史，而且特别立法不仅允许总检察长强制执行，还允许慈善事务委员会，或者慈善委

[11] Law of Property Act 1925 s 27.

[12] D Hayton, S Kortmann & R Verhagen (eds) Principles of European Trust Laws (The Hague Kluwer Law International 1999).

[13] 附条件的权益可用于规避 Saunders v Vautier 案确立的规则，而作为合同事项，如单位信托，可约定在特定事件发生之前不产生主要财产权益。See K F Sin The Legal Nature of the Unit Trust (OUP Oxford 1997) 114 - 120.

[14] 如果这些享有绝对权利的受益人寻求获得英国信托资产，那么英国法院可能会将受益人在纽约法下的权利定性为对受托人的据法权产，受托人在委托人的实质性目的仍有待实现的情况下有权进行抗辩。

员会或法院认为应具有诉讼地位的“任何利害关系人”强制执行[15]),就像汽车的核心是发动机一样,信托的核心是受托人对受益人承担的责任(字面意思是受托人向受益人提供账目,受益人可以指出账目中的错误和遗漏)。因此,委托人必须建立一个信托,该信托直接或间接地使具有法律人格的主体受益,该主体可以积极地为自己的利益要求执行受托人的义务。[16] 否则,就不存在信托,就像为了抽象或无形的非慈善目的而设立的信托,例如,以禁止活体解剖为目的而设立的信托,[17]以促进英国社会党的利益为目的而设立的信托,[18]或纯粹以修女秩序沉思(非慈善)为目的而设立的信托,[19]或以提高英国和威尔士帆船俱乐部的帆船水平为目的而设立的信托。[20]

然而,如果委托人没有设立信托,而是赋予其受托人将信托资金用于非慈善目的的权利[21](定义足够明确,使默示受益人和法院能够确定受托人是否即将或已经超出此种权利的范围),那么法院当然没有理由干预、阻挠委托人授权受托人以这种方式使用其资金的意图。然而,值得注意的是,法院不会使信托作为一项权利生效来拯救它,[22]除非是作为对人类情感的一种让步,即在以建立和维护墓碑,饲养宠物,以及让牧师为遗嘱人的灵魂举行天主教弥撒而设立的遗嘱

[15] Charities Act 1999 s 33; Richmond LBC v Rogers [1989] Ch 484.

[16] Re Denley's Trust Deed [1969] 1 Ch 373 but it is difficult to draw the line between purpose trusts validated by this case and purpose trusts that are not, while in Re Grant [1980] 1 WLR 360 Vinelott J explained the trusts in Re Denley as really discretionary trusts for employees.

[17] National Anti-vivisection Society v IRC [1948] AC 31 (HL).

[18] Re Grant [1980] 1 WLR 360.

[19] Leahy v Att-Gen for New South Wales [1959] AC 457 (AC).

[20] Re Nottage [1895] 2 Ch 649 pure sport not being charitable.

[21] Re Douglas [1887] 35 Ch D 472, Re Shaw [1957] 1 WLR 729.

[22] Re Shaw [1957] 1 WLR 729, 746; cp IRC v Broadway Cottages Trust [1955] Ch 20, 36.

信托的情况下。[23]

在离岸司法管辖区,发现了销售受托人服务的机会,认为如果委托人想创设的不是权利而是非慈善目的的信托,那么只要委托人在其信托文件中提供一个有资格执行目的信托的执行人,以及一个执行人职位的继承机制,就没有理由阻止这种意图。[24] 事实上,百慕大自1989年制定了目的信托立法后,最近进一步允许法院可以指定具有足够利害关系的人执行目的信托,即使最初没有指定任何人为执行人。[25] 虽然受托人永远不能成为执行人,但在世的委托人可以成为执行人,特别是如果在相当长的一段时间内没有人被确定为受益人,而收入在积累或支付给灵活任命权的对象的情况下。

根据1987年《承认信托法》,如果指定的执行人(无论是否为委托人)可确保受托人适当履行实现信托目的的义务,英国法院应承认特定离岸司法管辖区法律认可的非慈善目的信托的效力,因为英国的公共政策[26]是用来打击非法或邪恶的。[27] 事实上,英国判例法中因没有指定执行人而无效的非慈善目的信托在任何情况下都因永久性或不确定性而无效,所以只要信托文件的条款指定了确保受托人履行信托义务的执行人,英国法院似乎没有理由不支持受英国法律管

---

[23] Eg, Re Hooper [1923] Ch 38, Re Dean [1889] 41 Ch D 552, Bourne v Keane [1919] AC 815, 874–875, Hong Kong Bank Trustee Co v Farrer Tan [1988] 1 Malayan LJ 485: such so-called trusts of imperfect obligation, not being positively enforceable by anyone, are really mere powers.

[24] 目的信托立法已在百慕大、伯利兹、开曼群岛、泽西岛和马恩岛颁布。

[25] Trusts (Special Provisions) Amendment Act 1998 substituting a new Part Ⅱ of the Trusts (Special Provisions) Act 1989.

[26] See Article 18 of The Hague Convention on the Law Applicable to Trusts and on their Recognition.

[27] 然而,在一个极端的情况下,英国法院可能会认为存在归复信托,例如,如果"执行人"是"受益人"以外的人,"受益人"应被重新定义为仅是权利的对象,或目的只相当于一个投资条款的情况下,根据the Cayman Special Trust Alternative Regime Law 1997,为"受益人"设立的"信托"没有任何权利(保留转让给他们的任何权利除外)。See DJ Hayton (ed) Modern International Developments in Trust Law (The Hague Kluwer Law International 1999) 331–334.

辖的非慈善目的信托(且仅限于有效的永久存续期)。事实上,只要存在未出生的或未确定的或未成年的受益人,为什么委托人不能明确地为自己保留代表这些受益人要求受托人对信托财产管理负责的权利?

当然,如果该信托(限于皇室的一生和21年的永久期)是为了秉承英国社会党的宗旨,并由该党的领袖不时地执行;或者是为了维护执业大律师的专业利益,并由英格兰和威尔士的律师协会主席不时地执行;或者是为了提升英国公民的游艇标准,并由皇家游艇协会主席执行,那么就没有充分的理由不为委托人的意图提供便利。正如汽车需要引擎一样,信托也需要执行人,无论是受益人、总检察长还是被指定的执行人。对信托概念至关重要的相关权责义务在信托成立时就存在了,无论义务是为了受益人的利益,还是基于慈善目的或者非慈善目的。[28] 这种逻辑上的一致性避免了在直接或间接使人受益的非慈善目的和那些"纯粹、抽象或无形"的非慈善目的之间作几乎不可行的区分。这种逻辑上的一致性对于欧洲的大陆法系国家来说是有意义的,因为它们会基于各种目的培育使用不受所有人的债权人、继承人或配偶索赔的隔离资金,以至于欧洲有一个公平的竞争环境,特别是在商业和金融领域。[29]

二、责任:损害赔偿或公平补偿

正如钱伯斯教授在第一章"责任"中指出,传统上衡平法律师对那些认为受托人应当向受益人或受托人(取代不当行为的受托人)支付

---

〔28〕 Further DJ Hayton "Developing the Obligation Characteristic of the Trust" [2001] 117 LQR 96.

〔29〕 DJ Hayton "The Development of the Trust Concept in Civil Law Jurisdictions" [2000] 8 JTCP 2159.

损害赔偿金以弥补受益人受到的损失,或认为应将违反信托而获得的收益归还受益人的人嗤之以鼻。违反信托是指受托人的行为或者疏忽,没有得到信托文件或法律的授权或宽恕,或者未能履行受托人被授权活动的职责。许多现代主义者认为,人们可以将所有的金钱支付责任称为"损害赔偿",无论是在普通法还是衡平法中产生的,尽管他们认识到,在不同的情况下,这种损害赔偿的计量很可能由不同的规则来确定(例如,被告的行为是否存在过失或欺诈,是否违反了禁止性信托义务,是否违反了普通法上或衡平法上的注意义务),但为了合理化和简单化,应尽可能多地同化规则,如在涉及违反注意义务的情况下。

然而,钱伯斯教授正确地指出,损害赔偿或公平补偿最好仅限于以补偿损失为目标,同时他认为,使用恢复原状这一术语应限于以要求被告放弃财产或货币价值为目的——尽管还需要进一步深入区分这种放弃行为是基于原告主张财产权的结果,还是为了防止被告获得不当得利的结果。

研讨会上的大多数学者认为,存在这样一种危险,即对损失采取"一刀切"的损害赔偿办法很可能会导致理由不充分的判决,损害衡平法给予弱势受益人(根据 1925 年《受托人法》第 61 条的规定,对伪造账目负有严格责任)以及与受托人交易的第三方的保护。尤其是坦普尔曼勋爵,他曾警告允许过失侵权行为广泛适用的危险。[30]

Froese v Montreal Trust Company 案[31]就是这样一个案例,安大略省上诉法院以 2∶1 的比例裁定,受托人未能追讨以自身为受托人而为其员工设立信托的雇主本应向其支付的款项,且该雇主已进入清算阶段,信托受益人有权以被告保管受托人存在疏忽为由而获得普通法上的损害赔偿。根据信托契约条款的约定,雇主(或管理受托人)指

---

〔30〕 China & South Seas Bank Ltd v Tan [1990] 1 AC 536 (PC) 543; Downsview Nominees Ltd v First City Corp [1993] AC 295 (HL) 315.

〔31〕 [1996] 137 DLR (4th) 725.

定的保管受托人有保管向其支付的款项以及按照管理受托人(或其指定的投资经理)的指示购买投资的义务,但没有向雇主追讨应付款项的义务。受益人将其利益置于管理受托人以这种方式行使其权力的负担之下,因此不能让保管受托人承担因雇主不支付款项而造成的任何损失。保管受托人没有义务对雇主未能支付的款项负责,因此不能以故意违约为由对其下达为管理行为担责的命令。

正如钱伯斯教授所强调的,受益人有权要求受托人向其说明信托财产的管理情况,这是信托的核心,因此,受托人的主要义务(独立于任何违反信托行为)是通知具有完全行为能力的信托受益人,并在此后向其提供信托财产管理和分配情况的账目;[32] 如果受益人没有权利要求受托人说明情况,那么对受益人来说就不存在信托。[33]

如果受托人难以提供账目、证明文件和信息,受益人首先从法院获得一份普通形式的报告管理情况的命令,[34] 然后要求受托人说明实际收到的款项、开支、费用等情况以及实际分配给受益人的款项。然后受益人可以知道是否有机会伪造或遗漏账目。伪造是指显示的条目是虚假的,需要纠正的。遗漏是指有贷记项目显示缺失。

如果受益人能够证明存在不当行为,从而支持还存在其他未知的违约行为的推断,在对不当行为起诉后,可以基于故意违约获得要求受托人说明管理情况的命令,要求受托人不仅要说明实际收到的款项,还要说明可能收到的款项,以及受托人的故意失责情况,包括故意、鲁莽和过失违反信托。这时被告受托人承担举证责任,需要证明

---

〔32〕 DJ Hayton "The Irreducible Care Content of Trusteeship" Ch 3 in AJ Oakley (ed) Trends in Contemporary Trust Law (OUP Oxford 1996); Brittlebank v Goodwin [1868] LR 5 Eq 541; Hawkesley v May [1956] 1 QB 304; Re Murphy's Settlement [1998] 3 All ER 1; Re Rabbaiotti's 1989 Settlement [2000] WTLR 953; Rosewood Trust Ltd v Schmidt [2001] 3 ITELR 734.

〔33〕 Armitage v Nurse [1998] Ch 241 (CA) 253.

〔34〕 Generally on orders for an account see Glazier v Australian Men's Health (No 2) [2001] NSWSC 6 and Hayton & Marshall Commentary & Cases on the Law of Trusts and Equitable Remedies (11th edn Butterworths London 2001) Ch 10 s 2.

该账目的合理性。

正如盖兹勒博士指出的那样，伪造账目是受托人对不当行为的第一种补救措施。如果T未经授权向C分配x英镑，或不当出售授权的投资用来购买未经授权的x英镑的投资，或未经授权将价值x英镑的信托资产转移给代理人或保管人，而转让x英镑，或出售、转让价值x英镑财产的账目被删除，T就不能主张他的不当行为超出了他的权利。衡平法认为他做了他应该做的事情，即保持了x英镑或当时价值x英镑的财产。不当购买或转让的资产现在因为股市崩盘而只值原来价值的1/4，或者被盗，抑或被天灾毁坏，这并不重要。[35]事实上，如果不当购买或转让的价值x英镑的资产将要花费2x英镑来恢复原状，那么T将不得不支付2x英镑来替换它们，以便账目真实地反映出如果T没有越权行事会是什么情况。[36] 这种为恢复损失价值而支付赔偿的严格责任旨在鼓励T充分履行其基本义务，仅在授权范围内处置信托财产。

在受托人从信托财产获益方面也有类似的严格责任，正如钱伯斯教授所强调的，放弃一项资产或其货币价值需承担一种"恢复性的"责任，T的行为不得违反禁止性基本信托义务，即既不得从信托财产的托管和使用中获利，也不得使自己个人利益与受托人义务发生冲突。一旦存在违反不可分割的忠诚义务的表面证据，那么T就承担第二种义务，即对该类违反信托活动的说明义务。受托人将财产处置给委托人其中一人时，信托自动撤销，[37]收益也由T以信托形式为受益人持有，即便T诚实行事，提高了信托股份的价值，那时的信托也无法为自

〔35〕 Clough v Bond [1838] 3 My & Cr 490, 496 – 497 endorsed in Target Holdings Ltd v Redferns [1996] AC 421, 434.

〔36〕 Re Massingberd [1890] 63 LT 296.

〔37〕 Wright v Morgan [1926] AC 788 (PC); Aequitas v AEFC [2001] NSWSC 14 paras 425 – 433.

己赚取收益。[38] 受益人很容易受到受托人阴谋的侵害,因为受托人完全控制一切,并且只有受托人知道真正发生了什么,所以对受托人施以严格的威慑责任,以确保受托人只在其权利范围内行事,除非被明确授权,否则不得违背其"无利润""无冲突"的信托义务。[39] 因此,如果他将1000英镑的信托资金与1000英镑的个人资金混合放在其银行往来账户中,这种不当的混合排除了对任何特定金额所有者的身份识别,同时禁止受托人主张该账户应视为对半所有的资金池,因为这种资金池的创建就是一种不当行为。他既不能利用自己的错误,也不能证明所支付的1000英镑(无论是在另一笔1000英镑之前支付还是之后支付)不是信托资金。因此,我们应当坚持认为,支付1000英镑购买Super plc公司的股票(价值已经翻了一倍)是代表信托经正式授权购买的投资。[40]

随后,如果T在其作为受托人的权利范围内行事,并遵守其禁止性的信托义务,但出现了财产损失,如果T没有达到谨慎的受托人本应尽到的注意程度和采取措施,例如,T疏忽监督被授权的代理人,或者因过失未起诉违反信托的原受托人或者违反合同的第三人或者对信托财产实施侵权行为的人,那么衡平法允许对T的账户收取费用。对账户收取附加费用要求在账户中施加一笔"衡平法补偿",以恢复信

---

〔38〕 Boardman v Phipps [1967] 2 AC 46 (HL); Attorney General for Hong Kong v Reid [1994] 1 AC 324 (PC)338.

〔39〕 Ch 3 (Simpson) and Nant-y-Glo and Blaina Ironworks Co v Grave [1878] 12 Ch D 732.

〔40〕 正如米利特勋爵在Foskett v McKeown [2001] 1 AC 102 (HL)132案中指出的那样,对不当混合资金负责的受托人的利益从属于受益人,受益人可以按照自己的意愿确定自己的出资额。As emphasised by Lord Millett himself in "Bribes and Secret Commissions" [1993] Restitution LR 20-21, citing Storey's Equity Jurisprudence and Professor PD Finn Fiduciary Obligations (Law Book Sydney 1977) 221.

托基金（或弥补任何绝对有权的受益人），用威尔金森勋爵的话说，[41]“根据后见之明和常识，受益人事实上遭受的损失，可以说是违反信托造成的”。因此，如果不是因为违反信托（不同于许多情形下普通法损害赔偿的情况），[42]本应缴纳的任何税款（例如，终身地产保有人死亡时的遗产税和自由裁量信托10周年的税费）都不会被扣减。

问题是衡平法上的过失索赔是否应当按照比原告主张的违反普通法上的合同或侵权责任的规则更有利于受益人的规则来判决（考虑后见之明和直接原因，而不是必要原因）。如果受托人的行为超出了作为受托人所拥有的权利或违反了禁止性的信托义务，尽管受托人—受益人义务的基本性质要求严格赔偿责任，但主要关注点是未能谨慎行事的受托人应当采取的行为，而受托人—受益人关系仅能视为一个附带因素。[43] 因此，为什么要将疏忽的受托人和疏忽的律师、会计师或医生区别对待呢？[44]

如果损失是由于T未能使投资多元化[45]或未行使其自由裁量权出售特定投资[46]或未能适当监督持股99%公司的活动而造成的，[47]则需要证明，如果T没有做任何理智的受托人（适当的知情受托人表现出必要的谨慎标准）不可能做的事情，损失可能就不会发生。

如果T有自由裁量权，并决定以特定方式行使该自由裁量权，例如，在切实可行的情况下尽快出售X有限公司的股份，但在没有充分理由的情况下未能执行该决定，就可以认为，T未能做到任何合理受

[41] Target Holdings Ltd v Referns [1996] AC 421 (HL) 439; Maguire v Makaronis [1997] 188 CLR 449 (HCA) 470; Aequitas v AEFC [2001] NSWSC 14 [442]. But hindsight cannot be used to determine whether or not conduct amounted to a breach of trust: Re Chapman [1896] 2 Ch 763, 764; Nestlé v National Westminster Bank [1993] 1 WLR 1260.

[42] Bartlett v Barclays Bank Trust Co [1990] Ch 515 (CA)543.

[43] Bank of New Zealand v New Zealand Guardian Trust Co [1993] 1 NZLR 664, 687.

[44] Bristol & West BS v Mothew [1998] Ch 1, 17.

[45] Nestlé v National Westminster Bank [1993] 1 WLR 1265, 1281.

[46] Wight v Olswang (No 2) [2001] WTLR 291, [2001] Lloyd's Rep PN 269.

[47] Bartlett v Barclays Bank Trust Co [1980] Ch 515 (CA).

托人应该做的事情,因此,如果这种错误造成了损失,就应在账户中附加收取损失金额项目。[48] 或者,这可以与信托文件要求在可行的情况下尽快出售特定的原来已确定资产(如 X 有限公司的股份)的情况作类比。在切实可行的情况下尽快出售 X 有限公司股份的决定要求 T 实际进行此出售,而衡平法不允许 T 辩称他不当地保留了此股份。因此,账户中的此种保留是错误的,并将自动被如果尽快出售信托财产将会收到的金额取代。[49] 无论是否可以合理预见,在股份本应出售之日后发生的任何事情(如股市暴跌)都是无关紧要的。

但是,除通过指出账户的错误和遗漏来获得支付信托基金应付款项的命令,以及归还因滥用信托财产或受托人地位而产生的收益的命令外,还可以直接对受益人进行衡平法赔偿。[50] 以 B 为例,B 告诉 T 她有 10 万英镑的债务,10 万英镑债务 18% 的利息使她陷入困境,因此她急切地希望从 T 那里获得 10 万英镑。根据信托条款,这笔钱要在 2 个月后她 30 岁时才有权获得。尽管如此,T 直到 B30 岁生日后 3 个月才支付给 B,因为 T 那时在进行为期 4 个月的环球旅行。虽然 T 必须对 B 负责 10 万英镑及 3 个月的利息,但似乎很明显,T 将被迫向 B 补偿 18% 的利息,因为如果 T 及时向其支付 10 万英镑,她将不必支付利息(补偿金额将减去记入 B 的信托利息金额)。

以 T 为例,根据委托人设立具有灵活权利信托的目的,决定在 8 月 2 日信托权利到期之前执行必要的契约,将一半的信托资本指定给 O。实际上,直到 8 月 2 日他还未执行契约,因此契约无效,默示受益人有权获得全部而不是一半的信托财产,因此 T 应当为此向受益人说明。[51] 当然,O 也有权从 T 处获得衡平法赔偿。这可以基于 T 的过失违反了 T 对 O 的衡平法义务。或者,虽然 T 实际上必须向默示的

---

〔48〕 Wight v Olswang (No 2) [2001] WTLR 291.

〔49〕 Fry v Fry [1859] 27 Beav 144, Fales v Canadian Permanent Trust Co [1976] 70 DLR (3rd) 257, 275.

〔50〕 Target Holdings Ltd v Redferns [1996] 1 AC 421 (HL) 434 – 435.

〔51〕 Breadner v Granville-Grossman [2000] 4 All ER 705.

受益人说明整个信托资本和收入，但T不得否认其有个人责任向O说明其有义务转让一半的资本(以及由此产生的收益)给O，衡平法认为在T和O之间应该做的事情已经完成了，T的过失使T失去了做他应该做的事情的权利。

虽然财产托管的根本问题是对受益人负责，但衡平法扩大了责任主体的范围，这不仅是为与他人有特定密切关系的人提供广泛的保护，使其免受他人的影响，而且为介入行为产生消极影响的第三方提供保护。因此，第三方不诚实地煽动或协助违反信托或其他受托人责任，就像信托或其他受托关系的原告受益人的受托人一样负有个人责任，[52]当第三方收到信托利益或从属于信托关系的其他财产，然后以不符合信托或其他受托关系的方式不诚实或不合情理地处置该财产，同样须作为推定受托人承担个人责任。[53]

如今，这种责任是否应该仅是一种向信托基金支付，在被要求负责后被命令支付金额的责任，还是一种直接向绝对有权主张信托基金的受益人支付衡平法赔偿的责任，还是仅是一种支付损害赔偿的责任？这可能取决于人们如何看待影响追溯、违反信托义务的不诚实协助，以及为自身利益而接受财产但随后变得无法追溯的个人责任的近期发展。

三、追溯、超越、接收和协助

本部分涉及以下章节：第1章罗伯特·钱伯斯“责任”、第4章大卫·福克斯“超越原则”、第5章莱昂内尔·史密斯“转让”、第6章查尔斯·米切尔“协助”、第7章彼得·伯克斯“接收”。

---

〔52〕 Ch 6 (Mitchell).

〔53〕 Ch 7 (Birks).

当委托人通过将财产转让给受托人,由受托人以信托方式持有并拥有信托文书中规定的权利来创建信托时,通常将“信托基金”定义为“根据本次协议条款转让给受托人持有的财产以及不定期转让给受托人的具有同样含义的财产”[54]。委托人负责在已授予受托人权利的信托基金中授予其指定受益人衡平法权益。通常情况下,受托人将在其作为受托人的权利范围内行事,但作为拥有绝对受益人财产权利的个人,他可能超越受托人的权利范围行事,并在没有通知的情况下,将完整的所有权有偿转让给合法财产的善意购买者。

如果 T 按授权行事,那么受益人不能主张他们的利益被超越,[55]即从被处置的资产中分离出来,并附着到销售所得收益以及代表这些收益的任何财产,T 的账目清楚地揭示了信托基金实时包含的财产。

如果 T 违反信托超出其权限范围将资产出售给上述善意的购买人,受益人不能起诉购买人,但他们可以选择认可 T 的行为,[56]这样通过超越程序,他们的利益转至不当(但溯及既往地认为合法)销售所得收益和实际代表这些收益的任何财产,[57]通过让 T 出示账目,清楚地揭示目前信托基金的资产构成。受托人不能辩称自己是个坏人,并利用自己的错误,不允许他否认自己在获得作为信托基金一部分的有关资产时行为得当。

事实上,如果他将 1000 英镑的信托资金与 1000 英镑个人资金错误地混合在其私人活期银行账户中,正如已经看到的那样,受益人应该能够成功主张,用于购买现已增值资产的 1000 英镑是代表受益人的授权投资,T 不能否认或推翻这一点,并试图主张全部或一半的投资为个人投资。

---

〔54〕 J Kessler Drafting Trusts and Will Trusts (5th edn Sweet & Maxwell London 2000) 359, 366.

〔55〕 Ch 4 (Fox).

〔56〕 Wright v Morgan [1926] AC 788 (PC) 799, Foskett v McKeown [2001] 1 AC 102 (HL) 130, Lewin on Trusts (17th edn Sweet & Maxwell London 2000) para 28 – 39.

〔57〕 Att-Gen for Hong Kong v Reid [1994] 1 AC 324 (PC) 331.

那么,委托人最初授予 B 信托基金的衡平法财产权是否会导致 B 能够通过追溯和会计程序证明 B 对 T 所拥有的资产的财产权益,而 T 不能否认这些资产是信托基金的一部分? Foskett v McKeown 案[58]不正支持这种观点吗? T 私下里为自己的生命购买了一份人寿保险,根据合同约定,他有义务每年缴纳保险费。他用自己的钱支付了 3 笔保险费,然后在临终前错误地用信托基金支付了 2 笔保险费,因此取得了 100 万英镑的死亡抚恤金。如果 T 被授权将信托资金与自己的资金一起投资此类保单,受益人将有权获得 40 万英镑,相当于保单收益的 2/5。由于 T 不能利用自己的不当行为,他(以及遗嘱的受赠人)不能否认受益人的主张,即受益人授权他使用受益人的钱购买共同受益的人寿保险,所以他们对信托资金的利益已经从信托资金中分离出来,转为(通过超越原则)人寿保单的份额,而这必须在信托账户中体现出来。

然而,如果人寿保险是为 T 的妻子购买的,那么在 T 的妻子去世时,T 收到 100 万英镑,受益人是否对其中的 40 万英镑享有衡平法财产权呢? 然后,T 用 100 万英镑中的 40 万英镑以情妇 M 的名义购买了一栋房子,作为纯受益的礼物。5 年后,他们分手了,M 以 50 万英镑的价格出售了房子,并用这笔钱购买了售价 30 万英镑的公寓,价值 15 万英镑的油画和价值 5 万英镑的珠宝。

一旦追溯规则确定用于购买 M 的房子的 40 万英镑是信托财产,那么 M (取得从 T 衍生而来的有缺陷的财产权)会被要求说明已经成为信托基金一部分的房子发生了什么。作为一名不知情的无偿受让人,M 对受益人主张房屋是信托财产的一部分没有抗辩理由。如果她仍然拥有这所房子,她的境况不会比 T 保留房屋所有权的情况好,她将不得不把房子恢复为受益人的信托财产,因为受益人可以理直气壮地说:"我们希望财产回到信托基金中,因为在衡平法上它们是属

[58] [2001] 1 AC 102 (HL).

于我们的。”然而,M 作为不享有该房屋受益权的被动受托人必须提供账户中代表房屋收益的公寓、油画和珠宝的情况,尽管在其作为该房屋所有人时没有意识到这一点。可以说,一旦 M 了解到其房屋从属于受益人衡平法财产权的真实情况,那么其从 T 处获得的所有权便是有瑕疵的,她将与 T 一样,不能否认受益人的主张,即她应被视为受益人的授权代理人。至于其购买的公寓、油画和珠宝,受益人有理由说,“我们希望这些财产回到信托中,因为在衡平法上它们是我们的”。她“对受益人财产权的非不当干预”[59](因此她不对不知情下购买的公寓、油画和珠宝的任何贬值负责)成为可追溯性超越程序下这些权利的合法转换。委托人打算将原始信托资产和时时代表原始信托资产的财产作为信托基金的一部分,这一意图对所有人都具有约束力,任何人都不能通过证明自己是合法所有权的有偿善意购买人,不知道信托设立的这种意图,或者受到法律规定的保护来否认这一意图。

一方面,作为一名不知情的无偿受让人,M 的处境比 T(或者一个知道信托,良心受到影响的“恶意的”无偿受让人)更好。如果 M 将信托资金与自己的财产混合,二者各占一半,那么对于用该合二为一的资金购买的财产,M 和受益人平等地承担损失或获得收益。[60] 例外情况下,可以提出一个强有力的理由,即如果 M 购买了 10 英镑的彩票或向其母亲支付了 5000 英镑,随后其母亲购买了价值 20,000 英镑的家庭珠宝,在这种情况下,如果 M 或其母亲(视情况而定)知道购物的资金池中有信托资金,她会完全使用自己的钱,那么 M 或其母亲应

---

[59] L Smith “Unjust Enrichment, Property and the Structure of Trusts” [2000]116 LQR 412, 422. 钱伯斯教授对追溯程序后的财产权救济的另一种不太令人满意的解释是,这种救济是为了防止 M 牺牲受益人的利益而获得不当得利,特别是考虑到受益人在 M 破产的情况下的脆弱地位。See A Burrows “Proprietary Restitution: Unmasking Unjust Enrichment” [2001]117 LQR 412, 425 – 428 and Birks in this volume, but Lords Browne-Wilkinson and Millett do not regard the trust of the new assets as restitution of unjust enrichment in Foskett v McKeown [2001] 1 AC 102 (HL) 108, 127—nor did the Privy Council in Att-Gen for Hong-Kong v Reid [1994] 1 AC 324 (PC).

[60] Foskett v McKeown [2001] 1 AC 102 (HL).

该是彩票奖金或家庭珠宝的唯一所有者，只需留置 10 英镑或 5000 英镑的信托资金。[61]

如果不知情的无偿受让人为了自己的利益取得信托财产，随后对该信托财产进行处置，使其变得无法追踪，那么接下来出现的问题是，在没有财产权责任的情况下是否产生任何个人责任。很明显，如果无偿受让人 V 的良心受到实际或“不适当的”信托知识的影响，V 在处理财产时背离受益人在信托下的权利，那么 V 作为不当行为人，要对财产价值承担个人责任。[62] 如今，没有理由在“账户责任”中增加传统的“推定受托人”。[63]

然而，如果 V 在处理财产时没有过错，在不知情的情况下将 50,000 英镑的信托资金用于偿还个人抵押贷款，5000 英镑的信托资金用于环球飞行，而这些债务是在不知情地收到 55,000 英镑之前产生的，那该如何？显然，受益人将拥有一项财产权代位求偿权，使他们能够成为先前抵押房屋的有担保债权人，享有 50,000 英镑的担保债权，[64] 并拥有一项个人代位求偿权，使他们能够取代旅行代理，成为 5000 英镑的无担保债权人。[65] 基于这两项交易的抵销不会使 V 的处境比以前更糟（一个债权人变更为另一个具有相同数额债权的债权人），因此基于身份改变的抗辩是不可行的。

---

〔61〕 D Hayton Equity's Identification Rules in PBH Birks (ed) Laundering & Tracing (OUP Oxford 1995) 11 – 12 and Re Tilley [1967] Ch 1179. [如果它涉及一个不知情的无偿受让人，但蒂利（Tilley）女士作为一个受托人，将信托资金和自己的资产混合在她的私人银行账户，那么她不可能被认定为“不知情”。]

〔62〕 Westdeutsche Landesbank v Islington BC [1996] AC 669 (HL), Bank of Credit and Commerce International (Overseas) Ltd v Akindele [2000] 4 All ER 221 (CA). “淘气的”知识产生于 V 怀疑某些事情可能是错误的，但由于故意或过失使其未能作出一个诚实理性的人本会作出的调查。See Hayton & Marshall (n 34 above) para 11 – 111.

〔63〕 Paragon Finance plc v Thakerar Ltd [1999] 1 All ER 400 (CA) 414.

〔64〕 Boscawen v Bajwa [1996] 1 WLR 328; McCullough v Marsden [1919] 45 DLR 345.

〔65〕 Wenlock v River Dee Co [1887] 19 QBD 155; Banque Financière v Parc (Battersea) Ltd [1998] 1 All ER 737 (HL).

如果50,000英镑和5000英镑被用来支付收到55,000英镑后产生的债务,受益人站在用受益人的钱得以清偿的债权人的立场没有理由不对V提出代位求偿,而V可以用处境改变作为抗辩理由来保护自己[66],例如,如果不是因为相信自己有权得到55,000英镑的意外之财,他就不会花50,000英镑在他女儿的婚礼上(而且,可能不是他,而是事件改变了他的身份,例如,如果以5000英镑购买的一幅油画在未投保的情况下被烧毁或被盗[67])。

然而,如果没有代位求偿权,例如V善意接受了一幅价值25万英镑的油画,而这幅画在经济上不能投保,并且他希望保留而不出售,那该如何?两年后,这幅画被烧毁或被盗,此后一年,受益人要求他承担个人责任。作为信托财产的接受者,V必须对该财产发生的事情作出说明。账户显示无条目,但这不能认为账户存在错误或遗漏,因为V对收到的油画不负有托管责任,其天真地认为这幅画是他的实益财产。这是一种传统的做法,但法院有可能像Ministry of Health v Simpson的遗产管理案[68](源自教会法院的管辖权),或像普通法中的已获和已收金钱的诉讼一样,通过施加严格责任来防止不当得利,但这要将处境改变作为抗辩理由,这种方法的适用应不断发展,以使其足够广泛,以涵盖丢失的绘画。

事实上,一旦人们接受了Banque Financière v Parc (Battersea) Ltd案所确立的以广泛类型不当得利为基础的代位求偿权,[69]这就削弱了基于过错的个人责任(传统上作为推定受托人),也将其责任范围降

〔66〕 Wenlock v River Dee Co [1887] 19 QBD 155; DJ Hayton Law of Trusts (3rd edn Butterworths London 1998) 164; Lipkin Gorman v Karpnale [1991] 2 AC 458 (HL); Philip Collins Ltd v Davis [2000] 3 All ER 208.

〔67〕 Goff & Jones The Law of Restitution (5th edn Sweet and Maxwell London 1998) 824 – 825; Derby v Scottish Equitable plc v Derby [2001] 3 All ER 818 (CA).

〔68〕 [1951] AC 251 (HL). 正如尼科尔斯勋爵在Cornish et al (eds) Restitution: Past, Present & Future (Hart Oxford 1998) 241案中所指出的那样,接受者应该在违约的受托人亲自承担损失之前,交出自己的不当得利。

〔69〕 [1998] 1 All ER 737.

到最低，以至可能会使个人责任依赖严格责任来防止不当得利，但这必须服从于不知情的合法权益的有偿善意购买人的抗辩和处境改变的抗辩，但这并不妨碍在被告不诚实地处理信托财产的情况下获得更高标准的赔偿。〔70〕

然而，处境的改变不应该仅是对不当得利索赔的抗辩，在原告依靠追溯程序来维护财产权的情况下也应该是可行的，正如米利特勋爵在 Boscawen v Bajwa 案〔71〕和研讨会上所指出的那样，尽管在 Foskett v McKeown 一案中已经有含蓄的怀疑。〔72〕

对于不是为了自身利益而接受信托财产，而是帮助介入信托财产或受信托关系约束的其他财产的第三人来说，如果要求他们对所造成的损失承担赔偿责任的话，第三人需存在不诚实的情况。米歇尔博士详尽的一章提出了许多更深入的问题，其中三个问题将在这里讨论。

首先，如果被告知道或有充分理由怀疑他协助了某种欺诈行为，但被告并不知道欺诈的类型或受害人的身份，例如，他认为自己正在协助逃税或违反外汇管制，或认为正在欺骗克鲁克（Crook）先生，而不是比格（Bigg）先生（因此鼓励被告编撰一些故事，包括与原告无关的欺诈行为和受害人非原告的故事），那么是否应该免除被告的法律责任？尽管赖默〔73〕、曼斯〔74〕的观点和上诉法院的判决意见不同，〔75〕但

〔70〕 在第 6 章，米切尔举例说，被告获得了 60% 股权的一半，对于被告人而言，这 30% 的股权价值低于失去大多数股权的原告所遭受的损失。

〔71〕 [1996] 1 WLR 328, 334.

〔72〕 [2001] 1 AC 102 (HL) 129 "A claim in unjust enrichment is subject to a change of position defence, which usually operates by reducing or extinguishing the element of enrichment. An action like the present is subject to the bona fide purchaser for value defence which operates to clear the defendant's title."

〔73〕 [1995] The Times 23 October.

〔74〕 Grupo Torras SA v Al Sabah Brinks Ltd v Abu-Saleh (No 3) The Times 23 October 1995 QBD 24 June 1999.

〔75〕 Same case on appeal [2001] Lloyd's Rep Bank 36, 59.

更优的观点是米利特在 Agip Africa Ltd v Jackson〔76〕案的观点[澳大利亚首席法官梅森(Mason)在伦敦国王学院一场公众演讲的答疑中支持了该观点]。

一个被指控故意协助一项欺诈和不诚实计划的男子,如果辩称他认为这只是一起逃税案件,这并不能为他辩护。他不必知道欺诈的确切性质,甚至不必知道受害者的身份。如果一个人有意识地帮助他人做出安排,并且他知道这些安排是为了对第三人隐瞒正在发生的事情,那么他就面临着这样的风险,即这些安排是对第三人实施的欺诈的一部分。

其次,责任是否应限于对信托或其他信义法律关系下的特定财产实施的不诚实协助?看起来,为了维护信托关系的完整性,这种从属责任应该扩展到协助(或诱导)违反除不当处置信托财产以外的信托义务,判例可对其适用做进一步的演进,〔77〕尽管传统上〔78〕个人责任中的"明知的接收"和"明知的协助"均与妨碍衡平法财产权有关。

最后,考虑到在普通法救济不恰当的情况下,〔79〕追溯程序现在似乎可以帮助法定受益权人,那么在普通法补救措施不充分的情况下,是否应该对那些不诚实地协助滥用法定受益权人财产的人追究不诚实协助的责任?这似乎是可能的。

---

〔76〕 [1990] 1 Ch 265, 295.

〔77〕 Gencor ACP Ltd v Dalby [2000] 2 BCLC 734, 757; Brown v Bennett [1999] 1 BCLC 649 (CA)657 – 659 and Goose v Wilson Sandford (Court of Appeal 14 March 2000). See broad approach in Aequitas v AEFC [2001] NSWSC 14.

〔78〕 Satnam Invesments Ltd v Dunlop Heywood & Co Ltd [1999] 1 BCLC 385 (CA) 404.

〔79〕 See the views of Lords Steyn and Millett in Foskett v McKeown [2001] 1 AC 102 (HL)113, 128 – 129.

四、对违反信托请求的抗辩

以下章节内容值得深思：第9章约翰·洛瑞和罗德·埃德蒙兹“抗辩”，第11章威廉·斯威德林“时效”和第12章加里·瓦特“懈怠、诉由禁止反言和选择”。

正如约翰·洛瑞和罗德·埃德蒙兹在他们的章节中所揭示的那样，如果法律报告是可靠的，那么1925年《受托人法》第61条在过去50年中已经变得无关紧要，〔80〕雷·埃文斯(Re Evans)〔81〕在1999年提醒我们，作为受托人最后的一种救济途径，受托人如果诚实、合理地行事，应公平地免除其全部或者部分责任，因此受益的几乎总是非专业受托人，而不是专业受托人。如今，由于信托管理变得越来越复杂，专业受托人越来越多，而这些受托人越来越多地依赖宽泛的免责条款来保护自己。〔82〕如果没有受到这些条款的保护，那么在不诉诸法院的情况下，根据《受托人法》第61条的规定援引法院协助来解决案件是值得的，因为根据《受托人法》第61条的规定，需要公开自己的丑闻，这对于受托人的专业服务来说不是一个好的市场活动。

加里·瓦特先生在他的章节中论述了懈怠、诉讼理由的禁止反言原则和选择原则，强调了——有些人可能认为是过度强调了，特别是在择一原则方面——公共利益的重要性(例如，在诉讼终结、所有权冻结、甚至信义财产方面)以及法律委员会在其咨询文件中提出许多改革的必要性。

---

〔80〕 在Marsden v Regan[1954]1 WLR 423和Re Evans[1999]2 All ER 777案中，《受托人法》第61条被用于为非专业受托人提供一些保护，并为Re Pauling的ST[1964]Ch 307案中的专业受托人提供保护，但法院拒绝在Re Rosenthal[1972]1 WLR 1273案和Bartlett v Barclays Bank Trust Co[1980]Ch 515案中为专业受托人提供保护(加利福尼亚州)。

〔81〕 [1999] 2 All ER 777.

〔82〕 Ch 8 (Penner).

然而,正是威廉·斯威德林先生的这一章最终证明了有必要制定一部新的《时效法》,该法语言应清楚易懂,不同于历史上存在的1980年《时效法》中晦涩难懂的语言,这使得时效法与旧的抵押法一样,[83]“一个人长期隐匿真实等于表白虚伪”。对于一个熟悉时效制度和衡平法历史的律师来说,[84]该规定有一种含义,而对于一个按照标准英语语法阅读这些规定的律师,以及包括推定受托人在内的受托人来说,[85]这些规定有另一种含义。

在1888年《受托人法》之前,似乎对于追回仍由受托人持有的信托财产或其可追溯替代物没有时效限制(该诉讼具有罗马物权之诉的性质),1833年《不动产时效法》第26条使属于并行或辅助衡平法管辖范围的隐匿欺诈案件与专属衡平法管辖范围内的隐匿欺诈案件的固有立场相一致,因此,在这三种管辖情况下,在首次发现欺诈或经过合理努力可以发现欺诈之前,不会开始计算时效。

1888年《受托人法》第8条第1款规定,“除非诉讼涉及欺诈或欺诈性违反信托,而受托人是当事人或利害关系人,或是为了收回仍由受托人持有或受托人以前收到并转为其使用的信托财产或其收益”,旨在涵盖上述例外情况。根据上述两项例外,在对受托人或其他人主张通过他归还金钱或其他财产的诉讼中,时效期限类似于金钱之诉,但在受益人取得信托财产权益之前,不得对受益人开始计算诉讼时效。

1939年《时效法》取代了1833年《不动产时效法》和1888年《受托人法》,1980年《时效法》第21条再现了1939年《时效法》第19条的规定:

(1)本法规定的时效期间不适用于受益人基于信托提起的诉讼,

---

[83] J Brunyate (ed) FW Maitland, Equity (2nd edn CUP Cambridge 1936) 182.

[84] 赞赏衡平法的“专属”、“并行”和“辅助”管辖。

[85] 如果上诉法院能够考虑 Paragon Finance plc v Thakerar [1999] 1 All ER 400 (CA) 案,则 Jones v Williams [2000] Ch 1 (CA) 案应以另一种方式作出判决。

该诉讼是指：

(a)涉及欺诈或欺诈性违反信托，而受托人是当事人或利害关系人；或

(b)向受托人收回信托财产(或其他可追溯的替代财产)；

……

(3)根据上述规定，受益人为收回信托财产提起的诉讼，或任何违反信托的诉讼，[86]不属于本法规定了时效期限的诉讼，不得在诉权产生之日起6年后提起诉讼。

然而，为了处理许多案件，法律规定了时效期限，包括1980年《时效法》第21条第3款规定(但不包括1980年《时效法》第21条第1款)的案件，以及

(a)基于被告的欺诈行为而提起的诉讼；或

(b)被告故意隐瞒与原告诉讼权利有关的任何事实；或

(c)该诉讼是为了补救错误产生的后果；

在原告发现或经过合理努力可能发现欺诈、隐瞒或错误(视情况而定)之前，时效期不得开始计算：1980年《时效法》第32条，与1939年《时效法》第26条相同，只是修改了(b)的措辞，1939年《时效法》的措辞是(b)诉权因(被告)的欺诈所掩盖。

其观点似乎是，故意隐瞒的欺诈性违反信托行为属于1980年《时效法》第21条第1款(a)项的范畴(反映出1888年《不动产时效法》第8条考虑到1833年《受托人法》第26条的情况)，因此，根据固有的衡平法迟误原则，在受益人发现或经过合理努力可以发现违反信托之

---

〔86〕 正如威廉·斯威德林先生在第11章中指出的，上述第21条第1款(b)项中的规定不允许第21条第3款适用于任何追索信托财产所有权的诉讼：参见 JJ Harrison (Properties) Ltd v Harrison [2001] EWCA Civ 1467, 11 Oct 2001。

前,时效不会开始起算。非隐蔽的欺诈性违约行为则由 1980 年《时效法》第 21 条第 3 款处理,主要涉及诚实、疏忽或非懈怠的违反信托,因此有从违反信托发生之日起的 6 年时效期限,但这也受制于处理各种欺诈(侵权、合同或衡平法)和故意隐瞒原告事实案件的一般规定,因此在原告发现或经过合理努力能够发现涉及违反信托或合同或侵权的情况时,时效才会开始计算。

然而,可以理解的是,法院认为 1980 年《时效法》第 21 条第 1 款(a)项表面上涵盖了所有欺诈性(不诚实)违反信托的行为,因此,正如米利特所说,[87]“欺诈性违反信托的责任不受时效限制”。因此,不诚实违反信托的诉讼只有在原告的过错为懈怠原则所阻却的情况下才会被禁止,懈怠原则所考虑的期限只从原告知道违反信托或经过合理努力可以发现它之时开始计算。

然而,人们不禁要问,是否所有欺诈性违反信托案件都受到如此处理,而不是根据 1980 年《时效法》第 21 条第 3 款规定的 6 年时效来处理非故意隐瞒的欺诈案件?显然,考虑到普通法有关欺诈的处境,法院可酌情考虑将自实际知道或推定知道违反信托的较早时间起的 6 年延迟期间视为满足适用懈怠原则的需要,这并不重要。[88] 大多数欺诈性受托人难道不会在任何情况下故意隐瞒他们的欺诈行为?

对于受托人,特别是诚实受托人的扩展责任,更为重要的是上诉法院对非信托案件的两项裁决[89]中对 1980 年《时效法》第 32 条的解释,即涉及“被告故意隐瞒与原告的诉权有关的任何事实”的情况下,延长时效,因此,“在原告发现隐瞒事实或经过合理努力可以发现它之前”,时效不会开始计算。根据 1980 年《时效法》第 32 条第 2 款的规定,“故意实施违反信托义务,该行为在一段时间内不可能被发现的情

---

〔87〕 Armitage v Nurse [1998] Ch 241(CA)260.

〔88〕 Nelson v Rye [1996] 1 WLR 1378.

〔89〕 Brocklesby v Armitage & Guest [2001] 1 All ER 172; Cave v Robinson Jarvis & Rolf [2001] EWCA Civ 245, [2001] Lloyd's Rep PN 290.

况,相当于故意隐瞒违反信托义务涉及的事实”。

法院认为,“任何相当于违反信托义务的故意行为都相当于故意实施违反信托义务的行为”,以便根据1980年《时效法》第32条延长时效,因此,受托人不必意识到他的行为违反信托,很可能任何行为都足以延长时效,无论是不作为还是作为。[90] 令人惊讶的是,诚实、过失或非过失违反信托的6年诉讼时效往往不是从行为之日起算,而是从原告实际知道或推定知道该行为之日起算,因此,所设想的例外情况成为常态。然而,可以预料的是,英国上议院将把1980年《时效法》第32条所谓被告“故意实施任何相当于违反义务的行为”的现代含义与被告“故意实施明知违反义务的行为”的传统含义联系起来,但这种做法导致1980年《时效法》第14条(a)项显得多余,[91] 该条款由1986年《潜在损害法》引入,以帮助侵权行为的受害者。

对受托人的扩展责任而言,更具深远意义的是上诉法院在Armitage案[92] 中的观点,因为1980年《时效法》第21条第3款规定“诉权不应被视为在任何对信托财产享有未来利益的受益人身上产生,直到该权益被实际占有”,所以,不会对一个实际占有利益只是自由裁量信托的受益人,或其他在受托人享有赋予受益权范围内,但可能永远不会成为受益人的主体开始计算时效。因此,为S的后代设立的80年期自由裁量信托的受托人在整个期间的大部分时间内持续担责,因为会出现有受益人在受托人违约时本应基于受托人的自由裁量权受益,但受益人在6年前尚未受益或尚未获得利益。

然而,因为受益人的受益权范围由委托人决定,以及信托资金的信托所有人的相关负担义务也由慈善或不那么慈善的委托人决定,所以只要不违背基本的信托理念和公共政策,[93] 就可以在信托文书中

---

〔90〕 Liverpool Roman Catholic Archdiocese Trustees v Goldberg [2001] 1 All ER 182, 190.

〔91〕 Gold v Mincoff Science & Gold [2001] Lloyd's Rep PN 423.

〔92〕 [1998] Ch 241 (CA)261.

〔93〕 Armitage v Nurse [1998] Ch 241 (CA)251.

约定处理前两段所揭示问题的条款。为什么委托人不应该通过一个条款免除受托人除不诚实违反信托以外的所有责任，和一个条款规定受托人自违反信托之日起满6年，或者如果受托人明知自己违反了信托却故意隐瞒则自发现隐瞒的违反信托事实之日或经合理努力可以发现隐瞒的事实之日起算，已经过去了6年，那么任何受益人（无论是否实际享有受益权）或被委任[94]的任何对象都不能就违反信托行为提起任何诉讼（以便保护与受托人交易的第三方）来缩小受托人的责任范围呢？

委托人在此试图直接排除1980年《时效法》第21条第3款（"诉权不应被视为已在任何对信托财产享有未来利益的受益人身上产生，直到该权益被占有"）和上诉法院对1980年《时效法》第32条第1款和第2款所作的解释，因此"在原告发现隐瞒事实或经过合理努力可以发现隐瞒事实之前，时效不应开始计算"，如果隐瞒的事实仅涉及故意实施相当于违反信托义务的行为，即使被告不知道这是违反信托的行为，但在一段时间内不可能被发现的情况下，也应开始计算时效。

因为这两个法律规则是强制性条款，所以允许委托人直接排除它们似乎违反了公共政策。但是，禁止破产人在其破产期间向其债权人提供财产利息的公共政策规则将不再适用。如果破产人所欠的是债务非条件性的利息，则该利息计算一直延续到其破产之日。[95]

那么，为什么委托人不明确规定，任何受益人对受托人违反信托

---

[94] 信托必须具有能够强制执行信托的已确定或可确定的受益人，这些受益人将能够通过行使对信托账目和辅助信息的权利来执行信托，为指出账目中的错误和遗漏做准备，这是一个解释问题，即委托人是否将类似的执行权授予委任权的纯粹对象。因此，如果委托人明确表示他不希望指定人拥有执行权，则不存在任何问题。See McPhail v Doulton [1971] AC 424 (HL) 441; Re Manisty's Settlement [1974] Ch 17, 25; Rosewood Trust Ltd v Schmidt [2001] 3 ITELR 734［马恩岛（Isle of Man）上诉裁决认为，在特别广泛的自由裁量信托中仅仅是一个权利对象——与通常的家族自由裁量信托不同——没有这种权利］; also see D J Hayton "Exploiting the Inherent Flexibility of Trusts" in DJ Hayton (ed) Modern International Developments in Trust Law (The Hague Kluwer Law International 1999) 325－326。

[95] Brandon v Robinson [1811] 18 Ves 429. 因此，1925年《受托人法》第33条反映了保护性信托的有效性。

涉及特定财产的任何权益,只能持续到相关的违反信托发生之日起满6年,或受托人明知违反信托,故意隐瞒违反信托事实,直到所隐瞒的违反信托事实被发现之日或经过合理努力可以发现之日起满6年?因为如果这样受益人就没有追溯的诉讼权利。

如果相关财产不再是信托财产,这样的条款仍应在实践中有效地实施,但如果所发生违反信托行为是对整个信托基金的投资过失,或在将整个信托完全委托他人管理时存在授权过失或监督过失行为,受益人将失去对信托基金的所有利益,因此,人们需要依靠委托人或信托执行保护人(而不是任何犯错的受托人)的明确授权,将那些在信托基金中自动停止受益的受益人重新增加为受益人。然而,在某些情况下,这可能会赋予他们对信托基金的权益,在这些情形下法定的时效期限尚未届满,由此他们能够起诉受托人,〔96〕除非这些权益在就赋予这些新权益之前发生的任何事项提起任何违反信托的诉讼时就时效届满。

更简单的替代方法是规定如果任何受益人就6年前发生的违反信托行为提起诉讼,或受托人明知自己违反了信托却故意隐瞒事实,在发现所隐瞒的违反信托事实或者经过合理努力能够发现所隐瞒的事实后超过6年提起诉讼,那么此类诉讼追回的任何东西应由对此违反信托行为负有责任的受托人以信托方式持有。为了防止受益人对有权获得此类诉讼成果的受托人行使诉权的循环性,受托人有权阻止受益人的诉讼继续进行。〔97〕

〔96〕 声称如果受托人在法律禁止对违反这些义务提起任何诉讼之前适当地履行了对任何受益人的义务,信托基金就没有其应有的价值。仅对当时包含在信托基金中的特定资产授予权益将避免这种诉讼,正如仅将受益人添加为委任权的对象,明确没有查看信托账目和执行信托的权利,这种权利只授予默认受益人。

〔97〕 Ingram v IRC [1997] 4 All ER 395 (CA) 424 (Millett LJ).

图书在版编目（CIP）数据

信托的违反 /（英）彼得·伯克斯,（英）阿里安娜·普雷托主编；朱圆译. -- 北京：法律出版社, 2024.
（外国信托法经典译丛）. -- ISBN 978 - 7 - 5197 - 9468 - 2

Ⅰ. D912.282

中国国家版本馆 CIP 数据核字第 2024JG5102 号

信托的违反
XINTUO DE WEIFAN

[英]彼得·伯克斯
[英]阿里安娜·普雷托 主编
朱　圆　译

责任编辑 似　玉　石蒙蒙
装帧设计 李　瞻

出版发行 法律出版社
编辑统筹 法律应用出版分社
责任校对 李　军
责任印制 刘晓伟
经　　销 新华书店

开本 710 毫米 × 1000 毫米　1/16
印张 33　　字数 430 千
版本 2024 年 11 月第 1 版
印次 2024 年 11 月第 1 次印刷
印刷 北京中科印刷有限公司

地址:北京市丰台区莲花池西里 7 号(100073)
网址:www.lawpress.com.cn
投稿邮箱:info@lawpress.com.cn
举报盗版邮箱:jbwq@lawpress.com.cn
销售电话:010 - 83938349
客服电话:010 - 83938350
咨询电话:010 - 63939796

书号:ISBN 978 - 7 - 5197 - 9468 - 2　　定价:138.00 元

凡购买本社图书,如有印装错误,我社负责退换。电话:010 - 83938349